DuD-Fachbeiträge

Reihe herausgegeben von

Gerrit Hornung, Institut für Wirtschaftsrecht, Universität Kassel, Kassel, Hessen, Deutschland

Helmut Reimer, Erfurt, Thüringen, Deutschland

Karl Rihaczek, Bad Homburg vor der Höhe, Deutschland

Alexander Roßnagel, Wissenschaftliches Zentrum für Informationstechnik-Gestaltung (ITeG), Universität Kassel, Kassel, Deutschland

Die Buchreihe ergänzt die Zeitschrift DuD – Datenschutz und Datensicherheit in einem aktuellen und zukunftsträchtigen Gebiet, das für Wirtschaft, öffentliche Verwaltung und Hochschulen gleichermaßen wichtig ist. Die Thematik verbindet Informatik, Rechts-, Kommunikations- und Wirtschaftswissenschaften. Den Lesern werden nicht nur fachlich ausgewiesene Beiträge der eigenen Disziplin geboten, sondern sie erhalten auch immer wieder Gelegenheit, Blicke über den fachlichen Zaun zu werfen. So steht die Buchreihe im Dienst eines interdisziplinären Dialogs, der die Kompetenz hinsichtlich eines sicheren und verantwortungsvollen Umgangs mit der Informationstechnik fördern möge.

Reihe herausgegeben von

Prof. Dr. Gerrit Hornung
Universität Kassel

Prof. Dr. Helmut Reimer
Erfurt

Dr. Karl Rihaczek
Bad Homburg vor der Höhe

Prof. Dr. Alexander Roßnagel
Universität Kassel

Weitere Bände in der Reihe http://www.springer.com/series/12486

Maxi Nebel

Persönlichkeitsschutz in Social Networks

Technische Unterstützung eines grundrechtskonformen Angebots von Social Networks

 Springer Vieweg

Maxi Nebel
Kassel, Deutschland

Dissertation an der Universität Kassel, Fachbereich 07 (Wirtschaftswissenschaften), Verfasserin: Maxi Nebel, Datum der Disputation: 11. Mai 2020.

ISSN 2512-6997   ISSN 2512-7004   (electronic)
DuD-Fachbeiträge
ISBN 978-3-658-31785-0   ISBN 978-3-658-31786-7   (eBook)
https://doi.org/10.1007/978-3-658-31786-7

Die Deutsche Nationalbibliothek verzeichnet diese Publikation in der Deutschen Nationalbibliografie; detaillierte bibliografische Daten sind im Internet über http://dnb.d-nb.de abrufbar.

Planung/Lektorat: Carina Reibold
Springer Vieweg ist ein Imprint der eingetragenen Gesellschaft Springer Fachmedien Wiesbaden GmbH und ist ein Teil von Springer Nature.
Die Anschrift der Gesellschaft ist: Abraham-Lincoln-Str. 46, 65189 Wiesbaden, Germany

Vorwort der Herausgeber

Die Arbeit von Frau Nebel befasst sich mit einem die digitale Gesellschaft sowie das Verhältnis von Technik und Recht sehr aktuellen und durch die verbreitete Nutzung von Social Networks immer bedeutsameren Thema, nämlich mit dem grundrechtskonformen Angebot und der grundrechtskonformen Nutzung solcher Internetdienste.

Social Networks haben eine doppelte soziale Funktion: Für die Nutzer sind sie hochattraktive Möglichkeiten der Selbstdarstellung und der sozialen Kommunikation, die sie in Milliardenstärke nutzen. Für die Anbieter sind sie Werbeplattformen, die durch die Verarbeitung aussagekräftiger Nutzerprofile und die Bindung von Aufmerksamkeit der Nutzer an das Angebot in hochprofitabler Weise personalisierte Werbung im Internet anbieten können. Sie beeinflussen inzwischen in starker Weise die gesellschaftliche Kommunikation und auch die Formen und Inhalte politischer Diskussion und damit die Verwirklichungsbedingungen von Grundrechten und Demokratie. Daher ist es wichtig, die Auswirkungen von Social Networks auf diese Verwirklichungsbedingungen zu untersuchen und die Notwendigkeit und Möglichkeit des Rechts, auf diese Internetplattformen Einfluss zu nehmen, näher zu bestimmen. Da es sich bei Social Networks um Realisierungen von Informations- und Kommunikationstechniken handelt, ist es notwendig zu untersuchen, wie das Recht durch Anforderungen an die Gestaltung von Social Networks die Macht der Technik für die Ziele des Rechts nutzen kann.

Die entscheidende Verbindung zwischen den beiden sozialen Funktionen von Social Networks stellen die personenbezogenen Daten der vielen betroffenen Personen dar. Sie werden entsprechend der Gestaltung der Plattformen von den Nutzern bewusst als Profilangaben eingebracht, durch die Nutzung der Plattformen unbewusst erzeugt und durch vielfältige Tracking-Maßnahmen der Anbieter von Nutzern und Nicht-Nutzern erhoben. Die Anbieter speichern alle diese Daten und führen sie zu Persönlichkeitsprofilen zusammen, die eine möglichst individualisierte Werbung (Micro Targeting) ermöglichen soll. Die Anbieter nutzen die Kenntnis über Präferenzen, Gewohnheiten, Interessen, Bildung, Stimmung und viele weitere Merkmale der Nutzer aus, um möglichst zielgenau und erfolgreich zu werben.

Die Datenerhebungen, -sammlungen und -verwendungen verursachen vielfältige datenschutzrechtliche Herausforderungen. Sie beginnen bei der Frage, welches Datenschutzrecht auf das Angebot und die Nutzung von Social Networks Anwendung findet. Sie setzen sich fort bei der Frage, wie die bisherige Praxis der Social Networks mit den Grundsätzen des Datenschutzes vereinbart werden können. Umstritten ist auch, welche Praktiken der Networks datenschutzrechtlich zulässig sind, ob und wie in sie eingewilligt werden kann, welche Datenverarbeitungsmaßnahmen für die Erfüllung der Verträge mit den Nutzern erforderlich sind sowie ob und mit welcher Begründung sie auf eine Interessenabwägung mit den schutzwürdigen Interessen der Nutzer gestützt werden können. Weiterhin stellen sich Fragen, welche Rechte den betroffenen Personen zustehen und wie diese gegenüber den Social Networks durchgesetzt werden können, wie insbesondere die Interessen von Kindern berücksichtigt werden müssen und welche Pflichten der Verantwortlichen die Anbieter von Social Networks erfüllen, erfüllen müssen und erfüllen können. Alle diese Fragen benötigen eine rechtliche, aber auch eine technische Antwort. Notwendig sind Hinweise dazu, wie die Social Networks gestaltet sein müssten, damit ihre Technik die Einhaltung des Datenschutzrechts sicherstellt.

Seit dem 25. Mai 2018 gilt zwar die Datenschutz-Grundverordnung in den Mitgliedstaaten der Europäischen Union. Sie hilft aber bei der Beantwortung der vielen datenschutzrechtlichen Fragen, die sich durch die bisherige Praxis von Social Networks stellen, wenig weiter. Sie enthält aufgrund der ihr zugrundeliegenden übertriebenen Ideologie einer Technikneutralität keine einzige spezifische Regelung zu den vielfältigen Risiken von Social Networks für Grundrechte. Ihre abstrakten Regelungen sind gegenüber Social Networks risikoneutral. Sie müssen in der Praxis zur Bewältigung der Herausforderung mühsam und im ständigen Streit konkretisiert werden.

Hier setzt die Arbeit von Frau Nebel an. Sie verfolgt mit ihr ein dreifaches Ziel: Erstens, identifiziert sie die einschlägigen verfassungsrechtlichen Garantien zum Schutz der Persönlichkeit der Nutzer von Social Networks. Zweitens untersucht sie die Vorgaben der Datenschutz-Grundverordnung dahingehend, ob und wie diese auf Social Networks Anwendung finden. Drittens erarbeitet sie technische und organisatorische Gestaltungsziele, die es ermöglichen, ein rechtskonformes Social Network entwickeln zu können. Mit der von ihr vorgelegten monographischen Untersuchung dieser umfassenden Rechtsfragen der Bewertung und Gestaltung des Persönlichkeitsschutzes in Social Networks füllt Frau Nebel wesentliche Lücken im Recht modernster Informations- und Kommunikationstechniken. Indem sie sowohl die relevanten Grundrechte als auch die einschlägigen Vorgaben der Datenschutz-Grundverordnung untersucht, bietet sie sowohl wertvolle Hinweise für das notwendige Rechtsverständnis gegenüber Social Networks als auch grundlegende Hilfestellungen für das Angebot und die Nutzung dieser Plattformen in der Praxis. Indem sie zeigt, wie Risiken für die Nutzer und sonstigen betroffenen Personen durch die technische und organisatorische Gestaltung solcher Plattformen vermieden werden können, trägt sie zur Rechtskonformität der Internetnutzung bei.

Die Arbeit entstand zu großen Teilen im Rahmen der Mitarbeit in den Forschungsprojekten „Internet Privacy" und „Forum Privatheit und selbstbestimmtes Leben in der digitalen Welt". Das interdisziplinäre Forschungsprojekt „Internet Privacy" wurde unter der Koordination der Akademie der Technikwissenschaften (acatech) und unter der wissenschaftlichen Leitung der Technischen Universität Darmstadt von mehreren Forschungseinrichtungen von 2001 bis 2013 durchgeführt und vom Bundesministerium für Bildung und Forschung sowie von Google Germany GmbH, Deutsche Post AG, IBM AG und Nokia AG unterstützt. Im „Forum Privatheit" untersuchen vier Universitäten, zwei Fraunhofer-Institute und das Unabhängige Landeszentrum für Datenschutz in Schleswig-Holstein die Chancen für Privatheit und Selbstbestimmung in der digitalisierten Welt. Es wird vom Bundesministerium für Bildung und Forschung gefördert. In beiden Projekten untersuchte die Projektgruppe verfassungsverträgliche Technikgestaltung (provet) im Wissenschaftlichen Zentrum für Informationstechnik-Gestaltung (ITeG) der Universität Kassel unter Leitung des Gutachters die relevanten Rechtsfragen. In ihnen bearbeitete Frau Nebel selbstständig die hier untersuchten Rechtsfragen und konnte in enger interdisziplinärer Zusammenarbeit mit Informatikern, Psychologen, Soziologen, Philosophen und Betriebswirten den für die Arbeit relevanten Fragen nachgehen.

Für die künftige Entwicklung und Gestaltung von Social Networks sowie die rechtswissenschaftliche Diskussion über diese ist zu hoffen, dass die Entscheidungsträger in Politik, Wirtschaft und Wissenschaft die Erkenntnisse dieser Arbeit zur Kenntnis nehmen und bei ihren Entscheidungen berücksichtigen.

Kassel   Alexander Roßnagel
im Juli 2020

Vorwort der Autorin

Die vorliegende Arbeit „Persönlichkeitsschutz in Social Networks – Technische Unterstützung eines grundrechtskonformen Angebots von Social Networks" entstand während meiner Zeit als wissenschaftliche Mitarbeiterin in der Projektgruppe verfassungsverträgliche Technikgestaltung (provet) unter der Leitung von Prof. Dr. Alexander Roßnagel im Wissenschaftlichen Zentrum für Informationstechnik-Gestaltung (ITeG) an der Universität Kassel hauptsächlich in den unter anderem vom Bundesministerium für Bildung und Forschung (BMBF) geförderten Forschungsprojekten Internet Privacy und Forum Privatheit. Die Arbeit wurde im April 2020 vom Promotionsausschuss der Universität Kassel angenommen. Die Disputation fand am 11. Mai 2020 statt – bedingt durch die Corona-Pandemie per Videokonferenz. Bei der Veröffentlichung wurde die Rechtslage bis Mai 2020 berücksichtigt. Alle in der Arbeit verwendeten Internetquellen wurden zuletzt im Mai 2020 auf Aktualität überprüft.

Mein besonderer Dank gilt meinem Doktorvater Prof. Dr. Alexander Roßnagel für sein in mich gesetztes Vertrauen, seine unerschütterliche Geduld und Zuversicht und stetige Unterstützung bei der Erstellung dieser Arbeit. Prof. Thaenert danke ich ganz herzlich für die Übernahme und zügige Erstellung des Zweitgutachtens. Ihnen sowie Prof. Dr. Martina Deckert und Prof. Dr. Gerrit Hornung, LL.M., danke ich für das freundliche Prüfungsgespräch.

Den provetinnen und proveten danke ich für anregende Gespräche, konstruktive Kritik an meinen Texten, die angenehme Arbeitsatmosphäre und nicht zuletzt für die kurzweiligen Mittagspausen und abendlichen Boulder-Sessions. Mein besonderer Dank gilt darüber hinaus der Geschäftsführung von provet, PD Dr. Silke Jandt, Dr. Philipp Richter sowie Dr. Christian Geminn, die mir in ihren jeweiligen Amtszeiten jederzeit für Fragen und Rat zur Seite standen. Zudem möchte ich Herrn

Tamer Bile, LL.M., danken für die Entlastungen in der täglichen Projektarbeit während der Phase der Fertigstellung dieser Arbeit.

Mein größter Dank gilt meiner Familie. Insbesondere meiner Mutti danke ich dafür, dass sie immer an mich geglaubt und meinen Werdegang jederzeit bedingungslos unterstützt hat. Meinem Mann danke ich vor allem dafür, dass er diesen Weg mit mir gegangen ist und mir jederzeit den Rücken freigehalten hat, um diese Arbeit zu Ende zu führen. Sein immerwährender Zuspruch und seine Zuversicht in mich haben maßgeblich zum Gelingen dieser Arbeit beigetragen. Und schließlich danke ich unseren Kindern: Einfach dafür, dass es sie gibt und sie mein Leben Tag für Tag bereichern.

Kassel   Maxi Nebel
im Juni 2020

Inhaltsverzeichnis

Abkürzungsverzeichnis

A	Anforderung
a. A.	anderer Ansicht
a. E.	am Ende
a. F.	alte Fassung
ABl. EG	Amtsblatt der Europäischen Gemeinschaften
ABl. EU	Amtsblatt der Europäischen Union
Abs.	Absatz
AEMR	Allgemeinen Erklärung der Menschenrechte
AEUV	Vertrag über die Arbeitsweise der Europäischen Union
AG	Amtsgericht
Alt.	Alternative
AöR	Archiv des öffentlichen Rechts (Zeitschrift)
APuZ	Aus Politik und Zeitgeschichte (Zeitschrift)
ArbGG	Arbeitsgerichtsgesetz
Art.	Artikel
Aufl.	Auflage
Az.	Aktenzeichen
BAG	Bundesarbeitsgericht
BAGE	Entscheidungen des Bundesarbeitsgerichts
BB	Betriebs-Berater (Zeitschrift)
Begr.	Begründer
Bd.	Band
BDSG a. F.	Bundesdatenschutzgesetz (in der Fassung vom 14.1.2003)
BDSG	Bundesdatenschutzgesetz (in der Fassung vom 30.6.2017)
BeckOGK	beck-online – Großkommentar
BeckOK	Beck'scher Online-Kommentar

BetrVG	Betriebsverfassungsgesetz
BfDI	Der/die Beauftragte für den Datenschutz und die Informationsfreiheit
BGB	Bürgerliches Gesetzbuch
BGBl.	Bundesgesetzblatt
BGH	Bundesgerichtshof
BGHSt	Entscheidungssammlung des Bundesgerichtshofs in Strafsachen
BGHZ	Entscheidungssammlung des Bundesgerichtshofs in Zivilsachen
BITKOM	Bundesverband Informationswirtschaft, Telekommunikation und neue Medien e. V
BKR	Zeitschrift für Bank- und Kapitalmarktrecht (Zeitschrift)
BR-Drs.	Bundesrats-Drucksache
BSI	Bundesamt für Sicherheit in der Informationstechnik
BT-Drs.	Bundestags-Drucksache
BVerfG	Bundesverfassungsgericht
BVerfGE	Entscheidungssammlung des Bundesverfassungsgerichts
CISG	United Nations Convention on Contracts for the International Sale of Goods (UN-Kaufrecht)
COPPA	Children Online Privacy Act
c't	Magazin für Computertechnik (Zeitschrift)
CR	Computer und Recht (Zeitschrift)
DSB	Datenschutz-Berater (Zeitschrift)
DSK	Datenschutzkonferenz (Gremium der unabhängigen deutschen Datenschutzaufsichtsbehörden des Bundes und der Länder)
DÖV	Die Öffentliche Verwaltung (Zeitschrift)
Drs.	Drucksache
DSGVO	Datenschutz-Grundverordnung
DSGVO-E-KOM	Entwurf der Europäischen Kommission für eine Datenschutz-Grundverordnung
DSGVO-E-Parl	Entwurf des Europäischen Parlaments für eine Datenschutz-Grundverordnung
DSRI	Deutsche Stiftung für Recht und Informatik
DSRITB	DSRI-Tagungsband
DSRL	Datenschutzrichtlinie
DuD	Datenschutz und Datensicherheit (Zeitschrift)
DVBl.	Deutsches Verwaltungsblatt (Zeitschrift)

DVR	Datenverarbeitung im Recht (Zeitschrift)
ECLI	European Case Law Identifier
EDSB	Europäischer Datenschutzbeauftragter
EG	Europäische Gemeinschaft
EGMR	Europäischer Gerichtshof für Menschenrechte
Einl.	Einleitung
EL	Ergänzungslieferung
E-Mail	Electronic Mail
EMRK	Europäische Menschenrechtskonvention
ENISA	Europäische Agentur für Netz- und Informationssicherheit
ePrivacy-VO-KOM	Vorschlag der Europäischen Kommission für eine Verordnung des Europäischen Parlaments und des Rates über die Achtung des Privatlebens und den Schutz personenbezogener Daten in der elektronischen Kommunikation
ePrivacy-VO-PARL	Vorschlag des Europäischen Parlaments für eine Verordnung des Europäischen Parlaments und des Rates über die Achtung des Privatlebens und den Schutz personenbezogener Daten in der elektronischen Kommunikation
ErfK	Erfurter Kommentar
EU	Europäische Union
EuG	Gericht der Europäischen Union
EuGH	Europäischer Gerichtshof
EuR	Europarecht (Zeitschrift)
EUV	Vertrag über die Europäische Union
EuGVVO	Brüssel-Ia-Verordnung über gerichtliche Zuständigkeit
EuZW	Europäische Zeitschrift für Wirtschaftsrecht (Zeitschrift)
e. V.	eingetragener Verein
f.	folgende
FAQs	Frequently Asked Questions – häufig gestellte Fragen
ff.	fortfolgende
FM	First Monday (Zeitschrift)
Fn.	Fußnote
GG	Grundgesetz
GI LNI	Lecture Notes in Informatics der Gesellschaft für Informatik (Hrsg.)
gem.	gemäß
GewO	Gewerbeordnung

GmbH	Gesellschaft mit beschränkter Haftung
GRCh	Charta der Grundrechte der Europäischen Union
GRUR	Gewerblicher Rechtsschutz und Urheberrecht (Zeitschrift)
GRURInt	Gewerblicher Rechtsschutz und Urheberrecht Internationaler Teil (Zeitschrift)
GRUR-Prax	Gewerblicher Rechtsschutz und Urheberrecht. Praxis im Immaterialgüter- und Wettbewerbsrecht (Zeitschrift)
h. M.	herrschende Meinung
HGB	Handelsgesetzbuch
Hrsg.	Herausgeber
HTML	Hypertext Markup Language
HTTPS	Hypertext Transfer Protocol Secure
i. E.	im Ergebnis
Inc.	Incorporated
IPbpR	Internationaler Pakt über bürgerliche und politische Rechte
IP	Internetprotokoll
IPv4/IPv6	Version 4 bzw. 6 des Internetprotokolls
IT	Informationstechnik
ITRB	IT-Rechtsberater (Zeitschrift)
JA	Juristische Ausbildung (Zeitschrift)
JCMC	Journal of Computer-Mediated Communication (Zeitschrift)
jM	juris – die Monatszeitschrift (Zeitschrift)
JSON	JavaScript Object Notation
JurPC	Internet-Zeitschrift für Rechtsinformatik und Informationsrecht (Zeitschrift)
jurisPR	Juris Praxisreport (Zeitschrift)
JZ	JuristenZeitung (Zeitschrift)
K	Kriterium
K&R	Kommunikation und Recht (Zeitschrift)
Kap.	Kapitel
KG	Kammergericht
KJ	Kritische Justiz (Zeitschrift)
KORA	Konkretisierung rechtlicher Anforderungen (Methode)
KunstUrhG	Kunsturhebergesetz
LC	Library of Congress
LfM	Landesanstalt für Medien
LG	Landgericht
lit.	litera

Ltd.	Limited (Gesellschaftsform)
MMR	Multimedia und Recht (Zeitschrift)
mpfs	Medienpädagogischer Forschungsverbund Südwest
MüKo	Münchener Kommentar
MW	MedienWirtschaft (Zeitschrift)
NetzDG	Netzwerkdurchsetzungsgesetz
NJOZ	Neue Juristische Online-Zeitschrift (Zeitschrift)
NJW	Neue Juristische Wochenschrift (Zeitschrift)
Nr.	Nummer
NSA	National Security Agency (Nationale Sicherheitsbehörde der USA)
NVwZ	Neue Zeitschrift für Verwaltungsrecht (Zeitschrift)
NZA	Neue Zeitschrift für Arbeitsrecht (Zeitschrift)
NZFam	Neue Zeitschrift für Familienrecht (Zeitschrift)
OLG	Oberlandesgericht
ÖOGH	Österreichischer Oberster Gerichtshof
OTT-Dienste	Over-the-Top-Dienste
OVG	Oberverwaltungsgericht
PDA	Personal Digital Assistant
PinG	Privacy in Germany (Zeitschrift)
PNAS	Proceedings of the National Academy of Sciences (Tagungsband)
provet	Projektgruppe verfassungsverträgliche Technikgestaltung
RDV	Recht der Datenverarbeitung (Zeitschrift)
RL	Richtlinie
Rn.	Randnummer
Rs.	Rechtssache
Rspr.	Rechtsprechung
RW	Zeitschrift für rechtswissenschaftliche Forschung (Zeitschrift)
S./s.	siehe
SDM	Standard-Datenschutzmodell
Slg.	Sammlung
SMS	Short Message Service
StGB	Strafgesetzbuch
TKG	Telekommunikationsgesetz
TMG	Telemediengesetz
TR	Technische Richtlinie
txt	Textdatei (Dateiformat)

UAbs.	Unterabsatz
UKlaG	Unterlassungsklagegesetz
ULD	Unabhängiges Landeszentrum für Datenschutz Schleswig-Holstein
URL	Uniform Resource Locator (hier: Internetadresse)
USA	Vereinigte Staaten von Amerika
V&R	Verbraucher und Recht (Zeitschrift)
vCard	Elektronische Visitenkarte (Dateiformat)
VG	Verwaltungsgericht
vgl.	vergleiche
VO	Verordnung
VoIP	Voice over IP (Internet-Telefonie)
VPN	Virtual Private Network
WP	Working Paper
XML	Extensible Markup Language (dt. Erweiterbare Auszeichnungssprache)
Z	(Gestaltungs-)Ziel
z. B.	zum Beispiel
ZD	Zeitschrift für Datenschutz (Zeitschrift)
ZPO	Zivilprozessordnung
ZRP	Zeitschrift für Rechtspolitik (Zeitschrift)
ZUM	Zeitschrift für Urheber- und Medienrecht (Zeitschrift)

Einleitung

1

Der Mensch ist ein soziales Wesen, das nach Gemeinschaft strebt. Die Gemeinschaft mit ihren Ritualen, Möglichkeiten zur Kommunikation und Selbstdarstellung ist die Basis für die Identitätsbildung und -findung eines jeden Einzelnen. Die Form der öffentlichen Gemeinschaft änderte sich mit der kulturellen und gesellschaftlichen Entwicklung des Menschen. In der Antike war die Agora als Fest-, Versammlungs- und Marktplatz die zentrale gesellschaftliche Institution. Im mittelalterlichen Europa übernahmen diese Gemeinschaftsbildung Dorf- und Marktplätze. Das sich im 19. und 20. Jahrhundert entwickelnde Vereinswesen spielte ebenfalls eine wichtige Rolle, dienen Vereine doch dazu, sich für einen bestimmten Zweck zu einer Gemeinschaft zusammenzufinden. In dieser Gemeinschaft übernimmt der Mensch eine Vielzahl von Rollen. Er und sie[1] ist zugleich Kind, (Ehe-)Partner, Mutter oder Vater, Arbeitnehmer oder Arbeitgeber, Schüler oder Lehrer, und vieles mehr. Darüber definiert sich der einzelne Mensch und bildet seinen Teil der Gemeinschaft. Mit der stetigen Entwicklung des Internets und der durchdringenden Digitalisierung aller Lebensbereiche ist es nur konsequent, auch die Gemeinschaftsfindung und das Gemeinschaftsleben ins Internet zu verlagern – gewissermaßen im Sinne eines Globalen Dorfes.[2]

Dieses Streben des Menschen nach Gemeinschaft haben sich die Gründer der Social Networks zunutze gemacht. „Build a Community" war Mark Zuckerbergs vordergründiges Ziel bei der Entwicklung des Social Networks Facebook 2004[3]

---

[1]In dieser Arbeit wird aus Gründen der besseren Lesbarkeit im Folgenden das generische Maskulinum verwendet. Weibliche und anderweitige Geschlechteridentitäten werden dabei ausdrücklich mitgemeint.

[2]„Global Village". Der Begriff wurde geprägt von *McLuhan* 1962, obgleich in weniger positiver Weise verwendet als heute üblich.

[3]*Clifford*, How Mark Zuckerberg came up with the idea for Facebook, cnbc.com vom 18.1.2018, https://www.cnbc.com/2018/01/17/why-mark-zuckerberg-started-facebook.html.

© Der/die Herausgeber bzw. der/die Autor(en), exklusiv lizenziert durch Springer Fachmedien Wiesbaden GmbH, ein Teil von Springer Nature 2020
M. Nebel, *Persönlichkeitsschutz in Social Networks*, DuD-Fachbeiträge, https://doi.org/10.1007/978-3-658-31786-7_1

und „Building Global Community" ist es augenscheinlich mehr als ein Jahrzehnt später noch.[4] Und in der Tat erfreuen sich Social Networks größter Beliebtheit. Quer durch alle Bevölkerungsschichten werden diese alltäglich genutzt. 87 % der Internetnutzer in Deutschland waren im Jahre 2018 in mindestens einem Social Network angemeldet.[5] Vergleicht man die Altersgruppen, zeichnen sich zwar nach wie vor deutliche Unterschiede ab, allerdings nutzen zunehmend auch ältere Generationen Social Networks.[6] Unter den 14- bis 29-Jährigen waren 98 % in einem Social Networks angemeldet. Bei den 30- bis 49- Jährigen betrug der Anteil der angemeldeten Nutzer noch 92 %, bei den über 50-Jährigen 80 %. Selbst in der Altersgruppe ab 65 Jahren sind 65 % Nutzer von Social Networks.[7] Wurde im Jahr 2011 noch vorrangig von zu Hause aus auf Social Networks zugegriffen, hat sich insbesondere durch die Zunahme der mobilen Internet-Nutzung durch Smartphones und Tablet-PCs der Zugriff auf Social Networks weg von stationären Computern hin zu Mobilgeräten entwickelt.[8] Dadurch erfolgt die Nutzung von Social Networks nicht nur ortsunabhängiger, sondern vermutlich auch noch intensiver.

Die mit Abstand beliebtesten Social Networks 2018 und 2019 sind dabei Facebook und – vor allem bei Kindern und Jugendlichen – YouTube.[9] Diese Fokussierung der Nutzer auf nur eine Handvoll Social Networks führte in den letzten Jahren zu einem enormen Schwund einst beliebter Plattformen und einer stetigen wachsenden Monotonie einer vormals vielfältigen Plattform-Landschaft. Daher wird in dieser Arbeit auch bevorzugt auf das mitgliederreichste Social Network Facebook Bezug genommen.

---

[4]*Zuckerberg*, Building Global Community, Blog vom 16.2.2017, https://www.facebook.com/notes/mark-zuckerberg/building-global-community/10154544292806634/.

[5]*BITKOM* 2018a, 2.

[6]*BITKOM* 2018a, 2.

[7]*BITKOM* 2018a, 2.

[8]*BITKOM* 2011, 17; *BITKOM* 2018a, 8.

[9]*BITKOM* 2018a, 4; *We Are Social/Hootsuite/DataReportal*, Ranking der größten sozialen Netzwerke und Messenger nach der Anzahl der monatlich aktiven Nutzer (MAU) im Januar 2019 (in Millionen), Statista 2019, https://de.statista.com/statistik/daten/studie/181086/umfrage/die-weltweit-groessten-social-networks-nach-anzahl-der-user/. Zählt man den Messenger WhatsApp als Social Network hinzu, zählt auch dieser zu den beliebtesten Diensten in Deutschland, *Suhr*, Jeder zweite Deutsche nutzt Facebook täglich, Statista 2019, https://de.statista.com/infografik/16855/anteil-der-deutschen-die-soziale-med ien-taeglich-nutzen/. Vgl. zur Nutzung von Social Networks speziell durch Minderjährige Abschn. 7.5.7.

Das erfolgreichste Social Network war im Jahre 2018 Facebook. Es gehört zu den fünf wertvollsten Internet-Unternehmen der Welt und verzeichnete mit 538 Milliarden US-Dollar den höchsten Börsenwert unter den Social Networks.[10] Dabei generierte es einen Umsatz von 55,8 Milliarden Dollar.[11] Facebook erreicht pro Monat mehr als 2 Milliarden Menschen.[12] Der wirtschaftliche Erfolg des Unternehmens beruht primär auf der Verwertung personenbezogener Daten. Damit ist das Social Network in erster Linie ein Wirtschaftsunternehmen, das nach den klassischen Regeln des Wirtschaftens agiert, und dessen Ziel am Ende des Tages darin besteht, Gewinn zu erwirtschaften und sich bei seinen Aktionären zu bewähren. Es geht also nicht darum, eine Gemeinschaft zu bilden, sondern Profit zu generieren. Die Mittel, die Facebook dafür in die Hand nimmt, sind vielfältig; wichtig ist es insbesondere, möglichst viele Dienste und damit viele Nutzer unter einem Dach zu versammeln, um ein möglichst lückenloses Profil zu erstellen. Aus der Perspektive der Nutzer steht dennoch die Gemeinschaftlichkeit im Vordergrund. Social Networks sollen helfen, mit Freunden und Familie in Kontakt zu bleiben, zu kommunizieren, sich zu informieren und in der Öffentlichkeit zu präsentieren – was früher auf dem Dorfplatz geschah, passiert jetzt in einem Social Network.

Trotz oder gerade deswegen sollten regelmäßige Datenskandale jedoch vorsichtig werden lassen. Im März 2019 musste Facebook zugeben, Passwörter von Millionen von Nutzern unverschlüsselt auf seinen Servern gespeichert zu haben.[13] Angesichts der Reichweite von Facebook, der Anzahl der Nutzer und der schieren Menge an personenbezogenen Daten, die täglich entstehen, offenbaren sich hier immense Gefährdungen für jeden einzelnen Nutzer. Im März 2018 wurde beispielsweise bekannt, dass die Firma Cambridge Analytica mittels einer App auf Facebook bis zu 50 Millionen Nutzerprofile abgreifen und auswerten konnte. Dabei wurden nicht nur die Daten der eigentlichen App-Nutzer, sondern auch Profile von deren Freunden abgegriffen. Zwar behauptete Facebook, dies sei von den Nutzungsbedingungen der App gedeckt gewesen. An der Rechtmäßigkeit dieser Nutzungsbedingungen lässt sich aber zweifeln, da es Nutzern des Social Networks

---

[10]*Kleiner Perkins Caufield & Byers*, Börsenwert der größten Internetunternehmen weltweit im Mai 2018 (in Milliarden US-Dollar), Statista 2019, https://de.statista.com/statistik/daten/studie/217485/umfrage/marktwert-der-groessten-internet-firmen-weltweit/.

[11]*Facebook*, Geschäftsbericht 2018, https://investor.fb.com/financials/default.aspx.

[12]*We Are Social/Hootsuite/DataReportal*, Ranking der größten sozialen Netzwerke und Messenger nach der Anzahl der monatlich aktiven Nutzer (MAU) im Januar 2019 (in Millionen), Statista 2019, https://de.statista.com/statistik/daten/studie/181086/umfrage/die-weltweit-groessten-social-networks-nach-anzahl-der-user/.

[13]*Tagesschau*, Neue Datenpanne bei Facebook, tagesschau.de vom 21.3.2019, https://www.tagesschau.de/wirtschaft/facebook-passwoerter-101.html.

nicht zusteht, über die Weitergabe von Daten Dritter zu entscheiden. Die Rechtmäßigkeit der Nutzungsbedingungen der App im Einzelnen dahingestellt, zeigt dieses
Beispiel, wie leicht es für Außenstehende nach der derzeitigen Struktur der Social
Networks ist, an Nutzerdaten zu gelangen.[14] Der EU-Datenschutzbeauftragte Gio-
vanni Buttarelli sprach gar von einem „Jahrhundertskandal".[15] Allerdings hatte
auch Google in seinem Social Network Google + 2018 mit „Softwarepannen"
in App-Schnittstellen zu kämpfen, durch die bis zu 400 verschiedene Apps auf
Nutzerdaten des Netzwerks Zugriff gehabt haben könnten.[16] Im April 2019 wurde
zudem bekannt, dass zwei Geschäftspartner von Facebook personenbezogene Daten
von 540 Millionen Personen, die diese von Facebook bekommen haben, unge-
schützt auf öffentlich zugänglichen Amazon-Cloud-Servern gespeichert haben.[17]
Im August 2019 wurde weiterhin bekannt, dass ein Geschäftspartner von Instagram bzw. des Mutterkonzerns Facebook mittels eigener Software auf öffentlich
zugängliche Daten, die jedoch nach 24 Stunden gelöscht werden sollten, zugegriffen,
Standortdaten unrechtmäßig extrahiert und für Werbezwecke missbraucht hat.[18] All
diese Vorfälle offenbaren, wie wenig Kontrolle Facebook darüber zu haben scheint,
wie dessen Geschäftspartner mit den akquirierten Daten aus dem Social Network
umgehen. Nicht ohne Grund sprach der Präsident des Bundesverfassungsgerichts
Andreas Voßkuhle über die Nutzung eines Social Networks einst von einer „risiko-
geneigten Tätigkeit".[19] Zudem wurde offenbar, dass die Videoplattform YouTube

---

[14]Z. B. *Cadwalladr/Graham-Harrison*, Revealed: 50 million Facebook profiles harvested for
Cambridge Analytica in major data breach, The Guardian vom 17.3.2018, https://www.thegua
rdian.com/news/2018/mar/17/cambridge-analytica-facebook-influence-us-election; *Rosen-
berg/Confessore/Cadwalladr*, How Trump Consultants Exploited the Facebook Data of
Millions, The New York Times vom 17.3.2018, https://nyti.ms/2GCv9EI.

[15]*Stupp*, Top EU privacy watchdog calls Facebook data allegations the 'scandal of the cen-
tury', Euractiv.com vom 20.3.2018, https://www.euractiv.com/section/data-protection/news/
top-eu-privacy-watchdog-calls-facebook-data-allegations-the-scandal-of-the-century/.

[16]*ZEIT Online*, Google + wird nach Datenleck geschlossen, ZEIT Online vom 8.10.2018,
https://www.zeit.de/digital/2018-10/soziale-netzwerke-google-plus-datenleck-plattform-sch
liessung.

[17]*Tagesschau*, Erneut massive Datenpanne bei Facebook, tagesschau.de vom 4.4.2019, https://
www.tagesschau.de/wirtschaft/facebook-daten-cloud-103.html.

[18]*Price*, Instagram's lax privacy practices let a trusted partner track millions of users'
physical locations, secretly save their stories, and flout its rules, Business Insider
vom 7.8.2019, https://www.businessinsider.de/startup-hyp3r-saving-instagram-users-stories-
tracking-locations-2019-8.

[19]*Focus Online*, Voßkuhle warnt vor der Sammelwut von Facebook, Focus Online vom
6.11.2011, https://www.focus.de/digital/internet/facebook/bundesverfassungsgericht-vossku
hle-warnt-vor-der-sammelwut-von-facebook_aid_681745.html.

zumindest in den USA rechtswidrig personenbezogene Daten von Kindern unter 13 Jahren gesammelt und ausgewertet hat.[20] Noch weit mehr Nutzer als bei Cambridge Analytica waren von einem Datenleck betroffen, das im September 2019 öffentlich wurde. In diesem sind Mobiltelefon- und Profil-Identifikationsnummern von bis zu 419 Millionen Facebook-Nutzern frei im Internet abrufbar gewesen.[21] Die Liste ließe sich beliebig fortsetzen.

Dass mit jeder Aktion personenbezogene Daten entstehen, ist der digitalen Datenverarbeitung eigen und wird von den Anbietern von Social Networks ausgenutzt, bilden sie doch die Geschäftsgrundlage. Für die Privatheit und die Persönlichkeitsrechte des Nutzers ist eine solche allumfassende und zudem noch in der Hand eines einzigen Internetkonzerns befindliche Datensammlung jedoch höchst problematisch. Bereits 1983 hat das Bundesverfassungsgericht im Volkszählungsurteil festgestellt, dass es kein „belangloses Datum" gibt,[22] denn je nach Verwendungszusammenhang kann jedes Datum einen Aussagegehalt bekommen, der vom Nutzer nicht beabsichtigt war. Hier tut sich eine ganze Spannbreite an Konflikten auf, die sich für die Persönlichkeitsrechte jedes einzelnen Nutzers durch die Nutzung von Social Networks ergeben.

Daher wurde von Zeit zu Zeit der Ruf nach Regulierung von Social Networks laut. Bei der Reform des Datenschutzrechts in Europa ging es freilich nicht allein um die Datenverarbeitung in Social Networks. Nur bei wenigen Regelungen der Datenschutz-Grundverordnung wurden Social Networks mitgedacht oder explizit genannt. Das Ziel, insbesondere diejenigen Anbieter, die ihren Sitz außerhalb der Union haben, effektiver datenschutzrechtlich zu regulieren und den Nutzern einen besseren Schutz zu gewähren, konnte daher nur in Ansätzen erreicht werden. Besser noch zum Schutz der Nutzer neben einer gewissen Sensibilisierung für die Risiken und Eigenheiten von Social Networks sind zudem Unterstützungsmöglichkeiten durch technische Hilfsmittel, um die Persönlichkeitsrechte der Nutzer zu schützen.

Ziel der Arbeit ist es erstens, die einschlägigen verfassungsrechtlichen Garantien zum Schutz der Persönlichkeit der Nutzer von Social Networks zu identifizieren. Zweites Ziel der Arbeit ist es, die Vorgaben der Datenschutz-Grundverordnung dezidiert dahingehend zu untersuchen, ob und wie diese auf Social Networks

---

[20]Indem YouTube einen gerichtlichen Vergleich akzeptierte, kam weiteren Ermittlungen und Verfahren zuvor. *Weiß*, Kinderschutz missachtet: Youtube zahlt 170 Millionen US-Dollar, heise online vom 4.9.2019, https://heise.de/-4513670.

[21]*Mühlenmeier*, 419 Millionen Betroffene: Datenleck bei Facebook gab Handynummern preis, netzpolitik.org vom 5.9.2019, https://netzpolitik.org/2019/419-millionen-betroffene-datenleck-bei-facebook-gab-handynummern-preis.

[22]BVerfGE 65, 1 (45).

Anwendung finden. Ein besonderer Fokus liegt dabei auf der Problematik der vielschichtigen Verantwortlichkeit bei der Verarbeitung personenbezogener Daten in Social Networks, die aus jedem Nutzer auch einen Verantwortlichen im Sinne der Verordnung machen kann. Beide Ziele dienen drittens dazu, mithilfe der Methode „Konkretisierung rechtlicher Anforderungen" (KORA) technische und organisatorische Gestaltungsziele zu erarbeiten, die es ermöglichen, ein rechtskonformes Social Network entwickeln zu können. Im Rahmen dieser Arbeit liegt ein besonderer Fokus darauf, die Anforderungen der seit Mai 2018 wirksamen Datenschutz-Grundverordnung in die organisatorischen und technischen Gestaltungsziele einfließen zu lassen. Freilich können nicht alle Rechtsprobleme, die sich im Zusammenhang mit dem Persönlichkeitsschutz in Social Networks stellen, abgehandelt werden. Keine Beachtung findet daher beispielsweise die Problematik von Fake News,[23] also gezielten Falschmeldungen, die die öffentliche Meinungsbildung beeinflussen und lenken sollen und damit Auswirkungen auf die Meinungsfreiheit und demokratische Willensbildung haben können.

Systematische datenschutzrechtliche Untersuchungen bezüglich Social Networks gibt es bisher nur zum Recht, das vor Wirksamwerden der Datenschutz-Grundverordnung galt.[24] Soweit ersichtlich, erschien bisher eine Arbeit, die die Anforderungen der Datenschutz-Grundverordnung aufgreift.[25] Diese beschränkt sich aber auf eine rein datenschutzrechtliche Perspektive. Die vorliegende Arbeit erweitert den Blick zum einen auf die Persönlichkeitsrechte der Nutzer von Social Networks und gibt mittels der Vorschläge zur Systemgestaltung ein Hilfsmittel an die Hand, wie die Anforderungen der Verordnung systematisch umgesetzt werden können.

Die Arbeit entstand hauptsächlich in den Forschungsprojekten Internet Privacy und Forum Privatheit. Internet Privacy war ein vom Bundesministerium für Bildung und Forschung, Google Germany GmbH, Deutsche Post AG, IBM, Nokia und dem Bundesministerium für Wirtschaft und Technologie gefördertes Projekt der Akademie für Technikwissenschaften (acatech) mit einer Laufzeit von September 2011 bis Februar 2013. Forum Privatheit ist ein vom Bundesministerium für Bildung und Forschung gefördertes interdisziplinäres Vorhaben, das sich mit den Folgen für Privatheit und Selbstbestimmung in der digitalen Welt auseinandersetzt. Das Projekt lief in seiner ersten Phase von April 2014 bis März 2017 und in der zweiten Phase von April 2017 bis März 2021.

---

[23] S. hierzu *Forum Privatheit* (Hrsg.), Policy Paper Fake News, 2017.

[24] *Piltz* 2013, *Heberlein* 2017.

[25] *Golland* 2019.

Die folgende Arbeit wird zunächst in Kapitel 2 den Untersuchungsgegenstand der Social Networks genauer beleuchten und dabei auch auf die verschiedenen technischen Methoden der Datenerhebung eingehen. In Kapitel 3 wird es um die Chancen und Risiken von Social Networks für die Gesellschaft gehen. Die nächsten beiden Kapitel gehen der Frage nach, wie Persönlichkeitsschutz im Recht verankert ist. Kapitel 4 wird zunächst die unterschiedlichen Anknüpfungspunkte für Privatsphäre und Privatheit aus rechtswissenschaftlicher Sicht erläutern. Kapitel 5 schließt daran mit den verfassungsrechtlichen Vorgaben des Unionsrechts und des deutschen Rechts für den Schutz der Persönlichkeit an. Kapitel 6 und 7 erläutern dann die zentralen unionsrechtlichen Vorgaben zum Datenschutzrecht und anschließend die Vorschriften der Datenschutz-Grundverordnung in Bezug auf Social Networks. Kapitel 8 widmet sich dann der rechtsverträglichen Systemgestaltung mittels der Methode KORA. Kapitel 9 liefert abschließend ein Fazit und einen Ausblick.

Untersuchungsgegenstand Social Networks

2

Social Networks gibt es in einer Vielzahl von Ausprägungsformen und Variationen. Dabei sind sie unter vielfältigen Bezeichnungen bekannt: In der Regel werden diese als Social Network, soziales Netzwerk im Internet, Online Community, Online Social Network oder Social Networking Site bezeichnet. Die Begriffe werden zumeist synonym verwendet.[1] In der vorliegenden Arbeit wird der Begriff „Social Network" oder schlicht Netzwerk verwendet, wenn von ebenjenen Angeboten im Internet die Rede ist.

Social Networks sind neben sogenannten Blogs als moderne Nachfolger der persönlichen Homepage, virtuellen Spiele- und Sozialwelten,[2] kollaborativen Projekte wie die Online-Enzyklopädie Wikipedia, Social-Bookmarking-Systeme,[3] die dem gemeinschaftlichen Indexieren von Quellen sowie dem Wissensaustausch und -management der Nutzer dienen,[4] Bestandteil des Social Media. Sie zeichnen sich durch die Möglichkeit aus, sich selbst in der Öffentlichkeit durch eine eigene Profilseite darzustellen, Kontakte zu pflegen, miteinander zu kommunizieren oder Inhalte wie Videos, Fotos oder Artikel mit ausgewählten Nutzern zu teilen und innerhalb der Freundeslisten im Social Network zu navigieren.[5]

Abzugrenzen ist Social Media von zwei weiteren Phänomenen des modernen Internets, welche in diesem Zusammenhang stets erwähnt werden: Web 2.0 und User Generated Content.[6] Web 2.0 ist eine technische Umgebung, in der Inhalt und

---

[1]*Heidemann*, Informatik Spektrum 2010, 262 (263); *Mörl/Groß* 2008, 45 f.

[2]Ein Beispiel für ersteres ist World of Warcraft, für letzteres Second Life.

[3]Z. B. BibSonomy, Delicious, StumbleUpon, Digg und viele andere.

[4]*Lerch/Krause/Hotho/Roßnagel/Stumme*, MMR 2010, 454.

[5]*Kaplan/Haenlein*, Business Horizons 2010, 59 (62); *Boyd/Ellison*, JCMC 2008, 210 (211 ff.); ausführlich zur Funktionsweise von Social Networks: *Forst*, NZA 2010, 427 (428).

[6]*Kaplan/Haenlein*, Business Horizons 2010, 59 (60).

Anwendungen nicht nur durch einzelne „Entwickler" ins Netz gestellt werden (Web
1.0), sondern kontinuierlich sowohl durch Entwickler als auch Endnutzer verändert
werden können. Web 2.0 bildet die Grundlage für Social Media.[7] User Generated
Content beschreibt hingegen den erstellten Inhalt als das Ergebnis der Nutzung
von Social Media. Nach Kaplan/Haenlein sollen für User Generated Content drei
Voraussetzungen zu erfüllen sein: Der Beitrag ist auf einer öffentlich zugänglichen
Website oder einem Social Network veröffentlicht worden, was vor allem E-Mail
und Instant Messaging-Dienste[8] ausschließt, weist ein gewisses kreatives Bemühen
auf, beinhaltet also eine eigene Bearbeitung und keine bloße Reproduktion und ist
drittens nicht Bestandteil der eigenen beruflichen oder geschäftlichen Tätigkeit.[9]
In dieser Arbeit werden ausschließlich Social Networks als Teil des Social Media
betrachtet. User Generated Content wird in diesem Zusammenhang als Teil des
Inhalts, der durch Nutzer in Social Networks erzeugt wird, Beachtung finden.

2.1   Entstehung und Kategorisierung von Social Networks

Die Entwicklung der Social Networks blickt mittlerweile auf eine bewegte und
nicht mehr ganz kurze Geschichte zurück. Begannen sie als Nischenprodukt, die nur
einem Bruchteil von Menschen überhaupt zugänglich waren, sind sie spätestens mit
der flächendeckenden Versorgung mit Internet und mobiler Kommunikationstech-
nik in die Mitte der Gesellschaft gerückt. Da die Entwicklung ständig im Fluss ist,
Phänomene im Netz heute erscheinen und morgen verschwinden, ist die Beschreibung und Kategorisierung von Social Networks mit erheblichen Schwierigkeiten
verbunden. Dennoch soll im Folgenden zunächst aufgezeigt werden, wann die ersten Social Networks entstanden sind, und wie sich die Dienste in den folgenden
Jahren entwickelt haben.

---

[7] *Kaplan/Haenlein*, Business Horizons 2010, 59 (60 f.).

[8] Instant Messaging bezeichnet einen Dienst, bei dem Nutzer nach Anmeldung (und eventueller Installierung eines Programms) synchron Textnachrichten austauschen können. Die
Nachrichten sind nur für die an der jeweiligen Unterhaltung beteiligten Nutzer einsehbar.
Bekannte Instant Messaging-Dienste sind Skype, ICQ, Miranda und WhatsApp. Allerdings
besteht die Möglichkeit, Instant Messaging-Funktionen in ein Social Network einzubinden,
wie dies insbesondere von Facebook gehandhabt wird.

[9] *Kaplan/Haenlein*, Business Horizons 2010, 59 (61).

2.1.1   Entstehung von Social Networks

Die Entwicklung von Social Networks begann bereits in den 90er Jahren des 20. Jahrhunderts. Als erstes Netzwerk dieser Art ist 1997 SixDegrees.com[10] an den Start gegangen. SixDegrees.com war ein durchaus beliebtes Social Network, da dieses als erstes verschiedene Funktionen wie Freundeslisten oder Erstellung eines persönlichen Profils, miteinander vereinigte. Mangels eines funktionierenden Geschäftsmodells wurde SixDegrees.com im Jahre 2000 geschlossen.[11] Wachsende Popularität erfuhren Social Networks Anfang der 2000er Jahre, als das Business-Netzwerke Ryze im Jahre 2001 an den Start ging, gefolgt von seinem privaten Gegenstück Friendster im Jahre 2002.[12] Mit der steigenden Verfügbarkeit des Internets auch im privaten Bereich stieg die Zahl der Social Networks seit ungefähr 2003 sprunghaft an. In die Mitte der Gesellschaft gelangten Social Networks spätestens 2004, als sich MySpace Bands und anderen Künstlern öffnete, die dort mit ihren Fans in Kontakt treten konnten. Als MySpace durch die Änderung seiner allgemeinen Geschäftsbedingungen die Mitgliedschaft Minderjähriger zuließ, war der Siegeszug der Website nicht mehr aufzuhalten. MySpace hob sich ab durch verschiedene zusätzliche Funktionen, die sich an den Erwartungen der Nutzer orientierten und vor allem deren Individualität Ausdruck zu verleihen vermochten.[13]

Facebook wurde im Jahre 2004 als Nischenprodukt von Mark Zuckerberg gegründet, und war ursprünglich nur für Harvard-Studenten zugänglich.[14] Nachdem 2005 alle Zugangsbeschränkungen fallen gelassen wurden, stieg die Zahl der Nutzer stetig von Jahr zu Jahr auf zuletzt weltweit über zwei Milliarden aktiven Nutzern pro Monat.[15] Damit ist es das wohl größte Social Networks der Welt und

---

[10] Der Name SixDegrees.com, welcher übersetzt "Sechs Ecken" oder "Sechs Grade" bedeutet, speist sich aus der Annahme, dass alle Menschen über durchschnittlich sechs Ecken miteinander bekannt sind. Diese Theorie wurde zuerst von Stanley Milgram begründet; s. *Milgram*, Psychology Today 1967, 61.

[11] *Boyd/Ellison*, JCMC 2008, 210 (214).

[12] *Boyd/Ellison*, JCMC 2008, 210 (215).

[13] *Boyd/Ellison*, JCMC 2008, 210 (216 f.).

[14] *Tabak*, Hundreds Register for New Facebook Website, The Harvard Crimson vom 9.2.2004, https://www.thecrimson.com/article/2004/2/9/hundreds-register-for-new-facebook-website/.

[15] *We Are Social/Hootsuite/DataReportal*, Ranking der größten sozialen Netzwerke und Messenger nach der Anzahl der monatlich aktiven Nutzer (MAU) im Januar 2019 (in Millionen), Statista 2019, https://de.statista.com/statistik/daten/studie/181086/umfrage/die-weltweit-gro essten-social-networks-nach-anzahl-der-user/.

seit Mai 2012 börsennotiert.[16] Allein in Deutschland ist mehr als jeder dritte Bürger bei Facebook registriert.[17]

Ebenfalls 2005 wurde das im deutschsprachigen Raum beliebte studiVZ gegründet. Nachdem sich neben den ursprünglich in den Blick genommenen Studierenden immer mehr Schüler und andere Nicht-Studenten registrierten, wurden im Jahre 2007 und 2008 die Ableger schülerVZ und meinVZ gegründet,[18] die auch unter dem gemeinsamen Begriff VZ-Netzwerke bekannt sind. Viele Jahre blieben die VZ-Netzwerke vor allem im deutschsprachigen Raum dominant, mussten sich jedoch schließlich nach massiven Mitgliederschwund der „Übermacht" Facebooks beugen.[19]

2.1.2 Kategorisierung von Social Networks

Eine allgemeingültige Definition von Social Networks ist aufgrund ihrer Vielzahl schwer zu finden. Unstrittig ist, dass es sich dabei um eine technische Plattform im Internet handelt, die der Gemeinschaft eine Kommunikation und Interaktion im Internet[20] ermöglicht. Die Gemeinschaft umfasst all diejenigen Nutzer, die sich auf der Plattform registriert haben. Der Nutzer präsentiert sich je nach persönlichen Präferenzen in einem mehr oder minder öffentlich einsehbaren, persönlichen Profil. Über Kontaktlisten kann sich der Nutzer auf der Plattform bewegen.[21]

So breit wie diese Definition ist auch das Angebot der vorhandenen Social Networks. Die Verbindung zwischen den Nutzern wird in der Regel entweder durch Bekanntschaften hergestellt, die schon in der realen Welt existierten, oder durch gemeinsame Interessen, die man bei der Registrierung offenbart. Bis auf wenige

---

[16] *Kuri*, Facebook stemmt größten Internet-Börsengang, heise online vom 18.5.2012, https://www.heise.de/-1578613.

[17] *Berger*, Jeder Dritte kann nicht mehr ohne Facebook & Co. leben, heise online vom 27.2.2018, https://www.heise.de/-3979759 mit weiteren Nachweisen.

[18] *Kleinz/Kuri*, Ein kleiner Bruder für das Community-Portal StudiVZ vom 21.2.2007, https://www.heise.de/-148675; *Briegleb/Bager*, Holtzbrinck startet "MeinVZ", heise online vom 27.2.2008, https://www.heise.de/-184534.

[19] *Haupt*, VZ-Netzwerke unterziehen sich Radikalkur, heise online vom 28.9.2011, https://www.heise.de/-1350969; *Wilkens*, SchülerVZ wird geschlossen vom 9.4.2013, https://www.heise.de/-1837544.

[20] *Mörl/Groß* 2008, 50.

[21] *Boyd/Ellison*, JCMC 2008, 210 (211).

Social Networks[22] ist der Zugang öffentlich ohne wesentliche Zugangsvoraussetzungen und insbesondere ohne Nachweise möglich. Neben einigen beruflichen Social Networks wie Xing und LinkedIn sind die meisten Social Networks privater Natur.[23] Der folgende Abschnitt soll einen kleinen Eindruck geben von der Vielfalt möglicher Social Networks.

Ein „klassisches" Social Network, das seinen Nutzern das Präsentieren der eigenen Person in einem persönlichen Profil sowie die Interaktion mit anderen Nutzern ermöglicht, ist zum Beispiel das weltweit mit Abstand am häufigsten genutzte Social Network Facebook.[24] Möchte man speziellere Interessengebiete verfolgen oder gezielt mit Personen mit gleichen Interessen in Kontakt treten, bieten sich unzählige Social Networks, um gleichgesinnte Nutzer kennenzulernen und sich mit diesen auszutauschen. Für die Partnersuche bieten zum Beispiel Match oder Elitepartner Anlaufpunkte, für Leidensgenossen PatientsLikeMe. Haustiere bekommen zum Beispiel auf Dogster oder Catster eine Plattform, die eigene Wohnung lässt sich auf solebich.de präsentieren und sportlichen Interessenaustausch bietet zum Beispiel Runtastic. Kurznachrichten lassen sich auf Twitter verbreiten, Bilder auf Instagram, Pinterest oder auch Snapchat präsentieren und tauschen, Videos auf YouTube und Musik zum Beispiel auf Last.FM oder MySpace. Für speziellere Lebensabschnitte eignen sich für Familie und Elternschaft (netmoms.de, papacommunity.de) auch die Angebote für Ruheständler und Senioren (Feierabend.de, Herbstzeit.de). Selbst ethnienspezifische Social Networks erfreuen sich großer Beliebtheit, so zum Beispiel MiGente, Blackplanet oder AsianAve.[25]

Neben dem klassischen Konzept von Social Networks gibt es zum Beispiel Messenger-Dienste. Diese bieten die vorrangige Funktion, Nachrichten zwischen

---

[22]Eine Ausnahme hiervon bilden beispielsweise BeautifulPeople.com und aSmallWorld.com, bei denen der Zugang nur über eine Einladung möglich ist.

[23]Zur Klassifizierung von Social Networks *Heidemann*, Informatik Spektrum 2010, 262 (263); *Heberlein* 2017, 33 f.

[24]*We Are Social/Hootsuite/DataReportal*, Ranking der größten sozialen Netzwerke und Messenger nach der Anzahl der monatlich aktiven Nutzer (MAU) im Januar 2019 (in Millionen), Statista 2019, https://de.statista.com/statistik/daten/studie/181086/umfrage/die-weltweit-gro essten-social-networks-nach-anzahl-der-user/. Weitere Social Networks, die in diese Kategorie fallen, wurden entweder im Laufe der Jahre eingestellt, etwa Wer-kennt-wen, Lokalisten, Google + (für private Endnutzer) und schülerVZ, oder haben in der Social-Network-Landschaft keine vergleichbare Bedeutung wie Facebook (z. B. StayFriends, meinVZ, Jappy oder studiVZ).

[25]Diese Aufzählung bietet nur einen kleinen Einblick in die Vielfalt der Social Networks. Die Aufzählung ist nicht abschließend. Die genannten Social Networks wurden zuletzt im März 2019 auf ihre Aktualität hin geprüft.

den Nutzern zu schicken. Sie sind entweder ohnehin Bestandteil eines Social Networks (Facebook Messenger), oder bieten neben dem Austausch von Nachrichten zwischen Personen oder in Gruppen vergleichbare Funktionen. Dies ist etwa bei dem Messenger-Dienst WhatsApp der Fall, der durch die Funktion der Statusnachrichten den Nutzern auch Möglichkeiten der Selbstdarstellung bietet.

In der Regel verfügen Social Networks über eine oder mehrere der folgenden technischen Funktionen, die die Kommunikation mit und die Präsentation gegenüber anderen Nutzern ermöglicht: In erster Linie ist die Profilseite des Nutzers mit Möglichkeiten der Beschreibung persönlicher Eigenschaften zu nennen. Diese können vom Anbieter des Social Networks mehr oder weniger eng vorgeben werden, zum Beispiel mit der Frage nach Interessen, religiöser oder politischer Anschauung, Beziehungsstatus und ähnlichem. Außerdem wird auf allen persönlichen Profilseiten die Möglichkeit gegeben, ein Profilbild einzustellen. Die Gestaltung der eigenen Profilseite kann weiter personalisiert werden, indem verschiedene Inhalte wie Videos, Zeitungsartikel, Links zu bestimmten Themen oder persönliche Kommentare präsentiert werden.

Zusätzlich lassen sich Zusatzprogramme, sogenannte Applikationen (kurz „Apps"), in die persönliche Profilseite einbinden, die mehr oder weniger nützlich sein sollen oder lediglich Unterhaltungswert besitzen. Die Fülle der Applikationen reicht von Spielen über Kalender zu Umfragen. Grund für die immense Anzahl verfügbarer Applikationen ist, dass diese als sogenannte Open-Source-Projekte nicht nur von Anbietern entwickelt werden, sondern von jedem versierten Nutzer via Application Programming Interfaces (API) programmiert und veröffentlicht werden können.[26]

Social Networks bieten verschiedene technische Funktionen zur Kommunikation. In der Regel ist nicht nur das Senden und Empfangen privater Nachrichten zwischen zwei (oder mehreren Nutzern) möglich, vergleichbar einer E-Mail-Funktion. Meist können auch über die eigene Profilseite öffentliche Nachrichten an einen vorher festgelegten Personenkreis versandt werden, in der Regel alle oder bestimmte Freunde aus der Freundesliste oder alle Nutzer des Social Network. Auch lassen sich die Beiträge der Nutzer auf den Profilseiten kommentieren, sodass hierdurch eine Form öffentlicher Kommunikation stattfinden kann.

Die – aus Nutzersicht – hauptsächliche Aufgabe von Social Networks, die Vernetzung mit anderen Nutzern, geschieht in der Regel über Anfragen, die durch den angefragten Nutzer bestätigt werden. Die Verbindung ist dann regelmäßig für andere Nutzer sichtbar. Im Jargon der Social Networks ist hier von „Freunden" die Rede,

---

[26] *Strickland*, How Facebook Works, https://computer.howstuffworks.com/internet/social-net working/networks/facebook2.htm (zuletzt abgerufen am 9.4.2019).

manchmal auch von „Kontakten", „Fans" oder „Follower". Über die Freundesliste lässt sich auf der Plattform des Social Networks navigieren, also die Profilseiten anderer Nutzer einsehen und mit diesen synchron oder asynchron kommunizieren,[27] zum Beispiel per privater Nachricht, öffentlichem Profileintrag oder Instant Messaging. Zusätzlich können zum Beispiel Links, Bilder und Videos „gepostet" werden.

Verschiedene Privatsphäreeinstellungen ermöglichen es dem Nutzer, die Sichtbarkeit seiner gesamten Seite oder einzelner Beiträge auf einen festgelegten Personenkreis zu begrenzen. Da die Möglichkeiten der Privatsphäreeinstellungen von einem Social Network zum anderen stark variieren, ist eine abschließende Darstellung kaum möglich. In der Regel kann die Sichtbarkeit des eigenen Profils zumindest auf die Freundesliste beschränkt werden, stärker ausdifferenzierte Einstellungen sehen die Einordnung aller Freunde einer Liste in verschiedene Gruppen vor, zwischen denen weiter unterschieden werden kann.

Daneben bieten Social Networks Unternehmen oder in der Öffentlichkeit stehende Personen zusätzlich an, „offizielle Seiten" im Social Network zu betreiben. Das sind Profilseiten bei einem Social Network, die dazu dienen, dass sich ein Unternehmen, ein Ort, Künstler oder öffentliche Personen mit ihrer Marke, Botschaft oder einem guten Zweck präsentieren. Sie dienen dem Öffentlichkeitsauftritt und der Werbung für die eigene Sache. Durch die enge Verknüpfung mit dem Social Network erleichtert eine solche Seite das Bekanntwerden und die Kommunikation mit dem Publikum. Bei Facebook heißen entsprechende Seiten Fanpage.[28] Auch Google stellt auf seinem Social Network YouTube ähnliche Möglichkeiten zur Verfügung, um solche Firmenseiten bzw. sogenannte YouTube-Kanäle zu erstellen. Gleiches gilt für die beruflichen Social Networks Xing und LinkedIn. Auch der Anbieter profitiert natürlich von solchen Fanpages oder Firmenseiten, denn je mehr Menschen und Unternehmen in dem Social Network vertreten sind, desto mehr Zeit verbringen sie auf der Plattform und desto mehr personenbezogene Daten über die Nutzer werden generiert, die wiederum dem Social Network als Grundlage für personalisierte Werbung zur Verfügung stehen. Fanpage-Betreiber bei Facebook erhalten im Gegenzug von Facebook Daten zur Nutzung der Seite, zur Demographie der erreichten Personen und zur Reichweite der Beiträge. Diese Daten werden mittels verschiedener Analyse-Tools erhoben, die der Anbieter des Social Networks zur Verfügung stellt.[29]

---

[27] *Boyd/Ellison*, JCMC 2008, 210 (211); *Mörl/Groß* 2008, 50.

[28] Facebook bietet unterschiedliche Varianten: https://de-de.facebook.com/pages/create. Anschaulich auch EuGH, ECLI:EU:C:2018:388, Rn. 15 („Fanpage").

[29] *Martini/Fritzsche*, NVwZ-Extra 21/2015, 1 (2 f.). Vgl. auch https://de-de.facebook.com/iq.

2.2   Beteiligte Akteure

Bei der Betrachtung von Social Networks spielen die Verhältnisse der beteiligten Akteure eine wichtige Rolle. In dieser Arbeit wird von folgenden Akteuren
ausgegangen, die wie folgt definiert werden:

- **Anbieter** sind die Betreiber der Social Networks und damit diejenigen, die die
  Infrastruktur, Rechnerleistung und das Interface zur Verfügung stellen.
- **Nutzer** ist jedes Mitglied, das sich bei einem Social Network registriert und damit
  einen Nutzungsvertrag[30] mit dem Anbieter geschlossen hat, um die Plattform zu
  nutzen. Dies können Privatpersonen sein, aber auch Unternehmen, Körperschaf-
  ten, Parteien, öffentliche Personen, Behörden, Vereine, gesellschaftliche oder
  sonstige Initiativen.
- **Dritte** sind solche natürlichen Personen, die nicht in einer vertraglichen Beziehung mit dem Anbieter stehen, deren personenbezogene Daten aber trotzdem von
  diesem verarbeitet werden, etwa, weil ein Nutzer diese zur Verfügung gestellt
  hat oder weil diese mittels Cookies und Social Plug-ins erhoben wurden.[31]
- **Sonstige** Akteure sind solche, die an den Datenverarbeitungsvorgängen des
  Anbieters beteiligt sind, ohne selbst Nutzer zu sein. Das sind zum Beispiel
  Website-Betreiber, die Social Plug-ins verwenden und damit zur Datenerhebung
  beitragen.

2.3   Geschäftsmodell

Die Registrierung bei einem Social Network und die Nutzung der Funktionen erfolgt
in der Regel unentgeltlich. Nichtsdestotrotz kostet die Bereitstellung und Wartung
der technischen Infrastruktur, aber auch die Entwicklung neuer Funktionen den
Anbieter des Social Networks selbstverständlich viel Geld, ganz zu schweigen von
der Absicht, dass das Betreiben eines Social Network der Gewinnerzielung dient.[32]
Um diese Lücke zu schließen, wurden im Web 2.0 neue Finanzierungsmodelle
geschaffen. Langfristig bewährt haben sich aber nur wenige. Im Bereich der sozialen

---

[30]Zur Rechtsnatur des Vertrags s. z. B. *Bräutigam/Sonnleithner*, in: Hornung/Müller-Terpitz
2015, Kap. 3, Rn. 7 ff. Zur Rechtsnatur des Vertrags speziell bei Messenger-Diensten s. auch
Wehleit, MMR 2018, 279.

[31]S. dazu Abschn. 2.4.

[32]Vgl. auch BT-Drs. 17/8999, 39.

Medien haben sich vorrangig[33] zwei Ertragsmodelle durchgesetzt: individualisierte Werbung sowie Abonnements.[34]

Werbung basiert auf dem Gedanken, den Absatz von Produkten zu fördern, indem diese einer möglichst passenden Zielgruppe präsentiert werden. Der Anbieter stellt auf seiner Plattform Werbefläche zur Verfügung, welche durch werbende Unternehmen erworben werden kann. Im Gegenzug verspricht der Anbieter eine möglichst genaue Bestimmung der jeweiligen Werbeadressaten (Custom Audience). Zur Ermittlung der Zielgruppe werden Daten erhoben, die Aufschluss über die relevanten, für den Werbenden interessanten Eigenschaften geben. Mittels persönlicher Informationen kann ein enormer Detaillierungsgrad in Bezug auf die Interessen und Eigenschaften einer Person erstellt werden. Dieses Wissen wird genutzt, um möglichst passgenaue, individualisierte Werbung zu platzieren.[35] Je besser dabei die Qualität der personenbezogenen Daten ist, desto passgenauer kann persönliche Werbung platziert werden.[36] Informationen, die hierfür genutzt werden, sind neben dem User Generated Content, also vom Nutzer selbst eingestellte Informationen und Inhalte und installierte Anwendungen, die Aufzeichnung des Surfverhaltens, welches zum Beispiel über das Setzen von Cookies ermöglicht wird. Diese lassen besondere und sehr präzise Rückschlüsse auf die Interessen und Verhaltensweisen des Nutzers zu. Algorithmen ermöglichen selbst künftige Denkweisen und Nutzungsverhalten vorherzusagen und entsprechende zielgerichtete Werbung zu generieren.[37] Dieses Geschäftsmodell setzt eine möglichst intensive Interaktion des Nutzers mit der Plattform voraus, damit diesem mehr Werbung ausgespielt werden kann.[38]

---

[33] Abhängig von der Gesellschaftsform kommen weitere Einnahmequellen hinzu, bei den börsennotierten Social Networks wie Facebook, Xing und LinkedIn vor allem Einnahmen durch Aktienverkäufe.

[34] *Häusler* 2009, 50; *Funk/Büttner/Süss/Henning/Tulzer,* in: GI LNI P-208, 2012, 67 (69).

[35] Statt vieler *Art.-29-Datenschutzgruppe*, WP 163, 5; *Forum Privatheit* (Hrsg.), White Paper Selbstdatenschutz, 2017, 3.

[36] Die hinter der Werbung stehenden Vergütungsmodelle sind vorrangig die sogenannten Cost-per-Click-, Cost-per-Order- oder Cost-per-Action-Modelle und zunehmend auch das reichweitenorientierte Tausend-Kontakt-Preis-Modell. Ausführlich hierzu *Müller/Flender/Peters*, in: Buchmann 2012, 143 (169 f.).

[37] *Biddle*, Facebook Uses Artificial Intelligence to Predict Your Future Actions for Advertisers, Says Confidential Document, The Intercept vom 13.4.2018, https://interc.pt/2qweXgr; *Krempl*, Künstliche Intelligenz: Facebook sagt Nutzerverhalten voraus und verkauft damit Anzeigen, heise online vom 14.4.2018, https://www.heise.de/-4024377.

[38] Zu den verschiedenen Methoden der Aufmerksamkeitsbindung des Nutzers an das Social Network s. z. B. *Hagendorff*, in: Ochs/Friedewald/Hess/Lamla 2019, 327 (329 ff.).

Daneben werden vereinzelt auch sogenannte Abonnements angeboten, wie zum Beispiel bei Xing[39] und LinkedIn[40]. Das sind kostenpflichtige Premiummitgliedschaften, die den zahlenden Nutzern nicht nur Zusatzfunktionen wie erweiterte Suchfunktionen und erweiterte Möglichkeiten der Kontaktaufnahme bieten, sondern durch die auch Werbefreiheit versprochen wird.[41] Außerhalb der berufsorientierten Social Networks hat sich ein Bezahlsystem jedoch nach wie vor nicht durchgesetzt. Daher wird die größte Herausforderung für Anbieter darin liegen, aus den hohen Nutzerzahlen hohe Einkünfte zu generieren.[42] Hilfreich ist sicherlich, alternative Erlösmodelle zu finden, da regelmäßig Social Networks aus dem Internet verschwinden, weil sie sich nicht dauerhaft tragen können. Nutzer werden auf Dauer aber nur zu halten sein, wenn sich ihnen ein Mehrwert bei der Nutzung des Social Networks bietet.[43] Ein solcher Mehrwert kann sich nicht nur daraus ergeben, dass Nutzer nicht mit für sie mehr oder weniger lästiger Werbung konfrontiert werden, sondern angesichts stetiger Datenskandale und staatlicher Überwachungsprogramme[44] auch, dass ihre Daten vor Missbrauch sicher geschützt werden.

2.4   Methoden zur Datenerhebung in Social Networks

Datenerhebung in Social Networks erfolgt nicht nur, indem Nutzer Informationen in die Plattform einspeisen, sondern darüber hinaus auch, indem technische Methoden wie Cookies zur Informationsgewinnung zu Grunde gelegt werden. Dabei können viele Informationen über das Surf- und Konsumverhalten der Nutzer gewonnen werden, die weit über die Grenzen des Social Networks hinausreichen.

---

[39]Xing AG, Xing-Premium, https://www.xing.com/upsell/premium_offers?reagent=uplt_98 (Abruf: 15.4.2019).

[40]LinkedIn Corporation, LinkedIn Premium, https://premium.linkedin.com (Abruf: 15.4.2019).

[41]Xing AG, Xing-Premium, https://www.xing.com/upsell/premium_offers?reagent=uplt_98 (Abruf: 15.4.2019).

[42]Vgl. bereits *Heidemann*, Informatik Spektrum 2010, 262 (269).

[43]*Heidemann*, Informatik Spektrum 2010, 262 (269).

[44]Spätestens seit den Enthüllungen Edward Snowdens zu den Überwachungsprogrammen PRISM des US-amerikanischen Auslandsgeheimdienstes NSA sowie TEMPORA des britischen Geheimdienstes GCHQ ist bekannt, dass personenbezogene Daten in großem Umfang abgefangen und von (dritt-)staatlicher Seite ausgewertet werden. Zusammenfassend z. B. *Hansen*, DuD 2014, 439 (439-441).

Nachdem kurz die gängigsten Netzwerk-Architekturen erläutert werden, stellt der nächste Abschnitt beispielhaft einige der bei der Datenerhebung in Social Networks eingesetzten Techniken vor. Dabei wird an der einen oder anderen Stelle verstärkt auf das Social Network Facebook eingegangen, da dieses – soweit ersichtlich – von allen die wohl umfangreichsten Methoden der Datenerhebung unterhält. Da die Entwicklung von Tracking-Technologien dynamisch und schnelllebig ist, werden im Folgenden nur die bekanntesten Tools betrachtet.[45]

2.4.1 Netzwerk-Architektur

Social Networks sind in aller Regel zentral organisiert. Dabei stellt der Anbieter bestimmte Funktionen und Dienstleistungen über eigene Server zur Verfügung und hat die alleinige Kontrolle nicht nur über alle Datenverarbeitungsvorgänge im Netzwerk, sondern vor allem auch über alle gesammelten personenbezogenen Daten aller Nutzer.[46] Zwar ergeben sich hier im Hinblick auf den Schutz des Persönlichkeitsrechts die meisten Probleme, allerdings kann die Möglichkeit der Kontrolle einer einzelnen Stelle über das Social Network auch von Vorteil sein, um gewisse Verhaltensregeln unter den Nutzern aufrechtzuerhalten und einen Kodex im Umgang miteinander zu wahren.

Seltener sind Social Networks dezentral organisiert. Bekanntestes Beispiel ist die Plattform Diaspora*.[47] Hier läuft die Datenverarbeitung dezentral auf vielen verschiedenen Servern, ohne bei einer Stelle zusammenzulaufen. Daher hat auch kein Akteur allein die Verfügungsmacht über die Daten der Nutzer. Die Kommunikation ist auf offene technische Standards angewiesen.[48] Eine der größten Herausforderungen dezentraler Social Networks ist die mangelnde Kontrolle über das Verhalten der einzelnen Teilnehmer im Umgang mit Daten anderer Teilnehmer.[49]

---

[45] S. weiterführend auch *Forum Privatheit* (Hrsg.), White Paper Tracking, 2018.

[46] *Kelbert/Shirazi/Simo/Wüchner/Buchmann/Pretschner/Waidner*, in: Buchmann 2012, 189 (200).

[47] https://joindiaspora.com/.

[48] *Kirschner*, Dezentrale Soziale Netzwerke, netzpolitik.org vom 23.1.2012, https://netzpolitik.org/2012/dradio-wissen-dezentrale-soziale-netzwerke/.

[49] *Kelbert/Shirazi/Simo/Wüchner/Buchmann/Pretschner/Waidner*, in: Buchmann 2012, 189 (200 f.).

2.4.2 Cookies

Zur Zuordnung der im Internet gesendeten Datenpakete zu einem Absender und Adressaten werden Internetprotokoll-Adressen[50] benötigt. Jedes Gerät, welches sich mit dem Internet verbindet, bekommt eine Zahlenfolge, die IP-Adresse, zugeordnet. Die Version 4 (IPv4) besteht aus 32 Binärstellen (Bits) und wird dynamisch, also bei jeder Einwahl neu vergeben. Für die dauerhafte Identifikation eines Nutzers ist sie daher ungeeignet.[51] Die neuere Version 6 (IPv6) besteht aus 128 Binärstellen (Bits) und erlaubt theoretisch eine solch große Anzahl an Adressen, dass jedes Gerät mit Online-Zugang eine feste IP-Adresse zugewiesen bekommen könnte.[52]

Da die IP-Adresse allein nicht ausreicht, um einen Nutzer zu identifizieren,[53] werden Cookies zu Hilfe genommen.[54] Cookies sind Datensätze, die von einem Web-Server bei Aufruf einer Website durch den Nutzer erzeugt werden. First-Party-Cookies sind Cookies vom Website-Betreiber selbst (also zum Beispiel Facebook, dass im Browser des Nutzers eigene Cookies setzt und diese ausliest). Third-Party-Cookies sind solche von einem Drittanbieter, also eingebundenen Websites, mit denen der Nutzer nicht direkt interagiert. Dazu gehören zum Beispiel Analysedienste wie Google Analytics.[55] Da Third-Party-Cookies zunehmend durch Browsereinstellungen blockiert werden, wird der Einsatz von First-Party-Cookies häufiger.[56] Antwortet der Server auf die Anfrage des Nutzers, wird die Textdatei an das Gerät des Nutzers zurückschickt und im Browser des Nutzers gespeichert. Bei jeder Anfrage durch den Nutzer an diesen Web-Server werden die im Cookie enthaltenen Informationen hin und her gesendet,[57] sodass der Server die Anfrage der vorherigen

---

[50] Ausführlich zum Internetprotokoll z. B. *Roßnagel/Banzhaf/Grimm* 2003, 57–60.

[51] S. ausführlich zu IP-Adressen Abschn. 7.2.1.2.3.

[52] *Bizer*, DuD 2003, 10; *Voigt*, MMR 2009, 377 (378); *Alich/Voigt*, CR 2012, 344 (344 f.); *Kelbert/Shirazi/Simo/Wüchner/Buchmann/Pretschner/Waidner*, in: Buchmann 2012, 189 (229); ausführlich zum IPv6-Standard *Freund/Schnabel*, MMR 2011, 495.

[53] Ausführlich *Kelbert/Shirazi/Simo/Wüchner/Buchmann/Pretschner/Waidner*, in: Buchmann 2012, 189 (229 f.).

[54] Ausführlich zur Technik von Cookies *Roßnagel/Banzhaf/Grimm* 2003, 76-79.

[55] *Zeidler/Brüggemann*, CR 2014, 248 (250); *Rauer/Ettig*, ZD 2014, 27 (30); *Heberlein* 2017, 40 mit weiteren Nachweisen.

[56] *Tremmel*, Tracking: Facebook wechselt zu First-Party-Cookie, Golem.de vom 8.10.2018, https://glm.io/136996.

[57] *Wichert*, DuD 1998, 273; *Köhntopp/Köhntopp*, CR 2000, 248 (252); *Grimm*, DuD 2012, 88 (89).

Anfrage und Antwort zuordnen kann.[58] Die im Cookie enthaltene Sitzungsnummer wird vom Server wiedererkannt und dem Nutzer zugeordnet.[59]

Es existieren verschiedene Arten von Cookies. Session-Cookies lassen sich mit den Schließen des Browsers löschen. Cookies können jedoch auch nach Schließen des Browsers bestehen bleiben (dauerhafte oder permanente Cookies) und werden nur dann gelöscht, wenn dies der Anwender manuell vollzieht oder das Ablaufdatum erreicht wird – sie können jedoch auch darauf zielen, unbegrenzt bestehen zu bleiben.[60] Ein Beispiel für letzteres sind sogenannte Flash-Cookies. Dies sind nicht im Browser gespeichert, sondern unabhängig vom Browser in einem auf der Festplatte des Computers gespeicherten Flash-Player-Plug-in. Dadurch haben Privatsphäre-Einstellungen des Browsers keine Auswirkungen auf Flash-Cookies, werden also beim Schließen des Browsers nicht gelöscht und senden Tracking-Informationen auch dann, wenn der Nutzer dies in den Privatsphäre-Einstellungen seines Browsers ausgeschlossen hat. Flash-Cookies können wesentlich mehr Informationen speichern als reguläre Cookies, und können darüber hinaus einmal gelöschte oder abgelehnte Cookies wiederherstellen (sogenanntes Re-Spawning).[61]

Dass die Informationen über den Nutzer dezentral auf dem Gerät des Nutzers und nicht zentral beim Anbieter vorgehalten werden,[62] hat dabei Vorteile für beide Seiten. Für den Anbieter stellt es eine kostengünstige Lösung zur Protokollierung des Nutzerverhaltens dar, da die gesammelten Daten sonst in einer eigenen, selbst zu unterhaltenden Datenbank gespeichert werden müssten und die Daten nur nutzbar wären, wenn der Nutzer, der aufgrund der Vergabe dynamischer IP-Adressen nicht zu erkennen wäre, sich mittels eines Identifikationsmerkmals zu erkennen geben würde.[63] Für den Nutzer vorteilhaft ist, dass (zumindest mit technischen Kenntnissen) ein gewisses Maß an Kontrolle über die gespeicherten Datensätze gewahrt ist und der Nutzer das Ablegen der Cookies auf dem eigenen Gerät verhindern oder diese später manuell löschen kann.[64]

---

[58] *Grimm,* DuD 2012, 88 (89).

[59] *Grimm,* DuD 2012, 88 (89); *Art.-29-Datenschutzgruppe,* WP 148, 7 f.

[60] *Kelbert/Shirazi/Simo/Wüchner/Buchmann/Pretschner/Waidner,* in: Buchmann 2012, 189 (231); *Zeidler/Brüggemann,* CR 2014, 248 (250).

[61] *Alich/Voigt,* CR 2012, 344 (345); *Kelbert/Shirazi/Simo/Wüchner/Buchmann/Pretschner/Waidner,* in: Buchmann 2012, 189 (231); *Schröder,* ZD 2011, 59 (60); *Zeidler/Brüggemann,* CR 2014, 248 (250); *Soltani/Canty/Mayo/Thomas/Hoofnagle,* Flash Cookies and Privacy, https://ssrn.com/abstract=1446862.

[62] *Bizer,* DuD 1998, 277; *Wichert,* DuD 1998, 273 (274).

[63] *Wichert,* DuD 1998, 273 (274).

[64] *Bizer,* DuD 1998, 277 (278); *Jandt/Schaar/Schulz,* in: Roßnagel 2013, § 13 TMG, Rn. 53.

Cookies erfüllen durch ihre Möglichkeit, Nutzer wiederzuerkennen, Leistungs-Authentisierungs- und Werbefunktionen, da in diesen Cookies differenzierte Informationen über den Nutzer gespeichert werden können, wie dem Aufrechterhalten der Internet-Sitzung, der Individualisierung des Online-Angebots, der Bereitstellung des Warenkorbs in einem Online-Shop oder dem Chatten mit anderen Netzwerknutzern.[65] Durch die Möglichkeit, Anmeldedaten wie Nutzername und Passwörter dauerhaft zu speichern, erleichtern Cookies die Authentifizierung eines Nutzers gegenüber einem bestimmten Online-Dienst wie dem Social Network. Daneben werden die Informationen, die Cookies sammeln und speichern können, vor allem zu Werbezwecken verwendet.[66] Zu diesem Zweck setzen auch Social Networks Cookies ein, um Informationen über die Nutzer zu erlangen. Durch Cookies kann nicht nur das Verhalten des Nutzers innerhalb des Social Networks analysiert werden, sondern darüber hinaus auch sein Surf-Verhalten über das Social Network hinaus. Je detaillierter die Informationen der Cookies sind, desto genauer wird das Profil des Nutzers. Zusätzlich kann untersucht werden, ob der Nutzer auf eine bestimmte Werbung reagiert und mit dem Werbenden interagiert. Dieses Wissen wird vom Anbieter genutzt, um Werbefläche zum Beispiel auf der Profilseite des Nutzers gezielt und effektiv zu vermarkten.[67]

Mittels Cookies kann ein Anbieter eines Social Networks nicht nur seine Mitglieder tracken, sondern auch Nicht-Mitglieder, die eine Website besuchen, welche zur Facebook-Domain gehört oder ein Social Plug-in eingebunden hat. Facebook verfolgt diese Praxis, indem es im Browser des Nicht-Nutzers ein sogenanntes „datr"-Cookie setzt, mit der Folge, dass auch über solche Internetnutzer Profile angelegt werden können, die sich gegen die Nutzung des Social Networks entschieden haben.[68]

Risiken der Verwendung von Cookies ergeben sich daraus, dass der undurchsichtige Automatismus, mit dem Cookies gesetzt und ausgelesen werden, einen transparenten Umgang mit diesen verhindert und dem Nutzer die Kontrolle über seine Daten verloren geht. Hinzu kommt ein umfassender Austausch dieser Daten nicht nur mit dem aufgerufenen Server, sondern unter Zuhilfenahme von Web-Bugs

---

[65] ssssZ. B. *Bizer*, DuD 1998, 277; *Alich/Voigt*, CR 2012, 344 (345);.

[66] *Damker/Müller*, DuD 1997, 24 (25); *Bizer*, DuD 1998, 277; *Wichert*, DuD 1998, 273 (274); *Köhntopp/Köhntopp*, CR 2000, 248 (252); *Polenz*, VuR 2012, 207 (211).

[67] S. zum Geschäftsmodell durch Werbung auch Abschn. 2.3.

[68] S. dazu *van Alsenoy/Verdoot/Heymann/Ausloos/Wauters/Acar* 2015, 52 f. sowie *Haak*, Facebook trackt jeden, golem.de vom 31.3.2015, https://glm.io/113266.

noch darüber hinaus. Schließlich sind die im Browser abgelegten Daten nicht gesondert gegen unberechtigte Zugriffe geschützt, was vor allem problematisch ist, sofern Passwörter im Cookie abgelegt werden.[69]

2.4.3 Social Plug-ins

Social Plug-ins sind Programmcodes oder Steuerungsbefehle, die Social Networks für Website-Betreiber zur Verfügung stellen und die diese in ihren Internetauftritt integrieren können.[70] Bei Aufruf der Seite werden – je nach Ausgestaltung – automatisch Daten an das Social Network geschickt, zumindest die aufgerufene URL und die IP-Adresse des Nutzers.[71] Ist der Nutzer zusätzlich gegenüber dem Social Network authentifiziert, können ihm die erhobenen Daten zugeordnet werden. Betätigt der Nutzer das Social Plug-in, bekommt das Social Network die Möglichkeit, Cookies im Browser des Nutzers zu implementieren.[72]

Verfügbare Social Plug-ins umfassen zum Beispiel Twitters „tweet"-Button, Pinterests „Save"-Pin oder Facebooks „Log-in"-, „Like"-, „Send"-, „Follow"- oder „Share"-Buttons[73]. So können die Betreiber einer Website von Social Networks zur Verfügung gestellte Social Plug-ins nutzen, um zum Beispiel die Kommunikation der Nutzer über dieses Unternehmen oder deren Produkte und Angebote im Social Network zu erleichtern. Für das Unternehmen bedeutet das eine einfache, zusätzliche und äußerst effektive Art der Werbung.[74]

Mithilfe der Social Plug-ins wird es den Anbietern erlaubt, über die Grenzen der Plattform hinaus Daten über Internetnutzer zu sammeln. Dies betrifft nicht nur eingeloggte Mitglieder, deren Daten mithilfe von Cookies direkt an das Social Network gesendet und ihrem Profil zugeordnet werden, wenn sie in einem weiteren Tab eine

---

[69] *Köhntopp/Köhntopp*, CR 2000, 248 (252); *Bizer*, DuD 1998, 277 (278); *Roßnagel/Banzhaf/Grimm* 2003, S. 77.

[70] *Jandt/Schaar/Schulz*, in: Roßnagel 2013, § 13 TMG, Rn. 117.

[71] *Ernst*, NJOZ 2011, 1917, Fn. 3; *Karg/Fahl*, K&R 2011, 453 (454); *Voigt/Alich*, NJW 2011, 3541; *Jandt/Schaar/Schulz*, in: Roßnagel 2013, § 13 TMG, Rn. 117; *Hornung*, in: Hornung/Müller-Terpitz 2015, Kap. 4, Rn. 38.

[72] *Karg/Thomsen*, DuD 2012, 729 (731); *Hornung*, in: Hornung/Müller-Terpitz 2015, Kap. 4, Rn. 38.

[73] Eine abschließende Aufzählung und Erläuterungen aller bei Facebook verfügbaren Social Plug-ins finden sich unter https://developers.facebook.com/docs/plugins/.

[74] *Niemann/Scholz*, in: Peters/Kerstens/Wolfenstetter 2012, 109 (127); *Schleipfer*, DuD 2014, 319. Vgl. auch *Boos* 2015, 186.

Website aufrufen, die Social Plug-ins nutzt. Aber auch nicht eingeloggte Mitglieder sowie Nicht-Mitglieder können aufgrund von Social Plug-ins verfolgt und zu einem Profil zusammengeführt werden, wenn sie eine Seite ansteuern, die ein Social Plug-in integriert hat. Die Aktivierung des Social Plug-ins ist nicht von Nöten, eine Datenübertragung findet bereits durch das bloße Vorhandensein des Social Plug-ins auf einer Website statt.[75] Dem Anbieter bietet sich dadurch die Möglichkeit einer umfassenden Datensammlung, die bis hin zur Konsum- und Verhaltensprofilbildung reichen kann.

Ein automatisches Laden und eine damit einhergehende automatische Datenübertragung durch Social Plug-ins an das Social Network lässt sich durch den Website-Betreiber, der dieses eingebunden hat, verhindern. Im Rahmen der Zwei-Klick-Lösung sind Social Plug-ins standardmäßig deaktiviert. Erst wenn der Nutzer dieses anklickt, wird es aktiviert; der Nutzer gibt damit seine Einwilligung in die Datenübertragung. Mit einem zweiten Klick kann der Nutzer dann den Button betätigen und die gewünschte Aktion auslösen.[76] Dem Nachteil, dass die Buttons durch die Notwendigkeit mehrerer Klicks nur wenig Reichweitenwirkung entfalten konnten, will das Tool Shariff abhelfen, mithilfe dessen der Nutzer vor Tracking geschützt werden soll, aber dennoch nur ein Klick benötigt wird, um das Social Plug-in zu nutzen. Dieses stellt die Social Plug-ins dar, ohne bei Aufrufen der Website Daten an das Social Network zu übermitteln. Ein Skript ruft ab, wie oft die Website bereits geteilt oder getwittert wurde. Es nimmt über die Programmierschnittstellen der Dienste zu dem jeweiligen Social Network Kontakt auf. Die Abfrage geschieht also vom Server der Website aus; statt der IP-Adresse des Besuchers wird lediglich die Server-Adresse an das Social Network übertragen. Der Nutzer bleibt für das Social Network unsichtbar, bis er das Plug-in betätigt, um Inhalte zu teilen.[77]

---

[75] *Karg/Fahl*, K&R 2011, 453 (454); *Karg/Thomsen,* DuD 2012, 729 (731); *Acar/van Alsenoy/Piessens/Diaz/Preneel* 2015; *Bager,* Was Facebook über Nicht-Mitglieder weiß, heise online vom 3.2.2010, https://www.heise.de/-921350; *Holland*, Facebook will auch Nicht-Mitgliedern personalisierte Werbung anzeigen, heise online vom 27.5.2016, https://www.heise.de/-3221175. Zu den technischen Grundlagen des „Like-Buttons" siehe *Schmidt*, Das Like-Problem, heise online vom 20.4.2011, https://www.heise.de/-1230906.

[76] *Schmidt*, 2 Klicks für mehr Datenschutz, c't vom 1.9.2011, https://www.heise.de/-1333879. Die Zwei-Klick-Lösung wurde durch Heise entwickelt und steht als Open Source Code zur Verfügung.

[77] *Berger*, Schützen und teilen, c't 26/2014, 148 (148 f.). Shariff wurde von c't und heise online entwickelt und steht ebenfalls als Open Source Code zur Verfügung.

2.4.4 Weitere Methoden

Es gibt eine Menge weiterer Methoden, um das Nutzerverhalten zu tracken und gegebenenfalls an Social Networks zu übermitteln. Um durch Nutzungsanalyse den Internetauftritt eines Unternehmens zu kontrollieren, tatsächliches Nutzeraufkommen zu messen und den Auftritt dadurch zu optimieren, werden häufig Analysetools eingesetzt.[78] Das wohl verbreitetste Analysetool ist Google Analytics,[79] weitere Beispiele sind etracker[80] oder das Open-Source-Tool Piwik[81]. Diese lassen sich auf einer Website einbinden; der Website-Betreiber ist damit in der Lage, verschiedene Nutzerdaten zu Browser, angesteuerte Websites, Verweildauer, Quelle und vieles mehr zu analysieren. Damit besteht auch die Möglichkeit, diese Daten zu Nutzerprofilen zusammenzuführen.

Auch Facebook Insights fällt in diese Kategorie. Bei Facebook Insights handelt es sich um ein Analyse-Tool, welches von Facebook angeboten wird, um Unternehmen, die entweder auf Facebook vertreten sind oder ein Social Plug-in in ihre eigene Seite integriert haben, Statistiken über die Nutzung dieser Seiten zur Verfügung zu stellen. Zielgruppe sind dabei Administratoren und Betreiber von Websites und App-Entwickler.[82] Die Erstellung dieser Statistik erfolgt vom Nutzer unbemerkt und kann also weder beeinflusst noch unterbunden werden.[83] Die gesammelten Daten umfassen demographische Daten, geographische Angaben – die der IP-Adresse entnommen werden – sowie Nutzerzahlen und Klickströme.[84] Darüber sind Aussagen möglich, wie stark eine Website frequentiert ist, wie lange der Nutzer auf dieser Seite verweilt, welche Links wie häufig angeklickt werden, wo der Nutzer herkommt und welche Reichweite und Erfolg bestimmte Werbe- und Marketingmaßnahmen erzielen.[85]

Web-Bugs sind unsichtbare Pixel-Grafiken, die in Websites eingebettet werden und aufgrund ihrer Größe und Ausgestaltung mit bloßem Auge nicht zu erkennen sind. Sie sind nicht auf dem gleichen Server gespeichert wie die Website, in der sie eingepflegt wurden, sondern werden bei Aufruf der Website von einem dritten Server geladen. Dabei werden Informationen wie die IP-Adresse des Nutzers, die

---

[78] *Fox*, DuD 2010, 787.

[79] https://www.google.com/intl/de/analytics/.

[80] https://www.etracker.com.

[81] https://de.piwik.org/.

[82] https://developers.facebook.com/docs/insights/.

[83] *Karg/Thomsen*, DuD 2012, 729 (731).

[84] https://developers.facebook.com/docs/insights/.

[85] *Fox*, DuD 2010, 787.

URLs der besuchten Seiten, Zeitpunkt des Aufrufs, aber auch der Browsertyp oder Informationen aus einem zuvor gesetzten Cookie abgefragt.[86] Zwar sind Web-Bugs unabhängig vom Einsatz von Cookies.[87] Allerdings können Cookies mittels Web-Bugs nicht nur durch die aufgerufene Website platziert und ausgelesen werden, sondern noch darüber hinaus durch diejenigen dritten Server, auf denen die Web-Bugs geladen werden. Auch Drittanbieter können auf diesem Umweg Cookies im Browser des Nutzers installieren.[88] Der Vorteil solcher Web-Bugs ist, dass die Kommunikation eines Nutzers nicht nur mit einem Server, sondern Website-übergreifend protokolliert werden kann. Der sich hieraus ergebende Browserverlauf kann ein sehr aufschlussreiches Bild über den Nutzer erzeugen und von Werbefirmen zur Platzierung von Werbung genutzt werden.[89]

Ähnlich wie bei Tracking-Cookies im Browser lässt sich das Nutzerverhalten auch via Apps auf Mobilgeräten verfolgen. Häufig halten Apps Schnittstellen bereit, die beim Öffnen der Anwendung Daten an eine andere Plattform, also etwa ein Social Network senden. Über diese Funktion werden nicht nur Nutzer des Social Networks getrackt, sondern alle Anwender der App.[90]

Als weitere Methode zur Datenerhebung für Social Networks könnten sich sogenannte Wearables anbieten. Wearables sind kleine Computer oder Teile von Systemen, die am Körper getragen werden und können sich über eine Schnittstelle mit Apps auf Smartphones verbinden.[91] Typische Wearables sind Fitnessarmbänder, Smart Watches und Datenbrillen. Insbesondere Fitnessarmbänder verdienen eine genauere Betrachtung: Sie erlauben, physiologische Daten des Nutzers über sportliche Aktivitäten, Herzfrequenz, Laufstrecke, Schlafverhalten und vieles mehr in Echtzeit zu erheben und zu speichern sowie letztlich auch in Social Networks zu

---

[86] *Köhntopp/Köhntopp*, CR 2000, 248 (253); *Woitke*, MMR 2003, 310 (310 f.); *Steidle/Pordesch*, DuD 2008, 324 (325); *Grimm*, DuD 2012, 88 (89 f.).

[87] *Woitke*, MMR 2003, 310 (311).

[88] Ausführlich zur Wirkweise *Grimm,* DuD 2012, 88 (89).

[89] *Kelbert/Shirazi/Simo/Wüchner/Buchmann/Pretschner/Waidner*, in: Buchmann 2012, 189 (232); *Grimm*, DuD 2012, 88 (89 f.); *Schulzki-Haddouti*, Datenschützer: Unternehmen setzen gezielte Werbung von Facebook oft rechtswidrig ein, heise online vom 5.10.2017, https://www.heise.de/-3850640.

[90] Ausführlich *Schlue*, #35c3: Wie Facebook Dich auf Deinem Android-Gerät trackt. Auch wenn Du gar keinen Facebook-Account hast. Netzpolitik.org vom 17.1.2019, https://netzpolitik.org/2019/35c3-wie-facebook-dich-auf-deinem-android-geraet-trackt-auch-wenn-du-gar-keinen-facebook-account-hast/.

[91] *Forum Privatheit* (Hrsg.), White Paper Das Versteckte Internet, 2015, 24 ff.; *Kopp/Sokoll,* NZA 2015, 1352; *Spiecker/Bretthauer* 2019, G 2.4.33.

übertragen.[92] Dadurch steigert sich die Datenfülle über Nutzer bis hin zu potenziellen Gesundheitsdaten, die zusammen mit dem Nutzerprofil gespeichert und
verwendet werden können.

2.4.5 Zwischenfazit

Es gibt vielfältige Möglichkeiten der Erhebung, Sammlung und Verarbeitung von
Daten der Nutzer. Diese für gezielte Werbung zu verwenden ist ein einträgli-
ches Geschäftsmodell, mit dem jährlich viele Milliarden Euro umgesetzt werden.
Hinsichtlich Social Networks entstehen für den Nutzer vielfach erhebliche Risi-
ken für seine Daten und damit für seine Persönlichkeitsrechte, insbesondere, weil
Datenverarbeitungsvorgänge oft intransparent gestaltet sind und dem Nutzer die
Kontrolle hierüber entzogen wird. Da diese Daten in der Hand weniger großer
Dienstleister liegen, steigt die Gefahr einer – noch dazu firmen- und grenzüberschreitenden – Zusammenführung dieser Datensätze und damit die Möglichkeiten
umfassender Profilbildung und Verhaltensanalyse.[93] Die Datensammlung großer
Social Networks macht nicht bei deren registrierten Mitgliedern halt, wie das Beispiel Facebook zeigt. Über Kanäle wie Cookies, Social Plug-ins und Apps werden
auch Daten derjenigen Internetnutzer durch das Social Network gesammelt, die
sich eventuell bewusst gegen eine Registrierung entschieden haben und so trotzdem
gezwungenermaßen dem Social Network ihre Daten übermitteln. Dies verdeutlicht,
wie weitreichend die Datensammelwut großer Internetkonzerne sein kann und dass
potenziell jeder Internet- und Smartphone-Nutzer davon betroffen ist.

---

[92]Zu den Anwendungsbeispielen *Dregelies*, VuR 2017, 256.

[93]*Fox*, DuD 2010, 787. Das diese und weitere Analysen möglich und realistisch sind, zeigen
nicht zuletzt die Enthüllung durch Edward Snowden über das Tool „Mainway" der National
Security Agency (NSA), siehe *Risen/Poitras*, N.S.A. Gathers Data on Social Connections of
U.S. Citizens, The New York Times vom 28.9.2013, https://www.nytimes.com/2013/09/29/
us/nsa-examines-social-networks-of-us-citizens.html.

Individuelle und gesellschaftliche Auwirkungen der Nutzung von Social Networks

Social Networks wirken sich vielfach auf das Individuum, die Gesellschaft und Wirtschaft aus – in positiver wie in negativer Hinsicht. Im Folgenden sollen die Chancen und Risiken genauer untersucht werden. Diese verstärken sich zudem noch durch die Möglichkeit, die in Social Networks anfallenden Daten mithilfe von Big-Data-Analysen auszuwerten und hieraus neue Informationen zu gewinnen. Die Verwender solcher Big-Data-Verfahren sind nicht die Anbieter der Social Networks, sondern zumeist sonstige Akteure, die Zugang zu den Daten erhalten.

3.1 Chancen

Social Networks können zunächst die Kommunikation, Pflege zwischenmenschlicher Beziehungen, gesellschaftliche Teilhabe oder auch demokratische Willensbildung fördern. Daneben haben sie aber auch einen wirtschaftlichen Nutzen.

Kommunikation ist elementarer Bestandteil der Persönlichkeitsentfaltung des Menschen als Gemeinschaftswesen. Auf zwischenmenschlicher Ebene dienen Social Networks der Pflege von Beziehungen über Zeit- und Ländergrenzen hinweg, um unabhängig von Zeit und Ort der Nutzer zu kommunizieren und Beziehungen zu finden und zu unterhalten. Gerade im Rahmen einer globalisierten Gesellschaft kann dies zu einem Zusammenhalten der Gesellschaft beitragen, aber auch schlicht die Beziehung zu Familie und Freunden fördern. Als Partnerbörse bieten sie zudem neue Gelegenheiten, einen Partner zu finden.

Kommunikation dient auch dem Austausch über Geschehnisse, der Bildung und Äußerung von Meinung und damit der Teilnahme am öffentlichen Diskurs und der kollektiven Willensbildung. Für die Meinungs- und Informationsfreiheit ist die Verbreitung moderner, vor allem mobiler Kommunikationstechnologien von großem Vorteil. Die Wahrnehmung der Meinungsfreiheit durch Meinungsaustausch und

M. Nebel, *Persönlichkeitsschutz in Social Networks*, DuD-Fachbeiträge, https://doi.org/10.1007/978-3-658-31786-7_3

Beteiligung an der Meinungsbildung konnte vor der Etablierung des Internets nur in einer begrenzten Öffentlichkeit stattfinden; sich überregional an die Öffentlichkeit zu richten, bedurfte zum Beispiel landesweiter Tageszeitungen und des Rundfunks. Social Networks fördern diese Teilhabe an der öffentlichen Meinungsbildung und -verbreitung in breiten Schichten der Bevölkerung. Politische oder gesellschaftliche Bewegungen können sich durch Social Networks enorm schnell und effektiv verbreiten, viele interessierte Menschen vereinen, Debatten anstoßen und öffentlichen Druck auszuüben. Populäre Beispiele sind zum Beispiel der Arabische Frühling, bei dem Social Networks eine wichtige Rolle gespielt haben.[1] Auch die MeToo-Bewegung hat durch Social Networks Auftrieb bekommen, die die Problematik sexueller Übergriffe und Belästigung hauptsächlich von Männern gegen Frauen in das gesellschaftliche Rampenlicht gerückt hat. Es blieb nicht bei einem kurzen Aufbegehren in den Medien, sondern führte zu teils erheblichen Konsequenzen gegen einige in der Öffentlichkeit stehende Persönlichkeiten.[2] Auch der Schüler-streik „Fridays for Future"[3] zum Schutz des Klimas hat von Schweden ausgehend, insbesondere durch die Vernetzung junger Menschen in Social Networks, innerhalb weniger Monate eine weltweite Verbreitung gefunden.

Schließlich können auch die Demokratie und der demokratische Willensbil-dungsprozess durch Social Networks befördert werden.[4] Sie können die Meinungs-pluralität stärken, da jedermann ein Forum erhält, um seine Meinung öffentlich oder quasi-öffentlich kundzutun. Dies eröffnet die Chance, dass auch abweichende Mei-nungen Gehör finden können. Social Networks machen dies besonders einfach, da eine eigene Seite auf der Plattform mit wenigen Schritten errichtet ist und von keiner-lei Voraussetzungen außer der Erstellung eines Nutzerkontos abhängt. Technisches Hintergrundwissen ist ebenso wenig nötig wie der Einsatz eigener Geldmittel, um eine eigene Homepage aufzusetzen und zu finanzieren.

Insbesondere in Kombination mit dem Einsatz von Big-Data-Technologien haben Social Networks das Potenzial, Vorteile für die demokratische Willensbildung

---

[1] *El Difraoui*, Die Rolle der neuen Medien im Arabischen Frühling, bpb vom 3.11.2011, http://www.bpb.de/internationales/afrika/arabischer-fruehling/52420/die-rolle-der-neuen-medien.

[2] Überblick in *Volke/Eikmanns*, Wie sich die „MeToo"-Debatte entwickelt hat, süddeutsche.de vom 5.4.2018, https://sz.de/1.3932250.

[3] https://fridaysforfuture.de/.

[4] Das Video „Die Zerstörung der CDU" des YouTubers Rezo im Vorfeld der Europawahl 2019 sorgte für intensive Diskussionen um den Einfluss auf Erst- und Jungwähler und den Ausgang der Wahl, s. beispielsweise *Beckedahl*, Europawahl: Dieser Wahlkampf wurde im Internet entschieden, netzpolitik.org vom 27.5.2019, https://netzpolitik.org/2019/europawahl-dieser-wahlkampf-wurde-im-internet-entschieden/.

zu bringen.[5] Big Data-Analysen[6] können zum Beispiel zur Trend- und Meinungsanalyse eingesetzt werden.[7] Daten aus Social Networks sind in diesem Bereich sehr wertvoll, weil sie Aufschluss über die Themen geben, über die sich die Nutzer austauschen oder welche Meinungen sie zu einem öffentlichen Ereignis vertreten. Dabei werden vor allem Datensätze nach bestimmten Mustern, wie Zugriffszahlen auf Websites, der Anzahl der Kommentare sowie Wiederholung und Weiterverbreitung von Kommentaren zu einem bestimmten Thema ausgewertet. Die Trend- und Meinungsanalysen können zum Beispiel von Parteien, Nichtregierungsorganisationen und anderen Interessenvertretungen eingesetzt werden, um die Interessen der Bevölkerung effektiver zu vertreten. So können sie Wissen aus den Daten der Social Networks abschöpfen, um zunächst Interessen zu identifizieren und mit diesem Wissen und den speziellen Verbreitungsformen politische Interessen besser durchzusetzen, aber auch durch gezielte Ansprache der Nutzer neue Unterstützer zu gewinnen.

Auch die Wahlbeteiligung lässt sich durch die Verwendung von Social Networks steigern. Zwar vertritt eine Volksvertretung nach außen alle Bürger, repräsentiert in der Zusammensetzung aber nur das Stimmungsbild derjenigen, die ihre Stimme einem Volksvertreter tatsächlich gegeben haben. Zur Steigerung der Wahlbeteiligung liegt es nahe, den zukünftigen Wähler gezielt anzusprechen und „abzuholen" und damit einen Ansporn zur Teilnahme an Wahlen zu liefern. Wie die Präsidentschaftswahlkämpfe in den USA in den Jahren 2012 und 2016 gezeigt haben, lässt sich mithilfe von Daten aus Social Networks[8] und durch Anwendung entsprechender Algorithmen ermitteln, welche Person sich mit welcher Wahrscheinlichkeit einem politischen Lager zugehörig fühlt (sofern diese Angabe nicht ohnehin explizit preisgegeben wurde).[9] Möchte ein Politiker also für sich und seine Partei um Stimmen

---

[5] Der folgende Abschnitt entstammt im Wesentlichen *Nebel*, in: Richter 2015, 95 f. Ausführlich auch *Richter*, in: Richter 2015, 45 ff.

[6] Zum Begriff Big Data s. beispielsweise *Roßnagel*, ZD 2013, 562; *Klein/Tran-Gia/Hartmann*, Informatik Spektrum 2013, 319; *Simo Fhom*, in: Richter 2015, 11 ff.

[7] Auch unter Social Media Monitoring bekannt, s. dazu z. B. *Venzke-Caprarese*, DuD 2013, 775; *BITKOM* 2014, 105 ff.

[8] *Mejias*, Algorithmen aus der Spielhöhle, Frankfurter Allgemeine vom 2.7.2013, http://www.faz.net/-gsb-7ayq5; *Müller von Blumencron*, Das Ende des Wahlkamps, wie wir ihn kennen, Frankfurter Allgemeine vom 5.12.2016, https://www.faz.net/-hbi-8o28i.

[9] *Duhigg*, Campaigns Mine Personal Lives to Get Out Vote, The New York Times vom 13.10.2012, http://www.nytimes.com/2012/10/14/us/politics/campaigns-mine-personal-lives-to-get-out-vote.html?pagewanted=all&_r=0.; *Theile*, Liken, Posten und wählen, ZEIT Online vom 8.8.2013, http://www.zeit.de/2013/33/bundestagswahl-facebook-lebenswelten. *Müller von Blumencron*, Das Ende des Wahlkamps, wie wir ihn kennen, Frankfurter Allgemeine vom 5.12.2016, https://www.faz.net/-hbi-8o28i.

werben und hat er die Menschen identifiziert, die sich auf jeden Fall oder – bei Unentschlossenen – eventuell für seine Partei interessieren, so kann er die potentiellen Wähler ganz gezielt mit Themen für sich gewinnen, von denen er weiß, dass diese den Wähler interessieren. So könnten zumindest jene Bürger an die Urne gebracht werden, die nicht überzeugte Nichtwähler sind, sondern vielmehr aus allgemeiner Politik-Verdrossenheit oder mangels Identifikation mit einer Partei von einer Stimmabgabe absehen.[10]

Schließlich entfalten Social Networks Vorteile im wirtschaftlichen Bereich. Zum einen generieren sie erheblichen Umsatz: Facebook erzielte laut Geschäftsbericht im Jahr 2018 einen Umsatz von 55,8 Milliarden US-Dollar und einen Netto-Gewinn von mehr als 22 Milliarden US-Dollar,[11] der bei entsprechenden steuerrechtlichen Vorgaben auch Einkünfte in europäische Staatskassen spülen könnte. Für Unternehmen, die eigene Unternehmensseiten innerhalb des Social Networks unterhalten, dienen diese als einfache und kostengünstige Art der Werbung und Produktplatzierung, um sich ins Gespräch zu bringen und gegenüber der eigenen Zielgruppe bekannter zu machen. Sie bieten gleichzeitig die Grundlage für neue Geschäftsmodelle wie die gezielte Individualisierung von Diensten sowie Berufsbilder wie Influencer oder YouTuber. So schaffen Social Networks Arbeitsplätze und tragen zur wirtschaftlichen Entwicklung bei.[12] Sie helfen aber auch bei der wirtschaftlichen und beruflichen Entfaltung und Entwicklung auf Seiten der Arbeitnehmer, indem diesen bessere Möglichkeiten zur Vernetzung mit potenziellen Arbeitgebern gegeben werden.

3.2   Risiken

Auf der anderen Seite bergen Social Networks auch eine Reihe von Risiken. Diese ergeben sich zwangsläufig aus dem Geschäftsmodell von Social Networks: Dieses erwirtschaftet seinen Umsatz durch personalisierte Werbung, ist daher auf die größtmögliche Preisgabe personenbezogener Daten angewiesen sowie darauf, dass sich Nutzer möglichst lange auf der Plattform bewegen. Um dies dauerhaft zu erreichen, muss der dem Nutzer präsentierte Inhalt Aufmerksamkeit generieren und den vermeintlichen Wünschen des Nutzers entsprechen. Dies hat unter anderem Konsequenzen für die Selbstbestimmung; insbesondere durch den Einsatz

---

[10]S. ausführlich *Richter*, DÖV 2013, 961.

[11]*Facebook*, Geschäftsbericht 2018, https://investor.fb.com/financials/default.aspx (Abruf: 15.4.2019).

[12]*Buchmann* 2013, 40 f., 58 f.; *Hess/Schreiner*, DuD 2012, 105 (108).

von Big-Data-Anwendungen drohen beispielsweise weitreichende Profilbildungen, erschwerter Informationszugang oder Selbstzensur. Durch die Nutzung Social Networks gibt jeder Nutzer eine Menge persönlicher Informationen über sich preis. Dies geschieht gewollt durch die aktive Preisgabe, aber auch ungewollt oder unbewusst durch verschiedene Tracking-Technologien, die Anbieter einsetzen, um mehr Informationen über ihre Nutzer zu sammeln. Fügt der Anbieter diese Daten zu einem Profil zusammen, kann dies den durchaus wünschenswerten Effekt einer besseren Personalisierung des Dienstes haben. Ziel ist es aber, durch die Erstellung von Persönlichkeitsprofilen durch die umfassende Datenerhebung und Kombination mit vorhandenen Daten auch einen intensiven Einblick in die Persönlichkeit und Lebensgestaltung des Menschen zu gewinnen.[13] Diese können über viele Aspekte Aufschluss geben: Krankheiten oder psychische Probleme,[14] politische Einstellungen,[15] Eigenschaften wie sexuelle oder weltanschauliche Orientierung[16] oder der Standort und Bewegungsverlauf[17] lassen sich durch die Analyse an sich „unverdächtiger" Daten herausfinden. Dies allein wäre bereits Eingriff genug in die Privatsphäre des Menschen. Aber je mehr über den Einzelnen preisgegeben wird, desto anfälliger wird er durch die Ausspähung auch für Risiken der kommerziellen Ausbeutung des Individuums durch Vermarktung der gesammelten personenbezogenen Daten für eine Profilbildung für personalisierte Werbemöglichkeiten, für Preisdiskriminierung,[18] aber auch für Manipulation hinsichtlich Meinungen oder Handlungen.[19]

Social Networks sind für viele Nutzer ein wichtiger Nachrichtenkanal, da ihnen dort durch die Personalisierung des Dienstes nur vermeintlich relevante Nachrichten präsentiert werden. Fast alle Zeitungen, Zeitschriften und Nachrichtendienste pflegen Seiten in Social Networks, um die Nutzer dort mit ihren Medieninhalten und Beiträgen zu versorgen. Die Rangfolge und Vorauswahl der angezeigten Nachrichten wird vom zugrundeliegenden Algorithmus des Anbieters vorgegeben. Dadurch verfügen die großen Plattformen über eine nicht zu vernachlässigende Relevanz bei der öffentlichen Meinungsbildung, steigern damit aber auch das Risiko eines

---

[13] *EDSB*, Opinion 3/2018, 8 f.

[14] Z. B. *Schwan*, Soziale Medien verraten psychische Probleme, heise online vom 18.1.2018, https://www.heise.de/-3940793 mit weiteren Nachweisen.

[15] Dazu *Nebel*, in: Richter 2015, 93 f. mit weiteren Nachweisen sowie *Christl*, APuZ 24-26/2019, 42.

[16] *Kosinski/Stillwell/Graepel*, PNAS 2013.

[17] Z. B. *Boeing*, Verräterische Tweets, Technology Review Online vom 28.3.2014, http://www.heise.de/-2154668.

[18] Dazu z. B. *Hess/Schreiner*, DuD 2012, 105 (107); *Christl* 2014, 27 ff.

[19] *EDSB*, Opinion 3/2018, 9.

erschwerten Informationszugangs bis hin zu Diskriminierung. Werden Informationen dazu noch personalisiert angezeigt, findet zwar keine Zensur statt, da Zensur im Sinne des Art. 5 Abs. 1 Satz 3 GG nur staatliche Maßnahmen umfasst.[20] Das Ausnutzen einer einseitigen Informationsmacht kann dennoch durch technische Einschränkungen „normative Wirkung"[21] entfalten und durch den Einsatz von Algorithmen den Zugang zu vielfältigen Informationen erschweren. Besonders schwer für die informationelle Selbstbestimmung wiegt die Intransparenz über die Merkmale, aufgrund derer die vorenthaltenen Informationen ausgewählt wurden. Selbst wenn der Nutzer weiß, dass ihm Inhalte vorausgewählt werden, bleiben ihm die Parameter, unter denen die Auswahl stattfindet, also die Art und Weise der Auswahl und Gewichtung der Daten, regelmäßig verborgen.

Findet die Auswahl der angezeigten Informationen aufgrund eines besonderen Profils wie der politischen Meinung statt, liegt zudem eine Diskriminierung aufgrund der politischen Einstellung nahe, sofern der Nutzer nicht explizit in die Nutzung seiner besonderen personenbezogenen Daten zu genau diesem Zweck eingewilligt hat, weil Informationen aufgrund einer – angenommenen – politischen Ausrichtung vorenthalten werden.[22] Diese Diskriminierung betrifft auch Parteien, nämlich diejenigen, die mit ihren Inhalten in dem Social Network aufgrund der vorausgewählten Parameter viele Nutzer nicht erreichen und damit nicht die Chance haben, den Nutzer für sich zu gewinnen. Dies gefährdet den freien und fairen Wettbewerb zwischen Parteien.[23] Weitere Formen der Diskriminierung erfolgen in Social Networks auch bezüglich anderer Merkmale: etwa im Rahmen von Werbeanzeigen für Kredit- oder Immobilienwerbung oder auch bei Stellenanzeigen, sowohl durch die Zielgruppenauswahl des Anbieters als auch durch die Algorithmen selbst,[24] sowie beim Ausschluss oder der Benachteiligung bei Versicherungsangeboten oder

---

[20] *Starck/Paulus*, in: v. Mangoldt/Klein/Starck 2018, Art. 5 GG, Rn. 264; *Grabenwarter*, in: Maunz/Dürig 2019, Art. 5 Abs. 1, 2 GG, Rn. 128.

[21] *Greve*, in: Franzius/Lejeune/v. Lewinski/Meßerschmidt/Michael/Rossi/Schilling/Wysk 2013, 665 (667).

[22] *Nebel*, in: Richter 2015, 94 f. mit weiteren Nachweisen. Zum politischen Wahlkampf s. auch *Christl*, APuZ 24–26/2019, 42.

[23] Die Europäische Union hat daher für die Europawahl 2019 Maßnahmen ergriffen, um die Verfälschung der Europawahl durch den Missbrauch von personenbezogenen Daten aus Social Networks zu verhindern, ZD-aktuell 2019, 06535.

[24] *Sokolov*, Diskriminierende Werbung: Facebook schränkt Zielgruppenauswahl ein, heise online vom 20.3.2019, https://www.heise.de/-4340467 sowie bezüglich der Diskriminierung durch Algorithmen *Holland*, Werbung auf Facebook: Diskriminierung auch durch die Algorithmen, heise online vom 4.4.2019, https://www.heise.de/-4359809, jeweils mit weiteren Nachweisen.

-leistungen auf Basis von Daten aus Social Networks[25] oder bei der Diskriminierung
aufgrund der sexuellen Orientierung.[26]

Das Versorgen mit ausschließlich gewünschten Informationen birgt ein weiteres Risiko hinsichtlich sogenannter Filterblasen[27] und Echokammern.[28] Für einen
Nutzer verstärkt sich durch die vorgenommene Gewichtung meinungsrelevanter
Artikel und Nutzer-Beiträge der Eindruck, seine Meinung sei weiterverbreitet oder
gesellschaftsfähiger, als dies objektiv betrachtet der Fall sein mag. Dies stellt eine
Gefahr für die demokratische Willensbildung dar, da sie die Meinungsvielfalt aus
der Perspektive des Einzelnen reduziert und so verhindert, dass sich der Einzelne mit
anderen Meinungen konfrontiert sieht und kontroverse Themen in gesellschaftlichen
Debatten ausgehandelt werden können.

Ein weiterer Aspekt ist die drohende Selbstzensur. Diese entsteht, wenn Menschen aus Angst vor Nachteilen oder um nicht einem bestimmten Verdacht
ausgesetzt oder in eine (politische) Ecke gedrängt zu werden, von Handlungen
oder Meinungsäußerungen absehen. Einzelne Daten zu Interessen oder gewohn-
ten Verhaltensweisen, die für sich betrachtet keinen weiterführenden Aussagewert
haben, können sich durch Zusammenführung zu einer ungewollten politischen Aussage verdichten, etwa Zugehörigkeit zu einer Partei oder Nähe zu einer radikalen
Tierschutzbewegung. Social Networks steigern dadurch die Gefahr, statistische
Normgruppen zu schaffen, die Verhaltensweisen auf konform oder nichtkonform
reduzieren.[29] Aufgrund der Menge an personenbezogene Daten, die in Social Networks vorgehalten und für Big-Data-Analysen durch sonstige Akteure eingesetzt
werden, besteht das Risiko, dass konkrete Verhaltensweisen vermieden oder auf das
Äußern von Meinungen vorsorgend verzichtet wird, um sich dem Verdacht einer
unrichtigen Zuordnung zu entziehen. Eine ständig drohende Datenanalyse kann

---

[25] *Christl* 2014, 24, 40; *Schwichtenberg*, DuD 2015, 378; *Gröger*, Generali erfindet den elektronischen Patienten, Süddeutsche.de vom 21.11.2014, www.sueddeutsche.de/1.2229667;
Siedenbiedel, Revolution der Kfz-Versicherung, Frankfurter Allgemeine vom 13.1.2014,
www.faz.net/-12747505.html; *Eschholz*, DuD 2017, 180 (181 ff.).

[26] Z. B. durch Erkennung der sexuellen Orientierung durch algorithmische Fotoanalyse *Mer-
kert*, KI erkennt am Gesicht, ob Menschen schwul oder lesbisch sind, heise online vom
8.9.2017, https://www.heise.de/-3825449.

[27] Der Begriff geht zurück auf *Pariser* 2011. S. auch *Hoffmann-Riem*, AöR 142/2017, 1 (11 ff.)
sowie *Lischka*, AfP 2018, 388 (391).

[28] S. z. B. *Gersdorf*, MMR 2017, 439 (444); *Lischka*, AfP 2018, 388 (391).

[29] *Roßnagel*, ZD 2013, 562 (566).

daher zu einer Selbstzensur des Einzelnen führen, die die Handlungs- und Meinungsfreiheit einschränkt. Das hemmt den politischen Diskurs und gefährdet die Teilhabe im Netz.[30]

Daneben steigt auch das Risiko des Missbrauchs der Daten im Allgemeinen oder das Risiko eines Identitätsmissbrauchs im Besonderen, da in Social Networks viele detaillierte Informationen über eine Person zentral bei einem Anbieter vorliegen. Bereits mithilfe weniger persönlicher Daten lässt sich eine Online-Identität stehlen, sei es durch Übernahme bestehender Nutzerkonten oder durch deren Nachbildung mittels Social Engineering,[31] und zum Schaden der betroffenen Person verwenden. Denkbar sind etwa das gezielte Anbahnen einer freundschaftlichen oder romantische Beziehung, um die betroffene Person emotional oder finanziell auszunutzen,[32] oder einen Notfall vortäuschende, betrügerische Nachrichten an Bekannte in Social Networks mit der Bitte um Geldzahlungen. Denkbar sind weiterhin falsche Online-Bestellungen im Namen der betroffenen Person, mit rechtlichen Folgen hinsichtlich Inkasso oder Schufa. Die Gründe, die zu einem solchen Missbrauch führen, können in der Person liegen, wenn diese sorglos mit Passwörtern und preisgegebenen personenbezogenen Daten war,[33] aber auch durch sorgfaltslosen Umgang auf Seiten des Anbieters,[34] Datenlecks oder Schadsoftware auf Computer oder Smartphone.[35]

Ein weiteres Risiko von Social Networks besteht durch den „Lock-in-Effekt". Dieser entsteht dadurch, dass ein Anbieterwechsel von einem Social Network in ein anderes unterbleibt, weil die damit entstehenden Wechselkosten als zu hoch angesehen werden.[36] Diese Wechselkosten müssen nicht monetärer Natur sein, sondern können auch in den mit einem Wechsel verbundenen Umständen liegen. Nutzer eines Social Networks können sich nur mit dort angemeldeten Nutzern vernetzen. Da eine systemübergreifende Nutzung verschiedener Plattformen nicht oder aufgrund der Menge der Daten praktisch kaum möglich ist, sind die Nutzer an einen bestimmten Anbieter gebunden, nämlich an denjenigen, der die meisten Nutzer auf sich vereinen kann. Ein Wechsel in ein anderes Netzwerk hätte zur Folge, dass der Nutzer all

---

[30]*Nebel*, in: Richter 2015, 95 f. mit weiteren Nachweisen.

[31]Eindrücklich *Schall*, in: Leinemann 2013, 47 ff.

[32]Die Täter werden nach dem gleichnamigen Film sowie einer MTV-Serie auch „Catfish" genannt.

[33]Z. B. durch Phishing, dazu ausführlich *Hessel*, JurPC Web-Dok. 137/2016, Abs. 22 ff.

[34]Z. B. *Holland*, Facebook: Hunderte Millionen Passwörter im Klartext gespeichert, heise online vom 21.3.2019, http://www.heise.de/-4342184.

[35]*Wragge/Pachali*, Identitätsdiebstahl im Internet: Wie er funktioniert und wie man sich schützen kann, iRights info vom 2.2.2015, https://irights.info/artikel/identittsdiebstahl-im-internet/7227.

[36]Zum Begriff *Jülicher/Röttgen/v. Schönfeld*, ZD 2016, 358 (360) mit weiteren Nachweisen.

diejenigen Kontakte verliert, die nicht auch Mitglied in dem neuen Netzwerk sind. Aus diesem Grund konzentrieren sich Nutzer auf das Netzwerk mit den meisten Nutzern, welches infolgedessen noch weiterwächst und seine Monopolstellung am Markt ausbauen kann. Dass dies eine erhebliche Verdrängung alternativer Anbieter zur Folge hat, lässt sich besonders gut an MySpace oder den ehemals beliebten deutschen Social Networks wie die VZ-Netzwerke, Lokalisten oder Wer-kennt-wen ablesen, die aufgrund des Ausbaus der Monopolstellung von Facebook eingestellt wurden oder in der Bedeutungslosigkeit versunken sind.

Der Lock-in-Effekt kann im Gegenzug auch eine soziale Isolierung desjenigen bedingen, der sich der Nutzung des Social Networks verweigert. Ist eine große Mehrheit des eigenen sozialen Umfelds in dem einen Social Network angemeldet oder nutzt den einen spezifischen Messenger zur Kommunikation, hat das zur Folge, dass diese Plattformen zum selbstverständlichen Kommunikationskanal werden und all diejenigen auszuschließen drohen, die sich diesem Kanal verwehren.

Soziale Isolation droht auch durch Cybermobbing und Hate Speech. Social Networks machen es ungleich leichter, Menschen gezielt zu beleidigen, bloßzustellen, herabzuwürdigen oder zu verleumden. Cybermobbing und Hate Speech beschreiben ähnliche Phänomene: ersteres bezieht sich auf Beleidigung, Bloßstellung oder Verleumdung einer gezielten Person, Hate Speech hingegen richtet sich meist gegen Personengruppen, zum Beispiel Geflüchtete oder Religionsgemeinschaften.[37] Cybermobbing wird meist im Zusammenhang mit Kindern und Jugendlichen untersucht. Im Jahr 2018 waren 11 % der 12- bis 19-jährigen Jugendlichen von der Verbreitung peinlicher oder beleidigender Fotos oder Videos betroffen, auf denen sie selbst zu sehen sind,[38] und 34 % haben im Bekanntenkreis schon einmal einen Fall von Cybermobbing mitbekommen.[39] Mögliche Folgen sind Depressionen, Angstzustände und soziale Isolation; aber auch mit Cybermobbing im Zusammenhang stehender Selbstmord ist belegt.[40] Mit Hate Speech sind demgegenüber 38 % der 12- bis 19-Jährigen schon häufig oder gelegentlich in Kontakt gekommen, hauptsächlich auf YouTube und Instagram,[41] und generell 78 % der Internetnutzer ab 14 Jahren haben schon einmal Hate Speech im Internet wahrgenommen.[42] Auch

---

[37]Zu den verschiedenen Formen von Hate Speech s. z. B. die Darstellung auf https://www. klicksafe.de/themen/problematische-inhalte/hate-speech/formen-von-hate-speech/.

[38]*mpfs*, JIM-Studie 2018, 62.

[39]*mpfs*, JIM-Studie 2018, 63.

[40]*Horsten/Persson*, Tod einer 15-Jährigen wird zum Fanal gegen Cybermobbing, heise online vom 21.10.2012, http://www.heise.de/-1733477.

[41]*mpfs*, JIM-Studie 2018, 63.

[42]LfM NRW 2018, 1.

die Folgen von Hate Speech können gravierend sein: eine Studie deutet darauf hin, dass die Zahl tatsächlicher Gewalttaten gegen Geflüchtete aufgrund von Hate Speech in Social Networks ansteigt.[43] Allgemein droht darüber hinaus eine Gefährdung des demokratischen Diskurses durch negative, unsachliche und einseitige Stimmungsmache, die die Vorteile von Social Networks für den Meinungsbildungsprozess konterkarieren.

Auch für Unternehmen, die Social Networks als Marketingkanäle einsetzen, ergeben sich Nachteile und Risiken. Sie machen sich abhängig, einerseits technisch von der Infrastruktur der Plattform und andererseits wirtschaftlich, da die Marketing-Strategie und Zielgruppenwerbung hauptsächlich auf der Datenauswertung des Anbieters basiert. Sie sind also entscheidend auf den Erfolg des Anbieters angewiesen, die Nutzer auf der Plattform zu halten; ein wirtschaftlicher Misserfolg des Social Networks würde sich wohl direkt auf den Marketingerfolg des Unternehmens auswirken.

Abschließend sei einschränkend angemerkt, dass sich nicht alle aufgeführten Risiken, die sich durch Social Networks ergeben können, durch eine entsprechende Systemgestaltung, wie sie in dieser Arbeit vorgeschlagen wird, verhindern lassen. Der Vollständigkeit halber sollten sie jedoch nicht unerwähnt gelassen werden. Dies gilt insbesondere für die Phänomene der Filterblasen und Echokammern, des Social Engineering sowie bezüglich des Cybermobbing und Hate Speech. Hier bedarf es anderer Mittel, deren Untersuchung aber nicht Gegenstand dieser Arbeit ist. Beispielsweise sind Regulierungsansätze denkbar, die Social Networks als Informationsintermediäre mehr Verantwortung für die Erhaltung der Meinungsvielfalt auferlegen. Denkbar ist weiterhin die Entwicklung technischer Hilfsmittel zur Entdeckung und Bekämpfung von rechtswidrigen Beiträgen und Postings. Unabhängig davon ist aber auch eine entsprechende Medienbildung der Nutzer notwendig, um diese über die Risiken aufzuklären und ein entsprechendes Bewusstsein im Umgang mit Social Networks zu schaffen.

---

[43] *Müller/Schwarz*, Fanning the Flames of Hate: Social Media and Hate Crime, https://dx.doi.org/10.2139/ssrn.3082972.

Privatsphäre und Privatheit 4

Der Schutz der Privatheit ist spätestens seit der NSA-Spähaffäre zu einer zentralen Forderung quer durch alle gesellschaftlichen und politischen Schichten, aber auch in der wissenschaftlichen Literatur geworden. Dabei besteht weder über die begriffliche Bestimmung noch über die inhaltliche Ausgestaltung Einigkeit. Vielfach ist von (informationeller) Privatheit, privacy oder eben Privatsphäre die Rede; eine gemeinsame Basis im Sinne eines einheitlichen Verständnisses ist jedoch nicht ersichtlich. Aus juristischer Sicht gibt es kein feststehendes Konzept von Privatheit oder Privatsphäre, wenn es um den Schutz des Einzelnen in der digitalen Welt geht. Der Gedanke dahinter ist den Grundrechten aber immanent.[1] Bevor im Kapitel 5 die verfassungsrechtlichen Vorgaben erörtert werden, geht das folgende Kapitel 4 der Frage auf den Grund, wie und mit welcher Begründung Privatheit und Selbstbestimmung zu den zentralen verfassungsrechtlichen Zielsetzungen in Bezug auf Internet- und Kommunikationstechnologien entwickelt wurden.[2]

4.1 Begriffsklärung

Begrifflich steht das Wort „privat" dem Begriff „öffentlich" gegenüber. Etymologisch stammt das Wort „privat" aus dem Lateinischen und bedeutet so viel wie die einzelne Person betreffend, verborgen, für sich, also dem öffentlichen Zugriff entzogen oder ohne Amt,[3] was in der römischen Gesellschaft das Gegenstück zu

---

[1] *Pagenkopf*, in: Sachs 2018, Art. 10 GG, Rn. 7; *Wolff*, in: Hill/Martini/Wagner 2013, 19 (20).
[2] Der Abschnitt basiert auf *Nebel*, ZD 2015, 517.
[3] Pons Online-Wörterbuch, http://de.pons.com/%C3%BCbersetzung?q=privat&l=dela&in=la&lf=la; *Mayer*, in: Kubicek/Klumpp/Büllesbach/Fuchs/Roßnagel 2002, 87; *Wolff*, Hill/Martini/Wagner 2013, 19; *Weidner-Braun* 2012, 113; *Richter*, in: Richter 2015, 47 f.

staatlichen, und damit „öffentlichen" Angelegenheiten bedeutete.[4] In diesem Sinne umfasste es alle häuslichen Angelegenheiten, die der Öffentlichkeit per se entzogen werden konnten.[5] Dieses Verständnis hat sich indes einem Wandel unterzogen. Etwas „Privates" ist nach modernem Verständnis weder auf das Eigentum noch auf Familienangelegenheiten beschränkt. Familienmitglieder gelten nicht mehr als Eigentum des Hausherrn. Angelegenheiten in der Familie sind nicht mehr nur privat, sondern auch Angelegenheit der Allgemeinheit. Dies zeigt sich zum Beispiel darin, dass ein Ehemann seine Ehefrau nicht ungestraft schlagen kann, weil dies im Privaten vor sich geht, oder dass die Öffentlichkeit in Form des Jugendamts einschreitet, wenn Kinder von ihren Eltern vernachlässigt werden.

Das Private kann so viel bedeuten wie ein Bedürfnis oder eine Notwendigkeit des Individuums nach Abgrenzung von der Öffentlichkeit oder ein Bereich, in dem der Einzelne frei, ohne staatliche Reglementierung für sich sein und über seine materiellen und immateriellen Ressourcen ungestört von äußeren Einflüssen verfügen kann. Es ordnet einer Person eine Angelegenheit als eigenes zu mit der Funktion, andere davon auszuschließen.[6] Einer objektiven Definition und abschließenden Bestimmung ist keiner der Begriffe zugänglich, weil die Bestimmung des Privaten höchst subjektiv ist und von technischen, sozialen und ökonomischen Verhältnissen abhängt, aber auch vom kulturellen Verständnis.[7] So unterliegt das Verständnis von Privatheit einem stetigen Wandel.

Gerade in einer modernen Zivilgesellschaft lässt sich keine strenge Zweiteilung von privat und öffentlich mehr vornehmen. Vielmehr gibt es viele verschiedene Stufen und Mischformen der Bereiche, die Personen für sich als privat einstufen und der Öffentlichkeit entziehen wollen und damit als Privatsphäre definieren.[8] Diese Bereiche sind situations- und kontextabhängig, aber nicht starr trennbar, sondern dynamisch,[9] können sich also ändern und auch überschneiden. Sie hängen auch mit den

---

[4]*Schachtschneider* 1994, 225, 371; *Weidner-Braun* 2012, 114; siehe zur Entwicklung des Privaten von der Antike bis zur Neuzeit ausführlich *Schiedermair* 2012, 23–41.

[5]*Schiedermair* 2012, 26 mit weiteren Nachweisen.

[6]*Albers*, DVBl. 2010, 1061 (1062) spricht auch von „Zugänglichkeitsgrenzen"; so auch bereits *Arendt*, Little Rock (1957/1959), in: Zur Zeit, Politische Essays, 1986, 107.

[7]Zum Begriff des Privaten zum Beispiel *Worms/Gusy*, DuD 2012, 92 (93); *Albers*, DVBl. 2010, 1061 (1062); vgl. auch *Seubert*, DuD 2012, 100 ff. Ausführlich zur Entwicklung und zum Wandel der Privatheit *Mallmann* 1977, 16–31; *Albers*, DVBl. 2010, 1061 (1063); *Schiedermair* 2012, 8.

[8]*Mallmann* 1977, 26; *Bodenschatz* 2010, 25; *Worms/Gusy*, DuD 2012, 92 (93); *Wolff*, in: Hill/Martini/Wagner 2013, 19 (25).

[9]*Schachtschneider* 2007, 450.

sozialen Rollen zusammen, die Menschen in einer komplexen Gesellschaft einnehmen. Die Informationen, die der Einzelne in jeder seiner Rollen selektiv offenbart – und umgekehrt als privat, weil nicht zur Sache gehörend eingestuft zurückhält, – sollen so getrennt bleiben und nicht rollenübergreifend „abfärben".[10] Dadurch entsteht eine Relativität der Privatsphäre,[11] die sich nicht objektiv bestimmen lässt, sondern von Person zu Person und von Situation zu Situation nach individuellen Wünschen und Bedürfnissen variieren kann.[12]

Diese Problematik in der Definition von Privatheit und Privatsphäre zugrunde gelegt, hat sich in der Entwicklung der Rechtsprechung zum Schutz des Einzelnen ein Wandel vom Fokus der Privatsphäre weg hin zur Selbstbestimmung des Einzelnen vollzogen.[13] In diesem Sinne ist Privatheit im Gegensatz zum US-amerikanischen Verständnis („right to be let alone")[14] nicht als Entsagung des Einzelnen von der Gesellschaft zu verstehen,[15] sondern im Sinne einer Selbstbestimmung als Voraussetzung für einen handlungs- und partizipationsfähigen Bürger in einer demokratischen Gesellschaft.[16]

4.2 Privatsphäre als Teil der Sphärentheorie des Bundesverfassungsgerichts

Privatsphäre wurde bereits vor der Verbreitung elektronischer Datenverarbeitung von der Rechtsprechung als schützenswert erachtet. Grundlage war die Entwicklung des allgemeinen Persönlichkeitsrechts aus Art. 2 Abs. 1 in Verbindung mit Art. 1 Abs. 1 Grundgesetz (GG). Inhalt des allgemeinen Persönlichkeitsrechts als unbenanntes Freiheitsrecht ist der Schutz der „konstituierenden Elemente

---

[10] *Müller* 1975, 108.

[11] *Mallmann* 1977, 26 mit weiteren Nachweisen; *Albers* 2005, 211 f.

[12] *Bodenschatz* 2010, 28; *Mallmann* 1977, 26.

[13] Ausführlich *Simitis*, NJW 1984, 398 (399 f.).

[14] Zuerst *Warren/Brandeis*, Harvard Law Review 1890, 193 ff.

[15] *Bodenschatz* 2010, 29 mit weiteren Nachweisen; so auch *Podlech*, in: Perels 1979, 50 (51); *Gusy*, in: v. Mangoldt/Klein/Starck 2018, Art. 10 GG, Rn. 15; zur gesellschaftlichen Dimension der Privatheit s. auch *Seubert*, DuD 2012, 100 (103 f.); zur unterschiedlichen Verwendung der Begriffe Privatheit und Privatsphäre in unterschiedlichen Rechtsordnungen *Geminn/Roßnagel*, JZ 2015, 703 (703 f.).

[16] S. bereits *Roßnagel*, in: Nickel/Roßnagel/Schlink (Hrsg.) 1994, 227 (230 ff.) mit weiteren Nachweisen.

der Persönlichkeit", die nicht durch spezielle Grundrechte geschützt sind.[17] Um der unterschiedlichen Schutzbedürftigkeit und der Gefährdungslage aller Aspekte des Persönlichkeitsrechts Rechnung zu tragen, hat das Bundesverfassungsgericht zur Rechtfertigung eines Eingriffs in das allgemeine Persönlichkeitsrecht die sogenannte Sphärentheorie entwickelt. Dazu wurden unterschiedliche Sphären individueller Persönlichkeitsentfaltung definiert: die Intimsphäre, die Privatsphäre sowie die Öffentlichkeits- oder Sozialsphäre.[18]

Die Intimsphäre galt als unantastbar, also dem Einwirken von öffentlicher Gewalt entzogen und einer Abwägung mit öffentlichen Interessen nicht zugänglich.[19] Der Wesensgehalt der Intimsphäre war vom Einfluss der Menschenwürde geprägt und stellte eine Sphäre dar, in der sich der Einzelne selbst finden, mit sich alleine sein konnte und keinem Sozialbezug zu seiner Umwelt unterlag.[20] Ein Eingriff in diese Sphäre konnte daher unter keinen Umständen gerechtfertigt sein. Zur Intimsphäre sollte nur zählen, was einen höchstpersönlichen Charakter hatte, bedurfte aber einer einzelfallabhängigen Betrachtung. Von der Intimsphäre konnte aber nur gesprochen werden, solange eine Handlung oder ein Zustand keinen Sozialbezug aufwies. Da der Sozialbezug nicht räumlich, sondern auch inhaltlich determiniert war, konnten zum Beispiel auch Selbstgespräche oder Tagebuchaufzeichnungen nicht pauschal der Intimsphäre zugeordnet werden, wenn diese ihrem Inhalt nach Belange anderer berühren.[21]

Die Privatsphäre galt als ein weiterer Ausschnitt denkbarer Lebenssachverhalte in diesem Zusammenhang der „engeren persönlichen Lebenssphäre".[22] Sie diente dem Schutz des Einzelnen als abgeschirmter persönlicher Bereich, der ihm zur freien Entfaltung der Persönlichkeit zur Verfügung stehen sollte, in dem er sich der Öffentlichkeit entziehen konnte und sich nicht einer öffentlichen Kontrolle unterwerfen musste.[23] Durch den Sozialbezug waren Eingriffe in diese Sphäre nicht

---

[17] BVerfGE 54, 148, 153; ausführlich z. B. *Murswiek/Rixen*, in: Sachs 2018, Art. 2 GG, Rn. 59 f., 66; *Starck*, in v. Mangoldt/Klein/Starck 2018, Art. 2 GG, Rn. 17.

[18] *Di Fabio*, in: Maunz/Dürig 2019, Art. 2 Abs. 1 GG, Rn. 158 ff. mit weiteren Nachweisen; relativierend *v. Arnauld*, ZUM 1996, 286 (289). Ausführliche Einzelfälle zum allgemeinen Persönlichkeitsrecht in *Starck*, in: v. Mangoldt/Klein/Starck 2018, Art. 2 GG, Rn. 170 ff.

[19] Z. B. BVerfGE 6, 32 (41); 6, 389 (433 f.); 27, 1 (6); 27, 344 (350 f.); 32, 373 (379); 34, 238 (245).

[20] *Di Fabio*, in: Maunz/Dürig 2019, Art. 2 Abs. 1 GG, Rn. 158; *Lang*, in: Epping/Hillgruber 2019, Art. 2 GG, Rn. 39, 41 jeweils mit weiteren Nachweisen.

[21] Vgl. BVerfGE 6, 389 (433 f.); 27, 1 (8); 34, 238 (247); ausführlich *Desoi/Knierim*, DÖV 2011, 398.

[22] BVerfGE 54, 148 (153).

[23] *Murswiek/Rixen*, in: Sachs 2018, Art. 2 GG, Rn. 69; *Kunig*, in: v. Münch/Kunig 2012, Art. 2 GG, Rn. 41.

generell ausgeschlossen. Ihre Rechtmäßigkeit erforderte jedoch das Vorliegen überwiegender Belange des Allgemeinwohls.[24] Zur Privatsphäre gehörten nach Ansicht des Bundesverfassungsgerichts Angelegenheiten innerhalb der Familie, Kenntnis der Abstammung einschließlich Informationen über das Erbgut,[25] aber auch der Geheimnisschutz innerhalb des Arzt-Patienten-Verhältnisses.[26]

Die Sozialsphäre ist demgegenüber geprägt von der Teilnahme des Einzelnen am öffentlichen Leben und seinem sozialen Geltungsanspruch innerhalb der Gesellschaft. Dazu gehören alle Aspekte, die Einfluss auf das soziale Ansehen des Einzelnen haben können, zum Beispiel Fragen zur Namenswahl (sowohl unter Ehegatten als auch in der Eltern-Kind-Beziehung),[27] die Darstellung des Einzelnen durch andere, aber auch der Schutz vor Selbstbezichtigung oder das Recht eines Strafgefangenen auf Resozialisierung.[28]

Da sich die räumlich orientierte Sphärentheorie im Rahmen der elektronischen Datenverarbeitung als Ausgleich zwischen dem Persönlichkeitsschutz des Einzelnen und einem überwiegendem Allgemeininteresse als nicht mehr praktikabel erwiesen hat, die praktische Abgrenzung der Sphären sich als schwierig gestaltete und durch Grenzfälle häufig willkürlich war,[29] wurde diese 1983 zu Gunsten der informationellen Selbstbestimmung abgelöst und findet heute nur noch im Presserecht Anwendung.[30]

4.3 Abkehr von Privatsphäre hin zur Selbstbestimmung

Das Volkszählungsurteil 1983 markierte eine Wende in der Beurteilung des Persönlichkeitsschutzes. Es etablierte das Recht auf informationelle Selbstbestimmung, also die „Befugnis des Einzelnen, selbst zu entscheiden, wann und innerhalb welcher Grenzen persönliche Lebenssachverhalte offenbart werden".[31] Damit trägt

---

[24]Z. B. *BVerfGE* 32, 373 (380 f.); 35, 35 (39); 80, 367 (375); ausführlich *Di Fabio*, in: Maunz/Dürig 2019, Art. 2 Abs. 1 GG, Rn. 159.

[25]BVerfGE 79, 256 (268 f.); *BVerfGE 103, 21*; *BVerfG*, NJW 2001, 2320 ff.

[26]Z. B. BVerfGE 32, 373 (379 ff.).

[27]Z. B. BVerfGE 109, 256; BVerfG, NJW 2009, 663; BVerfG NJW 2009, 1657.

[28]Beispiele jeweils mit weiteren Nachweisen *Lang*, in: Epping/Hillgruber 2019, Art. 2 GG, Rn. 44.

[29]So auch *Kunig*, in: v. Münch/Kunig 2012, Art. 2 GG, Rn. 41; *Murswiek/Rixen*, in: Sachs 2018, Art. 2 GG, Rn. 105, jeweils mit weiteren Nachweisen; a. A. *Di Fabio*, in: Maunz/Dürig 2019, Art. 2 Abs. 1 GG, Rn. 162.

[30]Dazu Abschn. 4.4.

[31]BVerfGE 65, 1 (42).

das Bundesverfassungsgericht dem Umstand Rechnung, dass in Zeiten moderner Datenverarbeitung die Sphärentheorie nicht mehr genügt, um den Gefahren für den Persönlichkeitsschutz zu begegnen.[32]

Automatische Datenverarbeitung ermöglicht das unbegrenzte Speichern, sekundenschnelle Abrufen und Zusammenfügen von personenbezogenen Daten. Die Kontrolle des Einzelnen über die Richtigkeit und Verwendung seiner Daten wird so erheblich erschwert. Eine Trennung nach Sphären gibt es im Rahmen der automatischen Datenverarbeitung nicht. Die Erhebung personenbezogener Daten findet in allen Lebensbereichen und zu allen möglichen Zwecken statt. Durch automatische Verarbeitungs- und Verknüpfungsmethoden in der Informationstechnologie kann jedes für sich betrachtet belanglose Datum durch Verknüpfung mit einem anderen Datum einen neuen Stellenwert bekommen und zu einer Gefahr für das Persönlichkeitsrecht werden. Daher gibt es unter den Bedingungen modernen Datenverarbeitung kein „belangloses Datum" mehr.[33] Entscheidend für negative Auswirkungen auf das Persönlichkeitsrecht des Einzelnen und seinen sozialen Geltungsanspruch ist daher nicht mehr die Herkunft eines Datums, sondern einzig die Nutzungs- und Verwendungsmöglichkeit. Somit hat das Bundesverfassungsgericht bezüglich personenbezogener Daten einen Perspektivwechsel weg von der Privatsphäre hin zu Inhalt und Wirkung von Informationen vorgenommen.[34] Der Verwendungszusammenhang bestimmt die Sensitivität und den Bedeutungsgehalt eines Datums, und damit, wie die Verwendung dieses Datums den Einzelnen in seinem Persönlichkeitsrecht zu verletzen vermag. So sind Name oder Anschrift einer Person an sich keine besonderen personenbezogenen Daten im Sinne von Art. 9 Abs. 1 DSGVO; geben diese jedoch den Hinweis auf die Zugehörigkeit zu einer Religionsgemeinschaft oder implizieren den Wohnsitz in einer speziellen Therapieeinrichtung, sind sie als sensitiv anzusehen und entsprechend zu behandeln.[35]

Daher macht das Bundesverfassungsgericht im Volkszählungsurteil die Selbstbestimmung zur Bedingung. Der Einzelne soll selbstbestimmt und selbständig entscheiden, wer welche ihn betreffenden Informationen wie verwendet. Dadurch behält der Einzelne die Kontrolle, welche Informationen über ihn in welchem

---

[32]Podlech, in: Komm-GG 1989, Art. 2 Abs. 1 GG, Rn. 40; Amelung 2002, 34; Murswiek/Rixen, in Sachs 2018, Art. 2 GG, Rn. 106; Kunig, in: v. Münch/Kunig 2012, Art. 2 GG, Rn. 41; Geminn/Roßnagel, JZ 2015, 703 (706); so auch bereits Schmidt, JZ 1974, 241 (243 f.).

[33]BVerfGE 65, 1 (45).

[34]Benda, DuD 1984, 86 (88); Dreier, in: Dreier 2013, Art. 2 Abs. 1 GG, Rn. 93; Albers 2005, 222.

[35]Zum BDSG a. F. bereits Simitis, in: Simitis 2014, § 3 BDSG a. F., Rn. 251; Gola/Klug/Körffer, in: Gola/Schomerus 2015, § 3 BDSG a. F., Rn. 56a.

Zusammenhang offenbart werden, also „wer was wann und bei welcher Gelegenheit über [ihn] weiß".[36] Nur so kann der Einzelne abschätzen, welche Informationen seine soziale Umwelt über ihn hat und sich ohne Konformitätsdruck entsprechend verhalten. Fehlt diese Gewissheit, kann der Einzelne aus Angst vor ständig drohendem Konformitätsdruck und anderer nachteiliger Folgen in seinem selbstbestimmten Handeln wesentlich gehemmt sein.[37]

4.4 Differenzierung der Schutzgüter im Persönlichkeits- und Datenschutz

Das Volkszählungsurteil des Bundesverfassungsgerichts markiert eine Zäsur in der verfassungsrechtlichen Beurteilung von Eingriffen in das allgemeine Persönlichkeitsrecht. Der Schutz der Persönlichkeit wurde bis dahin anhand einer räumlich geschützten Sphäre vorgenommen. Das Recht des Einzelnen, als „privat" deklarierte Angelegenheiten vor der Öffentlichkeit zu verbergen oder „private" Informationen nicht zum Zweck von Allgemeininteressen zu verwerten, wurde ausschließlich danach beurteilt, aus welchem Lebensbereich die betreffende Information stammte. Mit dem Volkszählungsurteil 1983 änderte sich diese Beurteilung für den Bereich der elektronischen Datenverarbeitung. Hier sollte nicht mehr eine fest definierte räumliche Sphäre im Mittelpunkt stehen, sondern das Individuum an sich. Jede Person sollte selbst entscheiden, ob und wie persönliche Informationen verwendet werden sollten.

Die im Volkszählungsurteil entwickelte informationelle Selbstbestimmung verankert das Datenschutzrecht verfassungsrechtlich.[38] Schutzgut ist die Selbstbestimmung des Einzelnen. Im Gegensatz zur Sphärentheorie wird damit nicht von außen, das heißt durch Gesetz, Rechtsprechung und Wissenschaft bestimmt, welche Information warum schützenswert ist, sondern soll individuell durch die betroffene Person beeinflusst werden können.[39]

---

[36]BVerfGE 65, 1 (43).

[37]Dazu bereits *Steinmüller/Lutterbeck/Mallmann/Harbort/Kolb/Schneider*, BT-Drs. 6/3826, 87; *Podlech*, in: Perels 1979, 50 (53, 62); BVerfGE 65, 1 (43); *Albers* 2005, 433; *Albers*, DVBl. 2010, 1061 (1062).

[38]*Benda*; DuD 1984, 86 (89).

[39]*Geminn/Roßnagel*, JZ 2015, 703 (707).

Damit hat die Sphärentheorie seit dem Volkszählungsurteil weithin an Bedeutung verloren.[40] Auch in der nach dem Volkszählungsurteil im Jahre 1989 ergangenen Tagebuchentscheidung[41] fand keine Rückkehr zur Sphärentheorie statt.[42] In dem zugrunde liegenden Sachverhalt war die Frage zu entscheiden, inwiefern Tagebucheintragungen bezüglich einer Straftat im Strafverfahren verwertet werden durften. Zwar hob das Gericht hervor, einen absolut geschützten Bereich privater Lebensgestaltung zu gewährleisten, definierte diesen Bereich aber indes nicht ausschließlich räumlich im Sinne von Sphären, sondern zog zur Bestimmung auch den Willen des Einzelnen und den Inhalt der Information heran.[43]

Bedeutung erlangt die Sphärentheorie damit nur noch im engen Rahmen des Presserechts. Darüber hinaus ist eine Rückkehr zur Sphärentheorie ausgeschlossen, nicht nur, da alle wichtigen Bereiche in Wirtschaft, Verwaltung und Gesellschaft von elektronischer Datenverarbeitung durchdrungen sind und damit vom Prinzip der informationellen Selbstbestimmung geprägt werden, sondern auch, weil diese gegenüber der Selbstbestimmung erhebliche Nachteile hat.

Größter Kritikpunkt der Sphärentheorie lag in der starren Einteilung der Sphären. Das hinderte zum einen die subjektive (Selbst-)Einschätzung durch das Individuum, welche Informationen als „intim", „privat" oder „öffentlich" betrachtet werden. Eine solche Einschätzung wird naturgemäß von Individuum zu Individuum verschieden ausfallen, da jede Person für sich eine andere Ansicht hat, was privat ist und was nicht. Die starre Einteilung in Sphären führte darüber hinaus oft zu Abgrenzungsschwierigkeiten, insbesondere bei der Frage, ob etwas noch „intim" oder schon „privat" ist. Um möglichst viele Fälle zu erfassen, waren die Sphären schlicht gehalten. Das spiegelte die Lebenswirklichkeit jedoch nicht angemessen wider, da diese nicht so schlicht sind, dass sie sich problemlos in eine Kategorie einordnen ließen.[44]

Zudem mangelte es der Sphärentheorie an einer gesetzlichen Grundlage. Ein Eingriff in ein Grundrecht unterliegt nach der Grundrechtsdogmatik dem Vorbehalt des Gesetzes. Mit der Sphärentheorie wurde ein Eingriff aber bereits dann gerechtfertigt, wenn der Sachverhalt einer Sphäre zugeordnet und der Eingriff entsprechend als verhältnismäßig eingeordnet wurde. Die Beurteilung der Verhältnismäßigkeit eines Eingriffs setzt jedoch eine gesetzliche Grundlage für den Eingriff voraus.

---

[40]Z. B. *Mückenberger*, KJ 1984, 1 (7); *Benda*, DuD 1984, 86 (88); *Hornung*, MMR 2004, 3 (3 f.); *Geminn/Roßnagel*, JZ 2015, 703 (707).

[41]BVerfGE 80, 367.

[42]*Desoi/Knierim*, DÖV 2011, 398 (402).

[43]BVerfGE 80, 367 (374).

[44]So bereits *Steinmüller/Lutterbeck/Mallmann/Harbort/Kolb/Schneider,* BT-Drs. 6/3826, 51; *Rohlf* 1980, 43 f.; *Mückenberger*, KJ 1984, 1 (6); *Albers* 2005, 211 f.; *Kunig*, in: v. Münch/Kunig 2012, Art. 2 GG, Rn. 41.

Dies wurde bei Eingriffen in das Persönlichkeitsrecht, die nach der Sphärentheorie beurteilt werden, häufig außer Acht gelassen.[45] Aufgrund der anhaltenden Kritik hat das Bundesverfassungsgericht die Sphärentheorie bereits vor dem Volkszählungsurteil in seiner Rechtsprechung vielfach relativiert und modifiziert. So beschränkte es sich darauf, eine Beurteilung danach vorzunehmen, ob der „Kernbereich privater Lebensgestaltung" betroffen ist und den Eingriff darüber hinaus danach zu beurteilen, ob aufgrund eines Sozialbezugs einer Handlung überwiegende Interessen Dritter den Eingriff rechtfertigten.[46] Auch durch die Entwicklung des Rechts am eigenen Wort sowie des Rechts am eigenen Bild hat das Bundesverfassungsgericht von der reinen Sphärentheorie Abstand genommen und dem Einzelnen – dennoch im Ergebnis an die Sphärentheorie angelehnt[47] – mehr Selbstbestimmung und einen Selbstdarstellungsanspruch in der Öffentlichkeit zugestanden.[48]

Auch der informationellen Selbstbestimmung wurden Schwachstellen in ihrer verfassungsrechtlichen Konzeption zugeschrieben. Insbesondere sei die Beschreibung des Schutzgehalts des Grundrechtes im Volkszählungsurteil nur unzureichend beschrieben und es fehle an einer näheren Ausgestaltung des Schutzziels und Schutzkonzepts.[49] Dem ist jedoch nicht zuzustimmen. Das Bundesverfassungsgericht hat im Volkszählungsurteil zur Verwirklichung des Grundrechts auf informationelle Selbstbestimmung Anforderungen entwickelt, zum Beispiel Transparenz und Erforderlichkeit der Datenverarbeitung, Zweckbindung, Rechte des einzelnen auf Löschung und Berichtigung personenbezogener Daten, aufsichtsbehördliche Kontrolle und Notwendigkeit einer gesetzlichen Grundlage.[50] Damit sind bereits im Urteil sehr differenzierte Anforderungen aufgelistet worden, die durch den Gesetzgeber umzusetzen sind.

---

[45] Ausführlich *Wölfl*, NVwZ 2002, 49 (50).

[46] BVerfGE 80, 367 (374 f.); *Di Fabio*, in: Maunz/Dürig 2019, Art. 2 Abs. 1 GG, Rn. 162; *Mückenberger*, KJ 1984, 1 (6); daher von der Kernbereichsthese sprechend *v. Arnauld*, ZUM 1996, 286 (289). Allerdings ist unklar, wo die Grenze zum absolut geschützten Kernbereich gezogen wird, wenn dieser mit dem Hinweis auf einen Sozialbezug der Handlung negiert werden kann, so auch das Sondervotum der (überstimmten) Richter BVerfGE 80, 367 (382); ebenso *Hillgruber*, in: Umbach/Clemens 2002, Art. 2 Abs. 1 GG, Rn. 91.

[47] *Kunig*, in: v. Münch/Kunig 2012, Art. 2 GG, Rn. 41; mit Blick auf die Rechtsprechung des EGMR z. B. *Frenz*, NJW 2008, 3102 sowie *Hoffmann-Riem*, NJW 2009, 20.

[48] Z. B. BVerfGE 34, 238 (246).

[49] *Ladeur*, DuD 2000, 12 (12–14); *Albers* 2005, 176.

[50] BVerfGE 65, 1 (42 ff.); *Simitis*, NJW 1984, 394; *Trute*, in: Roßnagel 2003, Abschn. 2.5, Rn. 32 ff.; *Roßnagel/Pfitzmann/Garstka* 2001, 70 ff.; *Geminn/Roßnagel*, JZ 2015, 703 (707).

Letztlich handelt es sich um zwei Institute mit zwei verschiedenen Zielrichtungen, die sich aufgrund unterschiedlicher dogmatischer Funktionen nur begrenzt überschneiden.[51] Die Anwendung der Sphärentheorie ist auch in Zukunft für keine den Umgang mit personenbezogenen Daten betreffende Sachverhalte sachgerecht. Für Anwendungsbereiche, die durch technologische Innovationen und eine damit zusammenhängende elektronische Datenverarbeitung geprägt sind, ist sie zum Schutz der Persönlichkeit im Gegensatz zur informationellen Selbstbestimmung ungeeignet.

Praktisch relevant wird die Abgrenzung nach Sphären regelmäßig nur noch im Bereich der Presse. Hier können Informationen aus dem Privatleben einer Person gegen ihren Willen an die Öffentlichkeit gelangen. Hat sich diese Person nicht selbst aus dem Schutz der Privatsphäre begeben, indem sie gezielt ihre Privatsphäre gegenüber der Öffentlichkeit geöffnet hat,[52] kann sie sich auf ihre Privatsphäre als räumliche Abschottung berufen und Unterlassungsansprüche analog §§ 1004, 823 Abs. 1, 2 BGB vor einem Zivilgericht geltend machen. Hier ist ein räumlicher Schutzbereich oder eine räumliche Sphäre notwendig, um den zur Persönlichkeitsentfaltung notwendigen räumlichen Rückzugsbereich zu wahren, und damit den Kernbereich privater Lebensgestaltung als Ausdruck der Würde des Menschen aufrechtzuerhalten, der in keiner Weise einem Sozialbezug unterliegt und den der Einzelne nicht der Öffentlichkeit gegenüber öffnen muss. Diese Abgeschiedenheit von öffentlichen Augen geht nur über einen definierten, „räumlichen" Raum; der Schutz erstreckt sich auch auf die in diesem Raum entstehenden Informationen.[53]

Im Bereich des Datenschutzes hat die informationelle Selbstbestimmung hingegen ihre unbedingte Berechtigung. Die Gefährdungslage durch elektronische Datenverarbeitung für die Grundrechte des Einzelnen ist dergestalt, dass eine räumliche Einordnung personenbezogener Daten nicht möglich ist. Daten können jederzeit leicht aus ihrem ursprünglichen Kontext gerissen, mit anderen Daten neu verknüpft werden und damit neue Informationen entstehen lassen. Eine Zuordnung nach Sphären ist schlicht nicht möglich, weshalb eine Beurteilung von Daten nur über deren Verwendungszusammenhang dazu führt, das Persönlichkeitsrecht im Rahmen der elektronischen Datenverarbeitung effektiv zu schützen.

---

[51]*Albers* 2005, 278.
[52]BVerfGE 101, 361 (361, 385).
[53]*Albers* 2005, 277.

4.5   Bewertung

Mit dem Volkszählungsurteil statuiert das Gericht eine „normative Barriere gegen alle Tendenzen, den einzelnen immer mehr und immer konsequenter in ein bloßes Informationsobjekt"[54] oder aber vom „Schutzsubjekt zur Erkenntnisquelle"[55] zu verwandeln. Mit der informationellen Selbstbestimmung die Entscheidung über die Verwendung personenbezogener Daten dem Einzelnen zu überlassen ist jedenfalls sachgerecht. Es ermöglicht einen sphärenübergreifenden Schutz des Persönlichkeitsrechts[56] und macht die schwierige und willkürliche Abgrenzung der Intim-, Privat- und Öffentlichkeitssphäre überflüssig. Auch andere Freiheitsrechte sind in diesem Sinne ausgelegt: Zum Beispiel schützt das Fernmeldegeheimnis nach Art. 10 GG die fernübertragene Kommunikation in Gänze, nicht nur die „privaten" oder „intimen" Abschnitte, sondern ebenso auch Gespräche mit geschäftlichem Inhalt.[57]

Die Abgrenzung nach Sphären entsprach in Ansätzen der ursprünglichen Konfliktsituation, beim Ausgleich zwischen dem Recht des Einzelnen und dem überwiegenden Allgemeininteresse je nach Schutzbedürftigkeit der Lebenssachverhalte und Gefährdungslagen zu differenzieren.[58] Ein Nachteil in der Beurteilung nach Sphären ist jedoch die mangelnde Einflussnahme des Betroffenen. Die Bestimmung nach „privat" und „nicht privat" erfolgte von außen, ohne dem Einzelnen die Entscheidung zu überlassen, etwas als „privat" oder „nicht privat" einzustufen. In der digitalen Datenverarbeitung hingegen ist eine Unterteilung von Daten in Sphären nicht sachgerecht, da personenbezogene Daten sphärenunabhängig offenbart und zusammengeführt werden können und zudem ihren Informationsgehalt, der potentiell in die Rechte der betroffenen Person eingreift, auch erst durch Verknüpfung verschiedener Daten erhalten können. Der Schutzgehalt kann daher nicht nach der Sphäre heraus bestimmt werden, sondern lediglich nach dem Verwendungszusammenhang der Information. Eine selektive Informationsweitergabe, die der Einnahme verschiedener sozialer Rollen[59] entsprechen würde, ist im Rahmen digitaler Datenverarbeitung nicht mehr möglich.[60] Das Bundesverfassungsgericht

---

[54] *Simitis*, NJW 1984, 398 (399).

[55] *Hohmann-Dennhardt*, NJW 2006, 545 (548).

[56] Vgl. *Albers* 2005, 372 f.

[57] BVerfGE 110, 313 (358); *Albers* 2005, 372; BVerfG, NJW 1988, 3009; s. Abschn. 5.2.2.

[58] So bereits *Mallmann* 1977, 24 f.

[59] Zur „Rollentheorie" ausführlich *Mallmann* 1977, 35 ff. mit weiteren Nachweisen; *Müller*, DVR 1975, 107 (108).

[60] *Mallmann* 1977, 25, 46 f.; zur Entwicklung des Rechts auf Privatsphäre *Mallmann* 1977, 16 ff.

erkennt im Volkszählungsurteil diese Diskrepanz. Es nimmt für den Bereich digitaler Datenverarbeitung Abstand von der Sphärentheorie und gesteht dem Einzelnen die Befugnis zu, die Einteilung nach „privat" und „nicht privat" für sich selbst zu übernehmen. Dadurch entsteht eine sphärenunabhängige informationelle Kontrolle, die dem Einzelnen das Recht gibt, selbstbestimmt zu agieren. Die Möglichkeit zur Selbstbestimmung gibt dem Einzelnen die Autonomie, um die freie Entfaltung der Persönlichkeit, Individualität und Rollenwahrnehmung zu leben.[61] Da Autonomie nur gewahrt werden kann, wenn durch die Information keine Nachteile entstehen, die dazu führen, dass die geschützten Verhaltensweisen geändert oder unterdrückt werden, ist die Autonomie des Einzelnen Voraussetzung einer pluralistischen Gesellschaft mit selbstbestimmten, mündigen Bürgern und dient damit nicht nur der Freiheit des Einzelnen, sondern auch dem Gemeinwohl.[62]

Um die Selbstbestimmung des Einzelnen zu wahren, garantieren Einzelgrundrechte mit jeweils verschiedenen Schutzbereichen punktuell Privatheits- und Geheimnisgewährleistungen, die für bestimmte Situationen Unverletzlichkeits-, Schutz- und Freiheitsversprechen beinhalten,[63] und damit die Autonomie des Einzelnen wahren. Dazu zählen das Recht auf körperliche Unversehrtheit gemäß Art. 2 Abs. 2 Satz 1 GG, welches die Selbstbestimmung über die körperliche Integrität gewährleistet. Gerade die Möglichkeiten zur genetischen Bestimmung eines Menschen greifen tief in die Sphäre der Körperlichkeit ein.[64] Dazu zählt auch das allgemeine Persönlichkeitsrecht nach Art. 2 Abs. 1 in Verbindung mit Art. 1 Abs. 1 GG mit seinen Ausprägungen der informationellen Selbstbestimmung und des Grundrechts auf Vertraulichkeit und Integrität informationstechnischer Systeme, die die Selbstbestimmung im Zusammenhang mit personenbezogener Datenverarbeitung gewährleisten.[65] Das Brief-, Post- und Fernmeldegeheimnis nach Art. 10 GG und die Unverletzlichkeit der Wohnung nach Art. 13 GG garantieren im Ergebnis eine selbstbestimmte Interaktion mit der sozialen Umwelt.[66] Andere geschützte Bereiche sind die Glaubens- und Gewissensfreiheit nach Art. 4 GG, der Schutz der Familie nach Art. 6 GG, die Meinungs-, Informations- und Pressefreiheit nach Art. 5 Abs. 1

---

[61] Ebenso, wenn auch unter dem Stichwort „Folgen von Privatheit" *Albers*, DVBl. 2010, 1061 (1062).

[62] *Podlech*, in: Perels 1979, 50 (53); BVerfGE 65, 1 (43); *Schachtschneider* 1994, 370, 573 ff.; *Gusy*, in: v. Mangoldt/Klein/Starck 2018, Art. 10 GG, Rn. 14; *Weidner-Braun* 2012, 117; vgl. *Bodenschatz* 2010, 29 mit weiteren Nachweisen

[63] *Albers* 2005, 366 ff.; 376; wohl auch *Podlech*, in: Perels 1979, 50 (52).

[64] *Schaar* 2009, 85 ff.

[65] S. dazu Abschn. 5.2.1.

[66] S. dazu Abschn. 5.2.2 und 5.2.3.

GG[67] oder die Versammlungsfreiheit nach Art. 8 GG, die durch die Begrenzung des Teilnehmerkreises Vertraulichkeit schafft.[68] Art. 12 GG schützt vor staatlichem Informationseingriff im Rahmen der Berufsausübung; Art. 14 GG schafft Vertraulichkeit durch Betriebs- und Geschäftsgeheimnisse.[69] All diese Grundrechte gewährleisten Autonomie und Selbstbestimmung durch Vertraulichkeit. Sie begrenzen staatliche Eingriffe auf das zum Zusammenleben absolut Notwendige und verhelfen damit zu einem selbstbestimmten Umgang mit- und untereinander.

---

[67]S. dazu Abschn. 5.2.4.

[68]*Albers* 2005, 369 mit weiteren Nachweisen.

[69]*Manssen*, in: v. Mangoldt/Klein/Starck 2018, Art. 12 GG, Rn. 291; *Albers* 2005, 369 f. mit weiteren Nachweisen.

Verfassungsrechtliche Vorgaben 5

Statt eines Rechts auf Privatheit oder Privatsphäre orientiert sich der Schutz der Freiheit des Nutzers an spezifischen Grundrechten, die die Persönlichkeit, die Selbstbestimmung, die Meinungsfreiheit, die Kommunikation oder ein Recht auf Datenschutz zum Gegenstand haben. Da Social Networks, wie in Kapitel 3 dargestellt, vielfache Auswirkungen gesellschaftlicher und individueller Art haben können, sind die Persönlichkeitsrechte des Einzelnen unter Umständen stark betroffen. Der folgende Abschnitt stellt die relevanten Grundrechte sowohl des europäischen Primärrechts dar wie auch die einschlägigen Grundrechte des Grundgesetzes. Im Anschluss geht es der Frage nach, warum es eine Unterscheidung der Verankerung von Privatheit im Unionsrecht einerseits und im deutschen Recht andererseits gibt. Schließlich werden die Schutzpflicht des Staates und eine mögliche Drittwirkung der Grundrechte erörtert.

5.1 Europäisches Primärrecht

Die wachsende Internationalisierung des Datenverkehrs, die zu einer zunehmenden Europäisierung des Datenschutzrechts führt, macht einen Blick auf den europäischen Rechtsrahmen unentbehrlich. Die europäischen Freiheitsrechte sind in mehreren Werken niedergelegt. Das Primärrecht umfasst zum einen die Europäische Grundrechtecharta, die gemäß Art. 6 Abs. 1 EUV rechtlich gleichrangig mit den Primärverträgen ist. Primärvertrag ist neben dem Vertrag über die Europäische Union der Vertrag über die Arbeitsweise der Europäischen Union.[1]

---

[1] *Schorkopf*, in: Grabitz/Hilf/Nettesheim 2018, Art. 6 EUV, Rn. 28 spricht gar von einer „neue[n] Kategorie von Primärrecht".

M. Nebel, *Persönlichkeitsschutz in Social Networks*, DuD-Fachbeiträge, https://doi.org/10.1007/978-3-658-31786-7_5

Die Grundrechte der Europäischen Grundrechtecharta sowie der Europäischen Menschenrechtskonvention sind entsprechend den Grundfreiheiten des Vertrags über die Arbeitsweise unter den Voraussetzungen der Rechtsprechung des Europäischen Gerichtshofes in den Mitgliedstaaten unmittelbar anwendbar, weil die Normen den Mitgliedstaaten als Normadressat hinreichend klare und unbedingte Pflichten auferlegen und keine weitere Konkretisierung durch die Mitgliedstaaten vonnöten ist.[2] Seit dem Vertrag von Lissabon sind die Vorgaben der Europäischen Grundrechtecharta sowie der Europäischen Menschenrechtskonvention für alle Organe und Einrichtungen der Europäischen Union bindend.[3] Der Einzelne kann mithin den Rechtsweg beschreiten, um eine Verletzung der Grundrechte der Europäischen Grundrechtecharta und der Europäischen Menschenrechtskonvention geltend zu machen. Darüber hinaus dienen die Vorschriften als Auslegungshilfe im nationalen Recht, da dieses im Einklang mit europäischen Vorschriften anzuwenden ist.[4]

In den folgenden Unterkapiteln werden auszugsweise diejenigen Grundrechte dargestellt, die Persönlichkeitsrechte der Nutzer schützen helfen. Demgegenüber stehen die Grundrechte und Grundfreiheiten der Anbieter von Social Networks. Neben dem Recht auf Berufsfreiheit aus Art. 15 GRCh und dem Recht auf Unternehmerische Freiheit aus Art. 16 GRCh sind dies vor allem die Niederlassungsfreiheit aus Art. 49 AEUV sowie die Dienstleistungsfreiheit aus Art. 56 AEUV. Auf die Berufsfreiheit nach Art. 15 GRCh können sich gemäß Abs. 2 nur Unionsbürger berufen, die Unternehmerische Freiheit nach Art. 16 GRCh steht demgegenüber auch juristischen Personen mit Sitz in Drittstaaten zu.[5] Somit können sich auch Anbieter von Social Networks grundsätzlich hierauf berufen. Die Niederlassungsfreiheit gilt für Unionsbürger sowie nach Art. 54 AEUV auch für Gesellschaften, die nach den Rechtsvorschriften eines Mitgliedstaates gegründet wurden. Für Anbieter von Social Networks, die im außereuropäischen Ausland sitzen, ist dies dann der Fall, wenn sie eine Niederlassung in der Union nach den im Mitgliedstaat der Gründung jeweils geltenden Vorschriften gründen. Gleiches gilt für die Dienstleistungsfreiheit nach Art. 62 in Verbindung mit Art. 54 AEUV. Die Grundfreiheiten adressieren in erster Linie die Union und die Mitgliedstaaten, soweit sie Unionsrecht

---

[2]Durch den Europäischen Gerichtshof erstmals anerkannt in seinem Grundsatzurteil vom 5.2.1963 in der Sache „van Gend & Loos", EuGH, ECLI:EU:C:1963:1, 24 ff.; zu den Voraussetzungen der unmittelbaren Anwendbarkeit siehe auch *Pache*, in: Schulze/Zuleeg/Kadelbach 2015, § 10, Rn. 8.

[3]*Tohidipur*, in: Terhechte 2011, § 33, Rn. 26; *Schwarze*, in: Schwarze/Becker/Hatje/Schoo 2012, Einf., Rn. 30.

[4]Vgl. BVerfGE 74, 358 (370).

[5]*Jarass* 2016, Art. 16 GrCh, Rn. 11.

ausführen. Sie können darüber hinaus aber auch unmittelbare Geltung entfalten.[6] Die Grundrechte und Grundfreiheiten der Nutzer und der Anbieter von Social Networks sind gegeneinander abzuwägen und in Ausgleich zu bringen. Eingriffe sind generell nur dann zulässig, wenn sie dem Grundsatz der Verhältnismäßigkeit entsprechen, also notwendig sind und den Erfordernissen des Schutzes der Rechte und Freiheiten entsprechen.

5.1.1 Europäische Grundrechtecharta

Für den Umgang mit dem Internet im Allgemeinen und Social Networks im Besonderen besonders relevant ist das Recht auf den Schutz personenbezogener Daten aus Art. 8 GRCh. Gemäß Art. 8 Abs. 1 GRCh hat jede Person das Recht auf den Schutz der sie betreffenden personenbezogenen Daten. Art. 8 GRCh ist *lex specialis* zum Recht auf Achtung des Privat- und Familienlebens aus Art. 7 GRCh.[7]

5.1.1.1 Schutzbereich
Personenbezogene Daten sind in Anlehnung an Art. 2 DSRL alle nur denkbaren Informationen, die sich auf eine bestimmte oder bestimmbare natürliche Person beziehen;[8] auch öffentlich zugängliche Daten fallen unter den Schutz von Art. 8 GRCh.[9] Persönlich geschützt sind damit zunächst natürliche Personen. Inwiefern auch juristische Personen in den Anwendungsbereich des Art. 8 GRCh fallen, ist umstritten.[10] Zumindest für den Bereich der elektronischen Kommunikation und damit für den hier betrachteten Bereich des Umgangs mit Social Networks können

---

[6]Dazu EuGH, ECLI:EU:C:1963:1, 24 ff.; *Pache*, in: Schulze/Zuleeg/Kadelbach 2015, § 10, Rn. 8.

[7]*Kingreen*, in: Calliess/Ruffert 2016, Art. 8 GRCh, Rn. 1a; *Jarass* 2016, Art. 8 GRCh, Rn. 4. Die Grundrechtsprüfung orientiert sich mangels Anwendbarkeit von Art. 52 Abs. 2 und 3 GRCh einzig an Art. 8 GRCh, siehe ausführlich hierzu *Kingreen*, in: Calliess/Ruffert 2016, Art. 8 GRCh, Rn. 5.

[8]*Bernsdorff*, in: Meyer 2014, Art. 8 GRCh, Rn. 15; *Jarass* 2016, Art. 8 GRCh, Rn. 5; *Johannes*, in: Roßnagel 2018, § 2, Rn. 63 ff.

[9]EuGH, ECLI:EU:C:2003:596, Rn. 47 („Lindquist"); *Jarass* 2016, Art. 8 GRCh, Rn. 6; *Kingreen*, in: Calliess/Ruffert 2016, Art. 8 GRCh, Rn. 9.

[10]EuGH, ECLI:EU:C:2010:662, Rn. 53 („Schecke") gewährt juristischen Personen den Schutz des Art. 8 GRCh, „soweit der Name der juristischen Person eine oder mehrere natürliche Personen bestimmt"; a. A. *Hornung*, MMR 2011, 127; zum Streitstand *Jarass* 2016, Art. 8 GRCh, Rn. 7; *Guckelberger*, EuZW 2011, 126 (128).

sich über Art. 1 Abs. 2 EK-DSRL auch juristische Personen auf einen Schutz nach Art. 8 GRCh berufen.[11]

5.1.1.2 Eingriff und Rechtfertigung

Ein Eingriff in den Schutzbereich entsteht gemäß Art. 8 Abs. 2 Satz 1 GRCh durch die Verarbeitung personenbezogener Daten.[12] In Anlehnung an Art. 2 lit. b) DSRL umfasst das Verarbeiten personenbezogener Daten jeden mit oder ohne Hilfe automatisierter Verfahren ausgeführten Vorgang im Zusammenhang mit personenbezogenen Daten, zum Beispiel Erhebung, Speicherung, Veränderung, Auslesen, Abfragen, aber auch die Weitergabe durch Übermittlung oder Verbreitung und jede andere Form der Bereitstellung sowie deren Kombination. Kein Eingriff liegt vor, wenn die betroffene Person gemäß Art. 8 Abs. 2 Satz 1 GRCh in die Datenverarbeitung eingewilligt hat,[13] wenn also der Zweck der Verarbeitung genau festgelegt und die betroffene Person vor Erteilung der Einwilligung umfassend informiert wurde. Zudem liegt kein Eingriff vor, wenn die Verarbeitung nur nach Treu und Glauben, also jedenfalls nicht für rechtswidrige Zwecke erfolgte.[14]

Gerechtfertigt ist ein Eingriff nach Art. 8 Abs. 2 Satz 1 GRCh, wenn personenbezogene Daten auf einer gesetzlich geregelten legitimen Grundlage verarbeitet werden. Gemäß Art. 52 Abs. 1 Satz 2 GRCh muss der Eingriff erforderlich und verhältnismäßig sein. Der Eingriff muss einem legitimen Ziel unterliegen, so zum Beispiel der von der Union anerkannten dem Gemeinwohl dienenden Zielsetzungen (alle Interessen, die durch besondere Bestimmungen in den Verträgen geschützt sind, zum Beispiel Verbraucherschutz[15] oder der Transparenzgrundsatz[16]) oder den Erfordernissen des Schutzes der Rechte und Freiheiten anderer (durch die Charta

---

[11]Richtlinie 2002/58/EG des Europäischen Parlaments und des Rates vom 12.7.2002 über die Verarbeitung personenbezogener Daten und den Schutz der Privatsphäre in der elektronischen Kommunikation (Datenschutzrichtlinie für elektronische Kommunikation), ABl. EG vom 31.7.2002, L 201, 37.

[12]EuGH, ECLI:EU:C:2010:662, Rn. 60, 66 („Schecke"); *Kingreen*, in: Calliess/Ruffert 2016, Art. 8 GRCh, Rn. 12; *Jarass* 2016, Art. 8 GRCh, Rn. 8.

[13]Wegen der allgemeinen Grundrechtsdogmatik wird in der Einwilligung kein Rechtfertigungsgrund gesehen, sondern bereits der Eingriff in das Grundrecht ausgeschlossen, siehe *Jarass* 2016, Art. 8 GRCh, Rn. 9; so auch *Kingreen*, in: Calliess/Ruffert 2016, Art. 8 GRCh, Rn. 13.

[14]*Kingreen*, in: Calliess/Ruffert 2016, Art. 8 GRCh, Rn. 13; *Jarass* 2016, Art. 8 GRCh, Rn. 9.

[15]*Kingreen*, in: Calliess/Ruffert 2016, Art. 52 GRCh, Rn. 67.

[16]EuGH, ECLI:EU:C:2010:662, Rn. 71 („Schecke").

geschützte Grundrechte anderer, zum Beispiel Meinungsfreiheit gemäß Art. 11 GRCh)[17] entsprechen.[18]

Weiterhin muss der Eingriff verhältnismäßig, also geeignet, erforderlich und angemessen sein. Bezüglich der Geeignetheit stellt der Europäische Gerichtshof keine überzogenen Anforderungen und weist lediglich darauf hin, dass die Maßnahme zum Erreichen des Ziels nicht offensichtlich ungeeignet sein darf.[19] Stehen keine milderen Mittel zur Verfügung, ist der Eingriff erforderlich. Dabei ist die Maßnahme immer in Einklang mit dem Grundrecht zu bringen,[20] etwa wenn der betroffenen Person die Möglichkeit gegeben wird, sich der Datenverarbeitung bewusst zu werden, indem die Datenerhebung erstens vorrangig bei dieser direkt und nicht bei Dritten und zweitens offen, also bei Kenntnis der betroffenen Person, erfolgt.[21]

Angemessen ist die Maßnahme, wenn nach Abwägung aller Interessen die Nachteile in angemessenem Verhältnis zum erstrebten Ziel stehen.[22] Der Europäische Gerichtshof prüft die Angemessenheit einer Maßnahme als separate Anforderung eher selten, außer es handelt sich um Eingriffe in den Persönlichkeitsschutz und Kommunikationsfreiheiten.[23] Nach der Rechtsprechung des Europäischen Gerichtshofs ist diesem besonders wichtig, Ausnahmen und Einschränkungen bezüglich des Schutzes personenbezogener Daten auf das absolut notwendige Minimum zu beschränken.[24] Von Bedeutung für die Prüfung der Angemessenheit ist auch der Anlass, Grund sowie Dauer der Speicherung.[25]

5.1.1.3 Adressat

Grundrechtsverpflichtet sind, wie bei allen Normen der Europäischen Grundrechtecharta, die Organe der Europäischen Union sowie die Mitgliedstaaten, soweit

---

[17]*Kingreen*, in: Calliess/Ruffert 2016, Art. 52 GRCh, Rn. 67.

[18]Dazu auch *Johannes*, in: Roßnagel 2018, § 2, Rn. 66.

[19]EuGH, ECLI:EU:C:2002:741, Rn. 123 („British American Tobacco"); EuGH, ECLI:EU:C:2005:741, Rn. 69 („ABNA Ltd."); EuGH, ECLI:EU:C:1989:303, Rn. 22 („Schräder") und weitere; *Kingreen*, in: Calliess/Ruffert 2016, Art. 52 GRCh, Rn. 68.

[20]EuGH, ECLI:EU:C:2010:662, Rn. 76 („Schecke").

[21]*Kingreen*, in: Calliess/Ruffert 2016, Art. 8 GRCh, Rn. 16. Dies ist dem Grundsatz der Direkterhebung nach deutschem Datenschutzrecht ähnlich, siehe hierzu das Kriterium Direkterhebung (K2) in Abschn. 8.2.3.2.

[22]EuGH, ECLI:EU:C:1989:303, Rn. 21 („Schräder").

[23]*Kingreen*, in: Calliess/Ruffert 2011, Art. 52 GRCh, Rn. 71.

[24]EuGH, ECLI:EU:C:2008:727, Rn. 56 („Satakunnan Markkinapörssi").

[25]Vgl. den 1. Leitsatz von EuGH, ECLI:EU:C:2010:662, Rn. 76 („Schecke").

sie Unionsrecht umsetzen.[26] Somit können nur solche Rechtsverletzungen geltend gemacht werden, die durch einen
(Rechts-)Akt eines Organs der Europäischen Union oder eines Mitgliedstaates begangen wurden. Insoweit beinhaltet Art. 8 GRCh auch eine Handlungspflicht des Gesetzgebers, durch die der Gesetzgeber aktiv Maßnahmen zum Schutz des Art. 8 GRCh ergreifen muss. Dadurch gewährleistet Art. 8 GRCh mittelbar auch einen Schutz gegenüber Datenverarbeitung durch private Stellen. Die Organe der Europäischen Union und die Mitgliedstaaten haben sicherzustellen, dass auch Privatpersonen bei Durchführung einer Datenverarbeitung den Schutzgehalt des Art. 8 GRCh achten.[27]

5.1.2 Vertrag über die Arbeitsweise der Europäischen Union

Auch der Vertrag über die Arbeitsweise der Europäischen Union enthält ein dem Art. 8 GRCh wortgleiches Grundrecht auf Schutz personenbezogener Daten. Art. 16 Abs. 1 AEUV garantiert einen Anspruch auf Schutz personenbezogener Daten gegenüber den Organen und sonstigen Einrichtungen der Europäischen Union sowie der Mitgliedstaaten. Schranken enthält Art. 16 AEUV im Gegensatz zu Art. 8 Abs. 2 GRCh nicht. Der Schutzbereich wird durch Art. 8 GRCh näher ausgestaltet,[28] sodass inhaltlich auf diesen verwiesen werden kann.

5.1.3 Europäische Menschenrechtskonvention

Die Europäische Menschenrechtskonvention aus dem Jahre 1950 ist ein völkerrechtlicher Vertrag und verpflichtet alle Mitglieder des Europarats als Unterzeichner der Europäischen Menschenrechtskonvention. Dementsprechend erstreckt sich der räumliche Anwendungsbereich gemäß Art. 56 Abs. 2 EMRK auf das Hoheitsgebiet der Unterzeichnerstaaten. Dies sind alle Staaten Europas mit Ausnahme des Kosovo (dessen Souveränität nicht durch alle Staaten anerkannt ist, dem aber ein Beobachterstatus gewährt wird), Weißrusslands (Beitrittskandidat) und des Heiligen

---

[26]Inwiefern auch Private grundrechtsverpflichtet sein können, wird bei der mittelbaren Drittwirkung von Grundrechten in Abschn. 5.4 diskutiert.

[27]*Jarass* 2016, Art. 8 GRCh, Rn. 10; zum daraus resultierenden Prüfungsmaßstab für die Datenschutz-Grundverordnung s. auch *Johannes*, in: Roßnagel 2018, § 2, Rn. 71 ff.

[28]*Hatje*, in: Schwarze/Becker/Hatje/Schoo 2019, Art. 16 AEUV, Rn. 1; *Kingreen*, in: Calliess/Ruffert 2016, Art. 16 AEUV, Rn. 3.

Stuhls (welcher lediglich einen Beobachterstatus im Ministerkomitee des Europa-rats hat). Damit ist der räumliche Geltungsbereich weiter als der der Europäischen Grundrechtecharta.

Die Europäische Menschenrechtskonvention hat kein dem Art. 8 GRCh gleichendes Grundrecht zum Schutz personenbezogener Daten. Lediglich der Schutz zur Achtung des Privat- und Familienlebens, Wohnung und Korrespondenz gemäß Art. 8 EMRK gewährt dem Einzelnen einen privaten, der Öffentlichkeit nicht zugänglichen Bereich. Art. 8 EMRK ist Art. 12 der Allgemeinen Erklärung der Menschenrechte der Vereinten Nationen nachempfunden, mit dem Ziel, dem Schutz des Privaten einen verbindlichen Charakter zu geben.[29] Dennoch enthält die Vorschrift weder ein Verbot noch eine Gewährleistung im Sinne eines Freiheitsrechts. Dem Einzelnen wird lediglich die Achtung des Privatlebens zugesichert.[30] Dem Privatleben liegt eine geschützte Sphäre zugrunde, in der eine Person ihr Leben nach eigener Wahl leben kann, ihre Identität entwickeln und Beziehungen zu anderen Personen pflegen kann.[31] Der Umfang des Schutzbereichs umfasst die Menschenwürde genauso wie die körperliche Integrität, ein Recht auf Identität genauso wie ein Recht am eigenen Bild.[32] Unterfälle der geschützten Sphäre sind der Schutz der Familie,[33] Wohnung[34] und Korrespondenz[35], die die Achtung des Privaten konkretisieren.

Der Europäische Gerichtshof für Menschenrechte hat in seiner Rechtsprechung auch die Speicherung und Verarbeitung von elektronischen Daten als von Art. 8 EMRK umfasst angesehen.[36] Der Schutz des Art. 8 EMRK bezieht sich auf alle

---

[29] *v. Gerlach*, JZ 1998, 741 (743) mit weiteren Nachweisen.

[30] *Frowein*, in: Frowein/Peukert 2009, Art. 8 EMRK, Rn. 1, 2.

[31] Ausführlich *Meyer-Ladewig/Nettesheim*, in: Meyer-Ladewig/Nettesheim/v. Raumer 2017, Art. 8 EMRK, Rn. 7–9.

[32] *Meyer-Ladewig/Nettesheim*, in: Meyer-Ladewig/Nettesheim/v. Raumer 2017, Art. 8 EMRK, Rn. 10 ff.

[33] *Meyer-Ladewig/Nettesheim*, in: Meyer-Ladewig/Nettesheim/v. Raumer 2017, Art. 8 EMRK, Rn. 28 ff., 54 ff.; *Frowein*, in: Frowein/Peukert 2009, Art. 8 EMRK, Rn. 17 ff.

[34] *Meyer-Ladewig/Nettesheim*, in: Meyer-Ladewig/Nettesheim/v. Raumer 2017, Art. 8 EMRK, Rn. 89 ff.

[35] *Frowein*, in: Frowein/Peukert 2009, Art. 8 EMRK, Rn. 6; *Meyer-Ladewig/Nettesheim*, in: Meyer-Ladewig/Nettesheim/v. Raumer 2017, Art. 8 EMRK, Rn. 95 ff.

[36] EGMR, ECLI:CE:ECHR:1987:0326JUD000924881 („Leander") zur Sammlung und Speicherung von Daten; EGMR, ECLI:CE:ECHR:2007:1016JUD007433601 („Wieser") zur Durchsuchung von Computern; EGMR, ECLI:CE:ECHR:2007:0403JUD006261700 („Copland") mit Anmerkung von *Hornung*, MMR 2007, 433; *Frowein*, in: Frowein/Peukert 2009, Art. 8 EMRK, Rn. 5; *Schiedermair* 2012, 228 f. Siehe zur Rechtsprechung des Eurpäischen Gerichts für Menschenrechte und des Europäischen Gerichtshofs auch *Bodenschatz* 2010, 249–260.

öffentlichen und nicht öffentlich zugänglichen Daten, sofern sie einen Personenbezug aufweisen, also eine Person zu identifizieren geeignet sind. Art. 8 EMRK
gewährleistet soweit ein umfassendes Recht auf Datenschutz und sieht in der Erhebung und Speicherung personenbezogener Daten einen Eingriff in das Privatleben.[37]
Der Europäische Gerichtshof für Menschenrechte leitet aus Art. 8 EMRK auch die
Pflicht der einzelnen Staaten ab, positive Maßnahmen zum Schutz personenbezogener Daten zu ergreifen. Solche Maßnahmen sind etwa gesetzliche Regelungen und
Kontrollmechanismen.[38] Der Schutz der personenbezogenen Daten gilt aber nicht
nur im Verhältnis Staat-Bürger, also bei staatlichen Maßnahmen. Art. 8 EMRK
gewährt auch ein Recht auf Achtung der Privatsphäre im Verhältnis Privater untereinander, erfordert also Schutzpflichten des Staates vor Missbrauch von Daten durch
Dritte.[39] Bei der Abwägung widerstreitender Grundrechte entscheidend ist dabei, ob
ein Interesse der Allgemeinheit an der Information besteht und diese einen Beitrag
zum öffentlichen Diskurs leistet.[40]

In den Bereich der Korrespondenz fallen jeder Schriftwechsel einer Person, aber
auch der Fernmeldeverkehr.[41] Unter Schriftwechsel fällt auch derjenige auf elek-
tronischem Weg, beispielsweise E-Mails[42] und anderweitig gespeicherte Daten[43].
Da das Recht am eigenen Bild ein Unterfall des Schutzes der Privatsphäre ist, bietet

---

[37]Z. B. EGMR, ECLI:CE:ECHR:2000:0504JUD002834195 („Rotaru"); *Schiedermair* 2012,
239–242; *Frowein*, in: Frowein/Peukert 2009, Art. 8 EMRK, Rn. 5; vgl. jedoch *Meyer-
Ladewig/Nettesheim*, in: Meyer-Ladewig/Nettesheim/v. Raumer 2017, Art. 8 EMRK, Rn. 32,
der öffentliche Daten nicht als vom Schutzbereich umfasst sieht.

[38]Z. B. EGMR, ECLI:CE:ECHR:2008:0717JUD002051103 („Case of I vs. Fin-
land"); EGMR, ECLI:CE:ECHR:2011:0510JUD004800908 („Mosley"); EGMR,
ECLI:CE:ECHR:2008:1125JUD003691902 („Armoniene"); *Schiedermair* 2012, 250 f.;
Meyer-Ladewig/Nettesheim, in: Meyer-Ladewig/Nettesheim/v. Raumer 2017, Art. 8 EMRK,
Rn. 34.

[39]*Meyer-Ladewig/Nettesheim*, in: Meyer-Ladewig/Nettesheim/v. Raumer 2017, Art. 8 EMRK,
Rn. 45.

[40]Z. B. EGMR, ECLI:CE:ECHR:2001:0206JUD004120598 („Tammer"); EGMR,
ECLI:CE:ECHR:2004:0624JUD005932000 („Caroline v. Hannover"); *Schiedermair* 2012,
251; *Meyer-Ladewig/Nettesheim*, in: Meyer-Ladewig/Nettesheim/v. Raumer 2017, Art. 8
EMRK, Rn. 45.

[41]*Frowein*, in: Frowein/Peukert 2009, Art. 8 EMRK, Rn. 49; *Pagenkopf*, in: Sachs 2018, Art.
10 GG, Rn. 5c.

[42]*Meyer-Ladewig/Nettesheim*, in: Meyer-Ladewig/Nettesheim/v. Raumer 2017, Art. 8 EMRK,
Rn. 94.

[43]*Meyer-Ladewig/Nettesheim*, in: Meyer-Ladewig/Nettesheim/v. Raumer 2017, Art. 8 EMRK,
Rn. 95.

Art. 8 Abs. 1 EMRK Schutz vor dem Missbrauch von Fotos durch Dritte.[44] Der Schutz der Privatsphäre ist in diesem Fall insbesondere mit der Meinungsfreiheit desjenigen, der das Foto veröffentlicht, in Einklang zu bringen[45] und genießt einen deutlich höheren Stellenwert, als dies ursprünglich vom Bundesverfassungsgericht angenommen worden war.[46]

Ein Eingriff in Art. 8 EMRK ist gemäß Art. 8 Abs. 2 EMRK immer dann gerechtfertigt, wenn dieser aufgrund einer gesetzlichen Grundlage erfolgt und in einer demokratischen Gesellschaft für eines der in Abs. 2 genannten Ziele notwendig ist. Die Rechtsprechung des Europäischen Gerichtshofs für Menschenrechte bezog sich dabei bisher auf Eingriffe durch einen behördlichen Datenumgang. Zusätzlich trifft den Gesetzgeber aber auch eine positive Schutzpflicht, Abwehrmechanismen für Verletzungen der Rechte unter Privaten zur Verfügung zu stellen und die Einhaltung der Grundsätze der Europäischen Menschenrechtskonvention sicherzustellen.[47]

Die Vorschriften der Europäischen Menschenrechtskonvention haben aufgrund eines Bundesgesetzes im Sinne des Art. 59 Abs. 2 GG innerstaatliche Geltung;[48] deutsche Gerichte haben diese ebenso zu beachten wie nationales Verfassungsrecht und die Entscheidungen des Europäischen Gerichtshofs für Menschenrechte gebührend zu berücksichtigen.[49]

5.2 Nationales Verfassungsrecht

Verletzungen der Privatsphäre gelten allgemein als größtes Risiko im Zusammenhang mit digitalen Technologien. Ein Grundrecht auf Privatsphäre oder Privatheit kennt das deutsche Grundgesetz jedoch nicht. Vielmehr garantieren spezielle Freiheitsrechte verschiedene Aspekte, die in ihrer Gesamtheit die Selbstbestimmung des Einzelnen sowohl gegenüber dem Staat als auch privaten Dritten zu schützen

---

[44]EGMR, ECLI:CE:ECHR:2003:0128JUD004464798 („Peck"); EGMR, ECLI:CE:ECHR: 2004:0624JUD005932000 („Caroline v. Hannover").

[45]EGMR, ECLI:CE:ECHR:2004:0624JUD005932000 („Caroline v. Hannover").

[46]*Bodenschatz* 2010, 251.

[47]*Meyer-Ladewig/Nettesheim*, in: Meyer-Ladewig/Nettesheim/v. Raumer 2017, Art. 8 EMRK, Rn. 101; *Ohly*, GRURInt 2004, 902 (909); siehe auch *Bodenschatz* 2010, 251.

[48]BGBl. 1954 II S. 14, zuletzt geändert durch das Protokoll Nr. 14 vom 13. Mai 2004, BGBl. 2006 II S. 138, 139; 2010 II S. 1196, 1198.

[49]BVerfGE 74, 358 (370); *Jarass*, in: Jarass/Pieroth 2016, Art. 1 GG, Rn. 29, 29a mit weiteren Nachweisen.

vermögen.[50] Im Folgenden werden diese Rechte erörtert und dargestellt, wie sich moderne Datenverarbeitungstechnologien auf die Freiheitsrechte des Grundgesetzes auswirken.

5.2.1 Allgemeines Persönlichkeitsrecht

Das allgemeine Persönlichkeitsrecht schützt den sozialen Geltungsanspruchs des Menschen sowie die „konstituierenden Elemente der Persönlichkeit", die nicht durch spezielle Grundrechte geschützt sind.[51] Das umfasst die Integrität der Persönlichkeit in geistig-seelischer Beziehung, also das Handeln und das Sein einer Person.[52] Das allgemeine Persönlichkeitsrecht beruht auf der allgemeinen Handlungsfreiheit aus Art. 2 Abs. 1 Grundgesetz (GG) in Verbindung mit der Menschenwürde des Art. 1 Abs. 1 GG. Mit der Menschenwürde ist es unvereinbar, den Menschen zum bloßen Objekt zu machen, ihn „zwangsweise in seiner ganzen Persönlichkeit zu registrieren und zu katalogisieren, und einer Bestandsaufnahme in jeder Beziehung zugänglich zu machen".[53] Das allgemeine Persönlichkeitsrecht schützt vor Beeinträchtigungen sowohl durch staatliches Handeln als auch durch Dritte.[54] Aufgrund der Gemeinschaftsgebundenheit des Einzelnen ist der Schutz des allgemeinen Persönlichkeitsrechts jedoch nicht absolut und kann mit Rücksicht auf andere Rechtsgüter, zum Beispiel dem durch Art. 5 Abs. 1 GG geschützten legitimen Informationsinteresse der Allgemeinheit – unter strikter Wahrung des Verhältnismäßigkeitsgebots – Einschränkungen unterliegen.[55]

Bei dem Grundrecht handelt es sich um ein entwicklungsoffenes und durch die Rechtsprechung noch weiter auszudifferenzierendes Grundrecht. Dies ermöglicht es, auf neue Herausforderungen durch die technisch-gesellschaftliche Entwicklung zu reagieren[56] – nicht nur, aber gerade auch in der digitalen Welt. Dennoch lassen sich Fallgruppen bilden, die für die Persönlichkeitsentfaltung und den sozialen Geltungsanspruch des Einzelnen essentiell sind und einer genaueren Betrachtung

---

[50] *Wolff*, in: Hill/Martini/Wagner 2013, 19 (20); *Pagenkopf*, in: Sachs 2018, Art. 10 GG, Rn. 7; *Geminn/Roßnagel*, JZ 2015, 703 (705 ff.).

[51] BVerfGE 54, 148, 153; ausführlich z. B. *Murswiek/Rixen*, in: Sachs 2018, Art. 2 GG, Rn. 59 f., 66; *Starck*, in v. Mangoldt/Klein/Starck 2018, Art. 2 GG, Rn. 17.

[52] *Murswiek/Rixen*, in: Sachs 2018, Art. 2 GG, Rn. 59.

[53] BVerfGE 5, 85 (204); 7, 198 (205); 27, 1 (6).

[54] *Murswiek/Rixen*, in: Sachs 2018, Art. 2 GG, Rn. 59.

[55] BVerfGE 34, 238 (248 f.); *Starck*, in: v. Mangoldt/Klein/Starck 2018, Art. 2 GG, Rn. 173.

[56] *Di Fabio*, in: Maunz/Dürig 2019, Art. 2 Abs. 1 GG, Rn. 147.

bedürfen: das Recht auf informationelle Selbstbestimmung, das Recht auf Vertraulichkeit und Integrität eigengenutzer Systeme sowie die Rechte am eigenen Wort
und Bild.

5.2.1.1 Recht auf informationelle Selbstbestimmung

Durch die Verarbeitung personenbezogener Daten ergeben sich persönlichkeitsrele-
vante Fragen, auf die das Recht auf informationelle Selbstbestimmung eine Antwort
zu geben versucht.

Als Konkretisierung des allgemeinen Persönlichkeitsrechts aus Art. 2 Abs. 1 in
Verbindung mit Art. 1 Abs. 1 GG wurde das Recht auf informationelle Selbstbestimmung vom Bundesverfassungsgericht im Volkszählungsurteil[57] bereits im Jahre
1983 von Stimmen in der Literatur[58] übernommen. Die freie Entfaltung der Persönlichkeit setzt unter den Bedingungen moderner Datenverarbeitung den Schutz des
Einzelnen gegen unbegrenzte Erhebung, Speicherung und Nutzung personenbezogener Daten voraus. Neben dem Schutz der individuellen Entfaltungschancen des
Einzelnen dient die informationelle Selbstbestimmung auch dem Gemeinwohl, da
Selbstbestimmung Grundvoraussetzung eines auf Handlungs- und Mitwirkungs-
fähigkeit seiner Bürger begründeten Gemeinwesens ist.[59] Selbst zu bestimmen,
welche Informationen in die Öffentlichkeit gelangen, ist notwendig, um sich frei und
ungezwungen zu verhalten. Die Selbstbestimmung ist damit auch für die Ausübung
anderer Grundrechte essentiell. Nur wenn der Einzelne nicht befürchten muss, dass
Informationen über ihn ohne oder gegen seinen Willen aus dem jeweiligen Zusammenhang gerissen und zweckentfremdet verwendet werden, kann er sich ohne Angst
vor Nachteilen frei entfalten. Das gilt nicht nur für die ungehinderte Meinungs–,
Informations- und Kommunikationsfreiheit, sondern auch für andere Freiheiten wie
die Religionsausübung.

Das Recht umfasst daher die Befugnis des Einzelnen, unabhängig von der betroffenen Sphäre selbst zu bestimmen, wann und innerhalb welcher Grenzen persönliche
Lebenssachverhalte offenbart werden.[60] Damit soll jeder selbst sowohl über die
Erhebung und Verwendung seiner personenbezogenen Daten als auch über den
jeweiligen Empfänger der Information bestimmen können.[61] Auf die Art und Herkunft der Daten kommt es dabei nicht an, insbesondere nicht, ob diese Daten aus
der Intim-, Privat- oder Öffentlichkeitssphäre stammen; entscheidend ist allein die

---

[57]BVerfGE 65, 1.

[58]Z. B. *Steinmüller/Lutterbeck/Mallmann/Harbort/Kolb/Schneider*, BT-Drs. 6/3826.

[59]BVerfGE 65, 1 (43).

[60]BVerfGE 65, 1 (42).

[61]BVerfGE 65, 1 (41 f.).

Nutzbarkeit und Verwendungsmöglichkeit, da durch moderne Verarbeitungs- und Verknüpfungstechnologien je nach Kontext jedes Datum einen neuen Stellenwert bekommen kann.[62]

Das Recht auf informationelle Selbstbestimmung gewährt sowohl einen Abwehranspruch gegenüber staatlichen Eingriffen als auch einen Schutzanspruch des Einzelnen gegenüber dem Staat zur Verhinderung des Eingriffs durch private Akteure.[63] Ein Eingriff in das Recht auf informationelle Selbstbestimmung besteht unter anderem in einem unrechtmäßigen Erheben personenbezogener Daten ohne Einwilligung der betroffenen Person oder gesetzliche Ermächtigungsgrundlage,[64] in der zweckungebundenen Speicherung personenbezogener Daten auf Vorrat[65] sowie in der Verweigerung des Zugangs des Einzelnen zu ihn betreffenden Informationen.[66] Dies gilt nicht nur für staatliche Eingriffe. Auch jede Verarbeitung personenbezogener Daten durch private Akteure stellt einen Eingriff in die informationelle Selbstbestimmung dar, auch wenn diese sich seinerseits auf eigene Grundrechte berufen können. Hier entsteht ein Grundrechtskonflikt, der einer umfassenden Abwägung bedarf.[67]

Die informationelle Selbstbestimmung ist nicht schrankenlos gewährleistet. Der Staat bedarf vielfach Informationen, um seinen Aufgaben, etwa der Daseinsvorsorge oder Gefahrenabwehr, nachkommen zu können.[68] Hier zeigt sich das Spannungsverhältnis des Einzelnen einerseits und der Gemeinschaft andererseits, die zu Gunsten der Gemeinschaft gelöst wird.[69] Daher sind Einschränkungen in die informationelle Selbstbestimmung zur Wahrung überwiegender Allgemeininteressen hinzunehmen. Sie bedürfen jedoch einer konkreten gesetzlichen Grundlage, die der betroffenen Person die Tragweite der Einschränkung der Selbstbestimmung zu verdeutlichen geeignet ist und damit dem Gebot der Normenklarheit entspricht.[70] Aufgrund der Gefährdungslage der elektronischen Datenverarbeitung sind verstärkt

---

[62] BVerfGE 65, 1 (45); *Di Fabio*, in: Maunz/Dürig 2019, Art. 2 Abs. 1 GG, Rn. 174; *Jarass*, in: Jarass/Pieroth 2016, Art. 2 GG, Rn. 43.

[63] *Di Fabio*, in: Maunz/Dürig 2019, Art. 2 Abs. 1 GG, Rn. 176, 189.

[64] *Di Fabio*, in: Maunz/Dürig 2019, Art. 2 Abs. 1 GG, Rn. 177.

[65] BVerfGE 65, 1 (46); zur Vorratsdatenspeicherung siehe auch EuGH, ECLI:EU:C:2014:238 sowie BVerfGE 125, 260.

[66] *Murswiek/Rixen*, in: Sachs 2018, Art. 2 GG, Rn. 73a; *Trute*, in: Roßnagel 2003, Abschn. 2.5, Rn. 58.

[67] *Roßnagel*, NJW 2019, 1 (2) mit weiteren Nachweisen.

[68] *Di Fabio*, in: Maunz/Dürig 2019, Art. 2 Abs. 1 GG, Rn. 179.

[69] BVerfGE 65, 1 (44).

[70] BVerfGE 65, 1 (44 f.); *Simitis*, NJW 1984, 394 (400); ausführlich *Albers* 2005, 165–170.

organisatorische und technische Maßnahmen vorzusehen, um der Gefahr einer Persönlichkeitsrechtsverletzung zuvorzukommen.[71] Letztlich muss der Eingriff dem Grundsatz der Verhältnismäßigkeit entsprechen, darf also nur insoweit in die informationelle Selbstbestimmung eingreifen, wie es zur Wahrung öffentlicher Interessen unbedingt notwendig ist.[72] Dabei kann unterschieden werden, welchen Zwecken die Datenerhebung dient, und ob die Datenerhebung in anonymisierter oder individualisierter Form erfolgt. Ein letzter, unantastbarer Bereich muss dennoch verbleiben, in dem ein Eingriff in die informationelle Selbstbestimmung nicht gerechtfertigt werden kann. Auch wenn die Sphärentheorie des Bundesverfassungsgerichts hier nicht anwendbar ist, erfordert die Nähe zur unantastbaren Menschenwürde aus Art. 1 Abs. 1 GG immer einen letzten – gewissermaßen abwägungsfreien – Kernbereich, in dem eine Datenerhebung unverhältnismäßig ist.[73]

Risiken für die informationelle Selbstbestimmung ergeben sich in erster Linie durch missbräuchliche Datenverwendung, auf die die betroffene Person keinen Einfluss hat. Durch den allgegenwärtigen Einsatz von Informations- und Kommunikationstechnologien steigen die Gefahren unzulässiger Profilbildung sowie Überwachungsmöglichkeiten im Arbeitsverhältnis. Moderne Technologien ermöglichen einen immer umfassenderen und leichteren Zugriff auf personenbezogene Daten, zum Beispiel durch die Zugriffsmöglichkeiten auf elektronische Kommunikation mittels Social Networks. Die Menge personenbezogener Daten bergen Risiken für die informationelle Selbstbestimmung, weil hierdurch und den teils intransparenten Datenumgang die Gefahr besteht, dass der Einzelne nicht mehr selbstbestimmt beeinflussen kann, wer was wann über ihn weiß. Das kann zu einem Kontrollverlust sowohl über die Korrektheit der Daten als auch der Art und Weise deren Verwendung führen. Ebenso steigt aber auch die Missbrauchsgefahr durch Überwachung, Diskriminierung oder kontextfremde Verwendung der Daten.

Ein Risiko für die informationelle Selbstbestimmung besteht vor allem in der weitreichenden Möglichkeit der Erstellung von Persönlichkeits- und Bewegungsprofilen. Auch beim Einsatz von Social Networks entstehen durch die Möglichkeiten der Profilbildung Risiken für die informationelle Selbstbestimmung. Die größte Gefahr für die informationelle Selbstbestimmung liegt darin, dass insbesondere bei Verknüpfung und Zusammenfassung verschiedener Datenquellen neue Aussagen und Rückschlüsse getroffen werden können, deren Aussagekraft der betroffenen

---

[71] BVerfGE 65, 1 (44).

[72] BVerfGE 65, 1 (44 f.); *Kunig*, in: v. Münch/Kunig 2012, Art. 2 GG, Rn. 43; *Murswiek/Rixen*, in: Sachs 2018, Art. 2 GG, Rn. 106.

[73] *Murswiek/Rixen*, in: Sachs 2018, Art. 2 GG, Rn. 106; *Kunig*, in: v. Münch/Kunig 2012, Art. 2 GG, Rn. 43; *v. Arnauld*, ZUM 1996, 286 (292).

Person nicht bewusst und die von deren Einwilligung nicht umfasst war. Außerdem kann das auch Auswirkungen für die informationelle Selbstbestimmung Dritter haben, wenn zum Beispiel mittels Big Data-Analysen anhand von Rückschlüssen oder Statistikmerkmalen Aussagen über Dritte getroffen werden, die diese selbst nicht preisgegeben haben.[74]

Persönlichkeitsprofile können über sämtliche Aspekte der Persönlichkeit Aufschluss geben – abhängig von den zur Verfügung stehenden personenbezogenen Daten. Im Browser gesetzte Cookies können zum Beispiel das Surfverhalten aufzeichnen und so Rückschlüsse über die Interessen einer Person zulassen. Dies gilt gerade bei Social Networks, die nicht nur durch den Nutzer bewusst mit persönlichen Informationen versorgt werden, sondern auch durch Methoden wie Social Plug-ins, Web-Bugs und Analyse-Tools Daten sowohl von Mitgliedern als auch Nicht-Mitgliedern sammeln.[75]

Zwar werden Social Networks in der Regel von den Nutzern freiwillig genutzt, sodass die Erhebung der personenbezogenen Daten zu Vitalfunktionen, Gesundheitszustand, Kommunikationsverhalten oder andere Lebensgewohnheiten den betroffenen Personen grundsätzlich bewusst sein sollte. Dennoch kann die Aussagekraft einer großen, detaillierten Menge an Daten über die Vorstellungskraft eines herkömmlichen Nutzers hinausgehen und dazu führen, dass Informationen bekannt werden, deren Bekanntwerden vom Nutzer nicht beabsichtigt worden war. So ist die informationelle Selbstbestimmung der betroffenen Person dann gefährdet, wenn sie personenbezogene Daten bewusst nicht preisgegeben hat, diese aber insbesondere durch aus von anderen Nutzer in dem Social Network preisgegebenen Daten oder durch inhaltliche Analyse abgeleitet und daraus Rückschlüsse auf die betroffene Person ermöglicht werden. Dazu zählen etwa Daten zum Wohn- oder Herkunftsort oder zu höchstpersönlichen Angelegenheiten wie religiöse, politische, sexuelle Einstellungen oder zum Gesundheitszustand.[76]

---

[74]In Bezug auf die politische Einstellung *Duhigg*, NYT vom 13.10.2012, http://www.nytimes.com/2012/10/14/us/politics/campaigns-mine-personal-lives-to-get-out-vote.html?pagewanted=all&_r=0; ebenso *Theile*, ZEIT Online vom 8.8.2013, http://www.zeit.de/2013/33/bundestagswahl-facebook-lebenswelten; *Kelbert/Shirazi/Simo/Wüchner/Buchmann/Pretschner/Waidner*, in: Buchmann 2012, 200 (201-206); *Buchmann/Nebel/Roßnagel/Shirazi/Simo/Waidner*, in: Hildebrandt/O'Hara/Waidner 2013, 139 (142).

[75]S. Abschn. 2.4.

[76]S. z. B. *Jernigan/Mistree*, FM 2009; *Kelbert/Shirazi/Simo/Wüchner/Buchmann/Pretschner/Waidner*, in: Buchmann 2012, 189 (198 ff.); *Kosinski/Stillwell/Graepel*, PNAS 2013, doi: 10.1073/pnas.1218772110; *Buchmann/Nebel/Roßnagel/Shirazi/Simo/Waidner*, in: Hildebrandt/O'Hara/Waidner 2013, 139 ff.; *Theile*, Liken, Posten und wählen, ZEIT Online vom 8.8.2013, http://www.zeit.de/2013/33/bundestagswahl-facebook-lebenswelten; *Richter*,

Neben dem Interesse der Werbewirtschaft können auch andere Institutionen Interesse an solchen Profilen haben, zum Beispiel Sicherheitsbehörden zur „Gefahrenabwehr", oder Krankenversicherungen, um den betroffenen Personen aufgrund ihrer Profile „günstigere" Tarife anzubieten.[77] Im Umkehrschluss zahlen diejenigen für die gleiche Leistung mehr Geld, die auf die Preisgabe ihrer Daten verzichten wollen. Damit wird die informationelle Selbstbestimmung zum Wirtschaftsgut, sodass sich auf die Preisgabe persönlicher Informationen sich nur berufen kann, wer finanziell dazu in der Lage ist.

Ist die informationelle Selbstbestimmung bedroht und hat der Nutzer das Gefühl, die Verwendung seiner Daten nicht mehr unter Kontrolle zu haben, kann dies weitreichende Folgen für sein tägliches Verhalten haben. Es besteht die Gefahr, dass der Einzelne in Folge der allgegenwärtigen „Überwachung" sein Verhalten ändert, sich sozialen Erwartungen anpasst und vermeintlich inadäquates Verhalten meidet. Das Risiko des sozial erwünschten, angepassten Verhaltens kann sich in allen Lebenslagen zeigen, nicht nur bei Informationsbeschaffung und Meinungsäußerung, sondern auch in der eigenen Wohnung, im Auto und am Arbeitsplatz.[78]

In Unternehmen schafft die Digitalisierung zwar neue Möglichkeiten der wirtschaftlichen Betätigung, führt aber auch zu mehr Möglichkeiten zur Überwachung und Kontrolle von Beschäftigten. Grundsätzlich besteht im Beschäftigungsverhältnis eine an sich hohe Informationserwartung, die durch Datenerhebung erfüllt werden soll. Dies dient nicht nur zur Verfolgung der Interessen des Arbeitgebers zum Beispiel um die Erbringung der Arbeitsleistung zu kontrollieren, die Arbeitszeit und Arbeitsleistung zu optimieren. Sie dient auch zu Zugriffskontrollen, um die Anlagen und Betriebsgeheimnisse zu schützen und Industriespionage vorzubeugen. Datenerhebung durch den Arbeitgeber ist darüber hinaus auch notwendig, um gesetzliche Vorgaben zu erfüllen, etwa Meldepflichten gegenüber der Sozialversicherung oder dem Finanzamt.[79] Auch Social Networks werden häufig in Unternehmen genutzt. Sie versprechen sich davon zum Beispiel ein besseres

---

DÖV 2013, 961 ff.; *Christl* 2014, 12 ff.; *Boeing*, Verräterische Tweets, Technology Review Online vom 28.3.2014, http://www.heise.de/-2154668; *Nebel*, in: Richter 2015, 89 (97); vgl. ferner *Krempl/Kannenberg*, Studie: Was auf Vorrat gespeicherte Verbindungsdaten verraten, heise online vom 14.3.2014, http://www.heise.de/-2146213; *Moorstedt*, Die Lüge von den Metadaten, Süddeutsche.de vom 19.3.2014, http://www.sueddeutsche.de/digital/-1.1916548.

[77] *Christl* 2014, 40, 43.

[78] *Schaar* 2009, 65; *Bergt*, Überwacht bis in die Kaffeeküche, die tageszeitung vom 23.4.2010, http://www.taz.de/!51502/; *Gaycken*, „Man passt sich an und merkt es nicht", die tageszeitung vom 31.10.2007, http://www.taz.de/!6887/.

[79] Ausführlich *Seifert*, in: Simitis 2014, § 32 BDSG a. F., Rn. 4–7.

Informations- und Wissensmanagement, bessere Zusammenarbeit von Projekt-teams, besseres Marketing durch Außendarstellung oder eine einfache Form der innerbetrieblichen Kommunikation der Arbeitnehmer, aber auch für die Bewerber-auswahl.[80] Hierfür kann der Arbeitgeber die Nutzung von Social Networks durch seine Arbeitnehmer anordnen oder anregen. Dadurch steigt aber auch die Gefahr für die informationelle Selbstbestimmung des Arbeitnehmers, durch das Risiko der umfassenden Verhaltensüberwachung sowie die Gefahr der De-Kontextualisierung, das heißt die Verwendung von Daten zu einem Zweck, der bei Erhebung nicht absehbar und nicht beabsichtigt war, die aber dazu führen kann, dass sich der Arbeitnehmer einem Überwachungs- und Anpassungsdruck ausgesetzt sieht.[81] Aus diesem Grund muss die informationelle Selbstbestimmung im Arbeitsverhältnis geschützt werden. Dem Staat obliegt eine Schutzpflicht, der er durch den Erlass von Beschäftigtendatenschutzvorschriften nachkommt.[82]

5.2.1.2 Vertraulichkeit und Integrität informationstechnischer Systeme

Die Durchdringung aller Lebensbereiche mit technischen Geräten macht diese zu einem unverzichtbaren Bestandteil des täglichen Lebens. In der Regel dient ein Gerät funktionsübergreifend für viele Lebenslagen. Auch zur Nutzung von Social Networks sind informationstechnische Systeme unerlässlich. Informationen werden zunehmend auf technischem Gerät verfügbar gehalten oder deren Zugang dadurch vermittelt. So wird die Technik zum Teil der Persönlichkeit, der tiefe Einblicke in die Interessen, Psyche und Neigungen erlaubt und gewissermaßen als „ausgelager-ter Teil des Körpers"[83] funktioniert. Daraus resultiert die entsprechende Bedeutung informationstechnischer Systeme für die individuelle Persönlichkeitsentfaltung des Einzelnen, die in ihrer Ausgestaltung jedoch auch neue Gefährdungslagen, insbe-sondere durch Kontrollverlust über Verbreitung und Verwendung der Daten der betroffenen Person, schaffen.[84]

---

[80]S. Abschn. 7.7 für weitere Nachweise.

[81]BAG, NZA 2008, 1187. Zur Selbstbestimmung in der Arbeitswelt *Nebel*, in: Mor-lok/Matt/Hess 2015, 17.

[82]S. Abschn. 7.7.

[83]*Hassemer*, Süddeutsche Zeitung vom 11.6.2008, zitiert in *Hoffmann-Riem*, JZ 2008, 1009 (1012, Fußnote 22); ähnlich argumentierte der Supreme Court in den USA in seinem Urteil vom 25.6.2014 (Riley vs. California), vgl. *Richter*, Fast schon ein Körperteil, Süddeutsche.de vom 26.6.2014, http://sz.de/1.2018007.

[84]*Hoffmann-Riem*, JZ 2008, 1009 (1011 f.).

Das Vertrauen des einzelnen Nutzers in die Funktionsfähigkeit und den Ausschluss Dritter auf diese Systeme zu schützen, ist Inhalt des Grundrechts auf Vertraulichkeit und Integrität informationstechnischer Systeme.[85] Dieses Grundrecht hat das Bundesverfassungsgericht in seiner Entscheidung zur Online-Durchsuchung 2008 aufgrund der Persönlichkeitsrelevanz der informationstechnischen Systeme aus dem allgemeinen Persönlichkeitsrecht konkretisiert.[86]

Vom Schutzbereich umfasst sind eigengenutzte informationstechnische Systeme von einer gewissen Komplexität.[87] Persönlichkeitsrelevanz besitzen nur solche informationstechnischen Systeme, über die der Einzelne selbstbestimmt verfügen kann und die allein oder durch ihre Vernetzung mit anderen Systemen personenbezogene Daten der betroffenen Person in einem Umfang und einer Vielfalt erheben, die zum Beispiel einen wesentlichen Einblick in sämtliche Aspekte der Lebensgestaltung oder sogar ein aussagekräftiges Persönlichkeitsprofil ermöglichen können. Solche Systeme sind laut dem Bundesverfassungsgericht zum Beispiel Personal Computer, Mobiltelefone und elektronische Terminkalender, sofern diese durch einen großen Funktionsumfang und das Erfassen und Speichern personenbezogener Daten einen Einblick in die Lebensgestaltung einer Person und ein aussagekräftiges Bild seiner Persönlichkeit erlauben.[88] Heute zählen dazu nicht nur Laptops, Smartphones und Tablets. Darunter fallen auch vernetzte Haushalts- und Betriebstechnik, Informations-, Kommunikations- und Multimedia-Anwendungen, sofern diese durch das Aufzeichnen der Gewohnheiten und Verhaltensweisen eines Bewohners – seien es Aufzeichnungen zum Schlaf- oder Essverhalten, der Empfang von Besuch oder das verfolgte TV-Programm – detaillierte und aussagekräftige Einblicke in oder Rückschlüsse auf die private Lebensgestaltung des Nutzers ermöglichen.[89] Auch ausgelagerte Systeme wie Cloud-Speicher sind davon umfasst.[90]

Schutzrichtung des Grundrechtes ist zum einen die Vertraulichkeit, zum anderen die Integrität informationstechnischer Systeme. Die Vertraulichkeit umfasst die

---

[85] BVerfGE 120, 274.

[86] BVerfGE 120, 274; ausführlich zum Beispiel *Hoffmann-Riem*, JZ 2008, 1009 ff.; *Hornung*, CR 2008, 299 ff.; *Roßnagel/Schnabel*, NJW 2008, 3534 ff.; *Kutscha*, DuD 2012, 391 ff.

[87] BVerfGE 120, 274 (313).

[88] BVerfGE 120, 274 (314).

[89] Ausführlich zur Frage der Komplexität informationstechnischer Systeme bezüglich Smart-Home-Anwendungen *Skistims* 2016, 172 ff.

[90] *Kroschwald* 2016, 37 f.; *Hofmann* 2019, 67, jeweils mit weiteren Nachweisen.

durch solche informationstechnischen Systeme erzeugten, verarbeiteten und gespeicherten Daten, also das Interesse des Nutzers, dass diese Daten vertraulich bleiben.[91] Ein Eingriff in die Vertraulichkeit liegt bei jeder Erhebung von Daten und bei jedem Zugriff auf Daten aus dem System vor, unabhängig von der Qualität der Daten oder der Art des Zugriffs. Eine Wahrnehmung der Daten ist nicht notwendig, vielmehr ist die Integrität bereits mit der Speicherung der Daten verletzt.[92]

Zum anderen ist die Integrität informationstechnischer Systeme geschützt. Das umfasst den Schutz der Leistungen, Funktionen und Speicherinhalte des informationstechnischen Systems vor dem Zugriff Dritter.[93] Darunter fällt der Schutz vor der Überwindung von Hindernissen, die vor dem Eindringen in das System schützen, sowie vor Störungen und Manipulation des Systems, etwa durch Verfälschen oder Ergänzen von Daten, Ausstattung mit Software, die das Ausspähen oder Ausleiten von Daten durch Dritte ermöglicht, oder Veränderung der Funktionsweise der eingesetzten Software.[94] Ein Eingriff in die Integrität liegt bereits dann vor, wenn ein späterer Informationseingriff vorbereitet wird, auch wenn (noch) keine Daten erhoben werden oder die Erhebung fehlschlägt. Bereits mit der Überwindung eines Hindernisses, das ein Eindringen in ein informationstechnisches System von außen verhindern soll, ist die Integrität des Systems verletzt.[95]

Hinsichtlich des Schutzbereichs der Vertraulichkeit stieß das Grundrecht in der Literatur auf erhebliche Kritik. Die Notwendigkeit eines eigenständigen Grundrechts sei neben dem Recht auf informationelle Selbstbestimmung zweifelhaft, da dieses den Einzelnen bereits ausreichend vor der Erhebung und Verwendung personenbezogener Daten und auch und insbesondere vor Profilbildung mittels großer Datenmengen schütze.[96] Der Anwendungsbereich der Vertraulichkeitsgewährleistung ist daher relativ eng, da die Beeinträchtigung der Vertraulichkeit regelmäßig mit dem Umgang personenbezogener Daten einhergehen wird.[97] Vorrangig vor der

---

[91] BVerfGE 120, 274 (314); *Murswiek/Rixen*, in: Sachs 2018, Art. 2 GG, Rn. 73c.

[92] *Skistims* 2016, 214.

[93] BVerfGE 120, 274 (314).

[94] *Hoffmann-Riem*, JZ 2008, 1009 (1010).

[95] *Murswiek/Rixen*, in: Sachs 2018, Art. 2 GG, Rn. 73d; *Hornung*, CR 2008, 299 (303); *Roßnagel/Schnabel*, NJW 2008, 3534 (3536).

[96] *Hornung*, CR 2008, 299 (301 f.); *Murswiek/Rixen*, in: Sachs 2018, Art. 2 GG, Rn. 73d; a. A. *Hoffmann-Riem*, JZ 2008, 1009 (1016 f.).

[97] *Skistims* 2016, 236.

informationellen Selbstbestimmung ist der Schutz der Vertraulichkeit aufgrund Spezialität demnach dann, wenn sich diese Daten auf einem eigengenutzten System befinden.[98] Der Schutz der Integrität trägt hingegen einem neuen Gefährdungspotenzial Rechnung, welches durch keines der in diesem Zusammenhang in Frage kommenden Grundrechte ausreichend geschützt ist, aufgrund der Abhängigkeit des Einzelnen von informationstechnischen Systemen und der Persönlichkeitsrelevanz aber zumindest einen gewissen Schutz verdient. Das Fernmeldegeheimnis aus Art. 10 GG schützt Daten nur auf der Übertragungsebene, jedoch nicht mehr nach Abschluss des Kommunikationsvorgangs. Die Unverletzlichkeit der Wohnung gemäß Art. 13 GG kommt nur dann zum Tragen, wenn sich das informationstechnische System im räumlichen Schutz der Wohnung befindet, was insbesondere bei mobiler Kommunikationstechnologie nicht selbstverständlich ist.[99] Die informationelle Selbstbestimmung aus Art. 2 Abs. 1 in Verbindung mit Art. 1 Abs. 1 GG schützt den Einzelnen vor der unbefugten Verwendung seiner Daten, nicht aber die grundsätzliche Überwindung des systembezogenen Schutzwalls[100] oder die Manipulation des Systems, die dem Erheben der Daten vorausgeht. Daher besteht für die Unversehrtheit des informationstechnischen Systems ein Bedürfnis, das durch das Grundrecht auf Vertraulichkeit und Integrität informationstechnischer Systeme aufgefangen wird und den Schutz der Persönlichkeit in die Sphäre der eigengenutzten Infrastruktur vorverlagert.[101]

Das Grundrecht schützt letztlich das Vertrauen in die Funktionsfähigkeit des Systems, das Grundlage der Selbstbestimmung ist. Das Vertrauen in das informationstechnische System ist essentiell für eine freie und ungezwungene Kommunikation, mithin Grundvoraussetzung für eine ungehinderte Ausübung der Meinungsfreiheit und Entfaltung der Persönlichkeit. Nur wenn der Mensch darauf vertrauen kann, dass nur solche Informationen an die Öffentlichkeit gelangen, die er freiwillig offenbart und nicht zusätzlich auch solche Informationen, die durch eine Infiltrierung des Systems in die Hände eines unbefugten Dritten geraten, kann der Einzelne sich bei der Nutzung informationstechnischer Systeme frei verhalten.[102]

---

[98] *Skistims* 2016, 240 f.

[99] Zur Abgrenzung ausführlich BVerfGE 120, 274 (307–313) sowie *Hornung*, CR 2008, 299 (300–302).

[100] *Hoffmann-Riem*, JZ 2008, 1009 (1017).

[101] *Hornung*, CR 2008, 299 (303); vgl. auch *Hoffmann-Riem*, JZ 2008, 1009 (1012).

[102] *Roßnagel/Schnabel*, NJW 2008, 3534 (3534 f.); *Skistims* 2016, 170–172.

Als Schutz- und Abwehrrecht muss das Grundrecht nicht nur vor staatlicher Ausspähung schützen, sondern auch vor den Interessen der Privatwirtschaft.[103] Dies umfasst auch Social Networks. Diese verfügen nicht nur über die Möglichkeit, Tracking-Technologien wie Cookies und ähnliches in den informationstechnischen Systemen der Nutzer zu hinterlegen, sondern auch über Schnittstellen in der Software von smarten Technologien aller Art, um dem Nutzer die Möglichkeit zu bieten, diese Daten mit anderen Nutzern zu teilen. Dies eröffnet den Anbietern von Social Networks einen Zugriff auf die Systeme der Nutzer und deren umfassende Datenbestände und damit Einblicke in deren persönliche Lebensgestaltung und Persönlichkeit.[104]

5.2.1.3 Recht am eigenen Bild und Recht am eigenen Wort

Die Selbstdarstellung einer Person in der Öffentlichkeit ist als Teil des Persönlichkeitsrechts durch Art. 2 Abs. 1 in Verbindung mit Art. 1 Abs. 1 GG grundrechtlich geschützt. Das Recht am eigenen Bild[105] sowie das Recht am eigenen Wort[106] garantieren, dass Informationen wie Fotos oder das gesprochene Wort nicht ohne weiteres dem Bestimmungsrecht des Betroffenen entzogen werden dürfen. Zwar kann der Einzelne nicht grundsätzlich verlangen, so dargestellt zu werden, wie er sich selber sieht. Jedoch können Rechte Dritter, insbesondere die durch die Pressefreiheit geschützte Information der Öffentlichkeit, die Rechte am eigenen Bild oder Wort einschränken.

5.2.1.3.1 Recht am eigenen Bild

Das Recht am eigenen Bild schützt den Einzelnen vor Aufnahmen seines Abbildes durch Fotografie und Film sowie deren Verbreitung und sonstigen Verwertung ohne oder gegen seinen Willen.[107] Die Bestimmung über die Anfertigung und Verwendung seines Abbildes obliegt damit einzig dem Betroffenen.[108]

---

[103] *Roßnagel/Schnabel*, NJW 2008, 3534 (3535); *Kutscha*, DuD 2012, 391 (392).

[104] Der Unionsgesetzgeber stellt daher in Art. 8 Abs. 1 ePrivacy-VO-KOM zum Schutz der in Endeinrichtungen gespeicherten oder sich auf diese beziehenden Informationen besondere Anforderungen an jede vom betreffenden Endnutzer nicht selbst veranlasste Nutzung der Verarbeitungs- und Speicherfunktionen des Endgerätes und jede Erhebung von Informationen hieraus.

[105] BVerfGE 35, 202 (220); 97, 228 (268); 101, 361 (381); *Murswiek/Rixen*, in: Sachs 2018, Art. 2 GG, Rn. 71; *Di Fabio*, in: Maunz/Dürig 2019, Art. 2 Abs. 1 GG, Rn. 193.

[106] BVerfGE 34, 238 (246); 101, 361 (381).

[107] *Di Fabio*, in: Maunz/Dürig 2019, Art. 2 Abs. 1 GG, Rn. 193.

[108] *BVerfGE* 34, 238 (246); *BVerfGE* 101, 361 (381); *Di Fabio*, in: Maunz/Dürig 2019, Art. 2 Abs. 1 GG, Rn. 193; so wird eine kontextfremde Verwendung eines Facebook-Eintrags auch

Das Recht am eigenen Bild ist in den §§ 22 ff. KunstUrhG zudem einfachge-
setzlich geregelt. Eine vergleichbare Regelung fehlt für das Recht am eigenen Wort.
So ist gemäß § 22 Abs. 1 KunstUrhG die Verbreitung und öffentliche Zurschaustellung[109] eines Bildnisses nur mit Einwilligung des Abgebildeten zulässig. Es
obliegt damit grundsätzlich der Selbstbestimmung des Einzelnen, zu entscheiden,
wann ein Abbild von ihm veröffentlicht werden darf. Unter welchen Umständen
und in welchen Situationen das Bild entstanden ist, ist im Rahmen des § 22 Abs. 1
KunstUrhG nicht entscheidend. Daher bedarf es auch keiner Unterscheidung, aus
welcher „Sphäre" das Bild stammt. Nur unter den Voraussetzungen des § 23 Kunst-
UrhG kann die Selbstbestimmung eingeschränkt werden. Gemäß § 23 KunstUrhG
ist eine Einwilligung nicht erforderlich, wenn es sich zum Beispiel gemäß Nr. 1
um ein Bildnis aus dem Bereich der Zeitgeschichte handelt, die abgebildete Person
gemäß Nr. 2 nur Beiwerk ist, das Bildnis gemäß Nr. 3 im Rahmen von Versammlungen und Aufzügen entstanden ist oder gemäß Nr. 4 ein nicht auf Bestellung
angefertigtes Bild einem höheren Interesse der Kunst dient. Gemäß § 23 Abs. 2
KunstUrhG darf kein entgegenstehendes berechtigtes Interesse des Abgebildeten
vorliegen.

Die Ausnahmen des § 23 KunstUrhG gelten aus Gründen des überwiegenden
Allgemeininteresses. Ist die abgebildete Person von Bedeutung für den Gegenstand
der Berichterstattung, etwa im Fall des § 23 Abs. 1 Nr. 1 KunstUrhG,[110] oder galt
die Veröffentlichung nicht der Person, weil diese nur untergeordnet zum Hauptmo-
tiv und nicht als Person hervorgestellt wurde wie im Fall des § 23 Abs. 1 Nr. 2
KunstUrhG, überwiegt in der Regel das Allgemeininteresse an der Information der
Öffentlichkeit.[111] Gleiches gilt bei der Berichterstattung über Versammlungen als
Vorgang oder Geschehnis nach § 23 Abs. 1 Nr. 3 KunstUrhG[112] oder bei Anfertigung und anschließender Veröffentlichung die Kunst im Mittelpunkt steht im Sinne
des § 23 Abs. 1 Nr. 4 KunstUrhG.[113] Das Kunsturhebergesetz ist auch nach Wirksamwerden der Datenschutz-Grundverordnung in Kraft geblieben. Das Verhältnis

---

nach Veröffentlichung durch den Betroffenen selbst nicht mehr von dessen Einwilligung
umfasst, OLG München, MMR 2016, 414.

[109]Ausführlich zum Begriff der „öffentlichen Zurschaustellung" in Social Networks *Piltz*
2013, 193–200 sowie *Tausch* 2016, 80 ff.

[110]Ausführlich *Engels*, in: Ahlberg/Götting 2019, § 23 KunstUrhG, Rn. 3–5 mit weiteren
Nachweisen; vgl. bezüglich der Debatte eines aktuellen, gesellschaftsrelevanten Ereignisses
auch OLG München, MMR 2016, 414 („Internetpranger").

[111]*Engels*, in: Ahlberg/Götting 2019, § 23 KunstUrhG, vor Rn. 1, Rn. 13 mit weiteren
Nachweisen.

[112]*Engels*, in: Ahlberg/Götting 2019, § 23 KunstUrhG, Rn. 16 mit weiteren Nachweisen.

[113]*Engels*, in: Ahlberg/Götting 2019, § 23 KunstUrhG, Rn. 21.

der beiden Gesetze ist indes umstritten, für den Bildnisschutz in Social Networks
jedoch höchst relevant.[114]

5.2.1.3.2 Recht am eigenen Wort

Das Recht am eigenen Wort schützt die Selbstbestimmung des Einzelnen hinsichtlich seiner Selbstdarstellung durch Kommunikation[115] durch die Gewährleistung
einer ungestörten Teilnahme an zwischenmenschlicher Kommunikation.[116] Notwendig ist dafür die Vertraulichkeit des nichtöffentlich gesprochenen und geschriebenen Wortes.[117] In der Rechtsprechung des Bundesverfassungsgerichts lag der
Fokus auf dem Schutz des gesprochenen Wortes,[118] das durch technischen Fortschritt und damit einhergehende Möglichkeiten der technischen Aufzeichnung einen
besonderen Schutz erfahren sollte. Darüber hinaus bedarf es aber eines Schutzes aller
getätigten, also auch geschriebenen Äußerungen, insbesondere in einer Zeit, in der
Kommunikation nicht nur über weite Entfernungen stattfindet, sondern häufig über
Social Networks, E-Mail oder Messenger geschrieben erfolgt.

Der Einzelne bestimmt selbst, an welchen Adressatenkreis seine Äußerung
gerichtet ist,[119] ob die Äußerung also im Wege des Selbstgesprächs an niemanden
adressiert ist, an einen bestimmten Personenkreis oder die Öffentlichkeit. Inhalt
des Rechts ist damit ein Verfügungsrecht über das eigene nichtöffentlich geäußerte
Wort.[120] Dies hat zum Ziel, unbefangen kommunizieren zu können ohne befürchten
zu müssen, dass eine in einem geschützten Kreis getätigte – zum Beispiel spon-
tane oder vertrauliche – Äußerung aufgenommen, veröffentlicht oder anderweitig
zweckentfremdet wird.[121] So besteht auch ein Schutz vor Falschzitaten,[122] also

---

[114]Dazu ausführlich Abschn. 7.5.5.3.2.2.

[115]BVerfGE 54, 148 (155); *BVerfG*, NJW 2002, 3619 (3621); *Mann*, in: Spindler/Schuster
2019, § 823 BGB, Rn. 60.

[116]BVerfGE 34, 238 (246).

[117]*Di Fabio*, in: Maunz/Dürig 2019, Art. 2 Abs. 1 GG, Rn. 196; *Müller-Terpitz*, in:
Hornung/Müller-Terpitz 2015, Kap. 6, Rn. 19.

[118]Beispielhaft BVerfGE 34, 238 (246); *BVerfGE 54, 148 (155)*.

[119]BGHZ 27, 284 (286); BVerfGE 34, 238 (246); *BVerfGE 54, 148 (155); Di Fabio*, in:
Maunz/Dürig 2019, Art. 2 Abs. 1 GG, Rn. 196.

[120]BVerfGE 34, 238 (246 f.); *Starck*, in: v. Mangoldt/Klein/Starck 2018, Art. 2 GG, Rn. 92.

[121]BVerfGE 34, 238 (247); *Di Fabio*, in: Maunz/Dürig 2019, Art. 2 Abs. 1 GG, Rn. 196;
Starck, in: v. Mangoldt/Klein/Starck 2018, Art. 2 GG, Rn. 92.

[122]Z. B. BVerfGE 34, 269 (282 f.); BVerfGE 54, 148 (155); *Starck*, in: v. Man-
goldt/Klein/Starck 2018, Art. 2 GG, Rn. 94; *Di Fabio*, in: Maunz/Dürig 2019, Art. 2 Abs. 1
GG, Rn. 199; *Müller-Terpitz*, in: Hornung/Müller-Terpitz 2015, Kap. 6, Rn. 20.

dem Unterstellen und der Missinterpretation von Äußerungen. Das Recht am eigenen Wort gilt für in Social Networks getätigte Äußerungen genauso wie bei einer nicht gewollten Verwendung von Äußerungen in Social Networks, die außerhalb der Plattform getätigt und etwa ohne Wissen des Äußernden aufgezeichnet und online veröffentlicht wurden.

Die Nichtöffentlichkeit des geäußerten Wortes bedarf einer genaueren Betrachtung. Geschützt sind solche Äußerungen, die einem festgelegten Adressatenkreis gegenüber getätigt werden. Die Anzahl der „Freunde" in einem Social Network bewegt sich häufig im dreistelligen Bereich. Eine Abgrenzung, wann eine in diesem Rahmen erfolgte Äußerung noch nichtöffentlich ist und wann sie sich an die Öffentlichkeit richtet, ist daher nur schwer möglich. Einen festen Richtwert gibt es nicht. Eine soziale oder familiäre engere Bindung vorauszusetzen ist im Hinblick auf die realen Gegebenheiten auf herkömmlichen Plattformen lebensfremd, da häufig keine Unterscheidung zwischen Familie, engen Freunden und losen Bekanntschaften gemacht wird oder möglich ist. Jedoch setzt jede Verbindung zwischen zwei Personen als „Freunde" ein aktives Handeln in Form einer Freundschaftsanfrage sowie eine Bestätigung derselben voraus. So muss davon ausgegangen werden, dass auch bei einer verhältnismäßig großen Zahl an „Freunden" der Einzelne einen Überblick und genauere Kontrollmöglichkeiten besitzt, um nachzuvollziehen, wer Adressat einer Äußerung ist.[123] Unbestimmt ist ein Adressatenkreis demgegenüber dann, wenn eine Äußerung über den Adressatenkreis der „Freunde" hinausreicht, also alle Nutzer des Social Networks die Information abrufen können oder diese sogar durch Internetsuchmaschinen auffindbar ist.

5.2.1.3.3 Anwendungsfelder und Rechtfertigung des Eingriffs

Das Schutzbedürfnis für die Rechte am eigenen Wort und Bild erfährt durch moderne Kommunikations- und Informationstechnologien eine neue Relevanz, die der Möglichkeit geschuldet ist, „das Erscheinungsbild eines Menschen in einer bestimmten Situation von diesem abzulösen, datenmäßig zu fixieren und jederzeit vor einem unüberschaubaren Personenkreis zu reproduzieren".[124] Risiken für die Rechte am eigenen Wort und Bild ergeben sich zunächst durch die rasante Verbreitung leistungsfähiger Kameras und Sprachsensoren, die es erlauben, vom Einzelnen unbemerkt Bild- und Tonaufnahmen anzufertigen. Insbesondere durch die Anbindung der Geräte an das Internet lassen sich die angefertigten Bilder

---

[123] Im Ergebnis ähnlich bezüglich der öffentlichen Zurschaustellung von Bildnissen *Schwenke*, K&R 2013, 685 (687).

[124] BVerfGE 101, 361 (381).

und Tonaufnahmen schnell hochladen und veröffentlichen. So können Informationen und Bilder durch Dritte unbemerkt vom Abgebildeten zum Beispiel in Social Networks veröffentlicht und einem großen Publikum zugänglich gemacht werden. Gerade diese Technologien verletzen durch ihre geringe Auffälligkeit die Selbstbestimmung des Einzelnen, die die Durchsetzung dieses Rechts um ein Vielfaches erschwert.

Ob ein Eingriff in die Rechte am eigenen Wort oder Bild gerechtfertigt ist, hängt entscheidend davon ab, zu welchem Zweck die Aufnahme angefertigt und verbreitet worden ist. Die im Rahmen der Pressefreiheit geschützte Berichterstattung in journalistischen Medien unterliegt anderen Voraussetzungen als eine rein zum privaten Vergnügen aufgenommene und in Social Networks veröffentlichte Aufnahme.

In öffentlicher Berichterstattung verbreitete Bilder von in der Öffentlichkeit stehenden Personen sind ein Fall des § 23 Nr. 1 KunstUrhG. Eine Einschränkung des Rechts am eigenen Bild oder des Rechts am eigenen Wort sind bei Interesse der Öffentlichkeit an Berichterstattung hinzunehmen, wenn die Abwägung der Rechtsgüter ein überwiegendes Allgemeininteresse ergibt. Angelehnt an die Sphärentheorie des Bundesverfassungsgerichts[125] erfolgt die Abwägung zwischen dem Persönlichkeitsschutz und dem Informationsinteresse der Allgemeinheit im Bereich des Bildnisschutzes nach der Herkunft der Information. Die Sphärentheorie unterscheidet dabei drei Bereiche: die Intimsphäre, die Privatsphäre sowie die Öffentlichkeits- oder Sozialsphäre.

Die Intimsphäre umfasst den Kernbereich privater Lebensgestaltung, die höchstpersönlicher Natur ist und in der Regel keinerlei Sozialbezug aufweist. Informationen aus diesem Bereich sind besonders geschützt, sodass keine Abwägung zwischen dem Schutz der Persönlichkeit und dem Informationsinteresse der Öffentlichkeit stattfindet.[126] Die Privatsphäre umfasst demgegenüber die engere persönliche Lebenssphäre als abgeschirmten Bereich, die der Einzelne nur ausgewählten Personen zugänglich macht.[127] Diese Sphäre zeichnet sich durch den räumlichen Lebensbereich des Einzelnen aus, seine persönlichen Verhältnisse und vertrauliche Kommunikation, und ist generell nicht für die breite Öffentlichkeit gedacht. Informationen aus der Privatsphäre sind aber einer Abwägung mit der Pressefreiheit grundsätzlich zugänglich. Hier spielt das Verhalten des Betroffenen, also zum

---

[125]Z. B. *BVerfGE* 27, 344 (351); 32, 373 (379); 33, 367 (376 f.); 34, 238 (246); 35, 35 (39); 35, 202 (220); 44, 353 (372 f.); 80, 367 (373 f.); 101, 361 (376); ausführlich zum Beispiel *Grabenwarter*, in: Maunz/Dürig 2019, Art. 5 Abs. 1, 2 GG, Rn. 210; *Murswiek/Rixen*, in: Sachs 2018, Art. 2 GG, Rn. 104 f.

[126]*Jarass*, in: Jarass/Pieroth 2016, Art. 2 GG, Rn. 62.

[127]BVerfGE 54, 148 (153); *Grabenwarter*, in: Maunz/Dürig 2019, Art. 5 Abs. 1, 2 GG, Rn. 213.

Beispiel das bewusste Öffnen der eigenen Privatsphäre, eine entscheidende Rolle.[128] Betreffen Informationen lediglich die Sozial- oder Öffentlichkeitssphäre des Betroffenen, ist eine Berichterstattung hinzunehmen, solange keine schwerwiegenden Konsequenzen für die Ehre des Betroffenen drohen.[129]

Das Schutzkonzept des § 23 KunstUrhG verdeutlicht, dass eine Einwilligung der Person bei Veröffentlichung von Bildern nur ausnahmsweise entbehrlich ist. Die Ausnahmen kommen daher nur für journalistische, durch die Pressefreiheit des Art. 5 Abs. 1 Satz 2 GG geschützte Berichterstattung zum Tragen, wenn die Veröffentlichung im überwiegenden Allgemeininteresse liegt. Für die Veröffentlichung von Bildnissen von Personen zum Beispiel in Social Networks zu rein privaten Zwecken sind die Ausnahmen des § 23 KunstUrhG nicht einschlägig, da regelmäßig kein öffentliches Informationsinteresse bei rein privaten Angelegenheiten angenommen werden kann.[130] In diesem Fall ist es notwendig, die Einwilligung des Abgebildeten einzuholen. Die Einwilligung im Sinne des § 22 Abs. 1 Satz 1 KunstUrhG setzt voraus, dass dem Abgebildeten Zweck, Art und Umfang der geplanten Verwendung bekannt ist.[131] Sie kann grundsätzlich formlos erteilt werden, wobei aus Beweisgründen eine Schriftform ratsam ist, insbesondere in besonderen Situationen wie dem Arbeitsverhältnis.[132] Sie ist auch stillschweigend möglich, wenn die Gesamtumstände darauf hindeuten, dass die abgebildete Person einverstanden ist.[133] Die Einwilligung nach dem Kunsturhebergesetz ist grundsätzlich unwiderruflich; Ausnahmen hiervon sind unter persönlichkeitsrechtlichen Gesichtspunkten denkbar, etwa in Bezug auf intime Aufnahmen, deren Einverständnis etwa nach Ende der Beziehung zwischen zwei Menschen widerrufen werden kann.[134] Speziellere Regelungen gelten zudem im Rahmen der elektronischen Verbreitung und Zurschaustellung, etwa im Rahmen von Social Networks.[135]

---

[128] *BVerfGE* 101, 361 (385); *Grabenwarter*, in: Maunz/Dürig 2019, Art. 5 Abs. 1, 2 GG, Rn. 214 mit weiteren Nachweisen.

[129] Im Bereich des Bildnisschutzes findet die Sphärentheorie des Bundesverfassungsgerichts weiter Anwendung. Im Rahmen der informationellen Selbstbestimmung wurde diese hingegen aufgegeben, vgl. Abschn. 4.3.

[130] *Spindler*, in: Ständige Deputation des Deutschen Juristentages 2012, F54; *Piltz* 2013, 201 f.

[131] *Engels*, in: Ahlberg/Götting 2019, § 22 KunstUrhG, Rn. 33.

[132] *Engels*, in: Ahlberg/Götting 2019, § 22 KunstUrhG, Rn. 30.

[133] *Engels*, in: Ahlberg/Götting 2019, § 22 KunstUrhG, Rn. 31.

[134] BGHZ 207, 163; *Engels*, in: Ahlberg/Götting 2019, § 23 KunstUrhG, Rn. 46.

[135] S. zur Zulässigkeit von Datenverarbeitung im Verhältnis Nutzer-Nutzer Abschn. 7.5.5.3.2.

5.2.2 Fernmeldegeheimnis

Der freien Entfaltung der Persönlichkeit eines Menschen immanent ist die unge-
störte, vertrauliche Kommunikation mit ausgewählten Kommunikationspartnern.
Dabei kann Individualkommunikation – unabhängig davon, ob diese zu privaten, beruflichen, oder politischen Zwecken erfolgt – nicht nur von Angesicht zu
Angesicht stattfinden, sondern auch unter Abwesenden mithilfe des Fernmelde-
verkehrs. Diese Kommunikation auf Distanz wird durch das Fernmeldegeheimnis
geschützt, das damit den technischen Entwicklungen Rechnung trägt, die vertrauliche Kommunikation unter Abwesend nur unter Einbeziehung eines Dritten, nämlich
dem Telekommunikationsdiensteanbieter, ermöglicht. Dennoch müssen vertrauliche Gespräche zwischen Menschen geführt werden können, ohne dass der Einzelne
in dem Bewusstsein leben muss, dass jede seiner Äußerungen aus dem Kontext
gerissen und zweckentfremdet ohne oder gegen seinen Willen verwendet werden
können.[136] Schutzziel des Art. 10 GG ist daher die Freiheit und Unverletzlichkeit
der auf Fernmeldetechnik angewiesenen Kommunikation.[137]

Fernmeldeverkehr ist dabei jede fernmeldetechnisch vermittelte Übertragung
von Informationen an individuelle Empfänger. Als technikoffenes Grundrecht sind
alle Möglichkeiten der Fernkommunikation umfasst, unabhängig von der konkreten Übertragungstechnik: Telefon, SMS, E-Mail, Instant Messaging-Dienste,
Internet-Telefonie (VoIP) etc.[138] Umfasst ist demnach jede Technik, solange sie
Individualkommunikation ermöglicht. Da Social Networks in der Regel zumindest auch Individualkommunikation über persönliche Nachrichten oder Instant
Messaging-Funktionen ermöglichen, gilt das Fernmeldegeheimnis für den Anbieter des Social Networks im Rahmen der Kommunikation unter Nutzern auf dieser
Plattform.[139]

Um Fernkommunikation vor der unbefugten Kenntnisnahme Dritter zu schützen,
gewährleistet das Fernmeldegeheimnis aus Art. 10 Abs. 1 GG die Vertraulichkeit
des gesprochenen oder geschriebenen Kommunikationsinhalts sowie die Umstände
des Kommunikationsvorgangs, wie Dauer und Häufigkeit der (auch nur versuch-
ten) Verbindung, Zeitpunkt der Kommunikation, Ort der beteiligten Personen, aber

---

[136]BVerfGE 34, 238 (246 f.).

[137]*Albers* 2005, 244.

[138]*Jarass*, in: Jarass/Pieroth 2016, Art. 10 GG, Rn. 5; *Gusy*, in: v. Mangoldt/Klein/Starck
2018, Art. 10 GG, Rn. 19; *Pagenkopf*, in: Sachs 2018, Art. 10 GG, Rn. 14.

[139]So auch *Gusy*, in: v. Mangoldt/Klein/Starck 2018, Art. 10 GG, Rn. 63.

auch die individuelle Kennung der Endgeräte.[140] Das Fernmeldegeheimnis entfaltet seinen Schutz nur auf dem Übermittlungsweg;[141] nach Abschluss des Kommunikationsvorgangs gewährleisten andere Grundrechte den Schutz des Einzelnen, insbesondere das allgemeine Persönlichkeitsrecht, in den speziellen Ausprägungen der informationellen Selbstbestimmung und Vertraulichkeit und Integrität informationstechnischer Systeme aus Art. 2 Abs. 1 in Verbindung mit Art. 1 Abs. 1 GG, sowie das Recht auf Unverletzlichkeit der Wohnung aus Art. 13 GG.

Fernmeldetechniken stellen dennoch eine technisch bedingte Einbuße der vertraulichen Kommunikation dar. Nicht nur der Diensteanbieter erhält technische Möglichkeiten zur Kenntnisnahme des Inhalts und der Umstände der Individualkommunikation, auch Unbefugte[142] können sich Zugriff auf das Telekommunikationsmedium verschaffen. Dieses Risiko nimmt weiter zu, weil durch die Globalität der Übertragungswege, die zunehmende globale Vernetzung der Menschen und die Konzentration vieler Dienste in der Hand weniger großer Firmen der Kommunikationsvorgang global stattfindet und zudem gegebenenfalls über Drittstaaten geleitet wird.[143] Damit verlässt die Kommunikation den Geltungsbereich des Grundgesetzes. Da jedoch das Fernmeldegeheimnis in Art. 10 GG zwar für jedermann gilt, aber standortgebunden ist, sind die Einzelstaaten alleine nicht mehr in der Lage, dieses effektiv zu schützen.[144]

Das Fernmeldegeheimnis verpflichtet die staatliche Gewalt bei staatlichen Ermittlungsmaßnahmen nicht nur, sondern legt dieser auch Schutzpflichten auf. Sie soll mittels gesetzlicher Regelungen die Wahrung des Fernmeldegeheimnisses im Verhältnis zwischen Privaten sicherstellen. Entsprechende Regelungen finden sich zum Beispiel im Strafrecht sowie im Telekommunikationsgesetz.[145] So stellt § 206 StGB die Verletzung des Fernmeldegeheimnisses unter Strafe, wenn jemand unbefugt einer anderen Person eine Mitteilung über Tatsachen macht, die dem Fernmeldegeheimnis unterliegen und die ihm als Inhaber oder Beschäftigter eines

---

[140]BVerfGE 67, 157 (172); 85, 386 (396); *Gusy*, in: v. Mangoldt/Klein/Starck 2018, Art. 10 GG, Rn. 65; *Ogorek*, in: Epping/Hillgruber 2019, Art. 10 GG, Rn. 39 f.; *Jarass*, in: Jarass/Pieroth 2016, Art. 10 GG, Rn. 9.

[141]BVerfGE 115, 166 (184 f.); *Jarass*, in: Jarass/Pieroth 2016, Art. 10 GG, Rn. 2; *Gusy*, in: v. Mangoldt/Klein/Starck 2018, Art. 10 GG, Rn. 44.

[142]Z. B. Geheimdienste wie die US-amerikanische NSA oder der britische GCHQ, die im großen Stil Kommunikationsdaten auch deutscher Bundesbürger abfangen und speichern.

[143]*Gusy*, in: v. Mangoldt/Klein/Starck 2018, Art. 10 GG, Rn. 23.

[144]*Gusy*, in: v. Mangoldt/Klein/Starck 2018, Art. 10 GG, Rn. 23.

[145]*Pagenkopf*, in: Sachs 2018, Art. 10 GG, Rn. 27 f.; *Jarass*, in: Jarass/Pieroth 2016, Art. 10 GG, Rn. 15.

Telekommunikations-Dienstanbieters bekannt geworden sind. § 88 TKG verbietet alle, die geschäftsmäßig Telekommunikationsdienste anbieten, den Inhalt oder die näheren Umstände von Individualkommunikation zur Kenntnis zu nehmen, sofern die Kenntnisnahme über das zur Erbringung der Dienste erforderliche Maß hinausgeht. Persönlich geschützt sind alle an der Kommunikation Beteiligten. Die dabei verarbeiteten personenbezogenen Daten werden durch bereichsspezifische Datenschutzvorschriften der §§ 91 ff. TKG geschützt.[146]

5.2.3 Unverletzlichkeit der Wohnung

Die Wohnung als elementarer Lebensraum und Mittelpunkt menschlicher Existenz[147] dient der selbstbestimmten Abschirmung des Privatbereichs, denn zur freien Entfaltung der Persönlichkeit bedarf es eines absolut geschützten Eigenbereichs.[148] Art. 13 Abs. 1 GG gewährleistet daher die Unverletzlichkeit der Wohnung. Vom Schutzbereich umfasst ist die räumliche Sphäre der Wohnung, die der allgemeinen Zugänglichkeit durch eine räumliche Abschirmung entzogen und zur Stätte privaten Lebens und Wirkens gemacht ist.[149] Ein Eingriff in das Grundrecht liegt nicht nur durch körperliches Eindringen staatlich Beauftragter gegen den Willen des Betroffenen[150] vor, sondern auch durch die Öffnung der räumlich geschützten Privatsphäre mittels moderner Technik ohne Wissen des Betroffenen. Das kann zum Beispiel durch die Installation von technischen Vorrichtungen zur Ausspähung des Einzelnen in seiner Wohnung geschehen,[151] etwa durch Einschleusen von Spionageprogrammen (Online-Durchsuchung)[152], akustischer und optischer

---

[146] S. dazu Abschn. 7.6

[147] BVerfGE 18, 121 (131 f.).

[148] BVerfGE 42, 212 (219); 89, 1 (12); *Gornig*, in: v. Mangoldt/Klein/Starck 2018, Art. 13 GG, Rn. 1; *Kühne*, in: Sachs 2018, Art. 13 GG, Rn. 9.

[149] BGHSt 44, 138 (140); *Jarass*, in: Jarass/Pieroth 2016, Art. 10 GG, Rn. 4; *Gornig*, in: v. Mangoldt/Klein/Starck 2018, Art. 13 GG, Rn. 15;

[150] *Gornig*, in: v. Mangoldt/Klein/Starck 2018, Art. 13 GG, Rn. 44 ff.; *Jarass*, in: Jarass/Pieroth 2016, Art. 13 GG, Rn. 10.

[151] *Jarass*, in: Jarass/Pieroth 2016, Art. 10 GG, Rn. 7; *Gornig*, in: v. Mangoldt/Klein/Starck 2018, Art. 13 GG, Rn. 43.

[152] *Gornig*, in v. Mangoldt/Klein/Starck 2018, Art 13 GG, Rn. 43 mit weiteren Nachweisen.

Wohnraumüberwachung[153] (sogenannter „Lauschangriff") sowie Messung elektromagnetischer Strahlungen, mit der die Nutzung eines informationstechnischen Systems nachgewiesen werden kann, auch wenn dieses nicht online arbeitet[154]. Durch den Einsatz von Informations- und Kommunikationstechnologien erhöht sich das Risiko für die Unverletzlichkeit der Wohnung. Der Schutzbereich des Art. 13 GG umfasst auch informationstechnische Systeme, die sich in der Wohnung befinden. Nur so kann dem Schutzzweck des Art. 13 GG vollends Rechnung getragen werden, da andernfalls bestimmte Arten der persönlichen Lebensführung in der Wohnung vom Schutzbereich ausgenommen wären.[155] Allerdings schützt Art. 13 GG nicht vor die Erhebung von Daten auf dem informationstechnischen System, wenn dieses außerhalb der Wohnung eingesetzt wird (insbesondere Laptops, Smartphones oder Cloud-Speichern). Hier hilft der räumliche Schutz des Art. 13 GG nicht weiter.[156] Auch Zugriffe auf E-Mails, die auf dem Server des Providers gespeichert sind, unterliegen mangels räumlicher Nähe nicht dem Schutz des Art. 13 GG.[157] Übertragbar ist das darüber hinaus auf alle Daten, die nur auf dem Server des Providers gespeichert sind, da sich diese nicht im räumlich geschützten Bereich des Betroffenen befinden. Dazu gehören somit auch alle Daten, die auf dem Server des Anbieters des Social Networks gespeichert sind.

Art. 13 GG bindet direkt nur die staatliche Gewalt, entfaltet aber mittelbare Drittwirkung hinsichtlich privater Akteure.[158] Somit ist Art. 13 GG nicht nur bei einem staatlichen Zugriff auf das Gerät, etwa durch Ermittlungsbehörden, einschlägig. Auch bei der Infiltration des Systems mit dem Ziel der Erhebung von personenbezogenen Daten oder zur Ausspähung der Kommunikation kann Art. 13 GG einschlägig sein, wenn sich das System im räumlichen Schutzbereich des Art. 13 GG befindet. Darüber hinaus sind neben der informationellen Selbstbestimmung aus Art. 2 Abs. 1 in Verbindung mit Art. 1 Abs. 1 GG aber gegebenenfalls das Fernmeldegeheimnis aus Art. 10 Abs. 1 GG sowie die Vertraulichkeit und Integrität informationstechnischer Systeme aus Art. 2 Abs. 1 in Verbindung mit Art. 1 Abs. 1 GG vorrangig einschlägig.[159]

---

[153]BVerfGE 109, 279 (309, 327); 120, 274 (310).

[154]BVerfGE 120, 274 (310).

[155]*Skistims* 2016, 160 mit weiteren Nachweisen.

[156]*Hornung*, JZ 2007, 828 (829 f.); *Hornung*, CR 2008, 299 (301); *Skistims* 2012, 158; restriktiver hingegen BVerfGE 120, 274 (310 f.).

[157]BVerfGE 124, 43 (57).

[158]*Gornig*, in: v. Mangoldt/Klein/Starck 2018, Art. 13 GG, Rn. 12; *Papier*, in: Maunz/Dürig 2019, Art. 13 GG, Rn. 8.

[159]*Jarass*, in: Jarass/Pieroth 2016, Art. 10 GG, Rn. 2 und Art. 13 GG, Rn. 2; *Gornig*, in: v. Mangoldt/Klein/Starck 2018, Art. 13 GG, Rn. 49; *Hoffmann-Riem*, JZ 2008, 1009 (1021).

5.2.4 Kommunikationsfreiheit

In Art. 5 Abs. 1 GG sind grundlegende Kommunikationsgrundrechte verankert, die für die freie Persönlichkeitsentfaltung und die freiheitlich-demokratische Grundordnung schlichtweg unentbehrlich sind. Für den Nutzer entscheidend bei der Nutzung von Social Networks ist die Meinungs- und Informationsfreiheit des Art. 5 Abs. 1 Satz 1 GG. Demgegenüber muss jedoch geprüft werden, inwiefern sich Social Networks auf die Pressefreiheit nach Art. 5 Abs. 1 Satz 2 GG berufen können und welche Auswirkungen dies auf die Anwendbarkeit der Datenschutzvorschriften hat.

5.2.4.1 Meinungs- und Informationsfreiheit

Die Meinungs- und Informationsfreiheit wird durch Art. 5 Abs. 1 Satz 1 GG garantiert und dient sowohl der Sicherung der Meinungsvielfalt in einer freiheitlichen Demokratie als auch der freien Persönlichkeitsentfaltung des Einzelnen.[160] Sie garantiert damit dem Einzelnen die selbstbestimmte Teilhabe am öffentlichen Diskurs – ungestört und ohne Nachteile befürchten zu müssen. Die Meinungs- und Informationsfreiheit steht neben natürlichen Personen auch juristischen Personen zu, da Art. 5 Abs. 1 GG „seinem Wesen nach" im Sinne des Art. 19 Abs. 3 GG auf juristische Personen anwendbar ist. Auch diese sind ihrer Funktion nach in der Lage, meinungsbildende Beiträge zu leisten.[161]

Grundrechtlich geschütztes Verhalten ist zunächst das aktive Bilden, Äußern und Verbreiten von Meinungen ebenso wie der bewusste Verzicht auf die Meinungsfreiheit.[162] Geschützt ist ebenso der damit zusammenhängende Prozess der Informationsübertragung, etwa der Kommunikationsvorgang.[163] Der Schutz besteht grundsätzlich unabhängig vom Inhalt der Information sowie der Art und Weise der Äußerung.[164] Unter dem Begriff der Meinung versteht man Stellungnahmen, Einschätzungen oder Ansichten zu Vorgängen, Personen oder Sachen. Umfasst sind Werturteile und Tatsachenbehauptungen – letztere, sofern sie die Voraussetzung für die Bildung von Meinung sind.[165] Die Tatsachenbehauptung darf nicht bewusst

---

[160] BVerfGE 7, 198 (208); 27, 71 (81); *Bethge*, in: Sachs 2018, Art. 5 GG, Rn. 17; *Jarass*, in: Jarass/Pieroth 2016, Art. 5 GG, Rn. 21.

[161] *Degenhart*, in: Kahl/Waldhoff/Walter 2019, Art. 5 Abs. 1 und 2 GG, Rn. 149.

[162] Zum Begriff der Meinung *Jarass*, in: Jarass/Pieroth 2016, Art. 5 GG, Rn. 3 ff.

[163] *Jarass*, in: Jarass/Pieroth 2016, Art. 5 GG, Rn. 9; *Grabenwarter*, in: Maunz/Dürig 2019, Art. 5 Abs. 1, 2 GG, Rn. 46 mit weiteren Nachweisen; *Bethge*, in: Sachs 2018, Art. 5 GG, Rn. 38a.

[164] BVerfGE 54, 129 (138 f); 60, 234 (241); 76, 171 (192).

[165] BVerfGE 94, 1 (7).

unwahr sein.[166] Dennoch sind unwahre Tatsachenbehauptungen dann geschützt, wenn sich erst im Laufe des Diskurses die Unwahrheit herausstellt.[167] Tatsachenbehauptungen unterscheiden sich insofern, als sie einem Beweis zugänglich sind, Werturteile aufgrund ihrer Subjektivität dagegen nicht.[168] Auf den Gegenstand der Meinung kommt es ebenso wenig an wie auf die Qualität der Meinung, ob diese also wertvoll oder wertlos, richtig oder falsch, rational oder emotional ist. Gerade die Subjektivität der Wertung ist Gegenstand des Schutzes dieses Grundrechts.[169]

Zusätzlich dazu garantiert die Informationsfreiheit, sich selbst ungehindert aus allgemein zugänglichen Quellen zu unterrichten. Das Internet gilt in dem Umfang als allgemein zugänglich, in dem die Inhalte keiner Zugriffsbeschränkung unterliegen.[170] Öffentlich zugänglich sind personenbezogene Daten immer dann, wenn sie ohne Zugangsbeschränkung durch einen nicht individualisierbaren Personenkreis aufrufbar sind.[171] Als Ausdruck der Selbstbestimmung können durch Zugangsbeschränkungen oder Privatsphäre-Einstellungen Daten der allgemeinen Zugänglichkeit entzogen werden. Social Networks bieten entsprechende Möglichkeiten, um alle oder bestimmte Informationen nur einem bestimmten Kreis von Nutzern des Social Networks zugänglich zu machen,[172] das Auffinden der Informationen über Suchmaschinen hingegen zu verhindern. Die Informationsfreiheit steht komplementär neben der Meinungsfreiheit, ist aber auch unabdingbare Voraussetzung für die Meinungsbildung.[173]

Ein Eingriff in das Grundrecht liegt bei jeder Einschränkung der Informationsaufnahme und Meinungsäußerung vor, etwa indem der Zugang zu allgemein zugänglichen Informationen erschwert oder verhindert oder die Äußerung einer Meinung verboten wird. Das gilt zunächst nur im Verhältnis des Staates zum Bürger. Darüber hinaus besteht aber auch eine Schutzpflicht des Staates, den Einzelnen vor Beeinträchtigung der Meinungs- und Informationsfreiheit durch Dritte zu schützen,[174] etwa weil eine Person das Verbreiten einer Meinung in den Medien untersagt

---

[166] BVerfGE 61, 1 (8 f.).

[167] BVerfGE 99, 185 (197).

[168] *Jarass*, in: Jarass/Pieroth 2016, Art. 5 GG, Rn. 8.

[169] *Starck/Paulus*, in: v. Mangoldt/Klein/Starck 2018, Art. 5 GG, Rn. 73; *Jarass*, in: Jarass/Pieroth 2016, Art. 5 GG, Rn. 5 ff., jeweils mit weiteren Nachweisen.

[170] *Jarass*, in: Jarass/Pieroth 2016, Art. 5 GG, Rn. 23; *Schemmer*, in: Epping/Hillgruber 2019, Art. 5 GG, Rn. 26; *Holznagel*, AfP 2011, 532 (533 f.).

[171] Ausführlich zu allgemein zugänglichen Daten s. Abschn. 7.5.8.2.

[172] *BITKOM* 2011, 24–27.

[173] BVerfGE 27, 71 (81).

[174] *BVerfGE* 73, 118 (201); 97, 125 (146); 99, 185 (194 f.).

oder weil eine einseitige Informationsmacht sich in der Hand weniger Anbieter konzentriert. Wenige große Konzerne verfügen über eine hohe Relevanz bei der öffentlichen Meinungsbildung,[175] da Informationen zum Zeitgeschehen über Plattformen von Google oder Facebook abgerufen werden. Werden Informationen dazu noch personalisiert angezeigt, findet zwar keine verbotene Zensur im Sinne des Art. 5 Abs. 3 GG statt.[176] Das Ausnutzen einer einseitigen Informationsmacht kann dennoch durch technische Einschränkungen „normative Wirkung"[177] entfalten und durch den Einsatz von Algorithmen den Zugang zu objektiven Informationen erschweren. Denkbar ist eine personenbezogene Auswahl von Inhalten zum Beispiel bei der Anzeige und Gewichtung von Beiträgen der Freunde auf der Startseite eines Social Network oder bei der Auswahl von Nachrichten und Beiträgen, die dem Nutzer eines Nachrichtenportals angezeigt werden.[178]

Gerechtfertigt ist ein Eingriff in die Meinungs- und Informationsfreiheit gemäß Art. 5 Abs. 2 GG nur, wenn diese durch ein allgemeines Gesetz zur Wahrung eines Rechtsguts[179] sowie zum Jugend- oder Ehrschutz erfolgt. Der Schutz der Ehre ist nicht deckungsgleich mit dem allgemeinen Persönlichkeitsrecht, sondern enger zu verstehen.[180] Der Begriff der Ehre ist vage, umfasst aber zumindest eine Zuschreibung sozialer Anerkennung sowie einen sozialen Achtungsanspruch des Menschen.[181]

Einschränkbar ist die Meinungs- und Informationsfreiheit unter Abwägung mit dem Persönlichkeitsschutz des Einzelnen: Denkbar ist eine Verletzung der Ehre durch Schmähkritik, also üble Nachrede oder Beleidigung.[182] Der Schutz fremder Rechtsgüter ist dabei grundsätzlich zu berücksichtigen. Der Umfang des Rechtsgüterschutzes darf wiederum nicht zu stark ausgedehnt werden, um die Stellung und

---

[175]Vgl. Kap. 3.

[176]Ausführlich Abschn. 3.2.

[177]*Greve*, in: Franzius et. al 2013, 667.

[178]Ausführlich Abschn. 3.2 mit weiteren Nachweisen.

[179]Z. B. BVerfGE 113, 63 (79); 117, 244 (260).

[180]*Jarass*, in: Jarass/Pieroth 2016, Art. 5, Rn. 76; wohl auch *Starck/Paulus*, in: v. Mangoldt/Klein/Starck 2018, Art. 5 GG, Rn. 305.

[181]*Grabenwarter*, in: Maunz/Dürig 2019, Art. 5 Abs. 1, 2 GG, Rn. 197 f. mit weiteren Nachweisen.

[182]Denkbar ist dies eventuell bereits durch das Markieren und damit Zueigenmachen ehrverletzender Beiträge mittels des Like-Buttons, vgl. etwa Bezirksgericht Zürich, Urteil vom 29.5.2017, Az. GG 160246-L/U, MMR 2018, 220.

Bedeutung der Meinungsfreiheit für den öffentlichen Meinungsbildungs- und Kommunikationsprozess zu berücksichtigen.[183] Daher entstehen zwar Sorgfaltspflichten zur Prüfung der zu verbreitenden Informationen. Für öffentliche Berichterstattung liegen diese höher als für eine Privatperson. Im Rahmen der Meinungsfreiheit muss eine Person, die Subjekt einer Äußerung ist, aber grundsätzlich auch nachteilige Äußerungen hinnehmen, sofern sie wahr sind.

Das Internet kann die Verwirklichung der Meinungs- und Informationsfreiheit durchaus fördern.[184] Es ergeben sich aber auch Risiken durch Informations- und Kommunikationstechnologien und umfassende Datenverarbeitung. Die zunehmende Aufbereitung und Bereitstellung von Informationen anhand personenbezogener Daten, etwa in Suchmaschinen oder Social Networks, birgt die Gefahr, dass dem Einzelnen keine neutralen Inhalte angezeigt werden, sondern nur noch auf seine (vermeintlichen) Interessen abgestimmte Informationen. Damit werden ihm potentiell ohne sein Wissen Informationen vorenthalten, was insbesondere dann schwerwiegt, wenn der die Informationen zur Verfügung Stellende eine marktbeherrschende Stellung innehat. Damit einhergeht, dass durch eine solche monopolisierende Stellung weniger Anbieter eine Informationsmacht entsteht, die dazu verleiten kann, bestimmte, etwa (moralisch) unerwünschte Informationen, zu unterdrücken.[185] Ist die Wahrung der informationellen Selbstbestimmung bei Online-Angeboten nicht sichergestellt, kann sich das zudem auf die freie Meinungsbildung und -äußerung dergestalt auswirken, dass aus Angst vor Nachteilen oder kontextfremder Verwendung hinterlassener personenbezogener Daten im Netz auf die Informationssuche und Meinungsäußerung verzichtet wird. Das kommt einer Selbstzensur gleich und greift damit tief in die Meinungsfreiheit des Einzelnen ein.

5.2.4.2 Pressefreiheit

Durch ihren Einfluss auf die Meinungsbildung der Nutzer stellt sich demgegenüber die Frage, ob sich Anbieter von Social Networks auf die Pressefreiheit berufen können. Art. 5 Abs. 1 Satz 2 Var. 1 GG gewährleistet die Pressefreiheit für jedermann. Die Pressefreiheit ist von herausragender Bedeutung für einen freiheitlichen Staat und konstituierend für die freiheitlich-demokratische Grundordnung.[186] Sie dient

---

[183] BVerfGE 34, 269 (282); 99, 185 (196 f.); 114, 339 (348); *Starck/Paulus*, in: v. Mangoldt/Klein/Starck 2018, Art. 5 GG, Rn. 305, 395; *Jarass*, in: Jarass/Pieroth 2016, Art. 5, Rn. 69 ff., 76.

[184] Abschn. 3.1.

[185] Am Beispiel von Apple iTunes *Hamann/Rohwetter*, ZEIT Online vom 2.8.2012, http://www.zeit.de/2012/32/Zensur-Apple-Facebook-Amazon-Google.

[186] Z. B. BVerfGE 20, 162 (174); 52, 283 (296); 107, 299 (329); 117, 244 (258).

der freien individuellen und öffentlichen Meinungsbildung.[187] Die Sicherung der
Meinungsvielfalt im öffentlichen Diskurs und der Beitrag zur Meinungsbildung und
-äußerung durch eine möglichst große Zahl selbständiger und miteinander konkur-
rierender Presseerzeugnisse erfordert einen besonderen Schutz des Pressewesens
vor staatlichen Eingriffen.[188] Daher darf die Presse weder von öffentlicher Gewalt
gelenkt noch einer Zensur unterworfen werden.[189]

Ob Online-Medien der Pressefreiheit unterfallen, wird jedoch kontrovers diskutiert. Online-Medien haben viele Erscheinungsformen, von der elektronischen
Veröffentlichung eines Printprodukts über Online-Zeitungen, Zeitschriften und
Blogs bis hin zu Plattformen, die reine Vermittlungsleistung fremder Inhalte leisten.
Der Begriff der Presse ist weit zu verstehen und entwicklungsoffen zu interpretieren,[190] um neue Erscheinungsformen nicht grundsätzlich auszuschließen. Macht
man den Begriff der Presse von einem körperlichen Trägermedium abhängig, müssen Online-Medien eher dem Rundfunk zugerechnet werden.[191] Überzeugender
hingegen ist es, das Institut „Presse" an der inhaltlichen Darbietungsform zu messen und Online-Dienste dann der Presse zuzurechnen, wenn die Form der Rezeption
den klassischen Presseerzeugnissen ähnelt.[192] Entscheidend ist also, ob das Angebot funktional der klassischen Presse entspricht,[193] die Inhalte also textdominierend
vermittelt werden.

Auch Social Networks tragen zur öffentlichen Meinungsbildung bei. Zwar erstellen sie selbst keine journalistischen Beiträge in eigener Regie, wie dies Verlage tun.
Vielmehr reproduzieren sie nur fremde Nachrichten und Beiträge, indem sie jedem
Nutzer einen, mithilfe eines speziellen Algorithmus, personalisierten Newsfeed
präsentieren, der auf Beiträge der anderen Nutzer verweist. Jedoch tragen Social
Networks so ganz erheblich zur Meinungsbildung und zum Diskurs ihrer Nutzer bei,
und übernehmen damit die gleiche Funktion wie andere, „klassische" Presseorgane
auch.

---

[187]BVerfGE 101, 361 (389).

[188]BVerfGE 101, 361 (389). *Schemmer*, in: Epping/Hillgruber 2019, Art. 5 GG, Rn. 37.

[189]BVerfGE 20, 162 (174); 52, 283 (296); 66, 116 (133).

[190]BVerfGE 95, 28 (35); *Schemmer*, in: Epping/Hillgruber 2019, Art. 5 GG, Rn. 42;
Degenhart, in: Kahl/Waldhoff/Walter 2019, Art. 5 Abs. 1 und 2 GG, Rn. 193 ff.

[191]Z. B. *Schemmer*, in: Epping/Hillgruber 2019, Art. 5 GG, Rn. 43.1, 67.

[192]*Grabenwarter*, in: Maunz/Dürig 2019, Art. 5 GG, Rn. 251 f., 270; *Degenhart*, in:
Kahl/Waldhoff/Walter 2019, Art. 5 Abs. 1 und 2 GG, Rn. 196. Die Einordnung von Online-
Medien offenlassend *Starck/Paulus*, in: v. Mangoldt/Klein/Starck 2018, Art. 5 Abs. 1 GG,
Rn. 132.

[193]*Degenhart*, in: Kahl/Waldhoff/Walter 2019, Art. 5 Abs. 1 und 2 GG, Rn. 197.

Fraglich ist, ob diese Tätigkeit unter die Pressefreiheit fällt. Diese umfasst die „Wahrnehmung aller wesensmäßig mit der Pressearbeit in Zusammenhang stehenden Tätigkeiten".[194] Diese reichen von der Informationsbeschaffung über die journalistische Aufbereitung der Informationen bis hin zu deren Verbreitung.[195] Daran könnte man zweifeln, wenn eine Plattform lediglich eine neutrale Übertragungsleistung fremder Inhalte vornimmt, weil es dann an einer inhaltlichen Aufbereitung fehlt. Social Networks vermitteln aber fremde Inhalte nicht ausschließlich inhaltsneutral. Durch den Einsatz der Algorithmen übernehmen Social Networks eine entscheidende Aufgabe hinsichtlich Auswahl der thematischen Beiträge und deren Gewichtung innerhalb des Newsfeeds, der dem Nutzer präsentiert wird. Auf diese Weise beeinflussen sie vergleichbar mit anderen Presseorganen den Meinungsbildungs- und Kommunikationsprozess ihrer Nutzer. Sie „liegen gleichsam ‚zwischen' den klassischen Medien und den strikt inhaltsneutralen Host-Providern".[196] Es ist daher sachgerecht, Social Networks zumindest nicht von vorherein vom Schutz der Pressefreiheit auszunehmen.[197]

Eingriffe in die Pressefreiheit sind – wie bei der Meinungs- und Informationsfreiheit – nach Art. 5 Abs. 2 GG zulässig im Rahmen der allgemeinen Gesetze sowie zum Jugend- und Ehrschutz. Für Social Networks liegt ein Eingriff beispielsweise vor bei ihnen auferlegten Löschverpflichtungen oder durch eine Verpflichtung zur Gestaltung des Sortieralgorithmus nach bestimmten Maßstäben. Um die Meinungsvielfalt und damit die Meinungs- und Informationsfreiheit der Nutzer zu sichern, begründet die Pressefreiheit zudem die Pflicht des Gesetzgebers, Meinungsmonopole abzuwehren.[198] Aufgrund der Wirkung und des Einflusses, den Social Networks auf die öffentliche Meinungsbildung haben (können), werden für so genannte Informationsintermediäre wie Social Networks in dieser Hinsicht vielfältige Ansätze diskutiert.[199]

Die Rechtsgüter anderer Grundrechtsträger müssen jedoch auch vom Träger der Pressefreiheit geachtet werden. Anbieter von Social Networks haben insbesondere das Recht auf informationelle Selbstbestimmung sowie das Recht am eigenen

---

[194] *Grabenwarter*, in: Maunz/Dürig 2019, Art. 5 GG, Rn. 271.

[195] *Degenhart*, in: Kahl/Waldhoff/Walter 2019, Art. 5 Abs. 1 und 2 GG, Rn. 208 ff.; *Starck/Paulus*, in: v. Mangoldt/Klein/Starck 2018, Art. 5 Abs. 1 GG, Rn. 133.

[196] *Gersdorf*, MMR 2017, 439 (444).

[197] *Gersdorf*, MMR 2017, 439 (443 f.); *Paal*, MMR 2018, 567 (568); *Grabenwarter*, in: Maunz/Dürig 2019, Art. 5 GG, Rn. 291.

[198] *Grabenwarter*, in: Maunz/Dürig 2019, Art. 5 GG, Rn. 346 ff., 364 ff.

[199] Überblick in *Paal/Hennemann*, ZRP 2017, 76 (77 ff.); *Paal*, MMR 2018, 567 (568); s. auch *Paal*, ZRP 2015, 34 (37 f.).

Wort und Bild zu achten. Ihnen obliegen somit beispielsweise Unterlassungs- und Korrekturansprüche, wenn zumutbare Prüfpflichten verletzt wurden.[200]

Zudem entbindet auch eine Berufung auf die Pressefreiheit durch Anbieter von Social Networks nicht von der Einhaltung datenschutzrechtlicher Vorschriften nach der Datenschutz-Grundverordnung. Art. 85 Abs. 1 DSGVO bestimmt, dass Mitgliedstaaten durch Rechtsvorschriften das Recht auf den Schutz personenbezogener Daten gemäß dieser Verordnung mit dem Recht auf freie Meinungsäußerung und Informationsfreiheit, einschließlich der Verarbeitung zu journalistischen Zwecken und zu wissenschaftlichen, künstlerischen oder literarischen Zwecken, in Einklang bringen.[201] Wie weit der Anwendungsbereich der Meinungsäußerung zu ziehen ist, ist zwar im Einzelnen aufgrund des Wortlauts „einschließlich" umstritten.[202] Art. 85 DSGVO gilt jedenfalls für Datenverarbeitung zu journalistischen Zwecken und damit für alle Träger der Pressefreiheit. Art. 85 DSGVO ist jedoch auf Social Networks nicht anwendbar.[203] Dafür spricht einerseits Erwägungsgrund 153 DSGVO, der die Privilegierung nur für „ausschließlich journalistische Zwecke" zulässt. Dafür spricht auch eine abwägende Gesamtbetrachtung und das Regelungsziel des Art. 85 DSGVO. Dieser möchte bestimmte, begrenzte Verarbeitungszwecke privilegieren, die für das Gemeinwohl wichtig sind, für die es aber keine unionsweiten Standards gibt.[204] Würde man jede Tätigkeit der Meinungsäußerung darunter fassen, bliebe für die Anwendung der Datenschutz-Grundverordnung kein Raum, die angestrebte Harmonisierung des Datenschutzrechts würde ausbleiben. Für Social Networks ist eine entsprechende Privilegierung nicht sachgerecht, da sie zwar Einfluss auf die öffentliche Meinungsbildung haben, aber mit ihrer Tätigkeit und ihrem Angebot funktional keine meinungsbildenden Zwecke verfolgen. Vielmehr sind sie primär Datenverarbeitungsunternehmen, die bestimmte fremde Inhalte reproduzieren, um die personenbezogenen Daten ihrer Nutzer vermarkten zu

---

[200] *Degenhart*, in: Kahl/Waldhoff/Walter 2019, Art. 5 Abs. 1 und 2 GG, Rn. 477. Der Umgang mit rechtswidrigen Inhalten wird für Social Networks speziell durch das Netzwerkdurchsetzungsgesetz (Gesetz zur Verbesserung der Rechtsdurchsetzung in sozialen Netzwerken (NetzDG), BGBl. I S. 3352.) konkretisiert. S. dazu *Forum Privatheit* (Hrsg.), Policy Paper Netzwerkdurchsetzungsgesetz, 2018.

[201] S. ausführlich *Hoidn*, in: Roßnagel 2018, § 8, Rn. 335 ff.

[202] Für einen weiten Anwendungsbereich *Dix*, in: Simitis/Hornung/Spiecker 2019, Art. 85 DSGVO, Rn. 6. Entgegen dem Wortlaut für einen engen Anwendungsbereich argumentierend *Buchner/Tinnefeld*, in: Kühling/Buchner 2018, Art. 85 DSGVO, Rn. 12.

[203] *Dix*, in: Simitis/Hornung/Spiecker 2019, Art. 85 DSGVO, Rn. 18, 29; *Buchner/Tinnefeld*, in: Kühling/Buchner 2018, Art. 85 DSGVO, Rn. 25. A. A. *Gersdorf*, MMR 2017, 439 (444); *Specht/Bienemann*, in: Sydow 2018, Art. 85 DSGVO, Rn. 14.

[204] *Dix*, in: Simitis/Hornung/Spiecker 2019, Art. 85 DSGVO, Rn. 1.

können. Eine Privilegierung einer gegebenenfalls einschlägigen Pressefreiheit von
Social Networks ist in Anbetracht dieses Umstands in Abwägung mit dem Schutz der
Meinungs- und Selbstbestimmungsrechte der Nutzer nicht sachgerecht. In Anlehnung an die Rechtsprechung des Bundesgerichtshofs zu Bewertungsportalen kann
eine datenschutzrechtliche Sonderstellung für meinungsbildende Zwecke erst dann
angenommen werden, wenn diese „für die Allgemeinheit prägender Bestandteil des
Angebots und nicht nur schmückendes Beiwerk ist".[205]

5.2.5 Berufsfreiheit

Unzählige Wirtschaftszweige machen Geschäfte mit der Sammlung und Nutzung
personenbezogener Daten, etwa Auskunfteien, Adresshandel, Marktforschungsin-
stitute. Dazu kommen alle Unternehmen, die personenbezogene Daten zu Werbezwecken erheben und verwenden. Das Internet hat hier zu einer Vervielfältigung
der unternehmerischen Möglichkeiten geführt. Nicht nur können unabhängig von
Standortfaktoren größere Zielgruppen erreicht werden, diese lassen sich zudem
gezielter anwerben. Es sind neue Geschäftsmodelle entstanden, die zu Wertschöp-
fungsketten beitragen.[206] Ein solches neues Geschäftsmodell ist zum Beispiel das
Betreiben von Social Networks, die mit dem Platzieren von Werbung auf den Profilen der Nutzer Einnahmen erwirtschaften. Dies setzt in nicht unerheblichem Maße
die Erhebung und Verarbeitung von Nutzerdaten voraus. Im folgenden Abschnitt
wird dargestellt, inwiefern sich insbesondere der Anbieter eines Social Network auf
die Berufsfreiheit des Art. 12 GG berufen kann.

5.2.5.1 Schutzbereich

Das Grundrecht auf Berufsfreiheit aus Art. 12 Abs. 1 GG schützt sowohl die
Berufswahl- als auch die Berufsausübungsfreiheit.[207] Als Freiheitsrecht zielt
es auf die möglichst unreglementierte Freiheit, einen Beruf zu wählen und auszuü-
ben. Damit hat es auch einen persönlichkeitsbezogenen Aspekt,[208] indem es das
Grundrecht auf freie Entfaltung der Persönlichkeit im Bereich der individuellen
Leistung und Existenzerhaltung konkretisiert.[209]

---

[205] BGHZ 181, 328 (335) („spickmich").

[206] *Schulz*, in: Hill/Schliesky 2012, 265 (272 f.).

[207] Z. B. *Kämmerer*, in: v. Münch/Kunig 2012, Art. 12 GG, Rn. 1.

[208] *Manssen*, in: v. Mangoldt/Klein/Starck 2018, Art. 12 GG, Rn. 4, 5 mit weiteren
Nachweisen.

[209] BVerfGE 30, 292 (334); 54, 301 (313); 75, 284 (292); 101, 331 (347).

5.2.5.1.1 Sachlicher Schutzbereich

Sachlich ist der Beruf geschützt. Der Begriff des Berufs ist weit auszulegen, um den wirtschaftlichen, gesellschaftlichen und technischen Entwicklungen Rechnung tragen zu können.[210] Umfasst sind alle Tätigkeiten, die auf eine gewisse Dauer angelegt sind und der Schaffung und Erhaltung einer Lebensgrundlage dienen.[211] Auch über und durch das Internet ist eine berufliche und wirtschaftliche Entfaltung möglich und üblich.[212] Das umfasst zum einen Tätigkeiten, die erst durch das Internet entstanden sind, etwa die Zurverfügungstellung von Diensten im Internet wie E-Mail, Suchmaschinen oder Social Networks. Andere Tätigkeiten im Internet unterstützen lediglich die (analoge) berufliche oder wirtschaftliche Entfaltung, etwa durch die Platzierung von Werbung zur Außendarstellung eines Unternehmens[213] oder auch die Bewerberrecherche in Social Networks. Sind solche Tätigkeiten auf Dauer angelegt oder dienen einer auf Dauer angelegten Tätigkeit, sind diese vom Schutzbereich der Berufsfreiheit des Art. 12 GG umfasst.

5.2.5.1.2 Persönlicher Schutzbereich, insbesondere juristische Personen

Art. 12 GG ist ein sogenanntes Deutschen-Grundrecht, das heißt, auf die Berufsfreiheit können sich zunächst nur Deutsche im Sinne des Art. 116 Abs. 1 GG berufen. Einen vergleichbaren Schutz haben Unionsbürger über Art. 15 GRCh. Weiterhin erkennt der Europäische Gerichtshof grundsätzlich die Berufsfreiheit als überlieferte Verfassungstradition der Mitgliedstaaten an.[214] Auch die Grundfreiheiten der Arbeitnehmerfreizügigkeit des Art. 45 AEUV, die Niederlassungsfreiheit nach Art. 49 AEUV sowie die Dienstleistungsfreiheit nach Art. 56 AEUV gewährleisten einen ähnlichen Schutz, wenn auch deren Schutz sowohl durch Art. 16 AEUV als auch durch den Binnenmarktbezug der Grundfreiheiten beschränkt ist und durch die Zielsetzung der Etablierung des Binnenmarkts nach Art. 3 Abs. 3 EUV eher wirtschaftspolitische Zielsetzungen verfolgt.[215]

---

[210]*Mann*, in: Sachs 2018, Art. 12 GG, Rn. 43; *Kämmerer*, in: v. Münch/Kunig 2012, Art. 12 GG, Rn. 16.

[211]Z. B. *BVerfGE* 7, 377 (397); 50, 290 (362); 97, 228 (252); 105, 252 (265); 110, 141 (156). Ausführlich zur Frage der Einschränkung des verfassungsrechtlichen Schutzes bei unerlaubten oder „gemeinschaftsschädlichen Tätigkeiten" *Kämmerer*, in: v. Münch/Kunig 2012, Art. 12 GG, Rn. 17.

[212]*v. Lewinski*, RW 2011, 70 (80, 84); *Luch/Schulz*, MMR 2013, 88 (91).

[213]Z. B. *BVerfG* 95, 173 (181); 105, 252 (266); 112, 255 (262); *Ziegelmayer*, GRUR 2012, 761 (762).

[214]EuGH, ECLI:EU:C:1974:51, Rn. 14 („Nold KG").

[215]*Mann*, in: Sachs 2018, Art. 12 GG, Rn. 10; *Kämmerer*, in: v. Münch/Kunig 2012, Art. 12 GG, Rn. 6.

Inländische juristische Personen können sich gemäß Art. 19 Abs. 3 GG auf den Schutz des Art. 12 GG berufen, wenn das Grundrecht seinem Wesen nach auf diese angewendet werden kann. Das ist dann der Fall, wenn und soweit der Gesellschaftszweck die Erzielung von Gewinnen im Rahmen einer wirtschaftlichen Tätigkeit ist und diese Tätigkeit ihrem Wesen und ihrer Art nach in gleicher Weise von einer juristischen wie von einer natürlichen Person ausgeübt werden kann.[216]

Ausländische juristische Personen sind nicht vom Schutzbereich des Art. 12 GG umfasst. Dies folgt aus Art. 19 Abs. 3 GG, der ausdrücklich nur inländischen juristischen Personen unter gewissen Voraussetzungen Grundrechtsschutz zugestehen kann. Insbesondere im Rahmen der globalen Internetwirtschaft sind viele Unternehmen weltweit tätig, haben ihren Sitz häufig in den USA und sind damit „ausländisch". Haben solche Unternehmen hingegen Tochterunternehmen im Inland, genießen diese die Freiheit des Art. 12 GG.[217] Tochterunternehmen sind gemäß § 290 Abs. 1 Satz 1 HGB wirtschaftlich vom Mutterunternehmen beherrscht, juristisch gesehen hingegen selbständig organisiert, meist in Form einer GmbH oder Aktiengesellschaft.[218] Damit sind sie von bloßen Niederlassungen zu unterscheiden. Eine Niederlassung besteht gemäß § 4 Abs. 3 GewO dann, wenn eine wirtschaftliche Tätigkeit tatsächlich mittels einer festen Einrichtung auf unbestimmte Zeit ausgeübt wird.[219] Eine rechtliche Selbständigkeit der Niederlassung ist nicht vonnöten,[220] also umgekehrt auch nicht ausgeschlossen. Eine Niederlassung kann damit auch ein Tochterunternehmen sein.[221]

Inwiefern sich zum Beispiel das Social Network Facebook im Rahmen seiner Tätigkeit auf die Berufsfreiheit berufen kann, hängt entscheidend davon ab, ob es sich bei Facebook Ireland Ltd. um ein Tochterunternehmen oder lediglich um eine Niederlassung handelt. Es spricht viel dafür, bei juristischer Selbständigkeit von einem Tochterunternehmen auszugehen. Funktional kann eine Niederlassung nicht von einem Tochterunternehmen unterschieden werden, sodass zum Zweck des

---

[216]Z. B. BVerfGE 21, 207 (208); 21, 261 (266); 22, 380 (383); 30, 292 (312); 95, 173 (181); 114, 196 (244).

[217]BVerfGE 21, 207 (208 f.); *Mannsen*, in: v. Mangoldt/Klein/Starck 2018, Art. 12 GG, Rn. 272, der eine Einschränkung dahingehend macht, dass das Tochterunternehmen nicht von Ausländern „beherrscht" sein darf, um den Zweck des Art. 19 Abs. 3 GG nicht zu umgehen.

[218]Springer Gabler Verlag (Hrsg.), Wirtschaftslexikon, Stichwort: Tochtergesellschaft: https://wirtschaftslexikon.gabler.de/definition/tochtergesellschaft-47001/version-173976 (Abruf: 12.4.2019).

[219]Der Begriff wird europarechtskonform weit ausgelegt und entspricht dem Art. 49 AEUV. Ebenso die europäische Auslegung, s. EuGH, ECLI:EU:C:1991:320, Rn. 20 („Factortame I").

[220]*Huber*, in: MüKo 2019, Band 4, Art. 1 CISG, Rn. 28.

[221]*Pielow*, in: Pielow 2020, § 4 GewO, Rn. 40.

größtmöglichen Grundrechtsschutzes im Zweifel der Status eines Tochterunternehmens zuzugestehen ist. Facebook Ireland Ltd. sowie der deutsche Ableger Facebook Germany GmbH können sich somit im Zweifel auf Art. 12 GG berufen. Letztlich kann eine Entscheidung aber dahinstehen, da die Berufsfreiheit nicht schrankenlos gewährleistet wird und im Fall von Social Networks insbesondere von den einschlägigen Datenschutzvorschriften grundsätzlich beschränkt werden kann. Da das Datenschutzrecht keine Unterscheidung von Tochterunternehmen und Niederlassung kennt, vielmehr einheitlich den Begriff der Niederlassung verwendet,[222] sind einschränkende Vorschriften grundsätzlich sowohl auf (bloße) Niederlassungen als auch auf Tochterunternehmen anwendbar.

Neben den Anbietern von Social Networks können sich auch deren Nutzer auf ihre Berufsfreiheit berufen. Dazu zählt auch, dass es der betroffenen Person möglich sein muss, Beruf und Privatleben zu trennen, sodass private Tätigkeiten und Entscheidungen keine Auswirkungen auf sein Arbeitsverhältnis oder sein berufliches Schaffen haben. Umgekehrt darf auch eine berufliche Nutzung eines Social Network keine Auswirkungen auf das Privatleben haben.

5.2.5.2 Eingriff

Eingriffe in die Berufsfreiheit sind Beeinträchtigungen, die sich aus allen Regelungen und sonstigen faktischen Einwirkungen ergeben können. Sie müssen jedoch konkret eine berufliche Tätigkeit betreffen und eine nennenswerte Behinderung darstellen,[223] also „objektiv berufsregelnde Tendenz"[224] haben.

Eingriffe in die Berufsfreiheit im Rahmen der Internetwirtschaft können zum Beispiel Websperren oder Internetfilter sein, sofern diese darauf abzielen, dass ein Diensteanbieter seine Dienste nicht mehr oder nur eingeschränkt anbieten kann. Auch gesetzliche Regelungen, die (einschränkende) Vorgaben zur Speicherung, Nutzung oder Löschung von personenbezogenen Daten machen, greifen in die Berufsfreiheit von Anbietern ein. Einschränkende Vorgaben sind zum Beispiel zur Vorratsdatenspeicherung[225] denkbar, die Auferlegung von Auskunftspflichten oder das Verbot der Profilbildung. Ebenso stellen die sich aus dem

---

[222]Aus diesem Grund erklärt wohl auch das OVG Schleswig in seinem Beschluss vom 22.4.2013, Az. 4 MB 11/13 und 8 B 61/12, Rn. 4 Facebook Ireland Ltd. zu einer Niederlassung, ohne die Unterscheidung anzusprechen. S. zur Niederlassung ausführlich Abschn. 7.2.2.1.

[223]*BVerfGE* 13, 181 (185 f.); *Mann*, in: Sachs 2018, Art. 12 GG, Rn. 93 ff.; *Manssen*, in: v. Mangoldt/Klein/Starck 2018, Art. 12 GG, Rn. 73.

[224]Z. B. BVerfGE 13, 181 (186); 37, 1 (17); 47, 1 (21); 49, 24 (47 f.); 70, 191 (214); 97, 228 (254).

[225]VG Berlin, Beschluss vom 16.01.2009, Az. 27 A 321/08; *Gitter/Schnabel*, MMR 2007, 411 (413).

Netzwerkdurchsetzungsgesetz ergebenden Verpflichtungen zur Einrichtung eines Beschwerdemanagements und Berichtspflichten zum Umgang mit rechtswidrigen Inhalten[226] einen Eingriff in die Berufsfreiheit der Anbieter von Social Networks dar. Auch behördliche *Warnungen, Informationen* und *Empfehlungen* können einen Eingriff in die Berufsfreiheit bedeuten, sofern diese eine bestimmte berufliche oder gewerbliche Betätigung tatsächlich beeinträchtigen.[227] Eine solche behördliche Empfehlung kann zum Beispiel darin bestehen, Social Networks nicht zu nutzen und sogenannte Fanpages[228] oder Social Plug-ins[229] abzuschalten.[230]

5.2.5.3 Rechtfertigung

Die Berufsfreiheit ist nicht schrankenlos gewährleistet. Eingriffe in die Berufsfreiheit sind durch Gesetz oder aufgrund eines Gesetzes möglich und dienen der Ausgestaltung, Konkretisierung und Konturierung der Berufswahl oder Berufsausübung.[231] Ein Eingriff durch Gesetz meint ein parlamentarisches Gesetz durch den zuständigen Bundes- oder Landesgesetzgeber. Aufgrund eines Gesetzes findet ein Eingriff dann statt, wenn die Beschränkung aufgrund eines Verwaltungsaktes oder einer anderen Exekutivmaßnahme erfolgt, die auf einer einfachgesetzlichen Ermächtigung basieren,[232] etwa Akte von Datenschutzbehörden.

Der Eingriff in ein Grundrecht muss verhältnismäßig sein. Aufgrund der Intension des Grundrechts, einen Beruf möglichst unreglementiert ausüben zu können, soll ein Eingriff nur dann gerechtfertigt sein, wenn Belange des Gemeinwohls eine Beschränkung der Berufsfreiheit notwendig machen. Dazu hat das Bundesverfassungsgericht die sogenannte Stufentheorie entwickelt. Anhand der Stufentheorie muss ein Eingriff je nach Intensität mit höherwertigen Belangen gerechtfertigt werden.[233] Dazu wird nach Berufswahlregelungen, subjektiven

---

[226] S. dazu *Forum Privatheit* (Hrsg.), Policy Paper Netzwerkdurchsetzungsgesetz, 2018.

[227] *Scholz*, in: Maunz/Dürig 2019, Art. 12 GG, Rn. 303.

[228] S. Abschn. 2.1.2.

[229] S. Abschn. 2.4.3.

[230] *ULD*, Pressemitteilung vom 19.8.2011, https://www.datenschutzzentrum.de/presse/201 10819-facebook.htm. Das zuständige Gericht hat entsprechende Bescheide des ULD mangels datenschutzrechtlicher Verantwortlichkeit der Unternehmen, die eine Facebook-Fanpage betreiben, als Eingriff in die Berufsfreiheit für unzulässig erklärt, VG Schleswig, ZD 2013, 51. Das Oberverwaltungsgericht Schleswig hat das bestätigt, OVG Schleswig, ZD 2014, 643.

[231] BVerfGE 7, 377 (403 f.); *Mann*, in: Sachs 2018, Art. 12 GG, Rn. 105.

[232] *Mann*, in: Sachs 2018, Art. 12 GG, Rn. 110.

[233] Zuerst BVerfGE 7, 377 (401, 403, 405 ff.); *Mann*, in: Sachs 2018, Art. 12 GG, Rn. 125.

Berufszulassungsvoraussetzungen sowie objektiven Berufszugangsvoraussetzungen unterschieden. Berufsausübungsregelungen werden mit vernünftigen Erwägungen des Gemeinwohls legitimiert,[234] subjektive Zulassungsvoraussetzungen mit besonders wichtigen Gemeinschaftsgütern[235] und objektive Berufszugangsvoraussetzungen mit höchstwahrscheinlich schwerwiegenden Gefahren für überragend wichtige Gemeinschaftsgüter.[236] Aufgrund der Notwendigkeit weiterer Differenzierung wurde die Stufentheorie vom Bundesverfassungsgericht weiter modifiziert und letztlich zu einer umfassenden Verhältnismäßigkeitsprüfung gewandelt.[237] Das Gemeinwohl kann alle rechtlichen Interessen umfassen, solange diese nicht mit der Wertordnung des Grundgesetzes unvereinbar sind.[238] Wirtschafts- und sozialpolitische Ziele kommen genauso in Betracht wie Verbraucherschutz, die Gesundheit der Bevölkerung oder die öffentliche Sicherheit.[239]

Weiterhin kann die Berufsfreiheit auch durch andere Grundrechte beschränkt werden. Im Rahmen des Betriebs von Social Networks sind besonders die Grundrechte der Nutzer betroffen. Neben der informationellen Selbstbestimmung kann auch die Meinungs- und Informationsfreiheit des Einzelnen gewichtiger sein als die Berufsfreiheit des Anbieters oder des Unternehmers, der Social Networks zur Außendarstellung, Werbung oder Bewerberrecherche nutzt. Dies bedarf jedoch immer einer Prüfung im Einzelfall und einer umfassenden Interessenabwägung.[240]

---

[234] BVerfGE 7, 377 (Leitsatz 6a, 405); *Manssen*, in: v. Mangoldt/Klein/Starck 2018, Art. 12 GG, Rn. 146; *Kämmerer*, in: v. Münch/Kunig 2012, Art. 12 GG, Rn. 61, jeweils mit weiteren Nachweisen.

[235] BVerfGE 7, 377 (Leitsatz 6b, 406 f.); *Manssen*, in: v. Mangoldt/Klein/Starck 2018, Art. 12 GG, Rn. 147; *Mann*, in: Sachs 2018, Art. 12 GG, Rn. 130; *Kämmerer*, in: v. Münch/Kunig 2012, Art. 12 GG, Rn. 61, jeweils mit weiteren Nachweisen.

[236] BVerfGE 7, 377 (Leitsatz 6c, 407 f.); *Mann*, in: Sachs 2018, Art. 12 GG, Rn. 131; *Manssen*, in: v. Mangoldt/Klein/Starck 2018, Art. 12 GG, Rn. 148; *Kämmerer*, in: v. Münch/Kunig 2012, Art. 12 GG, Rn. 61, jeweils mit weiteren Nachweisen.

[237] *Mann*, in: Sachs 2018, Art. 12 GG, Rn. 137 ff., Rn. 142 ff. mit weiteren Nachweisen; *Kämmerer*, in: v. Münch/Kunig 2012, Art. 12 GG, Rn. 57, 59; *Manssen*, in: v. Mangoldt/Klein/Starck 2018, Art. 12 GG, Rn. 146 ff.

[238] *Kämmerer*, in: v. Münch/Kunig 2012, Art. 12 GG, Rn. 58.

[239] *Kämmerer*, in: v. Münch/Kunig 2012, Art. 12 GG, Rn. 58; vgl. zum Begriff des Gemeinwohls auch *Reimer*, in: Terhechte 2011, § 18, Rn. 48.

[240] Ausführlich *Raue*, JZ 2018, 961.

5.3 Vergleich der Verankerung von Privatheit im europäischen und nationalen Recht

Bei der Analyse nationaler und europäischer Gesetze fällt auf, dass ein Recht auf Privatheit nicht in allen Regelwerken einheitlich garantiert ist. Im Grundgesetz ist an keiner Stelle ein Recht auf Privatheit, Privatsphäre oder Privatleben oder informationelle Selbstbestimmung verschriftlicht. In den verschiedenen europäischen Rechtsgrundlagen findet man hingegen ein Recht auf Achtung des Privatlebens in Art. 8 EMRK und Art. 7 GRCh sowie ein grundrechtlich garantiertes Recht auf Schutz personenbezogener Daten in Art. 8 GRCh und Art. 16 AEUV.[241] Die Gründe für die unterschiedlichen Konzeptionen des Schutzes der Privatheit auf deutscher und europäischer Ebene werden im Folgenden dargestellt.[242]

5.3.1 Grundgesetz

Das deutsche Grundgesetz kennt kein Grundrecht auf Privatheit oder Privatsphäre; das Private als ausdrückliches Schutzgut ist nicht vorgesehen. Dies liegt nicht nur in der Ansicht begründet, dass das Private als Schutzgut nur schwer zu definieren ist, sondern auch in der Entstehungsgeschichte des Grundgesetzes selbst.

Erarbeitet wurde das Grundgesetz im Wesentlichen im Verfassungskonvent in Herrenchiemsee, einem Sachverständigenausschuss unter Beteiligung der Ministerpräsidenten der jeweiligen (westdeutschen) Länder, anschließend im Parlamentarischen Rat abschließend beraten und schließlich für die drei westlichen Besatzungszonen verkündet.[243] Inhaltlich orientieren sich die Grundrechte des Grundgesetzes stark an der deutschen Verfassungstradition.[244] Sowohl die Paulskirchenverfassung von 1848/49 als auch die Weimarer Reichsverfassung von 1919 gewähren dezidierte Bürgerrechte. Die Paulskirchenverfassung garantierte etwa die Freizügigkeit, Briefgeheimnis und Redefreiheit. Die Weimarer Reichsverfassung gewährleistete darüber hinaus auch die Unverletzlichkeit der Wohnung und den Schutz der Familie. Keine der zwei Verfassungen hingegen formuliert ein Recht auf Privatleben oder einen vergleichbaren Wortlaut. Das Grundgesetz orientiert sich an

---

[241] S. ausführlich Abschn. 5.1.

[242] Vgl. auch *Nebel*, ZD 2015, 517 (519 ff.). Ein Überblick zu den Instituten Privatheit und Privatsphäre aus der rechtlichen Perspektive findet sich auch in *Geminn/Roßnagel*, JZ 2015, 703.

[243] Ausführlich *Sachs*, in: Sachs 2018, Einf., Rn. 13–21; *Fait/Treml* 1998.

[244] S. dazu *Grimm*, APuZ 16–17/1989, 3 ff.

diesen Formulierungen und ergänzt – im Zuge der Eindrücke in der nationalsozialistischen Diktatur und des Zweiten Weltkriegs – die Menschenwürde und freie Entfaltung der Persönlichkeit als prioritäre Grundrechte. Daraus entwickelte sich durch die Rechtsprechung des Bundesgerichtshofs und des Bundesverfassungsgerichts das allgemeine Persönlichkeitsrecht.[245] Sämtlichen Gefährdungen, die sich – zum Beispiel im Wege der elektronischen Datenverarbeitung – für das allgemeine Persönlichkeitsrecht ergaben, konnten durch Konkretisierung des allgemeinen Persönlichkeitsrechts in der Rechtsprechung des Bundesverfassungsgerichts begegnet werden, etwa in Gestalt des Rechts auf informationelle Selbstbestimmung. Eines universellen Grundrechts auf Privatheit bedurfte es insofern nicht (mehr).

Zusätzlich ist das Private, wie oben dargelegt,[246] einer objektiven Betrachtung und Definition nicht zugänglich. Ob eine Information privat ist oder nicht, kann nur der Einzelne selbst entscheiden und ist zum Beispiel abhängig von Kontext und Situation. Daher könnte ein solches Recht auch nicht ein einheitliches Schutzgut abbilden, denn der Schutzbereich müsste in jedem Fall subjektiv ausgefüllt werden. Der Begriff Privatheit kann deshalb nicht als Rechtsbegriff verstanden und gehandhabt werden und wurde aus diesem Grund (bisher) nicht ins Grundgesetz aufgenommen.[247] Das ist andererseits auch nicht notwendig, da der Grundrechtskatalog des Grundgesetzes ausreichend Anknüpfungspunkte vorsieht, den Einzelnen in bestimmten Situationen und Kontexten zu schützen. Art. 13 GG gewährt die Unverletzlichkeit der Wohnung, um den Einzelnen vor Angriffen auf diesen räumlichen Bereich zu schützen. Eine vertrauliche Kommunikation gewährt Art. 10 GG und schützt vor der Kenntnisnahme durch Unbefugte. Allgemein schützt das Persönlichkeitsrecht den Einzelnen vor einem unbefugten Eingriff in sein Recht auf informationelle Selbstbestimmung und Selbstdarstellung.[248] Ein zusätzliches Recht auf Privatheit oder Privatsphäre würde keinen neuen Anwendungsbereich schaffen, sondern sich vielmehr mit den bestehenden Freiheitsrechten überschneiden.

Auch die (für Deutschland spezielle) informationelle Selbstbestimmung hat bisher keine Aufnahme ins Grundgesetz gefunden.[249] Dabei würde die Aufnahme der informationellen Selbstbestimmung zwar kein neues Grundrecht

---

[245] S. Abschn. 5.2.1.

[246] Kap. 4.

[247] *Albers* 2005, 381.

[248] *Geminn/Roßnagel*, JZ 2015, 703 (706); s. zum allgemeinen Persönlichkeitsrecht ausführlich Abschn. 5.2.1.

[249] In der Geschichte des Grundgesetzes ist es bisher noch nicht vorgekommen, dass ein neues Grundrecht nachträglich aufgenommen worden ist, *Schnabel* 2009, 74.

schaffen. Der Gesetzgeber würde aber die Rechtsprechung des Bundesverfassungsgerichts zur Konkretisierung des allgemeinen Persönlichkeitsrechts und den objektiv-rechtlichen Gehalt des Grundrechts anerkennen und die Bedeutung des Datenschutzes für die Informationsgesellschaft betonen.[250]

5.3.2 Europäische Menschenrechtskonvention

Anders als das Grundgesetz gewährleistet Art. 8 EMRK[251] ein Recht auf Achtung des Privatlebens. Gründe hierfür liegen in der Entstehungsgeschichte der Europäischen Menschenrechtskonvention. Die Europäische Menschenrechtskonvention orientiert sich im Wortlaut an Art. 12 AEMR,[252] die die Generalversammlung der Vereinten Nationen 1948 nach den Eindrücken des Zweiten Weltkriegs erlassen hat. Art. 12 AEMR gewährleistet nach seiner englischen Originalfassung die Achtung einer „privacy". Auch wenn sich Art. 8 EMRK mit „private life" davon im Wortlaut etwas entfernt, liegt beiden Begriffen das anglo-amerikanische „right to privacy" zu Grunde.

Die Europäische Menschenrechtskonvention selbst wurde bereits 1950 unterzeichnet und 1953 ratifiziert. Sie entstand somit zu einer Zeit, als die elektronische Datenverarbeitung nach heutigen Maßstäben noch keine Bedrohung für den Einzelnen darstellte. Mit der Entwicklung und Nutzung neuer Informations- und Kommunikationstechnologien ergaben sich jedoch neue Gefährdungen für den Einzelnen. Um keine Lücken im Schutz der Rechte des Einzelnen entstehen zu lassen, können Grundrechte eine lückenschließende Funktion haben. Dadurch werden auch solche Aspekte geschützt, die nicht Gegenstand spezifischer Freiheitsgarantien sind, diesen aber in der Bedeutung für die Persönlichkeit des Einzelnen nicht nachstehen. Im deutschen Recht sieht das Bundesverfassungsgericht für das allgemeine Persönlichkeitsrecht eine solche lückenschließende Funktion vor, um allen neuen Gefährdungen durch den wissenschaftlich-technischen Fortschritt und die

---

[250] *Roßnagel/Pfitzmann/Garstka* 2001, 57 f.; *Kloepfer* 1998, D47 f.; ausführlich *Roßnagel*, KJ, Beiheft 1/2009, 99 (105 ff.); ablehnend *Albers* 2005, 601 mit der Begründung, dass Daten erst im Hinblick auf den Kontext schützenswert werden und das Datenschutzrecht daher vielfältige Schutzerfordernisse widerspiegelt, die ein verfassungsrechtliches Recht nicht adäquat abbilden kann.

[251] Ausführlich Abschn. 5.1.3.

[252] *Schiedermair* 2012, 167, 169; *Frowein*, in: Frowein/Peukert 2009, Einf., Rn. 1.

gewandelte Lebensverhältnisse zu begegnen.[253] Da in der Europäischen Menschenrechtskonvention kein allgemeines Persönlichkeitsrecht vorhanden ist, wurden neue
Sachverhalte durch den Europäischen Gerichtshof für Menschenrechte an das Recht
auf Achtung des Privatlebens geknüpft, dem damit eine vergleichbare lückenschließende Funktion zukommt.[254] Daher hat Art. 8 EMRK sowohl eine analoge als
auch eine digitale Dimension und schützt das Privatleben auch bei Eingriffen durch
elektronische Datenverarbeitung.

5.3.3   Charta der Grundrechte der Europäischen Union

Die Grundrechtecharta der Europäischen Union hat zwei eng miteinander zusammenhängende Rechte, dem Recht auf Achtung des Privat- und Familienlebens,
der Wohnung und Kommunikation in Art. 7 GRCh sowie dem Recht auf Schutz
personenbezogener Daten in Art. 8 GRCh. Die Grundrechtecharta wurde vom Europäischen Konvent 1999/2000 erarbeitet. Vor dem Vertrag von Lissabon 2009 hat sich
der Europäische Gerichtshof zwar in seiner Rechtsprechung auf die Grundrechtecharta bezogen; sie war jedoch nicht verbindlich.[255] Erst seit dem Inkrafttreten des
Vertrags von Lissabon 2009 ist gemäß Art. 6 Abs. 1 EUV die Grundrechtecharta
für alle Mitgliedstaaten verbindlich.[256] Zusätzlich gewährt auch Art. 16 AEUV ein
Grundrecht auf Schutz personenbezogener Daten.

Das Recht auf Achtung des Privatlebens nach Art. 7 GRCh umfasst alle Bereiche
des Lebens, die Fremde nicht betreffen sollen.[257] Damit spiegelt es auch ein „right
to be let alone" des anglo-amerikanischen „right to privacy" wider, wenn es auch
mehr als nur ein Recht auf Alleingelassenwerden umfassen soll.[258] Da die Wohnung
in Art. 7 GRCh einem gesonderten Schutz unterliegt, wird deutlich, dass sich das
Privatleben nicht räumlich auf die Wohnung begrenzt, sondern einen darüber hinaus gehenden Schutzzweck hat, nämlich die Gewährleistung der Selbstbestimmung
des Einzelnen darüber, ob und wie seine Identität in der Öffentlichkeit dargestellt

---

[253]Z. B. BVerfGE 54, 148 (153); 65 (41); 120, 274 (303); *Lang*, in: Epping/Hillgruber 2019,
Art. 2 GG, Rn. 54a; *Roßnagel/Schnabel*, NJW 2008, 3534 (3534 f.).

[254]*Schiedermair* 2012, 3, 232 ff.

[255]*Hatje*, in: Schwarze/Becker/Hatje/Schoo 2019, Art. 6 EUV, Rn. 5.

[256]Ausführlich *Benecke*, in: Grabitz/Hilf/Nettesheim 2018, Art. 151 AEUV, Rn. 24–27.

[257]*Kingreen*, in: Calliess/Ruffert 2016, Art. 7 GRCh, Rn. 1; *Bernsdorff*, in: Meyer 2014, Art.
7 GRCh, Rn. 16.

[258]*Bernsdorff*, in: Meyer 2014, Art. 7 GRCh, Rn. 19; den Aspekt der Persönlichkeitsentfaltung
betonend *Kingreen*, in: Calliess/Ruffert 2016, Art. 7 GRCh, Rn. 3-6; *Enders*, in: Merten/Papier
2011, § 89, Rn. 87.

und aufgenommen wird, was also der Einzelne als Privatheit versteht.[259] Art. 7 GRCh schützt zudem die Kommunikation des Einzelnen. Das umfasst alle Formen der Individualkommunikation und trägt als offener Begriff dem technologischen Fortschritt Rechnung.[260] Art. 7 GRCh hat seinen Ursprung in der gemeinsamen Verfassungsüberlieferung der Mitgliedstaaten, da es in zahlreichen mitgliedstaatlichen Verfassungen ein Recht auf Privatleben gibt, und ist damit ein allgemeiner Grundsatz des Unionsrechts im Sinne von Art. 6 Abs. 3 EUV.[261] Darüber hinaus hatten internationale Verträge Einfluss auf Art. 7 GRCh, allen voran der fast wortgleiche Art. 8 EMRK,[262] aber auch die Allgemeine Erklärung der Menschenrechte der Vereinten Nationen sowie Art. 17 IPbpR,[263] an denen die Mitgliedstaaten auch jeweils beteiligt sind.

Der Schutz personenbezogener Daten unterliegt in Art. 8 GRCh einem besonderen Schutz und ist *lex specialis* zu Art 7 GRCh.[264] Art. 8 GRCh ist die erste ausdrückliche Gewährleistung des Datenschutzes auf grundrechtlicher Ebene.[265] Der Einfluss der modernen elektronischen Massendatenverarbeitung konnte aufgrund des Entstehungszeitpunkts Berücksichtigung finden. Rechtserkenntnisquellen sind auch hier der Internationale Pakt über bürgerliche und politische Rechte und die Europäische Menschenrechtskonvention, aber auch und vor allem die Datenschutzrichtlinie 95/46/EG.[266] Aus demselben Grund, aus dem das Bundesverfassungsgericht die Sphärentheorie im Anwendungsbereich der elektronischen Datenverarbeitung aufgegeben hat, hat der europäische Gesetzgeber erkannt, dass das Privatleben wie in der Europäischen Menschenrechtskonvention keinen tauglichen Anknüpfungspunkt mehr darstellt, um den Schutz der Persönlichkeit zu gewährleisten. Daher hat der europäische Gesetzgeber bei der Konzeption der Europäischen Grundrechtecharta die Chance ergriffen, personenbezogene Daten einem spezifischen Schutz zu unterstellen, anstatt auf Konzepte wie Privatheit oder Privatleben zurückzugreifen. Aus diesem Grund ist der Schutzgehalt des Art. 8 GRCh

---

[259] *Roßnagel*, NJW 2019, 1 (2); *Johannes*, in: Roßnagel 2018, § 2, Rn. 61.

[260] *Bernsdorff*, in: Meyer 2014, Art. 7 GRCh, Rn. 24; *Kingreen*, in: Calliess/Ruffert 2016, Art. 7 GRCh, Rn. 10.

[261] Im Einzelnen aufgelistet bei *Bernsdorff*, in: Meyer 2014, Art. 7 GRCh, Rn. 2.

[262] Gemäß Art. 52 Abs. 3 Satz 1 GRCh hat Art. 7 GRCh demnach auch die gleiche Bedeutung und Tragweite wie Art. 8 EMRK.

[263] Der UN-Pakt hat 168 Unterzeichnerstaaten und ist 1976 in Kraft getreten.

[264] S. Abschn. 5.1.1.1.

[265] *Jarass* 2016, Art. 8 GRCh, Rn. 2; *Kingreen*, in: Calliess/Ruffert 2016, Art. 8 GRCh, Rn. 2.

[266] *Bernsdorff*, in: Meyer 2014, Art. 8 GRCh, Rn. 2, 4.

ebenso die Wahrung der Selbstbestimmung über den Umgang mit den sie betreffenden personenbezogenen Daten.[267] Damit hat der europäische Gesetzgeber ein neues Grundrecht entwickelt, um den aktuellen Herausforderungen der elektronischen Datenverarbeitung gerecht zu werden.

5.3.4 Zusammenfassung

Vielfach finden sich auf europäischer und internationaler Ebene ausdrücklich verbriefte Rechte zum Schutz des Privatlebens, der Privatsphäre oder zum Schutz personenbezogener Daten. Im deutschen Verfassungsrecht hingegen hat man auf die Aufnahme entsprechender Rechte verzichtet. Zum einen sind sowohl die Europäische Menschenrechtskonvention im Rang eines einfachen Bundesgesetzes gemäß Art. 59 Abs. 2 GG[268] als auch die Europäische Grundrechtecharta gemäß Art. 51 Abs. 1 Satz 1 GRCh zumindest bei Durchführung des Rechts der Union in Deutschland unmittelbar anwendbar. Zum anderen finden sich im deutschen Grundgesetz spezielle Regelungen zur Unverletzlichkeit der Wohnung, zum Schutz der Kommunikation und der allgemeinen Handlungsfreiheit, die sich juristisch besser handhaben lassen als „Privatheit" oder „Privatleben" und die im Ergebnis keinesfalls geringeren Schutz gewährleisten.[269] Auch der Schutz personenbezogener Daten ist über das Recht auf informationelle Selbstbestimmung durch die ständige Rechtsprechung des Bundesverfassungsgerichts (sowie einfachgesetzliche Regeln des Datenschutzrechts) gewährleistet, auch wenn diese in der Verfassung nicht ausdrücklich erwähnt sind.

Somit sind sowohl der unionsrechtliche als auch der nationale verfassungsrechtliche Ansatz unbedingt miteinander vergleichbar, da sie in der Konsequenz die Selbstbestimmung des Einzelnen über den Umgang mit ihn betreffenden personenbezogenen Daten schützen.[270] Grund für den unterschiedlichen Sprachgebrauch zwischen internationalen und europäischen Regelungen sind vor allem die verschiedenen Einflüsse bei der Entstehung der Grundrechte. Während in europäischen und internationalen Regelungen auch Einflüsse aus anderen Rechtskreisen, allen voran das „right to privacy" aus dem anglo-amerikanischen Rechtskreis

---

[267]*Roßnagel*, NJW 2019, 1 (2); *Kingreen*, in: Calliess/Ruffert 2016, Art. 8 GRCh, Rn. 9; *Folz*, in: Vedder/Heintschel von Heinegg 2018, Art. 7 GRCh, Rn. 3; *Knecht*, in: Schwarze/Becker/Hatje/Schoo 2019, Art. 8 GRCh, Rn. 5.

[268]*Rudolf*, in: Merten/Papier 2011, § 90, Rn. 6.

[269]Vgl. auch die Gegenüberstellung der Privatheitsgrundrechte mit den Grundrechten des Grundgesetzes in *Schiedermair* 2012, 21 f.

[270]*Roßnagel*, NJW 2019, 1 (2); *Johannes*, in: Roßnagel 2018, § 2, Rn. 67 ff.

eine Rolle spielen, hat das Bundesverfassungsgericht das bestehende allgemeine Persönlichkeitsrecht aufgrund neuer Notwendigkeiten, Herausforderungen und technologischer Entwicklungen konkretisiert.

5.4 Drittwirkung der Grundrechte

Die verfassungsrechtlich garantierten Grundrechte der Europäischen Grundrechtecharta und des Grundgesetzes verpflichten ausweislich ihres Wortlauts nach Art. 51 Abs. 1 Satz 1 GRCh nur Organe, Einrichtungen und sonstige Stellen der Union sowie Mitgliedstaaten bei Ausführung von Unionsrecht bzw. staatlicher Gewalt nach Art. 1 Abs. 1 Satz 2 GG und Legislative, Exekutive und Judikative nach Art. 1 Abs. 3 GG.

Nicht ausdrücklich verpflichtet sind hingegen Private. Sinn und Zweck der Grundrechte sind der Schutz des Einzelnen vor staatlicher Gewalt, da man sich dieser in einem solchen Über- und Unterordnungsverhältnis nicht entziehen kann, da ihr Zwangsmaßnahmen zur Verfügung stehen, die den Einzelnen rechtlich binden.[271] Die Beziehungen zwischen privaten Rechtssubjekten ist hingegen nicht von einer derartigen Zwangssituation geprägt, da Rechtsbeziehungen privatautonom geschlossen werden können, mithin – in der Regel – kein Zwang besteht, eine Rechtsbeziehung mit einem Privaten einzugehen. Zudem sind alle privaten Rechtssubjekte – im Gegensatz zur staatlichen Gewalt – selbst Träger verfassungsrechtlicher Schutzrechte, sodass das Verhältnis zwischen privaten Rechtssubjekten formal gleichrangig und damit vom Ausgleich widerstreitender Grundrechte geprägt ist.

Dennoch entstehen mittlerweile, gerade im Online-Bereich, ähnlich anmutende Zwangssituationen, wenn wenige große Internetkonzerne die Internetnutzung prägen und mit ihrer Monopol- oder Oligopolstellung gleichzeitig für die gesellschaftliche Teilhabe und Kommunikation essentielle Dienste zur Verfügung stellen sowie durch das Vorhalten umfangreicher Datensammlungen eine gewichtige Informationsmacht haben. Zwar steht es dem Einzelnen grundsätzlich frei, mit derartigen Internetdiensten zu kontrahieren, aber mangels Alternativen kann dies für den Einzelnen mit erheblichen Nachteilen hinsichtlich der gesellschaftlichen Teilhabe verbunden sein[272] und durch die Monopolstellung eines Internetkonzerns zu vergleichbaren Zwangssituationen wie gegenüber einem Staat führen. Dies spricht für eine besondere Schutzbedürftigkeit des Einzelnen hinsichtlich der Stellung

---

[271] *Schliesky/Hoffmann/Luch/Schulz/Borchers* 2014, 59.
[272] Vgl. auch *Schliesky/Hoffmann/Luch/Schulz/Borchers* 2014, 60.

großer Internetkonzerne, die eine besondere Grundrechtsverpflichtung durchaus
naholegen

Das Bundesverfassungsgericht hat sich mit der Problematik, inwieweit Private grundrechtsverpflichtet sind, mehrfach befasst. In seinem Lüth-Urteil hat es
anerkannt, dass die Grundrechte Wertentscheidungen verkörpern, die nicht nur
im Verhältnis zwischen Staat und Bürger Geltung entfalten, sondern die auf die
Interpretation der gesamten Rechtsordnung ausstrahlen.[273] Insofern entfalten sie
mittelbare Drittwirkung.[274] In der Fraport-Entscheidung[275] stellte das Gericht fest,
dass „Private – etwa im Wege der mittelbaren Drittwirkung – unbeschadet ihrer
eigenen Grundrechte ähnlich oder auch genauso weit durch die Grundrechte in
Pflicht genommen werden, insbesondere wenn sie in tatsächlicher Hinsicht in
eine vergleichbare Pflichten- oder Garantenstellung hineinwachsen wie traditio-
nell der Staat".[276] Je nach den Umständen des Einzelfalls soll die Beachtung
der Grundrechte der Grundrechtsbindung des Staates „vielmehr nahe oder auch
gleich kommen".[277] Dies soll im Bereich der Kommunikation vor allem dann
gelten, wenn private Unternehmen „die Bereitstellung schon der Rahmenbedingungen öffentlicher Kommunikation selbst übernehmen" und damit ähnliche Aufgaben
übernehmen, die früher im Aufgabenbereich des Staates lagen. Beschwerdeführer
in dem Verfahren war ein zwar gemischtwirtschaftliches Unternehmen in Privat-
rechtsform, das aber in der öffentlichen Hand lag. Inwieweit die Ausführungen zur
Drittwirkung insbesondere „in Bezug auf die Versammlungsfreiheit oder die Freiheit der Meinungsäußerung auch für materiell private Unternehmen gilt, die (…)
Orte der allgemeinen Kommunikation schaffen", ließ das Gericht zunächst offen.[278]

Im Bierdosenflashmob-Beschluss[279] verstärkte das Bundesverfassungsgericht
diese Tendenz der Drittwirkung, indem es feststellte, dass das Grundrecht auf Eigentum der Eigentümerin eines für den Publikumsverkehr öffentlich zugänglichen
Platzes hinter die Versammlungs- und Meinungsfreiheit der Gegenpartei zurück-
treten müsse, die Eigentümerin also nicht von ihrem Hausrecht Gebrauch machen

---

[273] BVerfGE 7, 198 (204 ff.).

[274] Z. B. *Greve*, in: Franzius/Lejeune/v. Lewinski/Meßerschmidt/Michael/Rossi/Schilling/Wysk
2013, 665 (673 f.); *Schliesky/Hoffmann/Luch/Schulz/Borchers* 2014, 61 f.; *Müller-Terpitz*, in:
Hornung/Müller-Terpitz 2015, Kap. 6, Rn. 8.

[275] BVerfGE 128, 226.

[276] BVerfGE 128, 226 (248).

[277] BVerfGE 128, 226 (249).

[278] BVerfGE 128, 226 (249 f.).

[279] BVerfG, NJW 2015, 2485.

kann, um die Versammlung zu untersagen. Nach Abwägung beider Rechtspositionen überwog für das Gericht die Versammlungs- und Meinungsfreiheit, mit der Begründung, dass die Verhinderung der Versammlung in der Abwägung schwerer wiege als die Beeinträchtigung des Eigentums- und Hausrechts.[280] Auch in seinem Urteil zum Atomausstieg[281] betont das Bundesverfassungsgericht, dass Eingriffe in das Grundrecht auf Eigentum zum Wohl der Allgemeinheit hinzunehmen seien und insbesondere bei „extremen Schadenfallsrisiken" ein weiter Gestaltungsspielraum gegenüber Einschränkungen der Eigentumspositionen hinzunehmen sei.[282]

Im Stadionverbot-Beschluss[283] spezifiziert das Bundesverfassungsgericht die Drittwirkung hinsichtlich Privater, die ein Monopol in einem Bereich innehaben, dass für die soziale Teilhabe entscheidend ist. Es stellt gleichheitsrechtliche Anforderungen für spezifische Konstellationen auf und betont, dass ein „auf das Hausrecht gestützter Ausschluss von Veranstaltungen, die aufgrund eigener Entscheidung der Veranstalter einem großen Publikum ohne Ansehen der Person geöffnet werden und der für die Betroffenen in erheblichem Umfang über die Teilnahme am gesellschaftlichen Leben entscheidet" besondere rechtliche Verantwortung erwächst, „aus einem Monopol oder aus struktureller Überlegenheit heraus resultierende Entscheidungsmacht nicht dazu [zu] nutzen, bestimmte Personen ohne sachlichen Grund von einem solchen Ereignis auszuschließen".[284] Mithin erwachsen einem privaten Unternehmen besondere Pflichten zur Gleichbehandlung, von denen nur aus sachlichem Grund und mit hinreichender Begründung abgewichen werden kann.

Eine solche „spezifische Konstellation" ergab sich anlässlich der Europawahl 2019. Im III.-Weg-Beschluss des Bundesverfassungsgerichts ging es um die Verpflichtung zum vorübergehenden Entsperren eines Accounts bei einem Social Network, namentlich Facebook. Im zugrundeliegenden Verfahren wurde der Account der Antragstellerin, einer politischen Partei, die zum Zweck der Stellungnahme zum aktuellen politischen Tagesgeschehen und der Berichterstattung über ihre Parteiarbeit hauptsächlich auf Facebook zurückgreift, von diesem Social Network nach einem gegen die Gemeinschaftsstandards verstoßenden Beitrag gesperrt. Das Bundesverfassungsgericht erkannte an, dass Facebook „(g)erade für die Verbreitung von politischen Programmen und Ideen (...) der Zugang zu diesem nicht ohne Weiteres austauschbaren Medium von überragender Bedeutung" ist.[285] Zwar

---

[280] BVerfG, NJW 2015, 2485 (2486), Rn. 9 f.

[281] BVerfGE 143, 246.

[282] BVerfGE 143, 246 (325).

[283] BVerfGE 148, 267.

[284] BVerfGE 148, 267 (283 f.).

[285] BVerfG, NJW 2019, 1935 (1936), Rn. 19.

seien die verfassungsrechtlichen Rechtsbeziehungen, die sich für Betreiber von Social Networks in Bezug auf die Rechte Dritter ergeben, noch nicht abschließend geklärt. Das Bundverfassungsgericht deutet aber an, dass es die „Abhängigkeit vom Grad deren marktbeherrschender Stellung, der Ausrichtung der Plattform, des Grads der Angewiesenheit auf eben jene Plattform und den betroffenen Interessen der Plattformbetreiber und sonstiger Dritter"[286] als entscheidungserheblich für die Bindung von Anbietern von Social Networks an die Grundrechte der betroffenen Personen ansieht. Aus diesem Grund durfte jedenfalls nach Ansicht des Gerichts der Account der Partei nicht gesperrt werden, da das Social Network aufgrund seiner Marktmacht in besonderem Maße dazu verpflichtet ist, im Vorfeld der Europawahl alle zugelassenen Parteien gleich zu behandeln.

Mit der Entwicklung dieser Rechtsprechung ging die Frage einher, ob sich eine Abkehr von der mittelbaren Drittwirkung hin zu einer staatsgleichen Grundrechtsbindung ergebe. Dies ist im Ergebnis nicht der Fall, vielmehr wird die Drittwirkung nur mit der Ausstrahlungswirkung der Grundrechte verbunden.[287] Nach wie vor gilt für Handlungen Privater immer noch andere Maßstäbe als für staatliches Handeln. Zwar sind – abhängig vom konkreten Einzelfall und der spezifischen Konstellation – gesteigerte Anforderungen im Sinne der Stadionverbot-Entscheidung möglich, allerdings gilt für Private weiterhin der Grundsatz der Privatautonomie. Zudem können sie sich weiterhin auf eigene Grundrechte berufen, die in Ausgleich zu bringen sind. Es entsteht mithin keine allgemeine – staatsgleiche –, sondern eine relative, mitunter in Abhängigkeit des Einzelfalls verstärkte Bindung an Grundrechte.[288]

Die Entscheidungen des Bundesverfassungsgerichts ergingen bisher vor allem in Bezug auf die Anwendung des Gleichheitsgrundsatzes sowie der Versammlungs- und Meinungsfreiheit. Ob sich die Judikatur auf das allgemeine Persönlichkeitsrecht übertragen lässt, ließ das Bundesverfassungsgericht im Stadionverbot-Beschluss noch offen.[289] Gerade im Wirkbereich von Social Networks ist der Schutz der Meinungsfreiheit jedoch eng verwoben mit der informationellen Selbstbestimmung. Das eine lässt sich ohne das andere nicht verwirklichen. Daher müssen Anbieter von Social Networks in Abhängigkeit von ihrer Marktmacht und der sich daraus ergebenden Konsequenz, dass dieser öffentliche Kommunikationsraum

---

[286]BVerfG, NJW 2019, 1935 (1936), Rn. 15.

[287]*Muckel*, JA 2018, 553 (556). A. A. *Michl*, JZ 2018, 910 (914, 916).

[288]So auch *Ehlers*, DVBl. 2019, 397 (400).

[289]Vgl. auch BVerfGE 148, 267 (284).

nicht ohne weiteres austauschbar ist, einer mittelbaren Drittwirkung auch des allgemeinen Persönlichkeitsrechts in Form der informationellen Selbstbestimmung unterliegen.[290]

Nur durch eine mittelbare Drittwirkung können Grundrechte eine ausreichende Schutzfunktion entfalten. Diese Argumentation lässt sich auch auf das Unionsrecht übertragen. Sowohl der Europäische Gerichtshof als auch der Europäische Gerichtshof für Menschenrechte erkennen zwar in bestimmten Umfang Schutzpflichten Privater an,[291] adressieren die Frage der (mittelbaren) Drittwirkung aber nicht ausdrücklich.[292] Nach Ansicht des Europäischen Gerichtshofs sind jedenfalls unionsrechtlichen Grundrechte auch im Verhältnis zwischen Privaten von Bedeutung[293] und müssen bei der Anwendung einfachen Rechts zum Beispiel im Rahmen grundrechtskonformer Auslegung Berücksichtigung finden.[294] Für die Annahme einer mittelbaren Drittwirkung spricht auch das Urteil des Europäischen Gerichtshofs zum Recht auf Vergessen.[295] Dort macht das Gericht deutlich, dass die Suchmaschine Google maßgeblich an der Verbreitung von personenbezogenen Daten beteiligt ist, die sonst nicht gefunden würden, die aber durch ihre Organisation und Aggregation ein detailliertes Profil der Person erlauben. Daher liegt es nach Ansicht des Gerichts im Verantwortungsbereich des Suchmaschinenbetreibers, dafür zu sorgen, dass die Grundrechte auf Achtung des Privatlebens und Schutz personenbezogener Daten umfassend verwirklicht werden.[296]

Im Ergebnis ist damit nicht nur die staatliche Gewalt verantwortlich dafür, dass unionale und nationale Grundrechte gewährleistet werden. Bei Gefahren für verfassungsrechtliche Güter hat der Staat die Pflicht, durch Gesetze Abhilfe zu schaffen. Bei Bedrohungen kann er im Rahmen seines Ermessensspielraums Abhilfe schaffen.

---

[290] *Roßnagel*, NJW 2019, 1 (3); *Löber/Roßnagel*, MMR 2019, 71 (75).

[291] *Borowsky*, in: Meyer 2014, Art. 51 GRCh, Rn. 31 mit weiteren Nachweisen; *Roßnagel*, NJW 2019, 1 (3).

[292] *Jarass* 2016, Art. 51 GRCh, Rn. 36.

[293] EuGH, ECLI:EU:C:2000:296, Rn. 34 f. („Angonese").

[294] *Jarass* 2016, Art. 51 GRCh, Rn. 38 sowie Rn. 33–35; *Hatje*, in: Schwarze/Becker/Hatje/Schoo 2019, Art. 51 GRCh, Rn. 22.

[295] EuGH, ECLI:EU:C:2014:317 („Google Spain"). S. ausführlich zum Urteil Abschn. 7.2.2.1.1.1 sowie 7.8.5.1.

[296] EuGH, ECLI:EU:C:2014:317, Rn. 36–38 („Google Spain").

Diesem kommt der Gesetzgeber beispielsweise durch den Erlass von Datenschutzgesetzen und die Judikative durch entsprechende Auslegung vor Gericht nach.[297]
Private, also datenverarbeitende Unternehmen oder datenverarbeitende natürliche
Personen, sind nur mittelbar an die Grundrechte gebunden. Es obliegt Anbietern
von Social Networks in spezifischen Konstellationen also bei der Durchführung
ihres Handelns auf die Gewährleistung der Grundrechte ihrer Nutzer zu achten.
In der Folge können die Anbieter gewisse Schutzpflichten treffen und die Nutzer können sich ihnen gegenüber auf ihre Grundrechte berufen und bei Eingriffen
Abhilfemaßnahmen verlangen.

---

[297]Speziell in Bezug auf das Recht auf Datenschutz nach Art. 8 GRCh *Streinz/Michl*,
EuZW 2011, 384 (387). S. zu rechtlichen Reaktionsmöglichkeiten des Staates auch
Schliesky/Hoffmann/Luch/Schulz/Borchers 2014, 159 ff.; *Hoffmann/Sönke/Borchers*, MMR
2014, 8 (93 f.).

Unionsrechtliche Vorgaben

6

Das Datenschutzrecht ist zum großen Teil beeinflusst durch unionsrechtliche Vorgaben. Der folgende Abschnitt gibt einen Überblick über die zu Grunde liegenden datenschutzrechtlichen Regelungen des europäischen Sekundärrechts. Gemeint sind damit diejenigen Regelungen, die durch den europäischen Gesetzgeber aufgrund von Ermächtigungsgrundlagen in den Primärverträgen in Erfüllung seiner Schutzpflichten für die Grundrechte aus Art. 7 und 8 GRCh erlassen wurden.[1]

Der Vertrag über die Arbeitsweise der europäischen Union sieht fünf Rechtsakte der Union vor. Richtlinien, Verordnungen und Beschlüsse sind gemäß Art. 288 Abs. 2 bis 4 AEUV in allen Teilen verbindliche Vorgaben; Empfehlungen und Stellungnahmen gemäß Art. 288 Abs. 5 AEUV hingegen nicht. Richtlinien richten sich gemäß Art. 288 Abs. 3 AEUV ausschließlich an die Mitgliedstaaten und sind damit für diese verbindlich. Daher kann sich der einzelne Bürger in der Regel nicht auf eine Richtlinie berufen, sondern nur auf den Umsetzungsakt des jeweiligen Mitgliedstaates. Ausnahmen ergeben sich nach der Rechtsprechung des Europäischen Gerichtshofs, wenn die Richtlinie nicht fristgerecht umgesetzt wurde und die Regelung inhaltlich unbedingt und hinreichend genau bestimmt ist.[2]

Im Gegensatz dazu gelten Verordnungen gemäß Art. 288 Abs. 2 AEUV ohne weiteren Umsetzungsakt in allen Mitgliedstaaten, erlangen also unmittelbare Geltung mit ihrem Inkrafttreten. In der Vergangenheit wurde vom Instrument der Verordnung aus Rücksicht auf die Gesetzgebungsautonomie der Mitgliedstaaten nur zögerlich Gebrauch gemacht. Im Bereich des Datenschutzrechts wurde lange

---

[1] Vgl. *Roßnagel*, NJW 2019, 1 (3).

[2] Ausführlich mit Rechtsprechungsübersicht und weiteren Nachweisen *Ruffert*, in: Calliess/Ruffert 2016, Art. 288 AEUV, Rn. 51–68.

M. Nebel, *Persönlichkeitsschutz in Social Networks*, DuD-Fachbeiträge, https://doi.org/10.1007/978-3-658-31786-7_6

auf das Instrument der Richtlinie gesetzt. Dies änderte sich mit dem Inkrafttreten der Datenschutz-Grundverordnung,[3] die seit ihrem Wirksamwerden 2018
im Datenschutzrecht für enorme Umbrüche sorgt. Der folgende Abschnitt gibt
einen kurzen Überblick über die europäische Datenschutzgesetzgebung von der
Datenschutzrichtlinie bis zur ePrivacy-Verordnung.[4]

6.1   Datenschutzrichtlinie 95/46/EG

Die Datenschutzrichtlinie[5] hatte zum Ziel, das Recht auf Privatsphäre und Vertraulichkeit natürlicher Personen sowie die Grundrechte und Grundfreiheiten bei der
automatisierten und nichtautomatisierten Verarbeitung personenbezogener Daten zu
schützen. Ziel der Richtlinie war es, einen freien Datenverkehr im Binnenmarkt auf
einem einheitlichen, hohen Datenschutzniveau zu ermöglichen.[6] Dies galt sowohl
für den kommerziellen als auch den nicht-kommerziellen Bereich.[7] Um ein einheitliches hohes Datenschutzniveau zu erreichen, zielte die Datenschutzrichtlinie
auf eine umfassende Harmonisierung.[8] Sie verpflichtet aber nur hinsichtlich der
Ziele, bei der Wahl der Form und der Mittel zur Erreichung dieser Ziele sind die
Mitgliedstaaten hingegen nach Art. 288 Abs. 3 AEUV frei.

Art. 6 Abs. 1 DSRL formulierte die Grundsätze bezüglich der Qualität der zu
verarbeitenden Daten. Personenbezogene Daten waren demnach in rechtmäßiger
Weise (lit. a) und zweckgebunden (lit. b, c) zu verarbeiten. Die Daten mussten
sachlich richtig und aktuell sein, unrichtig (gewordene) Daten waren zu berichtigen
oder zu löschen (lit. d). Gemäß lit. e waren personenbezogene Daten mit Erreichung
des Zwecks umgehend zu de-personifizieren.

Art. 7 DSRL regelte die Zulässigkeit der Verarbeitung personenbezogener Daten.
Eine Verarbeitung bedurfte demnach der Einwilligung der betroffenen Person (lit. a),

---

[3] Siehe hierzu Abschn. 6.4.

[4] Zur Frage der Internationalisierung oder Nationalisierung für einen effektiven Grundrechtsschutz s. auch *Geminn/Nebel*, in: Friedewald/Lamla/Roßnagel
2017, 287. Speziell zur Anreizgestaltung neben imperativen Regelungen
Bile/Geminn/Grigorjew/Husemann/Nebel/Roßnagel, in: Friedewald 2018, 83.

[5] Siehe zu diesem Abschnitt ausführlich *Roßnagel/Richter/Nebel*, in: Buchmann 2012, 281
(295 f.).

[6] Erwägungsgründe 8 und 10 DSRL.

[7] EuGH, ECLI:EU:C:2003:596 („Lindquist"); *Bodenschatz* 2010, 257.

[8] EuGH, ECLI:EU:C:2003:596, Rn. 96 („Lindquist"); EuGH, ECLI:EU:C:2011:777, Rn. 29
(„ASNEF").

wenn die Verarbeitung zur Erfüllung eines Vertrags oder einer rechtlichen Verpflichtung erforderlich war (lit. b und c), der Wahrung lebenswichtiger Interessen der betroffenen Person diente (lit. d) oder für überwiegende öffentliche Interessen oder zur Ausübung der öffentlichen Gewalt (lit. e) oder zur Verwirklichung des berechtigten Interesses des für die Verarbeitung Verantwortlichen oder eines Dritten (lit. f) erforderlich war. Die Regelung des Art. 7 DSRL war abschließend,[9] andere Zulässigkeitstatbestände demnach ausgeschlossen. Für besondere Kategorien personenbezogener Daten gemäß Art. 8 Abs. 1 DSRL, aus denen die ethnische Herkunft, politische Meinung, weltanschauliche Überzeugung oder ähnliches hervorgingen, war die Verarbeitung nur unter den Voraussetzungen des Art. 8 Abs. 2 DSRL zugelassen.

Art. 10 bis 12 DSRL stellten Regelungen zur Information der betroffenen Person auf. Abhängig davon, ob die personenbezogenen Daten bei der betroffenen Person (Art. 10 DSRL) oder bei Dritten (Art. 11 DSRL) erhoben wurden, waren Informationen über die Identität des Verarbeitenden zu erteilen, die Zweckbestimmung der Verarbeitung, die Empfänger der Daten, ob die Auskunft freiwillig ist oder nicht und resultierende Folgen bei Nichtbeantwortung, sowie Auskunfts- und Berichtigungsrechte der betroffenen Personen. Das Auskunftsrecht umfasste gemäß Art. 12 DSRL die Fragen, ob, in welchem Umfang und zu welchem Zweck Daten erhoben und gespeichert wurden und wer von den Daten Kenntnis erlangt hatte. Die betroffene Person hatte außerdem ein Recht auf Auskunft über die Herkunft der Daten, wenn diese von dritter Stelle erhoben worden waren. Zusätzlich stand der betroffenen Person gemäß Art. 14 DSRL im Falle des Art. 7 lit. e und f DSRL ein Widerspruchsrecht gegen die Verarbeitung der Daten aus überwiegenden schutzwürdigen Gründen sowie zu Zwecken einer beabsichtigten Direktwerbung zu.

Den Mitgliedstaaten oblag es, Regelungen zu Rechtsbehelfen, Haftungsfragen und Sanktionen (Art. 22 bis 24 DSRL) zu erteilen sowie gemäß Art. 28 DSRL eine Kontrollstelle einzurichten (Datenschutzbeauftragte). Art. 29 DSRL etablierte ein unabhängiges Beratungsgremium, die sogenannte Artikel-29-Datenschutzgruppe, welches die Europäische Union in Datenschutzfragen beriet.

Art. 25 DSRL ermöglichte den grenzüberschreitenden Verkehr personenbezogener Daten in Drittländer unter der Voraussetzung, dass diese Drittländer über ein angemessenes, den europäischen Standards vergleichbares Datenschutzniveau verfügten. Die Feststellung darüber oblag der Kommission und wurde nur für wenige Länder positiv beurteilt.[10] Da dadurch der wichtige Datenaustauschkanal zwischen

---

[9] EuGH, ECLI:EU:C:2011:777, Rn. 30 f. („ASNEF").
[10] Z. B. Kanada, Schweiz und Argentinien.

Europa und den USA praktisch zum Erliegen gekommen wäre, erließ das US-amerikanische Handelsministerium sieben Prinzipien und 15 FAQs, bekannt als Safe Harbor-Prinzipien, die einen gewissen Datenschutz gewährleisten sollten, um personenbezogene Daten rechtmäßig in die USA übermitteln zu können. Bekannte sich ein US-Unternehmen zu den Prinzipien und FAQs, verpflichtete sich diese einzuhalten und zeigte seinen Beitritt bei der US-amerikanischen Bundeshandelskommission (Federal Trade Commission) an, wurde das Unternehmen berechtigt, sich selbst zur Einhaltung der Prinzipien zu zertifizieren. Die Europäische Kommission hatte am 26.7.2000 entschieden, dass die Safe-Harbor-Prinzipien ein angemessenes Schutzniveau im Sinne des Art. 25 Abs. 2 DSRL gewährleisteten.[11]

Gerade durch die Art und Weise der Durchführung war Safe Harbor zunehmend in die Kritik geraten.[12] Durch die Selbstzertifizierung fehlte es an zureichender unabhängiger Kontrolle der ablaufenden Prozesse.[13] Eine Überprüfung ergab, dass Unternehmen immer wieder vorgaben nach Safe Harbor zertifiziert zu sein, dies aber tatsächlich nicht oder mangels gültigem Zertifikat nicht mehr waren.[14] Außerdem waren die Prinzipien so allgemein formuliert, sodass ihnen die Rechtssicherheit abgesprochen wurde.[15] Da zudem die Grundsätze des „sicheren Hafens" nur für diejenigen Unternehmen galten, die sich hierauf beriefen, jedoch nicht für US-amerikanische Behörden, hat der Europäische Gerichtshof die Entscheidung der Kommission im Jahr 2015 für ungültig erklärt, da die Safe-Harbor-Grundsätze nicht geeignet waren, ein angemessenes Schutzniveau zu gewährleisten.[16]

Die Datenschutzrichtlinie wurde erst nach Einleitung eines Vertragsverletzungsverfahren gegen die Bundesrepublik Deutschland mit dem Gesetz zur Änderung des Bundesdatenschutzgesetzes und anderer Gesetze vom 18.5.2001[17] sowie

---

[11]Entscheidung der Kommission vom 26.7.2000 gemäß der Richtlinie 95/46/EG des Europäischen Parlaments und des Rates über die Angemessenheit des von den Grundsätzen des „sicheren Hafens" und der diesbezüglichen „Häufig gestellten Fragen" (FAQ) gewährleisteten Schutzes, vorgelegt vom Handelsministerium der USA, 2000/520/EG, ABl. EG vom 25.8.2000, L 215, 7.

[12]*Connolly* 2008; *Düsseldorfer Kreis*, Beschluss der obersten Aufsichtsbehörden für den Datenschutz im nicht-öffentlichen Bereich am 28./29.4.2010 in Hannover, http://www.bfdi. bund.de/SharedDocs/Publikationen/Entschliessungssammlung/DuesseldorferKreis/290410_SafeHarbor.html?nn=409242.

[13]*Polenz*, in: Tamm/Tonner 2016, Kap. 2, § 4, Rn. 163.

[14]*ULD*, Pressemitteilung zu 10 Jahren Safe Harbor vom 23.7.2010, https://www.datenschu tzzentrum.de/presse/20100723-safe-harbor.htm, unter Verweis auf *Connolly* 2008.

[15]*Hoeren*, RDV 2012, 271 (276).

[16]EuGH, ECLI:EU:C:2015:650 („Schrems").

[17]BGBl. I, 904.

verschiedener Novellen umgesetzt. Mit dem Wirksamwerden der Datenschutz-Grundverordnung am 25.5.2018 ist die Datenschutzrichtlinie aufgehoben worden.

6.2 Datenschutzrichtlinie für elektronische Kommunikation 2002/58/EG

Die erste Richtlinie[18] für den Schutz bei der Verarbeitung personenbezogener Daten sowie den Schutz der Privatsphäre für den Bereich der Telekommunikation aus dem Jahr 1997 ist die Richtlinie 97/66/EG.[19] Sie dient dem Schutz der verfassungsrechtlich geschützten Güter des Fernmeldegeheimnisses und dem Recht auf informationelle Selbstbestimmung.[20] Die fortschreitenden technischen Entwicklungen, die Digitalisierung des Telekommunikationssektors und die damit einhergehenden neuen Geschäftsmodelle machten jedoch eine rasche Neuerung der Richtlinie notwendig.[21] Daher wurde im Jahre 2002 die Datenschutzrichtlinie für elektronische Kommunikation[22] erlassen, gemäß Art. 19 EK-DSRL unter gleichzeitiger Aufhebung der Richtlinie 97/66/EG. Umfasst wurden damit alle Arten von elektronischer Kommunikation, nicht mehr nur Telekommunikation, um einen umfassenden Schutz des Fernmeldegeheimnisses und der informationellen Selbstbestimmung zu gewährleisten.

Die Richtlinie für elektronische Kommunikation dient gemäß Art. 1 Abs. 1 EK-DSRL der Durchsetzung des Rechts auf Schutz personenbezogener Daten im Bereich der elektronischen Kommunikation. Sichergestellt werden soll gemäß Art. 5 Abs. 1 EK-DSRL die Vertraulichkeit der Kommunikation mittels öffentlicher Kommunikationsnetze und öffentlich zugänglicher Kommunikationsdienste und der damit einhergehenden Verkehrsdaten. Nicht umfasst sind nichtöffentliche Telekommunikationsnetze, zum Beispiel firmen- oder behördeninterne Intranets. In den Schutzbereich einbezogen werden neben natürlichen erstmals auch juristische

---

[18] Der folgende Abschnitt entstammt im Wesentlichen *Roßnagel/Richter/Nebel*, in: Buchmann 2012, 281 (296 f.).

[19] Richtlinie 97/66/EG des Europäischen Parlaments und des Rates vom 15.12.1997 über die Verarbeitung personenbezogener Daten und den Schutz der Privatsphäre im Bereich der Telekommunikation, ABl. EG 1998, L 24, 1.

[20] *Büttgen*, in: Hoeren/Sieber/Holznagel 2018, Teil 16.3, Rn. 20.

[21] *Büttgen*, in: Hoeren/Sieber/Holznagel 2018, Teil 16.3, Rn. 22.

[22] Richtlinie 2002/58/EG des Europäischen Parlaments und des Rates vom 12.7.2002 über die Verarbeitung personenbezogener Daten und den Schutz der Privatsphäre in der elektronischen Kommunikation (Datenschutzrichtlinie für elektronische Kommunikation), ABl. EG vom 31.7.2002, L 201, 37.

Personen. Darüber hinaus ergänzte sie die Datenschutzrichtlinie 95/46/EG[23] und präzisierte diese in einzelnen Bereichen.

Elektronische Kommunikation umfasst alle elektronisch übertragenen Nachrichten und den freien Verkehr dieser Daten, unter anderem für unerbetene Nachrichten zum Zwecke der Direktwerbung mittels Telefon oder elektronischer Post sowie für Einzelgebührennachweise, Rufnummernanzeigen und Teilnehmerverzeichnisse.

Um die Vertraulichkeit der Kommunikation zu gewährleisten, ist gemäß Art. 5 Abs. 1 EK-DSRL die Verarbeitung personenbezogener Daten nur zulässig, wenn eine Einwilligung des Nutzers vorliegt. Die Ausgestaltung der Erklärung der Einwilligung ist weit formuliert und umfasst „jede geeignete Weise" zur freien und sachkundigen Abgabe der Erklärung, zum Beispiel durch Markierung eines Feldes auf einer Website.[24] Es obliegt dem Anbieter, den Nutzer umfassend über die Speicherung der Daten sowie über Zwecke der Verarbeitung aufzuklären und auf sein Recht zur (auch nachträglichen) Verweigerung seines Einverständnisses hinzuweisen. Dies gilt auch für den Einsatz von Cookies,[25] die in Erwägungsgrund 25 EK-DSRL erstmals erwähnt werden.[26]

Verkehrsdaten sind gemäß Art. 2 lit. b EK-DSRL Daten, die zur Übertragung einer Nachricht an ein elektronisches Kommunikationsnetz oder zur Abrechnung eines Vertrags verarbeitet wurden. Die Zulässigkeit der Verarbeitung ist in Art. 6 EK-DSRL geregelt; zum Beispiel sind Verkehrsdaten umgehend zu löschen oder zu anonymisieren, sobald sie nicht mehr zur Übertragung einer Nachricht benötigt wurden.

Neu eingeführt wurden sogenannte Dienste mit Zusatznutzen. Umfasst sind insbesondere Dienste auf mobilen Endgeräten, welche zum Beispiel der Verkehrsinformation, Navigationshilfe oder touristischen Information dienen können (sogenannte Location Based Services).[27] Hierfür wird gemäß Art. 9 EK-DSRL die Verarbeitung von Standortdaten, also solcher Daten, die bei der elektronischen Kommunikation verarbeitet werden und die geographische Standortbestimmung des Nutzers ermöglichen, in dem erforderlichen Maß und innerhalb des dafür erforderlichen Zeitraumes für zulässig erachtet, sofern die Daten anonymisiert wurden oder der Nutzer seine Einwilligung erteilt hat. Die Einwilligung ist jederzeit widerruflich. Die Verarbeitung der Daten ist streng zweckgebunden. Es ist der Grundsatz

---

[23]S. Abschn. 6.1.

[24]Erwägungsgrund 17 EK-DSRL.

[25]Siehe Abschn. 2.4.2.

[26]*Büttgen*, in: Hoeren/Sieber/Holznagel 2018, Teil 16.3, Rn. 26.

[27]Erwägungsgrund 18 EK-DSRL.

der Datenminimierung zu beachten, es dürfen also nur erforderliche Daten erhoben und nur so lange wie unbedingt nötig gespeichert werden.

Die Verarbeitung personenbezogener Daten zum Zwecke der Direktwerbung mittels unerbetener Nachrichten wurde in Art. 13 EK-DSRL erstmals gesetzlich geregelt. Diese Regelung hat jedoch durch die Cookie-Richtlinie 2009/136/EG umfangreiche Änderungen erfahren.

Die Richtlinie für elektronische Kommunikation wurde durch die Bundesrepublik – ebenfalls verspätet – im Jahre 2004 in §§ 91 ff. Telekommunikationsgesetz (TKG) in nationales Recht umgesetzt. Das Verhältnis der Vorschriften der Richtlinie sowie darauf basierender nationaler Regelungen zur Datenschutz-Grundverordnung bestimmt sich nach Art. 96 DSGVO.[28]

6.3 Cookie-Richtlinie 2009/136/EG

Die als Cookie-Richtlinie bezeichnete Richtlinie 2009/136/EG[29] konkretisiert und modernisiert die Richtlinie zur elektronischen Kommunikation 2002/58/EG in vielerlei Hinsicht.[30] Sie soll dem verbesserten Schutz der Vertraulichkeit sowie dem Schutz personenbezogener Daten des Einzelnen dienen, auch um wirtschaftliche Schäden bis hin zu Identitätsbetrug und soziale Nachteile zu vermeiden.[31] Gleichzeitig fordert die Richtlinie den weiteren Ausbau der öffentlichen Kommunikationssysteme und Anschluss der Nutzer hieran.

Die Cookie-Richtlinie bezieht sich neben Cookies auf alle Arten von Software, die es dem Anbieter ermöglichen, nutzerbezogene Daten zu erheben, zu speichern und zu verarbeiten, zum Beispiel Spähsoftware oder Viren.[32]

---

[28] S. dazu ausführlich *Geminn/Richter*, in: Roßnagel 2018, § 8, Rn. 37 ff.

[29] Richtlinie 2009/136/EG des Europäischen Parlaments und des Rates vom 25.11.2009 zur Änderung der Richtlinie 2002/22/EG über den Universaldienst und Nutzerrechte bei elektronischen Kommunikationsnetzen und -diensten, der Richtlinie 2002/58/EG über die Verarbeitung personenbezogener Daten und den Schutz der Privatsphäre in der elektronischen Kommunikation und der Verordnung (EG) Nr. 2006/2004 über die Zusammenarbeit im Verbraucherschutz, ABl. EU vom 18.12.2009, L 337, 11.

[30] Dieser Absatz entstammt im Wesentlichen *Roßnagel/Richter/Nebel*, in: Buchmann 2012, 281 (297 f.).

[31] Erwägungsgründe 26 und 61 Richtlinie 2009/136/EG.

[32] Erwägungsgründe 65 und 66 Richtlinie 2009/136/EG.

6.3.1 Einwilligung

Der Zugriff auf im Endgerät des Nutzers gespeicherte Informationen und deren Speicherung ist nur nach vorheriger Einwilligung des Nutzers gestattet. Der Begriff der speicherbaren Information ist nicht näher definiert und ist im Sinne der Richtlinie weit auszulegen. Eine Ausnahme vom Erfordernis der Einwilligung sieht Art. 5 Abs. 3 Satz 2 EK-DSRL n. F.[33] für solche Cookies vor, die notwendig sind, um den Dienst zur Verfügung zu stellen oder die eine Nachricht über ein elektronisches Kommunikationsnetz übertragen. Die Einwilligung setzt gemäß Art. 5 Abs. 3 Satz 1 EK-DSRL n. F.[34] umfassende, klare und verständliche Informationen zum Beispiel über den Zweck der Verarbeitung und dem Recht auf Widerspruch voraus. Gemäß Erwägungsgrund 66 EK-DSRL soll die Einwilligung im Einklang mit der Datenschutzrichtlinie über entsprechende Browsereinstellungen erteilt werden können, „wenn dies technisch durchführbar und wirksam ist". Die Datenschutzrichtlinie lässt ein sogenanntes Opt-out zu, also den nachträglichen Widerspruch anstelle eines aktiv und vorher zu gebenden Einverständnisses (Opt-in).[35] Mittels Einstellungen im Browser wäre das zum Beispiel durch das Entfernen eines Häkchens denkbar. Die Art.-29-Datenschutzgruppe hat Browsereinstellungen solcherart als nicht ausreichend erachtet, die dem Nutzer nur ein Opt-out ermöglichen, also das Einverständnis zum Setzen von Cookies durch Anpassen der Einstellungen lediglich zu entziehen. Insbesondere könne dem Nutzer durch die bloße Verwendung eines Browsers, dessen Voreinstellungen das Setzen von Cookies zulassen, nicht unterstellt werden, dass dieser damit auch einverstanden ist, vor allem, da dem durchschnittlichen Nutzer die Verwendung von Tracking-Technologien nicht hinreichend bewusst sei.[36] Daher können nur vorherige Mechanismen zur Aufklärung der Nutzer und eine aktive Einholung der Einwilligung geeignet sein, eine wirksame Einwilligung sicherzustellen.[37] Der Düsseldorfer Kreis hat sich dieser Einschätzung angeschlossen.[38]

---

[33] In der Fassung des Art. 2 Nr. 5 Richtlinie 2009/136/EG.

[34] In der Fassung des Art. 2 Nr. 5 Richtlinie 2009/136/EG.

[35] Bezogen auf die (datenschutzrechtlichen) Umsetzungsnormen: BGHZ, 177, 253 Rn. 21 („Payback"); BGH, MMR 2010, 138 (139 f.) („Happy Digits"); *Simitis*, in: Simitis 2014, § 4a BDSG a. F., Rn. 41; *Schmitt*, in: Roßnagel 2013, § 12 TMG, Rn. 84; i. E. auch *Hanloser*, CR 2008, 713 (717).

[36] *Art.-29-Datenschutzgruppe*, WP 171, 17, 19.

[37] *Art.-29-Datenschutzgruppe*, WP 171, 20.

[38] Beschluss der obersten Aufsichtsbehörden für den Datenschutz im nicht-öffentlichen Bereich (Düsseldorfer Kreis) vom 24./25.11.2010, http://www.bfdi.bund.de/SharedDocs/Pub likationen/Entschliessungssammlung/DuesseldorferKreis/24112010-UmsetzungDatenschu tzrichtlinie.html?nn=409242.

6.3.2 Verbot unerbetener Nachrichten

Das Verbot unerbetener Nachrichten zu Zwecken der Direktwerbung wird auf elektronische Kommunikationssysteme ausgeweitet. Waren nach Art. 13 Abs. 1 EK-DSRL bisher lediglich automatische Anrufsysteme umfasst, werden nun alle Fälle elektronischer Kommunikation eingeschlossen, allen voran E-Mail, SMS oder Messenger-Dienste. Dies gilt nicht, sofern der Nutzer seine vorherige ausdrückliche Einwilligung erteilt hat. Neben dem generellen Verbot der anonymen Direktwerbung, welche bereits in der Datenschutzrichtlinie zur elektronischen Kommunikation eingeführt wurde, ist es dem Anbieter gemäß Art.13 Abs. 4 EK-DSRL n. F.[39] zusätzlich untersagt, den Nutzer zum Beispiel per Hyperlink in E-Mails aufzufordern, Websites aufzurufen, die gegen dieses Verbot verstoßen.

6.3.3 Sicherheit der Verarbeitung

Die Sicherheit der Verarbeitung wird in Art. 4 EK-DSRL n. F.[40] umfassend neu geregelt. So ist gemäß Art. 4 Abs. 1a EK-DSRL[41] n. F. sicherzustellen, dass nur ermächtigte Personen für rechtlich zulässige Zwecke Zugang zu personenbezogenen Daten erhalten, gespeicherte Daten vor Zerstörung, Verarbeitung und Weitergabe besonders geschützt werden und ein Sicherheitskonzept für die Verarbeitung ein- und effektiv umgesetzt wird. Weiterhin werden gemäß Art. 4 Abs. 3 EK-DSRL[42] detaillierte Benachrichtigungspflichten der Anbieter geregelt, wenn Verletzungen des Schutzes personenbezogener Daten festgestellt werden. So sind der zuständige Datenschutzbeauftragte sowie der betroffene Nutzer zu informieren und geeignete Abhilfemaßnahmen zu ergreifen.

---

[39]In der Fassung des Art. 2 Nr. 7 Richtlinie 2009/136/EG.

[40]In der Fassung des Art. 2 Nr. 4 Richtlinie 2009/136/EG.

[41]In der Fassung des Art. 2 Nr. 4 lit. b) Richtlinie 2009/136/EG.

[42]In der Fassung des Art. 2 Nr. 4 lit. c) Richtlinie 2009/136/EG.

6.3.4   Folgen der fehlenden Umsetzung für telemedienrechtliche Vorschriften

Zwar ergänzt die Cookie-Richtlinie vor allem Regelungsaspekte der Datenschutz-richtlinie für elektronische Kommunikation, betrifft aber ganz erheblich auch die Regelungsmaterie der bereichsspezifischen Vorschriften des Telemediengesetzes, vor allem §§ 11 ff. TMG. Eine solche Zweiteilung nach Telemedien und Telekommunikation kennt nur das deutsche Recht, nicht hingegen das Unionsrecht.[43] Eine Umsetzung der Richtlinie hat in Deutschland jedenfalls nicht zu einer Anpassung der Vorschriften des Telemediengesetzes geführt. Da eine unmittelbare Wirkung der Cookie-Richtlinie zwar möglich wäre, jedoch nicht im Verhältnis zwischen Privaten wirken kann,[44] entfaltet die Cookie-Richtlinie an sich keine Wirkung. Die entsprechende Auslegung der §§ 11 ff. TMG ist daher heftig umstritten.[45] Der Europäische Gerichtshof geht davon aus, dass die telemedienrechtlichen Datenschutzvorschriften allein auf der Datenschutzrichtlinie beruhen.[46] Daher kann die Kollisionsvorschrift des Art. 96 DSGVO keine Anwendung finden. Vielmehr gelten stattdessen die allgemeinen Vorschriften der Datenschutz-Grundverordnung für den Telemedienbereich, zumindest so lange, bis die ePrivacy-VO in Kraft tritt und diese verbindlich ablöst.[47]

6.4   Datenschutz-Grundverordnung 2016/679/EU

Als nächsten Schritt hin zu einer unionsweit einheitlichen Rechtslage wurde die Datenschutz-Grundverordnung erlassen. Am 25.1.2012 hat die Kommission ihren

---

[43] *Schmitz*, in: Spindler/Schmitz 2018, Vor §§ 11 ff. TMG, Rn. 65.

[44] EuGH, ECLI:EU:C:1994:292 („Faccini-Dori"); *Moos*, K&R 2012, 635 (638); *Piltz* 2013, 181; *Jandt*, ZD 2018, 405 (407). Wohl auch *Polenz*, VuR 2012, 207 (213).

[45] S. zusammenfassend *Jandt*, ZD 2018, 405 (406 f.) mit weiteren Nachweisen.

[46] EuGH, ECLI:EU:C:2016:779 („Breyer").

[47] S. zum Verhältnis der §§ 11 ff. TMG zur ePrivacy-VO ausführlich *Geminn/Richter*, in: Roßnagel 2018, § 8, Rn. 116 ff.

Entwurf einer Datenschutz-Grundverordnung[48] vorgestellt.[49] Sowohl das Europäische Parlament[50] als auch der Rat der Europäischen Union[51] veröffentlichten infolgedessen eigene Verhandlungspositionen für eine Datenschutz-Grundverordnung. Am 24.5.2016[52] ist die Verordnung nach einem mehrjährigen vielstufigen Gesetzgebungsprozess mit abschließender Trilog-Verhandlung zwischen Kommission, Rat und Parlament, begleitet von intensiven Diskussionen in der Literatur,[53] in Kraft getreten. Seit dem 25.5.2018 entfaltet sie ihre volle Wirkung in allen Mitgliedstaaten.[54]

Die Ziele und Grundsätze der Datenschutzrichtlinie aus dem Jahre 1995 besitzen nach wie vor ihre Gültigkeit, bedürfen aber aufgrund technologischen Fortschritts und der Globalisierung einer umfassenden Neuerung.[55] Ausweislich des Erwägungsgrundes 7 DSGVO haben die vorhergehenden Richtlinien den Schutz

---

[48] Vorschlag für eine Verordnung des Europäischen Parlaments und des Rates zum Schutz natürlicher Personen bei der Verarbeitung personenbezogener Daten und zum freien Datenverkehr (Datenschutz-Grundverordnung) vom 25.1.2012, KOM(2012) 11 endg.

[49] Der Gesamtvorschlag der Kommission beinhaltet zusätzlich eine eigene Richtlinie für den Bereich der polizeilichen und justiziellen Zusammenarbeit: Vorschlag für eine Richtlinie des Europäischen Parlaments und des Rates zum Schutz natürlicher Personen bei der Verarbeitung personenbezogener Daten durch die zuständigen Behörden zum Zwecke der Verhütung, Aufdeckung, Untersuchung oder Verfolgung von Straftaten oder der Strafvollstreckung sowie zum freien Datenverkehr vom 25.1.2012, KOM(2012) 10 endg. Für den Bereich des Datenschutzes im Internet im Allgemeinen und der sozialen Medien im Besonderen ist jedoch nur die Datenschutz-Grundverordnung von Bedeutung, weshalb von der Erläuterung der Richtlinie an dieser Stelle abgesehen wurde.

[50] *Europäisches Parlament*, P7_TA-prov(2014)0212 vom 12.3.2014.

[51] *Rat der Europäischen Union*, Dok. 9565/15 vom 15.6.2015.

[52] S. zur Kontroverse um den Tag des Inkrafttretens *Hofmann*, ZD-Aktuell 2017, 05853.

[53] Stellvertretend für viele andere seien genannt: *Hornung*, ZD 2012, 99; *Masing*, NJW 2012, 2305; *Nebel/Richter*, ZD 2012, 407; *Kalabis/Selzer*, DuD 2012, 670; *Roßnagel*, DuD 2012, 553; *Kipker/Voskamp*, DuD 2012, 737; *Eckhardt*, CR 2012, 195; *Richter*, DuD 2012, 576; *Schwartmann*, RDV 2012, 55; *Gola/Schulz*, RDV 2013, 1; *Roßnagel/Richter/Nebel*, ZD 2013, 103; *Dehmel/Hullen*, ZD 2013, 147; *Eckhardt/Kramer/Mester*, DuD 2013, 623; *Gerling/Gerling*, DuD 2013, 445; *Roßnagel/Kroschwald*, ZD 2014, 495; *Sydow/Kring*, ZD 2014, 271; *Roßnagel*, VuR 2015, 361; *Roßnagel/Nebel/Richter*, ZD 2015, 455; *Buchner*, DuD 2016, 155.

[54] Verordnung (EU) 2016/679 des Europäischen Parlaments und des Rates vom 27.4.2016 zum Schutz natürlicher Personen bei der Verarbeitung personenbezogener Daten, zum freien Datenverkehr und zur Aufhebung der Richtlinie 95/46/EG (Datenschutz-Grundverordnung), ABl. EU vom 4.5.2016, L 119, 1.

[55] Erwägungsgründe 5 und 7 DSGVO.

personenbezogener Daten nur unzureichend erfüllen können, aufgrund individueller Umsetzung in den einzelnen Mitgliedsstaaten Rechtsunsicherheit gestiftet und zu der öffentlichen Meinung geführt, dass insbesondere im Internet der Datenschutz oftmals nicht gewährleistet werden kann. Dadurch sei der freie Verkehr personenbezogener Daten – dem eigentlichen Anliegen der Europäischen Union – behindert. Das Ziel, einen absolut gleichwertigen Schutz des Einzelnen hinsichtlich seiner personenbezogenen Daten in allen Mitgliedstaaten zu gewährleisten und damit alle Hemmnisse für den freien Verkehr solcher Daten zu beseitigen,[56] hat sich die Kommission erstmals für das Regelungsinstrument der Verordnung im Sinne von Art. 288 Abs. 2 AEUV entschieden.

Die Datenschutz-Grundverordnung nimmt für sich in Anspruch, für Rechtssicherheit und Transparenz im Datenschutzrecht einen „soliden, kohärenten und klar durchsetzbaren Rechtsrahmen"[57] geschaffen zu haben. Hierzu trifft sie unter anderem Regelungen zu den Pflichten und Zuständigkeiten von Verantwortlichen und Auftragsverarbeitern, Rechten der betroffenen Personen, Kontroll- und Sanktionsmöglichkeiten und zur wirksamen Zusammenarbeit von Aufsichtsbehörden.[58]

Dennoch regelt die Verordnung nicht alles selbst, sondern überlässt den Mitgliedstaaten an vielen Stellen ausdrückliche Regelungsspielräume oder die Ausgestaltung des Rechts durch die schlichte Notwendigkeit der Konkretisierung und Präzisierung unbestimmter Rechtsbegriffe.[59] Um das nationale Datenschutzrecht, insbesondere das Bundesdatenschutzgesetz, an die Verordnung anzupassen, hat der deutsche Gesetzgeber am 30.6.2017 das Datenschutz-Anpassungs- und -Umsetzungsgesetz[60] erlassen. Das neugefasste Bundesdatenschutzgesetz trat zusammen mit dem Wirksamwerden der Verordnung am 25.5.2018 in Kraft.[61] Die Anwendung auf Anbieter und Nutzer von Social Networks wird weiter unten dargestellt.[62]

---

[56]Erwägungsgründe 7, 10 und 13 DSGVO.

[57]Erwägungsgrund 7 DSGVO.

[58]Vgl. Erwägungsgrund 13 DSGVO. Zu den Zielen der Verordnung s. auch *Roßnagel/Nebel* 2016.

[59]S. hierzu ausführlich *Roßnagel* 2017b.

[60]Gesetz zur Anpassung des Datenschutzrechts an die Verordnung 2016/679 und zur Umsetzung der Richtlinie 2016/680 (Datenschutz-Anpassungs- und -Umsetzungsgesetz EU – DSAnpUG-EU) vom 30.6.2017, BGBl. I, 2097.

[61]S. dazu ausführlich *Roßnagel* 2018 sowie *Forum Privatheit* (Hrsg.), Policy Paper Nationale Implementierung, 2018.

[62]Ausführlich Kap. 6.

6.5 ePrivacy-Verordnung

Der Entwurf der ePrivacy-VO ist ein Verordnungsvorschlag über den Schutz personenbezogener Daten im Bereich der elektronischen Kommunikation.[63] Sie sollte ursprünglich zusammen mit der Datenschutz-Grundverordnung im Mai 2018 in Kraft treten. Dieser Zeitplan konnte nicht gehalten werden.[64] Regelungsgegenstand ist der Bereich der elektronischen Kommunikation. Damit ist sie als Spezialgesetz nach Wirksamwerden in diesem Hinblick der Datenschutz-Grundverordnung vorrangig.[65] Sie soll sowohl klassische wie auch moderne interpersonelle Kommunikationsdienste betreffen, also beispielsweise Internet-Telefonie (VoIP), Instant Messaging und webgestützte E-Mail-Dienste (sogenannte OTT-Dienste).[66] Damit sind auch Social Networks grundsätzlich umfasst, sofern Funktionselemente der elektronischen Kommunikation betroffen sind.[67] Tritt die ePrivacy-VO in Kraft, ersetzt sie alle Regelungen der Richtlinie über elektronische Kommunikation 2002/58/EG sowie die Cookie-Richtlinie 2009/136/EG.

Die Verordnung unterscheidet in Art. 6 ePrivacy-VO-KOM zwischen elektronischen Kommunikationsmetadaten, elektronischen Kommunikationsinhalten sowie elektronischen Kommunikationsdaten, die als Überbegriff nach Art. 4 Abs. 3 lit. a ePrivacy-VO-KOM sowohl die Metadaten als auch die Inhaltsdaten umfassen. Weiterhin wird für jede der Datenkategorien in Art. 6 Abs. 1 bis 3 ePrivacy-VO-KOM abschließend festgelegt, unter welchen Umständen und gegebenenfalls für welche Zwecke diese verarbeitet werden dürfen.[68] Für die Voraussetzungen der Einwilligung des Nutzers verweist Art. 9 ePrivacy-VO-KOM auf die Datenschutz-Grundverordnung. Nach Art. 7 ePrivacy-VO-KOM sind elektronische Kommunikationsdaten zu anonymisieren oder zu löschen, sobald sie für die Erbringung des Dienstes nicht mehr benötigt werden. Darüber hinaus untersagt Art. 8 ePrivacy-VO-KOM die Erhebung von Informationen, die sich auf dem Endgerät

---

[63] Vorschlag für eine Verordnung des Europäischen Parlament und des Rates über die Achtung des Privatlebens und den Schutz personenbezogener Daten in der elektronischen Kommunikation und zur Aufhebung der Richtlinie 2002/58/EG (Verordnung über Privatsphäre und elektronische Kommunikation) vom 10.1.2017, COM(2017) 10 endg.

[64] Ausführlich zum Verlauf der Verhandlungen: *Der Bayerische Landesbeauftragte für den Datenschutz*, https://www.datenschutz-bayern.de/0/eprivacyVO.html (Abruf: 12.4.2019).

[65] Zur Bedeutung der ePrivacy-VO s. *Roßnagel*, MW 2019, 2.

[66] *Roßnagel*, MW 2018, 2 (4). Zur mangelnden Anwendbarkeit auf Peer-to-Peer-Netzwerke *Maier/Schaller*, ZD 2017, 373.

[67] Zu elektronischen Kommunikationsdiensten s. auch Abschn. 7.6.

[68] Ausführlich *Roßnagel*, MW 2019, 2 (4 f.).

des Nutzers befinden sowie solchen Informationen, die vom Endgerät ausgesendet worden, um sich mit anderen Geräten oder Netzanlagen zu verbinden. Unter den in Art. 8 Abs. 1 und 2 ePrivacy-VO-KOM genannten Voraussetzungen ist eine Erhebung dieser Daten jedoch erlaubt. Die vorgesehenen Zwecke beschränken sich dabei – sofern keine Einwilligung vorliegt – im Wesentlichen auf die Durchführung und Bereitstellung der Dienste.[69] Damit soll das Online-Tracking der betroffenen Person eingeschränkt werden.

Nach Art. 10 ePrivacy-VO-KOM muss in Verkehr gebrachte Software, die eine elektronische Kommunikation erlaubt, die Möglichkeit bieten zu verhindern, dass Dritte Informationen in der Endeinrichtung eines Endnutzers speichern, beispielsweise mittels Cookies, oder bereits in der Endeinrichtung gespeicherte Informationen verarbeiten. Der Nutzer muss über Einstellungsmöglichkeiten zum Schutz seiner personenbezogenen Daten informiert werden; zudem ist vor Fortsetzung des Dienstes seine Einwilligung zu verlangen. Damit etabliert die ePrivacy-VO die Notwendigkeit eines Opt-ins sowie datenschutzfreundlicher Voreinstellungen.[70]

---

[69]*Nebel*, in: Roßnagel 2018, § 3, Rn. 104 f. Ausführlich *Roßnagel*, MW 2019, 2 (5 f.).
[70]*Husemann*, in: Roßnagel 2018, § 5, Rn. 62. Vgl. dazu Gestaltungsziel (Z1) in Abschn. 8.2.4.1.

Regelungen der Datenschutz-Grundverordnung

7

Die Rechte aus der Europäischen Grundrechtecharta, der Europäischen Menschenrechtskonvention sowie des Grundgesetzes zu schützen ist Aufgabe der einfachgesetzlichen datenschutzrechtlichen Regelungen. Die Datenschutz-Grundverordnung hält hierfür abstrakte Regelungen bereit. Social Networks werden hingegen nicht erwähnt. Daher wird im Folgenden zu prüfen sein, inwiefern sich diese abstrakt generellen Regelungen auf Social Networks übertragen lassen. Hinzu kommen gegebenenfalls Regelungen des im Zuge der Implementierung der Datenschutz-Grundverordnung neu erlassenen Bundesdatenschutzgesetzes[1] sowie nach deren Wirksamwerden die Regelungen der ePrivacy-VO.[2] Im Folgenden wird nach einer einführenden Bemerkung zum Verhältnis des alten zum neuen Recht (Abschnitt 7.1) zunächst die Anwendbarkeit des europäischen Datenschutzrechts auf Social Networks in räumlicher und sachlicher Hinsicht geklärt (Abschnitt. 7.2). Ferner wird eruiert, wer bei den vielfältigen Datenverarbeitungsprozessen, die in Social Networks stattfinden, Verantwortlicher im Sinne des Gesetzes ist (Abschnitt. 7.4). Anschließend wird erörtert, wann eine Datenverarbeitung in Social Networks nach den Vorgaben der Datenschutz-Grundverordnung – einschließlich besonderer Bestimmungen für elektronische Kommunikationsdienste sowie bezüglich des Beschäftigtendatenschutzes – zulässig ist (Abschnitt 7.5 bis 7.7). Außerdem werden die Rechte der betroffenen Personen (Abschnitt 7.8) und die Pflichten des Verantwortlichen (Abschnitt 7.9) erläutert. Anschließend stehen die Rechtsbehelfe der betroffenen Person und damit zusammenhängende Fragen der Zuständigkeit der Aufsichtsbehörde (Abschnitt 7.10) im Fokus.

---

[1] Sofern im Einzelfall Vorschriften des Bundesdatenschutzgesetzes auf Social Networks Anwendung finden, werden diese an gegebener Stelle dargestellt. Auf eine umfassende Darstellung des Bundesdatenschutzgesetzes wurde hingegen verzichtet.

[2] Dazu Abschn. 6.5.

© Der/die Herausgeber bzw. der/die Autor(en), exklusiv lizenziert durch Springer Fachmedien Wiesbaden GmbH, ein Teil von Springer Nature 2020
M. Nebel, *Persönlichkeitsschutz in Social Networks*, DuD-Fachbeiträge, https://doi.org/10.1007/978-3-658-31786-7_7

7.1   Verhältnis von Datenschutzrichtlinie und Datenschutz Grundverordnung

Die Europäische Union hat bereits Anfang der 1990er Jahre erkannt, dass zum Errichten und Funktionieren eines gemeinsamen Binnenmarkts die Übermittlung personenbezogener Daten zwischen den Mitgliedstaaten notwendig ist und mit zunehmender Digitalisierung zunehmend wichtiger wird, die Grundrechte und Grundfreiheiten der betroffenen Personen auf Selbstbestimmung und Privatsphäre dabei aber zu schützen sind.[3] Das unterschiedliche Schutzniveau in den einzelnen Mitgliedstaaten drohte aber zu einem zunehmenden Hemmnis für die Ausübung von Wirtschaftstätigkeiten zu werden, den Wettbewerb zu verzerren und Behörden an der Ausübung ihrer Aufgaben zu hindern.[4] Um ein gleichwertiges Schutzniveau herzustellen und das Datenschutzrecht zu harmonisieren, wurde daher 1995 die Datenschutzrichtlinie erlassen.

Diese Annahmen haben noch immer Bestand: Rasche technologische Entwicklungen und die Globalisierung haben den Datenschutz auch nach Inkrafttreten der Datenschutzrichtlinie vor immer neue Herausforderungen gestellt.[5] Nicht nur hat der Verkehr personenbezogener Daten deutlich zugenommen, auch die beteiligten Akteure sind vielfältiger geworden.[6] Da die Harmonisierungsbestrebungen der Datenschutzrichtlinie nicht zum gewünschten Erfolg geführt haben, weil der Datenschutz in den Mitgliedstaaten weiter unterschiedlich gehandhabt wurde, was letztlich zu einer großen Rechtsunsicherheit führte,[7] wählte der Unionsgesetzgeber für eine Reform des Datenschutzrechts das Instrument der Verordnung anstatt einer Richtlinie. Dies sollte dazu dienen, einen soliden, kohärenten und durchsetzbaren Rechtsrahmen im Bereich des Datenschutzrechts zu schaffen und so unionsweit gleichmäßige und einheitliche Vorschriften zu etablieren, den Binnenmarkt zu stärken und gleichzeitig die Grundrechte und Grundfreiheiten der Personen weiter zu schützen.[8]

Da die Ziele und Grundsätze der Richtlinie aber nach Erwägungsgrund 9 DSGVO ausdrücklich weiter Gültigkeit haben sollen, können die bisherigen Erkenntnisse zum Datenschutzrecht, die im Zuge der Datenschutzrichtlinie und damit zum Bundesdatenschutzgesetz a. F. in Rechtsprechung und Literatur gewonnen wurden,

---

[3]Erwägungsgründe 3 und 4 DSRL.
[4]Erwägungsgrund 7 DSRL.
[5]Erwägungsgrund 6 DSGVO.
[6]Erwägungsgrund 5 DSGVO.
[7]Erwägungsgrund 9 DSGVO.
[8]Erwägungsgründe 7 und 10 DSGVO.

grundsätzlich auf die Datenschutz-Grundverordnung übertragen werden, sofern der Unionsgesetzgeber nicht ausdrücklich von diesen Grundsätzen abweichen wollte.[9] Wo dies notwendig und angemessen ist, werden also bei den folgenden Ausführungen Diskurse zum alten Recht herangezogen, um die Vorschriften der Datenschutz-Grundverordnung zu interpretieren.

7.2 Anwendungsbereich der Datenschutz-Grundverordnung

Viele bedeutende Social Networks operieren von außerhalb der Europäischen Union. Deren Nutzer und andere eventuell beteiligte Akteure sind dagegen häufig in der Union ansässig. Daher ist zunächst die Frage zu klären, ob und nach welchen Vorschriften unionsrechtliches Datenschutzrecht auf diese anwendbar ist. Die Verordnung differenziert hierbei nach dem sachlichen und räumlichen Anwendungsbereich.

7.2.1 Sachlicher Anwendungsbereich

Die Datenschutz-Grundverordnung gilt ausweislich ihres Art. 2 Abs. 1 für die ganz oder teilweise automatisierte Verarbeitung personenbezogener Daten, die in einem Dateisystem gespeichert sind oder gespeichert werden sollen. Art. 2 Abs. 2 DSGVO sieht einige Ausnahmen vor, nach denen die Verordnung keine Anwendung findet. Für Nutzer ist dabei vor allem die Variante des lit. c von Bedeutung, wenn die Verarbeitung der Daten zur Ausübung ausschließlich persönlicher oder familiärer Tätigkeiten dient.

7.2.1.1 Verarbeitung

Der Anwendungsbereich der Verordnung ist eröffnet, wenn personenbezogene Daten verarbeitet werden. Nach Art. 4 Nr. 2 DSGVO umfasst das Verarbeiten von Daten jeden mit oder ohne Hilfe automatisierter Verfahren ausgeführten Vorgang wie das Erheben, Erfassen, Organisieren, Ordnen, Speichern, Anpassen, Verändern, Auslesen, Abfragen, Verwenden, durch Übermittlung offenlegen, verbreiten oder anderweitige Bereitstellen, Abgleichen, Verknüpfen, Löschen und Vernichten

---

[9]Zu zentralen Änderungen z. B. *Roßnagel*, in: Roßnagel 2018, § 1, Rn. 10 f.; *Kühling/Raab*, in: Kühling/Buchner 2018, Einf., Rn. 87 ff. Kritisch zur Frage, ob die Datenschutz-Grundverordnung ihre selbstgesteckten Ziele erfüllen kann *Roßnagel*, in: Roßnagel 2018, § 1, Rn. 27 ff. sowie *Roßnagel/Nebel* 2016.

personenbezogener Daten. Der Begriff ist somit weit zu verstehen.[10] Die Verarbeitung kann mit oder ohne Hilfe von automatisierten Verfahren stattfinden, solange die personenbezogenen Daten entsprechend dem Anwendungsbereich der Verordnung nach Art. 2 Abs. 1 DSGVO in einem Dateisystem abgelegt werden.[11] Die Verarbeitung personenbezogener Daten mittels Computern, Smartphones und dem Internet stellt jedenfalls eine automatisierte Verarbeitung dar. Daher unterfällt der Umgang mit personenbezogenen Daten in Social Networks dem sachlichen Anwendungsbereich der Verordnung.

7.2.1.2 Personenbezug von Daten

Die verarbeiteten Daten müssen personenbezogen sein. Personenbezogene Daten sind gemäß Art. 4 Nr. 1 DSGVO alle Informationen, die sich auf eine identifizierte oder identifizierbare natürliche Person, die sogenannte betroffene Person, beziehen. Identifizierbar ist eine natürliche Person, wenn sie nicht konkret benannt wurde, aber ihre Identität ermittelt werden kann.[12] Nach den Vorgaben der Grundverordnung ist dies der Fall, wenn sie direkt oder indirekt, insbesondere mittels Zuordnung zu einer Kennung wie einem Namen, zu einer Kennnummer, zu Standortdaten, zu einer Online-Kennung, oder zu einem oder mehreren besonderen Merkmalen, die Ausdruck der physischen, physiologischen, genetischen, psychischen, wirtschaftlichen, kulturellen oder sozialen Identität dieser natürlichen Person sind, identifiziert werden kann. Die Formulierung ist nicht abschließend und verdeutlicht ähnlich der Formulierung „persönliche und sachliche Verhältnisse" in § 3 Abs. 1 BDSG a. F., dass alle Informationen über eine Person umfasst sein sollen.[13] Dazu gehören auch Einschätzungen und Werturteile, wie sie über Nutzer in Social Networks des Öfteren zu finden sind, da auch Meinungsäußerungen Angaben über persönliche Verhältnisse einer natürlichen Person enthalten können.[14] Der folgende Abschnitt erläutert die Voraussetzungen und Problemstellungen in Bezug auf den Personenbezug in Social Networks.

---

[10] *Roßnagel*, in: Simitis/Hornung/Spiecker 2019, Art. 4 Nr. 2 DSGVO, Rn. 1; *Kühling/Raab*, in: Kühling/Buchner 2018, Art. 2 DSGVO, Rn. 13; *Husemann*, in: Roßnagel 2018, § 3, Rn. 5.

[11] *Roßnagel*, in: Simitis/Hornung/Spiecker 2019, Art. 4 Nr. 2 DSGVO, Rn. 13 sowie Art. 4 Nr. 6 DSGVO, Rn. 7 ff.

[12] *Gola*, in: Gola 2018, Art. 4 DSGVO, Rn. 4.

[13] *Dammann*, in: Simitis 2014, § 3 BDSG a. F., Rn. 7; *Buchner*, in: Taeger/Gabel 2013, § 3 BDSG a. F., Rn. 3.

[14] *Klar/Kühling*, in: Kühling/Buchner 2018, Art. 4 Nr. 1 DSGVO, Rn. 8; *Gola*, in: Gola 2018, Art. 4 DSGVO, Rn. 13; *Klabunde*, in: Ehmann/Selmayr 2018, Art. 4 DSGVO, Rn. 9.

7.2.1.2.1 Natürliche Person

Der Anwendungsbereich der Datenschutz-Grundverordnung umfasst ausdrücklich nur personenbezogene Daten von natürlichen Personen. Die Datenschutz-Grundverordnung gilt demgegenüber ausweislich ihres Erwägungsgrundes 14 nicht für personenbezogene Daten juristischer Personen. Dazu gehören auch Name, Rechtsform und Kontaktdaten der juristischen Person. Sie gilt gemäß Erwägungsgrund 27 DSGVO auch nicht für Verstorbene. Die Nutzerprofile Verstorbener bei Social Networks sind damit nicht über die Vorschriften der Datenschutz-Grundverordnung geschützt. Diesen kommt aber im Wege des postmortalen Persönlichkeitsschutzes ein Schutz ihrer Würde zu.[15] Nach Erwägungsgrund 27 DSGVO steht den Mitgliedstaaten offen, eigene Vorschriften für die Verarbeitung von personenbezogenen Daten Verstorbener zu erlassen. Deutschland hat davon keinen Gebrauch gemacht. Der Zugang der betroffenen Person, der mittels Nutzungsvertrag vertraglich geschlossen wurde, geht bei Versterben der betroffenen Person in die Erbmasse über.[16] Die Erben erhalten somit Zugang zu den personenbezogene Daten des Verstorbenen. Ob diese dadurch auch selbst datenschutzrechtliche Ansprüche geltend machen können, ist rechtlich ungeklärt.[17]

7.2.1.2.2 Identifizierbarkeit

Das personenbezogene Datum muss sich auf eine identifizierte oder identifizierbare natürliche Person beziehen. Identifiziert ist eine Person, wenn sie konkret benannt werden[18] oder einer Kennung zugeordnet werden kann.[19] Schwieriger hingegen ist die Frage zu beantworten, wann eine Person identifizierbar ist. Diese Frage bestand bereits nach dem alten Recht der Datenschutzrichtlinie und des Bundesdatenschutzgesetzes und setzt sich auch nach Inkrafttreten der Datenschutz-Grundverordnung fort. Nach einer Ansicht ist die Identifizierbarkeit einer natürlichen Person dann ausgeschlossen, wenn die Personenbeziehbarkeit eines Datums durch niemanden

---

[15]Zum postmortalen Persönlichkeitsschutz *Herdegen*, in: Maunz/Dürig 2019, Art. 1 Abs. 1 GG, Rn. 57; *Di Fabio*, in: Maunz/Dürig 2019, Art. 2 Abs. 1 GG, Rn. 226.

[16]BGH, Urteil vom 12.7.2018, Az. III ZR 183/17, ZD 2018, 477.

[17]*Alexander*, K&R 2016, 301 (307). Kritisch *Dix*, in: Simitis/Hornung/Spiecker 2019, Art. 15 DSGVO, Rn. 9. Dafür plädierend *Arens*, RDV 2018, 127 (132). Entsprechende Vorkehrungen zu Lebzeiten empfehlen sich im Rahmen des Einwilligungsmanagements (Z4), s. Abschn. 8.2.4.4.

[18]*Gola*, in: Gola 2018, Art. 4 DSGVO, Rn. 3.

[19]*Ziebarth*, in: Sydow 2018, Art. 4 DSGVO, Rn. 14.

hergestellt werden kann (absoluter Personenbezug).[20] Begründet wird dies mit einem Verweis auf Erwägungsgrund 26 DSRL, nach dem bei der Bestimmbarkeit einer Person alle Mittel Berücksichtigung finden müssen, die vernünftiger Weise der verantwortlichen Stelle oder einem Dritten zur Verfügung stehen.[21] Entscheidend ist nach der absoluten Theorie also, ob überhaupt – objektiv betrachtet – von irgendjemandem ein Personenbezug hergestellt werden kann.

Die überwiegende Ansicht beurteilt die Identifizierbarkeit einer natürlichen Person jedoch relativ (relativer Personenbezug). Danach ist eine Person identifizierbar, wenn der Verantwortliche mit den ihm zur Verfügung stehenden Möglichkeiten, Ressourcen und Zusatzwissen einen Personenbezug herstellen kann.[22] Nach Erwägungsgrund 26 DSGVO sind dabei alle Mittel zu berücksichtigen, die vom Verantwortlichen oder einer anderen Person nach allgemeinem Ermessen wahrscheinlich genutzt werden. Ob Mittel wahrscheinlich genutzt werden, ist anhand objektiver Faktoren wie Zeit- und Kostenaufwand und zur Verfügung stehende Technologien zu beurteilen. Damit vertritt die Datenschutz-Grundverordnung keinen absoluten Ansatz. Das Wissen Dritter muss sich der Verantwortliche aber zurechnen lassen, wenn ein Zusammenführen hinreichend wahrscheinlich zu erwarten ist.[23] Der effektive Grundrechtsschutz gebietet es, auch illegale Möglichkeiten des

---

[20]So bereits nach alter Rechtslage *Weichert*, in: Däubler/Klebe/Wedde/Weichert 2014, § 3 BDSG a. F., Rn. 13; *Pahlen-Brandt*, K&R 2008, 288 (289 f.); *Pahlen-Brandt*, DuD 2008, 34; *Breyer*, ZD 2014, 400 (404); wohl auch *Art.-29-Datenschutzgruppe*, WP 136, 17, 23.

[21]So wohl *Art.-29-Datenschutzgruppe*, WP 136, 17, 23; *Pahlen-Brandt*, DuD 2008, 34 (38).

[22]*Schantz*, NJW 2016, 1841 (1843); *Karg*, in: Simitis/Hornung/Spiecker 2019, Art. 4 Nr. 1 DSGVO, Rn. 48 ff., 60; *Klar/Kühling*, in: Kühling/Buchner 2018, Art. 4 Nr. 1 DSGVO, Rn. 26; *Gola*, in: Gola 2018, Art. 4 DSGVO, Rn. 16; *Eßer*, in: Auernhammer 2018, Art. 4 DSGVO, Rn. 20; *Husemann*, in: Roßnagel 2018, § 3, Rn. 7; *Roßnagel*, ZD 2018, 243 (244 f.). Im Ergebnis ebenso im Sinne eines vermittelnden Ansatzes *Brink/Eckhardt*, ZD 2015, 205 (210 ff.); *Ziebarth*, in: Sydow 2018, Art. 4 DSGVO, Rn. 37. Nach alter Rechtslage bereits *Gola/Klug/Körffer*, in: Gola/Schomerus 2015, § 3 BDSG a. F., Rn. 10; *Bergmann/Möhrle/Herb* 2018, § 3 BDSG a. F., Rn. 32; *Dammann*, in: Simitis 2014, § 3 BDSG a. F., Rn. 26 ff., 32 ff.; *Spindler/Nink*, in: Spindler/Schuster 2015, § 11 TMG, Rn. 8; *Roßnagel/Scholz*, MMR 2000, 721 (723); *Bizer*, DuD 2003, 644; *Tinnefeld*, in: Roßnagel 2003, Abschn. 4.1, Rn. 22; *Eckhardt*, K&R 2007, 602; *Meyerdierks*, MMR 2009, 8 (10 f.); *Krüger/Maucher*, MMR 2011, 433 (438); *Nebel/Richter*, ZD 2012, 407 (410); *Kühling/Klar*, NJW 2013, 3611 (3615). Zum Streitstand siehe auch *Bergt*, ZD 2015, 365 (365-368).

[23]*Brink/Eckhardt*, ZD 2015, 205 (211); *Karg*, in: Simitis/Hornung/Spiecker 2019, Art. 4 Nr. 1 DSGVO, Rn. 62; *Gola*, in: Gola 2018, Art. 4 DSGVO, Rn. 16 f; *Schantz*, in: Schantz/Wolff 2017, Rn. 281.

Zusammenführens personenbezogener Daten mit einzuschließen, wenn konkrete Anhaltspunkte dafür bestehen.[24]

Letztere Ansicht ist vorzugswürdig: Nicht nur würde nach dem absoluten Personenbezug jedes Datum für jeden Verantwortlichen personenbezogen sein, wenn irgendein beliebiger Dritter Mittel zur Verfügung hätte, um den Personenbezug herzustellen. Das würde zu erheblichen Rechtsunsicherheiten führen, weil der Verantwortliche gar nicht abschätzen kann, ob nach diesen Maßstäben ein Personenbezug vorliegt. Oder aber er müsste immer von einem Personenbezug ausgehen, was im Umkehrschluss bedeuten würde, dass es kein anonymes Datum geben kann.[25] Ein absoluter Personenbezug ist aber auch nicht nötig, da auch durch den – weitaus praktikableren – relativen Personenbezug keine Schutzlücke entsteht,[26] denn jede Datenverarbeitende Stelle muss für sich bei jeder Datenverarbeitung prüfen, ob sie oder eine andere Person, deren Wissen sie sich zurechnen lassen muss, mit den ihr zur Verfügung stehenden Mitteln einen Personenbezug herstellen kann, in welchem Fall dann Datenschutzgesetze zur Anwendung kommen.

Diese Ansicht deckt sich auch mit den Anforderungen an die Anonymität von Daten. Nach § 3 Abs. 6 BDSG a. F. war ein Personenbezug ausgeschlossen, wenn die Angaben nicht mehr oder nur mit einem erheblichen Aufwand an Zeit, Kosten und Arbeitskraft einer bestimmten oder bestimmbaren natürlichen Person zugeordnet werden können. Die Datenschutz-Grundverordnung definiert Anonymisierung nicht, erkennt aber in Erwägungsgrund 26 DSGVO an, dass anonyme Informationen sich nicht oder nicht mehr auf eine identifizierte oder identifizierbare Person beziehen. Sie stellen damit das Gegenstück zum Personenbezug dar. Ob ein Datum anonym und die natürliche Person damit nicht mehr identifizierbar ist, ist somit ebenso nach dem Maßstab des Erwägungsgrundes 26 DSGVO zu prüfen. Es sind also alle Mittel zu berücksichtigen, die vom Verantwortlichen oder einer anderen Person nach allgemeinem Ermessen wahrscheinlich genutzt werden.[27] Auch die

---

[24] *Brink/Eckhardt*, ZD 2015, 205 (212); *Schantz*, in: Schantz/Wolff 2017, Rn. 281; *Karg*, in: Simitis/Hornung/Spiecker 2019, Art. 4 Nr. 1 DSGVO, Rn. 64; *Klabunde*, in: Ehmann/Selmayr 2018, Art. 4 DSGVO, Rn. 17; *Ziebarth*, in: Sydow 2018, Art. 4 DSGVO, Rn. 23, 37; so im Ergebnis wohl auch *Klar/Kühling*, in: Kühling/Buchner 2018, Art. 4 Nr. 1 DSGVO, Rn. 29.

[25] *Ziebarth*, in: Sydow 2018, Art. 4 DSGVO, Rn. 39 mit weiteren Nachweisen; *Husemann*, in: Roßnagel 2018, § 3, Rn. 7; *Roßnagel/Kroschwald*, ZD 2014, 495 (497).

[26] *Eckhardt*, K&R 2007, 602, (603); *Meyerdierks*, MMR 2009, 8 (11 f.); *Kühling/Klar*, NJW 2013, 3611 (3615). Mit diesem Argument aber den absoluten Personenbezug vertretend *Pahlen-Brandt*, K&R 2008, 288 (289). Kritisch zur Figur des personenbezogenen Datums an sich *Karg*, ZD 2012, 255 (258 ff.).

[27] *Klar/Kühling*, in: Kühling/Buchner 2018, Art. 4 Nr. 1 DSGVO, Rn. 32. So im Ergebnis wohl auch *Klabunde*, in: Ehmann/Selmayr 2018, Art. 4 DSGVO, Rn. 20.

(De-)Anonymisierung eines Datums bestimmt sich mithin relativ nach den Möglichkeiten des jeweiligen Verantwortlichen[28] oder der ihr zurechenbaren anderen Person und ergänzt so die Anforderungen an den Personenbezug.

7.2.1.2.3 Personenbezug von IP-Adressen

Da die Frage, ob die IP-Adresse ein personenbezogenes Datum ist, höchst umstritten ist, soll darauf gesondert eingegangen werden. IP-Adressen sind Kennzeichen, die bei Einwahl in das Internet durch den Internetzugangsanbieter an das sich einwählende Gerät des jeweiligen Nutzers vergeben werden. Sie dienen dazu, das Gerät zu identifizieren und die zu übertragenden Datenpakete an den richtigen Empfänger zuzustellen. Dabei sind zwischen dynamischen und statischen IP-Adressen zu unterscheiden. Während dynamische IP-Adressen bei jeder Einwahl und spätestens nach 24 Stunden neu vergeben werden, wird eine statische IP-Adresse dauerhaft einem spezifischen Gerät zugeordnet.[29] Für den Internetzugangsanbieter sind beide Varianten personenbezogen, da diese die IP-Adresse nutzerspezifisch vergeben und daher auch den Personenbezug ohne weiteres herstellen können.[30] Bei Anbietern von Social Networks ist das hingegen nicht ohne weiteres der Fall. Die vom Internetzugangsanbieter vergebene IP-Adresse wird dem Anbieter bei Ansteuerung seiner Website übermittelt. Dieser kann die IP-Adresse verwenden, um seine Inhalte an das Endgerät des Nutzers zu senden, aber auch um den Internet-Traffic zu protokollieren, zur Reichweitenmessung und für Marketingzwecke.[31] Personenbezogen ist die IP-Adresse für den Anbieter nur, wenn diesem – in Übereinstimmung mit

---

[28]So nach altem Recht *Buchner*, in: Taeger/Gabel 2013, § 3 BDSG a. F., Rn. 45; *Dammann*, in: Simitis 2014, § 3 BDSG a. F., Rn. 196 ff.; *Gola/Klug/Körffer*, in: Gola/Schomerus 2015, § 3 BDSG a. F., Rn. 44; a. A. *Weichert*, in: Däubler/Klebe/Wedde/Weichert 2014, § 3 BDSG a. F., Rn. 47.

[29]Zum Begriff der IP-Adresse z. B. *Meyerdierks*, MMR 2009, 8; *Kirchberg-Lennartz/Weber*, DuD 2010, 479; *Freund/Schnabel*, MMR 2011, 495; *Krüger/Maucher*, MMR 2011, 433; *Fammler/Hecht*, MMR 2015, 220 (221). Zur Unterscheidung dynamischer und statischer IP-Adressen außerdem *Köhntopp/Köhntopp*, CR 2000, 248 und *Krüger/Maucher*, MMR 2011, 433.

[30]*Roßnagel*, in: Roßnagel 2003, Abschn. 7.9, Rn. 56; *Bergmann/Möhrle/Herb* 2018, § 3 BDSG a. F., Rn. 32b; *Weichert*, in: Däubler/Klebe/Wedde/Weichert 2014, § 3 BDSG a. F., Rn. 14; *Buchner*, in: Taeger/Gabel 2013, § 3 BDSG a. F., Rn. 17; *Gola/Klug/Körffer*, in: Gola/Schomerus 2015, § 3 BDSG a. F., Rn. 10a; *Pahlen-Brandt*, K&R 2008, 288; *Meyerdierks*, MMR 2009, 8 (9); *Krüger/Maucher*, MMR 2011, 433; *Freund/Schnabel*, MMR 2011, 495 (496 f.); *Eckhardt*, CR 2011, 339 (340); *Piltz* 2013, 63; so auch EuGH, ECLI:EU:C:2011:771, Rn. 51 („Scarlet Extended"); *Schantz*, in: Schantz/Wolff 2017, Rn. 286.

[31]*Krüger/Maucher*, MMR 2011, 433; eventuell unter Einsatz weiterer Erkennungssoftware wie Cookies und Webtracking-Dienste, *Freund/Schnabel*, MMR 2011, 495 (497) und *Polenz*, VuR 2012, 207 (210).

der relativen Theorie – ein Zusatzwissen zur Verfügung steht, um die Identität der betroffenen Person aufzudecken. Bei statischen IP-Adressen ist die Möglichkeit der Identifizierung des Nutzers so hoch, dass sie auch für einen Anbieter in der Regel personenbezogen ist.[32] Da dynamische IP-Adressen hingegen regelmäßig neu vergeben werden, ist sie für den Anbieter zunächst nicht personenbezogen. Erst wenn er durch Zusatzwissen die Identität des Nutzers aufdecken kann, ist der Personenbezug für diesen Anbieter hergestellt.[33] Ein solches Zusatzwissen ergibt sich zum Beispiel, wenn die betroffene Person ein registrierter Kunde des Anbieters ist und so seine Identität offenlegen muss, um das Angebot zu nutzen; so etwa bei Social Networks, wenn sich der Nutzer nach Aufruf der Seite einloggt.[34] Für Anbieter von Social Networks sind daher auch dynamische IP-Adressen der registrierten Nutzer dieses Netzwerks für die Dauer der Sitzung in jedem Fall personenbezogen.

7.2.1.2.4 Personenbezug in Social Networks

Ein elektronisches Datum kann also je nach Zusatzwissen des Verantwortlichen personenbezogen sein oder nicht; darüber hinaus kann ein anfänglich anonymes Datum aber auch für ein und dieselbe Stelle diese Eigenschaft verlieren und personenbezogen werden.[35] Persönliche Beiträge, Bilder, Standortdaten und ähnliches, die der Nutzer über seinen Account veröffentlicht, sind für den Anbieter personenbezogen.[36] Ebenso sind die durch einen Algorithmus ermittelten Profile über den Nutzer, die dazu dienen, personenbezogene Werbung zu schalten oder die angezeigten Inhalte im Social Network zu personalisieren, personenbezogen.[37] Mittels

---

[32] *Spindler/Nink*, in: Spindler/Schuster 2015, § 11 TMG, Rn. 11; *Freund/Schnabel*, MMR 2011, 495 (496); *Krüger/Maucher*, MMR 2011, 433 (434); wohl auch *Gola/Klug/Körffer*, in: Gola/Schomerus 2015, § 3 BDSG a. F., Rn. 10a.

[33] EuGH, ECLI:EU:C:2016:779 („Breyer"); *Gola*, in: Gola 2018, Art. 4 DSGVO, Rn. 21; *Schantz*, in: Schantz/Wolff 2017, Rn. 289. Zuvor bereits *Roßnagel*, in: Roßnagel 2003, Abschn. 7.9, Rn. 56; AG Berlin-Mitte, ZUM 2008, 83; LG Berlin, ZUM 2008, 70; *Ott*, K&R 2009, 308 (310); *Spindler/Nink*, in: Spindler/Schuster 2015, § 11 TMG, Rn. 11; *Krüger/Maucher*, MMR 2011, 433 (438); *Eckhardt*, CR 2011, 339 (342); so im Ergebnis auch *Breyer*, ZD 2014, 400 (405). A. A. AG München, MMR 2008, 860; *Meyerdierks*, MMR 2009, 8 (13); LG Wuppertal, ZUM 2011, 190 (191 f.); allerdings ohne Differenzierung OLG Hamburg, MMR 2011, 281 (282).

[34] *Spindler/Nink*, in: Spindler/Schuster 2015, § 11 TMG, Rn. 11; *Piltz* 2013, 65; *Bergt*, ZD 2015, 365 (370). Dazu und zu weiteren Fällen des zulässigerweise erhobenen Zusatzwissens durch Anbieter von Online-Mediendiensten *Breyer*, ZD 2014, 400 (401).

[35] *Jandt/Roßnagel*, in: Schenk/Niemann/Reinmann/Roßnagel 2012, 307 (344).

[36] S. auch *Golland* 2019, 66 ff.

[37] Zum Personenbezug von analytischen Profilen *Gola*, in: Gola 2018, Art. 4 DSGVO, Rn. 14; *Schantz*, in: Schantz/Wolff 2017, Rn. 292.

Social Plug-Ins[38] haben Anbieter von Social Networks darüber hinaus die Möglichkeit, sowohl Daten von bei der konkreten Session nicht authentifizierten Nutzern oder gar nicht registrierten Nutzern zu sammeln. Personenbezug besteht für den Anbieter von Social Networks für den nicht (mehr) authentifizierten Nutzer aber nur, wenn der Nutzer in der gleichen Session seine Identität preisgegeben hat, etwa wenn er vorher das Social Network mittels gleicher IP-Adresse genutzt und sich anschließend abgemeldet hat, oder über dauerhaft gespeicherte Cookies.[39] Für nicht im Netzwerk registrierte betroffene Personen kann der Anbieter nur einen Personenbezug herstellen, wenn die IP-Adresse im konkreten Fall für ihn personenbezogen ist.[40]

7.2.1.3 Ausschließlich persönliche oder familiäre Tätigkeit

Die Verordnung findet unter anderem dann keine Anwendung, wenn nach Art. 2 Abs. 2 lit. c DSGVO die Verarbeitung personenbezogener Daten zur Ausübung ausschließlich persönlicher oder familiärer Tätigkeiten dient. Da sich nur natürliche Personen auf diese Ausnahme berufen können, kommt die Anwendung des Art. 2 Abs. 2 lit. c DSGVO nur für solche Nutzer in Frage, die gleichzeitig eine natürliche Person sind. Erwägungsgrund 18 DSGVO stellt klar, dass die Verordnung in jedem Fall für Verantwortliche gilt, die die Instrumente für die Verarbeitung personenbezogener Daten für solche persönlichen oder familiären Tätigkeiten bereitstellen. Der Anbieter kann sich damit in keinem Fall auf die Ausnahme des Art. 2 Abs. 2 lit. c DSGVO berufen.

Art. 2 Abs. 2 lit. c DSGVO gilt nach Erwägungsgrund 18 DSGVO als sogenanntes „Haushaltsprivileg" nur zur Ausübung ausschließlich persönlicher und familiärer Zwecke ohne Bezug zu einer beruflichen oder wirtschaftlichen Tätigkeit. Die Nutzung von Social Networks zu beruflichen oder kommerziellen Zwecken unterfallen also grundsätzlich dem Anwendungsbereich der Verordnung.[41] Ob es sich bei dem Social Network um ein berufliches oder allgemeines Netzwerk handelt, hat dabei aber nur Indizwirkung. Es ist in jedem Fall auf den konkret verfolgten Zweck der Nutzung abzustellen. Eine Nutzung von Social Networks zur Kundenakquise durch eine Unternehmens- oder Dienstleistungspräsentation oder zur Bewerberrecherche verlässt in jedem Fall den persönlichen Tätigkeitsbereich. Nutzt ein Nutzer hingegen

---

[38]S. Abschn. 2.4.3.

[39]*Hornung*, in: Hornung/Müller-Terpitz 2015, Kap. 4, Rn. 40; *Klar/Kühling*, in: Kühling/Buchner 2018, Art. 4 Nr. 1 DSGVO, Rn. 36.

[40]*Hornung*, in: Hornung/Müller-Terpitz 2015, Kap. 4, Rn. 41; *Niemann/Scholz*, in: Peters/Kerstens/Wolfenstetter 2012, 109 (128).

[41]*Roßnagel*, in: Simitis/Hornung/Spiecker 2019, Art. 2 DSGVO, Rn. 26; *Golland* 2019, 86. So bereits *Dammann*, in: Simitis 2014, § 1 BDSG, Rn. 151. A. A. *Piltz* 2013, 102.

ein Social Network im Rahmen einer Arbeitsplatzsuche und um sich als Bewerber im Rahmen seiner beruflichen Qualifikationen zu präsentieren, wird dies auf Seiten des Nutzers regelmäßig dem persönlichen Tätigkeitsbereich zuzuordnen sein. In diesem Fall greift grundsätzlich Art. 2 Abs. 2 lit. c DSGVO.

Unstrittig fallen in den persönlichen Bereich zudem Freizeit, Urlaub, privater Konsum, Sport und andere Hobbies, zur privaten Kommunikation geführte Anschriften- und Telefonverzeichnisse oder automatisiert geführte Tagebücher.[42] Der Wortlaut „könnte" in Erwägungsgrund 18 DSGVO impliziert jedoch, dass die Beurteilung, wann zum Beispiel eine Nutzung von Social Networks ausschließlich der persönlichen und familiären Tätigkeit dient, im Einzelfall bestimmt werden muss.[43]

Entsprechende Überlegungen wurden schon nach der alten Rechtslage angestellt, die in § 1 Abs. 2 Nr. 3 BDSG a. F. ebenfalls den Anwendungsbereich des Datenschutzrechts ausschloss, wenn die Erhebung, Verarbeitung und Nutzung ausschließlich für persönliche und familiäre Zwecke erfolgte. Die Vorschrift ging auf Art. 3 Abs. 2 sowie Erwägungsgrund 12 DSRL zurück. Auch diese Ausnahme konnten nur natürliche Personen in Anspruch nehmen, nicht hingegen juristische Personen wie Unternehmen oder Vereine.[44] Da die Nutzung ausschließlich persönlich oder familiär sein durfte, war sowohl eine berufliche Nutzung eines Social Network,[45] eine Mischnutzung sowie eine ganz überwiegende persönliche Nutzung ausgeschlossen.[46] Persönliche und familiäre Tätigkeiten umfassten nicht-geschäftliche Tätigkeiten wie Hobbys, Urlaub, Unterhaltung und private

---

[42] *Gola*, in: Gola 2018, Art. 2 DSGVO, Rn. 19; *Kühling/Raab*, in: Kühling/Buchner 2018, Art. 2 DSGVO, Rn. 24; *Ernst*, in: Paal/Pauly 2018, Art. 2 DSGVO, Rn. 18; *Roßnagel*, in: Simitis/Hornung/Spiecker 2019, Art. 2 DSGVO, Rn. 27, 29. Kritisch zum Haushaltsprivileg *Roßnagel/Richter/Nebel*, ZD 2013, 103 (104); *Roßnagel/Nebel/Richter*, ZD 2015, 455 (456); *Gola/Lepperhoff*, ZD 2016, 9.

[43] Grundlegend a. A. *Bäcker*, in: Wolff/Brink 2020, Art. 2 DSGVO, Rn. 17 ff.

[44] *Schmidt*, in: Taeger/Gabel 2013, § 1 BDSG a. F., Rn. 29.

[45] *Art.-29-Datenschutzgruppe*, WP 163, 6.

[46] *Dammann*, in: Simitis 2014, § 1 BDSG a. F., Rn. 150; *Schmidt*, in: Taeger/Gabel 2013, § 1 BDSG a. F., Rn. 29; a. A. *Bergmann/Möhrle/Herb* 2018, § 1 BDSG a. F., Rn. 22, weil „[d]ie nur vereinzelte und gelegentliche Nutzung der persönlichen Daten (...) unschädlich" sei, eine ganz untergeordnete nicht-persönliche/familiäre Nutzung den privaten Nutzungscharakter demnach nicht stören würde.

Kommunikation.[47] Auch die Größe der Datenbank oder das Ausmaß der Verarbeitungsintensität sollten eine Rolle spielen.[48] Im Interesse eines möglichst effektiven Schutzes der Selbstbestimmung der betroffenen Personen war der Begriff eng auszulegen,[49] das heißt, im Zweifel musste von einer Anwendung des Datenschutzrechts ausgegangen werden.[50]

Die Nutzung von Social Networks fiel grundsätzlich unter die Ausnahme des § 1 Abs. 2 Nr. 3 BDSG a. F., sofern sie auf den persönlich-familiären Bereich beschränkt war.[51] Die Konzeption und Ausgestaltung von Social Networks erschwerten eine Abgrenzung, wann noch eine Datenverarbeitung zu persönlich-familiären Zwecken vorlag. Neben der thematischen Ausrichtung (Freizeit, Urlaub etc.) war entscheidend, wer die Informationen empfing. Die genaue Festlegung einer Höchstanzahl an Empfängern war selbstverständlich weder möglich noch sinnvoll, da diese von der konkreten Datenverarbeitungssituation, etwa dem Ereignis und dem Umfeld des Nutzers, abhing.[52] Dennoch konnte die Ausnahme umso weniger greifen, je weniger eingegrenzt der potenzielle Empfängerkreis war.

Aus der Annahme des Europäischen Gerichtshofs, dass bei Veröffentlichungen im Internet die Ausnahme der persönlich-familiären Verarbeitung nicht gelte,[53] kann geschlossen werden, dass zumindest die allgemeine Zugänglichkeit von Daten die Anwendbarkeit des Datenschutzrechts auslöst. Allgemein zugänglich sind Daten, wenn sie durch eine unbestimmte Anzahl von Personen durch allgemein zugängliche Quellen aufgerufen werden können.[54] Daten sind nicht nur dann allgemein

---

[47] *Schmidt*, in: Taeger/Gabel 2013, § 1 BDSG a. F., Rn. 29; Erwägungsgrund 12 der DSRL nennt explizit Adressverzeichnisse und Schriftverkehr.

[48] *Art.-29-Datenschutzgruppe*, WP 163, 7; *Schmidt*, in: Taeger/Gabel 2013, § 1 BDSG a. F., Rn. 29; *Dammann*, in: Simitis 2014, § 1 BDSG a. F., Rn. 150.

[49] *Dammann*, in: Simitis 2014, § 1 BDSG a. F., Rn. 148; *Hornung*, in: Hornung/Müller-Terpitz 2015, Kap. 4, Rn. 46.

[50] *Simitis*, in: Simitis 2014, § 27 BDSG a. F., Rn. 48; *Wedde*, in: Däubler/Klebe/Wedde/Weichert 2014, § 27 BDSG a. F., Rn. 17; *Buchner*, in: Taeger/Gabel 2013, § 27 BDSG a. F., Rn. 19; *Jandt/Roßnagel*, ZD 2011, 160 (162); a. A. *Gola/Klug/Körffer*, in: Gola/Schomerus 2015, § 27 BDSG a. F., Rn. 11, die bei einer Mischnutzung – entgegen dem Wortlaut – auf den Schwerpunkt abstellen.

[51] Z. B. *Dammann*, in: Simitis 2014, § 1 BDSG a. F., Rn. 151; *Hornung*, in: Hornung/Müller-Terpitz 2015, Kap. 4, Rn. 48.

[52] *Piltz* 2013, 95.

[53] EuGH, ECLI:EU:C:2003:596, Rn. 47 („Lindquist"); EuGH, ECLI:EU:C:2008:727, Rn. 43 („Satamedia").

[54] BVerfGE 27, 71 (83); 103, 44 (60); BGHSt 58, 268 Rn. 54; *Simitis*, in: Simitis 2014, § 28 BDSG a. F., Rn. 151; *Brodowski/Nowak*, in: Wolff/Brink 2020, § 42 BDSG, Rn. 25; *Bergt*, in: Kühling/Buchner 2018, § 42 BDSG, Rn. 10. S. auch Abschn. 5.2.4.

zugänglich, wenn sie über eine Suchmaschine gefunden werden können, sondern auch dann, wenn sie in einem Social Network ohne Zugangshindernisse abgerufen werden können.[55]

Auf personenbezogene Daten in Social Networks hat jedenfalls immer der Anbieter Zugriff. Dies gilt gegebenenfalls für alle Formen der Kommunikation oder Nutzung, die das Social Network anbietet: Neben der eigenen Profilseite oder Chats in Gruppen können dazu auch persönliche Nachrichten zwischen Nutzern zählen.[56] Daher kann nicht ausgeschlossen werden, dass auch ausländische Geheimdienste wie die NSA Zugriff erhalten oder auch Geschäftspartner des Anbieters, etwa Unternehmen, die die Daten zu Analysezwecken erhalten. Die Zugriffsmöglichkeiten anderer Nutzer hängen von den Privatsphäre-Einstellungen des Nutzers im konkreten Fall ab; die Breite des Empfängerkreises kann klein und überschaubar sein oder alle Nutzer des Social Networks umfassen oder sogar den Zugriff über Suchmaschinen umfassen. Daher ist der persönlich-familiäre Bereich zum einen immer dann verlassen, wenn ein Nutzer nicht ausschließen kann, dass der Anbieter und damit potenziell weitere Unternehmen oder Behörden Zugriff auf die von ihm bereitgestellten personenbezogenen Daten bekommen.[57] Daneben ist der persönlich-familiäre Bereich dann verlassen, wenn der Nutzer nicht durch Zugriffsbeschränkungen sicherstellt, dass der Empfängerkreis persönlich-familiär begrenzt

---

[55]Zur Rechtslage nach Geltungsbeginn der DSGVO zustimmend *Schantz*, in: Schantz/Wolff 2017, Rn. 315; *Brodowski/Nowak*, in: Wolff/Brink 2020, § 42 BDSG, Rn. 26; *Franck*, in: Gola 2018, Art. 14 DSGVO, Rn. 14. Widersprüchlich *Schmidt-Wudy*, in: Wolff/Brink 2020, Art. 14 DSGVO, Rn. 75. A. A. wohl *Bergt*, in: Kühling/Buchner 2018, § 42 BDSG, Rn. 8, 10. Zur Rechtslage nach Bundesdatenschutzgesetz a. F. bereits *Jandt/Roßnagel*, ZD 2011, 160 (165); *Ernst*, NJOZ 2011, 953 (955); *Taeger*, in: Taeger/Gabel 2013, § 28 BDSG a. F., Rn. 83; wohl auch *Karg/Fahl*, K&R 2011, 453 (454). A. A. *Wedde*, in: Däubler/Klebe/Wedde/Weichert 2014, § 28 BDSG a. F., Rn. 58 sowie *Forst*, NZA 2010, 427 (431). Beispiele in *Simitis*, in: Simitis 2014, § 28 BDSG a. F., Rn. 151 ff.

[56]Bezüglich Facebook: *von Au*, Wie Facebook private Nachrichten durchleuchtet, Süddeutsche.de vom 10.4.2018, http://www.sueddeutsche.de/digital/2.220/messenger-wie-fac ebook-private-nachrichten-durchleuchtet-1.3938307; *Frier*, Facebook Scans the Photos and Links You Send on Messenger, bloomberg.com vom 4.4.2018, https://www.bloomberg. com/news/articles/2018-04-04/facebook-scans-what-you-send-to-other-people-on-messen ger-app. Diesen Umstand lassen viele unberücksichtigt und lassen für private Nachrichten in Social Networks das Haushaltsprivileg greifen, z. B. *Heberlein* 2017, 97; *Jotzo* 2013, 64; *Piltz* 2013, 93 ff.; wohl auch *Plath*, in: Plath 2018, Art. 2 DSGVO, Rn. 23; *Ennöckl*, in: Sydow 2018, Art. 2 DSGVO, Rn. 13.

[57]*Jandt/Roßnagel*, ZD 2011, 160 (161 f.); *Jandt/Roßnagel*, in: Schenk/Niemann/ Reinmann/Roßnagel 2012, 308 (348 f.); *Weichert*, in: Däubler/Klebe/Wedde/Weichert 2014, § 1 BDSG a. F., Rn. 9. Ebenso in Bezug auf Smart Home-Systeme *Skistims* 2016, 397 sowie in Bezug auf Cloud-Dienste *Kian* 2016, 168 f.

wird,[58] sodass nicht alle sogenannten „Freunde", die das Publikum im Social Network bilden, Zugriff auf die vom Nutzer erstellten Inhalte haben, sondern nur diejenigen, die auch in der „analogen Welt" in persönlich familiärer Beziehung zum Nutzer stehen.

Die Frage, ob im Rahmen der Nutzung von Social Networks eine persönliche und familiäre Tätigkeit vorliegt, ist auch nach dem Wirksamwerden der Datenschutz-Grundverordnung differenziert zu betrachten. Eine persönliche und familiäre Tätigkeit ist „öffentlichkeitsfeindlich",[59] sodass Aktivitäten in Social Networks nur dann unter das Haushaltsprivileg fallen können, wenn der Empfängerkreis auf einen engen Familien- und Freundeskreis beschränkt ist.[60] Sobald personenbezogene Daten dem Anbieter oder einem unbegrenzten Empfängerkreis zugänglich sind, greift die Privilegierung des Art. 2 Abs. 2 lit. c DSGVO nicht mehr.[61]

Die Datenschutz-Grundverordnung ist dann nicht nur durch die Anbieter, sondern auch durch die Nutzer zu beachten. Diese Lösung ist sachgerecht, bedenkt man die ungleich größeren Gefahren für die Persönlichkeitsrechte, die durch moderne Datenverarbeitungsverfahren und Kommunikationsmöglichkeiten auch und gerade durch die Datenverarbeitung durch jedermann drohen.[62]

7.2.2 Räumlicher Anwendungsbereich

Art. 3 DSGVO regelt den räumlichen Anwendungsbereich der Datenschutz-Grundverordnung. Dieser unterscheidet dabei vier Anwendungsfälle: die Verarbeitung personenbezogener Daten durch einen in der Union niedergelassenen

---

[58] *Art.-29-Datenschutzgruppe*, WP 163, 7; *Dammann*, in: Simitis 2014, § 1 BDSG a. F., Rn. 151; *Hornung*, in: Hill/Schliesky 2014, 123 (134 f.); *Hornung*, in: Hornung/Müller-Terpitz 2015, Kap. 4, Rn. 48; *Piltz* 2013, 94 f.; *Heberlein* 2017, 93 ff.

[59] *Ernst*, in: Paal/Pauly 2018, Art. 2 DSGVO, Rn. 21; *Roßnagel*, in: Simitis/Hornung/Spiecker 2019, Art. 2 DSGVO, Rn. 34.

[60] *Gola*, in: Gola 2018, Art. 2 DSGVO, Rn. 25; *Kühling/Raab*, in: Kühling/Buchner 2018, Art. 2 DSGVO, Rn. 25; *Roßnagel*, in: Simitis/Hornung/Spiecker 2019, Art. 2 DSGVO, Rn. 29, 31.

[61] *Schantz*, NJW 2016, 1841 (1843); *Ernst*, in: Paal/Pauly 2018, Art. 2 DSGVO, Rn. 21; *Kühling/Raab*, in: Kühling/Buchner 2018, Art. 2 DSGVO, Rn. 25: Zur Vorgängerregelung der Datenschutzrichtlinie bereits EuGH, ECLI:EU:C:2003:596 („Lindqvist") sowie EuGH, ECLI:EU:C:2008:727, Rn. 43 f. („Satamedia"). Diese Problematik offenbar nicht erkennend *Zerdick*, in: Ehmann/Selmayr 2018, Art. 2 DSGVO, Rn. 10 f.

[62] *Roßnagel/Kroschwald*, ZD 2014, 495 (496); vgl. auch *Husemann*, in: Roßnagel 2018, § 3, Rn. 9. Kritisch ebenso *Gola/Lepperhoff*, ZD 2016, 9; *Roßnagel*, in: Simitis/Hornung/Spiecker 2019, Art. 2 DSGVO, Rn. 33. A. A. *Golland* 2019, 87 f.

Verantwortlichen oder Auftragsverarbeiter nach Art. 3 Abs. 1 DSGVO, nach Art. 3 Abs. 2 lit. a DSGVO die Verarbeitung personenbezogener Daten durch einen nicht in der Union niedergelassenen Verantwortlichen oder Auftragsverarbeiter, um natürlichen Personen Waren oder Dienstleistungen anzubieten, nach Art. 3 Abs. 2 lit. b DSGVO zur Beobachtung des Verhaltens einer natürlichen Person sowie nach Art. 3 Abs. 3 DSGVO, wenn der Ort der Niederlassung des Verantwortlichen außerhalb der Union liegt, aber aufgrund Völkerrechts dem Recht eines Mitgliedstaates unterliegt. Für die Bestimmung der Anwendbarkeit der Verordnung auf Social Networks sind die ersten drei Fälle von praktischer Relevanz, weshalb sich die folgenden Ausführungen auf diese konzentrieren.

7.2.2.1 Niederlassung in der Union

Nach Art. 3 Abs. 1 DSGVO findet die Verordnung Anwendung auf die Verarbeitung personenbezogener Daten, soweit sie im Rahmen der Tätigkeit einer Niederlassung eines Verantwortlichen oder Auftragsverarbeiters in der Union erfolgt. Unerheblich ist dabei, ob die Verarbeitung innerhalb oder außerhalb der Union erfolgt. Einzig entscheidend ist der Ort der Niederlassung. Eine Niederlassung setzt nach Erwägungsgrund 22 DSGVO die effektive und tatsächliche Ausübung einer Tätigkeit durch eine feste Einrichtung voraus. Die Rechtsform dieser Einrichtung ist dabei nicht ausschlaggebend, ebenso wie die Tatsache, ob es sich um eine unselbständige Zweigniederlassung oder eigenständige Tochtergesellschaft handelt. Der Unionsgesetzgeber stellt damit sicher, dass sich Verantwortliche und Auftragsverarbeiter nicht durch rein organisatorische Maßnahmen der Anwendbarkeit der Grundverordnung entziehen können.

7.2.2.1.1 Niederlassung des Anbieters

Der Anbieter muss eine Niederlassung in der Union besitzen. Die Verordnung unterschiedet nicht – anders als nach alter Rechtslage – zwischen dem Sitz und der Niederlassung eines Verantwortlichen, sondern nutzt hierfür eine einheitliche Terminologie.[63] Der Begriff der Niederlassung ist weit zu verstehen.[64] Der Verantwortliche oder Auftragsverarbeiter muss zwar eine feste Einrichtung in einem Mitgliedstaat haben und damit einen gewissen „Grad an Beständigkeit"[65] aufweisen. Die Anforderungen sind aber gering, insbesondere, wenn Unternehmen

---

[63] *Hornung*, in: Simitis/Hornung/Spiecker 2019, Art. 3 DSGVO, Rn. 18. Zwischen Sitz- und Niederlassungsprinzip unterscheidend *Ernst*, in: Paal/Pauly 2018, Art. 3 DSGVO, Rn. 2 ff.

[64] *Hornung*, in: Simitis/Hornung/Spiecker 2019, Art. 3 DSGVO, Rn. 19.

[65] EuGH, ECLI:EU:C:2015:639, Rn. 29 („Weltimmo").

„Leistungen ausschließlich über das Internet anbieten".[66] Daher kann die Benennung eines Vertreters oder die Bereitstellung eines Postfachs zur Abwicklung der Geschäfte ausreichend sein.[67] Ausreichend ist auch das Betreiben oder Nutzen von Servern in der Union.[68] Die Niederlassung in einem Mitgliedstaat kann somit gleichwohl von europäischen wie außereuropäischen Unternehmen betrieben werden.

Die Verarbeitung personenbezogener Daten muss im Rahmen der Tätigkeit der Niederlassung erfolgen. Die Verordnung findet also dann keine Anwendung nach Art. 3 Abs. 1 DSGVO, wenn ein außereuropäisches Unternehmen personenbezogene Daten verarbeitet, diese aber nicht im Zusammenhang mit der Niederlassung in der Union stehen, sondern ausschließlich der Unternehmenszentrale außerhalb der Union zugerechnet werden können. Maßgeblich ist dabei das Maß oder der Umfang der Beteiligung einer Niederlassung an den Aktivitäten des Unternehmens, in deren Rahmen personenbezogene Daten verarbeitet werden.[69] Welche Tätigkeit über die Erhebung, Verarbeitung und Nutzung personenbezogener Daten hinaus als Tätigkeit der Niederlassung zu zählen ist, war bereits im Rahmen der Datenschutzrichtlinie Gegenstand erheblicher Diskussion. Vereinzelt wurde angenommen, dass die Ausführung irgendeiner Datenerhebung, -verarbeitung und -nutzung des Unternehmens ausreichend ist, um eine Niederlassung anzunehmen.[70] Eine zweite Meinung stellte für die Bewertung des Tatbestandmerkmals Niederlassung darauf ab, ob eine tatsächliche Handlungs- und Entscheidungsfähigkeit der konkreten Niederlassung besteht und diese effektive Kontrollmöglichkeiten im Hinblick auf den Datenumgang ausüben kann.[71] Eine dritte Meinung ließ demgegenüber jede Tätigkeit genügen, unabhängig davon, ob diese in Form einer Datenverarbeitung bestand

---

[66]EuGH, ECLI:EU:C:2015:639, Rn. 29 („Weltimmo").

[67]EuGH, ECLI:EU:C:2015:639, Rn. 33 („Weltimmo").

[68]*Hornung*, in: Simitis/Hornung/Spiecker 2019, Art. 3 DSGVO, Rn. 23; *Schantz*, in: Schantz/Wolff 2017, Rn. 330; a. A. *Ennöckl*, in: Sydow 2018, Art. 3 DSGVO, Rn. 7; *Klar*, in: Kühling/Buchner 2018, Art. 3 DSGVO, Rn. 46.

[69]*Klar*, in: Kühling/Buchner 2018, Art 3 DSGVO, Rn. 55; zur Datenschutzrichtlinie bereits *Art.-29-Datenschutzgruppe*, WP 179, 17.

[70]VG Schleswig, ZD 2013, 245 (246); OVG Schleswig, Beschluss vom 22.4.2013, Az. 4 MB 11/13, Rn. 14; so wohl auch noch *Dammann*, in: Simitis 2014, § 1 BDSG a. F., Rn. 202.

[71]*Art.-29-Datenschutzgruppe*, WP 148, 11; *Gusy/Eichenhofer*, in: Wolff/Brink 2020, § 1 BDSG, Rn. 102a; *Karg*, ZD 2013, 247 (248); wohl auch *Gola/Klug/Körffer*, in: Gola/Schomerus 2015, § 1 BDSG a. F., Rn. 28; KG, ZD 2014, 412 (415); *Piltz*, K&R 2013, 292 (294).

oder nur – gewissermaßen im Sinne eines Vertreters – Erklärungen für die verantwortliche Stelle entgegengenommen und abgegeben und Geschäfte abgewickelt hat,
die mit der Datenverarbeitung des Mutterunternehmens in Zusammenhang stehen.[72]

7.2.2.1.1.1 Urteil zum Recht auf Vergessen

Der Europäische Gerichtshof hat in seinem Urteil zum Recht auf Vergessen[73] auch
zur Frage der Niederlassung Stellung genommen. Im zu Grunde liegenden Verfahren ging es unter anderem um die Frage der Verantwortlichkeit für das Verarbeiten
personenbezogener Daten. Die Suchmaschine wird von Google Inc.[74] mit Sitz in
den USA betrieben; Google Inc. besitzt eine Tochterfirma in Spanien (Google Spain
SL), die für den Verkauf der Werbefläche auf der Seite der Suchmaschine zuständig
ist. Das Gericht nahm zu der Frage Stellung, ob Google Inc. eine Niederlassung
im Sinne der Datenschutzrichtlinie 95/46/EG in einem Mitgliedstaat betreibt und
erörterte die Voraussetzungen zur Annahme einer datenschutzrechtlich relevanten
Niederlassung. Der Europäische Gerichtshof betonte zunächst, dass der Wortlaut
des Erwägungsgrunds 19 DSRL nicht verlangt, dass die Niederlassung die Tätigkeit selbst ausführen muss, sondern nur, dass die Datenverarbeitung im Rahmen
der Tätigkeit der Niederlassung erfolgt.[75] Eine solche Tätigkeit kann auch darin
bestehen, als Niederlassung eines in einem Drittstaat ansässigen Unternehmens den
Verkauf zur Verfügung stehender Werbefläche [der Suchmaschine] zu fördern, damit
die Dienstleistung besagter Suchmaschine rentabel wird.[76] Die Tätigkeit der Niederlassung muss sich an die Einwohner des betreffenden Staats richten[77] und dabei
untrennbar mit der Tätigkeit des Mutterunternehmens verbunden sein. Diese Verbindung besteht, wenn die wirtschaftliche Tätigkeit der Niederlassung essentiell für
das Geschäft des Mutterunternehmens ist. Außerdem muss eine datenschutzrechtliche Verbindung bestehen, indem die Datenverarbeitung des Mutterunternehmens im
Zusammenhang mit dem Ergebnis der Datenverarbeitung der Niederlassung steht.[78]
Im vorliegenden Sachverhalt war diese Voraussetzung dadurch erfüllt, dass die
Sucheingabe und die darauf folgende Anzeige und Listung der Suchergebnisse im

---

[72] *Weichert*, in: Däubler/Klebe/Wedde/Weichert 2014, § 1 BDSG a. F., Rn. 17.

[73] EuGH, ECLI:EU:C:2014:317 („Google Spain").

[74] Google Inc. ist seit September 2017 Google LLC.

[75] EuGH, ECLI:EU:C:2014:317, Rn. 52 („Google Spain").

[76] EuGH, ECLI:EU:C:2014:317, Rn. 55 („Google Spain"); *Piltz*, K&R 2014, 566 (567).

[77] EuGH, ECLI:EU:C:2014:317, Rn. 60 („Google Spain").

[78] EuGH, ECLI:EU:C:2014:317, Rn. 57 („Google Spain"); *Dammann*, in: Simitis 2014, § 1
BDSG a. F., Rn. 202; *Piltz*, K&R 2014, 566 (567); *Beyvers/Herbrich*, ZD 2014, 558 (561).

Zusammenhang mit den angezeigten Werbebannern auf der Seite der Suchmaschine steht.[79] Nach Ansicht des Europäischen Gerichtshofs ist im Interesse eines effektiven Grundrechtsschutzes der Begriff der Niederlassung weit auszulegen, sodass auch die Tätigkeiten von Werbe- und Vertriebsniederlassungen als „im Rahmen der Tätigkeiten" des Verantwortlichen anzusehen sind, wenn diese nur wirtschaftlich miteinander verbunden sind.[80] Nach dem Urteil gilt somit jedes Tochterunternehmen als Niederlassung, deren Tätigkeit wirtschaftlich und datenschutzrechtlich mit dem Mutterunternehmen verbunden ist, mit der Folge, dass das am Sitz der Niederlassung geltende Datenschutzrecht Anwendung findet. Ob diese Grundsätze auf andere Anwendungen als Suchmaschinen anwendbar sind, wurde vom Gericht offen gelassen.[81] Dafür spricht, dass das Geschäftsmodell von Social Networks grundsätzlich mit dem von Suchmaschinen vergleichbar ist. Bei Suchmaschinen werden auf Grundlage der Suchanfrage personenbezogene Daten erhoben, um anschließend personalisierte, also auf den konkreten Nutzer zugeschnittene Werbung zu schalten.[82] Gleiches geschieht bei Social Networks, wo ebenfalls personalisierte, auf dem Profil des Nutzers basierende Werbung eingeblendet wird.[83] Gegen eine Übertragung spräche allenfalls, dass das Geschäftsmodell eines Social Network wesentlich heterogener ist als das einer Suchmaschine, sodass sich die vom Europäischen Gerichtshof getroffenen Annahmen zu den Kriterien der Niederlassung nicht auf Social Networks übertragen ließen. Dennoch ist das Kerngeschäft bei Social Networks und Suchmaschinen das gleiche, da es letztlich bei beiden um die Vermarktung personenbezogener Daten für Zwecke der personalisierten Werbung geht.[84] Daher ist davon auszugehen, dass sich bei der Beurteilung von datenschutzrechtlich relevanten Niederlassungen von Social Networks in der Union die Rechtsprechung des Europäischen Gerichtshofs übertragen lässt.

---

[79] EuGH, ECLI:EU:C:2014:317, Rn. 58 („Google Spain").

[80] Kritisch dazu *Klar*, in: Kühling/Buchner 2018, Art. 3 DSGVO, Rn. 57.

[81] *Hoeren*, ZD 2014, 325 (326). Einer Anwendbarkeit auf Social Networks zustimmend z. B. *Beyvers/Herbrich*, ZD 2014, 558 (561); *Karg*, ZD 2014, 359; *Kühling*, EuZW 2014, 527 (529, 531 f.); *Spindler*, JZ 2014, 981 (985); *Caspar*, PinG 2014, 133 (134); *Klar*, in: Kühling/Buchner 2018, Art. 3 DSGVO, Rn. 58; wohl auch *Hamburger BfDI*, DuD 2014, 497. Offengelassen durch *Piltz*, K&R 2014, 566 (567); *Jandt*, MMR-Aktuell 2014, 358242; *Streinz*, JuS 2014, 1140.

[82] Vgl. EuGH, ECLI:EU:C:2014:317, Rn. 56 f. („Google Spain").

[83] S. zum Geschäftsmodell Abschn. 2.3.

[84] Vgl. auch EuGH, ECLI:EU:C:2018:388, Rn. 60 („Fanpage").

7.2.2.1.1.2 Streitstand zur Rechtslage vor Geltung der Datenschutz-Grundverordnung

Schon vor Geltungsbeginn der Datenschutz-Grundverordnung hat sich eine intensive Diskussion um die Frage entsponnen, ob und wo das Social Network Facebook eine Niederlassung in der Union betreibt. Facebook besteht aus einem Mutterkonzern mit Sitz in den Vereinigten Staaten von Amerika, der Facebook Inc. Zusätzlich unterhält das Unternehmen ein Tochterunternehmen unter anderem in Irland (Facebook Ireland Ltd.), das nach offiziellen Angaben Geschäftspartner aller Nutzer in Europa ist.[85] Zusätzlich unterhält Facebook Unternehmen, die ausschließlich zur Durchführung von Werbetätigkeiten und zur Anzeigenakquise zuständig sind, für Deutschland etwa die Facebook Germany GmbH mit Sitz in Hamburg.[86]

Deutsches Datenschutzrecht fand gemäß § 1 Abs. 5 Satz 2 bis 4 BDSG a. F. dann Anwendung, wenn die verantwortliche Stelle nicht in einem Mitgliedstaat der Europäischen Union oder einem Vertragsstaat des Europäischen Wirtschaftsraums, sondern in einem Drittstaat belegen war und Daten im Inland erhob (sogenanntes Territorialprinzip)[87] oder nach § 1 Abs. 5 Satz 1 BDSG a. F. dann, wenn die in einem anderen Mitgliedstaat der Europäischen Union oder wenn eine in einem Vertragsstaat des Abkommens des Europäischen Wirtschaftsraums[88] belegene verantwortliche Stelle personenbezogene Daten durch eine Niederlassung im Inland erhob. Vor Geltungsbeginn der Datenschutz-Grundverordnung entspann sich eine heftige Diskussion um die Frage, ob die deutschen datenschutzrechtlichen Vorschriften auf Unternehmen wie Facebook Anwendung fanden, die zwar personenbezogene Daten in der Union verarbeiten, ihren Sitz aber in den USA haben und Niederlassungen in der Union nur dort betreiben, wo ihnen das jeweilige nationale Datenschutzrecht wenige Pflichten auferlegte.

Das auf das Nutzungsverhältnis zwischen Nutzer und Anbieter des Social Networks anzuwendende Recht war entscheidend davon abhängig, wo die für die Datenverarbeitung des Nutzers verantwortliche Stelle ihren Sitz hatte. In Betracht kamen im Fall von Facebook die USA, Irland und Deutschland. Sowohl in der rechtswissenschaftlichen Literatur als auch in der Rechtsprechung war heftig umstritten,

---

[85] Facebook, AGB, Stand: 30.1.2015, https://www.facebook.com/legal/terms.

[86] VG Schleswig, ZD 2013, 245 (246); OVG Schleswig, Beschluss vom 22.4.2013, Az. 4 MB 11/13, Rn. 6.

[87] BT-Drs. 14/4329, 31; *Gola/Klug/Körffer*, in: Gola/Schomerus 2015, § 1 BDSG a. F., Rn. 28; *Gabel*, in: Taeger/Gabel 2013, § 1 BDSG a. F., Rn. 54; *Dammann*, in: Simitis 2014, § 1 BDSG a. F., Rn. 199 f.

[88] Durch die (Ost-)Erweiterung der Europäischen Union sind dies nur noch Island, Liechtenstein und Norwegen; die Schweiz hat das Abkommen nicht ratifiziert.

ob Facebook Ireland Ltd. die datenschutzrechtlich relevante Niederlassung darstellte.[89] Eine solche Annahme hätte zur Folge gehabt, dass gemäß § 1 Abs. 5 Satz 1
BDSG a. F. irisches Datenschutzrecht auch für die Nutzer in Deutschland anwendbar gewesen wäre. Betrachtet man Facebook Germany GmbH als Niederlassung,
wäre gemäß § 1 Abs. 5 Satz 1 BDSG a. F. deutsches Datenschutzrecht anwendbar
gewesen. Gleiches galt für den Fall, dass keines der Tochterunternehmen als Niederlassung angesehen würde. Auch in diesem Fall wäre deutsches Datenschutzrecht
gemäß § 1 Abs. 5 Satz 2 BDSG a. F. einschlägig gewesen.

Zwei Gerichtsverfahren haben sich über jeweils zwei Instanzen mit der Frage
auseinandergesetzt, ob Facebook Ireland Ltd. eine datenschutzrechtlich relevante
Niederlassung ist. Das Oberverwaltungsgericht Schleswig bejahte die Eigenschaft
als datenverarbeitende Niederlassung in Irland, da nach Angaben der Facebook Inc.
dort eine effektive und tatsächliche Datenverarbeitung stattfindet.[90] Das Kammerge-
richt widersprach der Annahme der tatsächlichen und effektiven Datenverarbeitung
durch die irische Tochterfirma. Vielmehr habe Facebook Ireland Ltd. keine eigene
Entscheidungsbefugnis, da die Kraft der gesellschaftsrechtlichen Stellung der Mutterfirma jede vertraglich zugesicherte Entscheidungsbefugnis der Ltd. überlagere.[91]
Deshalb finde keine eigene Datenverarbeitung in Irland statt, sondern ausschließlich
am Sitz der Mutterfirma in den USA.[92] Mit dieser Argumentation lehnte das Kam-
mergericht die Eigenschaft als Niederlassung im Sinne der Datenschutzrichtlinie
ab, mit der Folge, dass das Bundesdatenschutzgesetz zur Anwendung gekommen
wäre.

---

[89]Ablehnend KG, CR 2014, 319 (324); *Polenz*, VuR 2012, 207 (208); *Hamburger
BfDI*, Zur aufsichtsbehördlichen Zuständigkeit über den Internet-Dienst Facebook, S.
21, https://www.datenschutz-hamburg.de/fileadmin/user_upload/documents/Gutachten_Fac
ebook-Nutzungsbedingungen.pdf.; wohl auch *Karg*, ZD 2013, 247 (248); differenzierend
Piltz 2013, 75–79. Zustimmend hingegen VG Schleswig, ZD 2013, 245 (246); OVG Schleswig, Beschluss vom 22.4.2013, Az. 4 MB 11/13, Rn. 13; *Dammann*, in: Simitis 2014, § 1
BDSG a. F., Rn. 207.

[90]OVG Schleswig, Beschluss vom 22.4.2013, Az. 4 MB 11/13, Vorinstanz VG Schleswig,
ZD 2013, 245.

[91]KG, ZD 2014, 412 (415), Vorinstanz LG Berlin, CR 2012, 270 mit Anm. *Piltz*; *Hornung*,
in: Hornung/Müller-Terpitz 2015, Kap. 4, Rn. 29.

[92]KG, ZD 2014, 412 (415). So auch mit Verweis auf die Datenschutzrichtlinie und die Nutzungsbedingungen von Facebook *Polenz*, VuR 2012, 207 (208) sowie *Stadler*, Gilt deutsches
Datenschutzrecht für Facebook überhaupt? Internet-Law vom 18.8.2011, http://www.internet-
law.de/2011/08/gilt-deutsches-datenschutzrecht-fur-facebook-uberhaupt.html.

Diese Rechtsprechung wurde im Schrifttum kritisch diskutiert.[93] Im Rahmen der umstrittenen Frage, welcher Tätigkeit eine Niederlassung im Einzelnen nachgehen muss, um als relevante Niederlassung im Sinne der Datenschutzvorschriften angesehen zu werden, stieß die Ansicht auf Zustimmung, dass jedenfalls ein nur im Bereich des Marketing tätiges Tochterunternehmen keine datenverarbeitende Niederlassung sein könne.[94] Nach dieser Rechtsprechung konnte jedenfalls Facebook Germany GmbH keine Niederlassung in diesem Sinne darstellen, sodass § 1 Abs. 5 Satz 1 BDSG a. F. nicht greife. Zustimmung erfuhr auch die Annahme, dass einer datenverarbeitenden Niederlassung eine tatsächliche Entscheidungsbefugnis zustehen müsse.[95] Kontrovers diskutiert wurde jedoch, ob dies im konkreten Fall für Facebook Ireland Ltd. angenommen werden konnte.[96] In der Folge herrschte je nach Bewertung der Tatsachenvorträge durch Facebook Inc. zur Natur und zum Umfang der Verantwortlichkeiten der jeweiligen Facebook-Niederlassungen und der Struktur innerhalb des Unternehmens eine unterschiedliche Auffassung darüber, ob irisches oder deutsches Datenschutzrecht Anwendung fand.

Mit seinem Urteil zum Recht auf Vergessen[97] hat der Europäische Gerichtshof geklärt, dass auch solche Niederlassungen, die sich auf Marketingtätigkeiten beschränken, als datenschutzrechtlich relevante Niederlassungen im Sinne der datenschutzrechtlichen Vorschriften anzusehen sind. Die Facebook Germany GmbH war damit als relevante Niederlassung im Sinne des § 1 Abs. 5 Satz 1 BDSG a. F. anzusehen, sodass deutsches Datenschutzrecht zur Anwendung kommen musste.[98] Das Urteil des Europäischen Gerichtshofs erweiterte den räumlichen Anwendungsbereich der Datenschutzrichtlinie und damit letztlich des nationalen Rechts deutlich

---

[93] *Piltz*, K&R 2013, 283; *Karg*, ZD 2013, 371; *Karg*, ZD 2013, 247; *Beyvers/Herbrich*, ZD 2014, 558 (559 f.) mit weiteren Nachweisen.

[94] VG Schleswig, ZD 2013, 245 (246); OVG Schleswig, Beschluss vom 22.4.2013, Az. 4 MB 11/13, Rn. 16; *Dammann*, in: Simitis 2014, § 1 BDSG a. F., Rn. 203; *Piltz*, K&R 2013, 280 (283); *Stadler*, ZD 2011, 57 (58); *Klar*, ZD 2013, 109 (111).

[95] VG Schleswig, ZD 2013, 245 (246); OVG Schleswig, Beschluss vom 22.4.2013, Az. 4 MB 11/13, Rn. 16; *Karg*, ZD 2013, 371 (374); *Kremer*, RDV 2014, 73 (80 f.); *Voigt*, K&R 2014, 325 (326); *Karg*, ZD 2013, 247 (248).

[96] Ablehnend KG, ZD 2014, 412 (415); *Karg*, ZD 2013, 247 (248); *Kremer*, RDV 2014, 73 (81); *Hornung*, in: Hornung/Müller-Terpitz 2015, Kap. 4, Rn. 29. Zustimmend hingegen VG Schleswig, ZD 2013, 245 (246); OVG Schleswig, Beschluss vom 22.4.2013, Az. 4 MB 11/13, Rn. 13, 16.

[97] S. Abschn. 7.2.2.1.

[98] EuGH, ECLI:EU:C:2018:388, Rn. 55 („Fanpage"). Zuvor bereits KG, K&R 2018, 121. Offenlassend VG Hamburg, CR 2017, 437 (439); OVG Hamburg, Beschluss vom 26.2.2018, Az. 5 Bs 93/17, Rn. 27 f. sowie OVG Hamburg, ZD 2016, 450 (451); a. A. die Vorinstanz VG Hamburg, ZD 2016, 243 (245 ff.), das zwar anerkennt, dass Facebook Germany GmbH

und war daher vielfach debattiert worden.[99] Kritisiert wurde, dass dies eine Aufwei-
chung und vom Gesetzgeber nicht gewollte Erweiterung des Tatbestandsmerkmals
Niederlassung sowie die Umgehung des Zwecks der Regelung und eine Gefahr
des Missbrauchs durch sogenanntes „forum shopping", also dem gezielten Nie-
derlassen in einem Staat mit für den Anbieter möglichst günstigen Gesetzen,
darstelle.[100] Andererseits förderte die Auslegung des Europäischen Gerichtshofs die
Durchsetzung der Rechte und verstärkte einen effektiven Rechtschutz der betroffenen Personen,[101] ohne gegen den Wortlaut des Gesetzes zu argumentieren. Die
Gefahr des Missbrauchs durch ein „forum shopping" bestand unabhängig von
der Auslegung des Europäischen Gerichtshofs[102] und war unter dem Regime der
Datenschutzrichtlinie gängige Praxis.[103]

Nach den Grundsätzen des Google-Spain-Urteils des Europäischen Gerichtshofs
ist Facebook Germany GmbH damit als datenschutzrechtlich relevante Niederlassung zu qualifizieren; und auch Facebook Ireland Ltd. erfüllt diese Voraussetzungen.
Da eine Niederlassung für die Anwendbarkeit des Art. 3 Abs. 1 DSGVO ausreichend
ist, ist diese Diskussion in Bezug auf den räumlichen Anwendungsbereich vorerst
aber nicht mehr entscheidungserheblich.[104] Solange an dieser organisatorischen
Struktur keine Änderungen erfolgen, besitzt Facebook mindestens eine Niederlassung in der Union, sodass Art. 3 Abs. 1 DSGVO zur Anwendung kommt, Abs. 2
hingegen nicht.

7.2.2.1.2 Anwendbarkeit auf Nutzer

Die Vorschrift des Art. 3 Abs. 1 DSGVO ist auch anwendbar auf Nutzer als natürliche Personen, wenn diese datenschutzrechtlich verantwortlich sind, weil etwa das

---

eine Niederlassung im Sinne des § 1 Abs. 5 Satz 1 BDSG a. F. ist, die relevanten Datenverarbeitungen aber nicht im Rahmen ihrer Tätigkeit stattfinden, sondern im Rahmen der Tätigkeit
der FB Ireland Ltd.; im Ergebnis ablehnend *Herbrich*, ZD 2016, 248 (249 f.).

[99] *Sörup*, MMR 2014, 464 (465); kritisch *Beyvers/Herbrich*, ZD 2014, 558 (561) sowie
Hartung, Newsdienst Compliance 2014, 22150.

[100] Ausführlich *Beyvers/Herbrich*, ZD 2014, 558 (561 f.).

[101] *Jandt*, MMR-Aktuell 2014, 358242; *Hamburger BfDI*, DuD 2014, 497; *Kühling*, EuZW
2014, 527 (528); *Streinz*, JuS 2014, 1140 (1143).

[102] So im Ergebnis auch *Beyvers/Herbrich*, ZD 2014, 558 (562).

[103] Unabhängig von der Streitfrage, ob Facebook Ireland Ltd. eine Niederlassung der Facebook
Inc. ist oder nicht, wurde der Sitz in Irland auch vor dem Hintergrund der günstigen irischen
Datenschutzgesetze gewählt; vgl. *Bittner/Scally*, ZEIT Online vom 14.8.2013, http://www.
zeit.de/2013/34/datenschutzbehoerde-irland-facebook-nsa.

[104] Relevanz entfaltet die Frage der Niederlassung jedoch hinsichtlich der Frage zur Zuständigkeit der Aufsichtsbehörde. S. dazu Abschn. 7.3.

„Haushaltsprivileg" nicht greift. Die Datenschutz-Grundverordnung ist daher auf diese räumlich anwendbar, wenn der Nutzer in der Union niedergelassen ist, also seinen gewöhnlichen Aufenthalt oder Wohnsitz hat.

7.2.2.2 Marktort und Beobachtungsort

Die Datenschutz-Grundverordnung ist nach Art. 3 Abs. 2 DSGVO zudem auf nicht in der Union niedergelassene Verantwortliche und Auftragsverarbeiter anwendbar, wenn sie personenbezogene Daten von betroffenen Personen verarbeiten, die sich in der Union befinden. Abzustellen ist dabei auf den physischen Aufenthaltsort in der Union.[105] Abs. 2 gilt nur, wenn die Datenverarbeitung damit in Zusammenhang steht, diesen Personen Waren oder Dienstleistungen anzubieten oder deren Verhalten zu beobachten. Mit dieser expliziten Ausdehnung des Anwendungsbereichs auf nicht in der Union niedergelassene Verantwortliche und Auftragsverarbeiter trägt der Unionsgesetzgeber dem Umstand Rechnung, dass viele, insbesondere die marktführenden US-amerikanischen Online-Mediendienste zwar Unmengen personenbezogener Daten von betroffenen Personen in der Union erhoben und verarbeitet und damit am Binnenmarkt teilgenommen und von diesem profitiert haben, aber den unions- und mitgliedstaatlichen Datenschutzvorschriften nicht oder nur unzureichend unterfielen. Zudem werden alle in der Union tätigen Unternehmen gleichgestellt, ungeachtet, wo diese ihre Niederlassung haben.[106]

Beide Varianten der Vorschrift gelten alternativ.[107] Der örtliche Bezug zum Unionsrecht wird über den Aufenthaltsort der betroffenen Person hergestellt. Gemeint sind nicht nur Unionsbürger, sondern alle Personen, die sich in der Union aufhalten, ungeachtet eines Wohnsitzes oder Lebensmittelpunktes.[108] Dies gilt somit auch, wenn sie sich nur vorübergehend in der Union aufhalten.

7.2.2.2.1 Angebot von Waren oder Dienstleistungen

Nach Art. 3 Abs. 2 lit. a DSGVO ist die Datenschutz-Grundverordnung dann anwendbar, wenn ein nicht in der Union niedergelassener Verantwortlicher oder

---

[105] *Hornung*, in: Simitis/Hornung/Spiecker 2019, Art. 3 DSGVO, Rn. 59. A. A. *Golland* 2019, 108 ff., der auf den gewöhnlichen Aufenthalt der betroffenen Person abstellt.

[106] *Schantz*, NJW 2016, 1841 (1842); *Klar*, in: Kühling/Buchner 2018, Art. 3 DSGVO, Rn. 20; *Ennöckl*, in: Sydow 2018, Art. 3 DSGVO, Rn. 12. Zu einer möglichen Schutzlücke bei der Abgrenzung der Abs. 1 und 2 s. *Piltz*, in: Gola 2018, Art. 3 DSGVO, Rn. 35 f.; *Piltz*, K&R 2016, 557 (559); *Klar*, in: Kühling/Buchner 2018, Art. 3 DSGVO, Rn. 60 sowie Abschn. 7.2.2.2.3.

[107] *Ennöckl*, in: Sydow 2018, Art. 3 DSGVO, Rn. 11. Für eine unbedingte Geltung des Marktortprinzips plädierend *Schmidt-Jortzig*, DÖV 2018, 10 (14).

[108] *Klar*, in: Kühling/Buchner 2018, Art. 3 DSGVO, Rn. 64; *Zerdick*, in: Ehmann/Selmayr 2018, Art. 3 DSGVO, Rn. 17.

Auftragsverarbeiter personenbezogene Daten verarbeitet, um der betroffenen Person in der Union gegen Entgelt oder unentgeltlich Waren oder Dienstleistungen anzubieten. Die Verordnung stellt damit klar, dass auch für Nutzer kostenlose, weil werbefinanzierte Angebote dieser Variante unterfallen. Um zu bestimmen, ob ein Verantwortlicher oder Auftragsverarbeiter offensichtlich beabsichtigt, in einem oder mehreren Mitgliedstaaten Dienstleitungen anzubieten, nennt Erwägungsgrund 23 DSGVO Faktoren, die als Anhaltspunkte zur Beurteilung dienen können. Dazu gehört etwa die Verwendung einer Sprache oder Währung, die in einem oder mehreren Mitgliedstaaten gebräuchlich ist, und die Möglichkeit, Waren oder Dienstleistungen in dieser Sprache zu bestellen. Die bloße Zugänglichkeit einer Website in einem Mitgliedstaat, das Zurverfügungstellen von Kontaktdaten einschließlich einer E-Mail-Adresse oder die Verwendung einer Sprache, die in dem Drittland, in dem der Verantwortliche niedergelassen ist, üblich ist, begründen allein ausweislich Erwägungsgrund 23 DSGVO jedoch noch keine Absicht.

Bei der Nutzung von Social Networks handelt es sich in der Regel um unentgeltliche Dienstleistungen,[109] da jeder Nutzer nach der Registrierung die Plattform mit allen ihren Angeboten und Leistungen unentgeltlich nutzen kann. Ob die Dienstleistung dem Nutzer in der Union angeboten wird, ist nach den Umständen des Einzelfalls zu betrachten. Insbesondere bei Online-Mediendiensten, wo die Dienstleistung rein virtuell stattfindet, kann eine entsprechende Beurteilung, ob Waren oder Dienstleistungen in der Union angeboten werden, schwierig sein. Eine bloße Abrufbarkeit der Website in der Union reicht nach Erwägungsgrund 23 DSGVO nicht aus. Ist ausnahmsweise das Social Network an sich oder – häufiger – eine Zusatzleistung, etwa Spiele-Apps, Premium-Pakete oder auch Speicherplatz, entgeltlich, können die zur Verfügung gestellten Bezahl-Möglichkeiten und auch die fällige Währung einen Anhaltspunkt dafür geben, ob sich das Angebot an einen Nutzer in der Union richtet. Ist der Dienst unentgeltlich, müssen weitere Umstände zur Beurteilung herangezogen werden. So wird es darauf ankommen, ob die Website des Social Networks eine in der Union gebräuchliche Sprache benutzt, wobei die Verwendung deutscher oder italienischer Sprache wohl eine größere Aussagekraft hat als die Verwendung von Englisch oder Spanisch, die beide auch außerhalb der Union weit verbreitet sind. Anhaltspunkte dafür, ob sich die Website explizit an Nutzer in der Union richtet, können sich etwa in den Allgemeinen Geschäftsbedingungen und Datenschutzerklärungen finden, aber auch in der Verwendung

---

[109] *Klar*, in: Kühling/Buchner 2018, Art. 3 DSGVO, Rn. 75; *Zerdick*, in: Ehmann/Selmayr 2018, Art 3 DSGVO, Rn. 18. Zum Dienstleistungsbegriff s. ausführlich *Klar*, in: Kühling/Buchner 2018, Art. 3 DSGVO, Rn. 71 ff. mit weiteren Nachweisen.

länderspezifischer Top-Level-Domains wie .de für Deutschland oder .fr für Frankreich. Denkbar ist auch die Berücksichtigung entsprechender Werbeeinblendungen. Ausschlaggebend kann dabei neben bestimmten Währungen, in denen die Preise der Produkte angegeben werden, aber auch sein, ob diese in der Union gängige Produkte oder Dienstleistungen bewerben oder offensichtlich auf einen anderen, zum Beispiel den chinesischen oder südamerikanischen, Markt beschränkt sind. Ein weiterer Anhaltspunkt für Social Networks könnte sein, dass es durch Geolokalisation einem Nutzer andere Nutzer vorschlägt, die sich in der Union aufhalten.[110] Die zugrunde zu legenden Faktoren können im Einzelfall schwierig zu beurteilen sein; Grenzfälle werden wohl vom Europäischen Gerichtshof geklärt werden müssen. Im Interesse eines effektiven Grundrechtsschutzes für die betroffenen Personen sollten Maßstäbe nicht zu eng angelegt werden und Zweifelsfälle zu Lasten der datenverarbeitenden Unternehmen gehen.

7.2.2.2.2 Beobachtung des Verhaltens einer natürlichen Person

Die Datenschutz-Grundverordnung ist zudem nach Art. 3 Abs. 2 lit. b DSGVO anwendbar auf nicht in der Union niedergelassene Verantwortliche und Auftragsverarbeiter, die personenbezogene Daten verarbeiten, um das Verhalten betroffener Personen in der Union zu beobachten. Ob eine Datenverarbeitung der Verhaltensbeobachtung dient, sollte nach Erwägungsgrund 24 DSGVO daran festgemacht werden, ob die Internetaktivitäten der betroffenen Person nachvollzogen werden, zum Beispiel durch die Verwendung von Techniken, die personenbezogene Daten verarbeiten, um ein Profil der betroffenen Person zu erstellen, das als Grundlage für diese Person betreffende Entscheidungen genutzt wird oder persönliche Vorlieben, Verhaltensweisen oder Gepflogenheiten analysiert.

Die Vorschrift ist technikneutral formuliert. Sie umfasst sowohl Maßnahmen des Trackings allein als auch das anschließende Profiling.[111] Da im Sinne des Erwägungsgrundes 24 Satz 2 DSGVO vor allem Internetsachverhalte erfasst werden sollen, fallen hierunter die typischen Analyse-Tools wie Cookies oder Social Plug-ins wie Facebooks Like-Button, sofern dadurch personenbezogene Daten entstehen.[112] Die betroffene Person muss sich physisch in der Union befinden. Dies lässt sich in der Regel über die IP-Adresse herausfinden. Die Vorschrift trifft jeden Verantwortlichen, der solche Tools einsetzt und damit das Verhalten von in der Union

---

[110]S. zu weiteren Anknüpfungspunkten auch *Golland* 2019, 112 f.

[111]*Hornung*, in: Simitis/Hornung/Spiecker 2019, Art. 3 DSGVO, Rn. 59 f.; *Klar*, in: Kühling/Buchner 2018, Art. 3 DSGVO, Rn. 91.

[112]*Klar*, in: Kühling/Buchner 2018, Art. 3 DSGVO, Rn. 98, *Hornung*, in: Simitis/Hornung/Spiecker 2019, Art. 3 DSGVO, Rn. 60. Vgl. Zu Tracking-Methoden auch *Forum Privatheit* (Hrsg.), White Paper Tracking, 2018 sowie Abschn. 2.4.

befindlichen Personen beobachtet; eine weitere Ausrichtung auf den Binnenmarkt oder ein Sitz in der Union ist nicht erforderlich.[113] Da auch Social Networks entsprechende Tools nutzen oder diese anderen Verantwortlichen zur Verfügung stellen und damit das Verhalten ihrer Nutzer beobachten und die Beobachtung zur Grundlage von Targeting-Maßnahmen machen, ergibt sich die Anwendbarkeit der Datenschutz-Grundverordnung speziell bei Anbietern von Social Networks als Verantwortliche daher auch aus Art. 3 Abs. 2 lit. b DSGVO.

7.2.2.2.3 Mögliche Schutzlücke in Art. 3 Abs. 1 und 2 DSGVO?

Mit dem Niederlassungs-, Marktort- und Beobachtungsortprinzip in Art. 3 Abs. 1 und 2 DSGVO hat die Verordnung grundsätzlich einen weiten räumlichen Anwendungsbereich abgesteckt, um die Persönlichkeitsrechte der betroffenen Personen möglichst effektiv zu schützen. Die Varianten des Niederlassungs-, Marktort- und Beobachtungsortprinzips gelten alternativ, da Abs. 1 eine Niederlassung in der Union voraussetzt, Abs. 2 hingegen auf nicht in der Union niedergelassene Verantwortliche und Auftragsverarbeiter abzielt.

Art. 3 Abs. 2 DSGVO ist zwar für Anbieter von Social Networks die sachnähere Vorschrift und der Verordnungstext einschließlich der Erwägungsgründe lässt zudem darauf schließen, dass der Unionsgesetzgeber vor allem Online-Mediendienste wie Social Networks darunter fassen wollte. Ist jedoch eine Niederlassung in der Union vorhanden, ist nach dem Wortlaut Abs. 1 anzuwenden. Hier entsteht eine Schutzlücke zwischen den Absätzen 1 und 2, wenn ein Unternehmen eine Niederlassung in der Union besitzt, seine Datenverarbeitung jedoch nicht im Rahmen der Tätigkeit dieser Niederlassung erfolgt. Um eine solche Schutzlücke zu vermeiden, ist Art. 3 Abs. 2 DSGVO dahingehend auszulegen, dass Niederlassungen eines Unternehmens, die nicht in die Datenverarbeitungtätigkeiten involviert sind, nicht unter den Niederlassungsbegriff an sich fallen. Damit gilt das Unternehmen nicht als „in der Union niedergelassen", sodass Abs. 2 greift.[114]

7.2.2.2.4 Durchsetzung der datenschutzrechtlichen Verpflichtungen

Die Frage der praktischen Durchsetzbarkeit datenschutzrechtlicher Vorschriften berührt nicht grundsätzlich die Frage der Anwendbarkeit des Gesetzes. Das Markt-

---

[113]*Hornung*, in: Simitis/Hornung/Spiecker 2019, Art. 3 DSGVO, Rn. 59. Kritisch zur Reichweite der Vorschrift *Klar*, in: Kühling/Buchner 2018, Art. 3 DSGVO, Rn. 23 ff., 101.

[114]Zur Schutzlücke ausführlich *Piltz*, K&R 2016, 557 (559); *Golland*, DuD 2018, 351 (351 f.); *Piltz*, in: Gola 2018, Art. 3 DSGVO, Rn. 35 f.; *Golland* 2019, 97 f. Ebenso *Hornung*, in: Simitis/Hornung/Spiecker 2019, Art. 3 DSGVO, Rn. 45; *Klar*, in: Kühling/Buchner 2018, Art. 3 DSGVO, Rn. 60.

und Beobachtungsortprinzip wurde als großer Erfolg der Reform des unionsrechtlichen Datenschutzrechts gepriesen, da sich nun alle Unternehmen, auch solche, die nicht in der Union niedergelassen sind, an die unionsrechtlichen Vorschriften halten müssen, wenn sie am Binnenmarkt teilnehmen. Für diese Alternative stellt sich jedoch die Frage, wie effizient sie sich künftig durchsetzen lässt.

Die Amtsbefugnisse der Aufsichtsbehörden umfassen umfangreiche Untersuchungs-, Abhilfe- und Genehmigungsbefugnisse nach Art. 58 DSGVO sowie die Möglichkeit, drastischen Geldbußen zu verhängen.[115] Die Durchsetzung der Anordnungen der Aufsichtsbehörden erfolgt im Wege des Verwaltungszwangs. Die Verordnung sieht zudem in Art. 27 DSGVO vor, dass jeder Verantwortliche schriftlich einen Vertreter benennt, der in einem der Mitgliedstaaten niedergelassen ist, in dem betroffenen Personen Waren oder Dienstleistungen angeboten werden oder ihr Verhalten beobachtet wird, und den betroffenen Personen und der Aufsichtsbehörde als Anlaufstelle dient. Nach Erwägungsgrund 80 DSGVO soll der Vertreter beauftragt werden, in Bezug auf die dem Verantwortlichen obliegenden Verpflichtung an dessen Stelle zu handeln und mit den zuständigen Aufsichtsbehörden zusammenzuarbeiten. Nach Art. 58 Abs. 1 lit. a DSGVO kann der Vertreter angewiesen werden, alle Informationen bereitzustellen, die die Aufsichtsbehörde zur Erfüllung ihrer Aufgaben benötigt. Zwar ist der Verstoß gegen Art. 27 DSGVO nach Art. 83 Abs. 4 lit. a DSGVO bußgeldbewehrt. Die Vollstreckung des Bußgeldes aber muss dann wiederum gegen ein Unternehmen vollzogen werden, das sich nicht in der Jurisdiktion der Aufsichtsbehörden befindet.

Ob das Marktortprinzip nach Art. 3 Abs. 2 DSGVO letztlich wirklich zu einer Verbesserung des Schutzes der Grundrechte der betroffenen Person führt, hängt einerseits von der Kooperationsbereitschaft der Verantwortlichen und deren Vertreter ab, andererseits aber noch mehr von der Durchsetzungsfähigkeit der einzelnen Aufsichtsbehörden.[116] Diese haben ähnlich umfangreiche Befugnisse wie die Europäische Kommission, die in Wettbewerbsangelegenheiten insbesondere im Sinne der Art. 101 f. AEUV umfangreiche Befugnisse zur Untersagung, zum Entzug von Rechtsvorteilen und zur Verhängung von Bußgeldern nach der Verordnung 1/2003[117] hat. Davon hat sie in der Vergangenheit hin und wieder Gebrauch gemacht,

---

[115]*Braun*, in: Roßnagel 2018, § 6, Rn. 47 ff. Zum Sanktionsregime der Datenschutz-Grundverordnung ausführlich *Forum Privatheit* (Hrsg.), Forschungsbericht Sanktionsregime, 2019 sowie *Braun/Hohmann*, in: Roßnagel 2018, § 6, Rn. 126 ff.

[116]So *Klar*, in: Kühling/Buchner 2018, Art. 3 DSGVO, Rn. 26.

[117]Verordnung (EG) Nr. 1/2003 des Rates vom 16.12.2002 zur Durchführung der in den Artikeln 81 und 82 des Vertrags niedergelegten Wettbewerbsregeln, ABl. EG 2003, L1/1. Seit der Vertragsreform von Lissabon finden sich die Art. 81 und 82 EGV in Art. 101 und 102 AEUV.

um wettbewerbsverzerrendes Verhalten zu sanktionieren.[118] Obwohl eine Vollstreckung in außereuropäisches Vermögen schwierig ist, da die Titel durch ein
ausländisches Gericht im Einzelfall für vollstreckbar erklärt werden müssen, leiste-
ten die betroffenen US-amerikanischen Unternehmen diesen Anordnungen Folge.
Das mag zum einen an einem drohenden Imageverlust liegen, wenn Bußgeldforde-
rungen der Europäischen Kommission nicht Folge geleistet werden, aber auch an
nicht kalkulierbaren Risiken bei Verlust der Union als Marktort.

Vor diesem Hintergrund ist zu erwarten, dass auch die Vorschrift des Art. 3
Abs. 2 DSGVO zum Marktort und Beobachtungsort kein „stumpfes Schwert" bleibt,
sondern bei entsprechendem Durchsetzungswillen der Aufsichtsbehörden durchaus
Potenzial besteht, Verstöße effektiv zu sanktionieren.

7.3   Zuständigkeit der Aufsichtsbehörde

Eng mit dem räumlichen Anwendungsbereich der Verordnung verknüpft ist die
Frage, welche Aufsichtsbehörde zuständig ist, wenn die Verordnung nach Art. 3
Abs. 1 oder 2 DSGVO Anwendung findet. Die Zuständigkeit der Aufsichtsbehörden
ergibt sich aus Art. 55 und 56 DSGVO.[119] Nach Art. 55 Abs. 1 DSGVO ist jede
Aufsichtsbehörde im Hoheitsgebiet ihres Mitgliedstaates für die Erfüllung der ihr
übertragenen Aufgaben zuständig.

Hat ein Verantwortlicher mehrere Niederlassungen im Sinne des Art. 3 Abs. 1
DSGVO und führt grenzüberschreitende Datenverarbeitungen aus, können sich
Konflikte ergeben, wenn verschiedene Aufsichtsbehörden in den einzelnen Mitgliedstaaten einen Datenverarbeitungsvorgang unterschiedlich bewerten. Für diesen
Fall sieht Art. 56 Abs. 1 DSGVO vor, dass die Aufsichtsbehörde am Ort der Hauptniederlassung die federführende Aufsichtsbehörde für diese grenzüberschreitenden
Datenverarbeitungsvorgänge ist (Grundsatz des „One-Stop-Shop"). Hauptniederlassung ist in Art. 4 Nr. 16 DSGVO legaldefiniert und ist nach lit. a im Falle
eines Verantwortlichen der „Ort seiner Hauptverwaltung in der Union, es sei denn,
die Entscheidungen hinsichtlich der Zwecke und Mittel der Verarbeitung personenbezogener Daten werden in einer anderen Niederlassung des Verantwortlichen
in der Union getroffen und diese Niederlassung ist befugt, diese Entscheidungen
umsetzen zu lassen". An dieser Stelle eröffnen sich dem Verantwortlichen zwar vielfältige Möglichkeiten, sich die zuständige Aufsichtsbehörde selbst auszusuchen.

---

[118]Z. B. im Verfahren der Kommission gegen Microsoft, bestätigt durch EuG, Urteil vom
17.9.2007, Rs. T-201/04, ECLI:EU:T:2007:289.
[119]Ausführlich *Hofmann*, in: Roßnagel 2018, § 6, Rn. 1 ff.

Die Wahl des Niederlassungsortes obliegt jedoch im Rahmen der Niederlassungsfreiheit und der unternehmerischen Gestaltungsfreiheit dem Verantwortlichen. Nach Erwägungsgrund 36 DSGVO ist die Hauptniederlassung nach objektiven Kriterien zu bestimmen, wie etwa die tatsächliche und effektive Ausübung von Managementtätigkeiten durch eine feste Einrichtung, in deren Rahmen die Grundsatzentscheidungen zur Festlegung der Zwecke und Mittel der Datenverarbeitung getroffen werden.

Facebook Inc. beispielsweise besitzt mehrere Niederlassungen in der Union, nämlich Facebook Ireland und Facebook Germany. Die Hauptniederlassung müsste nach Art. 4 Nr. 16 DSGVO der Ort der Hauptverwaltung in der Union sein. Zwar ist Facebook Ireland nicht der Ort der Hauptverwaltung des Konzerns, aber es ist zumindest die einzige Niederlassung, die mit Nutzerdaten nicht-nordamerikanischer Nutzer umgeht.[120] Aus diesem Grund muss Facebook Ireland zumindest befugt zu sein, diesbezüglich Entscheidungen des Mutterkonzern in der Union umzusetzen. Zudem ist die irische Niederlassung nach eigenen Angaben durch die konzerninterne Aufgabenverteilung Ansprechpartner für alle betroffenen Personen in der Union. Daher ist die irische Niederlassung am Beispiel von Facebook die Hauptniederlassung, die irische Aufsichtsbehörde damit federführend im Sinne des Art. 56 Abs. 1 DSGVO.[121] Bei grenzüberschreitenden Datenverarbeitungen muss die deutsche Aufsichtsbehörde mit der federführenden irischen Behörde im Wege des Kooperationsverfahrens nach Art. 60 DSGVO zusammenzuarbeiten. Für Beschwerden im Sinne des Art. 77 DSGVO bleibt jede Aufsichtsbehörde grundsätzlich selbst nach Art. 56 Abs. 2 DSGVO weiter zuständig.[122]

Liegt ein Anwendungsfall des Art. 3 Abs. 2 DSGVO vor, besteht also keine Niederlassung in der Union, ist ein Vertreter nach Art. 27 DSGVO zu benennen. Dieser begründet jedoch keine Zuständigkeit der Aufsichtsbehörde nach Art. 55 oder 56 DSGVO, da keine der Vorschriften an den Sitz des Vertreters anknüpfen. Daher greift der Grundsatz des Art. 55 Abs. 1 DSGVO, das heißt, jede Aufsichtsbehörde ist in ihrem Hoheitsgebiet zuständig. Für Anbieter ohne Niederlassung in der Union, die unionsweit Waren oder Dienstleistungen anbieten, sind damit alle Aufsichtsbehörden in der Union in ihrem jeweiligen Hoheitsgebiet parallel zuständig.[123] Eine federführende Aufsichtsbehörde im Sinne des Art. 56 DSGVO gibt es in diesem Fall

---

[120]Z. B. VG Schleswig, ZD 2013, 245 (246).

[121]*Hornung*, in: Simitis/Hornung/Spiecker 2019, Art. 3 DSGVO, Rn. 37, dort Fn. 73; *Gömann*, EuZW 2018, 680 (683); *DSK*, Entschließung gemeinsame Verantwortung 2018, 2.

[122]Zu den Rechtsbehelfen s. Abschn. 7.10.

[123]*Hornung*, in: Simitis/Hornung/Spiecker 2019, Art. 3 DSGVO, Rn. 65; *Polenz*, in: Simitis/Hornung/Spiecker 2019, Art. 55 DSGVO, Rn. 14 ff.

nicht. Für ein abgestimmtes Verfahren gegenüber dem Verantwortlichen bieten sich gemeinsame Maßnahmen der Aufsichtsbehörden nach Art. 62 DSGVO an sowie gegebenenfalls die Einbeziehung des Ausschusses nach Art. 64 DSGVO.

7.4   Regelungsadressat: Verantwortlicher der Datenverarbeitung

Der Verantwortliche ist der Normadressat der in der Datenschutz-Grundverordnung festgelegten Pflichten. In Art. 2 lit. d DSRL wurde der Verantwortliche noch als „der für die Verarbeitung Verantwortliche" bezeichnet und nach § 3 Abs. 7 BDSG a. F. als „verantwortliche Stelle".[124] Das Bundesdatenschutzgesetz a. F. unterschied darüber hinaus zwischen öffentlichen und nicht-öffentlichen Stellen. Diese Unterscheidung greift auch das neugefasste Bundesdatenschutzgesetz wieder auf. Die Datenschutz-Grundverordnung hingegen differenziert nur zwischen Verantwortlichen, Auftragsverarbeitern und Dritten.

Nach Art. 4 Nr. 7 DSGVO ist Verantwortlicher eine natürliche oder juristische Person, Behörde, Einrichtung oder andere Stelle, die allein oder gemeinsam mit anderen über die Zwecke und Mittel der Verarbeitung von personenbezogenen Daten entscheidet. Das setzt einen tatsächlichen Einfluss auf die Datenverarbeitung voraus; der Verantwortliche entscheidet somit selbständig zum Beispiel über die Veranlassung der Datenverarbeitung.[125] Dabei muss er über den Zweck und die Mittel entscheiden. Der Zweck der Datenverarbeitung beinhaltet die Frage nach dem Ob, Wofür und Wieweit einer Datenverarbeitung, also dem beabsichtigten, erwarteten Ergebnis.[126] Eine Entscheidungsbefugnis hinsichtlich des Zwecks der Datenverarbeitung impliziert immer eine Stellung als Verantwortlicher.[127] Die Entscheidung über die Mittel, also der Art und Weise der Datenverarbeitung, umfasst technische und organisatorische Fragen, etwa zur Verwendung der Hard- und Software. Eine rein technische Verantwortung ist ausreichend: Es ist nicht nötig, dass der Verantwortliche die Datenverarbeitung auch inhaltlich beeinflusst.[128] Nur wenn die datenverarbeitende Stelle über die wesentlichen Aspekte der Mittel entscheiden

---

[124]Zu den Unterschieden zwischen diesen Begriffen der Datenschutzrichtlinie und des Bundesdatenschutzgesetzes a. F. ausführlich *Monreal*, ZD 2014, 611 (615 f.).

[125]*Art.-29-Datenschutzgruppe*, WP 169, 12, 14.

[126]*Art.-29-Datenschutzgruppe*, WP 169, 16; *Hartung*, in: Kühling/Buchner 2018, Art. 4 Nr. 7 DSGVO, Rn. 13.

[127]*Art.-29-Datenschutzgruppe*, WP 169, 17.

[128]EuGH, ECLI:EU:C:2014:317, Rn. 28 ff. („Google Spain"); *Schantz*, in: Schantz/Wolff 2017, Rn. 361.

kann, ist sie als Verantwortlicher anzusehen. Dabei hat der Verantwortliche einen weiten Entscheidungsspielraum;[129] er kann auch Aufgaben an Auftragsverarbeiter delegieren. Handlungen von Beschäftigten muss sich der Verantwortliche zurechnen lassen, da diese keine Dritten im Sinne von Art. 4 Nr. 10 DSGVO sind.

Im Umgang mit personenbezogenen Daten in Social Networks sind viele Personen involviert: der Anbieter des Social Networks einerseits, der die technische Infrastruktur bereitstellt – und gegebenenfalls mit Auftragsverarbeitern kollaboriert – und Nutzer dazu veranlasst, personenbezogene Daten preiszugeben; die Nutzer andererseits, die personenbezogene Daten von sich und anderen auf der Plattform bereitstellen. Hinzu kommen sonstige Akteure, die auf ihrer eigenen Website zum Beispiel mittels Social Plug-ins Daten von Nutzern erheben und diese an das Social Network weitergeben oder eigene Profilseiten in Social Networks betreiben und damit mehr Menschen zur Nutzung des Social Networks bringen. Daher ist zu untersuchen, wer im Umgang mit Social Networks als Verantwortlicher eingestuft werden muss.

7.4.1 Verantwortlichkeit des Anbieters

Anbieter von Social Networks sind demnach für jene Datenverarbeitungsvorgänge verantwortlich, auf deren Zweck und Mittel sie tatsächlich Einfluss haben und Entscheidungsbefugnis ausüben. Der Anbieter entscheidet über die Mittel der Datenverarbeitung, da er eine technische Infrastruktur bereitstellt, die es den Nutzern und anderen Akteuren erlaubt, personenbezogene Daten zu übermitteln. Die Erhebung erfolgt je nach Social Network und Ausgestaltung der Plattform eng begrenzt oder frei gestaltbar, womit der Anbieter die Art und Menge der zu erhebenden personenbezogenen Daten beeinflussen kann. Angesichts der Vielzahl an Möglichkeiten zur Erhebung von Daten, von denen die aktive Zurverfügungstellung durch den Nutzer nur eine von vielen ist, hat der Nutzer kaum Einfluss darauf, welche Daten übermittelt werden. Zwar kann der Nutzer in Ansätzen Einfluss auf den Zugriff der Daten nehmen und diese löschen oder korrigieren, dennoch obliegt die Entscheidung über die Mittel der Datenverarbeitung, also die technische und organisatorische Ausgestaltung, vorrangig dem Anbieter. Dieser stellt die Infrastruktur bereit, kann Verwaltungsoptionen zum Zugriff und Löschen auf der Plattform beeinflussen und letztlich durch Sicherungsprozesse und Back-ups Daten verfügbar halten, die der Nutzer im Laufe der Zeit von der Plattform entfernt zu haben glaubt. Zudem

---

[129] *Art.-29-Datenschutzgruppe*, WP 169, 17.

kann sich der Anbieter durch allgemeine Geschäftsbedingungen Verfügungsbefugnisse einräumen, um Daten gegen den Willen des Nutzers zu entfernen.[130] Daher hat der Anbieter einen erheblichen Einfluss und die maßgebliche Befugnis, die personenbezogenen Daten der Nutzer zu verarbeiten.

Der Anbieter entscheidet zudem allein über den Zweck der Datenverarbeitung auf der Plattform. Vorrangiger Zweck ist die Verarbeitung personenbezogener Daten zur Bereitstellung und dem Betrieb der Plattform. Der Anbieter entscheidet alleinverantwortlich, da er nur so neue Funktionen nach Belieben aktivieren und auch wieder deaktivieren kann. Damit verfolgt der Verantwortliche den weiteren Zweck, die anfallenden Daten der Nutzer für personalisierte Werbung wirtschaftlich zu verwerten. Letztlich werden alle übermittelten Daten vom Anbieter zum Zweck der Werbung weiterverarbeitet.[131]

Der Anbieter des Social Networks entscheidet damit eigenverantwortlich über die Zwecke und Mittel der Datenverarbeitung auf der Plattform und ist somit für die von ihm initiierten Datenverarbeitungsvorgänge im Social Network als Verantwortlicher im Sinne der Datenschutz-Grundverordnung anzusehen.[132]

7.4.2 Verantwortlichkeit des Nutzers

Auch die Nutzer eines Social Networks erheben und verarbeiten personenbezogene Daten. Neben den eigenen personenbezogenen Daten werden insbesondere Daten anderer registrierter Nutzer sowie Daten Dritter, also nicht registrierter Personen, erhoben und verarbeitet. Dies geschieht etwa, indem der angemeldete Nutzer Bilder und Berichte von Ereignissen, gegebenenfalls mit Namensnennung, auf der Plattform bereitstellt, oder auch durch die Erlaubnis zum Zugriff auf E-Mail-Adressbücher oder Telefonkontaktlisten. Aber auch Nutzer, die öffentliche

---

[130] *Piltz* 2013, 90.

[131] Vgl. *Jandt/Roßnagel*, ZD 2011, 160 (161); *Jandt/Roßnagel*, in: Schenk/Niemann/Reinmann/Roßnagel 2012, 347, mit der Folge, dass hinsichtlich des Zwecks der Kommunikation der Anbieter nicht verantwortliche Stelle ist, sondern allein der Nutzer.

[132] Vgl. *Golland* 2019, 176 ff. So bereits (zum alten Recht) *Piltz* 2013, 91; *Hornung*, in: Hornung/Müller-Terpitz 2015, Kap. 4, Rn. 43 f; differenzierender hingegen *Jandt/Roßnagel*, ZD 2011, 160 (161). Nach § 3 Abs. 7 BDSG a. F. war der Anbieter verantwortliche Stelle, da er die personenbezogenen Daten damit „für sich selbst" verarbeitete und nicht im Auftrag des Nutzers im Wege einer Auftragsdatenverarbeitung nach § 11 BDSG a. F., *Jandt/Roßnagel*, ZD 2011, 160 (163 f.); *Spindler*, in: Ständige Deputation des Deutschen Juristentages 2012, F81; *Jandt/Roßnagel*, in: Schenk/Niemann/Reinmann/Roßnagel, 2012, 351; *Hornung*, in: Hill/Schliesky 2014, 123 (133); *Hornung*, in: Hornung/Müller-Terpitz 2015, Kap. 4, Rn. 44.

Profilseiten einrichten, tragen dazu bei, dass personenbezogene Daten erhoben werden. Diese personenbezogenen Daten werden anschließend durch den Anbieter des Social Networks verarbeitet. Auf die auf die Erhebung folgenden Datenverarbeitungsprozesse hat der Nutzer in aller Regel jedoch keinen Einfluss mehr. Es ist zu untersuchen, in welchem Ausmaß der Nutzer trotzdem verantwortlich im Sinne des Art. 4 Nr. 7 DSGVO sein kann.

7.4.2.1 Umfang der Verantwortlichkeit des Nutzers

Eine natürliche Person kann nach dem Wortlaut des Art. 4 Nr. 7 DSGVO Verantwortlicher sein, wenn sie allein oder gemeinsam mit anderen über die Zwecke und Mittel der Datenverarbeitung entscheidet. Der Nutzer lädt eigenständig und eigenverantwortlich personenbezogene Daten anderer Personen zum Zwecke der Kommunikation oder Selbstdarstellung auf die Plattform und veranlasst damit die Datenerhebung. In diesem Umfang entscheidet er allein über die Zwecke und Mittel der Datenverarbeitung. Auf die weitere Verarbeitung hat der Nutzer jedoch keinen Einfluss, da die technische Ausgestaltung und Organisation der Plattform, also die weiteren Mittel der Verarbeitung, im alleinigen Einflussbereich des Anbieters liegt und dieser nach der Übermittlung der Daten durch den Nutzer mit der Datenverarbeitung auch eigene Zwecke verfolgt, vornehmlich die Auswertung der Daten für personalisierte Werbung. Die alleinige Verantwortung für die gesamte Datenverarbeitung in diesem Fall dem Nutzer aufzuerlegen, erscheint nicht sachgerecht, wenn der Anbieter einen erheblichen Anteil an der Datenverarbeitung trägt und dem Nutzer hinsichtlich dieses Anteils kaum – oder gar überhaupt kein – Einfluss zukommt. Daher ist die Möglichkeit einer geteilten Verantwortlichkeit von Anbieter und Nutzer in Betracht zu ziehen. Dabei könnten alle beteiligten Akteure anteilig für bestimmte Daten und bestimmte Datenverarbeitungsvorgänge verantwortlich gemacht werden.[133]

Dies setzt jedoch voraus, dass die betroffene Person die Möglichkeit hat, den für jeden spezifischen Verarbeitungsvorgang Verantwortlichen zu identifizieren, um ihre Betroffenenrechte diesem Verantwortlichen gegenüber geltend machen zu können. Je nachdem, wie sich die betroffene Person in ihrem Recht auf informationelle Selbstbestimmung beeinträchtigt sieht, muss sie sich an den einen oder anderen Verantwortlichen wenden. Personenbezogene Daten auf der persönlichen Seite des Nutzers können durch den Nutzer selbst entfernt oder in ihrer Sichtbarkeit eingeschränkt werden. In diesem Fall ist also der Nutzer als Verantwortlicher verpflichtet, den Betroffenenrechten der betroffenen Person nachzukommen. Tritt der Anbieter des Social Networks mit dieser in Kontakt, um ihre personenbezogenen Daten für

---

[133] *Jandt/Roßnagel*, ZD 2011, 160 (161) sprechen von kollektiver Verantwortlichkeit.

eigene Zwecke zu nutzen, dann ist der Anbieter verantwortlich für die Wahrung der Rechte der betroffenen Person. Entsprechendes gilt, wenn der Anbieter – sofern der Nutzer eine Mail-Adresse der betroffenen Person zur Verfügung gestellt hat[134] – via E-Mail mit dieser in Kontakt tritt, oder indem der Anbieter ihr Surfverhalten durch den Einsatz von Cookies und Social Plug-ins verfolgt und ihr anhand dessen personalisierte Werbung einblendet.

Dennoch können sich Schwierigkeiten und Rechtsunsicherheiten bei der Beurteilung und Durchführung der geteilten Verantwortlichkeit ergeben,[135] die die Wirksamkeit des Datenschutzrechts beeinträchtigen; vor allem, wenn die betroffene Person nicht weiß, ob und welche Daten dem Nutzer und Anbieter überhaupt zur Verfügung stehen. Die Unterrichtungspflicht des Nutzers als Verantwortlicher gegenüber der betroffenen Person ist unter den aktiven Nutzern in Social Networks kaum bewusst, geschweige denn verbreitet, und für betroffene Personen auch kaum durchsetzbar. Dennoch ist es sachgerecht, jedem an der Datenverarbeitung Beteiligten in dem Umfang eine Verantwortlichkeit zuzusprechen, in dem er Einfluss auf den jeweiligen Teil des Vorgangs nehmen kann.[136]

Auf die Entscheidung des Nutzers, ob und zu welchem Zweck Daten anderer Personen preisgegeben werden, hat der Anbieter in der Regel inhaltlich keinen Einfluss; dies entscheidet der jeweilige Nutzer eigenverantwortlich und wird im Wesentlichen nur durch die technischen Möglichkeiten beschränkt, die der Anbieter vorgibt.[137] Damit entscheidet der Nutzer in seinem Verantwortungsbereich der Erhebung von Daten grundsätzlich selbständig auch über die Mittel und Zwecke der Erhebung der Daten. Ist die Datenschutz-Grundverordnung anwendbar, weil das Haushaltsprivileg des Art. 2 Abs. 2 lit. c DSGVO nicht zur Anwendung kommt,[138] ist der Nutzer damit für die von ihm verarbeiteten personenbezogenen Daten anderer Personen

---

[134]Z. B. über die Funktion des Friend Finder: Das LG Berlin, CR 2012, 270 (271) bejahte in diesem Fall eine gemeinsame Verantwortlichkeit – allerdings im wettbewerbsrechtlichen Sinne – von Nutzer und Anbieter.

[135]*Jandt/Roßnagel*, ZD 2011, 160 (165 f.).

[136]So im Ergebnis *Jandt/Roßnagel*, ZD 2011, 160 (165 f.); *Piltz* 2013, 103 f.; *Wagner*, ZD 2018, 307 (308 f.). Die Problematik der geteilten Verantwortlichkeit offen gelassen haben *Kamp* 2011, 23 und *Weigl* 2011, 42, 75 f. Für eine gestufte Verantwortung plädierend, die jeder Stelle die Pflichten auferlegt, die diese ohne Überforderung erfüllen kann *Roßnagel* 2007, 192 ff.; *Hornung*, in: Hill/Schliesky 2014, 123 (136); *Hornung*, in: Hornung/Müller-Terpitz 2015, Kap. 4, Rn. 49; die Eigenverantwortlichkeit des Nutzers stärkend *Moos*, in: Leible/Kutschke 2013, 143 (152 ff., 160). Zu einer darüberhinausgehenden gemeinsamen Verantwortlichkeit (*Jandt/Roßnagel*, ZD 2011, 160 (161) sprechen von kumulativer Verantwortlichkeit) nach Art. 26 DSGVO s. Abschn. 7.4.4.

[137]Vgl. *Jandt/Roßnagel*, ZD 2011, 160 (161).

[138]S. dazu Abschn. 7.2.1.3.

grundsätzlich Verantwortlicher im Sinne der Verordnung.[139] Im Folgenden werden diese als verantwortliche Nutzer bezeichnet.

7.4.2.2 Insbesondere: Verantwortlichkeit bei Betreiben einer öffentlichen Profilseite

Bindet ein Unternehmen oder eine öffentliche Person das Social Network in seine eigene Kommunikationsstruktur ein, indem sie eine öffentliche Profilseite[140] bei einem Social Network – etwa Fanpages bei Facebook – für ihren Öffentlichkeitsauftritt betreibt, stellt sich die Frage, inwiefern sie für die dabei verarbeiteten personenbezogenen Daten der Nutzer verantwortlich ist.

Der Betreiber einer öffentlichen Profilseite ist für die Datenverarbeitung nach Art. 4 Nr. 7 DSGVO verantwortlich, wenn er allein oder gemeinsam mit anderen über die Zwecke und Mittel der Verarbeitung personenbezogener Daten entscheidet. Personenbezogen sind die Daten für den Anbieter und den Betreiber, wenn ein Nutzer diese Seite aufruft, während er in das Social Network eingeloggt ist, da in diesem Fall die Daten dann mit seinem Benutzerprofil verknüpft werden. Auch bei nicht eingeloggten oder nicht registrierten Besuchern der öffentlichen Profilseite können personenbezogene Daten entstehen, wenn zum Beispiel bei deren Aufrufen Cookies auf dem Gerät der betroffenen Person hinterlegt oder die IP-Adresse abgerufen werden.

In der Vergangenheit war umstritten, ob der Betreiber einer solchen öffentlichen Profilseite neben dem Anbieter für die Datenverarbeitung verantwortlich sein kann. Der Betreiber der öffentlichen Profilseite nutzt ausschließlich die Infrastruktur des Anbieters. Dieser stellt das Interface und die Rechnerleistung zur Verfügung und entscheidet ausschließlich und allein über die Art und Weise der Erhebung und Verwendung der personenbezogenen Daten der Nutzer. Eine Verantwortlichkeit des Betreibers der öffentlichen Profilseite aus Auftragsverarbeitung im Sinne des Art. 28 DSGVO scheidet aus, da diese voraussetzt, dass ein Auftragsverarbeiter im Auftrag und auf Weisung des Verantwortlichen personenbezogene Daten verarbeitet.[141] Der Betreiber hat jedoch keine Weisungsbefugnis hinsichtlich der Art

---

[139]*Art.-29-Datenschutzgruppe*, WP 169, 26; *Jandt/Roßnagel*, ZD 2011, 160 (161); *Hornung*, in: Hornung/Müller-Terpitz 2015, Kap. 4, Rn. 45 ff.; *Heberlein* 2017, 99. Im Ergebnis wohl auch *Piltz* 2013, 92 ff. Die Verbraucherzentrale Sachsen hat Klage gegen Facebook erhoben, um Rechtsklarheit hinsichtlich des Umfangs der Verantwortlichkeit von Verbrauchern zu erlangen, *Verbraucherzentrale Sachsen*, Pressemitteilung vom 23.10.2018, https://www.verbraucherzentrale-sachsen.de/pressemeldungen/digitale-welt/verbraucherzentrale-sachsen-verklagt-facebook-30961.

[140]S. Abschn. 2.1.2.

[141]Zur Auftragsverarbeitung *Hofmann*, in: Roßnagel 2018, § 5, Rn. 75 ff.

und Weise der Datenverarbeitung im Sinne von Art. 28 Abs. 3 lit. a DSGVO.[142]
Zwar erhält zum Beispiel ein Fanpage-Betreiber von Facebook Nutzungsdaten, die
mittels Analyse-Tools wie Facebook Insights erhoben werden, zur eigenen Informa-
tion und Verwendung. Diese stellt Facebook ungefragt und anonymisiert und damit
nicht mehr personenbezogen zur Verfügung. Nach Überzeugung des Europäischen
Gerichtshofs hat der Fanpage-Betreiber zwar ein gewisses Mitspracherecht und
Auswahlmöglichkeiten hinsichtlich der zur Verfügung gestellten Datenkategorien
oder kann Kriterien festlegen, nach denen die Statistiken erstellt werden sollen.[143]
Dennoch erfolgt die Datenerhebung durch den Anbieter nicht auf Weisung des
Fanpage-Betreibers, sondern wird von Facebook initiiert und vorgegeben. Er gibt
diese also nicht in Auftrag und hat nur untergeordneten Einfluss auf die Art und den
Inhalt der Nutzungsanalyse.[144]

Die in Abgrenzung zur Auftragsdatenverarbeitung nach bisherigem deutschem
Recht diskutierte Funktionsübertragung scheidet ebenfalls aus, da hierfür eine Übermittlung der personenbezogenen Daten vom Betreiber der Profilseite zum Anbieter
als Datenverarbeiter notwendig wäre. Eine Datenübermittlung findet aber aufgrund
der Gegebenheiten der Infrastruktur des Social Networks nicht statt, da die personenbezogenen Daten zu keinem Zeitpunkt außerhalb des Herrschaftsbereichs
von Facebook liegen, sondern direkt auf der Plattform und damit durch Facebook
erhoben und verarbeitet werden.[145]

Mit dem Argument, ein Fanpage-Betreiber habe keinerlei Einfluss auf das Wie
der Datenverarbeitung, da allein Facebook entscheide, in welchem Ausmaß personenbezogene Daten erhoben und wie diese verwendet werden, haben sowohl
das Verwaltungsgericht Schleswig als auch das Oberverwaltungsgericht Schleswig Fanpage-Betreibern eine Mitverantwortung abgesprochen und sehen allein
Facebook als Verantwortlichen im Sinne des Gesetzes.[146] Im zugrundeliegenden Rechtsstreit hatte das Unabhängige Landeszentrum für Datenschutz (ULD)
Schleswig-Holstein der Wirtschaftsakademie Schleswig-Holstein GmbH, einem als
gemeinnützig anerkannten Bildungsinstitut, untersagt, eine Fanpage zu betreiben.

---

[142]VG Schleswig, ZD 2014, 51 (53); OVG Schleswig, ZD 2014, 643 (644); *Martini/Fritzsche*,
NVwZ-Extra 21/2015, 1 (5 f.); *Heberlein* 2017, 104 f.

[143]EuGH, ECLI:EU:C:2018:388, Rn. 36 f. („Fanpage").

[144]Im Ergebnis ebenso *Karg/Thomsen*, DuD 2012, 729 (731); *Martini/Fritzsche*, NVwZ-Extra
21/2015, 1 (2 f.); *Heberlein* 2017, 105.

[145]*Martini/Fritzsche*, NVwZ-Extra 21/2015, 1 (7, 12). Zur (mangelnden) Erforderlichkeit des
Instituts der Funktionsübertragung nach der Datenschutz-Grundverordnung s. *Hartung*, in:
Kühling/Buchner 2018, Art. 28 DSGVO, Rn. 43.

[146]VG Schleswig, ZD 2013, 51; OVG Schleswig, ZD 2014, 643. Ausführlich und im Ergebnis
zustimmend *Martini/Fritzsche*, NVwZ-Extra 21/2015, 1. Ebenso *Heberlein* 2017, 103, 109.

Begründet wurde dies damit, die Wirtschaftsakademie sei ihren datenschutzrechtlichen Pflichten aus dem zu diesem Zeitpunkt anwendbaren Telemediengesetz nicht nachgekommen, wozu sie als verantwortliche Stelle aber verpflichtet wäre. Das Bundesverwaltungsgericht hatte im Revisionsverfahren dem Europäischen Gerichtshof im Rahmen eines Vorabentscheidungsverfahrens einen Fragenkatalog vorgelegt, der unter anderem Fragen zur Abgrenzung der Verantwortlichkeit enthielt.[147] Das Gericht sollte sich neben anderen Fragen insbesondere zur Zuständigkeit von Aufsichtsbehörden und der Reichweite ihrer Befugnisse entsprechend unter anderem zu der Frage äußern, ob eine Auswahlverantwortlichkeit auch dann gesetzlich begründet werden kann, wenn keine datenschutzrechtliche Verantwortlichkeit im engeren Sinne vorliegt, oder ob die Auswahlverantwortlichkeit der Auftragsverarbeitung eine Auswahlverantwortlichkeit darüber hinaus ausschließt. Damit war auch die Frage der Verantwortlichkeit des Fanpage-Betreibers an sich zu klären.[148] Die Vorlagefragen beziehen sich zwar auf die Datenschutzrichtlinie. Da sich aber durch die Datenschutz-Grundverordnung keine grundlegenden Änderungen in Bezug auf die Verantwortlichkeit für die Datenverarbeitung ergeben haben, bleibt das Urteil des Europäischen Gerichtshofs auch nach Wirksamwerden der Verordnung von größter Bedeutung.

Der Europäische Gerichtshof hat sich zur Frage der Verantwortlichkeit von Fanpage-Betreibern eindeutig bekannt und eine weite Auslegung des Begriffs zu Grunde gelegt.[149] Die Verarbeitung personenbezogener Daten ermöglicht nicht nur Facebook, sein werbebasiertes Geschäftsmodell zu verbessern. Es ermöglicht auch den Betreibern der Fanpage, Kenntnis über die Profile der Besucher zu erlangen, um ihre Tätigkeit zielgerichtet zu vermarkten. Somit verfolgt der Fanpage-Betreiber eigene Zwecke und trägt durch das Einrichten der Fanpage maßgeblich dazu bei, dass personenbezogene Daten der Besucher erhoben werden.[150] Dadurch ist der Fanpage-Betreiber ebenso gemäß Art. 4 Nr. 7 DSGVO Verantwortlicher für die Datenerhebung und übermittlung, und zusammen mit dem Anbieter sind

---

[147] BVerwG, ZD 2016, 393; *Berlit*, jurisPR-BVerwG 13/2016 Anm. 3.

[148] Dazu die eindeutige Meinung des Generalanwalts, Rs. C-210/16, ECLI:EU:C:2017:796, Rn. 42, 58.

[149] Vgl. z. B. die Presseinformation des Forum Privatheit, Datenschutz-Mitverantwortung für Organisationen, die Facebook einbinden, vom 2.7.2018, https://www.forum-privatheit.de/forum-privatheit-de/presseinformationen-des-forums/presseinformationen/2018-07-Datenschutz-Mitverantwortung-fuer-Organisationen.php.

[150] EuGH, ECLI:EU:C:2018:388, Rn. 34-36 („Fanpage").

beide gemeinsam für die Verarbeitung verantwortlich, wobei sich der Grad der Verantwortlichkeit nach den Umständen des Einzelfalls bemisst.[151]

Das Urteil des Europäischen Gerichtshofs ist überzeugend und sachgerecht, um die Rechte der betroffenen Personen bestmöglich zu schützen. Wäre ein Betreiber einer öffentlichen Profilseite nicht verantwortlich für die durch sein Handeln veranlasste Datenverarbeitung, entstünde eine Schieflage zulasten der betroffenen Personen. Für Unternehmen oder öffentliche Personen wäre es andernfalls vorzugswürdig, keine eigene Website mit allen daran geknüpften Kosten und datenschutzrechtlichen Verantwortlichkeiten zu betreiben, sondern erst recht und ganz bewusst alle Vorteile einer Fanpage zu nutzen und damit sehenden Auges Datenschutzverstöße von Kooperationspartnern in Kauf zu nehmen. Von Verwaltungs- und Oberverwaltungsgericht Schleswig nicht genügend gewürdigt wurde der Umstand, dass ein Fanpage-Betreiber insofern Einfluss auf das Ob der Datenverarbeitung hat, indem er eine Fanpage betreibt, um deren Vorteile zu nutzen, oder sich dagegen entscheidet.[152]

Der Europäische Gerichtshof hingegen macht deutlich, dass zwar die bloße Nutzung eines Social Networks einen Nutzer nicht mitverantwortlich macht. Diese wird nach Ansicht des Europäischen Gerichtshofs dadurch begründet, dass die Einrichtung einer öffentlichen Seite dem Anbieter die Möglichkeit eröffnet, personenbezogene Daten der Besucher der öffentlichen Profilseite zu erheben.[153] Der Europäische Gerichtshof stellt damit allein auf die durch den Fanpage-Betreiber eröffneten Zugang des Anbieters zu personenbezogenen Daten anderer Nutzer oder Dritter ab. Unerheblich für eine eigene Verantwortlichkeit ist demnach dagegen, ob der Betreiber der öffentlichen Seite die durch den Anbieter im Gegenzug zur Verfügung gestellten Nutzerstatistiken und anderer dabei generierter Daten für eigene Zwecke nutzt. Dies ist überzeugend, da die aus Betroffensicht problematische Erhebung personenbezogener Daten durch das Aufrufen der Seite erfolgt und unabhängig von weiteren Vereinbarungen zur Datennutzung im Innenverhältnis ist. Da die Entscheidung zur Nutzung eines Social Networks mittels einer öffentlichen Profilseite allein dem Betreiber obliegt, ist es auch sachgerecht, ihm im Rahmen

---

[151] EuGH, Urt. v. 5.6.2018, Rs. C-210/16, ECLI:EU:C:2018:388, Rn. 39, 43 – Fanpage; vgl. auch EuGH, Urt. v. 29.7.2019, Rs. C-40/17, ECLI:EU:C:2019:629 – Fashion ID.

[152] *Hornung*, in: Hornung/Müller-Terpitz 2015, Kap. 4, Rn. 52, der in der Entscheidung des Ob zum Einrichten einer Fanpage eine Entscheidung über Mittel und Zwecke sieht. Ähnlich bereits *Polenz*, VuR 2012, 207 (210 ff.). So im Ergebnis auch *Karg/Thomsen*, DuD 2012, 729 (733). Vgl. zudem die Schlussanträge des Generalanwalts *Yves Bot* in der Rs. C-210/16 (ULD gegen Wirtschaftsakademie Schleswig-Holstein), ECLI:EU:C:2017:796, Rn. 55 f.

[153] EuGH, ECLI:EU:C:2018:388, Rn. 35 („Fanpage").

dieser selbstbestimmten Entscheidung für die Erhebung personenbezogener Daten Verantwortung zuzusprechen.

Eine solche Auswahlverantwortlichkeit gibt es auch im Rahmen der Auftragsverarbeitung nach Art. 28 DSGVO. Der Auftraggeber hat die Pflicht, nur solche Auftragsverarbeiter auszuwählen, die hinreichende Garantien dafür bieten, dass personenbezogene Daten geschützt werden. Daher sollte eine solche Verantwortlichkeit auch dann gelten, wenn man sich für seine Absichten eines Dritten bedient, um dessen Angebot und Infrastruktur zu nutzen. Ob diesem Dritten keine größere Freiheit im Umgang mit Datenschutzstandards zugestanden werden kann als einem Auftragsverarbeiter,[154] darf bezweifelt werden. Schließlich ist der Dritte im Gegensatz zum Auftragsverarbeiter selbst Verantwortlicher mit entsprechenden Rechten und Pflichten. Dennoch gibt der Fanpage-Betreiber einen essentiellen Anstoß zur Datenerhebung durch diesen Dritten, indem er sich frei und eigenverantwortlich für den Betrieb einer Fanpage entscheidet und indem er durch die kontinuierliche Nutzung und das Einspeisen neuer Inhalte für anhaltenden Datenverkehr mit entsprechender Auswertung des Nutzerverhaltens der Zielgruppe sorgt.[155]

Für die zugrundeliegende Auswahlentscheidung keine Verantwortung übernehmen zu müssen, erschiene auch aus Sicht der betroffenen Person und der Aufsichtsbehörde wie eine bewusste Umgehung datenschutzrechtlicher Vorschriften. Denn würde der Fanpage-Betreiber stattdessen eine eigene Homepage betreiben, müsste er sich ganz selbstverständlich an die für ihn geltenden Datenschutzgesetze halten. Für neue, auf diese Art und Weise arbeitsteilig organisierte Verfahren, die nicht in die gängigen Kategorien von Auftragsverarbeitung oder Datenübermittlung passen, besteht im Übrigen ein Bedürfnis, die daraus resultierenden Verantwortlichkeiten neu zu verteilen.[156] Daher trifft den Fanpage-Betreiber zumindest eine Verpflichtung zur gewissenhaften Auswahl des Dritten,[157] mit der Konsequenz, dass den Fanpage-Betreiber eine Einstandspflicht zumindest für diejenigen Datenschutzverstöße treffen, die in seinem Verantwortungsbereich der Datenerhebung liegen. Eine solche Einstandspflicht sollte zumutbar sein.[158] Da Facebook aber seit langem im medialen Interesse steht und deren Datenschutzverstöße zumindest nach dem Recht der Datenschutzrichtlinie öffentlich diskutiert wurden, konnte sich in der

---

[154] So *Martini/Fritzsche*, NVwZ-Extra 21/2015, 1 (12).

[155] *Karg*, ZD 2014, 54 (56); so auch die Schlussanträge des Generalanwalts *Yves Bot* in der Rs. C-210/16 (ULD gegen Wirtschaftsakademie Schleswig-Holstein), ECLI:EU:C:2017:796, Rn. 57.

[156] *Karg/Thomsen*, DuD 2012, 729 (733), die von dezentraler Verantwortlichkeit sprechen.

[157] *Karg*, ZD 2014, 54 (56); *Martini/Fritzsche*, NVwZ-Extra 21/2015, 1 (12); *Petri*, ZD 2015, 103 (105). Ablehnend *Heberlein* 2017, 109.

[158] *Martini/Fritzsche*, NVwZ-Extra 21/2015, 1 (12) mit weiteren Nachweisen.

Vergangenheit kein Fanpage-Betreiber auf Nichtwissen berufen; dies in den Entscheidungsprozess für oder wider einer Fanpage einfließen zu lassen, ist nicht nur zumutbar, sondern darüber hinaus auch im Rahmen der Maßnahmen nach Art 25 Abs. 1 DSGVO geboten.

7.4.3 Verantwortlichkeit bei Nutzung eines Social Plug-ins

Betreiber einer eigenen Website haben die Möglichkeit, auf ihrer Seite Social Plug-ins wie den „Teilen"- oder „Gefällt-mir"-Button einzubinden. Der Code wird ihnen vom Anbieter des Social Networks zur Verfügung gestellt.[159] Da bei Aufrufen der Seite durch eine betroffene Person Daten über diese an das Social Network übermittelt werden, stellt sich die Frage, inwiefern der Betreiber der Website für diese Datenverarbeitung verantwortlich ist.

In seinem „Fashion ID"-Urteil[160] hat der Europäische Gerichtshof zur Verantwortlichkeit eines Verwenders von Social Plug ins Stellung genommen. Zwar war dieses nach den Vorgaben der Datenschutzrichtlinie zu beurteilen. Die Entscheidung lässt sich aber auf die neue Rechtslage nach der Datenschutz-Grundverordnung übertragen, da der Wortlaut der Vorschriften des Art. 2 lit. d DSRL und des Art. 4 Nr. 7 DSGVO hinsichtlich des Regelungsinhalts vergleichbar sind.

Verantwortlich für die Datenverarbeitung ist nach Art. 4 Nr. 7 DSGVO, wer allein oder gemeinsam mit anderen über die Zwecke und Mittel der Verarbeitung personenbezogener Daten entscheidet. Die erhobenen Daten sind in jedem Fall dann personenbezogen, sobald sich der Nutzer gegenüber dem Social Network authentifiziert hat, weil die Daten dann mit seinem Benutzerprofil verknüpft werden. Aber auch Daten von nicht im Social Network eingeloggten oder registrierten betroffenen Personen können personenbezogen sein, da eine Identifizierung der Person über die IP-Adresse möglich ist.[161] Da der Anbieter des Social Networks das Plug-in programmiert hat, anderen zur Verfügung stellt und die dann generierten Daten übermittelt bekommt, entscheidet dieser in jedem Fall über Mittel und Zwecke der Datenverarbeitung und ist damit Verantwortlicher im Sinne des Art. 4 Nr. 7 DSGVO.

Der Website-Betreiber entscheidet demgegenüber lediglich, ob er das Social Plug-in auf seiner Website einbindet oder nicht. Mit der Entscheidung über das Ob des Einbindens ermöglicht er jedoch eigenverantwortlich eine Datenerhebung

---

[159]Zu Social Plug-ins ausführlich Abschn. 2.4.3.

[160]EuGH, ECLI:EU:C:2019:629 („Fashion ID"). Ausführlich zur Übertragbarkeit des Fanpage-Urteils auf Social Plug-ins zuvor bereits *Nebel*, RDV 2019, 9 ff.

[161]Zum Personenbezug von IP-Adressen s. Abschn. 7.2.1.2.3.

seiner Website-Besucher und Übertragung an das Social Network.[162] Er kann diese ebenso eigenverantwortlich unterbinden, indem er das Social Plug-in entfernt oder eine Datenverarbeitung – vergleichbar mit der Zwei-Klick-Lösung[163] – erst nach Aktivierung durch die betroffene Person, also mit deren Einwilligung, zulässt.

Die Verantwortlichkeit des Verwenders von Social Plug-ins ist auch mit der von Betreibern öffentlicher Profile bei einem Social Network vergleichbar.[164] Durch das Einbinden des Social Plug-ins ermöglicht der Website-Betreiber dem Anbieter, personenbezogene Daten von betroffenen Personen zu erheben, zu denen der Anbieter sonst in dieser Form keinen Zugang hätte. Genauso wie der Betreiber durch sein öffentliches Profil in dem Social Network will der Verwender von Social Plug-ins Reichweite erzeugen und seine Tätigkeit vermarkten und wirkt so für eigene Zwecke und aus eigenem Antrieb bei der Erhebung personenbezogener Daten der Nutzer mit, die der Anbieter anschließend für seine eigenen Zwecke verwendet.[165] Dass im Gegensatz zu Verwendern von Social Plug-ins Fanpage-Betreiber von Facebook anonyme Nutzerstatistiken zur Verfügung gestellt bekommen, die mittels Analysetools wie Facebook Insight ermittelt werden, spielt für die Beurteilung der Verantwortlichkeit keine Rolle. Bei der Beurteilung der Verantwortlichkeit war für den Europäischen Gerichtshof allein der Umstand entscheidend, dass dem Anbieter die Möglichkeit gegeben wird, auf dem Gerät der betroffenen Person Cookies abzulegen und so personenbezogene Daten der betroffenen Person zu erheben.[166] Nicht entscheidend ist hingegen, ob und in welchem Umfang der Fanpage-Betreiber Nutzerstatistiken vom Anbieter erhält und nutzt.

Die Datenerhebung, die die Übertragung an das Social Network und dessen anschließende Verarbeitung erst ermöglicht, liegt allein im Verantwortungsbereich des Website-Betreibers. Durch die Einbindung des Social Plug-ins entscheidet der Website-Betreiber eigenverantwortlich über die Zwecke und Mittel der Datenverarbeitung.[167] Dieser ist damit für den Verarbeitungsvorgang der Erhebung und

---

[162]EuGH, ECLI:EU:C:2019:629, Rn. 76, 78 („Fashion ID").

[163]Vgl. Abschn. 2.4.3.

[164]Zu dieser Einschätzung kommt auch der Generalanwalt am Europäischen Gerichtshof Michal Bobek in seinen Schlussanträgen vom 19.12.2018 in der Rechtssache C-40/17 („Fashion ID / Verbraucherzentrale NRW"). Ausführlich zur Übertragbarkeit des Fanpage-Urteils auf Social Plug-ins *Nebel*, RDV 2019, 9 ff.

[165]Vgl. EuGH, ECLI:EU:C:2018:388, Rn. 34 („Fanpage").

[166]Vgl. EuGH, ECLI:EU:C:2018:388, Rn. 35 („Fanpage").

[167]EuGH, ECLI:EU:C:2019:629, Rn. 79, 81 („Fashion ID").

Übermittlung verantwortlich im Sinne des Art. 4 Nr. 7 DSGVO.[168] Eine Verantwortlichkeit in diesem Rahmen ist auch sachgerecht, da die Einstandspflicht des Website-Betreibers damit nicht über Gebühr beansprucht wird.[169]

7.4.4   Gemeinsam Verantwortliche

Bei Datenverarbeitungen, die mit Social Networks im Zusammenhang stehen, sind also viele Akteure beteiligt und für die von ihnen veranlassten Verarbeitungsvorgänge verantwortlich. Dies gilt sowohl für Anbieter als auch Nutzer – einschließlich solcher, die eine öffentliche Profilseite[170] betreiben – sowie für den Fall, dass Social Plug-ins[171] verwendet werden. Zum Schutz der von dieser Art der Datenverarbeitung betroffenen Personen ist eine klare und transparente Zuteilung der Verantwortlichkeit sinnvoll. Aus diesem Grund regelt Art. 26 DSGVO erstmals ausdrücklich Pflichten für gemeinsam für die Verarbeitung Verantwortliche. Dies dient nach Erwägungsgrund 79 DSGVO auch der Feststellung der Verantwortung und Haftung der Verantwortlichen und Auftragsverarbeiter sowie einer effektiven Durchsetzung der Befugnisse der Aufsichtsbehörden.[172] Die Regelung soll neuartigen Kooperationsformen unter Online-Mediendiensten und der damit zunehmend

---

[168]EuGH, ECLI:EU:C:2019:629, Rn. 85 („Fashion ID"). Zuvor bereits *Art.-29-Datenschutzgruppe*, WP 171, 13 ff.; *Ernst*, NJOZ 2010, 1917 (1918); *Düsseldorfer Kreis*, RDV 2012, 47 (48); *Karg/Thomsen*, DuD 2012, 729 (733); *Föhlisch/Pilous*, MMR 2015, 631 (633); *Hornung*, in: Hornung/Müller-Terpitz 2015, Kap. 4, Rn. 51; *Schulz*, in: Hornung/Müller-Terpitz 2015, Kap. 10, Rn. 90; LG Düsseldorf, ZD 2016, 231 (233); *Petri*, ZD 2016, 234; *Heberlein* 2017, 203 f.; dies unkritisch voraussetzend *Solmecke*, in: Hoeren/Sieber/Holznagel 2018, Abschn. 21.1, Rn. 47 ff. So wohl auch *Moser-Knierim*, ZD 2013, 263. Zur Übertragbarkeit des Fanpage-Urteils auf Social Plug-ins auch *Nebel*, RDV 2019, 9 ff. Eine Verantwortlichkeit ablehnend *Voigt/Alich*, NJW 2011, 3541 (3543); *Piltz*, CR 2011, 657 (662); *Niemann/Scholz*, in: Peters/Kerstens/Wolfenstetter 2012, 109 (128 f.); ohne nähere Begründung *Zeidler/Brüggemann*, CR 2014, 248; *Piltz*, ZD 2017, 336 (337). Offenlassend *Schantz*, in: Schantz/Wolff 2017, Rn. 365.

[169]*Heberlein* 2017, 203 f.

[170]EuGH, ECLI:EU:C:2018:388, Rn. 39 („Fanpage").

[171]EuGH, ECLI:EU:C:2019:629, Rn. 84 („Fashion ID").

[172]*Martini*, in: Paal/Pauly 2018, Art. 26 DSGVO, Rn. 1 ff.; *Hartung*, in: Kühling/Buchner 2018, Art. 26 DSGVO, Rn. 2, 10; *Ingold*, in: Sydow 2018, Art. 26 DSGVO, Rn. 1.

komplexeren Realität von informationstechnischen Vorgängen Rechnung tragen, indem es transparente Verantwortungsstrukturen schafft.[173]

Mit der Regelung des Art. 26 DSGVO versucht die Verordnung erstmals, gemeinsame Verantwortlichkeiten zu regulieren und so veränderten Realitäten bei der Datenverarbeitung Rechnung zu tragen. Bei der Datenverarbeitung in Social Networks wird diese veränderte Realität offensichtlich, wenn dort regelmäßig neben dem Anbieter des Social Networks weitere Akteure wie Website-Betreiber, die Social Plug-ins einbinden, und registrierte Nutzer des Social Networks in erheblichem Umfang an der Verarbeitung personenbezogener Daten beteiligt – und damit in gewissem Umfang auch verantwortlich – sind.

Gemeinsam für eine Datenverarbeitung verantwortlich sind zwei oder mehr Verantwortliche dann, wenn sie gemäß Art. 26 Abs. 1 Satz 1 DSGVO die Zwecke und Mittel zur Verarbeitung gemeinsam festlegen. Ob Zweck und Mittel dabei kumulativ von allen Verantwortlichen festgelegt werden müssen oder ob der Einfluss auf eines von beiden genügt, ist umstritten.[174] Der Wortlaut des Abs. 1 Satz 1 und des Erwägungsgrundes 79 DSGVO legen eine kumulative Festlegung nahe. Die Realität der aktuellen Kooperationsformen unter Online-Mediendiensten – und nicht nur dort – zeigt jedoch, dass eine Beteiligung an Datenverarbeitungsvorgängen vielschichtig und vielgestaltig ist. Auch die Art.-29-Datenschutzgruppe hat festgestellt, dass nicht alle Verarbeitungsschritte gleichzeitig und gemeinsam ausgeführt werden müssen, um gemeinsam verantwortlich zu sein, sondern dass diese in verschiedenen Stadien und Schritten durch verschiedene Akteure durchgeführt werden können. Der Grad der Beteiligung muss dabei nicht gleichmäßig verteilt sein.[175] Dennoch muss jeder Beteiligte „Herr der Daten" sein und bleiben und das Ergebnis der Datenverarbeitung sowie die Mittel, um dieses Ergebnis zu erreichen, grundsätzlich selbst festlegen können.[176] Im Interesse einer möglichst großen Reichweite der Vorschrift sollte das Merkmal der gemeinsamen Festlegung von Zwecken und Mitteln weit ausgelegt werden. Es sollte nicht notwendig sein, jedes Detail zu Zwecken und Mittel gemeinsam festzulegen; jeder der Beteiligten sollte aber zumindest die tatsächliche Möglichkeit besitzen, auf die Zwecke und Mittel Einfluss nehmen zu können.

---

[173]*Martini*, in: Paal/Pauly 2018, Art. 26 DSGVO, Rn. 1, 8, 41; *Schantz*, in: Schantz/Wolff 2017, Rn. 368; *Piltz*, in: Gola 2018, Art. 26 DSGVO, Rn. 2. Kritisch insoweit *Dammann*, ZD 2016, 307 (312).

[174]Für eine weite Auslegung *Art.-29-Datenschutzgruppe*, WP 169, 23; *Hartung*, in: Kühling/Buchner 2018, Art. 26 DSGVO, Rn. 13, 15; wohl auch *Bertermann*, in: Ehmann/Selmayr 2018, Art. 26 DSGVO, Rn. 6. A. A. *Piltz*, in: Gola 2018, Art. 26 DSGVO, Rn. 3.

[175]*Art.-29-Datenschutzgruppe*, WP 169, 23; zustimmend und ebenso für ein weites Verständnis plädierend *Hartung*, in: Kühling/Buchner 2018, Art. 26 DSGVO, Rn. 13.

[176]*Martini*, in: Paal/Pauly 2018, Art. 26 DSGVO, Rn. 19.

Im Anwendungsfall von Social Networks ist dies problematisch. Zwar sind neben dem Anbieter die Nutzer einschließlich solcher, die öffentliche Profilseiten betreiben, sowie die Verwender von Social Plug-ins für die in ihrem Verantwortungsbereich liegenden Datenerhebungen voll verantwortlich im Sinne der Grundverordnung. Eine gemeinsame Festlegung von Mitteln und Zwecken der Datenverarbeitung findet jedoch bisher nicht statt. Es handelt sich nicht um eine Zusammenarbeit im klassischen Sinne, vielmehr um ein Nebeneinander von Verarbeitungstätigkeiten, bei denen das Nutzungsverhalten der Nutzer mitursächlich ist für die Datenverarbeitung des Anbieters.[177] Sie sind auch in der Regel nicht in der Position, zusammen mit dem Anbieter Mittel und Zwecke der Datenverarbeitung zu bestimmen oder auch nur darauf hinzuwirken, eine Vereinbarung entsprechend dem Grad ihrer Verantwortlichkeit zu treffen.

Bei der Konzeption des Art. 26 DSGVO scheint der Unionsgesetzgeber vor allem Fälle von Kooperationen zwischen kommerziellen Datenverarbeitern im Sinn gehabt zu haben, etwa bei der Einbindung externer Inhalte anderer Anbieter, bei der Anzeige personalisierter Werbeanzeigen, bei Tracking und der Analyse von Nutzerverhalten über mehrere Webangebote hinweg (Behavioral Online-Targeting), bei der Einbindung von Drittanbietern bei der Zahlungsabwicklung in Online-Shops, beim Betreiben gemeinsamer Informationstools oder der Kooperationen zwischen Geräteherstellern, Betriebssystem-Programmierern und App-Entwicklern.[178]

Da aber alle beteiligten Akteure in unterschiedlichem Maße verantwortlich sind, müssen diese systematisch ebenso unter die Vorschrift des Art. 26 DSGVO gefasst werden.[179] Die praktische Umsetzung darf jedoch nicht zum Nachteil der Nutzer und Website-Betreiber als schwächere Vertragspartner des Anbieters erfolgen. Vielmehr muss der Anbieter in die Pflicht genommen werden, um den Nutzern und Website-Betreibern, die sein Produkt nutzen, eine angemessene Mitbestimmung zu

---

[177] *Golland* 2019, 127 ff. spricht daher auch von „Parallelverantwortlichkeit".

[178] Beispiele aus *Bertermann*, in: Ehmann/Selmayr 2018, Art. 26 DSGVO, 7 und *Hartung*, in: Kühling/Buchner 2018, Art. 4 Nr. 7 DSGVO, Rn. 12 und Art. 26 DSGVO, Rn. 15-18. Zur gemeinsamen Verantwortlichkeit bei Behavioural Targeting s. auch *Art.-29-Datenschutzgruppe*, WP 171, 12 ff.

[179] Kritisch *Dammann*, ZD 2016, 307 (312), der der Regelung nur eine geringe Reichweite attestiert, sowie *Martini,* in: Paal/Pauly 2018, Art. 26 DSGVO, Rn. 41. Eine parallele statt einer gemeinsamen Verantwortlichkeit von Anbieter und Nutzer befürwortend *Golland* 2019, 120 ff., 134 ff.

ermöglichen.[180] Nur so können wiederum die Nutzer und Website-Betreiber ihrer datenschutzrechtlichen Verantwortung nachkommen.

Als Rechtsfolge einer gemeinsamen Verantwortlichkeit müssen die gemeinsam Verantwortlichen nach Art. 26 Abs. 1 Satz 2 DSGVO in einer Vereinbarung in transparenter Form festlegen, wer von ihnen welche aus der Datenschutz-Grundverordnung resultierenden Verpflichtungen erfüllt. Diese Vereinbarung muss die jeweiligen tatsächlichen Funktionen und Beziehungen der Verantwortlichen gegenüber der betroffenen Person gebührend widerspiegeln. Dies dient dazu, zu verhindern, dass aufgrund bestehender Kräfte-Asymmetrien zwischen den Verantwortlichen einem der Beteiligten im Innenverhältnis ein überbordender Anteil auferlegt wird. Zudem stellt es die in Abs. 1 Satz 2 geforderte Transparenz sicher, die dem Schutz der betroffenen Person dient.[181] Die Verteilung der Pflichten in der Vereinbarung muss umfassend sein, insbesondere hinsichtlich der Wahrnehmung der Betroffenenrechte und Informationspflichten.[182] Die Einrichtung einer Anlaufstelle für betroffene Personen ist nach Abs. 1 Satz 3 optional. Das Wesentliche der Vereinbarung ist der betroffenen Person gemäß Abs. 2 Satz 2 zur Verfügung zu stellen. Der Inhalt der Vereinbarung ist jedoch nur im Innenverhältnis zwischen den Verantwortlichen verbindlich, nicht hingegen gegenüber der betroffenen Person. Diese kann gemäß Abs. 3 gegenüber jedem einzelnen der gemeinsam Verantwortlichen ohne Rücksicht auf die interne Aufteilung alle ihre Rechte geltend machen. Im Außenverhältnis sind daher alle Verantwortlichen weiter unbeschränkt verantwortlich und haften entsprechend.[183] Auch gelten sie gegenüber einander als Dritte im Sinne des Art. 4 Nr. 10 DSGVO, sodass insbesondere Datenübermittlungen im Rahmen der Kooperation rechtfertigungsbedürftig bleiben.[184]

---

[180]Vgl. z. B. *Facebook*, Ein Update für Betreiber von Facebook-Seiten, Pressemitteilung vom 15.6.2018, https://de.newsroom.fb.com/news/2018/06/ein-update-fuer-betreiber-von-facebook-seiten/.

[181]*Martini*, in: Paal/Pauly 2018, Art. 26 DSGVO, Rn. 30.

[182]Zu möglichen Regelungsgegenständen in der Vereinbarung *Hartung*, in: Kühling/Buchner 2018, Art. 26 DSGVO, Rn. 25.

[183]*Schantz*, in: Schantz/Wolff 2017, Rn. 377; *Bierekoven*, ITRB 2017, 282 (284 f.); *Hartung*, in: Kühling/Buchner 2018, Art. 26 DSGVO, Rn. 228 f.

[184]*Dovas*, ZD 2016, 512 (515); *Schantz*, in: Schantz/Wolff 2017, Rn. 375; *Bierekoven*, ITRB 2017, 282 (284); *Hartung*, in: Kühling/Buchner 2018, Art. 26 DSGVO, Rn. 27.

7.4.5 Zusammenfassung

Die Verantwortlichkeiten für Datenverarbeitungsvorgänge in Social Networks sind vielschichtig und teils nur schwer zu trennen. Eine gemeinsame Verantwortlichkeit zwischen den Beteiligten ist insoweit sachgerecht, weil das geltende Datenschutzrecht keine adäquaten Lösungen für eine Verantwortlichkeitsverteilung für das Web 2.0 bereithält, in dem der Nutzer als datenschutzrechtlich betroffene Person gleichzeitig Verantwortlicher sein kann, sich Verantwortlichkeiten überschneiden und nicht mehr klar voneinander abgrenzbar sind. Insbesondere für den Fall, dass Machtgefälle derart stark auseinandergehen wie in den Fällen großer Anbieter mit Quasi-Monopol und deren Nutzern, die nur begrenzt Einfluss – geschweige denn Einblick – in die hinter der Plattform stehenden Datenverarbeitungsvorgänge haben, ist eine effektive Umsetzung der gemeinsamen Verantwortlichkeit nach Art. 26 DSGVO jedoch nur schwer praktikabel. Es bedarf einer Neukonzipierung der Verantwortlichkeitsvorschriften, die den Anforderungen der Datenverarbeitung in Social Networks auch und vor allem in Bezug auf Dritte gerecht wird.

7.5 Rechtmäßigkeit der Datenverarbeitung

Jede Datenverarbeitung ist ein Eingriff in das Grundrecht auf Datenschutz. Ein solcher Eingriff ist gemäß Art. 8 Abs. 2 und 52 Abs. 1 GRCh nur auf gesetzlicher Grundlage zulässig. Solche gesetzlichen Erlaubnistatbestände der Verordnung finden sich vorrangig in Kapitel II der Verordnung in den Art. 6 bis 11 DSGVO. Möglichkeiten, weitere Erlaubnistatbestände durch die Mitgliedstaaten zu erlassen, gibt es in Art. 22 DSGVO und in Kapitel IX der Verordnung zu besonderen Datenverarbeitungssituationen. Zusätzlich sind bei jeder Datenverarbeitung die Grundsätze des Art. 5 Abs. 1 DSGVO zu beachten. Das Bundesdatenschutzgesetz nutzt Öffnungsklauseln der Verordnung, um vereinzelt eigene Regelungen zur Erlaubnis der Datenverarbeitung zu erlassen. Die ePrivacy-VO wird zudem gesonderte Erlaubnistatbestände für die Verarbeitung von elektronischen Kommunikationsdaten aufstellen.

Der folgende Abschnitt befasst sich mit den Datenschutzgrundsätzen und den wichtigsten Erlaubnistatbeständen, die Verantwortliche in Social Networks bei der Verarbeitung personenbezogener Daten beachten müssen. Zunächst wird ein Überblick über die Datenschutzgrundsätze und die zentrale Erlaubnisnorm des Art. 6 DSGVO gegeben. Im Anschluss wird auf spezifische Fragestellungen zur Einwilligung, zur Erfüllung vertraglicher Verpflichtungen, zum berechtigten Interesse, zur Zweckänderung, zum Schutz Minderjähriger und zur Verarbeitung besonderer Kategorien personenbezogener Daten eingegangen.

7.5.1 Datenschutzgrundsätze

Die Grundsätze der Datenverarbeitung ergeben sich aus Art. 5 Abs. 1 DSGVO. Diese sind als allgemeine Grundsätze vom Verantwortlichen zwingend bei jeder Datenverarbeitung zu beachten. Dies ergibt sich bereits aus dem Wortlaut des Art. 5 Abs. 1 DSGVO „Personenbezogene Daten müssen …". Im Einzelnen handelt es sich um die Rechtmäßigkeit, Verarbeitung nach Treu und Glauben und Transparenz nach lit. a, die Zweckbindung nach lit. b, die Datenminimierung nach lit. c, der Grundsatz der Richtigkeit nach lit. d, die Speicherbegrenzung nach lit. e sowie der Grundsatz der Integrität und Vertraulichkeit nach lit. f.[185] Dem Verantwortlichen obliegt hinsichtlich der Einhaltung der Datenschutzgrundsätze eine Rechenschaftspflicht.[186]

7.5.1.1 Rechtmäßigkeit

Die Rechtmäßigkeit ergibt sich aus Art. 5 Abs. 1 lit. a Var. 1 DSGVO, nach welchem personenbezogene Daten „auf rechtmäßige Weise verarbeitet" werden müssen. Art. 5 Abs. 1 lit. a Var. 1 DSGVO setzt damit das Recht auf Datenschutz aus Art. 8 GRCh und die informationelle Selbstbestimmung um, nach dessen Abs. 2 Satz 1 Daten nur „mit Einwilligung der betroffenen Person oder auf einer sonstigen gesetzlich geregelten legitimen Grundlage verarbeitet werden" dürfen.[187] In der Datenschutz-Grundverordnung wird diese primärrechtliche Vorgabe in Art. 6 Abs. 1 DSGVO konkretisiert,[188] nach der die Datenverarbeitung nur zulässig ist, wenn eine der dort genannten Voraussetzungen erfüllt ist. Neben der Frage der Zulässigkeit umfasst die Rechtmäßigkeit aber auch die Art und Weise der Datenverarbeitung, also vor allem die einhergehenden Pflichten des Verantwortlichen.[189] Damit sind sowohl die Informationspflichten des Verantwortlichen umfasst als auch

---

[185]*Roßnagel*, ZD 2018, 339.

[186]S. zur Rechenschaftspflicht ausführlich Abschn. 7.9.1.

[187]*Roßnagel*, in: Simitis/Hornung/Spiecker 2019, Art. 5 DSGVO, Rn. 31.

[188]Vgl. auch Erwägungsgrund 40 DSGVO.

[189]*Frenzel*, in: Paal/Pauly 2018, Art. 5 DSGVO, Rn. 14 ff.; *Roßnagel*, in: Simitis/Hornung/Spiecker 2019, Art. 5 DSGVO, Rn. 38 f. A. A. *Herbst*, in: Kühling/Buchner 2018, Art. 5 DSGVO, Rn. 11 f., der von einem engen Verständnis des Begriffs „Rechtmäßigkeit" ausgeht, die nur die Zulässigkeit der Datenverarbeitung umfasst. Ebenso *Pötters*, in: Gola 2018, Art. 5 DSGVO, Rn. 6.

die Gewährleistung der Betroffenenrechte[190] und die technisch-organisatorische Pflichten für den Verantwortlichen.[191]

Der Sinn und Zweck des datenschutzrechtlichen Grundsatzes der Rechtmäßigkeit in Art. 5 Abs. 1 lit. a Var. 1 DSGVO wird vielfach in Frage gestellt. Im Regelungsgefüge der Verordnung wird er teils als „redundant" oder „überflüssig" bezeichnet,[192] da eine Datenverarbeitung auch ohne diesen Grundsatz rechtmäßig ist, wenn die Vorgaben der Verordnung erfüllt werden. Als Programmsatz ist er aber durchaus sinnvoll, um die Wichtigkeit der Grundrechtssensitivität der Verarbeitung personenbezogener Daten zum Ausdruck zu bringen.[193]

7.5.1.2 Treu und Glauben

Nach Art. 5 Abs. 1 lit. a Var. 2 DSGVO müssen personenbezogene Daten nach Treu und Glauben verarbeitet werden. Dieser Grundsatz hat seinen Ursprung in Art. 8 Abs. 2 Satz 1 GRCh. Der Begriff Treu und Glauben entstammt der deutschen Rechtsgeschäftslehre; eine Gleichsetzung mit der zu § 242 BGB entwickelten Grundsätzen wäre aber unangebracht, nicht nur weil Rechtsbegriffe in europäischen Normen grundsätzlich autonom auszulegen sind, sondern auch, weil § 242 BGB als Auffangtatbestand zur Lösung von gesetzlich ungeregelten Konflikten zwischen Privaten dient und im Verhältnis von Staat und Bürger keine Anwendung findet.[194]

Das in der englischen Fassung benutzte „data shall be [...] processed [...] fairly", also „faire Datenverarbeitung", ist insoweit passender.[195] Grundsätzlich betrifft der Grundsatz von Treu und Glauben die Art und Weise der Rechtsausübung zwischen dem Verantwortlichen und der betroffenen Person.[196] Die in diesem Zusammenhang oftmals bemühten Beispiele, wie die Verwendung verborgener Techniken, der Verstoß gegen den Zweckbindungsgrundsatz oder der Verstoß gegen den Grundsatz

---

[190]S. Abschn. 7.8.

[191]S. Abschn. 7.9.

[192]Z. B. *Reimer*, in: Sydow 2018, Art. 5 DSGVO, Rn. 13; *Roßnagel*, in: Simitis/Hornung/Spiecker 2019, Art. 5 DSGVO, Rn. 33.

[193]*Roßnagel*, in: Simitis/Hornung/Spiecker 2019, Art. 5 DSGVO, Rn. 33.

[194]*Herbst*, in: Kühling/Buchner 2018, Art. 5 DSGVO, Rn. 13; *Heberlein*, in: Ehmann/Selmayr 2018, Art. 5 DSGVO, Rn. 9; *Roßnagel*, in: Simitis/Hornung/Spiecker gen. Döhmann 2018, Art. 5 DSGVO, Rn. 46.

[195]Dieser Begriff wird in anderen Vorschriften ohnehin verwendet, z.B. Art. 13 Abs. 2, 14 Abs. 2, 40 Abs. 2 lit. a DSGVO sowie Erwägungsgrund 4, 39, 71 DSGVO.

[196]*Roßnagel*, in: Simitis/Hornung/Spiecker 2019, Art. 5 DSGVO, Rn. 44; *Heberlein*, in: Ehmann/Selmayr 2018, Art. 5 DSGVO, Rn. 9.

der rechtmäßigen Verarbeitung,[197] können zur Ausfüllung des Begriffs nicht überzeugen. All diese Verarbeitungsvorgänge können zwar als „nicht fair" angesehen
werden, werden aber von anderen in der Grundverordnung vorhandenen Grundsätzen geschützt: Verborgene Datenverarbeitung verstößt gegen den Grundsatz der
Transparenz nach Art. 5 Abs. 1 lit. a Var. 3, die Zweckbindung ist durch Art. 5
Abs. 1 lit. b DSGVO gesichert und die Rechtmäßigkeit der Verarbeitung in Art. 5
Abs. 1 lit. a Var. 1 DSGVO.[198]

Vielmehr legt ein Gebot der Verarbeitung nach Treu und Glauben – oder eben
eine faire Verarbeitung von Daten – nahe, dass „Daten, die beim Betroffenen
erhoben werden können, nicht hinter seinem Rücken anderweitig zu beschaffen" sind.[199] Ebenso entspricht es einer fairen Datenverarbeitung, dass diese auch
verhältnismäßig ist. Verhältnismäßig ist eine Datenverarbeitung, wenn das die Persönlichkeitsrechte der betroffenen Person am wenigsten beeinträchtigende Mittel
herangezogen wird. Im Falle einer Datenerhebung ist das der Vorrang der Direkterhebung.[200] Zudem kann bei der Beurteilung, ob eine Datenverarbeitung nach Treu
und Glauben stattfindet, auch auf die „vernünftigen Erwartungen" der betroffenen
Person abgestellt werden.[201] Nutzer eines Social Network sollten vernünftigerweise
davon ausgehen können, dass im Social Network nur solche personenbezogenen
Daten genutzt werden und abrufbar sind, die von ihm oder ihr selbst eingestellt
worden sind oder in deren Bereitstellung etwa durch andere Nutzer die betroffene
Person eingewilligt hat.

Der Grundsatz der Direkterhebung war bereits in § 4 Abs. 2 Satz 1 BDSG a.
F. verankert und besagte, dass personenbezogene Daten beim Betroffenen zu erheben sind. Ausnahmen waren nur in den engen Grenzen des Satzes 2 möglich. Der
Zweck der Direkterhebung ist es, die betroffene Person vor unklaren Verarbeitungsvorgängen zu schützen,[202] indem eine unbegrenzte Datenerhebung bei anderen als
der betroffenen Person eingeschränkt ist. Das schließt eine nicht – etwa durch Einwilligung – autorisierte Profilbildung durch das Zusammenführen und Verknüpfen

---

[197] *Pötters*, in: Gola 2018, Art. 5 DSGVO, Rn. 9; mit Verweis auf den geänderten Vorschlag
der Kommission zur Datenschutzrichtlinie (Rats-Dok. Nr. 9400/92, BT-Drs. 12/8329, 4 (18)),
Herbst, in: Kühling/Buchner 2018, Art 5 DSGVO, Rn. 15.

[198] *Roßnagel*, in: Simitis/Hornung/Spiecker 2019, Art. 5 DSGVO, Rn. 45.

[199] *Gola*, in: Gola 2018, Einl. Rn. 41.

[200] *Kingreen*, in: Callies/Ruffert 2016, Art. 8 GRCh, Rn. 16; *Bäcker*, in: Wolff/Brink 2019,
§ 4 BDSG a. F., Rn. 26.1; ähnlich auch *Buchner*, DuD 2016, 155 (156, dort Fn. 15).

[201] *Heberlein*, in: Ehmann/Selmayr 2018, Art. 5 DSGVO, Rn. 10.

[202] *Dammann/Simitis* 1997, Art. 10 DSRL, Rn. 1; *Albrecht/Jotzo* 2017, 51, die allerdings den
Grundsatz von Treu und Glauben mit dem der Transparenz mischen.

von Daten aus mehreren Quellen ein, wie dies insbesondere für Zwecke der Werbung und zur Personalisierung von Diensten in Social Networks möglich ist. In der Datenschutz-Grundverordnung findet sich der Grundsatz der Direkterhebung nicht explizit wieder[203] und § 4 BDSG a. F. ist durch die Datenschutz-Grundverordnung nicht mehr anwendbar.[204] Lediglich im Umfang der Informationspflichten unterscheidet die Verordnung nach Direkt- und Fremderhebung, indem sie für den Fall der Erhebung bei der betroffenen Person in Art. 13 DSGVO weniger umfangreiche Informationspflichten vorsieht als im Fall der Fremderhebung nach Art. 14 DSGVO.

Zusammenfassend lässt sich festhalten, dass der Grundsatz der Direkterhebung auch durch die Datenschutz-Grundverordnung keinen kompletten Bedeutungsverlust erlitten hat, da über den Grundsatz von Treu und Glauben eine Direkterhebung in jedem Fall vorzuziehen ist. Eine strikte Beachtung der Direkterhebung in der Datenverarbeitung ist zudem besonders datenschutzfreundlich und damit wünschenswert und muss bei der alltäglichen Datenverarbeitung auch weiterhin eine wichtige Rolle spielen.

7.5.1.3 Transparenz

Die Verordnung versteht unter Transparenz nach Art. 5 Abs. 1 lit. a Var. 3 DSGVO eine Datenverarbeitung „in einer für die betroffene Person nachvollziehbaren Weise". Nachvollziehbar ist eine Datenverarbeitung für die betroffene Person nach Erwägungsgrund 39 DSGVO dann, wenn sie weiß, dass „personenbezogene Daten erhoben, verwendet, eingesehen oder anderweitig verarbeitet werden und in welchem Umfang die personenbezogenen Daten verarbeitet werden und künftig noch verarbeitet werden". Um die Datenverarbeitung für die betroffene Person nachvollziehbar und damit transparent zu machen, sieht die Verordnung zum einen Rahmenregelungen zur transparenten Information, Kommunikation und Modalitäten für die Ausübung der Rechte der betroffenen Person nach Art. 12 DSGVO vor. Außerdem gelten für den Verantwortlichen Informationspflichten nach Art. 13 f. DSGVO, sowohl für den Fall, dass die personenbezogenen Daten bei der betroffenen Person erhoben werden als auch bei Dritten. Der Verantwortliche hat zudem Auskunfts-, Benachrichtigungs- und Unterrichtungspflichten. Umgesetzt wird das Transparenzprinzip in der Verordnung außerdem in Form des Datenschutzes durch Systemgestaltung und datenschutzfreundlichen Voreinstellungen

---

[203] *Roßnagel*, in: Roßnagel 2017, § 1, Rn. 11; *Roßnagel*, in: Simitis/Hornung/Spiecker 2019, Art. 5 DSGVO, Rn. 10; *Knyrim*, in: Ehmann/Selmayr 2018, Art. 13 DSGVO, Rn. 3 und Art. 14 DSGVO, Rn. 2. Zur rechtspolitischen Kritik an den Entwürfen zur Datenschutz-Grundverordnung s. z. B. *Roßnagel/Richter/Nebel*, ZD 2013, 103 (105).

[204] *Roßnagel*, in: Roßnagel 2017, § 1, Rn. 11.

gemäß Art. 25 DSGVO sowie durch Zertifizierungsverfahren, Datenschutzsiegel und Datenschutzprüfzeichen nach Art. 42 DSGVO.

7.5.1.4 Zweckbindung

Bereits nach altem Recht war der Zweckbindungsgrundsatz des Art. 6 Abs. 1 lit. b DSRL im Bundesdatenschutzgesetz a. F. als strenger Zweckbindungsgrundsatz umgesetzt. Zwar war dieser nicht definiert, aber häufig erwähnt und in vielen Paragrafen konkretisiert. So durften erhobene Daten nur für die Zwecke verarbeitet werden, für die sie erhoben worden waren, beispielsweise in § 28 Abs. 3 Satz 7 und § 30a Abs. 2 Satz 1 BDSG a. F. Zweckänderungen waren nur zulässig, wenn das Gesetz diese ausdrücklich vorgesehen hatte, etwa in § 28 Abs. 2, Abs. 5 Satz 2, Abs. 8 BDSG a. F.

Zwar wählt die Datenschutz-Grundverordnung einen ähnlichen Wortlaut wie die Datenschutzrichtlinie, um den Zweckbindungsgrundsatz zu manifestieren. Dennoch birgt die Datenschutz-Grundverordnung in Art. 5 Abs. 1 lit. b im Zusammenspiel mit Art. 6 Abs. 4 DSGVO ein wesentlich dehnbareres Verständnis von Zweckbindung.[205] Art. 5 Abs. 1 lit. b DSGVO legt fest, dass Daten „für festgelegte, eindeutige und legitime Zwecke" erhoben werden und „nicht in einer mit diesen Zwecken nicht zu vereinbarenden Weise weiterverarbeitet werden" dürfen. Der „legitime" – also im Einklang mit der Rechtsordnung stehende[206] – Zweck muss „festgelegt" sein, also in irgendeiner Weise vor der Datenerhebung fixiert worden sein, damit dieser von der betroffenen Person zur Kenntnis genommen werden kann.[207]

„Eindeutig" ist der Zweck dann, wenn er so hinreichend bestimmt ist, dass keine Zweifel über die inhaltliche Ausrichtung der Datenverarbeitung bestehen.[208] Nur

---

[205] *Richter*, in: Roßnagel 2017, § 4, Rn. 121; *Geminn/Richter*, in: Roßnagel 2017, § 4, Rn. 284; kritisch auch *Dammann*, ZD 2016, 307 (311 f.).

[206] *Art.-29-Datenschutzgruppe*, WP 203, 19 f.; *Monreal*, ZD 2016, 506 (509); *Heberlein*, in: Ehmann/Selmayr 2018, Art. 5 DSGVO, Rn. 15; *Herbst*, in: Kühling/Buchner 2018, Art. 5 DSGVO, Rn. 37; *Roßnagel*, in: Simitis/Hornung/Spiecker 2019, Art. 5 DSGVO, Rn. 91. Ob mit dem Wechsel von „rechtmäßig" zu „legitim" ein Verständniswandel einhergeht, wird unterschiedlich beurteilt: Gegen einen grundlegenden Bedeutungswandel *Roßnagel*, in: Simitis/Hornung/Spiecker 2019, Art. 5 DSGVO, Rn. 90; *Frenzel*, in: Paal/Pauly 2018, Art. 5 DSGVO, Rn. 28; so wohl auch *Herbst*, in: Kühling/Buchner 2018, Art. 5 DSGVO, Rn. 37; a. A. *Monreal*, ZD 2016, 506 (509); *Eichenhofer*, PinG 2017, 135 (138).

[207] *Art.-29-Datenschutzgruppe*, WP 203, 17; *Heberlein*, in: Ehmann/Selmayr 2018, Art. 5 DSGVO, Rn. 14; *Herbst*, in: Kühling/Buchner 2018, Art. 5 DSGVO, Rn. 30 ff.; *Roßnagel*, in: Simitis/Hornung/Spiecker 2019, Art. 5 DSGVO, Rn. 73.

[208] *Dammann/Simitis* 1997, Art. 6 DSRL, Rn. 6; *Art.-29-Datenschutzgruppe*, WP 203, 17; *Heberlein*, in: Ehmann/Selmayr 2018, Art. 5 DSGVO, Rn. 14; *Frenzel*, in: Paal/Pauly 2018, Art. 5 DSGVO, Rn. 27; *Roßnagel*, in: Simitis/Hornung/Spiecker 2019, Art. 5 DSGVO, Rn.

ein möglichst eng gefasster Zweck erfüllt auch die weiteren Verarbeitungsvoraussetzungen, wie etwa der der Rechtmäßigkeit aus Art. 5 Abs. 1 lit. a Var. 1 DSGVO, der Transparenz aus Var. 3, der Datenminimierung aus lit. c oder der Richtigkeit der Daten aus lit. d.[209] Abstrakte und allgemein gehaltene Zwecke sind mithin grundsätzlich ausgeschlossen.[210] Die Verarbeitung von Daten zur „Verbesserung des Nutzer-Erlebnisses", für „Marketing-Zwecke", für „Zwecke der IT-Sicherheit", für „künftige Forschung" oder ähnliches sind demnach ohne weitere Angaben zur Verwendung und den dafür benötigten Daten nicht bestimmt genug.[211]

Ein Blick in die Praxis offenbart indes, wie schwer sich Anbieter mit der Formulierung eindeutiger Zwecke tun. Während die „Bereitstellung, Verbesserung und Entwicklung der Dienste", das „Anzeigen und Messen von Werbeanzeigen und Diensten" oder die „Förderung der Sicherheit"[212] wohl nicht eindeutig genug sind, lassen „Anzahl der Nutzer"[213] und „Nutzungshäufigkeit der Plattform" keine Zweifel über die durch die Anbieter verfolgten Zwecke. „Individualisierte Werbung" oder „besondere Angebote und Services"[214] können zumindest mit zusätzlichen Informationen eindeutig genug sein, vor allem über die dafür verwendeten Daten.

Die Zweckbindung ist für einen effektiven Grundrechtsschutz unerlässlich. Sie sichert die Transparenz der Datenverarbeitung, beschränkt die Dauer der Datenverarbeitung, begrenzt Zugriffsmöglichkeiten auf die Daten und sichert so das Vertrauen der betroffenen Personen bei der Nutzung von Social Networks.

7.5.1.5 Datenminimierung

Der Grundsatz der Datenminimierung ergibt sich aus Art. 5 Abs. 1 lit. c DSGVO. Danach müssen personenbezogene Daten dem Zweck angemessen und erheblich

---

76. Für die Heranziehung der Grundrechte zur Spezifizierung plädierend v. *Grafenstein*, DuD 2015, 789 (794 ff.).

[209] *Dammann*, ZD 2016, 307 (311); *Schantz*, NJW 2016, 1841 (1843 f.); *Heberlein*, in: Ehmann/Selmayr 2018, Art. 5 DSGVO, Rn. 14; *Frenzel*, in: Paal/Pauly 2018, Art. 5 DSGVO, Rn. 23; *Roßnagel*, in: Simitis/Hornung/Spiecker 2019, Art. 5 DSGVO, Rn. 77 ff.

[210] *Roßnagel*, in: Simitis/Hornung/Spiecker 2019, Art. 5 DSGVO, Rn. 72, 86–89.

[211] *Art.-29-Datenschutzgruppe*, WP 203, 16; *Heberlein*, in: Ehmann/Selmayr 2018, Art. 5 DSGVO, Rn. 14; *Roßnagel*, in: Simitis/Hornung/Spiecker 2019, Art. 5 DSGVO, Rn. 88. S. zur Datenschutzrichtlinie bereits *Dammann/Simitis* 1997, Art. 6 DSRL, Rn. 7.

[212] Alle drei Beispiele aus *Facebook*, Datenverwendungsrichtlinie, Stand: 29.9.2016, https://www.facebook.com/privacy/explanation.

[213] Beispiel aus *Xing*, Datenschutzbestimmungen, https://www.xing.com/privacy (Abruf: 12.4.2019).

[214] Alle drei Beispiele aus *studiVZ*, Datenschutz-Erklärung, Version 3.0 vom 25.5.2018, http://www.studivz.net/l/policy/declaration/. Die meinVZ-Datenschutzerklärung ist wortgleich.

sowie auf das für die Zwecke der Verarbeitung notwendige Maß beschränkt sein. Dem Zweck angemessen sind personenbezogene Daten dann, wenn sie entsprechend der englischen Sprachfassung „adequate", adäquat, also für den Zweck geeignet sind.[215] Erheblich sind sie dann, wenn sie zur Erreichung des Zwecks förderlich, also „relevant" sind.[216] Sie müssen zudem auf das notwendige Maß beschränkt werden („limited to the extend necessary") und damit erforderlich im Sinne einer Verhältnismäßigkeitsprüfung sein.[217] Der Verantwortliche ist dabei jedoch frei, den Zweck nach seinen Vorstellungen zu definieren und zu bestimmen.[218]

7.5.1.6 Richtigkeit

Art. 5 Abs. 1 lit. d DSGVO bestimmt, dass die Daten sachlich richtig und erforderlichenfalls auf dem neuesten Stand zu sein haben; es sind alle angemessenen Maßnahmen zu treffen, damit personenbezogene Daten, die im Hinblick auf die Zwecke ihrer Verarbeitung unrichtig sind, unverzüglich gelöscht oder berichtigt werden. Nach Erwägungsgrund 39 DSGVO sind dafür alle vertretbaren Schritte zu unternehmen.

Der Richtigkeit können nur Tatsachenangaben unterliegen, da diese einem Beweis zugänglich sind. Werturteile hingegen sind subjektiv und können nicht als richtig oder unrichtig beurteilt werden.[219] Da sich insbesondere in Social Networks Tatsachenangaben und Werturteile vermischen können, ist der Beurteilung der Richtigkeit hier besondere Aufmerksamkeit zu gewähren. Die Richtigkeit der Daten umfasst zudem, dass diese „erforderlichenfalls auf dem neuesten Stand sein" müssen. Die Beurteilung der Richtigkeit bezieht sich auf einen bestimmten Zeitpunkt; eine nachfolgende Veränderung der Tatsachen machen diese Daten dann nicht per se unrichtig. „Erforderlichenfalls" impliziert jedoch, dass die Daten dann auf den neuesten Stand zu bringen sind, wenn dies für den Zweck der Datenverarbeitung

---

[215] *Reimer*, in: Sydow 2018, Art. 5 DSGVO, Rn. 30; *Wolff*, in: Schantz/Wolff 2017, Rn. 421; *Roßnagel*, in: Simitis/Hornung/Spiecker 2019, Art. 5 DSGVO, Rn. 120.

[216] *Heberlein*, in: Ehmann/Selmayr 2018, Art. 5 DSGVO, Rn. 22; *Wolff*, in: Schantz/Wolff 2017, Rn. 422; *Herbst*, in: Kühling/Buchner 2018, Art. 5 DSGVO, Rn. 57; *Roßnagel*, in: Simitis/Hornung/Spiecker 2019, Art. 5 DSGVO, Rn. 121.

[217] *Reimer*, in: Sydow 2018, Art. 5 DSGVO, Rn. 32; *Wolff*, in: Schantz/Wolff 2017, Rn. 423; *Roßnagel*, in: Simitis/Hornung/Spiecker 2019, Art. 5 DSGVO, Rn. 124.

[218] *Reimer*, in: Sydow 2018, Art. 5 DSGVO, Rn. 29; *Roßnagel*, in: Roßnagel 2018, § 3, Rn. 71; *Roßnagel*, in: Simitis/Hornung/Spiecker 2019, Art. 5 DSGVO, Rn. 122.

[219] *Herbst*, in: Kühling/Buchner 2018, Art. 5 DSGVO, Rn. 60; *Roßnagel*, in: Simitis/Hornung/Spiecker 2019, Art. 5 DSGVO, Rn. 140; ausführlich zur Abgrenzung von Tatsachen und Werturteilen *Eisele/Schittenhelm*, in: Schönke/Schröder 2019, § 186 StGB, Rn. 3.

erheblich ist. Dies kann der Fall sein, wenn das nicht-aktuelle Datum zu einer unzutreffenden Rechtsfolge führt oder sich anderweitig nachteilig auf die betroffene Person auswirkt.[220]

Bei Pseudonymen – zum Beispiele anstelle von Klarnamen – handelt es sich nicht um unrichtige Daten.[221] Dafür spricht nicht nur, dass der Einsatz eines Pseudonyms den Personenzug nicht verändert. Auch sieht die Grundverordnung verschiedentlich Pseudonymisierung als technische und organisatorische Maßnahme zum Schutz der Daten vor, etwa in Art. 32 Abs. 1 lit. a DSGVO. Die Annahme der Unrichtigkeit eines Pseudonyms als unrichtiges Datum wäre daher widersprüchlich, da dieses als Rechtsfolge zu berichtigen oder zu löschen wäre.[222]

Der Verantwortliche ist zur Sicherstellung der Richtigkeit der Daten verpflichtet. Sonst läge neben einem Verstoß gegen den Grundsatz der Richtigkeit auch ein Verstoß gegen das Gebot der Datenminimierung des Art. 5 Abs. 1 lit. c DSGVO vor.[223] Unrichtige Daten sind unverzüglich zu löschen oder zu berichtigen. Der Anbieter als Verantwortlicher muss aufgrund seiner Pflicht zur Sicherstellung der Richtigkeit der Daten technische und organisatorische Maßnahmen ergreifen, um die Richtigkeit der Daten und Faktoren, die die Richtigkeit der Daten kompromitieren, aktiv überprüfen zu können.[224] Zudem muss der Anbieter Instrumente schaffen, die es dem Nutzer als betroffener Person erlauben, ihre Betroffenenrechte aus Art. 16 bis 18 DSGVO wahrzunehmen.

7.5.1.7 Speicherbegrenzung

Art. 5 Abs. 1 lit. e DSGVO regelt den Grundsatz der Speicherbegrenzung. Demzufolge sind personenbezogene Daten in einer Form zu speichern, die die Identifizierung der betroffenen Person nur so lange ermöglicht, wie dies für die Zwecke der Datenverarbeitung erforderlich ist. Ausnahmen sieht lit. e für im öffentlichen Interesse liegende Archivzwecke, wissenschaftliche und historische Forschungszwecke sowie für statistische Zwecke vor.

Der Grundsatz der Speicherbegrenzung beschränkt sich entgegen dem Wortlaut nicht nur auf das Speichern, sondern auf alle Formen der Datenverarbeitung. Dies

---

[220]*Herbst*, in: Kühling/Buchner 2018, Art. 5 DSGVO, Rn. 61 f.; *Reimer*, in: Sydow 2018, Art. 5 DSGVO, Rn. 36; *Roßnagel*, in: Simitis/Hornung/Spiecker 2019, Art. 5 DSGVO, Rn. 141.

[221]So wohl *Konrad*, K&R 2018, 275 (276).

[222]S. zur Klarnamenspflicht ausführlich Abschn. 7.5.5.3.3.

[223]*Herbst*, in: Kühling/Buchner 2018, Art. 5 DSGVO, Rn. 62; *Roßnagel*, in: Simitis/Hornung/Spiecker 2019, Art. 5 DSGVO, Rn. 138; vgl. auch EuGH, ECLI:EU:C:2014:317, Rn. 92 f. („Google Spain").

[224]*Pötters*, in: Gola 2018, Art. 5 DSGVO, Rn. 24;

rührt daher, dass es grundrechtlich keinen Unterschied machen kann, durch welche Form der Datenverarbeitung ein Eingriff in das Grundrecht auf Datenschutz erfolgt.[225] Relevant würde dies, wenn der Anbieter des Social Networks personenbezogene Daten durch Dritte zur Verfügung gestellt bekommt und diese zum Beispiel mithilfe des eigenen Algorithmus verarbeitet, ohne diese vorher selbst gespeichert zu haben.

Regelungsgegenstand der Speicherbegrenzung ist es, den Personenbezug in zeitlicher Hinsicht auf das erforderliche Maß zu beschränken, beispielsweise mittels Speicherfristen.[226] Somit ergänzt die Speicherbegrenzung den Grundsatz der Datenminimierung in zeitlicher Hinsicht.[227] Ein Löschen des personenbezogenen Datums ist nicht zwingend notwendig, wenn dieses für den Zweck nicht mehr erforderlich ist. Auch ein wirksames Anonymisieren ist möglich, um den Grundsatz der Speicherbegrenzung zu erfüllen.[228] Die Speicherbegrenzung verlangt keine vorgreifende Begrenzung des Zwecks der Datenverarbeitung mit dem Ziel, möglichst wenige personenbezogene Daten zu verarbeiten. Vielmehr erfordert dieser Grundsatz eine Überprüfung anhand des durch den Verantwortlichen frei gewählten Zwecks dahingehend, ob die Verwendung personenbezogener Daten (weiterhin) nötig ist.[229]

7.5.1.8 Integrität und Vertraulichkeit

Dieser Grundsatz wurde erstmals in Art. 5 Abs. 1 lit. f DSGVO in das Gesetz aufgenommen. Lit. f schützt zum einen vor einer unrechtmäßigen und unbefugten Verarbeitung und zum anderen vor einem unbeabsichtigten Verlust, einer unbeabsichtigten Zerstörung und Beschädigung der Daten.[230] So gewährleistet das Kriterium, dass Daten nicht unbefugt verändert, gelöscht oder ersetzt werden dürfen.[231] Entsprechend Erwägungsgrund 39 Satz 12 DSGVO geht der

---

[225] *Roßnagel*, in: Simitis/Hornung/Spiecker 2019, Art. 5 DSGVO, Rn. 152.

[226] Erwägungsgrund 39 DSGVO.

[227] *Albrecht/Jotzo* 2017, Teil 2, Rn. 6; *Reimer*, in: Sydow 2018, Art. 5 DSGVO, Rn. 39; *Pötters*, in: Gola 2018, Art. 5 DSGVO, Rn. 25; *Roßnagel*, in: Simitis/Hornung/Spiecker 2019, Art. 5 DSGVO, Rn. 150.

[228] *Roßnagel*, in: Simitis/Hornung/Spiecker 2019, Art. 5 DSGVO, Rn. 155.

[229] *Roßnagel*, in: Simitis/Hornung/Spiecker 2019, Art. 5 DSGVO, Rn. 158.

[230] *Herbst*, in: Kühling/Buchner 2018, Art. 5 DSGVO, Rn. 74 f.; *Roßnagel*, in: Simitis/Hornung/Spiecker 2019, Art. 5 DSGVO, Rn. 167; *Reimer*, in: Sydow 2018, Art. 5 DSGVO, Rn. 45.

[231] *Federrath/Pfitzmann*, DuD 2000, 704 (706); *Bedner/Ackermann*, DuD 2010, 323 (326).

Umfang der Vorschrift über die alleinige Sicherung der Integrität und Vertraulichkeit hinaus, da auch die Verfügbarkeit, und Unversehrtheit sowie Zugriffs- und
Zugangsbeschränkungen zum Schutzumfang gehören.[232]

7.5.2 Überblick zu Art. 6 DSGVO

Anbietern und Nutzern von Social Networks stehen als Verantwortlichen eine Reihe
von Zulässigkeitsvorschriften zur Verarbeitung personenbezogener Daten zur Verfügung. Art. 6 DSGVO ist hier die zentrale – wenn auch nicht die einzige – Norm.
Sie zählt abschließend auf, in welchen Fällen eine Datenverarbeitung rechtmäßig
ist. Vorgesehen sind sechs Fallgruppen: Eine Datenverarbeitung ist nach Abs. 1 lit. a
dann zulässig, wenn die betroffene Person ihre Einwilligung für eine oder mehrere
Zwecke gegeben hat.[233] Nach lit. b ist eine Verarbeitung personenbezogener Daten
zulässig, soweit diese zur Anbahnung oder Durchführung eines Vertrags mit der
betroffenen Person erforderlich sind.[234] Nach lit. c dürfen personenbezogene Daten
verarbeitet werden, soweit sie erforderlich sind, um rechtliche Verpflichtungen des
Verantwortlichen zu erfüllen. Der Schutz lebenswichtiger Interessen der betroffenen
Person oder Dritter ist nach lit. d ein weiterer Zulässigkeitsgrund. Lit. e erlaubt eine
Verarbeitung personenbezogener Daten zur Wahrnehmung von Aufgaben im öffentlichen Interesse oder zur Ausübung hoheitlicher Gewalt. Schließlich erlaubt lit. f
eine Datenverarbeitung zur Wahrung berechtigter Interessen des Verantwortlichen
oder eines Dritten.[235]

Hinsichtlich der Erlaubnistatbestände aus lit. c und e erlaubt Art. 6 Abs. 2
DSGVO den Mitgliedstaaten, spezifischere Bestimmungen zu erlassen oder beizu-
behalten, um eine rechtmäßig und nach Treu und Glauben erfolgende Verarbeitung
zu gewährleisten. Aus Abs. 3 folgt die Kompetenz, im Rahmen des Unionsrecht
oder des mitgliedstaatlichen Rechts spezifische Bestimmungen zur Anpassung der
Verordnung hinsichtlich der Erlaubnistatbestände zu normieren. Lit. c und e sind
insofern nur Brücken; der eigentliche Erlaubnistatbestand ist in der „Rechtsgrundlage für die Verarbeitungen" der Union oder des Mitgliedstaats zu sehen. Die
Regelungen in lit. c und lit. e allein können keine Verarbeitung personenbezogener

---

[232] *Roßnagel*, in: Simitis/Hornung/Spiecker 2019, Art. 5 DSGVO, Rn. 167 f.

[233] Dazu Abschn. 7.5.3.

[234] Dazu Abschn. 7.5.4.

[235] Dazu Abschn. 7.5.5.

Daten rechtfertigen.[236] Sie bestimmen vielmehr die inhaltlichen Anforderungen an einen Erlaubnistatbestand der Union oder des Mitgliedstaats. Die Datenverarbeitung muss durch deren gesetzliche Rechtsgrundlage erlaubt werden, die sie nur erlassen dürfen, wenn sie zur Erfüllung einer rechtlichen Verpflichtung oder zur Wahrnehmung einer Aufgabe erforderlich sind, die im öffentlichen Interesse liegt oder in Ausübung öffentlicher Gewalt erfolgt.

Zweckänderungen sind trotz der Zweckbindung nach Art. 5 Abs. 1 lit. b DSGVO gemäß Art. 6 Abs. 4 DSGVO zulässig, wenn eine Einwilligung oder eine unions- oder mitgliedstaatliche Rechtsvorschrift vorliegt, oder wenn der geänderte Zweck mit dem ursprünglichen Zweck vereinbar ist.[237] Um die Vereinbarkeit zu beurteilen, hat der Verantwortliche die in Abs. 4 lit. a bis e genannten Aspekte zu berücksichtigen.[238]

7.5.3 Einwilligung

„Eine Einwilligung ist das leichteste, was man im Internet bekommen kann"[239] ist wohl eine weit verbreitete und in der Praxis nicht ganz fernliegende These im Zusammenhang mit Datenverarbeitungen bei Online-Mediendiensten. Ungeachtet dessen unterliegt eine wirksame Einwilligung einer Reihe rechtlicher Voraussetzungen sowohl inhaltlicher als auch formeller Art. Die Einwilligung ist ein zentrales Prinzip des Datenschutzrechts und daher der erste Erlaubnistatbestand des Art. 6 Abs. 1 DSGVO. In ihr manifestiert sich das Recht auf informationelle Selbstbestimmung[240] sowie dem Grundrecht auf Datenschutz aus Art. 8 GRCh, indem ein Datenumgang, der nicht durch einen gesetzlichen Erlaubnistatbestand gedeckt ist, nur dann zulässig ist, wenn die betroffene Person ihre Einwilligung gegeben hat. Von Anbietern von Social Networks wird die Einwilligung vor allem genutzt, weil durch sie eine größere Bandbreite an Verarbeitungsmöglichkeiten ermächtigt werden kann, als mit gesetzlichen Erlaubnistatbeständen möglich ist. Diese

---

[236]*Roßnagel*, in: Simitis/Hornung/Spiecker 2019, Art. 6 Abs. 3 DSGVO, Rn. 14 sowie Art. 6 Abs. 2 DSGVO, Rn. 22 ff. Ebenso *Kühling/Martini/Heberlein/Kühl/Nink/Weinzierl/Wenzel*, 2016, 30; *Albers/Veit*, in: Wolff/Brink 2020, Art. 6 DSGVO, Rn. 57; *Buchner/Petri*, in: Kühling/Buchner 2018, Art. 6 DSGVO, Rn. 93.

[237]Dazu auch *Roßnagel*, in: Simitis/Hornung/Spiecker 2019, Art. 6 Abs. 4 DSGVO, Rn. 9 ff., 17 ff. sowie *Richter*, DuD 2015, 736 ff.; *Roßnagel/Nebel/Richter*, ZD 2015, 457; *Gierschmann*, ZD 2016, 54.

[238]Dazu Abschn. 7.5.6.

[239]Aus *Bernet*, Democracy – Im Rausch der Daten, farbfilm verleih 2015.

[240]*Roßnagel/Pfitzmann/Garstka* 2001, 72 mit weiteren Nachweisen.

werden üblicherweise über allgemeine Geschäftsbedingungen oder Datenschutzrichtlinien[241] eingeholt. Zu beachten ist jedoch, dass Einwilligungen nicht nur vom
Anbieter eingeholt werden müssen, sondern auch von verantwortlichen Nutzern[242]
und sonstigen verantwortlichen Akteuren.

Neben dem Erlaubnistatbestand der Einwilligung aus Art. 6 Abs. 1 lit. a
DSGVO, der durch die Legaldefinition in Art. 4 Nr. 11 DSGVO sowie zusätzlichen Vorgaben in Art. 7 DSGVO eine weitere Ausgestaltung erfährt, hält die
Datenschutz-Grundverordnung spezielle Vorschriften für die Einwilligung von Kindern in Art. 8 DSGVO,[243] für besondere Kategorien personenbezogener Daten in
Art. 9 DSGVO,[244] für automatisierte Entscheidungen in Art. 22 Abs. 2 lit. c DSGVO
sowie zur Datenübermittlung in Drittländer in Art. 49 Abs. 1 lit. a DSGVO bereit.

7.5.3.1 Verhältnis der Einwilligung zu den gesetzlichen Erlaubnistatbeständen

Nach Art. 6 Abs. 1 DSGVO ist eine Datenverarbeitung nur dann rechtmäßig, wenn
„mindestens" einer der dort aufgelisteten Erlaubnistatbestände erfüllt ist. Daher
kann der Verantwortliche die von ihm beabsichtigte Verarbeitung personenbezogener Daten grundsätzlich auf mehr als einen Erlaubnistatbestand stützen. Der
Verantwortliche kann frei wählen, auf welchen der Erlaubnistatbestände von Art. 6
Abs. 1 lit. a bis f DSGVO er seine Datenverarbeitungsprozesse stützt. Bei Datenverarbeitungen in Social Networks kommen neben der Einwilligung nach lit. a
insbesondere die Verarbeitung zur Wahrung berechtigter Interessen aus lit. f in
Betracht sowie im Einzelfall die Verarbeitung zur Erfüllung eines Vertrags aus
lit. b und die Verarbeitung zur Erfüllung rechtlicher Verpflichtungen aus lit. c in
Betracht. Die Systematik des Art. 6 Abs. 1 DSGVO sieht vor, dass grundsätzlich
mehrere Erlaubnistatbestände einschlägig sein können und alternativ herangezogen
werden können. Gerade im Verhältnis von Einwilligung nach lit. a und berechtigtem Interesse nach lit. f kommt es aber zu Spannungen zwischen dem Interesse des
Verantwortlichen und der Erwartungshaltung der betroffenen Person hinsichtlich
der Kontrolle über ihre personenbezogenen Daten.[245]

Der Grundsatz der Verarbeitung nach Treu und Glauben sowie der Transparenzgrundsatz aus Art. 5 Abs. 1 lit. a DSGVO gebieten es, dass sich der Verantwortliche

---

[241] Insofern gleichbedeutend mit Privacy Policies oder sogenannten „Datenverwendungsrichtlinien".

[242] S. hierzu Abschn. 7.5.3.4. Zur Verantwortlichkeit des Nutzers s. Abschn. 7.4.2.

[243] Dazu Abschn. 7.5.7.1.

[244] Dazu Abschn. 7.5.8.

[245] S. dazu *Schantz*, in: Simitis/Hornung/Spiecker 2019, Art. 6 DSGVO, Rn. 88 ff.

vor Beginn der Datenverarbeitung auf eine bestimmte Rechtsgrundlage festlegt, da dies mit verschiedenen Transparenzpflichten verbunden ist. Insbesondere ist über die Rechtsgrundlage zu informieren. Zusätzlich muss bei Einholen einer Einwilligung nach Art. 7 Abs. 3 Satz 3 DSGVO ein Hinweis auf die Widerruflichkeit derselben gegeben werden, bei einer Verarbeitung nach Art. 6 Abs. 1 lit. f DSGVO muss vorab eine Interessenabwägung vorgenommen und nach Art. 13 Abs. 1 lit. d DSGVO über diese informiert werden. Hinzu treten eine Reihe weiterer Informationspflichten aus den Art. 13 und 14 DSGVO.[246]

Daher ist es unzulässig, wenn der Verantwortliche die Einwilligung der betroffenen Person einholt, bei deren Unwirksamkeit oder Widerruf aber auf einen gesetzlichen Erlaubnistatbestand zurückgreifen will. Der Verantwortliche muss sich vielmehr vorab festlegen, ob er die beabsichtigte Datenverarbeitung auf eine Einwilligung nach Art. 6 Abs. 1 lit. a DSGVO oder auf seine berechtigten Interessen nach Art. 6 Abs. 1 lit. f DSGVO stützen will oder der betroffenen Person die Wahlmöglichkeit diesbezüglich belässt.[247] Wäre der betroffenen Person nicht transparent, auf welche Rechtsgrundlage sich der Verantwortliche beruft, läge ein widersprüchliches Verhalten vor und widerspräche dem Grundsatz von Treu und Glauben nach Art. 5 Abs. 1 lit. a DSGVO, da der Verantwortliche der betroffenen Person den Eindruck vermitteln würde, es käme dem Verantwortlichen auf die Einwilligung an, obwohl dies nicht der Fall ist.[248] Die betroffene Person muss abschätzen können, ob und in welchem Umfang sie die Verarbeitung durch einen Widerruf ihrer Einwilligung beenden kann. Würde sich der Verantwortliche bei Widerruf der Einwilligung auf seine berechtigten Interessen berufen, wäre der Widerruf als Recht der betroffenen Person wirkungslos und Verantwortliche könnten ohne Rücksicht auf den Willen der betroffenen Person handeln.

---

[246] *Roßnagel*, in: Simitis/Hornung/Spiecker 2019, Art. 5 DSGVO, Rn. 49 ff.; *Roßnagel*, DuD 2018, 741 (745); *Härting*, ITRB 2017, 42 (43). Ausführlich zu den Informationspflichten Abschn. 7.8.2.

[247] *Art.-29-Datenschutzgruppe*, WP 259 rev.01, 23; *Roßnagel*, in: Simitis/Hornung/Spiecker 2019, Art. 5 DSGVO, Rn. 47; *Roßnagel*, DuD 2018, 741 (745); *Buchner/Petri*, in: Kühling/Buchner 2018, Art. 6 DSGVO, Rn. 23. Für eine Zulässigkeit des Rückgriffs auf die berechtigten Interessen bei Widerruf der Einwilligung (gegebenenfalls unter Wahrung der Transparenz durch Offenlegung) *Wolff*, in: Schantz/Wolff 2017, Rn. 475; *Buchner/Kühling*, in: Kühling/Buchner 2018, Art. 7 DSGVO, Rn. 18; *Kramer*, in: Auernhammer 2018, Art 6 DSGVO, Rn. 18; *Golland* 2019, 194. A. A. auch *Schulz*, in: Gola 2018, Art. 6 DSGVO, Rn. 11 f., der eine Einwilligung nur für zulässig hält, wenn kein anderer Erlaubnistatbestand einschlägig ist.

[248] *Roßnagel*, in: Simitis/Hornung/Spiecker 2019, Art. 5 DSGVO, Rn. 47.

7.5.3.2 Rechtsnatur der Einwilligung

Der früher im deutschen Recht bestehende Streit um die Rechtsnatur der Einwilligung sollte mit Wirksamwerden der Datenschutz-Grundverordnung an Bedeutung verloren haben. Im Geltungsbereich des Bundesdatenschutzgesetzes a. F. war umstritten, ob die datenschutzrechtliche Einwilligung als eine rechtsgeschäftliche Erklärung,[249] eine rechtsgeschäftsähnliche Handlung[250] oder ein Realakt[251] einzuordnen ist. Dies hatte Auswirkungen auf die Beurteilung zum Beispiel von Willensmängeln oder der Möglichkeit der Stellvertretung. Nach Wirksamwerden der Datenschutz-Grundverordnung wird dieser Streit unionsrechtlich ohne Belang sein, da die Wirksamkeit einer Einwilligung allein nach unionsrechtlichen Standards autonom auszulegen ist anhand der in der Grundverordnung niedergelegten Voraussetzungen für eine wirksame Einwilligung.[252]

7.5.3.3 Voraussetzungen der Einwilligung

Die Vorschrift des Art. 6 Abs. 1 lit. a DSGVO deckt sich im Wesentlichen mit der entsprechenden Regelung in Art. 7 lit. a DSRL. Die Einwilligung war bereits in der Datenschutzrichtlinie zentrale Grundlage für die Zulässigkeit einer Datenverarbeitung. Obwohl die Datenschutzrichtlinie gemäß Art. 94 Abs. 1 DSGVO mit Wirksamwerden der Datenschutz-Grundverordnung aufgehoben wird, gelten nach Erwägungsgrund 171 DSGVO alle Einwilligungen auf Basis der Richtlinie fort, wenn sie der Verordnung entsprechen.[253] Gleiches gilt für diesbezügliche Entscheidungen und Beschlüsse der Kommission sowie Genehmigungen der Aufsichtsbehörden, bis sie geändert, ersetzt oder aufgehoben werden. Da gemäß Art. 94 Abs. 2 Satz 2 DSGVO Verweise auf die Art.-29-Datenschutzgruppe als Verweise auf den Europäischen Datenschutzausschuss zu lesen sind, ist davon auszugehen, dass deren Stellungnahmen und Entscheidungen zu spezifischen Themen und Auslegungsfragen weiterhin Bestand haben werden und zur Auslegung von Begriffen und Rechtsfragen auch weiterhin herangezogen werden können.

---

[249]*Simitis*, in: Simitis 2014, § 4a BDSG a. F., Rn. 20; wohl auch *Bergmann/Möhrle/Herb* 2018, § 4a BDSG a. F., Rn. 8; unentschieden *Gola/Klug/Körffer*, in: Gola/Schomerus 2015, § 4a BDSG a. F., Rn. 2.

[250]*Holznagel/Sonntag*, in: Roßnagel 2003, Abschn. 4.8, Rn. 21; vgl. auch *Ellenberger*, in: Palandt 2018, Überblick vor § 104 BGB, Rn. 6.

[251]Z. B. *Schaffland/Wiltfang 2018*, § 4a BDSG a. F., Rn. 21; *Spindler/Nink*, in: Spindler/Schuster 2015, § 4a BDSG a. F., Rn. 3; *Wintermeier*, ZD 2012, 210 (212).

[252]*Ingold*, in: Sydow 2018, Art. 7 DSGVO, Rn. 13; *Buchner/Kühling*, in: Kühling/Buchner 2018, Art. 7 DSGVO, Rn. 1a. A. A. *Schulz*, in: Gola 2018, Art. 7 DSGVO, Rn. 9, der einen Realakt befürwortet.

[253]Ausführlich *Schulz*, in: Gola 2018, Art. 7 DSGVO, Rn. 59.

Indes regelt Art. 6 Abs. 1 lit. a DSGVO die Voraussetzungen der Einwilligung nur bruchstückhaft. Diese ergeben sich vielmehr aus einem Zusammenspiel von Art. 4 Nr. 11 mit Art. 6 Abs. 1 lit. a sowie Art. 7 DSGVO[254] und werden zusätzlich durch die allgemeinen Verarbeitungsgrundsätze des Art. 5 DSGVO ergänzt.[255] Die einzelnen Voraussetzungen einer wirksamen Einwilligung sind eng miteinander verwoben, sodass es bei den Ausführungen zum Teil zu Überschneidungen kommt, da diese nur schwer voneinander zu trennen sind. Dennoch sollte der Verantwortliche auf die Einhaltung der Wirksamkeitsvoraussetzungen der Einwilligung achten, da ein Verstoß gegen Art. 5, 6 und 7 DSGVO nach Art. 83 Abs. 5 lit. a DSGVO mit einem Bußgeld von bis zu 20 Millionen Euro oder 4 % des Jahresumsatzes des Unternehmens geahndet werden kann.

7.5.3.3.1 (Unmissverständliche) Willensbekundung

Gemäß Art. 4 Nr. 11 DSGVO handelt es sich bei der Einwilligung um eine unmissverständlich abgegebene Willensbekundung „in Form einer Erklärung oder einer sonstigen eindeutigen bestätigenden Handlung". Die „eindeutige bestätigende Handlung" besteht nach Erwägungsgrund 32 zum Beispiel in einer schriftlichen, elektronischen oder mündlichen „Erklärung", mit der die betroffene Person ihr Einverständnis mit der Datenverarbeitung signalisiert. Diese Erklärung kann auch durch das Anklicken eines Kästchens, durch „Auswahl technischer Einstellungen für Dienste der Informationsgesellschaft" oder andere Verhaltensweisen abgegeben werden.

Eine „bestätigende Handlung" setzt voraus, dass die betroffene Person aktiv wird, wenn sie in die Datenverarbeitung einwilligt. Stillschweigen, Inaktivität und vorangekreuzte Kästchen sind nach Erwägungsgrund 32 daher ebenso wenig ausreichend wie die schlichte Inanspruchnahme eines Dienstes.[256] Die Grundverordnung fordert daher ein Opt-in in die Datenverarbeitung. Die bis dato – auch durch die

---

[254] Kritisch zum Regelungskonzept *Heckmann/Paschke*, in: Ehmann/Selmayr 2018, Art. 7 DSGVO, Rn. 2.

[255] S. dazu das Kapitel zur Rechenschaftspflicht Abschn. 7.9.1 sowie die Kriterien (K1) bis (K8) in Abschn. 8.2.3.

[256] Zu letzterem *Art.-29-Datenschutzgruppe*, WP 259 rev.01, 16 sowie EuGH, ECLI:EU:C:2019:801, Rn. 44 ff. („Planet49").

Rechtsprechung des Bundesgerichtshofs[257] – akzeptierte Opt-out-Lösung ist nach der Datenschutz-Grundverordnung nicht mehr zulässig.[258]

Die „Auswahl technischer Einstellungen" in Erwägungsgrund 32 meint nach verbreiteter Meinung wohl Einstellungen im Browser, sei es durch die Do-not-Track-Funktion oder das Akzeptieren von Cookies.[259] Problematisch ist es allerdings, wenn Voreinstellungen im Browser standardmäßig Cookies akzeptieren und diese von der betroffenen Person erst deaktiviert werden müssen.[260] In diesem Fall müsste die betroffene Person nämlich aktiv werden, um eine Datenverarbeitung zu verhindern. Dies entspricht gerade nicht dem Maßstab an eine Willensbekundung nach der Datenschutz-Grundverordnung. Da zudem der Verantwortliche nach Art. 7 Abs. 1 DSGVO die Beweislast[261] dafür trägt, dass die Anforderungen an eine wirksame Einwilligung vorgelegen haben, sollte dieser in jedem Fall vor dem Platzieren eines Cookies die Einwilligung der betroffenen Person mittels bestätigender Handlung, etwa durch Anklicken eines Kästchens nach Aufruf der Website, einholen.

7.5.3.3.2 Einwilligungsfähigkeit

Die betroffene Person muss einwilligungsfähig sein. Ihr muss also bewusst sein, dass sie etwas rechtlich Erhebliches erklärt. Dies ist im Zweifel einzelfallbezogen zu beurteilen.[262] Regelmäßig problematisch ist die Einwilligungsfähigkeit bei Minderjährigen. Hier gilt die besondere Regelung des Art. 8 DSGVO.[263]

---

[257] BGHZ 117, 253 („Payback"); BGH, MMR 2010, 138 („Happy Digits"). Vgl. aber den Vorlagebeschluss des Bundesgerichtshofs an den Europäischen Gerichtshof zur Frage der Wirksamkeit einer Einwilligung mittels Opt-out bei Cookie-Bannern: BGH, Beschluss vom 5.10.2017, Az. I ZR 7/16, ZD 2018, 79. Dieser könnte zu einer Abkehr der Rechtsprechung des Bundesgerichtshofs führen.

[258] *Schantz*, NJW 2016, 1841 (1844); *Schantz*, in: Schantz/Wolff 2017, Rn. 492; *Albrecht/Jotzo* 2017, Teil 3, Rn. 39; *Ingold*, in: Sydow 2018, Art. 7 DSGVO, Rn. 43; *Klabunde*, in: Ehmann/Selmayr 2018, Art. 4 DSGVO, Rn. 47; *Albers/Veit*, in: Wolff/Brink 2020, Art. 6 DSGVO, Rn. 24; *Buchner/Kühling*, in: Kühling/Buchner 2018, Art. 7 DSGVO, Rn. 58 f. sprechen auch von Einwilligungsbewusstsein; *Art.-29-Datenschutzgruppe*, WP 259 rev.01, 16; *Nebel*, in: Roßnagel 2018, § 3, Rn. 95. Zurückhaltender *Schulz*, in: Gola 2018, Art. 7 DSGVO, Rn. 42 f.

[259] *Schantz*, NJW 2016, 1841 (1844).

[260] *Schantz*, NJW 2016, 1841 (1844); *Ingold*, in: Sydow 2018, Art. 7 DSGVO, Rn. 44.

[261] S. dazu unten Abschn. 7.5.3.3.9.

[262] *Buchner/Kühling*, in: Kühling/Buchner 2018, Art. 7 DSGVO, Rn. 57.

[263] S. dazu unten Abschn. 7.5.7.1.

7.5.3.3.3 Freiwilligkeit der Willensbekundung

Die Einwilligung muss gemäß Art. 4 Nr. 11 DSGVO freiwillig erteilt worden sein. Der Grundsatz der Freiwilligkeit der Einwilligung war bereits vor Inkrafttreten der Datenschutz-Grundverordnung Gegenstand intensiver Diskussion,[264] dennoch hat der Unionsgesetzgeber an diesem Grundsatz festgehalten. Eine Einwilligung ist freiwillig, wenn sie auf der freien Entscheidung der betroffenen Person beruht und ohne Zwang gegeben wurde. Die betroffene Person muss also eine echte Wahl haben.[265] Da die Freiwilligkeit der Einwilligung in vielen Konstellationen problematisch ist und war, hat die Datenschutz-Grundverordnung einige zusätzliche Erfordernisse formuliert, die bei der Beurteilung der Freiwilligkeit herangezogen werden können. Dazu gehören die Feststellung von Nachteilen für die betroffene Person, ein mögliches Ungleichgewicht zwischen betroffener Person und Verantwortlichem sowie die Koppelung der Einwilligung an andere Leistungen. Dabei sind in jedem Fall alle Umstände des Einzelfalls heranzuziehen, um zu beurteilen, ob eine Einwilligung freiwillig erteilt wurde.

7.5.3.3.3.1 Ohne Nachteile zu erleiden

Nach Erwägungsgrund 42 Satz 5 DSGVO ist eine Einwilligung etwa dann freiwillig, wenn die betroffene Person tatsächlich in der Lage ist, die Einwilligung zu verweigern oder zurückzuziehen, ohne Nachteile zu erleiden. Was genau einen Nachteil im Sinne des Erwägungsgrund 42 Satz 5 DSGVO ausmacht, verschweigt die Verordnung. Dieser wird wohl als solch gewaltiger Nachteil zu verstehen sein müssen, dass eine freie Entscheidungsfindung hinsichtlich des Ob und Umfangs der Datenverarbeitung ausgeschlossen ist.[266]

Insbesondere bei den wenigen großen, international zugänglichen Social Networks müssen oftmals umfangreiche Datenschutzbestimmungen akzeptiert werden, ohne die eine erfolgreiche Registrierung bei dem Social Network nicht möglich ist. Daher stellt sich die Frage, ob ein solches Nichtnutzendürfen bei Verweigerung der Einwilligung als Nachteil anzusehen ist. Der Ausschluss von einem Online-Mediendienst kann dann als Nachteil zu werten sein, wenn keine zumutbare Alternative besteht. Nach der Art.-29-Datenschutzgruppe entsteht demnach dann kein Nachteil, wenn die Einwilligung entzogen werden kann, ohne dass die Dienstleistung eingeschränkt wird („without the performance of the service being

---

[264]Vgl. z. B. *Roßnagel/Pfitzmann/Garstka* 2001, 92; *Simitis*, in: Simitis 2014, § 4a BDSG a. F., Rn. 62 ff.

[265]Erwägungsgrund 42 DSGVO; *Ernst*, ZD 2017, 110 (111); *Heberlein*, Ehmann/Selmayr 2018, Art. 6 DSGVO, Rn. 7; *Schulz*, in: Gola 2018, Art. 7 DSGVO, Rn. 21; *Ernst*, in: Paal/Pauly 2018, Art. 4 DSGVO, Rn. 69.

[266]*Schantz*, in: Schantz/Wolff 2017, Rn. 502.

downgraded").[267] Zwar klingt dies zunächst nach einem nachträglichen Widerruf der Einwilligung, wenn also der Nutzer vorher bereits unter voller Anerkennung der Datenschutzbestimmungen eine umfassende Einwilligung gegeben hat, um einen Dienst zu nutzen, sollte aber im Interesse eines umfassenden Anwendungsbereichs auch für erstmalig abzugebende Einwilligungen Maßstab sein.

Die Nutzung alternativer Dienste ist grundsätzlich zumutbar, wenn dieser Dienst gleichwertig ist. Gleichwertig ist ein Online-Mediendienst nur dann, wenn er ein vergleichbares Leistungsspektrum umfasst.[268] Dabei muss der alternative Dienst nicht deckungsgleich sein, muss jedoch im Grundsatz ähnliche Funktionen anbieten können. Hierbei ist jedoch einschränkend der Netzwerk- oder Lock-in-Effekt zu beachten, der es Nutzern von Social Networks schwierig bis unmöglich macht, einem bestimmten Social Network die Einwilligung zu verweigern oder zu widerrufen und einen alternativen Dienst in Anspruch zu nehmen. Sofern es überhaupt alternative Social Networks am Markt gibt, haben diese in der Regel keine vergleichbare Reichweite wie die wenigen großen, bekannten Social Networks und sind in jedem Fall nicht interoperabel, sodass ein Nutzer ein Netzwerk nicht verlassen oder wechseln kann, ohne seine bestehenden Kontakte zu kappen.[269] Ein Nicht-Eintritt in ein oder der Austritt aus einem Social Network kommt faktisch einer „kommunikativen Ausgrenzung"[270] gleich. Fehlen vergleichbare Alternativen, liegt ein spürbarer Nachteil vor.[271] In diesem Fall ist die Nutzung alternativer Dienste nicht zumutbar, die Verweigerung einer Einwilligung demnach mit Nachteilen verbunden und damit nicht freiwillig erteilt.

Insbesondere in dem Fall, in dem ein Anbieter eine (Quasi-)Monopolstellung innehat, ist die Freiwilligkeit zudem in Frage gestellt, wenn dieser Nutzungsbedingungen durchzusetzen versucht, die sich bei einem Wettbewerb zwischen verschiedenen Anbietern nicht durchgesetzt hätten. Ein solcher Konditionenmissbrauch nach § 19 Abs. 2 Nr. 2 GWB verhindert die Freiwilligkeit der Einwilligung, da die Nutzungsbedingungen für die betroffene Person nachteilig sind.[272] Eine

---

[267] *Art.-29-Datenschutzgruppe*, WP 259 rev.01, 11, 21.

[268] *Buchner/Kühling*, in: Kühling/Buchner 2018, Art. 7 DSGVO, Rn. 53.

[269] *Schantz*, NJW 2016, 1841 (1845); *Schantz*, in: Schantz/Wolff 2017, Rn. 508; *Schulz*, in: Gola 2018, Art. 7 DSGVO, Rn. 27; *Buchner/Kühling*, in: Kühling/Buchner 2018, Art. 7 DSGVO, Rn. 53. Sehr zweifelhaft indes OLG Brandenburg, MMR 2006, 405 (407), das mehr als 73 % Marktanteil eines Online-Auktionshauses nicht für marktbeherrschend hält.

[270] *Kamp/Rost*, DuD 2013, 80 (82).

[271] *Schantz*, in: Schantz/Wolff 2017, Rn. 504 f. A. A. wohl *Klement*, in: Simitis/Hornung/Spiecker 2019, Art. 7 DSGVO, Rn. 63.

[272] *Schantz*, in: Schantz/Wolff 2017, Rn. 509; *Ernst*, in: Paal/Pauly 2018, Art. 4 DSGVO, Rn. 76; *Ernst*, ZD 2017, 110 (112).

solche marktbeherrschende Stellung für Social Networks spricht das Bundes-kartellamt in Deutschland Facebook zu.[273] Einzelne Nutzungsbedingungen sind daher intensiv nicht nur auf ihre Rechtmäßigkeit hin zu prüfen, sondern auch auf ihre Fairness gegenüber den Nutzern als Vertragspartner. Ergibt eine Prü-fung, dass eine Klausel die betroffene Person unangemessen benachteiligt und nur deshalb Bestand haben kann, weil mangels alternativer Angebote keine Wahl besteht, wäre die Einwilligungen in diese Bedingung nicht freiwillig im Sinne der Datenschutz-Grundverordnung.

7.5.3.3.3.2 Klares Ungleichgewicht

Die Freiwilligkeit der Einwilligung ist auch dann in Frage gestellt, wenn zwi-schen dem Verantwortlichen und der betroffenen Person ein klares Ungleichgewicht besteht. Nach Erwägungsgrund 43 Satz 1 DSGVO soll eine Einwilligung in einem solchen Fall keine gültige Rechtsgrundlage darstellen. Beispielhaft für ein klares Ungleichgewicht ist das Verhältnis von Behörden zu betroffenen Personen. Für die Tätigkeiten von Behörden stellt die Datenschutz-Grundverordnung dafür geson-derte Ermächtigungstatbestände und Öffnungsklauseln für eigene Regelungen der Mitgliedstaaten auf.

Ein Ungleichgewicht kann auch in Beschäftigungsverhältnissen bestehen. Die Freiwilligkeit einer Einwilligung des Arbeitnehmers in eine Datenverarbeitung durch den Arbeitgeber ist nicht grundsätzlich ausgeschlossen.[274] Im Beschäfti-gungsverhältnis bestehende Abhängigkeiten der beschäftigten Person sowie die Umstände, unter denen die Einwilligung erteilt worden ist, sind aber nach Art. 88 DSGVO in Verbindung mit § 26 Abs. 2 Satz 1 BDSG zu berücksichtigen.[275]

Ebenso ist nicht grundsätzlich zwischen Unternehmern und Verbrauchern ein Ungleichgewicht anzunehmen.[276] Ein Ungleichgewicht ist aber zumindest dann naheliegend, wenn ein Unternehmen eine marktbeherrschende Stellung innehat

---

[273]*Bundeskartellamt*, Pressemitteilung vom 19.12.2017, https://www.bundeskartellamt.de/ SharedDocs/Meldung/DE/Pressemitteilungen/2017/19_12_2017_Facebook.html sowie *Bun-deskartellamt*, Pressemitteilung vom 2.3.2016, https://www.bundeskartellamt.de/Shared Docs/Meldung/DE/Pressemitteilungen/2016/02_03_2016_Facebook.html.

[274]*Schantz*, in: Schantz/Wolff 2017, Rn. 512; *Ernst*, ZD 2017, 110 (111 f.); *Ernst*, in: Paal/Pauly 2018, Art. 4 DSGVO, Rn. 71; ebenso wohl *Art.-29-Datenschutzgruppe*, WP 259 rev.01, 7, die aber eine Einwilligung im Beschäftigungskontext nur in Ausnahmefällen für zulässig erachten. Anders noch EG 34 Satz 2 DSGVO-KOM-E, der im Arbeitsverhältnis grundsätzlich ein klares Ungleichgewicht angenommen hat. Zur Selbstbestimmung in der Arbeitswelt *Nebel*, in: Morlok/Matt/Hess 2015, 17.

[275]Zum Beschäftigtendatenschutz s. Abschn. 7.7.

[276]*Kremer*, in: Laue/Kremer 2019, § 2, Rn. 20; *Schantz*, in: Schantz/Wolff 2017, Rn. 512; *Schulz*, in: Gola 2018, Art. 7 DSGVO, Rn. 22; *Buchner/Kühling*, in: Kühling/Buchner 2018,

und diesen Umstand benutzt, um den Verbraucher übermäßig benachteiligende Konditionen aufzuerlegen. Dies ist im konkreten Einzelfall zu prüfen; ein Ungleichgewicht, das an der Freiwilligkeit der Einwilligung zweifeln lässt, ist dann wahrscheinlich.[277]

7.5.3.3.3.3 Koppelungsverbot

Schließlich ist nach Art. 7 Abs. 4 DSGVO bei der Beurteilung der Freiwilligkeit zu prüfen, ob der Verantwortliche die Erfüllung eines Vertrags, einschließlich der Erbringung einer Dienstleistung, von der Einwilligung in die Verarbeitung personenbezogener Daten abhängig macht, die für die Erfüllung des Vertrags nicht erforderlich sind.[278] Abs. 4 stellt diesbezüglich eine Interpretations- oder Auslegungshilfe auf, sodass es sich bei der Vorschrift nicht um ein direktes oder absolutes Koppelungsverbot handelt.[279] Zwar erweckt der Wortlaut des Erwägungsgrundes 43 Satz 2 DSGVO diesen Eindruck, da die Einwilligung „nicht als freiwillig erteilt" gilt, wenn eine Vertragserfüllung an eine nicht erforderliche Datenverarbeitung gekoppelt wird. Der Wortlaut der Verordnung geht jedoch den Erwägungsgründen vor und Abs. 4 lässt dem Anwender eindeutig Spielraum bei der Beurteilung des Einzelfalls.[280]

Ob die Datenverarbeitung erforderlich ist, um die Vertragsleistung zu erfüllen, ist demnach nach den Umständen des Einzelfalles zu beurteilen. Erforderlich ist eine Datenverarbeitung, wenn diese die notwendige Entscheidungs- und Kalkulationsgrundlage für das konkrete Rechtsgeschäft bietet[281] oder personenbezogene Daten zum Gegenstand der Hauptleistungspflicht werden. Eine solche Koppelung von Leistung und Gegenleistung ist wie bei anderen Vertragsarten zulässig.[282]

Art. 7 DSGVO, Rn. 44; a. A. *Schneider/Härting*, ZD 2012, 199 (201) sowie *Härting* 2016, Rn. 401.

[277] S. dazu Abschn. 7.5.3.3.3.1.

[278] Kritisch zu dieser Regelung *Schantz*, in: Schantz/Wolff 2017, Rn. 515.

[279] *Art.-29-Datenschutzgruppe*, WP 259 rev.01, 8 ff. Ebenso bereits *Plath*, in: Plath 2018, Art. 7 DSGVO, Rn. 19; *Schulz*, in: Gola 2018, Art. 7 DSGVO, Rn. 24 f.; *Heckmann/Paschke*, in: Ehmann/Selmayr 2018, Art. 7 DSGVO, Rn. 95; *Heberlein* 2017, 186; *Frenzel*, in: Paal/Pauly 2018, Art. 7 DSGVO, Rn. 18. Wohl auch *Buchner/Kühling*, in: Kühling/Buchner 2018, Art. 7 DSGVO, Rn. 8, 41 ff., der immer entscheidend auf eine Einzelfallbetrachtung abstellt. A. A. *Dammann*, ZD 2016, 307 (311) sowie *Schantz*, NJW 2016, 1841 (1845).

[280] *Heckmann/Paschke*, in: Ehmann/Selmayr 2018, Art. 7 DSGVO, Rn. 97; *Schantz*, in: Schantz/Wolff 2017, Rn. 516. Einschränkend *Plath*, in: Plath 2018, Art. 7 DSGVO, Rn. 19.

[281] *Buchner/Kühling*, in: Kühling/Buchner 2018, Art. 7 DSGVO, Rn. 47.

[282] *Buchner/Kühling*, in: Kühling/Buchner 2018, Art. 7 DSGVO, Rn. 48.

Um die Erforderlichkeit der Datenverarbeitung für die Vertragserfüllung beurteilen zu können, muss demnach die vertragstypische Leistung bestimmt werden. Wird den (zukünftigen) Nutzern von Social Networks bei der Registrierung zur Nutzung der Plattform vorgespiegelt, eine – vermeintlich – kostenlose Leistung in Form von Nachrichten-, Teilen- und sonstigen Vernetzungsfunktionen zur Verfügung zu stellen, erscheint eine darüberhinausgehende Verarbeitung personenbezogener Daten nicht erforderlich, eine Koppelung dieser beiden Leistungen mithin unnötig und die zugrundeliegende Einwilligung mangels Freiwilligkeit unwirksam. Teils wird angenommen, dass eine Koppelung in der Form von „Daten gegen Dienstleistung" zulässig ist, wenn dem Nutzer bei Registrierung transparent gemacht wird, dass die Dienste des Social Networks im Tausch gegen personenbezogene Daten angeboten werden; die vertragstypische Leistung besteht dann im Tausch Daten gegen Dienstleistung.[283]

Dies kann im Anwendungsfalls von Social Networks jedoch nicht überzeugen, da sich der Anbieter des Social Networks so ohne größere Hindernisse eine nach dem Wortlaut „freiwillige" Einwilligung verschafft, die aber im Lichte der übrigen Umstände gegebenenfalls nicht freiwillig ist. Daher sind die übrigen Aspekte der Freiwilligkeit weiter zu beachten. Erleidet der Nutzer also einen Nachteil, wenn er die Einwilligung verweigert oder herrscht ein klares Ungleichgewicht zwischen Anbieter und Nutzer,[284] dann kann von einer freiwilligen Einwilligung keine Rede sein, auch wenn das „Tauschgeschäft" transparent gemacht wurde.

Unzulässig ist nach Erwägungsgrund 43 Satz 2 DSGVO weiterhin die Koppelung mehrerer Einwilligungen. Diese gelten als nicht freiwillig erteilt, wenn zu verschiedenen Verarbeitungsvorgängen von personenbezogenen Daten nicht gesondert eine Einwilligung erteilt werden kann, obwohl dies im Einzelfall angebracht ist. Die Grundverordnung fordert also eine „differenzierte Einwilligung"[285] für verschiedene Verarbeitungsvorgänge. Für Social Networks bedeutet dies, dass eine Globaleinwilligung in sämtliche Verarbeitungsvorgänge nicht mehr zulässig ist.[286] Dies lässt sich über entsprechende Voreinstellungen lösen, die vorsehen, dass zu

---

[283] *Buchner*, DuD 2016, 155 (158 f.); *Schulz*, in: Gola 2018, Art. 7 DSGVO, Rn. 30; *Schantz*, in: Schantz/Wolff 2017, Rn. 473; *Buchner/Kühling*, in: Kühling/Buchner 2018, Art. 7 DSGVO, Rn. 51; *Frenzel*, in: Paal/Pauly 2018, Art. 7 DSGVO, Rn. 21. A. A. *Heberlein* 2017, 187 f.; *Golland*, MMR 2018, 130 (131); *Golland* 2019, 261 ff.

[284] S. Abschn. 7.5.3.3.3.1 und 7.5.3.3.3.2.

[285] *Schantz*, NJW 2016, 1841 (1845).

[286] *Schantz*, in: Schantz/Wolff 2017, Rn. 517; *Buchner/Kühling*, in: Kühling/Buchner 2018, Art. 7 DSGVO, Rn. 45. Anschaulich zu Globaleinwilligungen auch *Buchner*, DuD 2015, 402 (404).

Beginn der Nutzung keine personenbezogenen Daten erhoben werden, verbunden mit der Möglichkeit, in jeden Verarbeitungsvorgang einzeln einzuwilligen.[287]

7.5.3.3.4 Informiertheit der Willensbekundung

Neben der Unmissverständlichkeit und Freiwilligkeit der Willensbekundung muss diese nach Art. 4 Nr. 11 DSGVO auch „in informierter Weise" abgegeben worden sein. Die betroffene Person muss also die Möglichkeit gehabt haben, den Inhalt der Erklärung zur Kenntnis nehmen[288] und Auswirkungen, Umstände und Tragweite der Datenverarbeitung erkennen zu können.[289] Inhaltlich sind der betroffenen Person alle nach Art. 13 und 14 DSGVO notwendigen Angaben zum Beispiel zu Art der Daten, Zweck der Verarbeitung, Identität des Verantwortlichen und eventuellen Übermittlungen zur Verfügung zu stellen.[290]

Informiert kann eine Einwilligung nur dann sein, wenn die Kenntnisnahme der betroffenen Person zumutbar war.[291] Dieses Erfordernis hängt eng zusammen mit dem Transparenzgebot des Art. 7 Abs. 2 DSGVO, auch wenn Abs. 2 dem Wortlaut nach nur bei schriftlich zu erteilenden Einwilligungen einschlägig ist. Eine betroffene Person kann nur dann informiert sein, wenn die notwendigen Informationen in zumutbarer Weise aufbereitet und dargestellt werden. Die Einwilligungserklärung muss also übersichtlich und in einem vertretbaren Umfang dargestellt werden. Hilfreich sind hier Untergliederungen und eine klare Struktur ohne unnötige Querverweise und versteckte Hinweise, um alle notwendigen Informationen – und nur diese – darzustellen. Die Schriftart sollte ausreichend groß und lesbar sein.[292]

---

[287] S. dazu insbesondere das Gestaltungsziel der datenschutzfreundlichen Voreinstellung (Z1) in Abschn. 8.2.4.1.

[288] *Klement*, in: Simitis/Hornung/Spiecker 2019, Art. 7 DSGVO, Rn. 72; *Ernst*, in: Paal/Pauly 2018, Art. 4 DSGVO, Rn. 79.

[289] *Buchner/Kühling*, in: Kühling/Buchner 2018, Art. 4 Nr. 11 DSGVO, Rn. 8 und Art. 7 DSGVO, Rn. 59.

[290] *Heberlein*, in: Ehmann/Selmayr 2018, Art. 6 DSGVO, Rn. 8; *Ingold*, in: Sydow 2018, Art. 7 DSGVO, Rn. 35; *Buchner/Kühling*, in: Kühling/Buchner 2018, Art. 7 DSGVO, Rn. 59. Weniger restriktiv hingegen *Albrecht/Jotzo* 2017, Teil 3, Rn. 41.

[291] *Klement*, in: Simitis/Hornung/Spiecker 2019, Art. 7 DSGVO, Rn. 72.

[292] Nach LG Frankfurt, ZD 2016, 494 sind z. B. 50 Seiten ungegliederte Erklärung auf einem Smart-TV keine geeignete Grundlage für eine informierte Einwilligung; ebenso *Ernst*, ZD 2017, 110 (113); *Buchner/Kühling*, in: Kühling/Buchner 2018, Art. 7 DSGVO, Rn. 60; *Ernst*, in: Paal/Pauly 2018, Art. 4 DSGVO, Rn. 80. Zum Spannungsverhältnis von Vollständigkeit und Verständlichkeit s. auch *Klement*, in: Simitis/Hornung/Spiecker 2019, Art. 7 DSGVO, Rn. 74.

Zudem sind die Informationen in verständlicher (Landes-)Sprache, ohne Fremd-wörter und unspezifische Umschreibungen zu liefern.[293] Die Art und Weise der Darstellung muss sich schließlich auch an dem von der betroffenen Person genutz-ten Medium orientieren: An die Darstellung auf einem Desktop-PC gelten andere Maßstäbe als etwa für ein Smartphone oder gar eine Smartwatch.[294]

Anbieter von Social Networks haben ein Interesse daran, insbesondere die Infor-mationen hinsichtlich des Zwecks so pauschal wie irgend zulässig zu halten, um sich zukünftige Nutzungen der erhobenen Daten offenzuhalten. In den Datenschutzricht-linien ist daher häufig die Verwendung von Umschreibungen wie „gegebenenfalls", „vielleicht", „möglicherweise" oder „unter Umständen" üblich.[295] In diesen Fällen fehlt es in der Regel an der Nennung des konkreten Zwecks der Datenverarbeitung, vielmehr werden sämtliche Datenkategorien aufgezählt mit dem Hinweis, dass alle diese Daten für eine Vielzahl in Frage kommender Zwecke genutzt werden.[296] Eine informierte Entscheidung kann die betroffene Person nicht treffen, da er gerade nicht die Tragweite der Datenverarbeitung hinsichtlich konkreter zur Verfügung gestell-ter Daten abschätzen kann. Die so zur Verfügung gestellten Informationen sind zu pauschal; eine auf dieser Grundlage gegebene Einwilligung ist unwirksam.[297]

7.5.3.3.5 Bestimmtheit der Einwilligung

Nach Art. 6 Abs. 1 lit. a DSGVO ist die Einwilligung für einen oder mehrere bestimmte Zwecke zu geben. Eine wirksame Einwilligung muss demnach bestimmt genug sein. In der Vorschrift manifestiert sich der Zweckbindungsgrundsatz aus Art. 5 Abs. 1 lit. b DSGVO, gemäß dem personenbezogene Daten für festgelegte, eindeutige und legitime Zwecke erhoben werden müssen.[298] Der Zweck der Daten-verarbeitung muss vom Verantwortlichen zum Zeitpunkt der Einwilligung so präzise

---

[293]*Ernst*, ZD 2017, 110 (113); *Ernst*, in: Paal/Pauly 2018, Art. 4 DSGVO, Rn. 81 ff.; *Heckmann/Paschke*, in: Ehmann/Selmayr 2018, Art. 7 DSGVO, Rn. 80.

[294]*Buchner/Kühling*, in: Kühling/Buchner 2018, Art. 7 DSGVO, Rn. 60.

[295]*Schantz*, in: Schantz/Wolff 2017, Rn. 527; *Ingold*, in: Sydow 2018, Art. 7 DSGVO, Rn. 39. Vgl. auch *Erd*, in: Taeger 2010, 253 (259 ff.) zu einer in 2010 von Facebook genutzten Datenverwendungsrichtlinie und AGB. Eine genaue Untersuchung der verwen-deten Formulierungen in den einzelnen Datenschutzerklärungen oder Nutzungsbedingungen verschiedener Anbieter findet sich in *Piltz* 2013, 154 ff.

[296]Z. B. in den Datenrichtlinien von Facebook, Stand 30.1.2015, https://www.facebook.com/about/privacy/.

[297]So bereits zum BDSG a. F. z. B. *Simitis*, in: Simitis 2014, § 4a BDSG a. F., Rn. 77; *Taeger*, in: Taeger/Gabel 2013, § 4a BDSG a. F., Rn. 30; *Spindler/Nink*, in: Spindler/Schuster 2015, § 4a BDSG a. F., Rn. 14; *Piltz* 2013, 167. Anschaulich zu den Defiziten bei Facebook auch *Buchner*, DuD 2015, 402 (403 f.).

[298]S. ausführlich zum Grundsatz der Zweckbindung Abschn. 7.5.1.4.

festgelegt werden, dass die betroffene Person in der Lage ist zu beurteilen, aus welchem Grund der Verantwortliche bestimmte personenbezogene Daten verarbeiten möchte. Nach Art. 6 Abs. 1 lit. a DSGVO kann der Verantwortliche auch mehrere Zwecke festlegen. Der Bestimmtheit steht es nicht zwingend entgegen, wenn der Verantwortliche den Zweck nachträglich ändert.[299]

Was Bestimmtheit im konkreten Fall bedeutet, hängt entscheidend vom Einzelfall und der konkreten Verwendungssituation ab,[300] sodass Pauschalbewertungen nur schwer zu fällen sind. Nicht zulässig dürften jedenfalls Pauschal- oder Blanketteinwilligungen sein. Anbieter haben ein Interesse daran, insbesondere Informationen hinsichtlich des Zwecks so pauschal wie irgend zulässig zu halten, um sich zukünftige Nutzungen der erhobenen Daten offenzuhalten. Wie bei der Informiertheit der Einwilligung ist auch in diesem Zusammenhang die Verwendung von Relativierungen problematisch, da es an der Nennung des konkreten Zwecks der Datenverarbeitung fehlt und nur der Hinweis erfolgt, dass alle Datenkategorien für eine Vielzahl in Frage kommender Zwecke genutzt werden.[301] Eine bestimmte Einwilligung kann die betroffene Person nicht erteilen und ist damit unwirksam, da sie nicht die Tragweite der Datenverarbeitung hinsichtlich konkreter zur Verfügung gestellter Daten abschätzen kann.[302] In dieser Frage ist ebenfalls eine Orientierung an der Rechtsprechung zu § 4a BDSG a. F. möglich.[303]

7.5.3.3.6 Form der Einwilligung

Wie sich aus dem Wortlaut des Art. 7 Abs. 2 DSGVO ergibt, bedarf die Einwilligung grundsätzlich keiner besonderen Form.[304] Damit entfällt die Warnfunktion, die die Schriftform nach der Datenschutzrichtlinie innehatte, um der betroffenen Person die Wichtigkeit ihrer Einwilligung vor Augen zu führen und sie vor einer übereilten Entscheidung zu bewahren.[305] Da die Beweislast für das Vorliegen einer

---

[299]Dazu ausführlich Abschn. 7.5.6.

[300]*Buchner/Kühling*, in: Kühling/Buchner 2018, Art. 7 DSGVO, Rn. 65.

[301]Z. B. in den Datenrichtlinien von Facebook, Stand 30.1.2015, https://www.facebook.com/about/privacy/.

[302]Z. B. *Simitis*, in: Simitis 2014, § 4a BDSG a. F., Rn. 77; *Taeger*, in: Taeger/Gabel 2013, § 4a BDSG a. F., Rn. 30; *Spindler/Nink*, in: Spindler/Schuster 2015, § 4a BDSG a. F., Rn. 14; *Piltz* 2013, 167.

[303]*Buchner/Kühling*, in: Kühling/Buchner 2018, Art. 7 DSGVO, Rn. 65.

[304]*Plath*, in: Plath 2018, Art. 7 DSGVO, Rn. 7. Etwas anderes gilt nur im Beschäftigungsverhältnis nach § 26 Abs. 2 Satz 3 BDSG. S. zum Beschäftigtendatenschutz Abschn. 7.7.

[305]*Buchner/Kühling*, in: Kühling/Buchner 2018, Art. 4 DSGVO, Rn. 12 sowie Art 7 DSGVO, Rn. 27. Zur Warnfunktion der Schriftform *Holznagel/Sonntag*, in: Roßnagel 2003, Abschn.

wirksamen Einwilligung nach Art. 7 Abs. 1 DSGVO beim Verantwortlichen liegt, ist es für Anbieter empfehlenswert, die Einwilligung, die die betroffene Person bei Registrierung in dem Social Network geben muss, zumindest in elektronischer Form einzuholen. Nach Erwägungsgrund 32 ist dann aber zu beachten, dass die Aufforderung zur Abgabe der Einwilligung in klarer und knapper Form zu erfolgen hat und ohne, dass der Dienst unnötig unterbrochen wird. In der Praxis wird hier ein Spagat notwendig sein, um einerseits eine ausreichende Aufklärung der betroffenen Personen über die Zwecke und Mittel der Datenverarbeitung zu gewährleisten, um eine informierte und bestimmte Einwilligung herbeizuführen, und andererseits diese in klarer und knapper Form darzustellen. Was dies im konkreten Fall bedeutet, kann nur im Einzelfall beurteilt werden.

Wurde eine Einwilligung in eine Datenverarbeitung zusammen mit einer schriftlichen Erklärung abgegeben, die noch andere Sachverhalte betrifft, gilt das Trennungsgebot nach Art. 7 Abs. 2 DSGVO. Die schriftliche Einwilligung muss in diesem Fall in verständlicher und leicht zugänglicher Form in einer klaren und einfachen Sprache erfolgen, in einer Art und Weise, dass sie von anderen Sachverhalten klar zu unterscheiden ist. Ein Social Network wird dies im Regelfall nicht betreffen. Dennoch sollten Anbieter berücksichtigen, dass auch elektronisch erteilte Einwilligungen in jedem Fall von anderen Erklärungen optisch getrennt sind, allein um sicherzugehen, dass die Einwilligung freiwillig erteilt wurde.

7.5.3.3.7 Zeitpunkt der Einwilligung

Die Einwilligung muss zum Beginn der Datenverarbeitung vorliegen, also vorher erteilt werden. Die Datenschutz-Grundverordnung äußert sich dazu nicht explizit. Dies ergibt sich aber zum einen aus dem Wortlaut des Art. 6 Abs. 1 lit. a DSGVO „hat … gegeben" und Art. 7 Abs. 1 DSGVO, die Datenverarbeitung "beruht" auf einer Einwilligung.[306] Es ergibt sich jedoch auch aus dem Charakter der Einwilligung. Da eine Datenverarbeitung nur zulässig ist, wenn eine Einwilligung oder Erlaubnistatbestand vorliegt, ist die Zulässigkeit der Datenverarbeitung also die Ausnahme und kann nur greifen, wenn die Einwilligung zu diesem Zeitpunkt vorgelegen hat.[307]

4.8, Rn. 28; *Taeger*, in: Taeger/Gabel 2013, § 4a BDSG a. F., Rn. 33; *Simitis*, in: Simitis 2014, § 4a BDSG a. F., Rn. 33.

[306]*Ingold*, in: Sydow 2018, Art. 7 DSGVO, Rn. 17; *Art.-29-Datenschutzgruppe*, WP 259 rev.01, 18.

[307]*Art.-29-Datenschutzgruppe*, WP 259 rev.01, 18; *Buchner/Kühling*, in: Kühling/Buchner 2018, Art. 7 DSGVO, Rn. 30

7.5.3.3.8 Widerrufbarkeit der Einwilligung

Eine Einwilligung ist solange wirksam, bis sie von der betroffenen Person widerrufen wird. Nach Art. 7 Abs. 3 Satz 1 DSGVO kann die Einwilligung jederzeit widerrufen werden. Der Widerruf gilt nach Satz 2 nur für die Zukunft. Über die Möglichkeit und die Rechtswirkungen eines Widerrufs ist die betroffene Person nach Satz 3 in Kenntnis zu setzen. Die Ausübung des Widerrufs muss gemäß Satz 4 so umstandslos erfolgen können wie die Erteilung der Einwilligung. Der Verantwortliche darf also die Ausübung des Widerrufs nicht erschweren, etwa durch die Vorgabe einer bestimmten Form der Erklärung oder einer zu starken Eingrenzung der zuständigen Ansprechpartner.[308] Anbietern ist zu empfehlen, die Möglichkeit des Widerrufs ebenso auszugestalten wie die Registrierung auf der Plattform, etwa mittels einer – gut sichtbaren und leicht auffindbaren – Schaltfläche in den Datenschutz-Einstellungen.

Zwar bleibt nach Art. 7 Abs. 3 Satz 2 DSGVO die in der Vergangenheit liegende Verarbeitung rechtmäßig, die betroffene Person kann aber nach Art. 17 Abs. 1 lit. b DSGVO das Löschen aller personenbezogenen Daten verlangen. Problematisch ist dies dann, wenn die Daten bereits verarbeitet und genutzt, insbesondere durch andere Nutzer weiter geteilt wurden, denn hier kollidieren das Recht auf Datenschutz und informationelle Selbstbestimmung der betroffenen Person eventuell mit Rechten anderer Nutzer. Zwar scheidet der Widerruf auch in diesem Fall nicht aus, allerdings kann die Pflicht zur Löschung der Daten nach Art. 17 Abs. 3 DSGVO eingeschränkt oder ausgeschlossen sein. Bei der Frage der Löschbarkeit nach Widerruf der Einwilligung in die Datenverarbeitung innerhalb von Social Networks ist daher zu differenzieren, in welcher Weise die Daten genutzt wurden. Profilinformationen werden lediglich auf dem Profil des betroffenen Nutzers hinterlegt und können zwar aufgerufen, aber nicht geteilt werden. Hier ist ein Löschen der Daten möglich. Geteilte, versendete und in sonstiger Weise verbreitete Informationen können hingegen womöglich nicht gelöscht werden, ohne in den Rechtskreis eines anderen Nutzers einzugreifen, da dieser aufgrund seiner Kommunikationsfreiheiten oder der informationellen Selbstbestimmung eigene Verfügungsrechte über die den Informationen zugrundeliegenden Daten gewonnen hat. Durch die den Social Networks immanenten Eigenschaften würde dies jedoch einen faktischen Ausschluss des Widerrufsrechts bedeuten, da Hauptzweck der Nutzung von Social Networks für die betroffenen Personen das Teilen von Inhalten mit anderen Nutzern ist. In diesem Fall hat der Widerruf zur Folge, dass alle der jeweiligen betroffenen Person

---

[308] *Frenzel*, in: Paal/Pauly 2018, Art. 7 DSGVO, Rn. 17; *Schantz*, in: Schantz/Wolff 2017, Rn. 534;

zuzurechnenden Beiträge anonymisiert werden, zum Beispiel mit dem Zusatz „anonym" oder „gelöschter Nutzer". Automatisch endet das Recht auf Widerruf dort, wo Daten anonymisiert wurden, weil die Datenschutz-Grundverordnung für diese nicht gilt.[309]

7.5.3.3.9 Beweislast

Den Nachweis für das Vorliegen einer wirksamen Einwilligung muss nach Art. 7 Abs. 1 DSGVO der Verantwortliche erbringen. Damit geht zwar kein Zwang zur Schriftlichkeit der Einwilligung einher, dennoch besteht eine gewisse Notwendigkeit, eine protokollierungsfähige und beweissichere Form zu wählen. Empfehlenswert für Verantwortliche ist daher die elektronische Form, um die einwilligende Person und den Zeitpunkt der Einwilligung eindeutig zu dokumentieren. Art. 7 Abs. 1 DSGVO ist eine Vorschrift „wider das Vergessen"[310] und dient in erster Linie dazu, der betroffenen Person zu jedem Zeitpunkt den Zugang zu ihrer Einwilligungserklärung zu gewährleisten.

7.5.3.3.10 Formularmäßiges Einholen der Einwilligung

Insbesondere im Verhältnis Anbieter-Nutzer spielen vorformulierte Datenschutzerklärungen und damit zusammenhängende Einwilligungserklärungen eine wichtige Rolle. Diese werden also zwischen Anbieter und Nutzer nicht individuell ausgehandelt, sondern dem Nutzer vorformuliert vorgelegt. Das starke Machtgefälle zwischen dem einzelnen Nutzer und dem Anbieter gefährdet jedoch die Wahrnehmung der informationellen Selbstbestimmung, da der Nutzer keine vergleichbare Verhandlungsmacht hat, um vorgegebenen Konditionen der Datenverarbeitung zu widersprechen. Dieses Missverhältnis wird weiter manifestiert, indem der Nutzer allgemeine Geschäftsbedingungen und Datenschutzerklärungen entweder als Ganzes akzeptieren muss oder andernfalls keinen Zugang zu dem Dienst erhält. Grundsätzlich ist das formularmäßige Einholen der Einwilligungserklärung zulässig, unterliegt aber einer Inhaltskontrolle, um sicherzustellen, dass die betroffene Person eine bewusste und eindeutige Zustimmung erklärt und so ihre informationelle Selbstbestimmung gewahrt bleibt.

Datenschutzerklärungen unterliegen der Wirksamkeitskontrolle nach §§ 305 ff. BGB, wenn es sich um Vertragsbedingungen handelt. Vertragsbedingungen sind alle Regelungen, die Gegenstand rechtsgeschäftlicher Vereinbarungen sind, somit

---

[309] Dazu generell *Roßnagel/Scholz*, MMR 2000, 721 ff. sowie *Roßnagel*, ZD 2018, 243 (246 f.).

[310] *Frenzel*, in: Paal/Pauly 2018, Art. 7 DSGVO, Rn. 6.

auch Datenschutzvereinbarungen.[311] Unabhängig davon, ob der Einwilligung ein rechtsgeschäftlicher Charakter, ein Realakt oder ein rechtsgeschäftsähnlicher Charakter zugesprochen wird,[312] stellt es sich für die betroffen Personen so dar, dass die Einwilligung in die Datenschutzbestimmungen notwendige vertragliche Bedingung ist, um den Dienst zu nutzen.[313] Da diese Vertragsbedingungen zudem für eine Vielzahl von Verträgen vorformuliert sind und die betroffene Person in der Regel keinen Verhandlungsspielraum hinsichtlich des Inhalts der Bedingungen hat, ist eine AGB-Kontrolle in jedem Fall sachgerecht.[314]

Die Wirksamkeitskontrolle der der Einwilligungserklärung zugrunde liegenden Vertragsbedingungen verläuft in mehreren Schritten.[315] § 309 BGB bezieht sich auf Klauseln, die ohne Wertungsmöglichkeit wegen ihrer gesetzwidrigen Benachteiligung unwirksam sind. Die in § 308 BGB aufgeführten Klauseln sind zwar besonders fragwürdig und können eine Partei leicht benachteiligen, sind aber einer Abwägung durch unbestimmte Rechtsbegriffe wie „zumutbar", „ungerechtfertigt", „unangemessen" zugänglich, sodass diese nur nach Berücksichtigung der Gesamtumstände für unwirksam erklärt werden können.[316] Die in den §§ 308 und 309 BGB genannten Beispiele regeln spezifische vertragsrechtliche Probleme und sind auf datenschutzrechtliche Anwendungsfälle wenig passend. Große Bedeutung erlangt in diesem Zusammenhang daher die allgemeine Einbeziehungs- und Inhaltskontrolle durch § 305c und § 307 Abs. 1 und 2 BGB.

Nach § 305c Abs. 1 BGB werden Vertragsbestimmung, die so ungewöhnlich sind, dass die betroffene Person nicht damit zu rechnen braucht, nicht in den Vertrag einbezogen. Maßstab bei der Beurteilung, ob eine Klausel überraschend ist, ist der zu erwartende Kundenkreis. Bei allgemein zugänglichen Online-Diensten ist das grundsätzlich jedermann.[317] Gleiches gilt also für Social Networks auch. Je nach Zielgruppe des spezifischen Social Network kann sich der Maßstab hinsichtlich einzelner

---

[311] BGHZ 95, 362; *Heidemann-Peuser*, DuD 2002, 389; *Jacobs*, in: Rolfs/Giesen/Kreikebohm/Udsching 2020, § 305 BGB, Rn. 20; *Grüneberg*, in: Palandt 2018, § 305 BGB, Rn. 3.

[312] S. zur Rechtsnatur der Einwilligung Abschn. 7.5.3.2.

[313] Anmerkung zu LG Berlin, Urt. v. 19.11.2013, Az.: 15 O 402/12 (nicht rechtskräftig) *Skutnik*, VuR 2014, 183 (186); so auch *Stadler*, in: Jauernig 2018, § 305 BGB, Rn. 3.

[314] Ein Großteil der Literatur geht davon aus, dass Datenschutzerklärungen der AGB-Kontrolle unterliegen, z. B. *Taeger*, in: Taeger/Gabel 2013, § 4a BDSG a. F., Rn. 22; *Piltz* 2013, 147 f.; *Grüneberg*, in: Palandt 2018, § 305 BGB, Rn. 3.

[315] Z. B. *Wurmnest*, in: MüKo 2019, Band 2, § 307 BGB, Rn. 23; *Grüneberg*, in: Palandt 2018, § 307 BGB, Rn. 2.

[316] Anwendungsbeispiele für den Bereich der elektronischen Medien findet sich in *Schuster*, in: Spindler/Schuster 2019, § 308 BGB, Rn. 15 f.

[317] *Schuster*, in: Spindler/Schuster 2019, § 305c BGB, Rn. 6.

Punkte jedoch unterscheiden. Gegenüber Kindern, etwa in Schülernetzwerken, muss demnach ein anderer Maßstab angelegt werden als gegenüber Erwachsenen, zumal in beruflich ausgerichteten Social Networks. Solange die Nutzung jedoch grundsätzlich jedem offensteht, keine strenge Altersprüfung durchgeführt wird und sich nicht auf spezifische Zweck beschränkt, kann kein allzu strenger Maßstab an den Erwartungshorizont der Nutzerenden gestellt werden. Bei elektronischen Medien gibt es bisher jedoch nur wenige von der Rechtsprechung bestätigte Fälle zu der Frage, welche Bestimmungen als überraschend anzusehen sind.[318]

Pauschale Einwilligungen können jedenfalls nach § 305c Abs. 1 BGB unzulässig sein, wenn sie mit einem Überraschungseffekt verbunden sind,[319] da die betroffene Person die Reichweite des Erklärungsgehalts und damit das Ausmaß der Datenverarbeitung nicht überblicken kann. So sind zum Beispiel die uneingeschränkte Befugnis zur Übermittlung personenbezogener Daten an Dritte als überraschende Klausel denkbar. Gleiches gilt für die sich durch den Anbieter offen gehaltene Befugnis selbst zu bestimmen, welche Daten unter welche Kategorie zu zählen sind.[320] Täuscht eine missverständliche Überschrift über den eigentlichen Inhalt der jeweiligen Klausel hinweg, ist ebenfalls von einer überraschenden Klausel auszugehen.[321] Auch die Einräumung einer nicht-ausschließlichen, weltweiten, gebührenfreien Lizenz wurde als überraschende Klausel als nicht in den Vertrag einbezogen angesehen.[322] Der dem Urteil zugrunde liegende Sachverhalt umfasste eine solche Lizenz in Bezug auf die Verwendung von Markenrechten. Eine Reihe von Social Networks verwendet ebenfalls solche Klauseln zur Einräumung von nicht-ausschließlichen, weltweiten, kostenfreien Lizenzen zur Nutzung von durch den Nutzer eingestellte Fotos, Videos oder sonstiger Inhalte.[323] Dennoch

---

[318] *Heidemann-Peuser*, DuD 2002, 389 ff.; *Schuster*, in: Spindler/Schuster 2019, § 305c BGB, Rn. 6.

[319] *Simitis*, in: Simitis 2014, § 4a BDSG a. F., Rn. 77, 84; *Bergmann/Möhrle/Herb* 2018, § 4a BDSG a. F., Rn. 36.

[320] *Holznagel/Sonntag*, in: Roßnagel 2003, Abschn. 4.8, Rn. 61 mit weiteren Nachweisen.

[321] *Piltz* 2013, 156 f. nennt in diesem Zusammenhang beispielhaft Facebooks Klausel „Informationen, die wir über dich erhalten", die neben der Aufzählung der erhobenen Datenkategorien zusätzlich auf Zwecke der Datenverarbeitung – zumal Werbezwecke – eingeht, ohne in der Überschrift darauf aufmerksam zu machen. In den Nutzungsbestimmungen mit Stand zum 30.1.2015 ist diese Klausel entfernt worden.

[322] LG Nürnberg-Fürth, MMR 2011, 588 (589); *Schuster*, in: Spindler/Schuster 2019, § 305c BGB, Rn. 7.

[323] Z. B. Facebook (https://www.facebook.com/legal/terms/update), YouTube (https://www.youtube.com/t/terms), LinkedIn (https://www.linkedin.com/legal/user-agreement?trk=unoreg-guest-home-user-agreement) und Twitter (https://twitter.com/tos?lang=de). Bei der deutschen Plattform Xing findet sich keine entsprechende Klausel.

ist nicht von einer Branchenüblichkeit auszugehen, da die Klauseln in den verschiedenen Social Networks sehr unterschiedlich ausgestaltet sind und die Nutzerkreise der Social Networks nicht ohne weiteres von der Nutzung solcher Klauseln ausgehen.[324] Da die konkrete Datenverwendung durch den Anbieter für den Nutzer jedenfalls überhaupt nicht transparent wird, kann auch bei Social Networks von einer überraschenden Klausel ausgegangen werden. Gleiches gilt bei der Kombination verschiedener Produkte mit ungewöhnlichen Zusatzverpflichtungen,[325] wenn also dem Nutzer im Zuge der Registrierung bei einem Social Network gleichzeitig weitere Verträge, etwa kostenpflichtige Abos, untergeschoben werden.

Schließlich kann die Einwilligungserklärung in die Datenverarbeitung auch deshalb unwirksam sein, weil sie den Nutzer unangemessen benachteiligt. Gegenstand der Kontrolle nach der Generalklausel des § 307 Abs. 1 und 2 BGB können nach Abs. 3 nur solche allgemeinen Vertragsbedingungen sein, durch die von gesetzlichen Vorschriften abgewichen oder ergänzende Vereinbarungen getroffen werden.[326] § 307 Abs. 1 Satz 1 BGB ist die Generalklausel zur Prüfung einer unangemessenen Benachteiligung sowie Sicherstellung des Transparenzgebots in Abs. 1 Satz 2, wenn die Regelung nicht klar und verständlich ist.[327] Formulierungen müssen also einfach, klar und präzise sein, logisch und übersichtlich aufgebaut und sprachlich auf den Nutzer abgestimmt werden.[328] Eine Vermutung für eine unangemessene Benachteiligung stellt § 307 Abs. 2 BGB auf, wenn nach Nr. 1 eine Abweichung mit wesentlichen Grundgedanken der gesetzlichen Regelung nicht zu vereinbaren ist oder nach Nr. 2, wenn wesentliche Rechte und Pflichten, die sich aus der Natur des Vertrags ergeben, so eingeschränkt werden, dass die Erreichung des Vertragszwecks gefährdet ist. Relevant ist im Zusammenhang mit datenschutzrechtlichen Einwilligungen insbesondere Nr. 1. Wesentliche Grundgedanken können sich aus vielerlei datenschutzrechtlichen Bestimmungen ergeben, insbesondere aber aus den Vorschriften zur Einwilligung aus Art. 6 Abs. 1 lit. a sowie Art. 7 und 8 DSGVO, insbesondere hinsichtlich den Erfordernissen zu Zweckbestimmung, Art und Umfang der Verarbeitung personenbezogener Daten sowie der getrennten Darstellung und Einholung mehrerer Einwilligungen. Sind etwa die zur Nutzung beabsichtigten

---

[324] *Solmecke/Dam*, MMR 2012, 71 (72).

[325] *Schuster*, in: Spindler/Schuster 2019, § 305c BGB, Rn. 8.

[326] S. in diesem Zusammenhang auch BGH, MMR 2010, 138 („Happy Digits").

[327] *Jacobs*, in: Rolfs/Giesen/Kreikebohm/Udsching 2020, § 307 BGB, Rn. 2; *Wurmnest*, in: MüKo 2019, Band 2, § 307 BGB, Rn. 23.

[328] *Grüneberg*, in: Palandt 2018, § 307 BGB, Rn. 21. Vgl. auch Abschn. 7.5.3.3.4 und 7.5.3.3.5 zur Informiertheit und Bestimmtheit der Einwilligung.

Datenkategorien nicht bestimmt genug oder die beabsichtigten Zwecke der Daten-verwendung nicht präzise genug bestimmt, verstößt die Klausel gegen § 307 Abs. 2 Nr. 1 BGB und benachteiligt den Nutzer unangemessen.[329] Auch eine Klausel, die die gesetzlich vorgesehene Interessenabwägung eines gesetzlichen Erlaubnistat-bestands umgehen will, verstößt gegen wesentliche Grundgedanken des Gesetzes und benachteiligt damit unangemessen.[330] Ein Verstoß gegen wesentliche Grund-gedanken gesetzlicher Regelungen liegt zudem häufig bereits in der Tatsache, dass ausländische, meist US-amerikanische, Vertragsbestimmungen ins Deutsche über-setzt werden, ohne an die deutsche oder europäische Rechtslage angepasst zu werden.[331]

7.5.3.4 Einholen einer Einwilligung durch den verantwortlichen Nutzer

Auch die Datenverarbeitungsvorgänge des verantwortlichen Nutzers sind rechtfer-tigungsbedürftig. Ob dies mittels einer Einwilligung möglich ist, ist jedoch fraglich. Will sich der verantwortliche Nutzer auf die Einwilligung der betroffenen Per-son stützen, muss diese alle Voraussetzungen der Datenschutz-Grundverordnung erfüllen.

Zunächst kann die Freiwilligkeit der Einwilligung auch im Verhältnis zwischen verschiedenen Nutzern oder im Verhältnis des verantwortlichen Nutzers zu einem Dritten problematisch sein. So könnten Personen sich gezwungen sehen, ihre Einwil-ligung zu erteilen, um soziale Repressionen – auch offline – zu vermeiden, indem sie sich etwa mit Missbilligung oder einem Verlust der Wertschätzung[332] konfrontiert sehen, wenn sie auf die Verweigerung ihrer Einwilligung beharren. Jedoch kann nicht jeder soziale Druck die Freiwilligkeit der Einwilligung in Zweifel ziehen. Diese ist Ausdruck der informationellen Selbstbestimmung, ein verantwortlicher Nutzer muss sich grundsätzlich auf diese verlassen können, sofern nicht handfeste Tatsachen die Annahme rechtfertigen, warum die Einwilligung nicht freiwillig sein könnte.[333] Hierbei könnte auch danach differenziert werden, ob der einwilligenden Person ein Vorteil aus der Einwilligung erwächst oder nicht. Ein Vorteile ergibt sich etwa dann, wenn man annimmt, dass die mediale Selbstdarstellung in einem Social

---

[329] *Heidemann-Peuser*, DuD 2002, 389 (393); *Piltz* 2013, 151, 157. Weitere Beispiele in *Schuster*, in: Spindler/Schuster 2019, § 307 BGB, Rn. 64.

[330] BGHZ 95, 362 (365) („Schufa-Klausel").

[331] *Solmecke/Dam*, MMR 2012, 71 (72).

[332] *Heberlein* 2017, 136.

[333] *Heberlein* 2017, 136.

Network auf Gegenseitigkeit beruht und erwartet wird, dass Personen sich gegenseitig verlinken und „liken".[334] Ist die betroffene Person selbst nicht Mitglied des
Social Networks, hätte eine unfreiwillige Einwilligung dann diese Wirkung nicht,
sondern würde lediglich personenbezogene Daten an ein Unternehmen preisgeben,
mit dem die betroffene Person keinen Vertrag hat. In diesem Fall kann der Maßstab
der Beurteilung der Freiwilligkeit durchaus strenger bewertet werden.

Insbesondere die Anforderung der Informiertheit wird den verantwortlichen Nutzer jedoch vor große Herausforderungen stellen. Der Umfang der Informationen
wird durch die Art. 13 und 14 DSGVO bestimmt. Zwar kann der verantwortliche
Nutzer über seine eigenen beabsichtigten Zwecke informieren, allerdings wird es
ihm kaum möglich sein, umfassend insbesondere über die Empfänger nach Art.
13 Abs. 1 lit. e DSGVO oder Art. 14 Abs. 1 lit. e DSGVO zu informieren oder
über die geeigneten Garantien, wenn die personenbezogenen Daten in ein Drittland
übermittelt werden. Etwas anderes gilt allenfalls, wenn die betroffene Person selbst
Mitglied des Social Networks ist. Da sie dann alle relevanten Informationen (bis
auf den Zweck, den der verantwortliche Nutzer verfolgt) durch die Kenntnisnahme
und Zustimmung der Datenschutzerklärung des Anbieters erhalten hat, müssen ihr
diese Informationen nach Art. 13 Abs. 4 DSGVO und Art. 14 Abs. 5 lit. a DSGVO
nicht erneut zur Verfügung gestellt werden. In diesem Fall besteht zumindest die
grundsätzliche Möglichkeit, eine wirksame Einwilligung einzuholen.[335]

7.5.4 Erfüllung einer vertraglichen Verpflichtung

Neben der Einwilligung gibt es gesetzliche Erlaubnistatbestände, bei deren Vorliegen personenbezogene Daten verarbeitet werden dürfen. Nach Art. 6 Abs. 1 lit. b
DSGVO ist eine Verarbeitung rechtmäßig, wenn die Verarbeitung zur Erfüllung
eines Vertrags oder zur Durchführung vorvertraglicher Maßnahmen, die auf Anfrage
der betroffenen Person erfolgen, erforderlich ist. Trotz des Wortlauts „Erfüllung"
ist die Vorschrift dahingehend auszulegen, dass auch der Abschluss, die Änderung und die Abwicklung, etwa die Kündigung des Vertrags oder vorvertraglichen
Verhältnisses, davon umfasst sind.[336]

---

[334]*Heberlein* 2017, 132 f. mit weiteren Nachweisen.

[335]Ebenso *Golland* 2019, 220 ff.

[336]*Plath*, in: Plath 2018, Art. 6 DSGVO, Rn. 11 f.; *Schulz*, in: Gola 2018, Art. 6 DSGVO,
Rn. 27; *Abel*, ZD 2018, 103 (106); *Schantz*, in: Simitis/Hornung/Spiecker 2019, Art. 6 Abs.
1 DSGVO, Rn. 24.

Eine Rechtfertigung der Datenverarbeitung nach Art. 6 Abs. 1 lit. b DSGVO kommt nur im Verhältnis zwischen Anbieter und Nutzer in Frage. Diese schließen mit der Registrierung des Nutzers auf der Plattform einen Dienstleistungsvertrag.[337] Im Verhältnis zwischen anderen Beteiligten in Social Networks, also bei der Datenverarbeitung durch einen Nutzer sowie im Verhältnis zwischen Nutzer und Website-Betreibern, die Social Plug-ins verwenden, ist lit. b nicht anwendbar, da es an einem Vertrag zwischen den jeweils Beteiligten fehlt.

Die Datenverarbeitung muss zur Erbringung des Vertrags erforderlich sein. Erforderlich ist die Datenverarbeitung, wenn sie zur Erfüllung von Pflichten aus dem Vertrag benötigt wird.[338] Die Vorschrift sollte im Interesse der betroffenen Person möglichst eng ausgelegt werden, auch um diese zu anderen Erlaubnisvorschriften und zur Einwilligung abzugrenzen. Ein bloßer Bezug zum Vertragsverhältnis reicht daher nicht aus.[339] Zur Bestimmung der Erforderlichkeit ist demnach die vertragscharakteristische Leistung zu bestimmen, also das Charakteristikum des erbrachten Dienstes.[340]

Bei Online-Diensten wie Social Networks, Suchmaschinen oder ähnlichem mit ihrem spezifischen Geschäftsmodell ist die Bestimmung der vertragscharakteristischen Leistung ungleich schwieriger als etwa bei klassischen Kaufverträgen. Legt man die im Vordergrund stehende Leistung des Anbieters zu Grunde, also bei Social Networks den Zugang zum Social Network oder bei Suchmaschinen das Ausgeben des Suchresultats, sind nur sehr eingeschränkt personenbezogene Daten erforderlich, um den Dienst zu erfüllen.[341] Stellt man hingegen auf das Tauschgeschäft Dienstleistung gegen Daten zwischen Anbieter und Nutzer und damit auf das zugrunde liegende Geschäftsmodell ab, wäre die Verarbeitung aller verfügbaren personenbezogenen Daten für Analysezwecke erforderlich im Sinne der Vorschrift.[342]

Letzteres kann nicht überzeugen. Das Kriterium der Erforderlichkeit darf nicht so weit ausgelegt werden, dass gerade im Online-Bereich alles erforderlich ist, was

---

[337] Zu den vertragsrechtlichen Fragestellungen *Specht*, JZ 2017, 763.

[338] *Schantz*, in: Simitis/Hornung/Spiecker 2019, Art. 6 Abs. 1 DSGVO, Rn. 32; *Schulz*, in: Gola 2018, Art. 6 DSGVO, Rn. 37; *Buchner/Petri*, in: Kühling/Buchner 2018, Art. 6 DSGVO, Rn. 238.

[339] *Frenzel*, in: Paal/Pauly 2018, Art. 6 DSGVO, Rn. 14; *Schantz*, in: Simitis/Hornung/Spiecker 2019, Art. 6 Abs. 1 DSGVO, Rn. 32.

[340] *Buchner/Petri*, in: Kühling/Buchner 2018, Art. 6 DSGVO, Rn. 39, 62.

[341] *Buchner/Petri*, in: Kühling/Buchner 2018, Art. 6 DSGVO, Rn. 41.

[342] *Buchner/Petri*, in: Kühling/Buchner 2018, Art. 6 DSGVO, Rn. 41.

in irgendeiner Weise für die Erbringung des Dienstes nützlich ist, etwa zur bedarfsgerechten und personalisierten Gestaltung des Dienstes.[343] Das hätte zur Folge, dass
jedwede Datenverarbeitung in Social Networks über Art. 6 Abs. 1 lit. b DSGVO
rechtfertigungsfähig wäre. Dies läuft zum einen der begrenzenden Wirkung der Vorschrift[344] zuwider. Zum anderen bliebe für die Notwendigkeit einer Einwilligung
dann kein Raum. Gerade das über den Zugang zum Social Network hinausgehende
Maß an Service, Personalisierung etc. muss die betroffene Person gegen eine höhere
Intensität der Datenverarbeitung eintauschen und sollte daher durch die betroffene
Person im Wege der Einwilligung erlaubt werden.[345]

Zur Erfüllung des Vertrags erforderlich sind im Fall von Social Networks also
nicht alle personenbezogenen Daten, die der Anbieter vom Nutzer erhebt, um sie
für Werbezwecke oder eine personalisierte Erbringung des Dienstes zu nutzen.
Zur Erfüllung erforderlich sind in der Regel nur die diejenigen personenbezogenen
Daten, die dazu dienen, sich gegenüber dem Social Network zu identifizieren, also
Nutzername, Passwort und E-Mail-Adresse zur Sicherung des Nutzer-Accounts,[346]
sowie diejenigen Daten, die während der Sitzung zur Aufrechterhaltung des Dienstes
benötigt werden. Dazu gehören etwa die IP-Adresse und Session-Cookies.[347]

7.5.5　Berechtigtes Interesse

Nach Art. 6 Abs. 1 lit. f DSGVO ist eine Datenverarbeitung dann zulässig, wenn
die Verarbeitung zur Wahrung berechtigter Interessen des Verantwortlichen oder
eines Dritten erforderlich ist, und sofern nicht die Interessen oder Grundrechte
und Grundfreiheiten der betroffenen Person, die den Schutz personenbezogener

---

[343] *Schantz*, in: Simitis/Hornung/Spiecker 2019, Art. 6 Abs. 1 DSGVO, Rn. 33; *Buchner/Petri*,
in: Kühling/Buchner 2018, Art. 6 DSGVO, Rn. 42. Ebenso *Wendehorst/v. Westphalen*, NJW
2017, 3745 (3747).

[344] *Schantz/Wolff*, in: Schantz/Wolff 2017, Rn. 541; *Schantz*, in: Simitis/Hornung/Spiecker
2019, Art. 6 Abs. 1 DSGVO, Rn. 33.

[345] *Buchner/Petri*, in: Kühling/Buchner 2018, Art. 6 DSGVO, Rn. 43.

[346] *Golland* 2019, 258 f.

[347] So auch *Schulz*, in: Gola 2018, Art. 6 DSGVO, Rn. 34. Als Faustformel handelt es sich
dabei also um all die personenbezogenen Daten, deren Zulässigkeit vor Wirksamwerden
der Datenschutz-Grundverordnung als Bestands- und Nutzungsdaten im Telemediengesetz
geregelt war. Mit Inkrafttreten der ePrivacy-VO würde die Rechtmäßigkeit wohl hiernach
beurteilt.

Daten erfordern, überwiegen. Dies gilt insbesondere, wenn die betroffene Person ein Kind[348] ist.

Art. 6 Abs. 1 lit. f DSGVO ist die zentrale Vorschrift zur Rechtfertigung einer Datenverarbeitung mittels einer Interessensabwägung, da die Datenschutz-Grundverordnung im Gegensatz zum alten Bundesdatenschutzgesetz keine spezifischen, auf bestimmte Verarbeitungssituationen gemünzte Interessenabwägungen und gleichzeitig keinen Spielraum für bereichsspezifische risikoadäquate Konkretisierungsmöglichkeiten durch die Mitgliedstaaten vorsieht.[349] In der Konsequenz ist Art. 6 Abs. 1 lit. f DSGVO die einzige Vorschrift, mit der Datenverarbeitungen rechtfertigungsfähig sind, sofern sie nicht unter lit. a bis lit. e – im Fall von Social Networks vor allem unter lit. a und b[350] – fallen.

Dies bedeutet nicht, dass jegliche Datenverarbeitung, die nicht unter Art. 6 Abs. 1 lit. a bis e DSGVO fällt, automatisch im Sinne eines Auffangtatbestands unter lit. f gerechtfertigt werden kann. Vielmehr hat der Verantwortliche sicherzustellen, dass die Datenverarbeitung erforderlich ist und eine gewissenhafte Abwägung seiner Interessen mit denen der betroffenen Person durchzuführen. Da die Interessenabwägung des Art. 6 Abs. 1 lit. f DSGVO gerichtlich voll überprüfbar ist und von den Transparenzpflichten – insbesondere nach Art. 13 Abs. 1 lit. d DSGVO – umfasst wird, sollte der Verantwortliche diesen Prozess darlegen und beweissicher dokumentieren.

Im Folgenden werden zunächst die Voraussetzungen des Art. 6 Abs. 1 lit. f DSGVO generell erläutert; sodann erfolgt eine Fokussierung auf Social Networks. Dabei wird unterschieden nach den Beziehungen zwischen Anbieter und Nutzer oder Dritten auf der einen und zwischen einem verantwortlichen Nutzer zu einer betroffenen Person auf der anderen Seite.

7.5.5.1 Berechtigte Interessen des Verantwortlichen oder Dritter

Der Interessenbegriff ist weit zu verstehen. Die Interessen des Verantwortlichen ergeben sich aus dem verfolgten Zweck und können rechtlicher, tatsächlicher, wirtschaftlicher oder ideeller Art sein.[351] Berechtigt sind sie insofern, als dass sie zu

---

[348] S. zur Verarbeitung von Daten von Kindern Abschn. 7.5.7.

[349] S. dazu bereits *Roßnagel/Nebel/Richter*, ZD 2015, 455 (460).

[350] S. Abschn. 7.5.3 und 7.5.4.

[351] *Wolff*, in: Schantz/Wolff 2017, Rn. 643; *Buchner/Petri*, in: Kühling/Buchner 2018, Art. 6 DSGVO, Rn. 146; *Frenzel*, in: Paal/Pauly 2018, Art. 6 DSGVO, Rn. 28; *Schulz*, in: Gola 2018, Art. 6 DSGVO, Rn. 57; *Schantz*, in: Simitis/Hornung/Spiecker 2019, Art. 6 Abs. 1 DSGVO, Rn. 98. Siehe auch *Robrahn/Bremert*, ZD 2018, 291.

Recht bestehen und nicht der Rechtsordnung zuwiderlaufen.[352] Berechtigte Interessen ergeben sich daher vor allem aus der Wahrnehmung der Grundrechte und Grundfreiheiten des Verantwortlichen, zum Beispiel der Meinungs-, Rundfunk- und Presse- oder der Berufsfreiheit.[353]

Die Datenschutz-Grundverordnung erkennt in Erwägungsgrund 47 DSGVO beispielhaft die Datenverarbeitung zur Verhinderung von Betrug an sowie Maßnahmen zum Zweck der Direktwerbung. Nach Erwägungsgrund 48 DSGVO kann die Datenübermittlung innerhalb einer Unternehmensgruppe für interne Verwaltungszwecke ein berechtigtes Interesse darstellen, nach Erwägungsgrund 49 DSGVO können Datenverarbeitungsvorgänge zur Gewährleistung der IT-Sicherheit ein berechtigtes Interesse sein.

Auch Drittinteressen können nach Art. 6 Abs. 1 lit. f DSGVO unter berechtigte Interessen fallen. „Dritte" im Sinne der Vorschrift sind neben Individuen auch Gruppen,[354] sodass neben Individualinteressen auch Allgemeininteressen umfasst sind.[355] Um ein Leerlaufen der Vorschrift zu vermeiden, muss das Drittinteresse einschränkend dahingehend ausgelegt werden, dass Allgemeininteressen nur mittelbar Berücksichtigung finden, aber nicht einzig ausschlaggebend sein dürfen für die Zulässigkeit einer Datenverarbeitung.[356]

7.5.5.2 Erforderlichkeit und Abwägung

Die Datenverarbeitung muss zur Wahrung der berechtigten Interessen des Verantwortlichen erforderlich sein. Dies ist der Fall, wenn die berechtigten Interessen nicht mit weniger intensiver Datenverarbeitung in gleichem Maße erreicht werden

---

[352]*Wolff*, in: Schantz/Wolff 2017, Rn. 643; *Schulz*, in: Gola 2018, Art. 6 DSGVO, Rn. 63; *Heberlein*, in: Ehmann/Selmayr 2018, Art 6 DSGVO, Rn. 25; *Schantz*, in: Simitis/Hornung/Spiecker 2019, Art. 6 Abs. 1 DSGVO, Rn. 98. Siehe auch *Robrahn/Bremert*, ZD 2018, 291 (291 f.). Zum Begriff des berechtigten Interesses in der Datenschutz-Richtlinie bereits *Art.-29-Datenschutzgruppe*, WP 217, 32.

[353]Z. B. *Wolff*, in: Schantz/Wolff 2017, Rn. 643; *Buchner/Petri*, in: Kühling/Buchner 2018, Art. 6 DSGVO, Rn. 146; *Albers/Veit*, in: Wolff/Brink 2020, Art. 6 DSGVO, Rn. 49.

[354]Vgl. den generischeren Wortlaut der englischen Fassung „a third party", *Robrahn/Bremert*, ZD 2018, 291 (292).

[355]*Robrahn/Bremert*, ZD 2018, 291 (292). Wohl auch *Schulz*, in: Gola 2018, Art. 6 DSGVO, Rn. 59. A. A. *Schantz*, in: Simitis/Hornung/Spiecker 2019, Art. 6 Abs. 1 DSGVO, Rn. 99. Kritisch zur Aufnahme des Dritten in die Vorschrift bereits *Roßnagel/Nebel/Richter*, ZD 2015, 455 (457).

[356]*Buchner/Petri*, in: Kühling/Buchner 2018, Art. 6 DSGVO, Rn. 146; *Robrahn/Bremert*, ZD 2018, 292. So zur Vorgängervorschrift des Art. 7 lit. f DSRL auch *Art.-29-Datenschutzgruppe*, WP 217, 45.

können.[357] Die berechtigten Interessen des Verantwortlichen oder des Dritten sind mit den Interessen, Grundrechten und Grundfreiheiten der betroffenen Person abzuwägen. Wie beim Verantwortlichen kommen alle Interessen in Betracht, sofern sie nicht rechtswidrig sind. Die Grundrechte und Grundfreiheiten ergeben sich in erster Linie aus der Europäischen Menschenrechtskonvention und der Europäischen Grundrechtecharta. Regelmäßig werden die Auswirkungen der Datenverarbeitung auf das Persönlichkeitsrecht der betroffenen Person, ihr Recht auf Datenschutz sowie ihre Kommunikationsgrundrechte eine Rolle spielen.

Die Interessen der betroffenen Person müssen nach Art. 6 Abs. 1 lit. f DSGVO überwiegen; bei einem Gleichgewicht bleibt die Datenverarbeitung rechtmäßig.[358] Dafür sind die Interessen beider Seiten zu identifizieren und zu gewichten.[359] Um die Auswirkungen der Datenverarbeitung auf die Interessen, Grundrechte und Grundfreiheiten der betroffenen Person festzustellen, sind Art, Inhalt und Aussagekraft der Daten an dem verfolgten Zweck zu messen.[360] Mögliche Risiken für die betroffene Person umfassen zum Beispiel Diskriminierung, Rufschädigung, finanzieller Schaden oder Identitätsdiebstahl.[361] Im Einzelnen sind die Art der Daten genauso heranzuziehen wie ihre Herkunft, ob diese also aus öffentlichen oder nichtöffentlichen Quellen stammt.[362] Auch die Aussagekraft der Daten und damit ihre Qualität und Quantität spielt eine Rolle,[363] womit auch die Missbrauchsanfälligkeit der

---

[357] Vgl. Erwägungsgrund 39 Satz 9 DSGVO. *Wolff*, in: Schantz/Wolff 2017, Rn. 646; *Frenzel*, in: Paal/Pauly 2018, Art. 6 DSGVO, Rn. 14, 29; *Schantz*, in: Simitis/Hornung/Spiecker 2019, Art. 6 Abs. 1 DSGVO, Rn. 100; *Albers/Veit*, in: Wolff/Brink 2020, Art. 6 DSGVO, Rn. 50; *Plath*, in: Plath 2018, Art. 6 DSGVO, Rn. 16 ff., 56; *Robrahn/Bremert*, ZD 2018, 291 (292). So auch bereits zu Art. 7 lit. f DSRL *Art.-29-Datenschutzgruppe*, WP 217, 37.

[358] *Wolff*, in: Schantz/Wolff 2017, Rn. 661; *Schulz*, in: Gola 2018, Art. 6 DSGVO, Rn. 58; *Robrahn/Bremert*, ZD 2018, 291 (293).

[359] *Wolff*, in: Schantz/Wolff 2017, Rn. 649 ff.; *Schantz*, in: Simitis/Hornung/Spiecker 2019, Art. 6 Abs. 1 DSGVO, Rn. 105 ff.; *Robrahn/Bremert*, ZD 2018, 291 (295) empfehlen eine dreistufige Skala mit der Einordnung der Beeinträchtigung der Interessen nach „leicht", „mittel" und „schwer", um eine Gewichtung zu erleichtern.

[360] *Schantz*, in: Simitis/Hornung/Spiecker 2019, Art. 6 Abs. 1 DSGVO, Rn. 105 ff.; *Buchner/Petri*, in: Kühling/Buchner 2018, Art. 6 DSGVO, Rn. 149 mit weiteren Nachweisen.

[361] *Heberlein*, in: Ehmann/Selmayr 2018, Art 6 DSGVO, Rn. 28.

[362] *Wolff*, in: Schantz/Wolff 2017, Rn. 655, 657. Wobei zu berücksichtigen ist, unter welchen Umständen die Daten öffentlich gemacht wurden, *Schulz*, in: Gola 2018, Art. 6 DSGVO, Rn. 59; *Wolff*, in: Schantz/Wolff 2017, Rn. 657.

[363] *Schantz*, in: Simitis/Hornung/Spiecker 2019, Art. 6 Abs. 1 DSGVO, Rn. 105 f.; *Buchner/Petri*, in: Kühling/Buchner 2018, Art. 6 DSGVO, Rn. 151.

Daten einhergeht.[364] In der Interessenabwägung ist zudem der angestrebte Zweck der Datenverarbeitung zu berücksichtigen,[365] da die antizipierten Nachteile für Rechtspositionen der betroffenen Person für Zwecke der Werbung oder personalisierter Online-Dienste regelmäßig weniger schwer wiegen als beispielsweise bei der Verweigerung eines Kreditgeschäfts. Weitere heranzuziehende Aspekte umfassen zum Beispiel besondere Verknüpfungsmöglichkeiten, die der Verantwortliche zur Verfügung hat,[366] aber auch mögliche Aufgaben und Pflichten, die der Verantwortliche mit der Datenverarbeitung verfolgt,[367] sowie die Möglichkeiten der Übermittlung der Daten an Dritte.[368]

Schließlich sind auch die betroffenen Personen an sich zu berücksichtigen,[369] also ob es sich um Verbraucher oder Unternehmer handelt oder etwa Kinder. Letztere verdienen gemäß Erwägungsgrund 38 DSGVO besonderen Schutz, da sie sich der Risiken und Folgen einer Datenverarbeitung sowie ihrer Rechte weniger bewusst sind. Die Datenschutz-Grundverordnung definiert „Kind" nicht. In Anlehnung an Art. 1 der UN-Kinderrechtskonvention sind Kinder Personen bis zur Vollendung des achtzehnten Lebensjahres.[370] Die Schutzbedürftigkeit eines Kindes ist jedoch abhängig von seinem Alter – je jünger das Kind, desto höher ist die Schutzbedürftigkeit zu gewichten. Dabei ist die Wertung des Art. 8 DSGVO insofern zu berücksichtigen, als dass vor Vollendung des sechzehnten Lebensjahres der Wahrung der informationellen Selbstbestimmung des Kindes regelmäßig größeres Gewicht zukommt als den Interessen des Verantwortlichen.[371]

Auf der anderen Seite stehen Aspekte, die in der Abwägung für die berechtigten Interessen des Verantwortlichen herangezogen werden können. Dazu zählt das Ziel

---

[364] *Buchner/Petri*, in: Kühling/Buchner2018, Art. 6 DSGVO, Rn. 150; *Schulz*, in: Gola 2018, Art. 6 DSGVO, Rn. 59; *Robrahn/Bremert*, ZD 2018, 291 (294).

[365] *Buchner/Petri*, in: Kühling/Buchner2018, Art. 6 DSGVO, Rn. 152; *Schulz*, in: Gola 2018, Art. 6 DSGVO, Rn. 59.

[366] EuGH, ECLI:EU:C:2014:317, Rn. 80 („Google Spain"); *Wolff*, in: Schantz/Wolff 2017, Rn. 654.

[367] *Schulz*, in: Gola 2018, Art. 6 DSGVO, Rn. 59.

[368] *Wolff*, in: Schantz/Wolff 2017, Rn. 654.

[369] *Schulz*, in: Gola 2018, Art. 6 DSGVO, Rn. 59.

[370] Übereinkommen vom 20.11.1989 über die Rechte des Kindes (UN-Kinderrechtskonvention). Vgl. auch Art. 4 Nr. 18 DSGVO-E-KOM und DSGVO-E-PARL, die diese Definition noch explizit zu Grunde gelegt haben. Ebenso *Klement*, in: Simitis/Hornung/Spiecker 2019, Art. 8 DSGV, Rn. 13; *Buchner/Petri*, in: Kühling/Buchner2018, Art. 6 DSGVO, Rn. 155.

[371] *Buchner/Petri*, in: Kühling/Buchner2018, Art. 6 DSGVO, Rn. 155; *Schantz*, in: Simitis/Hornung/Spiecker 2019, Art. 6 Abs. 1 DSGVO, Rn. 112; *Robrahn/Bremert*, ZD 2018, 291 (294). Zu Art. 8 DSGVO s. Abschn. 7.5.7.1.

der Datenverarbeitung. So können Zwecke der Rechtsdurchsetzung, der Forschung oder Statistik höher wiegen als rein wirtschaftliche Interessen. Berücksichtigt werden sollte auch, wie allgemein üblich die gewählte Datenverarbeitung ist und welche Alternativen es für den Verantwortlichen gibt.[372] Zudem kann das Ergreifen technischer und organisatorischer Maßnahmen in der Abwägung zugunsten des Verantwortlichen sprechen.[373] Indem der Verantwortliche geeignete Maßnahmen im Sinne des Art. 25 DSGVO sowie die organisatorischen und technischen Gestaltungsziele[374] umsetzt und damit die Auswirkungen der Datenverarbeitung auf die betroffene Person weniger eingriffsintensiv sind, können seinen berechtigten Interessen größeres Gewicht verliehen werden.

Bei der Gewichtung sind nach Erwägungsgrund 47 DSGVO die vernünftigen Erwartungen der betroffenen Person zu berücksichtigen. Diese stehen in einem engen Zusammenhang mit der jeweiligen Vertragsbeziehung zwischen dem Verantwortlichen und der betroffenen Person. Zudem werden die Erwartungen der betroffenen Person geprägt durch die Informationspflichten bei Vertragsabschluss.[375] Aber auch die üblichen Gepflogenheiten in der in Rede stehenden Branche oder Sparte dürfen nicht unberücksichtigt bleiben.

Die Darlegungslast für die Interessenabwägung nach Art. 6 Abs. 1 lit. f DSGVO liegt nach überwiegender Meinung beim Verantwortlichen.[376] Dies ergibt sich schon daraus, dass der Verantwortliche durch lit. f eine für sich günstige Rechtsfolge ableiten will. Da ihn die Verantwortung zur sorgfältigen Abwägung obliegt, muss ihm auch die Darlegungslast dafür treffen, dass alle Voraussetzungen der Vorschrift erfüllt sind. Zudem ergibt sich dies auch aus der Rechenschaftspflicht des Art. 5 Abs. 2 DSGVO.

Zur Korrektur der Abwägungsentscheidung steht der betroffenen Person bei der Interessenabwägung nach Art. 6 Abs. 1 lit. f DSGVO ein Widerspruchsrecht nach Art. 21 Abs. 1 DSGVO zu. Die Hürden für einen erfolgreichen Widerspruch sind allerdings hoch. Macht sie davon Gebrauch, darf der Verantwortliche die personenbezogenen Daten der betroffenen Person nur noch verarbeiten, wenn er seinerseits „zwingende schutzwürdige Gründe" oder Rechtsverfolgungsinteressen nachweisen

---

[372] *Wolff*, in: Schantz/Wolff 2017, Rn. 658.

[373] *Schulz*, in: Gola 2018, Art. 6 DSGVO, Rn. 59; *Robrahn/Bremert*, ZD 2018, 291 (295).

[374] Abschn. 8.2.4.

[375] *Schulz*, in: Gola 2018, Art. 6 DSGVO, Rn. 64.

[376] Z. B. *Buchner/Petri*, in: Kühling/Buchner 2018, Art. 6 DSGVO, Rn. 149; *Heberlein*, in: Ehmann/Selmayr 2018, Art. 6 DSGVO, Rn. 30; *Robrahn/Bremert*, ZD 2018, 291 (294). Im Ergebnis auch *Wolff*, in: Schantz/Wolff 2017, Rn. 662. A. A. *Albers/Veit*, in: Wolff/Brink 2020, Art. 6 DSGVO, Rn. 52; wohl auch *Frenzel*, in: Paal/Pauly 2018, Art. 6 DSGVO, Rn. 31.

kann. Die Gründe für den Widerspruch müssen sich aus der „besonderen Situation" der betroffenen Person ergeben. Etwas anderes gilt nur, wenn sich der Widerspruch der betroffenen Person gegen Direktwerbung richtet, da dieser nach Art. 21 Abs. 2 DSGVO ohne Vorbringen sonstiger Gründe erklärt werden kann. Die personenbezogenen Daten dürfen dann nach Abs. 3 vom Verantwortlichen nicht mehr für Werbezwecke verarbeitet werden. Nach erfolgreichem Widerspruch sind die Daten nach Art. 17 Abs. 1 lit. c DSGVO zu löschen, sofern im Falle des Widerspruchs nach Art. 21 Abs. 1 DSGVO keine berechtigten Gründe für die Verarbeitung vorliegen.[377]

7.5.5.3 Anwendung auf Social Networks

Bei der Frage, ob und unter welchen Bedingungen Art. 6 Abs. 1 lit. f DSGVO als Rechtfertigung für eine Datenverarbeitung in Betracht kommt, ist zu unterscheiden, ob die Datenverarbeitung zwischen Anbieter und Nutzer oder Dritten erfolgt oder im Verhältnis eines verantwortlichen Nutzers zu einer betroffenen Person.

7.5.5.3.1 Verhältnis von Anbieter und Nutzer oder Dritter

Art. 6 Abs. 1 lit. f DSGVO kommt zur Anwendung, wenn der Anbieter des Social Networks als Verantwortlicher Daten aufgrund eines berechtigten Interesses verarbeiten will und weder eine Einwilligung des Nutzers nach lit. a vorliegt noch die Verarbeitung zur Durchführung oder Aufrechterhaltung des Dienstes nach lit. b erforderlich ist.[378] Verarbeitet der Verantwortliche Daten Dritter,[379] liegt regelmäßig weder eine Einwilligung nach lit. a vor noch eine Vertragsbeziehung, sodass keine Erforderlichkeit nach lit. b gegeben ist. Auch hier kann der Verantwortliche aber ein berechtigtes Interesse an der Datenverarbeitung vorbringen.

Sachlich anwendbar ist Art. 6 Abs. 1 lit. f DSGVO bei der Verarbeitung solcher personenbezogenen Daten, die nicht bereits unter lit. b fallen, also nicht zur Durchführung oder Aufrechterhaltung des Dienstes erforderlich sind. Das sind zum einen personenbezogene Daten, die durch den Nutzer selbst zur Verfügung gestellt werden, zum anderen solche, die durch mit der Plattform verbundene Produkte wie Social Plug-ins generiert werden. Dazu zählen auch in der Regel personenbezogene Daten, die durch Tracking-Technologien als eine Form des Profiling im Sinne des Art. 4 Nr. 4 DSGVO, etwa Cookies, Browser-Fingerprinting und ähnliches, erzeugt werden.[380]

---

[377] Zum Widerspruchsrecht s. Abschn. 7.8.9.

[378] S. Abschn. 7.5.3 und 7.5.4.

[379] Zum Begriff des Dritten s. Abschn. 2.2.

[380] *Forum Privatheit* (Hrsg.), White Paper Tracking, 2018, 11, 24. Vor Geltungsbeginn der Datenschutz-Grundverordnung richtete sich die rechtliche Zulässigkeit der Erstellung von

Bei der Abwägung der berechtigten Interessen spielen auf der einen Seite die wirtschaftlichen Interessen des Anbieters zur Verwertung der erhobenen personenbezogenen Daten für Werbezwecke, zur bedarfsgerechten Gestaltung des Dienstes oder zur Entwicklung der Algorithmen eine Rolle. Auf der anderen Seite stehen die Interessen des Nutzers oder eines Dritten zum Schutz seiner Persönlichkeitsrechte einschließlich seiner Kommunikationsgrundrechte, seiner informationellen Selbstbestimmung und seines Rechts auf Datenschutz.

Nutzt der Verantwortliche die personenbezogenen Daten zur Verbesserung seiner Dienste, Produkte und Algorithmen, sind dies grundsätzlich berechtigte Interessen, um seine Geschäftstätigkeit durchzuführen. Diese werden auch regelmäßig mit den Interessen eines Nutzers gleich schwer wiegen oder jene sogar überwiegen, da sie den Nutzer zunächst nicht benachteiligen und sich auf diesen sogar positiv auswirken können.

Etwas anderes gilt, sofern der Anbieter Daten von betroffenen Personen verwendet, die in keinem Verhältnis zum Anbieter stehen, da sie das Social Network womöglich bewusst nicht nutzen und der Anbieter die personenbezogenen Daten nur über die Umwege von Cookies oder Social Plug-ins erheben konnte. In diesem Fall überwiegt das Recht auf Datenschutz des Dritten, da der Anbieter des Social Networks kein überwiegendes Interesse daran haben kann, einen Dienst mit Daten einer Person zu verbessern, den diese Person ausdrücklich nicht nutzen möchte.

Der vorrangige Zweck, den ein Anbieter eines Social Network verfolgt, ist die Verarbeitung personenbezogener Daten für Werbezwecke. Dies umfasst sowohl eigene Werbung des Anbieters gegenüber seinen Nutzern als auch Werbung seiner Geschäftspartner, die Nutzern aufgrund ihres spezifischen Nutzerprofils auf der Plattform präsentiert wird. Die ePrivacy-VO-E sieht in Art. 16 Regelungen zur Direktwerbung vor. Solange diese nicht in Kraft ist, ist die Frage der Zulässigkeit von Datenverarbeitung zu Werbezwecken nach Art. 6 Abs. 1 lit. f DSGVO zu beantworten.

Nutzungsprofilen unter anderem für Zwecke der Werbung nach § 15 Abs. 3 TMG. Da diese Regelung der Datenschutz-Grundverordnung widerspricht, geht Art. 6 Abs. 1 lit. f DSGVO vor. Bis zum Inkrafttreten der ePrivacy-VO richtet sich die datenschutzrechtliche Zulässigkeit der Profilbildung durch Tracking ausschließlich nach der Datenschutz-Grundverordnung. S. zu dieser umstrittenen Frage *DSK*, Positionsbestimmung TMG 2018; *Geminn/Richter*, in: Roßnagel 2017, § 4, Rn. 295; *Geminn/Richter*, in: Roßnagel 2018, § 8, Rn. 152 f.; *Grigorjew*, in: Roßnagel 2018, § 8, Rn. 216; *Jandt*, ZD 2018, 405 (407). A. A. *Gierschmann*, ZD 2018, 297 (299). Vgl. auch *Breyer*, ZD 2018, 302 (303).

Unter Werbung versteht man nach Art. 2 lit. a der Werbe-Richtlinie[381] „jede Äußerung bei der Ausübung eines Handels, Gewerbes, Handwerks oder freien Berufs mit dem Ziel, den Absatz von Waren oder die Erbringung von Dienstleistungen, einschließlich unbeweglicher Sachen, Rechte und Verpflichtungen, zu fördern". Direktwerbung ist die herkömmlich genutzte Werbeform und beschreibt die direkte Ansprache des Nachfragers.[382] Direktwerbung kann auf bestehenden oder vergangenen Vertragsbeziehungen basieren, etwa für ähnliche wie bereits gekaufte Produkte oder genutzte Dienste, setzt aber nicht zwingend eine Personalisierung voraus.

Personalisierte Werbung, wie diese im Online-Bereich üblich und auch in Social Networks verwendet wird, ist ebenso Direktwerbung. Dafür spricht nicht zuletzt, dass der Widerspruch gegen Direktmarketing in Art. 21 Abs. 2 DSGVO mit Werbung in Zusammenhang stehendes Profiling einschließt. Personalisierte Werbung ist darüber hinaus jedoch wesentlich zielgerichteter und nutzt Wissen über spezifische Eigenschaften der Person. Hierfür werden Tracking- und Analysemethoden eingesetzt. Es ist also nicht mehr einzig das Einkaufsverhalten der betroffenen Person ausschlaggebend, sondern es werden vielfältigste Informationen der betroffenen Person zu Interessen, besuchten Websites, Bewegungsprofilen, Wohnort, Interaktion mit anderen Nutzern und vieles mehr erhoben, zusammengeführt und analysiert.[383] Diese Daten verarbeitet der Anbieter zu einem Nutzerprofil und bietet seinen Geschäftspartnern zielgruppengenaue Werbeflächen innerhalb des Social Networks. Personalisierte Werbung fällt damit unter Profiling im Sinne des Art. 4 Nr. 4 DSGVO.

Nach Erwägungsgrund 47 DSGVO „kann" Direktwerbung als berechtigtes Interesse im Sinne des Art. 6 Abs. 1 lit. f DSGVO betrachtet werden. Dies schließt personalisierte Werbung grundsätzlich mit ein.[384] Der Anbieter des Social Networks kann grundsätzlich ein berechtigtes Interesse an Werbung geltend machen, da sie dazu dient, mithilfe der Werbeerlöse die Plattform zu finanzieren und Gewinne zu erwirtschaften.

---

[381] Richtlinie 2006/114/EG des Europäischen Parlaments und des Rates vom 12.12.2006 über irreführende und vergleichende Werbung, ABl. EU 2006, L 376, 21.

[382] Z. B. *Köhler*, in: Köhler/Bornkamm/Feddersen 2019, § 7 UWG, Rn. 129; *Martini*, in: Paal/Pauly 2018, Art. 21 DSGVO, Rn. 48; *Grigorjew*, in: Roßnagel 2018, § 8, Rn. 163.

[383] Vgl. die Darstellung der *Art.-29-Datenschutzgruppe*, WP 217, 58 f.

[384] *Wolff*, in: Schantz/Wolff 2017, Rn. 666; *Plath*, in: Plath 2018, Art. 6 DSGVO, Rn. 69; *Gierschmann*, MMR 2018, 7 (9 ff.); *Helfrich*, in: Sydow 2018, Art. 21 DSGVO, Rn. 77. Eine weite Auslegung des Begriffs Direktwerbung vertretend auch *Kamann/Braun*, in: Ehmann/Selmayr 2018, Art. 21 DSGVO, Rn. 45-48. A. A. *Schulz*, in: Gola 2018, Art. 21 DSGVO, Rn. 20.

Personalisierte Werbung ist jedoch wesentlich eingriffsintensiver als herkömmliche Werbung, da hierfür ein umfassendes Persönlichkeitsprofil erstellt wird. Es bedarf daher einer umfassenden Abwägungsentscheidung. Je umfassender das Persönlichkeitsprofil der betroffenen Person, desto eher überwiegen die Interessen, Grundrechte und Grundfreiheiten der betroffenen Person das Werbeinteresse des Anbieters, da ein solch intensiver Eingriff in die Persönlichkeitsrechte einer Person nicht durch bloße wirtschaftliche Interessen des Verantwortlichen aufgewogen werden kann. Zu berücksichtigen ist in diesem Zusammenhang auch die Möglichkeit der betroffenen Person zur Wahrnehmung ihrer Betroffenenrechte. So ist etwa das Recht auf Datenübertragbarkeit aus Art. 20 DSGVO nur bei einer Einwilligung als Rechtsgrundlage möglich. Bei einer Interessenabwägung im Rahmen des Art. 6 Abs. 1 lit. f DSGVO kann dieses Betroffenenrecht hingegen nicht geltend gemacht werden. Das sollte bei der Abwägung der berechtigten Interessen Berücksichtigung finden.[385] Personalisierte Werbung, wie diese in Social Networks üblich ist, wird daher in aller Regel nicht über Art. 6 Abs. 1 lit. f DSGVO gerechtfertigt werden können, sondern bedarf einer Einwilligung der betroffenen Person.[386]

7.5.5.3.2 Verhältnis Nutzer und betroffene Person

Ist auf einen Nutzer die Datenschutz-Grundverordnung anwendbar,[387] muss dieser für die Verarbeitung personenbezogener Daten betroffener Personen – dies können andere Nutzer oder Dritte sein – eine gesetzliche Erlaubnis haben. Hat der Nutzer nicht die Einwilligung der betroffenen Person eingeholt, kommt grundsätzlich Art. 6 Abs. 1 lit. f DSGVO in Betracht.[388]

7.5.5.3.2.1 Interessenabwägung

Verantwortliche Nutzer verarbeiten personenbezogene Daten etwa, um eigene wirtschaftliche Interessen zu verfolgen. Dies geschieht in Kooperation mit dem Social

---

[385] Dazu ausführlich Abschn. 7.8.8.5.

[386] *Art.-29-Datenschutzgruppe*, WP 217, 41, 59, 60, 86 f. *Wolff*, in: Schantz/Wolff 2017, Rn. 666, 670; *Golland*, MMR 2018, 130 (134); *Lachenmann*, in: Koreng/Lachenmann 2018, 572 f.; *Schantz*, in: Simitis/Hornung/Spiecker 2019, Art. 6 Abs. 1 DSGVO, Rn. 106. Kritisch auch *Wendehorst/v. Westphalen*, NJW 2017, 3745 (3746, 3747). A. A. wohl *Gierschmann*, MMR 2018, 7 (9 ff.); *Plath*, in: Plath 2018, Art. 6 DSGVO, Rn. 78; *Wenhold* 2018, 251 ff.; *Weidert/Klar*, BB 2017, 1858 (1862), die in der pseudonymen Erstellung von Nutzungsprofilen regelmäßig eine den vernünftigen Erwartungen der betroffenen Person entsprechende Datennutzung sehen, die über eine Interessenabwägung gerechtfertigt werden kann. A. A. wohl auch *Schulz*, in: Gola 2018, Art. 6 DSGVO, Rn. 76, 90.

[387] S. Abschn. 7.2.1.3 sowie 7.4.2.

[388] S. auch *Heberlein* 2017, 125 ff.

Network, bei dem beispielsweise eine Fanpage betrieben wird und im Zuge dessen personenbezogene Daten an das Netzwerk übermittelt werden, um Werbung
zielgruppenspezifisch auszuspielen. Zwar stellt personalisierte Werbung grundsätzlich ein legitimes Interesse im Sinne des Art. 6 Abs. 1 lit. f DSGVO dar. Genauso
wie im Verhältnis von Anbieter und Nutzer greift personalisierte Werbung aber in
das Persönlichkeitsrecht der betroffenen Person ein. Deshalb kann die Erstellung
eines umfassenden Persönlichkeitsprofils nicht die wirtschaftlichen Interessen des
werbetreibenden Nutzers überwiegen. Die Übermittlung von personenbezogenen
Daten zur Ermittlung von Werbe-Zielgruppen bedarf daher der Einwilligung der
betroffenen Person.[389]

In der Rolle der Privatperson verarbeitet der verantwortliche Nutzer personenbezogene Daten häufig dadurch, dass er Beiträge teilt, Bilder auf die Plattform
lädt und öffentlich oder bilateral kommuniziert. Dabei beansprucht er für sich
regelmäßig ein berechtigtes Interesse aus seiner Meinungs- und Kommunikationsfreiheit, wenn er mit oder über andere Personen kommuniziert, aber auch aus seiner
informationellen Selbstbestimmung und seiner Entfaltungsfreiheit, wenn die Datenverarbeitung neben der Veröffentlichung fremder personenbezogener Daten eigene
personenbezogene Daten einschließt, etwa beim Teilen gemeinsamer Erlebnisse.

Die berechtigten Interessen des verantwortlichen Nutzers sind mit den Interessen, Grundrechten und Grundfreiheiten der betroffenen Personen abzuwägen.
Vornehmlich kommen hier die Rechte auf Datenschutz und informationelle Selbstbestimmung in Betracht sowie das Recht am eigenen Wort und Bild.[390] Auch
berechtigte Interessen Dritter auf Informationsfreiheit jener, die die Beiträge im
Social Network lesen, kommen in Frage.[391] Die Beeinträchtigung muss so intensiv
sein, dass sie die Kommunikationsfreiheit des verantwortlichen Nutzers überwiegt.
Dabei müssen die Umstände des Einzelfalls berücksichtigt werden, etwa ob ein
durch den Nutzer geteilter Beitrag ursprünglich öffentlich oder explizit nichtöffentlich sein sollte,[392] also die Umstände der Erhebung und Verarbeitung und die
vernünftigen Erwartungen der betroffenen Person. Relevant sein könnten auch die
Beziehungen der Personen untereinander, vergleichbare Datenverarbeitungen in der
Vergangenheit, ob es sich bei der betroffenen Person um eine Person des öffentlichen
Lebens handelt, aber auch, ob die betroffene Person Mitglied des Social Networks

---

[389] VGH München, NVwZ 2019, 171, Rn. 11 (zum Bundesdatenschutzgesetz a. F.). Ebenso
die Vorinstanz VG Bayreuth, ZD 2018, 382 sowie *Felber*, ZD 2018, 384 (385). S. im Verhältnis
Anbieter-Nutzer Abschn. 7.5.5.3.1.

[390] S. Abschn. 5.2.1.3.

[391] *Heberlein* 2017, 128.

[392] *Heberlein* 2017, 130.

ist oder nicht. Die Rechte der betroffenen Person überwiegen jedenfalls dann, wenn Beleidigungen und andere Formen der Ehrverletzungen vorliegen; in diesem Fall ist aber bereits kein berechtigtes Interesse des verantwortlichen Nutzers anzunehmen.

7.5.5.3.2.2 Insbesondere: Recht am eigenen Bild und Kunsturhebergesetz

Werden Fotos und Bilder der betroffenen Person in das Social Network geladen und dort mit anderen Nutzern geteilt, kann die betroffene Person ein Recht am eigenen Bild geltend machen. Die Datenschutz-Grundverordnung unterscheidet nicht nach Bildnissen und anderen personenbezogenen Daten, sodass grundsätzlich auch in diesem Fall Art. 6 Abs. 1 lit. f DSGVO in Frage kommt. Allerdings hält das Kunsturhebergesetz für diesen Fall in §§ 22 bis 24 KunstUrhG spezielle Vorschriften zur Veröffentlichung von Bildnissen betroffener Personen bereit.[393] Daher stellt sich die Frage, ob und in welchem Umfang dieses neben der Datenschutz-Grundverordnung Anwendung findet.

Art. 85 DSGVO sieht Sondervorschriften für den Ausgleich von Datenschutzrecht mit der Meinungs- und Informationsfreiheit vor. Abs. 1 enthält einen Regelungsauftrag an die Mitgliedstaaten, das Recht auf den Schutz personenbezogener Daten gemäß der Datenschutz-Grundverordnung mit dem Recht auf freie Meinungsäußerung und Informationsfreiheit in Einklang zu bringen. Nach Abs. 2 sehen die Mitgliedstaaten für die Verarbeitung zu journalistischen, wissenschaftlichen, künstlerischen oder literarischen Zwecken Abweichungen oder Ausnahmen der dort genannten Vorschriften vor, wenn diese erforderlich sind, um das Recht auf Schutz personenbezogener Daten mit der Freiheit der Meinungsäußerung und Informationsfreiheit in Einklang zu bringen.

Das Kunsturhebergesetz gilt grundsätzlich für alle Bildnisse, nicht bloß für solche, die zu journalistischen, wissenschaftlichen, künstlerischen oder literarischen Zwecken veröffentlicht werden. Auch Art. 85 Abs. 1 DSGVO beschränkt sich seinem Wortlaut nach („einschließlich") insofern nicht auf bestimmte Zwecke. Allerdings ist umstritten, ob Abs. 1 überhaupt eine eigenständige Öffnungsklausel darstellt. Die Regelung ist insofern zweideutig. Der Wortlaut lässt darauf schließen, dass die Mitgliedstaaten für alle Bereiche Anpassungen vornehmen können, in denen die Meinungs- und Informationsfreiheit tangiert ist. Der Wortlaut des Abs. 1 beinhaltet keine abschließende Aufzählung und geht daher über den Regelungsgehalt des Abs. 2 hinaus.[394] Dies hätte zur Konsequenz, dass das Kunsturhebergesetz als eine solche nationale Regelung auch im Bereich der Veröffentlichung von

---

[393]S. Abschn. 5.2.1.3.1.
[394]*Lauber-Rönsberg/Hartlaub*, NJW 2017, 1057 (1061).

Bildnissen in Social Networks Anwendung fände. Gegen eine eigenständige Öffnungsklausel spricht allerdings, dass sich die Meldepflicht des Art. 85 Abs. 3 DSGVO nur auf Anpassungen aus Abs. 2 bezieht. Zudem bestünde aufgrund der praktischen Reichweite der Vorschrift die Gefahr, dass das Regelungssystem des Art. 6 Abs. 1 bis 3 DSGVO, das umfassend und abschließend gelten soll, weitestgehend außer Kraft gesetzt würde.[395] Vieles spricht also dafür, Art. 85 Abs. 1 DSGVO einen rein deklaratorischen Charakter zuzusprechen.[396]

Art. 85 Abs. 2 DSGVO stellt demgegenüber jedenfalls eine Öffnungsklausel dar, beschränkt sich jedoch auf die Verarbeitung personenbezogener Daten zu journalistischen, wissenschaftlichen, künstlerischen oder literarischen Zwecken. Mitgliedstaaten können Abweichungen und Ausnahmen unter anderem zu Kapitel II vorsehen, also den Grundsätzen der Datenverarbeitung, wozu auch Art. 6 DSGVO gehört. Öffnungsklauseln der Datenschutz-Grundverordnung erfordern nicht, dass Mitgliedstaaten neue Gesetze erlassen; auch bestehende nationale Regelungen können genutzt werden.[397] Das Kunsturhebergesetz ist ein solches Gesetz, das für die Veröffentlichung von Bildnissen spezielle Vorschriften vorsieht, die von der Grundregel des Art. 6 Abs. 1 DSGVO abweichen, und aufgrund Art. 85 Abs. 2 DSGVO weiter gilt.[398]

Die Anwendbarkeit des Kunsturhebergesetzes ist für verantwortliche Nutzer, die Bildnisse anderer Personen in Social Networks veröffentlichen, vorteilhaft, da es

---

[395] *Kühling/Martini/Heberlein/Kühl/Nink/Weinzierl/Wenzel* 2016, 287 f.

[396] *Kühling/Martini/Heberlein/Kühl/Nink/Weinzierl/Wenzel* 2016, 287 f.; *Schantz*, in: Schantz/Wolff 2017, Rn. 1316; *Pötters*, in: Gola 2018, Art. 85 DSGVO, Rn. 5; *Buchner/Tinnefeld*, in: Kühling/Buchner 2018, Art. 85 DSGVO, Rn. 12; *Heberlein* 2017, 152 f. Wohl auch *Pauly*, in: Paal/Pauly 2018, Art. 85 DSGVO, Rn. 4. A. A. wohl *Dix*, in: Simitis/Hornung/Spiecker 2019, Art. 85 DSGVO, Rn. 6, 9. A. A. auch *Lauber-Rönsberg/Hartlaub*, NJW 2017, 1057 (1062); unkritisch auch das *BMI*, FAQ zur DSGVO, Frage 15, https://www.bmi.bund.de/SharedDocs/faqs/DE/themen/it-digitalpolitik/datenschutz/datenschutzgrundvo-liste.html.

[397] S. dazu *Roßnagel*, in: Roßnagel 2018, § 2, Rn. 15 ff.

[398] *Dix*, in: Simitis/Hornung/Spiecker 2019, Art. 85 DSGVO, Rn. 32; OLG Köln, Beschl. v. 18.6.2018, Az.: 15 W 27/18; *BMI*, FAQ zur DSGVO, Frage 15, https://www.bmi.bund.de/SharedDocs/faqs/DE/themen/it-digitalpolitik/datenschutz/datenschutzgrundvo-liste.html; *BfDI des Bundes*, Tätigkeitsbericht 2017/2018, 29; *Hansen/Brechtel*, GRUR-Prax 2018, 369; *LfD Niedersachsen*, Anfertigung und Veröffentlichung von Personenfotografien nach dem 25.5.2018, http://www.lfd.niedersachsen.de/startseite/datenschutzreform/dsgvo/anfertigung_und_veroeffentlichung_von_personenfotografien/anfertigung-und-veroeffentlichung-von-personenfotografien-nach-dem-25-mai-2018-166008.html. A. A. *HambfDI*, Vermerk: Rechtliche Bewertung von Fotografien einer unüberschaubaren Anzahl von Menschen nach der DSGVO außerhalb des Journalismus, https://www.filmverband-suedwest.de/wp-content/uploads/2018/05/Vermerk_DSGVO.pdf, 4.

Rechtsklarheit schafft. Die Veröffentlichung bedürfte dann keiner Interessenabwägung im Einzelfall; zudem ist die Einwilligung nach § 22 KunstUrhG im Gegensatz zur Einwilligung nach Art. 7 Abs. 3 DSGVO nicht jederzeit widerruflich.[399] Wann ein journalistischer, wissenschaftlicher, künstlerischer oder literarischer Zweck vorliegt, ist im Zweifel im Einzelfall zu klären. Insbesondere um die Reichweite des Journalismus wird im Zuge der Verbreitung privater Blogs, Bewertungsportale oder Social Networks häufig diskutiert, mit dem Ergebnis, dass der Begriff Journalismus zwar niederschwellig weit auszulegen, aber ein Mindestmaß an redaktioneller Bearbeitung vonnöten ist, um in den Genuss gesetzlicher Privilegierungen zu kommen.[400]

Weniger Beachtung findet hingegen die Frage, ob Fotografien nicht grundsätzlich dem Kunstbegriff unterfallen können, deren Veröffentlichung damit grundsätzlich künstlerische Zwecke unterstellt werden kann. Dann wäre das Kunsturhebergesetz auch auf alle Nutzer anwendbar, die Familienfotografien, Schnappschüsse und ähnliche Fotografien in Social Networks veröffentlichen, um diese aus rein privater und familiärer Motivation mit ihrem Publikum zu teilen.

Eine allgemeingültige Definition des Kunstwerks gibt es nicht. Es gibt verschiedene Kunstbegriffe, an denen sich das Bundesverfassungsgericht orientiert; jedenfalls ist der Begriff weit auszulegen.[401] Mit Blick auf das Urheberrecht sind nach § 2 Abs. 1 Nr. 5 UrhG Lichtbildwerke geschützte Werke der Kunst. Nach Art. 6 und Erwägungsgrund 16 der Schutzdauer-Richtlinie[402] ist eine Fotografie urheberrechtlich geschützt, wenn sie ein individuelles Werk darstellt; darüber hinaus werden keinerlei besondere Anforderungen an die „Gestaltungshöhe" gestellt.[403] Nach Ansicht des Europäischen Gerichtshofs handelt es sich um eine „geistige Schöpfung", wenn in der Fotografie die Persönlichkeit des Künstlers zum Ausdruck kommt, er seine „schöpferischen Fähigkeiten zum Ausdruck bringen" und eine „kreative Entscheidung" treffen konnte.[404] Unionsrechtskonform ausgelegt

---

[399] *Herrmann*, in: Gersdorf/Paal 2019, § 22 KunstUrhG, Rn. 19 f.

[400] BGHZ 181, 328 (335), Rn. 21 („spickmich"); *Buchner/Tinnefeld*, in: Kühling/Buchner 2018, Art. 85 DSGVO, Rn. 24 ff.

[401] Ausführlich z. B. *Kempen*, in: Epping/Hillgruber 2019, Art. 5 GG, Rn. 156 ff. Zur Definitionskompetenz s. auch *Fallert*, GRUR 2014, 719. Anschaulich auch *Waßer*, jM 2018, 109.

[402] Richtlinie 2006/116/EG des Europäischen Parlaments und des Rates vom 12.12.2006 über die Schutzdauer des Urheberrechts und bestimmter verwandter Schutzrechte, ABl. EU 2006, L 372, 12.

[403] *Thum*, in: Wandtke/Bullinger 2014, § 72 UrhG, Rn. 7.

[404] EuGH, ECLI:EU:C:2011:798 („Painer"); *Dietrich/Szalai*, DZWIR 2014, 158 (168 f.).

muss Fotografien also zwar eine schöpferische Leistung zugrunde liegen, im Interesse eines weiten Kunstbegriffs dürfen jedoch keine überhöhten Maßstäbe angelegt werden. Für die Beurteilung der schöpferischen Leistung ist allein der objektive Inhalt der Aufnahme entscheidend, nicht hingegen, ob es eine Amateur- oder Profiaufnahme ist.[405]

Bedenkt man, dass der Europäische Gerichtshof mit seiner Begründung der „schöpferischen Leistung" einfache Portraitfotos als Kunstwerke ablehnt,[406] Aufnahmen aus Passbildautomaten, bei denen die sich fotografierende Person das Bild individuell einrichtet, jedoch als schutzfähiges Kunstwerk anerkannt werden,[407] liegt die Schwelle zur Annahme der Eigenschaft als Kunstwerk denkbar niedrig. Dennoch zeigt sich auch hier, dass im Bereich der Fotografie keine einfache Abgrenzung möglich ist, was als künstlerisch gilt und was nicht. Die Rechtsprechung des Europäischen Gerichtshofs legt jedenfalls nahe, dass nicht jede Fotografie als Kunstwerk betrachtet werden kann. Dies macht wiederum eine Abgrenzung im Einzelfall erforderlich, wann ein Kunstwerk vorliegt.

Die Unterscheidung nach künstlerischem und nicht-künstlerischem Zweck ist für den verantwortlichen Nutzer von erheblicher Bedeutung. Die Wertungen insbesondere des Art. 23 KunstUrhG können zwar bei der Interessenabwägung im Rahmen des Art. 6 Abs. 1 lit. f DSGVO Berücksichtigung finden.[408] Eine nach dem Kunsturhebergesetz erteilte Einwilligung ist jedoch grundsätzlich nicht frei widerruflich, eine nach der Datenschutz-Grundverordnung erteilte Einwilligung hingegen schon. In der Praxis bleibt also die Rechtsunsicherheit auf Seiten des Nutzers. Rechtssicherer ist es daher, bei der Veröffentlichung von Bildnissen anderer Personen in jedem Einzelfall eine Einwilligung nach den Vorgaben der Art. 6 Abs. 1 lit. a und Art. 7 DSGVO – sowie bei Vorliegen besonderer Kategorien personenbezogener Daten gegebenenfalls nach Art. 9 Abs. 2 lit. a DSGVO[409] – einzuholen.

---

[405] *Thum*, in: Wandtke/Bullinger 2014, § 72 UrhG, Rn. 5.

[406] EuGH, ECLI:EU:C:2011:798 („Painer").

[407] *Thum*, in: Wandtke/Bullinger 2014, § 72 UrhG, Rn. 15 mit weiteren Nachweisen.

[408] *LfD Niedersachsen*, Anfertigung und Veröffentlichung von Personenfotografien nach dem 25.5.2018, http://www.lfd.niedersachsen.de/startseite/datenschutzreform/dsgvo/anfertigung_und_veroeffentlichung_von_personenfotografien/anfertigung-und-veroeffentlichung-von-personenfotografien-nach-dem-25-mai-2018-166008.html; *Dix*, in: Simitis/Hornung/Spiecker 2019, Art. 85 DSGVO, Rn. 32; *Hansen/Brechtel*, GRUR-Prax 2018, 369 (370); *LG Frankfurt a. M.*, Urteil vom 13.9.2018, Az. 2-03 O 283/18, Rn. 35; *Benedikt/Kranig*, ZD 2019, 4 (7); *Nägele/Apel/Stolz/Bosman*, K&R 2019, 361 (366). A. A. wohl *Aßmus/Winzer*, ZD 2018, 508.

[409] Zur Einordnung von Fotos in Social Networks unter Art. 9 DSGVO s. Abschn. 7.5.8.2.

7.5.5.3.3 Klarnamenspflicht

Häufig diskutiert wird die Frage, ob der Anbieter des Social Networks den richtigen Namen einer betroffenen Person erheben darf.[410] Facebook beispielsweise verlangt von seinen Nutzern die Angabe „desselben Namens, der auch im täglichen Leben verwendet" wird.[411] Gleiches gilt für Xing[412] und LinkedIn[413]. Twitter und Instagram hingegen lassen eine pseudonyme Nutzung in ihren Nutzungsbestimmungen zu.

Eine solche Klarnamenspflicht umfasst zwei Konstellationen: Entweder werden Benutzername und realer Name nicht getrennt erhoben und sind damit identisch, oder es kann der Benutzername zwar ein Pseudonym sein, der reale Name muss dem Anbieter gegenüber aber trotzdem offenbart werden. Die Klarnamenspflicht greift intensiv in die informationelle Selbstbestimmung und das Recht auf Datenschutz ein, denn durch die Angabe ihres echten bürgerlichen Namens gegenüber einem weltweit agierenden Social Network erhöht sich die Gefahr, durch die Möglichkeit einer eindeutigen Identifizierung die Kontrolle darüber zu verlieren, wer was über sie weiß. Aber auch die Meinungs- und Informationsfreiheit der betroffenen Person ist gefährdet, wenn diese aus Angst vor Nachteilen aufgrund der erzwungenen Angabe ihres Klarnamens etwa auf Meinungsäußerung oder Informationsbeschaffung verzichtet.

Es wird vertreten, dass insbesondere Anbietern die Ermöglichung einer pseudonymen – geschweige denn einer anonymen – Nutzung der Plattform durch die betroffene Person unzumutbar sei. Begründet wird dies unter anderem mit der Funktion von Social Networks, für die ein Auffinden und Identifizieren der Nutzer anhand des Klarnamens eine essentielle Eigenschaft sei, ohne die die wesentlichen Funktionen von Social Networks nicht durchgeführt werden könne.[414] So sei eine Vernetzung der Nutzer nur möglich, wenn diese anhand ihres Klarnamens identifizierbar seien, ohne die die Social Networks nicht ihre bedeutende gesellschaftliche Rolle entwickelt hätten. Außerdem führe dies durch die soziale Kontrolle zu einem gesteigerten Maß an Sicherheit der Nutzer, ihres Persönlichkeitsschutzes und des Jugendschutzes, da weniger Nutzer geneigt seien, beleidigende und rechtsverletzende Äußerungen zu tätigen, wenn die Möglichkeit der Rechtsverfolgung

---

[410]Das folgende Unterkapitel entstammt *Nebel*, K&R 2019, 148.

[411]Punkt 3.1 der Nutzungsbedingungen, https://de-de.facebook.com/legal/terms?ref=pf, mit Stand vom 19.4.2018.

[412]Punkt 4.1 der Nutzungsbedingungen, https://www.xing.com/terms#a-2, mit Stand vom 4.1.2018.

[413]Punkt 2.1 der Nutzungsbedingungen, https://www.linkedin.com/legal/user-agreement#obligations, mit Stand vom 8.5.2018.

[414]*Bender*, K&R 2013, 218 (219); *Heckmann,* in: Heckmann 2014, Kap. 9, Rn. 294.

gesteigert wird.[415] Anonymität im Netz habe ein erhebliches Missbrauchspotenzial durch die Verbreitung falscher Tatsachen, Beleidigungen oder die koordinierte Einflussnahme auf die Meinungsbildung.[416] Andererseits besteht durch eine Pflicht zur Preisgabe des Klarnamens die Gefahr, die Meinungs- und Informationsfreiheit einzuschränken, wenn Menschen aus Angst vor Nachteilen davon absehen, eine Meinung zu äußern oder sich relevante, womöglich sensitive Informationen zu beschaffen („chilling effect").[417] Andererseits bestünde jedoch die Chance, durch eine erhöhte Selbstreflektion durch eine Klarnamenspflicht den konstruktiven Meinungsaustausch sogar zu fördern.[418]

Vor Geltungsbeginn der Datenschutz-Grundverordnung regelte § 13 Abs. 6 Satz 1 TMG für Diensteanbieter von Telemedien die Pflicht, die Nutzung von Telemedien anonym oder unter Pseudonym zu ermöglichen, soweit dies technisch möglich und zumutbar ist.[419] Aufgrund des Anwendungsvorrangs der Grundverordnung ist diese Regelung nicht mehr anwendbar, da sie den Vorgaben des Art. 25 Abs. 1 DSGVO nicht vollumfänglich entspricht.[420] Die Rechtsprechung geht überwiegend davon aus, dass für außerhalb Deutschlands in der Union niedergelassene Social Networks § 13 TMG ohnehin keine Anwendung gefunden hat.[421]

Die Datenschutz-Grundverordnung adressiert weder eine ausdrückliche Pflicht noch ein Verbot zur Erhebung des Klarnamens in Online-Mediendiensten. Aus dem Grundsatz der Datenminimierung in Art. 5 Abs. 1 lit. c DSGVO ergibt sich, dass personenbezogene Daten auf das für den Zweck der Verarbeitung notwendige Maß beschränkt sein müssen. Dies legt nahe, dass die Angabe des Klarnamens nur dort rechtmäßig sein kann, wo dieser für den angestrebten Zweck erforderlich ist.

---

[415] *Bender*, K&R 2013, 218 (219); *Schliesky/Hoffmann/Luch/Schulz/Borchers* 2014, 162; *Lorenz*, VuR 2014, 83 (89) spricht von „Abschreckungsfunktion"; *Konrad*, K&R 2018, 275 (276). *Griess* 2016, 16 f. spricht von „Enthemmung durch Anonymität". Ausführlich zu Pro- und Kontra-Argumenten der Klarnamenspflicht s. *Kluge*, DSRITB 2016, 107 (108 ff.).

[416] *Griess* 2016, 61 ff. Zu Risiken von Social Networks Abschn. 3.2.

[417] Ausführlich *Griess* 2016, 70 ff.

[418] *Griess* 2016, 74. Beachte jedoch *Caspar*, ZRP 2015, 233 (235 f.), der mit genau gegenteiliger Argumentation zum gleichen Ergebnis kommt und den Meinungsaustausch gerade durch pseudonyme Nutzung gestärkt sieht.

[419] S. dazu *Jandt/Schaar/Schulz*, in: Roßnagel 2013, § 13 Rn. 120 ff.

[420] *Geminn/Richter*, in: Roßnagel 2018, § 8, Rn. 142.

[421] VG Hamburg, Beschluss vom 3.3.2016, Az. 15 E 4482/15, ZD 2016, 243; OVG Hamburg, Beschluss vom 29.6.2016, Az. 5 Bs 40/16, ZD 2016, 450. Offen gelassen in LG Berlin, Urteil vom 16.1.2018, Az, 16 O 341/15, MMR 2018, 328 (331), Rn. 63.

Allerdings steht es dem Verantwortlichen weitestgehend frei, den Zweck nach seinen Vorstellungen zu definieren.[422] Die Ermöglichung der Rechtsverfolgung durch Erhebung des Klarnamens des Nutzers ist grundsätzlich ein legitimer Zweck. Der Grundsatz der Datenminimierung spricht also zunächst weder für noch gegen eine Klarnamenspflicht.

Auch der Grundsatz der Richtigkeit der Daten nach Art. 5 Abs. 1 lit. d DSGVO spricht nicht für eine Klarnamenspflicht.[423] Zum einen verändert der Einsatz eines Pseudonyms den Personenbezug nicht.[424] Auch sieht die Grundverordnung verschiedentlich Pseudonymisierung als technische und organisatorische Maßnahme zum Schutz der Daten vor, etwa in Art. 32 Abs. 1 lit. a DSGVO. Sie strebt also explizit eine Pseudonymisierung als Maßnahme zum Schutz von Daten an. Die Annahme, ein Pseudonym sei ein unrichtiges Datum,[425] ist daher widersprüchlich, da dieses pseudonyme Datum sonst in der Folge zu berichtigen oder zu löschen wäre.

Auch aus Art. 6 Abs. 1 lit. b DSGVO ergibt sich nichts anderes. Der Klarname ist zur Vertragsdurchführung nicht erforderlich, da nach lit. b nur die Verarbeitung solcher Daten zulässig ist, die erforderlich sind, um sich als Nutzer einzuloggen sowie diejenigen Daten, die zur Aufrechterhaltung der Sitzung dienen.[426]

Nach Art. 6 Abs. 1 lit. f DSGVO ist die Erhebung des Klarnamens zulässig, wenn dieser zur Wahrung berechtigter Interessen des Verantwortlichen erforderlich ist und die Interessen oder Grundrechte und Grundfreiheiten der betroffenen Person nicht überwiegen. Berechtigte Interessen des Anbieters sind zum einen die Nutzbarkeit der Plattform sowie wirtschaftliche Interessen. Hinzukommen Rechtsverfolgungsinteressen der Allgemeinheit. Erforderlich sind diese, wenn die berechtigten Interessen nicht mit weniger intensiver Datenverarbeitung in gleichem Maße erreicht werden können.[427]

---

[422]Zu den Voraussetzungen der Datenminimierung s. Abschn. 7.5.1.5.

[423]So jedoch *Konrad*, K&R 2018, 275 (276).

[424]Vgl. *Hansen*, in: Simitis/Hornung/Spiecker 2019, Art. 4 Nr. 5 DSGVO, Rn. 1.

[425]So *Konrad*, K&R 2018, 275 (276), der behauptet, die verpflichtende Angabe des Klarnamens sei bereits durch den Grundsatz der Datenrichtigkeit nach Art. 5 Abs. 1 lit. d DSGVO impliziert.

[426]S. ausführlich Abschn. 7.5.4.

[427]Vgl. Erwägungsgrund 39 Satz 9 DSGVO; *Wolff*, in: Schantz/Wolff 2017, Rn. 646; *Schantz*, in: Simitis/Hornung/Spiecker 2019, Art. 6 Abs. 1 DSGVO, Rn. 100; *Frenzel*, in: Paal/Pauly 2018, Art. 6 DSGVO, Rn. 14, 29; *Albers/Veit*, in: Wolff/Brink 2020, Art. 6 DSGVO, Rn. 50; *Plath*, in: Plath 2018, Art. 6 DSGVO, Rn. 16 ff., 56; *Robrahn/Bremert*, ZD 2018, 291 (292). So auch bereits zu Art. 7 lit. f DSRL *Art.-29-Datenschutzgruppe*, WP 217, 37.

Als berechtigtes Interesse geben Anbieter zunächst die Nutzbarkeit des Social Networks an.[428] Der Klarname soll dazu dienen, dass sich Nutzer finden und vernetzen können. Nutzer können Social Networks ebenso zur Vernetzung mit Freunden und Bekannten nutzen, wenn sie lediglich ein Pseudonym verwenden, etwa ein in der Offline-Umgebung verwendeter Spitzname oder eine Abwandlung des realen Namens, der diesen verzerrt, aber nicht unkenntlich macht. Je nach Sinn und Zweck des Social Networks reicht dies völlig aus, da die Vernetzung online ohnehin in der Regel auf einer Verbindung von außerhalb des Netzwerks basiert.[429] Haben Nutzer ein Interesse daran, ihren Klarnamen als Benutzername zu veröffentlichen, wie dies regelmäßig bei beruflichen Portalen der Fall ist, ergibt sich dies von ganz allein. Der Klarname ist also für die Nutzbarkeit des Social Networks nicht erforderlich.

Zum anderen sind auch wirtschaftliche Interessen ein berechtigtes Interesse. Der Anbieter verspricht sich durch die Verwendung des Klarnamens eine bessere Identifizierbarkeit des einzelnen Nutzers, die unabhängig von der sich regelmäßig wechselnden IP-Adresse ist und eine noch gezieltere personalisierte Werbung erlauben soll.[430] Da personalisierte Werbung regelmäßig die Geschäftsgrundlage eines Social Network darstellt, sind Maßnahmen zur Sicherung dieser Geschäftsgrundlage als wirtschaftliches Interesse auch ein berechtigtes Interesse im Sinne des Art. 6 Abs. 1 lit. f DSGVO. Allerdings mangelt es an der Erforderlichkeit des Klarnamens zur Erfüllung des wirtschaftlichen Interesses. Zur Identifizierung des spezifischen Nutzers innerhalb des Social Networks ist der Klarname nicht notwendig, da nach dem Einloggen des Nutzers dieser gegenüber dem Social Network ohnehin identifizierbar ist. Und zur Identifizierung des Nutzers und seiner spezifischen Interessen anhand von außerhalb des Netzwerks besuchter Websites ist die Heranziehung der IP-Adresse geeigneter als der Klarname.[431]

Letztlich kann der Anbieter auch die Einhaltung der Rechtsordnung sowie ein Rechtsverfolgungsinteresse der Allgemeinheit als berechtigtes Interesse an der Erhebung des Klarnamens vorbringen. In Social Networks zeigt sich täglich, dass Nutzer auch unter Klarnamen nicht vor beleidigenden, rassistischen oder anderen menschenverachtenden Kommentaren zurückschrecken. Ob Klarnamen zu einer größeren sozialen Kontrolle führen, bleibt offen – zumindest steht zu befürchten, dass es ohne die bisher ausgeübte „Klarnamenspflicht" in den Social Networks

---

[428]Z. B. *Caspar*, ZRP 2015, 233 (234 f.).

[429]So auch *Ziebarth*, ZD 2013, 375 (377 f.).

[430]*Caspar*, ZRP 2015, 233 (234 f.) mit weiteren Nachweisen.

[431]Selbst wenn man die Erforderlichkeit bejaht, würden die Interessen und Grundrechte der betroffenen Person bei personalisierter Werbung die berechtigten wirtschaftlichen Interessen des Anbieters überwiegen, s. Abschn. 7.5.5.3.1.

noch viel häufiger zu strafbaren Kommentaren kommen würde.[432] Um volksverhetzende, beleidigende oder anderweitig rechtswidrige Handlungen zu ahnden, bedarf es jedoch keiner Klarnamenspflicht. Vielmehr können Straftäter auch bei Nutzung eines Pseudonyms identifiziert und verfolgt werden, da dem Anbieter die IP-Adresse des Nutzers vorliegt und Ermittlungsbehörden somit über §§ 112 und 113 TKG die Identität zumindest des Anschlussinhabers bei dem jeweiligen Internetanbieter ermitteln können. Letztere sind nach § 111 Abs. 1 Satz 2 TKG zur Überprüfung der Identität des Anschlussinhabers bei Bereitstellung der Anschlusskennung verpflichtet. Wurde die IP-Adresse hingegen mithilfe technischer Mittel verschleiert, wird ein Auskunftsersuchen erfolglos bleiben. In diesem Fall ist die Klarnamenspflicht durchaus erforderlich und geeignet, um das Rechtsverfolgungsinteresse der Allgemeinheit zu wahren.

Die Erhebung des Klarnamens kann jedoch nur dann nach Art. 6 Abs. 1 lit. f DSGVO gerechtfertigt werden, wenn nicht überwiegende Interessen oder Grundrechte und Grundfreiheiten der betroffenen Person entgegenstehen. Abzuwägen ist dabei insbesondere die informationelle Selbstbestimmung und das Recht auf Datenschutz sowie die Meinungsfreiheit aller Nutzer, die sich in dem Social Network mit Klarnamen registrieren müssen gegenüber dem Rechtsverfolgungsinteresse der Allgemeinheit, für den Fall, dass ein Nutzer bei Begehung der Straftat seine IP-Adresse wirksam verschleiert hat. Grundsätzlich sind die abzuwägenden Grundrechte und Grundfreiheiten gleichrangig. Allerdings ist fraglich, ob das Risiko für die betroffenen Grundrechte jedes einzelnen Nutzers und der organisatorische Aufwand, um die Identität der Nutzer zweifelsfrei und rechtssicher zu dokumentieren, im Verhältnis steht, im Einzelfall einen Täter bezüglich einer begangenen strafbaren Handlung aufzudecken. Zum einen muss es dem Nutzer möglich bleiben abzuwägen, ob für seine Zwecke ein Pseudonym ausreicht oder die Verwendung des Klarnamens mehr Vorteile verspricht. Dies ist Kerngehalt der informationellen Selbstbestimmung und sichert gleichzeitig die Ausübung der Meinungs- und Informationsfreiheit. Zudem würde eine korrekt und rechtssicher umgesetzte Klarnamenspflicht vor allem aber eine gewissenhaft durchgeführte Identifizierung der Nutzer durch den Anbieter etwa mithilfe des elektronischen Personalausweises voraussetzen, die aber selbst bei Facebook bisher nicht umgesetzt wird. Und schließlich birgt dies die Gefahr, dass sich die angegebenen Klarnamen in der Hand weniger Konzerne mit großer Marktmacht konzentrieren,[433] die damit einem erheblichen Missbrauchspotenzial unterliegen.

---

[432] *Konrad*, K&R 2018, 275 (276). Kritisch *Caspar*, ZRP 2015, 233 (235). Vgl. auch WAZ vom 9.9.2015, www.derwesten.de/wirtschaft/digital/11035158.

[433] *Caspar*, ZRP 2015, 233 (236) spricht von „Schattenmelderegister".

Im Ergebnis überwiegen damit die Interessen der betroffenen Person, sodass eine Erhebung des Klarnamens regelmäßig nicht über Art. 6 Abs. 1 lit. f DSGVO gerechtfertigt werden kann,[434] sondern allenfalls mithilfe einer Einwilligung. Hier ist aber zu bedenken, dass die Klausel einer AGB-Kontrolle wohl nicht standhält,[435] weshalb sich ein Anbieter nicht wirksam auf diese Klausel berufen kann und die Ermöglichung der pseudonymen Nutzung grundsätzlich einklagbar ist. Der Anbieter ist daher zudem gehalten, eine pseudonyme Nutzung technisch zu ermöglichen.[436] Insbesondere die Frage der Ahndung von in Social Networks begangenen Straftaten verdeutlicht demgegenüber aber auch, dass ein irgendwie gearteter Rückgriff auf die Identität eines Nutzers möglich sein sollte, um die Persönlichkeitsrechte der Nutzer zu schützen. Für Social Networks pauschal eine Klarnamenspflicht zu verlangen, stellt hingegen eine unzulässige Bevorteilung der berechtigten Interessen des Anbieters dar, da die informationelle Selbstbestimmung des Nutzers in der Abwägung nicht angemessen berücksichtigt wird. Die Pflicht, unter Klarnamen im Social Network auftreten zu müssen, ist damit abzulehnen. Um Rechtsverletzungen jedoch wirksam begegnen zu können, müssen Wege gefunden werden, eine Identifizierung der Nutzer bei einer Rechtsverletzung zu ermöglich,[437] ohne die Identität aller Nutzer in die Hand eines Anbieters zu legen.[438]

7.5.6 Zweckänderung

Art. 6 Abs. 4 DSGVO sieht, dass ein Verantwortlicher bereits erhobene personenbezogene Daten zu einem anderen Zweck verarbeiten darf als zu demjenigen, zu dem sie ursprünglich erhoben wurden. Beruht diese Zweckänderung auf einer Einwilligung der betroffenen Person oder einer mitgliedsstaatlichen oder unionsrechtlichen Rechtvorschrift, ist eine Vereinbarkeit des ursprünglichen mit dem beabsichtigten Zweck unerheblich. Liegt keine solche Einwilligung oder Rechtsvorschrift vor, darf der Verantwortliche Daten zu einem anderen als dem ursprünglichen Zweck nur dann verarbeiten, sofern der neue Zweck mit dem ursprünglichen vereinbar ist. Die Vereinbarkeit ist vom Grundsatz der Zweckbindung nach Art. 5 Abs. 1 lit. b DSGVO

---

[434]*Nebel*, K&R 2019, 148 (152); a. A. (jedoch mit Verweis auf den nicht mehr anwendbaren § 13 Abs. 6 TMG) *Aßmus*, in: Jandt/Steidle 2018, Kap. B III, Rn. 212.

[435]*Ziebarth*, ZD 2013, 375 (377).

[436]S. hierzu das Gestaltungsziel Anonymisierung und Pseudonymisierung (Z7), Abschn. 8.2.4.7.

[437]Für eine Klarnamenspflicht in diesem Sinne plädierend *Stadler*, ZD 2011, 57 (58); *Lorenz*, VuR 2014, 83 (89); *Kluge*, DSRITB 2016, 107 (114 f.).

[438]Vgl. dazu *Richter*, MMR 2014, 517 (520).

erfasst.[439] Für die Prüfung der Vereinbarkeit berücksichtigt der Verantwortliche die in Art. 6 Abs. 4 lit. a bis e DSGVO nicht abschließend genannten Aspekte. Von der Öffnungsklausel des Art. 6 Abs. 4 DSGVO hat der Bundesgesetzgeber Gebrauch gemacht. § 23 und § 24 BDSG regeln die Verarbeitung personenbezogener Daten zu einem anderen Zweck als demjenigen, für den die Daten ursprünglich erhoben wurden.[440] Anbieter von Social Networks und deren verantwortliche Nutzer sind in der Regel nichtöffentliche Stellen und dürfen personenbezogene Daten zu anderen als dem ursprünglichen Zweck nur dann verarbeiten, wenn dies nach § 24 Abs. 1 Nr. 1 BDSG zur Abwehr von Gefahren für die staatliche oder öffentliche Sicherheit oder zur Verfolgung von Straftaten oder nach Nr. 2 zur Geltendmachung, Ausübung oder Verteidigung von Rechtsansprüchen erforderlich ist und Interessen der betroffenen Person nicht überwiegen. Für besondere Kategorien personenbezogener Daten gilt gemäß § 24 Abs. 2 BDSG zusätzlich Art. 9 Abs. 2 DSGVO und § 22 BDSG. Relevanz erhalten die Vorschriften in erster Linie für Anbieter oder Nutzer bei der Verfolgung von Straftaten oder Rechtsansprüchen, die mit Ehrverletzungen oder Persönlichkeitsrechtsverletzungen in Zusammenhang stehen. Rechtsgrundlage der Verarbeitung personenbezogener Daten durch nichtöffentliche Stellen zu Zwecken der Gefahrenabwehr nach § 24 Abs. 1 Nr. 1 BDSG ist Art. 6 Abs. 1 lit. e, Abs. 2 und 4 in Verbindung mit Art. 23 lit. d DSGVO. § 24 Abs. 1 Nr. 1 BDSG kann aber nur gelten, wenn der nichtöffentlichen Stelle die Wahrnehmung der öffentlichen Aufgabe übertragen wurde, da dem Gesetzgeber andernfalls keine Regelungskompetenz zukommt. § 24 Abs. 1 Nr. 2 BDSG erfüllt die Voraussetzungen des Art. 6 Abs. 1 lit. c, Abs. 2 und 4 in Verbindung mit Art. 23 lit. j DSGVO.[441]

Art. 6 Abs. 4 DSGVO stellt Kriterien auf, um die Zweckvereinbarkeit zu beurteilen, stellt aber keine eigene Rechtsgrundlage für Zweckänderungen dar.[442] Stellt der Verantwortliche fest, dass der neue mit dem ursprünglichen Zweck vereinbar ist, verstößt die Weiterverarbeitung nicht gegen den Zweckbindungsgrundsatz.[443] Er kann also bei Zweckvereinbarkeit die Weiterverarbeitung auf die Rechtsgrundlage

---

[439] *Roßnagel*, in: Simitis/Hornung/Spiecker 2019, Art. 5 DSGVO, Rn. 96 ff. sowie Art. 6 Abs. 4 DSGVO, Rn. 4.

[440] § 23 BDSG richtet sich an öffentliche Stellen und entspricht weitestgehend § 13 Abs. 2, 14 Abs. 2 bis 4 BDSG a. F. § 24 BDSG richtet sich an nichtöffentliche Stellen und orientiert sich an den §§ 28 Abs. 2 Nr. 2b, 28 Abs. 2 i. V. m. Abs. Nr. 2, 28 Abs. 8 Satz 1 i. V. m. Abs. 6 Nr. 1 bis 3 und Abs. 7 Satz 2 BDSG a. F., BT-Drs. 18/11325, 96.

[441] Bezüglich öffentlicher Stellen s. *Nebel*, in: Roßnagel 2018, § 3, Rn. 113, 124.

[442] *Roßnagel*, in: Simitis/Hornung/Spiecker 2019, Art. 6 Abs. 4 DSGVO, Rn. 9.

[443] *Roßnagel*, in: Simitis/Hornung/Spiecker 2019, Art. 6 Abs. 4 DSGVO, Rn. 10.

stützen, die er bei der Erhebung der personenbezogene Daten zum ursprünglichen Zweck herangezogen hat.[444] Dies entspricht auch Erwägungsgrund 50 Satz 2 DSGVO, der „keine andere gesonderte Rechtsgrundlage [für] erforderlich [hält] als diejenige für die Erhebung der personenbezogenen Daten". Mithin privilegiert Art. 6 Abs. 4 DSGVO moderate Zweckänderungen, solange sie mit dem ursprünglichen Zweck vereinbar sind, gegenüber starken Zweckänderungen, wenn diese also nicht mehr mit dem ursprünglichen Zweck vereinbar sind.[445] Liegt keine Vereinbarkeit vor, stellt dies eine neue Datenverarbeitung dar, sodass alle Voraussetzungen der Datenschutz-Grundverordnung erneut zu prüfen sind; insbesondere bedarf es einer neuen Ermächtigungsgrundlage.

Liegen also weder eine Einwilligung der betroffenen Person noch die Voraussetzungen des § 24 BDSG vor, prüft der Verantwortliche die Kompatibilität des ursprünglichen mit dem neuen beabsichtigten Zweck. Die in Art. 6 Abs. 4 DSGVO genannten Aspekte sind wegen des Zweckbindungsgrundsatzes grundsätzlich restriktiv auszulegen.[446] Beispielhaft nennt Abs. 4 fünf Aspekte, die vom Verantwortlichen im Abwägungsprozess „berücksichtigt" werden können.

Art. 6 Abs. 4 lit. a DSGVO stellt auf die Verbindung zwischen dem ursprünglichen mit dem beabsichtigten Zweck ab. Je enger die Zwecke im Sinne einer logischen oder naheliegenden Folge beieinanderliegen, desto wahrscheinlicher lässt sich eine Zweckänderung rechtfertigen.[447] So ist beispielsweise der Zweck des Nutzers, Fotos auf eine Plattform zu stellen, um diese mit Freunden und Verwandten zu teilen, weit entfernt von dem Zweck, diese dem Anbieter zur unbegrenzten kommerziellen Verwendung zu überlassen, und ist damit tendenziell unvereinbar.[448]

Art. 6 Abs. 4 lit. b DSGVO berücksichtigt den Zusammenhang, in dem die personenbezogenen Daten erhoben wurden, wobei dem Verhältnis von Verantwortlichem und betroffener Person und damit den vernünftigen Erwartungen der

---

[444] *Kühling/Martini/Heberlein/Kühl/Nink/Weinzierl/Wenzel* 2016, 38; *Schulz*, in: Gola 2018, Art. 6 DSGVO, Rn. 210 ff.; *Roßnagel*, in: Simitis/Hornung/Spiecker 2019, Art. 6 Abs. 4 DSGVO, Rn. 11 f.; *Assion/Nolte/Veil*, in: Gierschmann/Schlender/Stentzel/Veil 2018, Art. 6 DSGVO, Rn. 215 f.; wohl auch *Buchner/Petri*, in: Kühling/Buchner 2018, Art. 6 DSGVO, Rn. 183. A. A. *Albrecht*, CR 2016, 88 (92); *Schantz*, NJW 2016, 1841 (1844); *Heberlein*, in: Ehmann/Selmayr 2018, Art. 6 DSGVO, Rn. 48.

[445] *Roßnagel*, in: Simitis/Hornung/Spiecker 2019, Art. 6 Abs. 4 DSGVO, Rn. 12; vgl. auch *Assion/Nolte/Veil*, in: Gierschmann/Schlender/Stentzel/Veil 2018, Art. 6 DSGVO, Rn. 216.

[446] *Buchner/Petri*, in: Kühling/Buchner 2018, Art. 6 DSGVO, Rn. 186.

[447] *Art.-29-Datenschutzgruppe*, WP 203, 23 f.; *Buchner/Petri*, in: Kühling/Buchner 2018, Art. 6 DSGVO, Rn. 187; *Heberlein*, in: Ehmann/Selmayr 2018, Art. 6 DSGVO, Rn. 55; *Schulz*, in: Gola 2018, Art. 6 DSGVO, Rn. 205.

[448] *Art.-29-Datenschutzgruppe*, WP 203, 60 f.

betroffenen Person besondere Aufmerksamkeit zu schenken ist. Hier spielen etwa
eventuelle Geheimhaltungspflichten eine Rolle, die Möglichkeit der Weitergabe
an Dritte und Verwendung der personenbezogenen Daten durch diese, aber auch
besondere Abhängigkeiten zwischen betroffener Person und Verantwortlichem.[449]
In diesem Zusammenhang sollte auch eine Monopolstellung Berücksichtigung finden, da diese eine faktische Abhängigkeit der betroffenen Person vom Anbieter als
Verantwortlichen begründen kann.

Art. 6 Abs. 4 lit. c DSGVO stellt auf die Art der personenbezogenen Daten ab. Die
Erwähnung in Abs. 4 intendiert, dass eine Weiterverwendung nicht schon deshalb
ausgeschlossen sein soll, weil es sich um besondere Kategorien personenbezogener
Daten handelt. Dennoch sind die besonderen Voraussetzungen und die Wertungen
aus Art. 9 und 10 DSGVO zu beachten. Eine Kompatibilität ist also besonders
intensiv zu prüfen.

Nach Art. 6 Abs. 4 lit. d DSGVO sind mögliche Folgen der beabsichtigten Weiterverarbeitung für die betroffene Person zu beachten. Mögliche Folgen
können physischer, materieller oder immaterieller Art oder wirtschaftliche oder
gesellschaftliche Nachteile sein, etwa Diskriminierung, Identitätsdiebstahl, Rufschädigung, Betrug oder auch die unbefugte Aufhebung eines Pseudonyms.[450]
Je schwerer es beispielsweise für die betroffene Person wird, die Folgen der
Verarbeitung nachzuvollziehen, desto eher ist eine Kompatibilität abzulehnen.[451]

Zuletzt nennt Art. 6 Abs. 4 lit. e DSGVO das Vorhandensein geeigneter Garantien, wozu auch Verschlüsselung und Pseudonymisierung gehören. Gemeint sind
technische und organisatorische Maßnahmen. Je mehr geeignete Garantien der Verantwortliche vorweisen kann, desto eher können diese die Vereinbarkeit der Zwecke
fördern.

Die Kompatibilitätsprüfung obliegt allein dem Verantwortlichen; diesen trifft
lediglich eine nachträgliche Informationspflicht nach Art. 13 Abs. 2 lit. c und Art. 14
Abs. 2 lit. c DSGVO. Damit obliegt es der betroffenen Person darzulegen, dass
eine Vereinbarkeit nicht gegeben ist. Nicht nur erschwert dies die Einhaltung der
Zweckbindung massiv,[452] sondern verlagert die Last zur Kontrolle der Einhaltung
der gesetzlichen Vorgaben auf die Schultern der betroffenen Person. Zudem ist eine
mit dem ursprünglichen Zweck als unvereinbar anzusehende Weiterverarbeitung

---

[449]Vgl. *Heberlein*, in: Ehmann/Selmayr 2018, Art. 6 DSGVO, Rn. 56.

[450]Vgl. Erwägungsgrund 75 DSGVO.

[451]*Buchner/Petri*, in: Kühling/Buchner 2018, Art. 6 DSGVO, Rn. 190; *Frenzel*, in: Paal/Pauly
2018, Art. 6 DSGVO, Rn. 49; *Schulz*, in: Gola 2018, Art. 6 DSGVO, Rn. 208.

[452]*Frenzel*, in: Paal/Pauly 2018, Art. 5 DSGVO, Rn. 30; *Roßnagel*, DuD 2016, 561 (564);
Roßnagel, in: Simitis/Hornung/Spiecker 2019, Art. 5 DSGVO, Rn. 100.

nicht per se rechtswidrig; vielmehr kann die Weiterverarbeitung dann am Maßstab des Art. 6 Abs. 1 DSGVO geprüft werden.[453] Damit fehlt ein gesetzlicher Anreiz an den Verantwortlichen, die Vereinbarkeitsprüfung möglichst gewissenhaft durchzuführen und eine möglichst enge Zweckbegrenzung zu erreichen. Nicht einmal einer Vereinbarkeitsprüfung bedarf es, wenn der Verantwortliche Daten zu anderen als dem ursprünglich erhobenen Zweck verarbeitet, um rechtliche Ansprüche geltend zu machen, auszuüben oder zu verteidigen. Nach § 24 Abs. 2 BDSG gilt dies auch für besondere Kategorien personenbezogener Daten. Für die betroffene Person bedeutet dies eine nochmalige Schlechterstellung als bei einer Beurteilung nach Art. 6 Abs. 4 DSGVO.[454]

Fällt der Kompatibilitätstest negativ aus, muss der Verantwortliche für den neuen beabsichtigten Zweck eine neue Datenverarbeitung unter den Voraussetzungen des Art. 5 Abs. 1 und Art. 6 Abs. 1 DSGVO in Gang setzen. Dabei darf er lediglich nicht auf bereits vorhandene Daten zurückgreifen, sondern muss diese nach den Regeln der Art. 5 Abs. 1 und Art. 6 Abs. 1 DSGVO neu erheben.[455]

7.5.7 Verarbeitung von Daten Minderjähriger

Kinder und Jugendliche haben heutzutage bereits früh Zugang zu digitalen Technologien, bewegen sich selbstverständlich im Internet und nutzen soziale Medien vor allem zur Kommunikation mit Freunden, für Video-Spiele, zum Schauen von Video-Clips und um ihren Stars und Idolen zu folgen. In der Altersgruppe der 6- bis 13-Jährigen nutzten im Jahr 2018 bereits 62 % der Kinder WhatsApp ein- oder mehrmals in der Woche oder täglich;[456] die Videoplattform YouTube lag bei 56 %[457] und Facebook immerhin bei 26 %.[458] Das durchschnittliche Alter für die Erstanmeldung bei Facebook lag bereits im Jahre 2016 bei 10 Jahren.[459] Kinder und Jugendliche zwischen 12 und 19 Jahren nutzten im Jahr 2017 hauptsächlich WhatsApp; 89 % der 12- bis 13-Jährigen nutzten 2018 diese Plattform regelmäßig.[460] Facebook wird in dieser Altersgruppe zwar nur marginal genutzt, die Bedeutung

---

[453]*Richter*, in: Roßnagel 2017, § 4, Rn. 121.

[454]*Geminn*, DuD 2017, 295 (296); *Nebel*, in: Roßnagel 2018, § 3, Rn. 124 f.

[455]Vgl. *Buchner/Petri*, in: Kühling/Buchner 2018, Art. 6 DSGVO, Rn. 185.

[456]*mpfs*, KIM-Studie 2018, 38.

[457]*mpfs*, KIM-Studie 2018, 44.

[458]*mpfs*, KIM-Studie 2018, 38.

[459]*mpfs*, KIM-Studie 2016, 41.

[460]*mpfs*, JIM-Studie 2018, 39; *BITKOM* 2017, 8 kommt zu ähnlichen Ergebnissen.

nimmt in den Altersgruppen aber deutlich zu, bis zu 30 % bei den 18- und 19-Jährigen.[461] Demgegenüber erfreute sich 2018 bei Jugendlichen neben WhatsApp vor allem Instagram großer Beliebtheit: 73 % der 14- bis 17-Jährigen nutzte 2018 dieses Social Network.[462]

Die Zahlen belegen, dass die Nutzung von Social Networks im weitesten Sinne durch Kinder und Jugendliche kein Einzelphänomen ist, sondern Alltag in deutschen Kinderzimmern. Dass weniger als die Hälfte der Kinder ein Pseudonym benutzen,[463] impliziert jedoch andererseits, dass das Wissen, wie man sich im Internet schützt, wenig verbreitet ist. Um ihr Recht auf Datenschutz zu wahren, sieht die Datenschutz-Grundverordnung spezielle Vorschriften zum Schutz von Kindern vor unberechtigter Verarbeitung personenbezogener Daten vor. Diese Fokussierung entstammt dem Umstand, dass Kinder aufgrund wenig Erfahrung im Umgang mit Datenverarbeitungstechnologien und leichterer Beeinflussbarkeit besonders schutzbedürftig sind.[464] Ihre Einsichtsfähigkeit ist begrenzt und sie können – abhängig von ihrem Alter – nicht ausreichend überblicken, welche Folgen die Preisgabe personenbezogener Daten hat und welche Rechte sie im Einzelfall geltend machen können.

7.5.7.1 Einwilligung von Kindern

Zentrale Vorschrift zum Schutz von Kindern vor unberechtigter Datenverarbeitung ist Art. 8 DSGVO. Diese findet im Bereich des Art. 6 Abs. 1 lit. a DSGVO Anwendung, wenn also die Datenverarbeitung durch eine Einwilligung legitimiert werden soll. Gemäß Art. 8 Abs. 1 Satz 1 DSGVO ist eine Einwilligung im Rahmen des Art. 6 Abs. 1 lit. a DSGVO bei einem Angebot von Diensten der Informationsgesellschaft, das einem Kind direkt gemacht wird, nur rechtmäßig, wenn das Kind das 16. Lebensjahr vollendet hat.[465]

---

[461] *mpfs*, JIM-Studie 2018, 39.

[462] *mpfs*, JIM-Studie 2018, 39.

[463] *mpfs*, KIM-Studie 2016, 42.

[464] Vgl. Erwägungsgrund 38 DSGVO. Zum besonderen Schutzbedarf von Kindern s. auch *Roßnagel*, ZD 2020, 88 (88) sowie *Forum Privatheit* (Hrsg.), White Paper Privatheit und Kinderrechte 2020, 7 f.

[465] Eine vergleichbare Regelung gab es bisher nicht in der Datenschutzrichtlinie und im darauf aufbauenden nationalen Datenschutzrecht. Sie orientiert sich am US-amerikanischen Children Online Privacy Act (COPPA), auch wenn dort die Altersgrenze bei 13 Jahren gezogen wird. S. ausführlich *Rauda*, MMR 2017, 15.

7.5.7.1.1 Kind

Wer Kind ist, wird in der Datenschutz-Grundverordnung nicht näher definiert. In Anlehnung an Art. 1 der UN-Kinderrechtskonvention sind Kinder Personen bis zur Vollendung des achtzehnten Lebensjahres.[466] Art. 8 Abs. 1 Satz 1 DSGVO etabliert eine starre Altersgrenze, sodass keine Beurteilung nach der individuellen Einsichtsfähigkeit des Kindes mehr erforderlich – oder möglich – ist.[467] Eine solch starre Altersgrenze sorgt bei dem Anbieter grundsätzlich für mehr Rechtssicherheit, weil Einzelfallbetrachtungen im Massengeschäft, wie dies bei Social Networks der Fall ist, Anbieter vor unlösbare Herausforderungen stellte.[468]

Eine ausreichende Einsichtsfähigkeit wird durch den Unionsgesetzgeber mit Vollendung des 16. Lebensjahres vorausgesetzt. Die besondere Schutzbedürftigkeit von Kindern ist damit aber noch nicht aufgehoben. Die übrigen Voraussetzungen für eine wirksame Einwilligung aus Art. 7 DSGVO sind mit Blick auf die Minderjährigkeit der betroffenen Person auch nach Erreichen der Altersgrenze weiter besonders zu berücksichtigen, vor allem hinsichtlich der Informiertheit und Freiwilligkeit der Einwilligung.[469]

7.5.7.1.2 Dienste der Informationsgesellschaft

Art. 8 DSGVO gilt nur für Einwilligungen in Dienste der Informationsgesellschaft. Das sind nach Art. 4 Nr. 25 DSGVO in Verbindung mit Art. 1 Nr. 1 lit. b der Informationsverfahrensrichtlinie[470] alle Dienstleistungen, die in der Regel gegen Entgelt elektronisch im Fernabsatz und auf individuellen Abruf eines Empfängers erbracht werden.[471] Art. 1 Nr. 1 lit. b Nr. i bis iii dieser Richtlinie definiert diese Voraussetzungen. „Im Fernabsatz erbracht" sind Dienstleistungen, wenn sie

---

[466]Vgl. Fn. 968.

[467]*Klement*, in: Simitis/Hornung/Spiecker 2019, Art. 8 DSGVO, Rn. 5; *Buchner/Kühling*, DuD 2017, 544 (546). Vgl. dazu auch *Jandt/Roßnagel*, MMR 2011, 637 (640).

[468]*Klement*, in: Simitis/Hornung/Spiecker 2019, Art. 8 DSGVO, Rn. 5. Die Auswirkungen in Deutschland sind ohnehin begrenzt, da der Bundesgerichtshof bei Kindern zwischen 14 und 17 Jahren grundsätzlich keine ausreichende Einsichtsfähigkeit sieht, BGH, NJW 2014, 2282 (2284), Rn. 26 ff. („Nordjob-Messe"); *Schulz*, in: Gola 2018, Art. 8 DSGVO, Rn. 10; *Buchner/Kühling*, DuD 2017, 544 (546); a. A. *Greve*, in: Auernhammer 2018, Art. 8 DSGVO, Rn. 3, der keine Übertragbarkeit auf das Datenschutzrecht annimmt.

[469]*Buchner/Kühling*, DuD 2017, 544 (546 f.); *Schulz*, in: Gola 2018, Art. 8 DSGVO, Rn. 10.

[470]Richtlinie 2015/1535/EU des Europäischen Parlaments und des Rates vom 9.9.2015 über ein Informationsverfahren auf dem Gebiet der technischen Vorschriften und der Vorschriften für die Dienste der Informationsgesellschaft, ABl. EU 2015, L 241, 1.

[471]Kritisch hierzu *Frenzel*, in: Paal/Pauly 2018, Art. 8 DSGVO, Rn. 6. Zur Abgrenzung vgl. die Negativliste im Anhang I der Richtlinie 2015/1535/EU sowie z. B. *Wendehorst*, in: MüKo 2019, Band 3, § 312i BGB Rn. 14 ff.

ohne gleichzeitige physische Anwesenheit der Vertragsparteien erbracht werden.
„Elektronisch erbrachte Dienstleistung" sind sie, wenn sie mittels Geräten für die
elektronische Verarbeitung (einschließlich digitaler Kompression) und Speicherung
von Daten gesendet und empfangen und die vollständig über Draht, über Funk,
auf optischem oder anderem elektromagnetischem Wege gesendet, weitergeleitet
und empfangen werden. „Auf individuellen Abruf eines Empfängers erbrachte"
Dienstleistungen sind solche, die durch die Übertragung von Daten auf individuelle Anforderung erbracht werden.[472] Die Erbringung der Dienstleitung gegen
Entgelt setzt keine Geldzahlung voraus, vielmehr ist es ausreichend, wenn sich der
Dienst durch die Kommerzialisierung der Nutzerdaten finanziert.[473] Anhang I der
Informationsverfahrensrichtlinie beinhaltet einige Negativbeispiele, die nicht als
Dienste der Informationsgesellschaft zu werten sind. Dazu gehört die Sprachtelefo-
nie. Grundsätzlich sind Social Networks als ein Dienst der Informationsgesellschaft
zu qualifizieren.[474] Einzelne Funktionen innerhalb des Social Networks können aber
womöglich aus dieser Definition fallen.

Durch diese Beschränkung regelt die Verordnung die Einwilligung von Kindern nicht für sämtliche Anwendungsbereiche, in denen personenbezogene Daten
verarbeitet werden können, sondern nur für solche mit Bezug zu Online-Diensten.
Sachverhalte ohne Bezug zur digitalen Welt, also „Offline-Sachverhalte" wie eine
Gewinnspielteilnahme per Postkarte, werden hingegen von Art. 8 DSGVO nicht
erfasst. Hier bedarf es auch zukünftig der Ermittlung der Einsichtsfähigkeit des
Kindes.

7.5.7.1.3 Direktangebot

Der Dienst muss dem Kind direkt angeboten werden. Unstrittig ist dies bei solchen Diensten, die sich durch die Art der Dienstleistung, die optische Gestaltung,
durch kindgerechte Sprache und Anrede sowie durch die Art der Werbung direkt
an Kinder richten.[475] Social Networks, die eindeutig Kindern direkt angeboten

---

[472] Art. 1 Abs. 1 lit. b Nr. i-iii Informationsverfahrensrichtlinie, vgl. Fn. 1068.

[473] *Buchner/Kühling*, in: Kühling/Buchner 2018, Art. 4 Nr. 25 DSGVO, Rn. 6. Ausführlich
bezüglich sogenannter OTT-Kommunikationsdienste *Schumacher*, K&R 2015, 771 (775 f.).

[474] *Gola/Schulz*, ZD 2013, 475 (477); *Greve*, in: Auernhammer 2018, Art. 8 DSGVO, Rn. 7;
Schulz, in: Gola 2018, Art. 8 DSGVO, Rn. 13; *Buchner/Kühling*, in: Kühling/Buchner 2018,
Art. 4 Nr. 25 DSGVO, Rn. 7. Vgl. auch *Nebel/Richter*, ZD 2012, 407 (410).

[475] *Gola/Schulz*, ZD 2013, 475 (478); *Schantz*, in: Schantz/Wolff 2017, Rn. 480; *Buch-
ner/Kühling*, DuD 2017, 544 (547); *Schulz*, in: Gola 2018, Art. 8 DSGVO, Rn. 15;
Buchner/Kühling, in: Kühling/Buchner 2018, Art. 8 DSGVO, Rn. 16; *Greve*, in: Auernhammer
2018, Art. 8 DSGVO, Rn. 8; *Klement*, in: Simitis/Hornung/Spiecker 2019, Art. 8 DSGVO,
Rn. 14.

werden, sind selten. Einzig SchülerVZ, welches 2013 geschlossen wurde, erfüllte diese Voraussetzungen. Andere Medienangebote für Kinder, etwa Lern-, Video- oder Spieleplattformen, können aber gleichzeitig Elemente von Social Networks beinhalten, etwa indem sie Kindern die Möglichkeit der Vernetzung geben.[476]

Daneben sind auch solche Dienste erfasst, die sich sowohl an Erwachsene als auch an Kinder richten, indem sie keine konkrete Zielgruppe ansprechen („dual use")[477] oder minderjährige Nutzer durch ihre Allgemeinen Geschäftsbedingungen zulassen.[478] Dies gilt für die Bandbreite von Social Networks, die sich der größten Beliebtheit erfreuen, also Facebook, Instagram, WhatsApp, Snapchat und ähnliche.[479]

Fraglich sind dagegen insbesondere diejenigen Dienste, die sich mit ihrem Angebot an Erwachsene richten, aber ohne wirkungsvolle Zugangsbeschränkung von Kindern genutzt werden könnten. Dazu gehören zum Beispiel Dating-Plattformen[480] sowie die gängigen Formen der E-Commerce-Angebote.[481] Interpretiert man „direkt" als ein „unmittelbar" im dem Sinne, dass keine weitere Person eingeschaltet werden muss,[482] würden alle Dienste der Informationsgesellschaft, die die betroffene Person nicht authentifizieren, also deren amtliche Identität zweifelsfrei feststellen, von Art. 8 DSGVO erfasst. Nach Sinn und Zweck der Vorschrift ist auch gerade hier ein Schutz von Kindern notwendig, zumindest insoweit diese Dienste personenbezogene Daten für Werbezwecke oder für die Erstellung von Persönlichkeits- und Nutzerprofilen erheben.[483] Vom Wortlaut ist diese weite

---

[476]Z. B. die Online Plattform von ZDFtivi, das vom Zweiten Deutschen Fernsehen (ZDF) betriebene Kinder- und Jugendprogramm.

[477]*Buchner/Kühling*, DuD 2017, 544 (547); *Buchner/Kühling*, in: Kühling/Buchner 2018, Art. 8 DSGVO, Rn. 16; *Schantz*, in: Schantz/Wolff 2017, Rn. 481; *Greve*, in: Auernhammer 2018, Art. 8 DSGVO, Rn. 9; *Frenzel*, in: Paal/Pauly 2018, Art 8 DSGVO, Rn. 7; *Klement*, in: Simitis/Hornung/Spiecker 2019, Art. 8 DSGVO, Rn. 14. Ebenso *Golland* 2019, 274. A. A. *Gierschmann*, in: Gierschmann/Schlender/Stentzel/Veil 2018, Art. 8 DSGVO, Rn. 31.

[478]So auch *Kampert*, in: Sydow 2018, Art. 8 DSGVO, Rn. 9.

[479]Facebook, Instagram und Snapchat verpflichten den Nutzer per Allgemeiner Geschäftsbedingungen, zu bestätigen, dass dieser das 13. Lebensjahr vollendet hat (https://www.fac ebook.com/legal/terms?ref=pf; https://help.instagram.com/581066165581870; https://www. snap.com/de-DE/terms/#terms-; WhatsApp setzt die Altersgrenze bei 16 Jahren, https://www. whatsapp.com/legal?eea=1#terms-of-service.

[480]*Frenzel*, in: Paal/Pauly 2018, Art 8 DSGVO, Rn. 7.

[481]*Gola/Schulz*, ZD 2013, 475 (478); *Schulz*, in: Gola 2018, Art. 8 DSGVO, Rn. 16.

[482]*Buchner/Kühling*, in: Kühling/Buchner 2018, Art. 8 DSGVO, Rn. 17.

[483]*Buchner/Kühling*, DuD 2017, 544 (547); *Buchner/Kühling*, in: Kühling/Buchner 2018, Art. 8 DSGVO, Rn. 17; *Klement*, in: Simitis/Hornung/Spiecker 2019, Art. 8 DSGVO, Rn. 15. Vgl. auch Erwägungsgrund 38 Satz 2 DSGVO.

Auslegung jedoch nicht gedeckt, da solche Dienste gerade nicht Kindern angeboten werden.[484] Andererseits erscheint es fragwürdig, wenn sich Anbieter aus
der Verantwortung stehlen, indem sie explizit einen Dienst nur für Erwachsene
anbieten und etwa mittels Allgemeiner Geschäftsbedingungen Kinder von der Nutzung ausschließen.[485] Zumindest eine Allgemeine Geschäftsbedingung, in der die
betroffene Person bestätigen soll, volljährig zu sein, verstößt aber nicht gegen
§ 309 Nr. 12 lit. b BGB und ist damit grundsätzlich zulässig.[486] Letztlich entscheidet aber nicht, welche Altersgrenze der Anbieter festgelegt hat, sondern wie
der Dienst tatsächlich gestaltet ist und welche Zielgruppe aufgrund der Aufma-
chung des Dienstes angesprochen werden soll. Im Zweifelsfall unterliegt dies der
Einzelfallbetrachtung.[487]

7.5.7.1.4 Einwilligung oder Zustimmung des Trägers der elterlichen Verantwortung

Hat das Kind das 16. Lebensjahr noch nicht vollendet, so ist gemäß Art. 8 Abs. 1
Satz 2 DSGVO die Verarbeitung der personenbezogenen Daten des Kindes nur
rechtmäßig, wenn und soweit der Träger der elterlichen Verantwortung – der Sorgeberechtigte, im Regelfall also die Eltern – eingewilligt oder zugestimmt haben.
Einwilligung meint in diesem Zusammenhang die Einwilligung für das Kind durch
den Sorgeberechtigten. Zustimmung bedeutet demgegenüber, dass das Kind in
die Datenverarbeitung einwilligt und diese durch den Sorgeberechtigten geneh-
migt wird.[488] Sowohl Einwilligung als auch Zustimmung sind im Vorfeld der
Datenverarbeitung zu erteilen.[489] Da die informationelle Selbstbestimmung ein
höchstpersönliches Rechtsgut ist, muss die Einwilligung im Interesse des Kindes

---

[484] *Frenzel*, in: Paal/Pauly 2018, Art 8 DSGVO, Rn. 7; *Gierschmann*, in: Gier-
schmann/Schlender/Stentzel/Veil 2018, Art. 8 DSGVO, Rn. 31. A. A. *Buchner/Kühling*, in:
Kühling/Buchner 2018, Art. 8 DSGVO, Rn. 17; *Klement*, in: Simitis/Hornung/Spiecker 2019,
Art. 8 DSGVO, Rn. 15.

[485] So *Gierschmann*, in: Gierschmann/Schlender/Stentzel/Veil 2018, Art. 8 DSGVO, Rn. 32.

[486] *Meyer*, NJW 2015, 3686 (3688). *Wurmnest*, in: MüKo 2019, Band 2, § 309 Nr. 12 BGB,
Rn. 18; *Weiler*, in: Gsell/Krüger/Lorenz/Reymann 2019, § 309 Nr. 12 BGB, Rn. 30, jeweils
mit weiteren Nachweisen.

[487] Für eine solch vermittelnde Auslegung plädierend *Heckmann/Paschke*, in:
Ehmann/Selmayr 2018, Art. 8 DSGVO, Rn. 22.

[488] Zur Abgrenzung von Einwilligung und Zustimmung im Sinne des Art. 8 Abs. 1 Satz 2
DSGVO *Funke* 2017, 214 ff.; *Heckmann/Paschke*, in: Ehmann/Selmayr 2018, Art. 8 DSGVO,
Rn. 26 f.; *Schulz*, in: Gola 2018, Art. 8 DSGVO, Rn. 17; *Kampert*, in: Sydow 2018, Art. 8
DSGVO, Rn. 10.

[489] *Klement*, in: Simitis/Hornung/Spiecker 2019, Art. 8 DSGVO, Rn. 26.

und Kindswohles erfolgen[490] – vom Sorgeberechtigten erfordert dies im Übrigen eine eigene, intensive Auseinandersetzung mit den Möglichkeiten und Risiken moderner Datenverarbeitungstechnologien.[491] Daran lässt zweifeln, wenn man bedenkt, dass das durchschnittliche Eintrittsalter der Kinder 10 Jahre beträgt und etwa jedes dritte Kind bei der Anmeldung Hilfestellung von den Eltern bekommt.[492]

7.5.7.1.5 Öffnungsklausel

Nach Art. 8 Abs. 1 Satz 3 DSGVO können die Mitgliedstaaten durch Rechtsvorschrift eine niedrigere Altersgrenze als 16 Jahre vorsehen, die jedoch nicht unter 13 Jahren liegen darf. Diese Regelung verhindert eine unionsweite Harmonisierung im Altersbereich von 13 bis 16 Jahren und erschwert Anbietern von Social Networks das Angebot grenzüberschreitender Dienste.[493] Von den Mitgliedstaaten, deren Gesetzgebungsverfahren im August 2018 bereits abgeschlossen war, haben davon zum Beispiel Dänemark, Estland und Großbritannien Gebrauch gemacht, in denen jeweils die Altersgrenze von 13 Jahren gilt. Da Deutschland keine entsprechende eigene Regelung erlassen hat, gilt weiterhin die Altersgrenze von 16 Jahren.[494]

7.5.7.1.6 Nachprüfpflicht

Nach Art. 8 Abs. 2 DSGVO hat der Verantwortliche unter Berücksichtigung der verfügbaren Technologien angemessene Anstrengungen zu unternehmen, um sich zu vergewissern, dass die Einwilligung durch den Sorgeberechtigten oder mit dessen Zustimmung gegeben wurde. Da ein Verstoß gegen Art. 8 DSGVO nach Art. 83 Abs. 5 lit. a DSGVO bußgeldbewehrt ist, kommt der Frage der Umsetzung des Art. 8 Abs. 2 DSGVO eine nicht zu unterschätzende Bedeutung zu.

„Anstrengungen" impliziert – auch wenn diese unter dem Vorbehalt der verfügbaren Technik und Angemessenheit stehen –, dass der Verantwortliche aktiv Maßnahmen zu ergreifen hat, um die Einwilligung oder Zustimmung des Sorgeberechtigten einzuholen. Daher ist eine einfache Bestätigung, dass die Einwilligung

---

[490] Ausführlich *Heckmann/Paschke*, in: Ehmann/Selmayr 2018, Art. 8 DSGVO, Rn. 28 f.

[491] AG Hersfeld, K&R 2017, 525 ff.

[492] Vgl. *mpfs*, KIM-Studie 2016, 41.

[493] *Buchner/Kühling*, in: Kühling/Buchner 2018, Art. 8 DSGVO, Rn. 22.

[494] Zu den jeweiligen Altersgrenzen für die Einwilligung von Kindern nach Art. 8 DS-GVO in den einzelnen Mitgliedstaaten *Nebel/Dräger*, ZD-aktuell 2019, 06645.

oder Zustimmung vorliegt, nicht ausreichend.[495] Als allgemeine Geschäftsbedingung verstößt eine solche Regel – im Gegensatz zur Bestätigung der Volljährigkeit[496] – zudem gegen § 309 Nr. 12 lit. b BGB.[497] Die Angemessenheit der zu unternehmenden Anstrengungen im Rahmen des Art. 8 Abs. 2 DSGVO ist des Weiteren abhängig von der Art der personenbezogenen Daten[498] sowie von besonderen Erfordernissen des Jugendschutzes.[499] So sind, wenn besondere Kategorien personenbezogener Daten verarbeitet werden, größere Anstrengungen zu unternehmen, als wenn nur grundlegende Daten wie Nutzername und Passwort zu verarbeiten sind. Erforderlich ist jedenfalls zumindest eine Kontaktaufnahme zum Sorgeberechtigten sowie dessen Rückmeldung.[500]

Im Rahmen des US-amerikanischen Children's Online Privacy Protection Act (COPPA),[501] der eine mit Art. 8 DSGVO vergleichbare Regelung in den USA bereits seit dem Jahr 2000 etabliert hat, wurden verschiedene Verfahren diskutiert, um die Einwilligung oder Zustimmung der Sorgeberechtigten einzuholen. So könnten Kreditkartendaten genutzt werden, um eine geringfügige Transaktion zu autorisieren.[502] Allerdings sind – abgesehen vom Missbrauchspotenzial, dass sich Kinder ohne Wissen der Eltern Zugang zu diesen Karten verschaffen – die Transaktionskosten für den Anbieter so hoch, dass Kosten und Nutzen außer Verhältnis stehen. Zudem widerspricht bei entgeltfreien Diensten eine Erhebung der Kreditkartendaten dem Grundsatz der Erforderlichkeit. Dies könnte allenfalls bei entgeltpflichtigen Diensten eine gangbare Lösung sein. Ebenso wird vorgeschlagen, die Einwilligung mithilfe einer Videokonferenz zwischen Sorgeberechtigten und geschultem Personal des Verantwortlichen einzuholen. Diese Infrastruktur zu

---

[495] *Buchner/Kühling*, in: Kühling/Buchner 2018, Art. 8 DSGVO, Rn. 23; *Schulz*, in: Gola 2018, Art. 8 DSGVO, Rn. 19; *Heckmann/Paschke*, in: Ehmann/Selmayr 2018, Art. 8 DSGVO, Rn. 37; *Frenzel*, in: Paal/Pauly 2018, Art 8 DSGVO, Rn. 7; *Klement*, in: Simitis/Hornung/Spiecker 2019, Art. 8 DSGVO, Rn. 21, 30. A. A. *Plath*, in: Plath 2018, Art 8 DSGVO, Rn. 11.

[496] Vgl. Abschn. 7.5.7.1.3, Fn. 1084 mit weiteren Nachweisen.

[497] *Meyer*, NJW 2015, 3686 (3688); *Wurmnest*, in: MüKo 2019, Band 2, § 309 Nr. 12 BGB, Rn. 18 mit weiteren Nachweisen; *Schulz*, in: Gola 2018, Art 8 DSGVO, Rn. 19 *Möhrke-Sobolewski/Klas*, K&R 2016, 373 (377). A. A. wohl *Weiler*, in: Gsell/Krüger/Lorenz/Reymann 2019, § 309 Nr. 12 BGB, Rn. 95 mit weiteren Nachweisen.

[498] *Schantz*, in: Schantz/Wolff 2017, Rn. 484.

[499] *Greve*, in: Auernhammer 2018, Art. 8 DSGVO, Rn. 20. Vgl. auch die Aufzählung in *Klement*, in: Simitis/Hornung/Spiecker 2019, Art. 8 DSGVO, Rn. 21.

[500] *Heckmann/Paschke*, in: Ehmann/Selmayr 2018, Art. 8 DSGVO, Rn. 37; *Frenzel*, in: Paal/Pauly 2018, Art 8 DSGVO, Rn. 7.

[501] United States Children's Online Privacy Protection Act of 1998, 15 U. S. Code § 6501 et seq.

[502] *Rauda*, MMR 2017, 15 (18).

schaffen und vorzuhalten bedeutet für den Verantwortlichen jedoch ein hohes wirt-schaftliches Risiko, sodass die Angemessenheit einer solchen Maßnahme in Frage steht.[503]

Im Zuge des COPPA hat sich in den USA die Plattform-Lösung etabliert.[504] Auf einer zentralen Plattform, die von mehreren Anbietern genutzt werden kann, kön-nen dort Sorgeberechtigte einsehen, für welche Dienste sie Einwilligungen gegeben haben und diese gegebenenfalls widerrufen. Eine gemeinsame Plattform mehre-rer Anbieter senkt die Kosten und erhöht die Praktikabilität für beide Seiten.[505] Um die Identität des Trägers der elterlichen Verantwortung sicherzustellen, ist die Plattformlösung mit Maßnahmen wie Videokonferenzen oder elektronischen Identitätsnachweisen kombinierbar.

In Deutschland hat das sich das sogenannte Double-Opt-in-Verfahren als Maßnahme zur Einholung der Einwilligung oder Zustimmung in der Praxis durch-gesetzt.[506] Dabei wird eine E-Mail an die E-Mail-Adresse der Sorgeberechtigten geschickt, mittels derer diese ihre Einwilligung oder Zustimmung erteilen kön-nen. Zwar besteht ein gewisses Missbrauchsrisiko durch das Kind, indem dieses eine zweite E-Mail-Adresse einrichtet, die den Anschein erweckt, dem Sorgebe-rechtigten zu gehören oder ohne deren Wissen die tatsächliche Mail-Adresse der Sorgeberechtigten nutzt. Formal wird es jedoch als „angemessene Anstrengung" ausreichend angesehen; die Umgehungsmöglichkeiten sind hinzunehmen, da dies zu verhindern der elterlichen Verantwortung obliegt und nicht den Verantwortlichen für die Datenverarbeitung.[507]

Größtmöglich rechtssicher ist es für den Verantwortlichen, wenn er die Iden-tität des Sorgeberechtigten zweifelsfrei feststellen kann. Die Übersendung einer

---

[503]*Rauda*, MMR 2017, 15 (18).

[504]Z. B. die US-amerikanische Plattform ChildGuardOnline, die laut der zuständigen Auf-sichtsbehörde Federal Trade Commission mit COPPA im Einklang steht, *Rauda*, MMR 2017, 15 (18 f.) mit weiteren Nachweisen.

[505]*Rauda*, MMR 2017, 15 (18 f.).

[506]*Walter*, DSB 2013, 140 (142); *Gola/Schulz*, ZD 2013, 475 (479); *Möhrke-Sobolewski/Klas*, K&R 2016, 373 (377 f.); *Buchner/Kühling*, DuD 2017, 544 (547); *Schantz*, in: Schantz/Wolff 2017, Rn. 484; *Schulz*, in: Gola 2018, Art 8 DSGVO, Rn. 21; *Heckmann/Paschke*, in: Ehmann/Selmayr 2018, Art. 8 DSGVO, Rn. 37; *Buchner/Kühling*, in: Kühling/Buchner 2018, Art. 8 DSGVO, Rn. 24; *Greve*, in: Auernhammer 2018, Art. 8 DSGVO, Rn. 18.

[507]*Gola/Schulz*, ZD 2013, 475 (480); *Schulz*, in: Gola 2018, Art 8 DSGVO, Rn. 21. „Als unvermeidbar hinzunehmen" ebenso wohl *Klement*, in: Simitis/Hornung/Spiecker 2019, Art. 8 DSGVO, Rn. 21. A. A. *Golland* 2019, 276 ff.

Ausweiskopie ist in den engen Grenzen des § 20 Abs. 2 PAuswG zulässig.[508] Posta-lische Identitätsbestätigungsverfahren können die Identität für den Verantwortlichen nachweisen, sind aber mit einem Medienbruch sowie einer zeitlichen Verzögerung verbunden und stellen einen erheblichen Aufwand für beide Seiten dar, sodass nur in eng begrenzten Ausnahmefällen von einer Angemessenheit ausgegangen werden kann.[509] Die eID-Funktion des neuen Personalausweises oder sogenannte attribut-basierte Informationen[510] stellen eine praktikable Möglichkeit dar, die Einwilligung oder Zustimmung der Eltern ohne Medienbruch rechtssicher einzuholen.[511]

Viele Social Networks kommen ihrer Nachprüfpflicht in der Praxis jedoch nicht nach. Da Facebook, Instagram, Snapchat und WhatsApp ihre Dienste für Kinder zugelassen haben, müssen sie auch angemessene Anstrengungen unternehmen, um die Einwilligung oder Zustimmung der Sorgeberechtigten einzuholen. Wie darge-stellt, ist eine einfache Bestätigung, wie dies von allen genannten Social Networks praktiziert wird, gerade nicht ausreichend, sondern muss zumindest im Wege des Double-Opt-in von den Trägern der elterlichen Verantwortung bestätigt werden. Zum Zeitpunkt des Wirksamwerdens der Datenschutz-Grundverordnung bot kei-nes der vier beispielhaft genannten Social Networks diese Option als verpflichtende Registrierungsvoraussetzungen.[512]

---

[508] A. A. wohl *Greve*, in: Auernhammer 2018, Art. 8 DSGVO, Rn. 18, wobei unklar bleibt, auf welche Gesetzesfassung sich dieser bezieht. § 20 Abs. 2 PAuswG wurde mit Wirkung zum 15.7.2017 neu gefasst mit Gesetz vom 7.7.2017, BGBl. I, 2310. Nach vorheriger Rechtslage war eine Ausweiskopie grundsätzlich unzulässig, z. B. *Walter*, DSB 2013, 140 (142); vgl. jedoch *Gola*, RDV 2012, 184 (185). Zum Scannen und Kopieren von Personalausweisen außerdem *Gola*, RDV 2018, 206 (207 f.).

[509] *Buchner/Kühling*, DuD 2017, 544 (547); *Buchner/Kühling*, in: Kühling/Buchner 2018, Art. 8 DSGVO, Rn. 26. Im Ergebnis ebenso *Schantz*, in: Schantz/Wolff 2017, Rn. 484, der die herkömmlichen Altersverifikationssysteme wie das POSTIDENT-Verfahren der Deutschen Post AG oder den „Identitäts-Check mit Q-Bit" der Schufa Holding-AG im Datenschutzrecht als in der Regel unverhältnismäßig ansieht. Vgl. dazu auch BGH, NJW 2008, 1882 (1885, Rn. 34 ff.).

[510] Attribute-based Credentials. S. hierzu das Forschungsprojekt ABC4Trust, https://www.abc4trust.eu.

[511] *Greve*, in: Auernhammer 2018, Art. 8 DSGVO, Rn. 18.

[512] Anders hingegen bei der Online-Plattform von ZDFtivi, das vom Zweiten Deutschen Fern-sehen (ZDF) betriebene Kinder- und Jugendprogramm. Möchte sich ein Kind dort einen Account einrichten, um interaktive Funktionen zu nutzen, ist dies nur über den Account der Eltern möglich, die dies – vergleichbar mit dem Double-Opt-in – bestätigen müssen, https://www.zdf.de/dsgvo/datenschutz-kinder-100.html.

7.5.7.1.7 Allgemeines Vertragsrecht

Nach Art. 8 Abs. 3 DSGVO bleibt das allgemeine Vertragsrecht der Mitgliedstaaten, also §§ 104 ff. BGB, unberührt. Dies hat zur Konsequenz, dass eine datenschutzrechtliche Einwilligung im Einzelfall zwar unwirksam sein kann, das zugrunde liegende Rechtsgeschäft aber wirksam abgeschlossen wurde – oder umgedreht.[513] Auf die Zulässigkeit der Datenverarbeitung hat ein unwirksames Grundgeschäft keine Auswirkungen; dem Verantwortlichen bleibt es allerdings verwehrt, auf die Ermächtigungsgrundlage des Art. 6 Abs. 1 lit. b DSGVO zurückzugreifen und Daten für erforderliche Vertragszwecke zu verarbeiten.[514] Will sich der Verantwortliche nicht ständig der Gefahr der „schwebenden Unwirksamkeit" aussetzen, ist er auch aus diesem Grund angehalten, das Alter der betroffenen Person zu verifizieren, da ein wirksamer Vertragsschluss mit Minderjährigen ohne Einwilligung der Eltern nur möglich ist, wenn dem Minderjährigen kein rechtlicher Nachteil erwächst.[515] Solche rechtlichen Nachteile ergeben sich aber fast zwangsläufig durch den Abschluss eines Nutzungsvertrags des Kindes mit dem Anbieter, insbesondere durch die Zustimmung zu allgemeinen Geschäftsbedingungen,[516] aber auch durch ihre datenschutzrechtlichen Verpflichtungen, sobald sie als Verantwortliche auftreten.

7.5.7.1.8 Kinder als Verantwortliche

Wenn Kinder Social Networks nutzen, laden sie unter Umständen auch personenbezogene Daten anderer Personen, meist ihrer Freunde oder Familie, auf die Plattform. Aufgrund der weiten Anwendbarkeit der Datenschutz-Grundverordnung[517] können auch Kinder als Verantwortliche für die Datenverarbeitung in Frage kommen. Damit obliegen dem Kind die gleichen Verpflichtungen wie jedem anderen Verantwortlichen. Die Sicherstellung dieser Pflichten, insbesondere die Einholung der Einwilligung aller betroffenen Personen oder die Umsetzung der Betroffenenrechte dieser betroffenen Personen, obliegt dann in erster Linie dem Sorgeberechtigten.[518]

7.5.7.2 Weitere Schutzregelungen für Kinder

Neben der zentralen Regelung des Art. 8 DSGVO hält die Datenschutz-Grundverordnung nur vereinzelt – und vor allem fakultative – Regelungen zum

---

[513] *Greve*, in: Auernhammer 2018, Art. 8 DSGVO, Rn. 21.

[514] Ausführlich *Frenzel*, in: Paal/Pauly 2018, Art. 8 DSGVO, Rn. 16.

[515] *Roßnagel/Richter/Nebel*, ZD 2013, 104 (105) mit weiteren Nachweisen.

[516] *Bräutigam*, MMR 2012, 635 (637).

[517] S. Abschn. 7.2.1.3.

[518] Vgl. auch AG Hersfeld, K&R 2017, 525 ff.

Schutz von oder Bezüge auf Kinder bereit.[519] Erwägungsgrund 75 DSGVO stellt zumindest klar, dass Kinder besonders schutzbedürftig sind. Daher sind ihre Interessen nach Art. 6 Abs. 1 lit. f DSGVO bei der Interessenabwägung besonders zu berücksichtigen. Nach Art. 12 Abs. 1 DSGVO sind Informationen insbesondere, wenn sie sich an Kinder richten, verständlich zu übermitteln. Nach Erwägungsgrund 65 DSGVO ist das „Recht auf Vergessen" des Art. 17 DSGVO insbesondere bei solchen Einwilligungen wichtig, die von der betroffenen Person im Kindsalter abgegeben wurden. Daher sollte nach diesem Erwägungsgrund das „Recht auf Vergessen" auch im Erwachsenenalter noch ausgeübt werden können. Erwägungsgrund 71 DSGVO empfiehlt, dass automatisierte Entscheidungen im Einzelfall im Sinne des Art. 22 DSGVO kein Kind betreffen sollte. Gemäß Art. 40 Abs. 2 lit. g DSGVO können Verhaltensregeln zur Unterrichtung und zum Schutz von Kindern sowie zur Art und Weise der Einholung der Einwilligung der Sorgeberechtigten entwickelt und präzisiert werden. Zuletzt haben die Aufsichtsbehörden nach Art. 57 Abs. 1 lit. b DSGVO die Aufgabe, zur Sensibilisierung und Aufklärung über Risiken, Vorschriften und ähnliches insbesondere bei Kindern beizutragen.

Keine besondere Erwähnung finden Kinder hingegen bei der Datenschutz-Folgenabschätzung nach Art. 35 DSGVO[520] sowie beim Datenschutz durch Systemgestaltung und datenschutzfreundlichen Voreinstellungen nach Art. 25 DSGVO. Gerade bei letzterem wäre ein grundlegender Schutz der personenbezogenen Daten von Kindern vor allem in Social Networks eine einfach zu handhabende Maßnahme gewesen und eine Verpflichtung der Verantwortlichen zur besonderen Berücksichtigung von Kindern hilfreich.

7.5.7.3 Geltendmachung von Betroffenenrechten durch Kinder

Die Datenschutz-Grundverordnung regelt zwar die Voraussetzungen der Einwilligung von Kindern, nicht jedoch die Voraussetzungen zur Geltendmachung der Betroffenenrechte. Art. 8 DSGVO bezieht sich nach dem Wortlaut explizit auf die Einwilligung, ist also nicht direkt auf die Ausübung der Betroffenenrechte anwendbar. Dennoch sind die dahinterstehenden Grundsätze übertragbar. Sinn und Zweck des Art. 8 DSGVO ist die „Ausgestaltung des grundrechtlichen Selbstbestimmungsbegriffs"[521] zur Gewährleistung des Grundrechts auf Datenschutz des Kindes. Die Betroffenenrechte dienen dazu, das Grundrecht auf Datenschutz bestmöglich zu

---

[519]Kritisch auch *Roßnagel*, ZD 2020, 88 (88 ff.).

[520]Anders noch im Kommissionsentwurf der Datenschutz-Grundverordnung, Art. 32 Abs. 2 lit. d DSGVO-E-KOM.

[521]*Klement*, in: Simitis/Hornung/Spiecker 2019, Art. 8 DSGVO, Rn. 6.

verwirklichen.[522] Um die Betroffenenrechte im Zweifelsfall voll auszuschöpfen und damit das Grundrecht auf Datenschutz und informationelle Selbstbestimmung des Kindes zu gewährleisten, können die Grundsätze des Art. 8 DSGVO auf die Ausübung der Betroffenenrechte übertragen werden. Bis zur Vollendung des 16. Lebensjahres müssen also die Sorgeberechtigten die Betroffenenrechte für und im Interesse des Kindes wahrnehmen, da dem Kind nicht grundsätzlich zugemutet werden kann, Umfang und Tragweite der ihm zustehenden Rechte zu überblicken und entsprechende Maßnahmen zu ergreifen. Zwischen dem 16. und 18. Lebensjahr muss dem Kind aber aufgrund grundsätzlich ausreichender Einsichtsfähigkeit zugestanden werden, seine Betroffenenrechte nach entsprechender Information selbständig wahrzunehmen. Die besondere Schutzbedürftigkeit des Kindes ist damit noch nicht aufgehoben. Wie bei der Einwilligung kommt es in diesem Altersbereich auf eine Einzelfallbetrachtung an. Dem Sorgeberechtigten obliegt es im Rahmen seines Erziehungsauftrags, das Kind seinem Alter und individuellem Urteilsvermögen entsprechend selbständig handeln zu lassen. Im Zweifelsfall sollte aber dem Sorgeberechtigten die endgültige Entscheidungskompetenz zukommen.

Denkbar wäre demgegenüber auch eine Orientierung an den Regeln der Geschäftsfähigkeit nach Art. 8 Abs. 3 DSGVO in Verbindung mit §§ 107 ff. BGB. In diesem Fall würden die Betroffenenrechte bei beschränkter Geschäftsfähigkeit, also bis zur Vollendung des 18. Lebensjahres immer vom Sorgeberechtigten ausgeübt. Dies bedingt aber einen systematischen Bruch zwischen Erteilung der Einwilligung und Ausübung der Betroffenenrechte und damit eine Schlechterstellung des Kindes, weil er dann zwar ab dem 16. Lebensjahr wirksam einwilligen, aber seine Betroffenenrechte nicht ausüben könnte. Dies wäre widersprüchlich und nicht im Sinne eines wirksamen Schutzes der informationellen Selbstbestimmung.

7.5.8 Verarbeitung besonderer Kategorien personenbezogener Daten

Besondere Kategorien personenbezogener Daten sind nach Art. 9 Abs. 1 DSGVO solche, aus denen die rassische und ethnische Herkunft, politische Meinungen, religiöse oder weltanschauliche Überzeugungen oder die Gewerkschaftszugehörigkeit hervorgehen, sowie genetischen Daten, biometrischen Daten zur eindeutigen Identifizierung einer natürlichen Person, Gesundheitsdaten oder Daten zum Sexualleben oder der sexuellen Orientierung einer natürlichen Person.

---

[522] *Hohmann/Miedzianowski*, in: Roßnagel 2018, § 4, Rn. 1.

Die Verarbeitung besonderer Kategorien personenbezogener Daten ist gemäß Art. 9 Abs. 1 DSGVO grundsätzlich verboten. Abs. 2 lit. a bis j halten weitgehende Ausnahmen von diesem Verbot bereit: Die Verarbeitung solcher Daten ist unter anderem zulässig bei Vorliegen einer Einwilligung (lit. a), zur Wahrung der aus dem Arbeitsrecht und dem Bereich der sozialen Sicherheit erwachsenden Rechte und Pflichten (lit. b), zur Wahrung lebenswichtiger Interessen, sofern die betroffene Person nicht einwilligen kann (lit. c), durch politische, weltanschauliche, religiöse oder gewerkschaftliche Interessenvertretungen für ihre (auch ehemaligen) Mitglieder (lit. d), bei offensichtlich öffentlich gemachten Daten (lit. e), zur Durchsetzung von Rechtsansprüchen (lit. f), für erhebliche öffentliche Interessen, sofern der Eingriff verhältnismäßig ist (lit. g), für Zwecke der Gesundheitsvorsorge und Arbeitsmedizin (lit. h), für die öffentliche Gesundheit und zur Sicherheit von Medizinprodukten (lit. i) sowie für im öffentlichen Interesse liegende Archivzwecke, wissenschaftliche Forschungszwecke und statistische Zwecke (lit. j).

7.5.8.1 Regelungen des Bundesdatenschutzgesetzes

Im Bundesdatenschutzgesetz finden sich ergänzenden Regelungen zur Verarbeitung besonderer Kategorien personenbezogener Daten.[523] § 22 Abs. 1 BDSG unterscheidet dabei zwischen öffentlichen und nichtöffentlichen Stellen. Die Vorgaben der Nr. 1 gelten für beide, etwa zum Zweck des Rechts der sozialen Sicherheit und des Sozialschutzes in lit. a, zum Zweck von Maßnahmen im Gesundheits- und Sozialbereich nach lit. b oder aus Gründen des öffentlichen Interesses im Bereich der öffentlichen Gesundheit nach lit. c. Die Vorgaben des § 22 Abs. 1 Nr. 2 BDSG ermächtigen darüber hinaus speziell öffentliche Stellen, besondere Kategorien personenbezogener Daten zu verarbeiten. Nach lit. a ist das möglich, soweit es aus Gründen eines erheblichen öffentlichen Interesses oder nach lit. c zur Abwehr erheblicher Nachteile für das Gemeinwohl oder zur Wahrung erheblicher Belange des Gemeinwohls zwingend erforderlich ist. Nach lit. b ist eine Verarbeitung zulässig, wenn dies zur Abwehr einer erheblichen Gefahr für die öffentliche Sicherheit oder nach lit. d aus zwingenden Gründen der Verteidigung oder zur Erfüllung über- oder zwischenstaatlicher Verpflichtungen einer öffentlichen Stelle des Bundes auf dem Gebiet der Krisenbewältigung oder Konfliktverhinderung erforderlich ist. § 22 Abs. 2 BDSG listet einen nicht abschließenden Katalog angemessener und spezifischer Maßnahmen auf, die der für die Verarbeitung Verantwortliche zur Wahrung der Interessen der betroffenen Person wahrnehmen soll. Gemäß § 22 Abs. 2 Satz 3 BDSG gilt Abs. 2 nicht für die Verarbeitung zum Zweck von Maßnahmen im Gesundheits-

---

[523]Ausführlich *Jandt*, in: Roßnagel 2018, § 8, Rn. 286 ff.

und Sozialbereich nach § 22 Abs. 1 Nr. 1 lit. b BDSG, da lit. b eigene diesbezügliche Anforderungen aufstellt.[524]

Der Gesetzgeber macht für die Verarbeitung besonderer Kategorien personenbezogener Daten nach § 22 Abs. 1 Nr. 1 lit. a bis c BDSG von den Öffnungsklauseln des Art. 9 Abs. 2 lit. b, h und i DSGVO Gebrauch. Art. 9 Abs. 2 lit. b DSGVO setzt zusätzlich geeignete Garantien voraus, die in § 22 Abs. 2 BDSG vorgesehen sind. Art. 9 Abs. 2 lit. h in Verbindung mit Abs. 3 DSGVO setzt voraus, dass Angehörige der Gesundheitsberufe der Geheimhaltungspflicht unterliegen. Im deutschen Recht gibt es umfangreiche Berufsgeheimnispflichten; auch § 203 StGB gewährleistet einen entsprechenden Schutz.[525] Art. 9 Abs. 2 lit. i DSGVO setzt angemessene und spezifische Maßnahmen voraus, um die Rechte der betroffenen Person zu wahren. Auch hierfür stellt sowohl § 22 Abs. 2 BDSG als auch § 203 StGB ausreichende Vorgaben auf. § 22 Abs. 1 Nr. 1 BDSG ist damit ausreichend spezifisch und ist in seinem Anwendungsbereich vorrangig vor der Verordnung anwendbar.[526]

Demgegenüber gilt § 22 Abs. 1 Nr. 2 BDSG nur für öffentliche Stellen. Nach der Gesetzesbegründung wird Art. 9 Abs. 2 lit. g DSGVO umgesetzt.[527] Ein entsprechender Wortlaut einschließlich der nach lit. g geforderten Interessenabwägung findet sich in § 22 Abs. 1 Nr. 2 lit. a BDSG, wobei das Bundesdatenschutzgesetz abweichend von der Verordnung eine „zwingende Erforderlichkeit" voraussetzt. Fraglich ist jedoch, worauf § 22 Abs. 1 Nr. 2 lit. b bis d BDSG zurückzuführen ist. Entsprechende Formulierungen finden sich in Art 23 DSGVO, etwa hinsichtlich der Datenverarbeitung zu Zwecken der öffentlichen Sicherheit, des Gemeinwohls oder aus Gründen der Verteidigung. Art. 23 DSGVO ist aber auf Art. 9 DSGVO nicht anwendbar. Die in § 22 Abs. 1 Nr. 2 lit. b bis d BDSG aufgeführten Verarbeitungszwecke könnten lediglich hilfsweise unter lit. a subsumiert werden, wenn diese als „erhebliches öffentliches Interesse" ausgelegt werden. Eine Verarbeitung müsste dann aber in jedem Fall „zwingend erforderlich" sein. Als eigenständiger Datenverarbeitungstatbestand fehlt es für § 22 Abs. 1 Nr. 2 lit. b bis d BDSG jedenfalls an einer Rechtsgrundlage im Unionsrecht, sodass diese als unionsrechtswidrig angesehen werden müssen.[528]

---

[524]*Nebel*, in: Roßnagel 2018, § 3, Rn. 111 f.

[525]S. zu den Grenzen des Geheimnisschutzes *Jandt/Nebel*, NJW 2013, 1570 (1574).

[526]*Nebel*, in: Roßnagel 2018, § 3, Rn. 122. S. auch *Jandt*, in: Roßnagel 2018, § 8, Rn. 288 f.

[527]BT-Drs. 18/11325, 95.

[528]*Nebel*, in: Roßnagel 2018, § 3, Rn. 123.

7.5.8.2 Besondere Kategorien personenbezogener Daten in Social Networks

Auch in Social Networks werden besondere Kategorien personenbezogener Daten verarbeitet. Häufig sind dies Daten zur politischen oder religiösen Meinung, jedoch sind auch alle anderen Datenkategorien nicht ausgeschlossen. Lediglich genetische werden in aller Regel nicht erhoben und verarbeitet, wobei eine Zusammenführung mit anderen vorhandenen personenbezogenen Daten der Nutzer, etwa durch Unternehmensfusionen, nicht ausgeschlossen werden kann.[529] Die Bereitstellung besonderer Arten personenbezogener Daten durch die Nutzer erfolgt häufig freiwillig, wird jedoch aufgrund der Gestaltung der Eingabefelder innerhalb des Social Networks veranlasst.[530]

Art. 9 DSGVO stellt erhöhte Rechtmäßigkeitsanforderungen an die Verarbeitung besonderer Kategorien personenbezogener Daten. Die übrigen Voraussetzungen der Datenschutz-Grundverordnung, insbesondere Art. 5 und 6 Abs. 4 DSGVO, sind weiter zu beachten.[531] Dadurch unterliegen besondere Kategorien personenbezogener Daten, sofern sie nach Art. 9 Abs. 2 DSGVO verarbeitet werden dürfen, keinem geringeren Schutz als alle anderen personenbezogenen Daten. Die besonderen Kategorien personenbezogener Daten sind in Art. 9 Abs. 1 DSGVO abschließend aufgezählt; eine Erweiterung um andere Merkmale ist daher ausgeschlossen. Bei der Bestimmung, ob es sich um eine besondere Kategorie personenbezogener Daten handelt, kommt es nicht auf die Bezeichnung als „besondere Kategorie" an. Auch muss der sensible Aspekt nicht unmittelbar aus der Information hervorgehen. Vielmehr ist ausreichend, dass sich dieser aus der Information mittelbar ergibt. Es kommt entscheidend auf den Verarbeitungszusammenhang im Einzelfall und den Verständnis- und Interpretationshorizont des Empfängers an.[532]

Insbesondere durch den Upload und das Verarbeiten von Fotos in Social Networks kann es zu einer Reihe von Problemfällen kommen, ob besondere Kategorien

---

[529] Vorstellbar ist etwa das Szenario, dass ein Biotechnologie-Unternehmen, die sich auf die Untersuchung von menschlicher DNA spezialisiert hat (ein populäres Unternehmen ist 23andMe Inc.), von einem Anbieter eines Social Network übernommen würde.

[530] Vgl. *Maisch* 2015, 80.

[531] *Petri*, in: Simitis/Hornung/Spiecker 2019, Art. 9 DSGVO, Rn. 2; *Weichert*, in: Kühling/Buchner 2018, Art. 9 DSGVO, Rn. 4; *Schulz*, in: Gola 2018, Art. 9 DSGVO, Rn. 5, 7; *Greve*, in: Auernhammer 2018, Art. 9 DSGVO, Rn. 16. A. A. *Schiff*, in: Ehmann/Selmayr 2018, Art. 9 DSGVO, Rn. 10 f.; *Frenzel*, in: Paal/Pauly 2018, Art. 9 DSGVO, Rn. 18; *Schantz*, in: Schantz/Wolff 2017, Rn. 705. Ausführlich zum Meinungsstreit *Robrahn/Bremert*, ZD 2018, 291 (295).

[532] *Petri*, in: Simitis/Hornung/Spiecker 2019, Art. 9 DSGVO, Rn. 11; *Weichert*, in: Kühling/Buchner 2018, Art. 9 DSGVO, Rn. 22 f. mit weiteren Nachweisen. Ähnlich *Golland* 2019, 210 ff., der ein Stufenkonzept zur „Bestimmung der Sensibilität von Daten" vorschlägt.

personenbezogener Daten verarbeitet werden. Fotos sind grundsätzlich personenbezogene Daten im Sinne des Art. 4 Nr. 1 DSGVO, da sie Rückschlüsse auf eine
identifizierbare Person zulassen können.[533] Problematisch kann es sein, wenn die
Person auf dem Bild eine Brille trägt oder im Rollstuhl sitzt, wenn man die Hautfarbe der Person erkennen kann oder wenn diese auf dem Bild intime Beziehungen
zu anderen Personen unterhält. In diesem Fällen stellt sich die Frage, ob das Foto ein
biometrisches Datum darstellt, ob die Brille oder der Rollstuhl Gesundheitsdaten
sind, ob das Erkennen der Hautfarbe ein Hinweis auf die „rassische und ethnische
Herkunft" ist, oder ob ein Kuss einer anderen Person auf die sexuelle Orientierung
schließen lassen.

Zu beachten ist allerdings, dass Fotos zwar bestimmte Umstände abbilden, die
dahinterstehenden personenbezogenen Daten aber erst durch einen weiteren Verar-
beitungsschritt, beispielsweise durch eine spezielle Erkennungssoftware, gewonnen
werden. Erwägungsgrund 51 DSGVO bestimmt daher auch, dass Lichtbilder „nicht
grundsätzlich als Verarbeitung besonderer Kategorien von personenbezogenen
Daten angesehen werden". Bei der Beurteilung, ob es sich bei einem Foto in
einem Social Network um ein besonderes personenbezogenes Datum handelt, muss
also zwischen dem Upload-Vorgang durch den verantwortlichen Nutzer einerseits
und weitere Verarbeitungsschritte durch verantwortliche Nutzer oder den Anbieter
andererseits differenziert werden.

Einige der besonderen Kategorien personenbezogener Daten sind legaldefiniert,
etwa biometrische Daten Art. 4 Nr. 14 DSGVO und Gesundheitsdaten in Nr. 15,
„rassische und ethnische Herkunft" oder sexuelle Orientierung hingegen nicht.
Biometrische Daten sind mit „speziellen technischen Verfahren gewonnene personenbezogene Daten zu physischen, physiologischen oder verhaltenstypischen
Merkmalen einer natürlichen Person, die die eindeutige Identifizierung dieser natürlichen Person ermöglichen oder bestätigen". Nach Erwägungsgrund 51 DSGVO soll
ein Lichtbild nur dann unter besondere Kategorien personenbezogener Daten fallen,
wenn es mit speziellen technischen Mitteln verarbeitet wird, das die eindeutige Identifizierung oder Authentifizierung einer natürlichen Person ermöglicht.[534] Ob das
„spezielle technische Mittel" die digitale Aufnahme an sich ist, oder erst eine auf das
Bild anzuwendende Erkennungssoftware, lässt die Datenschutz-Grundverordnung
offen. Würde man die digitale Aufnahme als solche bereits als „spezielles technisches Mittel" anerkennen, wäre jedoch jedes Lichtbild ein biometrisches Datum.
Genau das soll nach dem Wortlaut „nur dann" in Erwägungsgrund 51 DSGVO
jedoch nicht der Fall sein. Es kommt also auf den Verwendungszusammenhang an:

---

[533] *Karg*, in: Simitis/Hornung/Spiecker 2019, Art. 4 Nr. 1 DSGVO, Rn. 71.
[534] Ebenso *Petri*, in: Simitis/Hornung/Spiecker 2019, Art. 9 DSGVO, Rn. 14.

In der Regel werden Fotos zur Personalisierung des Profils verwendet oder im Rahmen der Kommunikation mit anderen Nutzern in das Social Network geladen. Dann sind diese kein biometrisches Datum. Wird das Foto jedoch von einem Verantwortlichen weiterverwendet, um es beispielsweise zur eindeutigen Identifizierung mittels Gesichtserkennungssoftware einzusetzen, dann handelt es sich bei dieser Verarbeitung um die Verarbeitung eines biometrischen Datums im Sinne des Art. 4 Nr. 14 DSGVO, sodass die Regeln des Art. 9 Abs. 2 DSGVO zur Anwendung kommen.[535]

Gesundheitsdaten sind nach Art. 4 Nr. 15 DSGVO „personenbezogene Daten, die sich auf die körperliche oder geistige Gesundheit einer natürlichen Person, einschließlich der Erbringung von Gesundheitsdienstleistungen, beziehen und aus denen Informationen über deren Gesundheitszustand hervorgehen". Der Begriff ist grundsätzlich weit zu verstehen.[536] Auch Daten, die über Geräte zur Selbstvermessung wie Wearables und Fitness-Apps erfasst werden, stellen Gesundheitsdaten dar,[537] da sie über den Gesundheitszustand Auskunft geben können. Gleiches muss demnach für sichtbare medizinische Hilfsmittel wie Brillen und Rollstühle gelten, da auch sie einen Rückschluss auf den Gesundheitszustand zulassen können. Ob dieser korrekt ist, ist unerheblich,[538] daher spielt es keine Rolle, ob es sich etwa um eine echte Brille handelt oder vielleicht nur ein Accessoire darstellt. Stellt man – wie bei den biometrischen Daten – auf den Verwendungszusammenhang ab, ist entscheidend, für welchen Zweck diese Information im Social Network verwendet werden soll: Ein Nutzer wird regelmäßig Zwecke der Kommunikation verfolgen; dabei wird es ihm regelmäßig überhaupt nicht darauf ankommen, ob Personen auf einem Bild Brillenträger oder Rollstuhlfahrer sind. In diesem Fall gelten die allgemeinen Regeln hinsichtlich der Verarbeitung von Fotos betroffener Personen.[539] Nutzt hingegen beispielsweise der Anbieter eine Erkennungssoftware, um Bilder der Nutzer auf das Vorhandensein medizinischer Hilfsmittel zu analysieren, um diese Information für personalisierte Werbung, etwa für Krankenkassen, Optiker oder Sanitätshäuser zu nutzen, verarbeitet dieser Daten zum Gesundheitszustand der betroffenen Person. In diesem Fall liegt ein Gesundheitsdatum im Sinne des Art. 4 Nr. 15 DSGVO vor, da Rückschlüsse auf den Gesundheitszustand gezogen

---

[535] A. A. wohl *Jaspers/Schwartmann/Mühlenbeck*, in: Schwartmann/Jaspers/Thüsing/Kugelmann 2018, Art. 9 DSGVO, Rn. 72; *Keber*, RDV 2019, 58 (60), die in jedem Foto in Social Networks ein biometrisches Datum sehen.

[536] *Weichert*, in: Kühling/Buchner 2018, Art. 4 Nr. 15 DSGVO, Rn. 1.

[537] *Jandt*, DuD 2016, 571 (573 f.).

[538] *Petri*, in: Simitis/Hornung/Spiecker 2019, Art. 4 Nr. 15 DSGVO, Rn. 4.

[539] Zum Verhältnis der §§ 22 ff. KunstUrhG und Art. 6 DSGVO s. Abschn. 7.5.5.3.2.2. Ebenfalls (im Rahmen der Videoüberwachung) auf den Verwendungskontext abstellend *Schneider/Schindler*, ZD 2018, 463 (467 f.).

werden sollen. Deren Verarbeitung ist grundsätzlich nach Art. 9 Abs. 1 DSGVO verboten und nur nach den Regeln des Abs. 2 zulässig.

Gleiches gilt für personenbezogene Daten, aus denen die „rassische und ethnische Herkunft" hervorgeht. Dass die Kategorie „rassische Herkunft" problematisch ist, würdigt der Unionsgesetzgeber in Erwägungsgrund 51 DSGVO.[540] Die Aufnahme dieser Kategorie in Art. 9 DSGVO dient aber dazu, in informationeller Hinsicht Menschen vor Diskriminierung wegen ihrer Herkunft, Heimat oder Aussehen zu schützen.[541] Die Hautfarbe einer Person stellt ein solches personenbezogenes Datum dar.[542] Auch hier greift das Verarbeitungsverbot des Art. 9 Abs. 1 DSGVO aber nicht für den Upload durch den verantwortlichen Nutzer, solange dieser mit dem Bild keine gezielte Diskriminierung und Diffamierung der Person verfolgt. Auch hier gelten die allgemeinen Regeln hinsichtlich des Bildnisschutzes.[543] Eine Analyse des Bildes zur Erkennung der Hautfarbe durch einen Verantwortlichen unterliegt jedoch dem Verbot des Art. 9 Abs. 1 DSGVO und ist nur unter den Voraussetzungen des Abs. 2 zulässig. In diesem Sinne sind auch alle anderen besonderen Kategorien personenbezogener Daten, die sich aus Bildern in Social Networks ergeben können, zu beurteilen.

Relevante Ermächtigungsgrundlage sowohl für den Anbieter als auch den verantwortlichen Nutzer zur Verarbeitung besonderer Kategorien personenbezogener Daten ist in erster Linie die Einwilligung nach Art. 9 Abs. 2 lit. a DSGVO. Die Einwilligung des Nutzers muss sich ausdrücklich auf die besonderen personenbezogenen Daten beziehen.[544] Im Übrigen gelten die allgemeinen Vorgaben zur Einwilligung.[545] Daneben kommt eine Erlaubnis zur Verarbeitung auch in Frage, wenn die betroffene Person die Daten gemäß Art. 9 Abs. 2 lit. e DSGVO offensichtlich selbst öffentlich gemacht hat. Das Merkmal der Offensichtlichkeit weist darauf hin, dass für einen außenstehenden Beobachter erkennbar sein muss, dass diese Daten von der Person selbst stammen oder sie ihre Zustimmung zur Veröffentlichung

---

[540]Kritisch zur Verwendung dieser Kategorie *Petri*, in: Simitis/Hornung/Spiecker 2019, Art. 9 DSGVO, Rn. 15.

[541]*Petri*, in: Simitis/Hornung/Spiecker 2019, Art. 9 DSGVO, Rn. 15.

[542]*Petri*, in: Simitis/Hornung/Spiecker 2019, Art. 9 DSGVO, Rn. 16; *Weichert*, in: Kühling/Buchner 2018, Art. 9 DSGVO, Rn. 26.

[543]Zum Verhältnis der §§ 22 ff. KunstUrhG und Art. 6 DSGVO s. Abschn. 7.5.5.3.2.2.

[544]Z. B. *Petri*, in: Simitis/Hornung/Spiecker 2019, Art. 9 DSGVO, Rn. 33; *Weichert*, in: Kühling/Buchner 2018, Art. 9 DSGVO, Rn. 47.

[545]S. Abschn. 7.5.3.3.

gegeben hat.[546] Daran fehlt es im Zweifel, wenn ein anderer als die betroffene Person diese Daten veröffentlicht hat. Allein die Tatsache, dass die personenbezogenen Daten über eine Suchmaschine abrufbar sind, begründet nicht die Annahme, dass dies offensichtlich dem Willen der betroffenen Person entspricht,[547] da dies allein keinen Rückschluss darauf zulässt, wer das betreffende Datum öffentlich gemacht hat.

Öffentlich gemacht sind Daten dann, wenn sie einem unbestimmten Personenkreis zur Verfügung gestellt werden.[548] Daten auf allgemein zugänglichen Websites sind öffentlich gemacht – bei Websites, die nur einem begrenzten Personenkreis zugänglich sind, hingegen nicht.[549] Social Networks befinden sich genau an der Schnittstelle. Sie sind nur für registrierte Nutzer zugänglich, andererseits kann sich jedermann ohne Hindernisse und Kontrolle mit wenigen Schritten registrieren. Solange personenbezogene Daten aufgrund der spezifischen Privatsphäre-Einstellungen allen Nutzern des Social Networks – oder darüber hinaus sogar allen Internetnutzern – offenstehen, sind diese als allgemein zugänglich und damit als öffentlich gemacht zu betrachten. Sind sie hingegen nur den „Freunden" des Nutzers oder geschlossenen Nutzergruppen zugänglich, gelten diese nicht als öffentlich gemacht.[550] Hat eine Person sensible Informationen über sich öffentlich gemacht, greift die Erlaubnis des Art. 9 Abs. 2 lit. e DSGVO. Dennoch dürfen diese vom Verantwortlichen trotzdem nur nach den Regeln des Art. 6 DSGVO weiterverarbeitet werden. Zwar ist dann keine Einwilligung notwendig, da die betroffene Person die Daten selbst zur Verfügung gestellt hat, die Weiterverarbeitung unterliegt aber den Grenzen der Interessenabwägung nach Art. 6 Abs. 1 lit. f DSGVO.[551]

---

[546] *Petri*, in: Simitis/Hornung/Spiecker 2019, Art. 9 DSGVO, Rn. 59; *Weichert*, in: Kühling/Buchner 2018, Art. 9 DSGVO, Rn. 79 f.; *Greve*, in: Auernhammer 2018, Art. 9 DSGVO, Rn. 25.

[547] *Buchner*, in: Wolff/Brink 2019, § 29 BDSG a. F., Rn. 76; *Weichert*, in: Kühling/Buchner 2018, Art. 9 DSGVO, Rn. 82.

[548] *Schiff*, in: Ehmann/Selmayr 2018, Art. 9 DSGVO, Rn. 45; *Weichert*, in: Kühling/Buchner 2018, Art. 9 DSGVO, Rn. 78.

[549] *Petri*, in: Simitis/Hornung/Spiecker 2019, Art. 9 DSGVO, Rn. 58; *Weichert*, in: Kühling/Buchner 2018, Art. 9 DSGVO, Rn. 81 f.

[550] *Oberwetter*, BB 2008, 1562 (1564); *Bissels/Lützeler/Wisskirchen*, BB 2010, 2433 (2437); *Karg/Fahl*, K&R 2011, 453 (454); *Taeger*, in: Taeger/Gabel 2013, § 28 BDSG a. F., Rn. 82; *Petri*, in: Simitis/Hornung/Spiecker 2019, Art. 9 DSGVO, Rn. 58; so im Ergebnis auch *Schulz*, in: Gola 2018, Art. 9 DSGVO, Rn. 26; *Golland* 2019, 215. Offen gelassen in *Heberlein* 2017, 117. Vgl. zum Begriff der „allgemeinen Zugänglichkeit" im Rahmen des Bundesdatenschutzgesetzes a. F. auch *Jandt/Roßnagel*, ZD 2011, 160 (165); *Kort*, DuD 2012, 722 (723); *Forst*, NZA 2010, 427 (431) mit weiteren Nachweisen.

[551] *Petri*, in: Simitis/Hornung/Spiecker 2019, Art. 9 DSGVO, Rn. 26.

Manche Erlaubnistatbestände in Art. 9 Abs. 2 DSGVO sehen zusätzliche Schutz-maßnahmen vor; für lit. a und e gilt dies jedoch nicht. Es gelten demnach nur die allgemeinen Regeln der Datenschutz-Grundverordnung zu Verarbeitungsgrundsät-zen und Datenschutzmaßnahmen. Da sich die Ermächtigungsgrundlagen im Kontext von Social Networks in erster Linie aus Art. 9 Abs. 2 lit. a und e DSGVO ergeben, sind die Vorgaben des § 22 BDSG in diesem Rahmen in aller Regel nicht relevant, da Art. 9 Abs. 2 lit. a und e DSGVO keine Öffnungsklauseln enthalten.[552]

7.5.9 Zusammenfassung zur Rechtmäßigkeit der Datenverarbeitung

Verarbeitet ein Anbieter eines Social Network personenbezogene Daten seiner Nutzer, ist dies zulässig, wenn dies zur Erfüllung rechtlicher Verpflichtungen erfor-derlich ist oder er ein berechtigtes Interesse daran hat und die Interessen der betroffenen Person nicht überwiegen. Bei der Abwägung der Interessenpositio-nen ist besondere Aufmerksamkeit darauf zu legen, ob es sich bei der betroffenen Person um ein Kind handelt und ob besondere Kategorien personenbezogener Daten verarbeitet werden. Liegt kein berechtigtes Interesse vor und ist die Daten-verarbeitung nicht zur Vertragserfüllung erforderlich, bedarf er zwingend der Einwilligung der betroffenen Person. Bei der Prüfung der Einwilligung ist insbeson-dere auf deren Freiwilligkeit besonderes Augenmerk zu legen. Für personalisierte Werbung als Hauptgeschäftszweck von Social Networks ist in jedem Fall eine wirk-same Einwilligung einzuholen, da in diesem Fall die berechtigten Interessen der betroffenen Person am Schutz ihres Rechts auf Datenschutz und informationeller Selbstbestimmung überwiegen.

Verarbeitet der Anbieter personenbezogene Daten eines Dritten, ist dies aus-schließlich nach Einholen der Einwilligung des Dritten zulässig, da es an einer Vertragsbeziehung mangelt und die berechtigten Interessen des Dritten auf Wah-rung seines Rechts auf Datenschutz und informationeller Selbstbestimmung daher überwiegen.

Verarbeitet ein Nutzer personenbezogene Daten eines anderen Nutzers oder eines Dritten, bedarf er der Einwilligung der betroffenen Person. Ein berechtigtes Inter-esse kann der verantwortliche Nutzer geltend machen, wenn die Datenverarbeitung

---

[552] Im Rahmen der Bewerberrecherche in Social Networks spielt darüber hinaus die Verarbei-tung besonderer Kategorien personenbezogener Daten nach Art. 9 abs. 2 lit. b DSGVO eine wichtige Rolle. S. dazu insbesondere Abschn. 7.7.7.

der Verwirklichung seiner Meinungs- und Kommunikationsfreiheit dient und die Beeinträchtigung der betroffenen Person nicht überwiegt. Ein Sonderfall für Anbieter und verantwortliche Nutzer gilt für die Veröffentlichung von Bildnissen in Social Networks. Hier ist unter Umständen das Kunsturhebergesetz anwendbar. Da der genaue Anwendungsbereich im Verhältnis zur Datenschutz-Grundverordnung weiterhin ungelöst ist, empfiehlt es sich jedoch, eine Interessenabwägung oder eine Einwilligung nach den Grundsätzen der Datenschutz-Grundverordnung vorzunehmen bzw. einzuholen. Zudem ergeben sich viele Grenzfälle hinsichtlich der Frage, ob in Fotos besondere Kategorien personenbezogener Daten enthalten sind. Bei der Beurteilung der maßgeblichen Rechtsgrundlage ist dabei entscheidend auf den Verwendungszusammenhang abzustellen.

7.6   Besondere Vorschriften für elektronische Kommunikationsdienste

Neben den Zulässigkeitsvoraussetzen der Datenschutz-Grundverordnung hält auch die Richtlinie für elektronische Kommunikation 2002/58/EG[553] datenschutzrechtliche Vorgaben bereit, die in Deutschland im Telekommunikationsgesetz umgesetzt wurden. Gemäß Art. 95 DSGVO bleiben diese Vorschriften anwendbar, sofern sie der Datenschutz-Grundverordnung nicht widersprechen.

Ein interpersoneller Kommunikationsdienst ist ein „gewöhnlich gegen Entgelt erbrachter Dienst, der einen direkten interpersonellen und interaktiven Informationsaustausch über elektronische Kommunikationsnetze zwischen einer endlichen Zahl von Personen ermöglicht, wobei die Empfänger von den Personen bestimmt werden, die die Kommunikation veranlassen oder daran beteiligt sind [...]".[554] Zu diesen – OTT-Dienste genannten – Diensten zählen die sogenannten Internet-Kommunikationsdienste wie Instant Messenger (etwa Facebook Messenger oder

---

[553] S. Abschn. 6.2.

[554] Art. 2 Nr. 5 des Kommissionsentwurfs eines Europäischen Kodex für die elektronische Kommunikation (EKEK-KOM-E), 590 final 2016/0288 (COD). Art. 4 Abs.1 lit. b, Abs. 2 ePrivacy-VO-E nimmt auf diese Definition Bezug, trifft aber im Folgenden nur Regelungen zu „nummerngebundenen interpersonellen Kommunikationsdiensten", denen die hier betrachteten Dienste jedenfalls nicht unterfallen. Besteht der Dienst „ganz oder überwiegend in der Übertragung von Signalen", liegt ein „elektronischer Kommunikationsdienst" nach Art. 2 Nr. 4 EKEK-KOM-E vor.

WhatsApp) oder Web-Mail.[555] Somit können auch Social Networks Elemente elektronischer und interpersoneller Kommunikationsdienste umfassen. Für die Bestimmung der relevanten anwendbaren Vorschriften ist jeder Teil des Dienstes funktionsbezogen zu differenzieren und in den jeweiligen Anwendungsbereich einzuordnen.[556] Für den Teil der elektronischen und interpersonellen Kommunikationsdienste gelten sodann die speziellen Vorschriften der Richtlinie für elektronische Kommunikation. Die Vorgaben dieser Richtlinie sind für Telekommunikationsdienste in §§ 91 ff. TKG umgesetzt. Art. 95 DSGVO stellt klar, dass die auf dieser Richtlinie beruhenden Vorschriften auch nach Inkrafttreten der Grundverordnung weiter anwendbar bleiben, sofern sie der Verordnung nicht widersprechen. Die im Gesetzgebungsprozess befindliche ePrivacy-VO[557] wird die Vorschriften der Richtlinie für elektronische Kommunikation ersetzen.[558] Die §§ 91 ff. TKG werden dann keine Anwendung mehr finden.[559]

7.7   Beschäftigtendatenschutz

Für Unternehmen gibt es vielfältige Gründe, Social Networks zu nutzen. Sie versprechen sich davon zum Beispiel ein besseres Informations- und Wissensmanagement,

---

[555] *Kühling/Raab*, in: Kühling/Buchner 2018, Art. 95 DSGVO, Rn. 2, 3a; *Redeker* 2017, Rn. 1176; *Schaller*, ZD-aktuell 2017, 05622; *Maier/Schaller*, ZD 2017, 373. Differenzierend *Ricke*, in: Spindler/Schuster 2019, § 1 TMG, Rn. 8. Zur Abgrenzung nach alter Rechtslage (TMG, TKG vor Inkrafttreten der DSGVO) *Roßnagel*, in: Roßnagel 2013, § 1 TMG, Rn. 29 f. mit weiteren Nachweisen; *Schütz*, in: Geppert/Schütz 2013, § 6 TKG, Rn. 28 f.; BT-Drs. 16/3078, 15; *Moos*, in: Taeger/Gabel 2013, § 11 TMG, Rn. 35; *Schmitz*, in: Hoeren/Sieber/Holznagel 2018, Teil 16.2, Rn. 88; *Schneider* ZD 2014, 231 (235 f.). Zum Streitstand (vor Inkrafttreten der ePrivacy-VO) *Spindler*, in: Spindler/Schmitz 2018, § 1 TMG, Rn. 26–30.

[556] So bereits *Moos*, in: Taeger/Gabel 2013, § 11 TMG, Rn. 35; *Karg/Fahl*, K&R 2011, 453, 456; *Kremer*, CR 2012, 438 (441); zum Streitstand *Schneider*, ZD 2014, 231 (236 f.). Vgl. auch *Redeker* 2017, Rn. 1176 sowie *Kühling/Raab*, in: Kühling/Buchner 2018, Art. 95 DSGVO, Rn. 2.

[557] S. Abschn. 6.5.

[558] Zum Verhältnis der TK-Vorschriften zur ePrivacy-VO *Geminn/Richter*, in: Roßnagel 2018, § 8, Rn. 66 ff. Zum Verhältnis der TK-Vorschriften zur Datenschutz-Grundverordnung *Geminn/Richter*, in: Roßnagel 2017, § 4, Rn. 211 ff.

[559] Dazu ausführlich *Geminn/Richter*, in: Roßnagel 2018, § 8, Rn. 66 ff.

bessere Zusammenarbeit von Projektteams, besseres Marketing durch Außendarstellung[560] oder eine einfache Form der innerbetrieblichen Kommunikation der Arbeitnehmer.[561] Hierfür kann der Arbeitgeber die Nutzung von Social Networks durch seine Arbeitnehmer anordnen oder anregen.

Auch bei der Bewerberauswahl spielen Social Networks – ob zulässigerweise oder nicht – in der Praxis eine Rolle. 2018 haben sich zwei von drei Personaler in Social Networks über Bewerber informiert.[562] 2015 waren es noch weniger als die Hälfte der Befragten (46 %). 15 % gaben an, Bewerber wegen Informationen aus Social Networks abgelehnt zu haben.[563] 39 % nutzten zur Recherche berufliche, immerhin 24 % aber auch private Social Networks.[564] 44 % der Personaler informierten sich neben beruflich relevanten Informationen auch über Hobbies und private Aktivitäten.[565]

Arbeitgeber müssen bei der Nutzung von Social Networks die datenschutzrechtlichen Vorgaben zum Beschäftigtendatenschutz beachten. Der Betriebsrat hat zum einen Mitbestimmungsrechte; verarbeitet er selbst Daten, ist er auch Verantwortlicher und muss seinerseits datenschutzrechtliche Vorgaben beachten. Der folgende Abschnitt beschränkt sich auf die datenschutzrechtlichen Probleme der Nutzung von Social Networks.[566] Weitere Problemfelder ergeben sich aus arbeitsrechtlichen Fragestellungen, etwa zu disqualifizierenden und abwertenden Äußerungen von Arbeitnehmern über Arbeitgeber und Kollegen in Social Networks.[567] Diese Fragen bleiben im Folgenden außer Betracht.

---

[560] Beispiele aus *PTS Group AG* Quo vadis Social Media? Nutzungsmöglichkeiten in Unternehmen 2012, 10, https://de.statista.com/statistik/studie/id/23373/dokument/umfrage-zur-nutzung-sozialer-medien-in-unternehmen-in-deutschland-2013/.

[561] Vgl. auch *Däubler*, NZA 2017, 1481 (1488).

[562] *BITKOM* 2018b.

[563] *BITKOM* 2015a.

[564] *BITKOM* 2015b.

[565] *BITKOM* 2015a.

[566] Vgl. zur Digitalisierung am Arbeitsplatz auch *Nebel*, ZD 2018, 520 und *Nebel*, in: Morlok/Matt/Hess 2015, 17. Zu arbeits- und datenschutzrechtlichen Fragen erweiterter berufsbezogener Erreichbarkeit ausführlich *Maier* 2019.

[567] S. dazu ausführlich z. B. *Oberthür*, in: Kramer 2017, Rn. 846 ff.; *Däubler* 2018, § 4, Rn. 31 ff.

7.7.1 Zulässigkeit zum Zweck des Beschäftigungsverhältnisses

Die Datenschutz-Grundverordnung regelt den Beschäftigtendatenschutz nicht selbst. Art. 88 Abs. 1 DSGVO überlässt es den Mitgliedstaaten, eigene Vorschriften für die „Verarbeitung personenbezogener Beschäftigtendaten im Beschäftigtenkontext" zu erlassen. Von dieser Öffnungsklausel hat Deutschland in § 26 BDSG Gebrauch gemacht. Nach § 26 Abs. 1 BDSG ist Datenverarbeitung erlaubt, wenn sie zur Begründung, Durchführung, Beendigung eines Beschäftigungsverhältnisses, zur Ausübung oder Erfüllung gesetzlicher Rechte und Pflichten oder kollektivvertraglicher Rechte und Pflichten der Interessenvertretung der Beschäftigten oder zur Aufdeckung von Straftaten erforderlich ist.

Der Anwendungsbereich des Art. 88 DSGVO und § 26 BDSG ist weit zu verstehen. Datenverarbeitung im Beschäftigungskontext umfasst alle zur Einstellung, Erfüllung und Beendigung eines Beschäftigungsverhältnisses erforderlichen Vorgänge, so auch die organisatorische Planung abhängiger Arbeit oder die Gestaltung der Rahmenbedingungen der Arbeit, wie Gleichheit, Diversität, Sicherheit oder Gesundheit am Arbeitsplatz.[568] Vom Beschäftigtendatenschutz umfasst werden auch solche Daten, die allgemein zugänglich sind, wie solche aus Suchmaschinen, Social Networks oder der Presse, wenn sie gezielt für Beschäftigungszwecke genutzt werden.[569]

Beschäftigte sind alle in § 26 Abs. 8 Satz 1 BDSG genannten Berufsgruppen. Dazu gehören zum Beispiel Arbeitnehmerinnen und Arbeitnehmer (Nr. 1), Auszubildende (Nr. 2), Freiwillige nach Jugendfreiwilligendienstgesetz oder Bundesfreiwilligendienstgesetz (Nr. 5), arbeitnehmerähnliche Personen (Nr. 6), aber auch Beamtinnen und Beamte (Nr. 7).[570] Nach § 26 Abs. 8 Satz 2 BDSG gelten sowohl Bewerberinnen und Bewerber für ein Beschäftigungsverhältnis als Beschäftigte im Sinne des Gesetzes als auch Personen, deren Beschäftigungsverhältnis beendet wurde. Hier wirkt der Beschäftigtendatenschutz nach.

„Erforderlich" im Sinne des § 26 Abs. 1 BDSG ist die Datenverarbeitung dann, wenn kein geringer belastendes, gleich geeignetes Mittel zur Erreichung des Zwecks vorhanden ist; die widerstreitenden Grundrechtspositionen des Arbeitgebers und

---

[568] Alle Beispiele aus *Maschmann*, in: Kühling/Buchner 2018, Art. 88 DSGVO, Rn. 16.

[569] *Maschmann*, in: Kühling/Buchner 2018, Art. 88 DSGVO, Rn. 16.

[570] Umstritten ist, ob nach unionsrechtlichem Verständnis Art. 88 DSGVO einen so weiten Beschäftigtenbegriff umfasst, wie in § 26 Abs. 8 BDSG umgesetzt wurde. Ein weites Begriffsverständnis zugrunde legend *Maier/Ossoinig*, in: Roßnagel 2018, § 8, Rn. 2, 21; ablehnend *Maschmann*, in: Kühling/Buchner 2018, Art. 88 DSGVO, Rn. 13 sowie *Seifert*, in: Simitis/Hornung/Spiecker 2019, Art. 88 DSGVO, Rn. 19. Offen gelassen in *Däubler* 2017, 183b ff.

des betroffenen Arbeitnehmers sind demnach in Ausgleich zu bringen.[571] Abzuwägen sind daher einerseits Interessen des Arbeitgebers hinsichtlich der Organisation betrieblicher Abläufe, bei denen ihm im Rahmen der Unternehmerfreiheit auch ein Entscheidungsspielraum zusteht, mit den Interessen des Arbeitnehmers an der Wahrung seiner informationellen Selbstbestimmung, dem Schutz seiner Persönlichkeitsrechte und der Unverletzlichkeit der Privatsphäre andererseits.[572] Durch die arbeitsrechtliche Rechtsprechung wurden verschiedene Kriterien entwickelt, die bei der Prüfung der Verhältnismäßigkeit heranzuziehen sind, etwa die Streubreite des Eingriffs, die Anlassbezogenheit der Verarbeitung, die Dauer der Überwachung, Inhalt und Persönlichkeitsrelevanz, nachteilige Folgen, Heimlichkeit und Kernbereichsbezug.[573]

7.7.2 Einwilligung des Beschäftigten

Neu ist die speziell auf den Beschäftigungskontext bezogene Möglichkeit der Einwilligung nach § 26 Abs. 2 BDSG. Für die Beurteilung der Freiwilligkeit der Einwilligung sind besonders die bestehenden Abhängigkeiten und Umstände, unter denen die Einwilligung erteilt wurde, zu berücksichtigen. Als freiwillig kann die Einwilligung gewertet werden, wenn für den Beschäftigten ein rechtlicher oder wirtschaftlicher Vorteil erreicht wird oder sofern Arbeitgeber und Beschäftigter gleichgelagerte Interessen verfolgen. Nicht freiwillig ist die Einwilligung zum Beispiel dann, wenn die damit zu rechtfertigende Datenverarbeitung für den betroffenen Beschäftigten insgesamt als nachteilig zu bewerten ist, also keinen Nutzen bringt.[574] Gleiches gilt, wenn bei Einholung der Einwilligung ungerechtfertigter Druck ausgeübt wird oder die Einwilligungserteilung im Zusammenhang mit dem Abschluss des Arbeitsvertrages verlangt wird.[575]

Die Einwilligung bedarf zudem in der Regel der Schriftform und ist damit strenger als die Grundregel der Datenschutz-Grundverordnung. Aufgrund der Öffnungsklausel des Art. 88 DSGVO ist das jedoch nicht unionsrechtswidrig, da

---

[571] *Kort*, ZD 2017, 319 (320); *Wybitul*, NZA 2017, 413 (415); *Gräber/Nolden*, in: Paal/Pauly 2018, § 26 BDSG, Rn. 13; *Seifert*, in: Simitis/Hornung/Spiecker 2019, Art. 88 DSGVO, Rn. 57.

[572] *Gola*, BB 2017, 1462 (1464).

[573] BT-Drs. 18/11325, 96; *Maier/Ossoinig*, in: Roßnagel 2018, § 8, Rn. 24 mit weiteren Nachweisen; *Gräber/Nolden*, in: Paal/Pauly 2018, § 26 BDSG, Rn. 14.

[574] *Wybitul*, NZA 2017, 413 (416); *Gola*, BB 2017, 1462 (1467); *Seifert*, in: Simitis/Hornung/Spiecker 2019, Art. 88 DSGVO, Rn. 217.

[575] *Maier/Ossoinig*, in: Roßnagel 2018, § 8, Rn. 27 mit weiteren Nachweisen.

diese in Abs. 1 „spezifischere" und damit auch strengere Vorschriften zulässt. Aus beweisrechtlichen Gründen ist dies ohnehin ratsam.[576]

7.7.3 Besondere Kategorien personenbezogener Daten

Für die Verarbeitung besonderer Kategorien personenbezogener Daten gelten die speziellen Vorschriften des § 26 Abs. 3 BDSG in Umsetzung des Art. 9 Abs. 2 lit. b DSGVO.[577] Die Verarbeitung ist demnach nur zulässig, wenn sie zur Ausübung von Rechten oder zur Erfüllung rechtlicher Pflichten aus dem Arbeitsrecht, dem Recht der sozialen Sicherheit und des Sozialschutzes erforderlich ist und kein Grund zu der Annahme besteht, dass das schutzwürdige Interesse der betroffenen Person an dem Ausschluss der Verarbeitung überwiegt. Es ist also auch in diesem Fall eine umfassende Verhältnismäßigkeitsprüfung vorzunehmen. Ein mögliches überwiegendes Interesse des Beschäftigten am Ausschluss einer Verarbeitung solcher Daten kann insbesondere dann entgegenstehen, wenn die Verarbeitung der Verwirklichung von Zwecken dient, die in einem Zusammenhang mit der Erbringung der Arbeitsleistung stehen.[578] Da § 22 BDSG zur Verarbeitung besonderer Kategorien personenbezogener Daten entsprechend gilt, sind nach Abs. 2 angemessene und spezifische Maßnahmen zu ergreifen, um die Interessen der betroffenen Person zu wahren. Darunter fallen zum Beispiel technische und organisatorische Maßnahmen, Sensibilisierung, Pseudonymisierung, Verschlüsselung, Überprüfbarkeit des Systems oder die Benennung eines Datenschutzbeauftragten. Das Ergreifen solcher Maßnahmen ist bei der Interessenabwägung zu berücksichtigen: Je umfassender Maßnahmen zum Schutz der Wahrung der Interessen ergriffen werden, desto eher wird die Interessenabwägung zu Gunsten des Arbeitgebers ausfallen.[579] Eine besondere Rolle spielt die Verarbeitung besonderer personenbezogener Daten bei der Bewerberrecherche in Social Networks.[580]

---

[576] *Maier/Ossoinig*, in: Roßnagel 2018, § 8, Rn. 27; so auch *Kort*, ZD 2017, 319 (321); *Seifert*, in: Simitis/Hornung/Spiecker 2019, Art. 88 DSGVO, Rn. 219; kritisch zur Praktikabilität *Wybitul*, NZA 2017, 413 (417).

[577] Zur Definition besonderer Kategorien personenbezogener Daten s. Abschn. 7.5.8.

[578] *Wybitul*, NZA 2017, 413 (417).

[579] *Wybitul*, NZA 2017, 413 (417).

[580] S. ausführlich Abschn. 7.7.7.

7.7.4 Mitbestimmungsrecht und Kollektivvereinbarungen

Neben den gesetzlichen Vorgaben des Art. 88 Abs. 1 DSGVO und § 26 Abs. 1 bis 3 BDSG können nach § 26 Abs. 4 BDSG auch Kollektivvereinbarungen, also Betriebsvereinbarungen oder Tarifverträge, die Verarbeitung personenbezogener Daten zu Beschäftigungszwecken erlauben. Dabei ist Art. 88 Abs. 2 DSGVO zu beachten, nach dem Kollektivvereinbarungen angemessene und besondere Maßnahmen zur Wahrung der menschlichen Würde, der berechtigten Interessen und der Grundrechte der betroffenen Person umfassen müssen, insbesondere im Hinblick auf die Transparenz der Verarbeitung, die Übermittlung personenbezogener Daten innerhalb einer Unternehmensgruppe oder einer Gruppe von Unternehmen, die eine gemeinsame Wirtschaftstätigkeit ausüben, und die Überwachungssysteme am Arbeitsplatz. Die Datenschutz-Grundverordnung bildet einen Mindeststandard, von dem freilich nicht wesentlich abgewichen werden darf, dennoch obliegen den Betriebspartnern Ermessensspielräume bei der Gestaltung der Betriebsvereinbarungen.[581] Damit bieten Betriebsvereinbarungen den Betriebspartnern die Möglichkeit, einen datenschutzrechtlichen Ermächtigungstatbestand zu vereinbaren, der die jeweiligen betrieblichen Bedürfnisse ausreichend im Blick behält und so einen guten Ausgleich der Interessen des Arbeitgebers und der Arbeitnehmer findet.[582]

Neben der Möglichkeit des Abschlusses von Betriebsvereinbarungen nach § 77 BetrVG zwischen Arbeitgeber und Betriebsrat ist die Wahrung und Durchsetzung der Selbstbestimmung der Arbeitnehmer kollektiv durch die Mitbestimmungsrechte des Betriebsrats nach § 87 Abs. 1 BetrVG abgesichert. Eine zentrale Rolle spielt hier Nr. 6: Die Einführung und Anwendung von technischen Einrichtungen, die dazu bestimmt sind, das Verhalten oder die Leistung der Arbeitnehmer zu überwachen, bedarf der zwingenden Mitbestimmung des Betriebsrats.

Durch den Einsatz der technischen Überwachungseinrichtung im Sinne des § 87 Abs. 1 Nr. 6 BetrVG müssen Daten erhoben werden, die Rückschlüsse auf das Verhalten oder die Leistung der Arbeitnehmer zulassen. Die Überwachung kann durch *optische, akustische, mechanische* oder *elektronische Geräte* erfolgen. Die technische Einrichtung muss aufgrund der technischen Gegebenheiten der Einrichtung und der konkreten Art ihrer Verwendung *objektiv geeignet* sein, das Verhalten oder die Leistung der Arbeitnehmer zu überwachen. Eine Überwachungsabsicht ist

---

[581] S. zur Frage, ob und inwiefern Betriebsvereinbarungen vom Schutzniveau des Gesetzes abweichen dürfen z. B. *Klösel/Mahnhold*, NZA 2017, 1428 (1430 f.).

[582] *Nebel*, ZD 2018, 520 (523). S. ausführlich zu Betriebsvereinbarungen *Klösel/Mahnhold*, NZA 2017, 1428.

nicht notwendig. Es ist unerheblich, ob die technische Einrichtung eine *arbeitsnotwendige Maßnahme* darstellt.[583] Das sind neben Zugangskontrollsystemen, Zeiterfassungssystemen, Kameras, Abhörgeräten, Fahrtenschreiber, Telefonanlagen, die das Mithören der Gespräche ermöglichen, Bürokommunikationssystemen, Personalinformationssystemen, elektronischen Personalakten, Systeme für die Einbindung von Bring Your Own Device (BYOD) auch Social Networks wie Facebook.[584] Das Mitbestimmungsrecht des Betriebsrats gilt auch beim Erlass von Social Media Guidelines[585] sowie bei der Einführung interner Social Networks.[586]

7.7.5   Social Networks als Kommunikationsinfrastruktur im Betrieb

Ermöglichen oder ordnen Arbeitgeber an, Social Networks als Kommunikationsmittel im Betrieb zu verwenden, gelten neben den datenschutzrechtlichen Vorgaben der Datenschutz-Grundverordnung und des Bundesdatenschutzgesetzes gegebenenfalls bereichsspezifische Vorschriften des Telekommunikationsgesetzes oder nach ihrem Inkrafttreten die ePrivacy-VO. Stellt der Arbeitgeber die Infrastruktur zur Verfügung, ist er Anbieter eines elektronischen oder interpersonellen Kommunikationsdienstes. Die datenschutzrechtlichen Vorschriften der §§ 91 ff. TKG gelten nur beim Betrieb geschäftsmäßiger Telekommunikationsdienste. Ein geschäftsmäßiges Erbringen setzt nach § 3 Nr. 10 TKG „das nachhaltige Angebot von Telekommunikation für Dritte" voraus. Nutzt ein Arbeitgeber ein Social Network für sich, fällt dies – sofern er überhaupt der Anbieter des Social Networks ist – nicht unter das geschäftsmäßige Erbringen, sodass nicht die datenschutzrechtlichen Vorschriften des Telekommunikationsgesetzes zur Anwendung kommen, sondern die Vorschriften der Datenschutz-Grundverordnung. Die ePrivacy-VO gilt nach Art. 2 Abs. 2 lit. c nur für öffentlich zugängliche Kommunikationsdienste. Innerbetriebliche Kommunikationsdienste sind in aller Regel nicht öffentlich zugänglich, sodass die Regelungen der ePrivacy-VO nicht gelten werden.

---

[583] *Werner*, in: Rolfs/Giesen/Kreikebohm/Udsching 2020, § 87 BetrVG, Rn. 90–93.

[584] BAG, K&R 2017, 427 ff., kommentiert von *Kaumanns*, K&R 2017, 439. Alle Beispiele aus *Werner*, in: Rolfs/Giesen/Kreikebohm/Udsching 2020, § 87 BetrVG, Rn. 95 mit weiteren Nachweisen.

[585] *Gola/Pötters/Wronka* 2016, Rn. 2022a; *Däubler* 2018, § 4, Rn. 19; a. A. *Forst*, ZD 2012, 251 (254).

[586] *Gola/Pötters/Wronka* 2016, Rn. 2022a.

7.7.6 Datenschutzgrundsätze und Betroffenenrechte

Zum Schutz der Interessen der betroffenen Person sind nach § 26 Abs. 5 BDSG alle datenverarbeitenden Stellen zusätzlich verpflichtet, die Datenschutzgrundsätze des Art. 5 DSGVO einzuhalten. Das betrifft die Grundsätze der Rechtmäßigkeit, der Verarbeitung nach Treu und Glauben, der Transparenz, der Zweckbindung, der Datenminimierung, der Richtigkeit, der Speicherbegrenzung, der Integrität und der Vertraulichkeit personenbezogener Daten sowie die Rechenschaftspflicht.[587] Spezifische Betroffenenrechte für Beschäftigte finden sich im Bundesdatenschutzgesetz nicht. Die Öffnungsklausel umfasst zwar grundsätzlich den Erlass spezifischer Betroffenenrechte; der deutsche Gesetzgeber hat hiervon jedoch keinen Gebrauch gemacht. Daher gelten die allgemeinen Vorschriften der Art. 13 ff. DSGVO.[588] Um die Interessen der Arbeitnehmer zu wahren und deren Persönlichkeitsrechte effektiv zu schützen, stellt die Datenschutz-Grundverordnung schwerwiegende Sanktionsmöglichkeiten auf. Bei Verstoß gegen die Vorgaben der Verordnung drohen den datenverarbeitenden Stellen (Arbeitgeber, dessen Auftragsverarbeiter, aber unter Umständen auch der Betriebsrat) nach Art. 83 DSGVO Sanktionen von bis zu 20 Millionen Euro oder 4 % des weltweiten Jahresumsatzes.[589]

7.7.7 Sonderfall: Bewerberrecherche in Social Networks

Da Social Networks insbesondere bei der Bewerberrecherche eine wichtige Rolle spielen, soll die Zulässigkeit der Datenerhebung in Social Networks durch Arbeitgeber einer gesonderten Betrachtung unterzogen werden. Bei der Beurteilung der Zulässigkeit können die in der arbeitsrechtlichen Rechtsprechung entwickelten Maßstäbe zum Fragerecht des Arbeitgebers herangezogen werden. Dieses behandelt das Informationsrecht des Arbeitgebers, nach welchen Informationen über einen Beschäftigten ein Arbeitgeber zulässigerweise fragen darf und bei welchen Fragen ein Beschäftigter keine Auskunft geben muss (oder sogar lügen darf). Nach ständiger Rechtsprechung darf der (künftige) Arbeitgeber Auskunft verlangen, „wenn [er] ein berechtigtes, billigenswertes und schutzwürdiges Interesse an der Beantwortung seiner Frage bzw. der Informationsbeschaffung im Hinblick auf die Begründung des

---

[587] Zu den Grundsätzen *Roßnagel*, in: Roßnagel 2018, § 3, Rn. 39 ff. sowie die rechtlichen Kriterien (K1) bis (K8) in Abschn. 8.2.3.

[588] S. Abschn. 7.8.2.

[589] S. zum Sanktionsregime der Datenschutz-Grundverordnung *Forum Privatheit* (Hrsg.), Forschungsbericht Sanktionsregime, 2019 sowie *Braun/Hohmann*, in: Roßnagel 2018, § 6, Rn. 126 ff.

Arbeitsverhältnisses hat und das Interesse des [Beschäftigten] an der Geheimhaltung seiner Daten das Interesse des Arbeitgebers an der Erhebung dieser Daten nicht überwiegt".[590]

Der Umfang und die Grenzen des Fragerechts des Arbeitgebers ergeben sich aus dem allgemeinen Persönlichkeitsrecht des Beschäftigten. Datenschutzrechtlich relevant nach § 26 BDSG sind Fragen nach solchen Angaben, die für die Begründung, Durchführung oder Beendigung des Beschäftigungsverhältnisses erforderlich sind. Dazu gehören neben den Stammdaten zur Person wie Name und Anschrift vor allem Angaben zur Ausbildung und Berufserfahrung.[591] Unzulässig sind hingegen Fragen zu Freizeitbeschäftigungen[592] sowie Fragen nach Schwangerschaft, Rasse/Ethnie, politische Ansichten, Gewerkschaftszugehörigkeit, Religion, sexueller Identität und ähnlichem, die ein Diskriminierungsrisiko für den Beschäftigten darstellen.[593] Ausnahmen hiervon gelten für Fälle, in denen dies für die Position des Beschäftigten relevant ist, etwa Fragen nach Vermögensstrafen bei besonderen Vertrauenspositionen oder bei Zugriff auf Vermögenswerte sowie Fragen nach einer Schwerbehinderung oder Krankheiten, wenn dies für die Tätigkeit entscheidend ist, etwa weil sie körperliche Arbeit voraussetzt oder erhöhte Ansteckungsgefahr besteht.[594]

Nach diesen Maßstäben richtet sich auch die Frage der Zulässigkeit der Informationserhebung in Social Networks. Eine Recherche in einem allgemeinen, privat ausgerichteten Social Network (etwa Facebook) ist daher grundsätzlich unzulässig, da der Arbeitgeber Informationen erhält oder erhalten könnte, nach denen er auch an anderer Stelle nicht fragen dürfte. Nach der Rechtslage des Bundesdatenschutzgesetzes in seiner alten Fassung war umstritten, ob eine Datenerhebung in privat orientierten Social Networks zulässig ist, wenn die Daten des Beschäftigten allgemein zugänglich sind, etwa, weil sie nicht einem bestimmten Nutzerkreis vorbehalten werden. Eine Datenerhebung allgemein zugänglicher Daten war nach § 28 Abs. 1 Satz 1 Nr. 3 BDSG a. F. zulässig. Das Verhältnis dieser Vorschrift zur Spezialnorm für den Beschäftigtendatenschutz nach § 32 BDSG war umstritten:

---

[590]Z. B. BAGE 143, 343, Rn. 22; *Oberthür*, in: Kramer 2017, Rn. 774; *Däubler* 2017, Rn. 209a; *Preis*, in: ErfK 2020, § 611a BGB, Rn. 271 mit weiteren Nachweisen.

[591]*Riesenhuber*, in: Wolff/Brink 2020, § 26 BDSG, Rn. 74 ff.; *Maschmann*, in: Kühling/Buchner 2018, § 26 BDSG, Rn. 29; *Kort*, NZA-Beilage 2016, 62 (67, 68).

[592]*Däubler* 2017, 211.

[593]*Kort*, NZA-Beilage 2016, 62 (67); *Riesenhuber*, in: Wolff/Brink 2020, § 26 BDSG, Rn. 79 f.; ausführlich *Däubler* 2017, 210 ff.

[594]*Maschmann*, in: Kühling/Buchner 2018, § 26 BDSG, Rn. 30; *Kort*, NZA-Beilage 2016, 62 (68), jeweils mit weiteren Nachweisen.

teils wurde eine parallele Anwendbarkeit bejaht,[595] teilweise eine Verdrängung der allgemeinen Vorschrift durch die Speziellere bevorzugt.[596]

Auch nach der Datenschutz-Grundverordnung und dem neuen Bundesdatenschutzgesetz gibt es eine vergleichbare Konkurrenz verschiedener Normen. § 26 BDSG spricht von der Erforderlichkeit der Datenverarbeitung. Einen weiteren Tatbestand, der die Verwendung öffentlich zugänglicher Informationen erlaubt, gibt es im Bundesdatenschutzgesetz nicht.[597] Jedoch erlaubt Art. 9 Abs. 2 lit. e DSGVO die Verarbeitung besonderer Kategorien personenbezogener Daten, wenn die betroffene Person diese offensichtlich öffentlich gemacht hat.[598] Fraglich ist jedoch, ob Art. 9 Abs. 2 lit. e DSGVO im Rahmen des Beschäftigungskontexts bei § 26 BDSG anwendbar ist. In § 26 Abs. 3 BDSG hat der deutsche Gesetzgeber eine Spezialregelung hinsichtlich besonderer Kategorien personenbezogener Daten erlassen. Diese bezieht sich jedoch nur auf Art. 9 Abs. 1 lit. b DSGVO und erlaubt eine Datenverarbeitung, wenn sie zur Ausübung von Rechten oder zur Erfüllung rechtlicher Pflichten aus dem Arbeitsrecht, dem Recht der sozialen Sicherheit und des Sozialschutzes erforderlich ist und kein Grund zu der Annahme besteht, dass das schutzwürdige Interesse der betroffenen Person an dem Ausschluss der Verarbeitung überwiegt. Damit ist § 26 Abs. 3 BDSG *lex specialis* zu Art. 9 Abs. 2 lit. b DSGVO,[599] nicht jedoch zu dessen lit. e, für den ohnehin keine Öffnungsklausel abweichende Regelungen vorsieht. Ergänzend zu § 26 Abs. 3 BDSG ist aber ein Rückgriff auf weitere Tatbestände des Art. 9 DSGVO grundsätzlich möglich, da § 26 Abs. 3 BDSG keine speziellere Regelung vorsieht.[600] Hat ein Beschäftigter besondere Kategorien personenbezogener Daten offensichtlich öffentlich gemacht, greift das Verbot aus Art. 9 Abs. 1 DSGVO mangels Schutzbedürftigkeit nicht. Die Rechtmäßigkeit der Verarbeitung richtet sich nach den allgemeinen Regeln, im Beschäftigungskontext also § 26 Abs. 1 BDSG.[601] Somit darf der Arbeitgeber auch sogenannte sensible Daten, die der Beschäftigte offensichtlich öffentlich

---

[595] *Forst*, NZA 2010, 427 (430); *Brink*, in: Boecken/Düwell/Diller/Hanau 2016, § 32 BDSG a. F., Rn. 31; *Franzen*, in: ErfK 2018, § 32 BDSG a. F., Rn. 15.

[596] *Däubler*, in: Däubler/Klebe/Wedde/Weichert 2014, § 32 BDSG a. F., Rn. 8 ff., 37a; wohl auch *Seifert*, in: Simitis 2014, § 32 BDSF a. F., Rn. 17.

[597] Weder § 22 Abs. 1 Nr. 1 noch § 24 BDSG, die beide für nichtöffentliche Stellen gelten, enthalten eine Erlaubnis zur Verarbeitung öffentlich zugänglicher Daten.

[598] S. Abschn. 7.5.8.2

[599] BT-Drs. 18/11325, 98; *Pötters*, in: Gola 2018, Art. 88 DSGVO, Rn. 97.

[600] *Gräber/Nolden*, in: Paal/Pauly 2018, § 26 BDSG, Rn. 42; *Maschmann*, in: Kühling/Buchner 2018, § 26 BDSG, Rn. 23.

[601] *Gola*, BB 2017, 1462 (1468); *Seifert*, in: Simitis/Hornung/Spiecker 2019, Art. 88 DSGVO, Rn. 104. S. auch *Riesenhuber*, in: Wolff/Brink 2020, § 26 BDSG, Rn. 20.

zugänglich gemacht hat, nur dann verarbeiten, wenn diese für die Begründung, Durchführung oder Beendigung des Beschäftigungsverhältnisses erforderlich sind. Den Arbeitgeber treffen zudem Informationspflichten zur Herkunft dieser Daten.[602] Erforderlich kann jedoch nur eine solche Datenerhebung sein, die auch arbeitsrechtlich zulässig ist. Da Fragen nach nicht berufsrelevanten Themen unzulässig sind, muss auch die Recherche in privat orientierten Social Networks unzulässig sein.[603] Das Risiko, auf Informationen zu stoßen, die ein Arbeitgeber nicht verwenden dürfte, ist andernfalls zu hoch und das Interesse am Schutz der informationellen Selbstbestimmung des Beschäftigten überwiegt das Interesse des Arbeitgebers an der Nutzung dieser Informationen. Eine entsprechende Einwilligung des Beschäftigten, die dem Arbeitgeber das Recht einräumt, in privat orientierten Social Networks zu recherchieren, wäre mangels Freiwilligkeit unwirksam.[604]

Eine Recherche in beruflich ausgerichteten Social Networks (etwa Xing) ist demgegenüber zulässig, da die betroffene Person Informationen bereitstellt, die potenzielle Arbeitgeber sehen sollen und nach denen diese im Bewerbungsverfahren auch fragen dürften.[605]

7.8　　Rechte der betroffenen Person

Die Rechte der betroffenen Person zu stärken, war eines der Hauptanliegen der Datenschutz-Grundverordnung.[606] Hierzu sieht die Verordnung eine Reihe

---

[602]Zu den Informationspflichten s. Abschn. 7.8.2.

[603]*Stamer/Kuhnke*, in: Plath 2018, § 26 BDSG, Rn. 27; *Maschmann*, in: Kühling/Buchner 2018, § 26 BDSG, Rn. 36 hält zwar eine Datenerhebung in Suchmaschinen für zulässig, stellt aber trotzdem auf die Erforderlichkeit ab. A. A. *Dzida*, NZA 2017, 541 (544 f.); wohl auch *Riesenhuber*, in: Wolff/Brink 2020, § 26 BDSG, Rn. 178, der auf die Zwecksetzung und Nutzungsbedingungen des konkreten Social Network abstellt. Kritisch zur Erforderlichkeit auch *Schwarz*, ZD 2018, 353 (354).

[604]So auch *Schwarz*, ZD 2018, 353 (355). Dieses Vorgehen ist beispielsweise in den USA nicht unbekannt, *Kort*, DuD 2012, 722 (725); *Kort*, NZA-Beilage 2016, 62 (69). Eine entsprechende gesetzliche Regelung war im Gesetzesentwurf zu einem reformierten § 32 Abs. 6 BDSG a. F. beabsichtigt gewesen, BT-Drs. 17/4230, 6.

[605]*Forst*, NZA 2010, 427 (432); *Kort*, DuD 2012, 722 (725); *Kort*, NZA-Beilage 2016, 62 (69); *Dzida*, NZA 2017, 541 (544); *Däubler* 2018, § 4, Rn. 12; *Riesenhuber*, in: Wolff/Brink 2020, § 26 BDSG, Rn. 101; *Schmidt*, in: ErfK 2020, Art. 2 GG, Rn. 86. Zur Recherche und Ansprache potenzieller Bewerber in berufsorientierten Social Networks s. auch *Lepperhoff/Ermola*, RDV 2018, 260. Eine entsprechende gesetzliche Regelung war im Gesetzesentwurf zu einem reformierten § 32 Abs. 6 BDSG a. F. beabsichtigt gewesen, BT-Drs. 17/4230, 6.

[606]Vgl. Erwägungsgrund 11 DSGVO.

von Betroffenenrechten vor und verpflichtet den Verantwortlichen gleichzeitig zu Informations- und Mitteilungspflichten gegenüber der betroffenen Person. Diese sind in Kapitel III in den Art. 12 bis 22 DSGVO niedergelegt. Im Folgenden werden diese unter besonderer Berücksichtigung der für Social Networks relevanten Aspekte dargestellt. Zur Einhaltung und Umsetzung dieser Rechte und Pflichten ist der Verantwortliche verpflichtet. Verantwortlicher ist in jedem Fall der Anbieter des Social Networks gegenüber der betroffenen Person. Diese betroffene Person kann ein Nutzer oder ein Dritter sein. Zur Einhaltung der Rechte und Pflichten ist zudem gegebenenfalls der Nutzer verantwortlich. Gegenüber der betroffenen Person besteht die Verantwortlichkeit eines Nutzers aber nur, wenn die personenbezogenen Daten nicht im Rahmen einer persönlichen oder familiären Tätigkeit des verantwortlichen Nutzers erhoben wurden, da andernfalls die Datenschutz-Grundverordnung gemäß Art. 2 Abs. 2 lit. c DSGVO keine Anwendung findet.[607] Weiter sind gemeinsam Verantwortliche im Sinne des Art. 26 DSGVO verantwortlich für die Einhaltung der Betroffenenrechte.[608]

Art. 23 DSGVO eröffnet die Möglichkeit, die Rechte und Pflichten aus den Art. 12 bis 22 DSGVO einzuschränken. Art. 23 DSGVO nennt in Abs. 1 lit. a bis j Gründe, aus denen diese Rechte und Pflichten eingeschränkt werden dürfen. Das sind zum Beispiel die nationale Sicherheit in lit. a, die Landesverteidigung in lit. b, die Aufdeckung oder Verfolgung von Straftaten in lit. d oder Verstöße gegen berufsständische Regelungen in lit. g sowie andere vergleichbar schwerwiegende Belange des öffentlichen Interesses. Der deutsche Gesetzgeber hat von dieser Möglichkeit in den §§ 32 ff. BDSG Gebrauch gemacht. Für den Kontext von Social Networks spielen diese Beschränkungen in aller Regel nur eine untergeordnete Rolle.[609] Sofern eine entsprechende Anwendbarkeit angenommen werden kann, wird dies im Rahmen des jeweiligen Betroffenenrechts erwähnt. Darüber hinaus bleiben die §§ 32 ff. BDSG außer Betracht.

7.8.1 Transparenz und Modalitäten der Ausübung

Art. 12 DSGVO enthält allgemeine Anforderungen an die Ausführung der Informationspflichten und Betroffenenrechte. Die Vorschrift gilt ergänzend zu den

---

[607] S. Abschn. 7.2.1.3.
[608] S. Abschn. 7.4.4.
[609] So auch *Heberlein* 2017, 223.

spezifischen Rechten und Pflichten aus Art. 13 bis 22 DSGVO, ist also gleichsam „vor die Klammer gezogen",[610] sofern dort nicht Sonderregelungen getroffen sind.[611] Die Vorschrift enthält in „systematisch wenig geglückter"[612] Form sowohl Transparenz- als auch Verfahrensregeln.[613] Ein Verstoß gegen diese Vorgaben ist nach Art. 83 Abs. 5 lit. b DSGVO bußgeldbewehrt, sodass deren Umsetzung nicht zur Disposition des Verantwortlichen steht.

Nach Art. 12 Abs. 1 Satz 1 DSGVO hat der Verantwortliche geeignete Maßnahmen zu ergreifen, um alle Informationen nach Art. 13 und 14 DSGVO sowie alle Mitteilungen nach Art. 15 bis 22 und 34 DSGVO zu übermitteln. Was „geeignete Maßnahmen" sind, sagt die Verordnung nicht; jedenfalls müssen sie aber gemäß Art. 12 Abs. 2 Satz 1 DSGVO die Ausübung der Rechte nach erleichtern.[614]

Hierzu müssen die Informationen und Mitteilungen nach Art. 12 Abs. 1 Satz 1 DSGVO und entsprechend Erwägungsgrund 39 DSGVO in präziser, transparenter, verständlicher und leicht zugänglicher Form in einer klaren und einfachen Sprache übermittelt werden. Die genannten Kriterien sind nicht klar voneinander abgrenzbar,[615] jedenfalls bestehen aber sowohl inhaltliche als auch sprachliche sowie verfahrensartige Anforderungen. Präzise weist in diesem Zusammenhang auf die Genauigkeit der Informationen und Mitteilungen hin.[616] Das Erfordernis der Transparenz wiederholt den allgemeinen Grundsatz aus Art. 5 Abs. 1 lit. a DSGVO sowie die Anforderungen aus Erwägungsgrund 39 DSGVO. Verständlich sind die Informationen und Mitteilungen, wenn sie der verständige Durchschnittsnutzer versteht.[617] Das Erfordernis der klaren und einfachen Sprache ergänzt die

[610] *Kamlah*, in: Plath 2018, Art. 12 DSGVO, Rn. 1; *Eßer*, in: Auernhammer 2018, Art. 12 DSGVO, Rn. 2.

[611] Dies gilt insbesondere hinsichtlich der Formvorgaben des Art. 12 DSGVO, ausführlich *Bäcker*, in: Kühling/Buchner 2018, Art. 12 DSGVO, Rn. 14 ff.

[612] *Bäcker*, in: Kühling/Buchner 2018, Art. 12 DSGVO, Rn. 5.

[613] *Hohmann*, in: Roßnagel 2017, § 3, Rn. 112; *Hohmann/Miedzianowski*, in: Roßnagel 2018, § 4, Rn. 3; *Bäcker*, in: Kühling/Buchner 2018, Art. 12 DSGVO, Rn. 6 f.

[614] *Dix*, in: Simitis/Hornung/Spiecker 2019, Art. 12 DSGVO, Rn. 2; *Kamlah*, in: Plath 2018, Art. 12 DSGVO, Rn. 11 spricht von einem „Behinderungsverbot".

[615] *Dix*, in: Simitis/Hornung/Spiecker 2019, Art. 12 DSGVO, Rn. 12; Kritisch *Kamlah*, in: Plath 2018, Art. 12 DSGVO, Rn. 2.

[616] *Bäcker*, in: Kühling/Buchner 2018, Art. 12 DSGVO, Rn.11; *Kamlah*, in: Plath 2018, Art. 12 DSGVO, Rn. 2.

[617] *Eßer*, in: Auernhammer 2018, Art. 12 DSGVO, Rn. 8; *Bäcker*, in: Kühling/Buchner 2018, Art. 12 DSGVO, Rn. 12.

Anforderung der Verständlichkeit. Leicht zugänglich sind Informationen und Mitteilungen, wenn diese nicht versteckt sind,[618] sich der Nutzer also nicht durch eine Vielzahl von Seiten klicken muss, um an die gesuchten Informationen zu gelangen, sondern diese zum Beispiel auf der Startseite des Social Networks zugänglich sind. Diese Anforderungen sind insbesondere bei Informationen zu beachten, die sich speziell an Kinder richten. Richtet sich ein Social Network sowohl an Kinder als auch Erwachsene, wie dies bei privat ausgerichteten Social Networks häufig der Fall ist, muss der Anbieter sicherstellen, dass hinsichtlich beider die Anforderungen des Art. 12 DSGVO erfüllt werden. Hierfür sollten Kinder vor der Anmeldung und während der Nutzung eigene Sprachfassungen zur Verfügung gestellt bekommen.

Um insbesondere die Verständlichkeit zu erleichtern, darf der Verantwortliche nach Art. 12 Abs. 7 DSGVO ergänzend zu den textlichen Informationen nach Art. 13 und 14 DSGVO standardisierte Bildsymbole bereitstellen, die bei elektronischer Darstellung maschinenlesbar sein müssen. Gerade bei komplexen Datenverarbeitungsvorgängen wie in Social Networks können Bildsymbole hilfreich sein, um den Nutzern einen ersten Überblick zu verschaffen.[619] Sie stellen andererseits aber eine zusätzliche Fehlerquelle dar, da das Risiko groß ist, dass diese den textlichen Informationen widersprechen.[620] Die Kommission wird in Art. 12 Abs. 8 DSGVO ermächtigt, per delegiertem Rechtsakt Informationen zu bestimmen, die durch Bildsymbole darzustellen sind, sowie Verfahren für die Bereitstellung standardisierter Bildsymbole zu erlassen; die Ermächtigung, als Anbieter eigene Bildsymbole zu verwenden, ist damit jedoch nicht verbunden.[621] Die Kommission hat von dieser Ermächtigung bisher keinen Gebrauch gemacht.[622] In der Literatur ist umstritten, ob durch einen solchen delegierten Rechtsakt Verantwortliche verpflichtet wären,

---

[618] *Franck*, in: Gola 2018, Art. 12 DSGVO, Rn. 21; *Kamlah*, in: Plath 2018, Art. 12 DSGVO, Rn. 2.

[619] *Bäcker*, in: Kühling/Buchner 2018, Art. 12 DSGVO, Rn. 20. Vgl. auch *Pollmann/Kipker*, DuD 2016, 378 (379 f.), die darin zusätzlich eine Möglichkeit der Förderung der Informiertheit sehen.

[620] Kritisch daher *Bäcker*, in: Kühling/Buchner 2018, Art. 12 DSGVO, Rn. 21.

[621] *Bäcker*, in: Kühling/Buchner 2018, Art. 12 DSGVO, Rn. 24; *Heckmann/Paschke*, in: Ehmann/Selmayr 2018, Art. 12 DSGVO, Rn. 57; *Greve*, in: Sydow 2018, Art. 12 DSGVO, Rn. 32.

[622] Anhang 1 des Parlamentsentwurfs der Grundverordnung enthielt noch eigene Vorschläge für standardisierte Bildsymbole, die das Parlament aber im Abstimmungsprozess nicht durchsetzen konnte. Der Erlass wurde daher der Kommission per delegiertem Rechtsakt aufgetragen. Die Bildsymbole des Parlamentsentwurfs wurden als wenig nachvollziehbar und verständlich kritisiert, *Robrecht* 2015, 49 f.; *Franck*, in: Gola 2018, Art. 12 DSGVO, Rn. 49.

diese Symbole einzusetzen.[623] Diese Diskussion ist jedoch hinfällig, da voraussichtlich erst der delegierte Rechtsakt selbst den Umfang der Nutzungspflicht konkret festlegen würde.

Um einen Medienbruch zu vermeiden, sind gemäß Art. 12 Abs. 1 Satz 2 DSGVO die Informationen nach Art. 13 und 14 DSGVO möglichst elektronisch zu übermitteln. Es ist davon auszugehen, dass daneben auch die Mitteilungen der Art. 15 ff. DSGVO der Formfreiheit unterliegen und elektronisch zu übermitteln sind, auch wenn Art. 12 Abs. 1 Satz 2 DSGVO sich nur auf die Informationen der Art. 13 und 14 DSGVO bezieht. Es ist jedenfalls nicht ersichtlich, warum dort strengere Regeln gelten sollten.[624]

Informationen über ergriffene Maßnahmen nach Art. 15 bis 22 DSGVO sind nach Art. 12 Abs. 3 Satz 1 DSGVO unverzüglich zur Verfügung zu stellen; Art 13 und 14 DSGVO bleiben unberücksichtigt, da letztere eigene Regelungen enthalten. „Unverzüglich" wird nicht näher erläutert, die Vorschrift nennt aber eine Höchstfrist von einem Monat. Diese darf nach Art. 12 Abs. 3 Satz 2 DSGVO um zwei weitere Monate verlängert werden, wenn dies aufgrund der Komplexität oder Anzahl der Anträge erforderlich ist; die betroffene Person ist innerhalb des initialen Monats über die Verzögerung und deren Gründe zu informieren. Der Verantwortliche muss also in jedem Fall unverzüglich tätig werden und auf Anträge oder Anfragen der betroffenen Person reagieren.

Wird der Verantwortliche nicht tätig, unterrichtet er die betroffene Person nach Art. 12 Abs. 4 DSGVO über seine Gründe; dies muss ohne Verzögerung, wiederum spätestens innerhalb eines Monats geschehen zusammen mit dem Hinweis auf das Recht auf Beschwerde oder einen gerichtlichen Rechtsbehelf.

Die Kosten für die Wahrnehmung der Betroffenenrechte der Art. 13 bis 22 und 34 DSGVO hat nach Art. 12 Abs. 5 DSGVO der Verantwortliche zu tragen. Lediglich bei offenkundig unbegründeten oder exzessiven Anträgen darf er ein angemessenes Entgelt verlangen oder aber die Auskunft verweigern. Eine offenkundige Unbegründetheit liegt zum Beispiel vor, wenn eine Antragstellung nach Würdigung aller Umstände des Einzelfalls als aussichtslos angesehen werden muss. Exzessiv sind Anträge dann, wenn sie zu häufig wiederholt werden, wobei eine genaue Festlegung, wann häufig zu häufig ist, nur im Einzelfall zu treffen ist.[625] Die Vorschrift ist im Interesse einer effektiven Durchsetzung des Datenschutzrechts eng auszulegen. Im

---

[623] So *Bäcker*, in: Kühling/Buchner 2018, Art. 12 DSGVO, Rn. 24. Offen gelassen in *Albrecht*, CR 2016, 88 (93). A. A. *Greve*, in: Sydow 2018, Art. 12 DSGVO, Rn. 32 und *Spindler*, DB 2016, 937 (941).

[624] *Kamlah*, in: Plath 2018, Art. 12 DSGVO, Rn. 7.

[625] Zu den Definitionen *Greve*, in: Sydow 2018, Art. 12 DSGVO, Rn. 28; *Dix*, in: Simitis/Hornung/Spiecker 2019, Art. 12 DSGVO, Rn. 31–33;

Hinblick auf die umfangreiche Datenverarbeitung, welche Social Networks nicht nur hinsichtlich ihrer Nutzer, sondern über Social Plug-ins auch hinsichtlich Dritter täglich durchführen, sind Anträge regelmäßig weder offensichtlich unbegründet noch exzessiv.

Bestehen begründete Zweifel an der Identität der betroffenen Person, darf der Verantwortliche nach Art. 12 Abs. 6 DSGVO zusätzliche Informationen zur Bestätigung der Identität anfordern. Denkbar ist der Fall in Social Networks, dass ein Nutzer sich an den Anbieter wendet und dabei eine Mail-Adresse verwendet, die nicht im System hinterlegt ist – dies entfällt, wenn der Antrag über das Interface der Plattform nach Einloggen des Nutzers gestellt wird.[626] In engen Grenzen ist nach § 20 Abs. 2 PAuswG auch die Übersendung einer Ausweiskopie zulässig,[627] aber wegen der Manipulationsanfälligkeit einer Kopie zur zweifelsfreien Identifizierung eigentlich ungeeignet.[628]

7.8.2 Informationspflicht des Verantwortlichen

Den Verantwortlichen treffen Informationspflichten gegenüber der betroffenen Person, wenn er personenbezogene Daten erhebt. Art. 13 DSGVO gilt für den Fall, dass die Daten bei der betroffenen Person erhoben werden; Art. 14 DSGVO ist einschlägig, wenn die Daten nicht bei der betroffenen Person erhoben werden. Beide Artikel sind zentral für die Ausübung der Betroffenenrechte, da eine betroffene Person ihre Rechte nur ausüben kann, wenn sie über die Art und Weise sowie die Zwecke der Datenerhebung Bescheid weiß.

7.8.2.1 Erhebung bei der betroffenen Person

Die Informationen sind gemäß Art. 13 Abs. 1 und 2 DSGVO „zum Zeitpunkt der Erhebung" mitzuteilen oder zur Verfügung zu stellen. Da der betroffenen Person mit der Datenerhebung bereits alle Betroffenenrechte offenstehen, müssen die Informationen des Art. 13 DSGVO also vor der Erhebung oder gleichzeitig mit der Erhebung gegeben werden.[629] Der Anbieter erhebt Daten der betroffenen Person

---

[626]*Dix*, in: Simitis/Hornung/Spiecker 2019, Art. 12 DSGVO, Rn. 36; vgl. auch Erwägungsgrund 57 Satz 3 DSGVO.

[627]*Eßer*, in: Auernhammer 2018, Art. 12 DSGVO, Rn. 35; *Kamlah*, in: Plath 2018, Art. 12 DSGVO, Rn. 9c. S. zur Identifizierung mittels Ausweiskopie auch Abschn. 7.5.7.1.6, insb. Fn. 1106.

[628]*Dix*, in: Simitis/Hornung/Spiecker 2019, Art. 12 DSGVO, Rn. 36.

[629]*Knyrim*, in: Ehmann/Selmayr 2018, Art. 13 DSGVO, Rn. 11.

in dem Moment, in dem der Nutzer diese eingibt. Er muss also die Informationen vor Abschluss der Registrierung mitteilen. Während der Nutzung des Social Networks bestehen dann aufgrund des Abs. 4 regelmäßig keine Informationspflichten mehr, da der Nutzer die Informationen bereits hat. Ein verantwortlicher Nutzer muss der betroffenen Person die Informationen vor dem jeweiligen Datenverarbeitungsvorgang erteilen. Werden Daten mittels eines Social Plug-ins erhoben und dann an das Social Network geleitet, muss der Verantwortliche oder bei gemeinsam Verantwortlichen der dafür zuständige Verantwortliche den Informationspflichten nachkommen, bevor erstmals Daten an das Netzwerk gesendet werden.

Die Informationspflichten umfassen zunächst die sogenannten Pflichtinformationen nach Art. 13 Abs. 1 DSGVO.[630] Danach hat der Verantwortliche nach lit. a seinen Namen und Kontakt sowie gegebenenfalls seinen Vertreter im Sinne des Art. 4 Nr. 17 DSGVO zu nennen sowie nach Art. 13 Abs. 1 lit. b DSGVO den Kontakt des Datenschutzbeauftragten, sofern ein solcher bestellt ist. Nach lit. c sind die Zwecke der Datenverarbeitung sowie die Rechtsgrundlage für die Verarbeitung anzugeben, und zwar einzelfallbezogen und vollständig.[631] Beruht die Datenverarbeitung auf einem berechtigten Interesse nach Art. 6 Abs. 1 lit. f DSGVO, so ist das berechtigte Interesse des Verantwortlichen oder eines Dritten mitzuteilen.[632] Beabsichtigt der Verantwortliche die Daten weiterzugeben, so sind nach Art. 13 Abs. 1 lit. e DSGVO die Empfänger der Daten im Sinne des Art. 4 Nr. 9 DSGVO oder, falls dies nicht im Einzelnen möglich ist, die Kategorien von Empfängern der Daten anzugeben. Beabsichtigt der Verantwortliche die personenbezogenen Daten an ein Drittland oder eine internationale Organisation zu übermitteln, informiert dieser nach Art. 13 Abs. 1 lit. f DSGVO zusätzlich über das Vorliegen oder Fehlen eines Angemessenheitsbeschlusses nach Art. 45 DSGVO oder über geeignete und angemessene Garantien im Falle der Art. 46, 47 oder 49 Abs. 1 DSGVO sowie die Möglichkeit zum Erhalt einer Kopie der Daten.

Zusätzlich dazu hat der Verantwortliche nach Art. 13 Abs. 2 DSGVO weitere Informationen zur Verfügung zu stellen. Diese sind ausweislich des Wortlauts nur dann zu erteilen, wenn sie notwendig sind, um eine faire und transparente Verarbeitung zu gewährleisten. Der Bedeutungsgehalt dieser Formulierung ist umstritten. Der Wortlaut legt nahe, dass der Verantwortliche im Einzelfall entscheiden muss,

---

[630] *Schantz*, NJW 2016, 1841 (1845); *Hohmann/Miedzianowski*, in: Roßnagel 2018, § 4, Rn. 4; *Kamlah*, in: Plath 2018, Art. 13 DSGVO, Rn. 7; *Knyrim*, in: Ehmann/Selmayr 2018, Art. 13 DSGVO, Rn. 29. Vgl. auch den Wortlaut des Abs. 1 „teilt ... mit".

[631] *Bäcker*, in: Kühling/Buchner 2018, Art. 13 DSGVO, Rn. 26.

[632] Zu den berechtigten Interessen im Einzelnen s. Abschn. 7.5.5.

ob und welche Informationen des Abs. 2 notwendig sind; andererseits wiederholen etwa lit. b oder lit. d lediglich die bestehende Rechtslage.[633] Im Unterschied zu Abs. 1 sind die Informationen von lit. a bis f jedenfalls nicht immer im vollen Umfang zur Verfügung zu stellen, sondern nur soweit sie im Einzelfall zutreffen. Zudem ist die Aufzählung ausweislich des Wortlauts zwar abschließend („folgende weitere Informationen"), die Anspielung auf den Grundsatz der Rechtmäßigkeit, Verarbeitung nach Treu und Glauben und Transparenz im Sinne des Art. 5 Abs. 1 lit. a DSGVO impliziert jedoch, dass auch weitere ungenannte Informationen für eine faire und transparente Verarbeitung notwendig sein können.[634] Da die Beweislast für die rechtmäßige Erfüllung dieser Informationspflichten beim Verantwortlichen liegt, ist in jedem Fall besonderes Augenmerk auf die Abwägung der Notwendigkeit zu legen.

Im Einzelnen hat der Verantwortliche – sofern für eine transparente und faire Verarbeitung notwendig – der betroffenen Person nach Art. 13 Abs. 2 lit. a DSGVO die beabsichtigte Speicherdauer oder die Kriterien zur Festlegung der Dauer mitzuteilen. Nach lit. b sind Informationen zum Bestehen der Betroffenenrechte nach Art. 15 bis 18, 20 und 21 DSGVO zur Verfügung zu stellen. Beruht die Datenverarbeitung auf einer Einwilligung der betroffenen Person, ist nach Art. 13 Abs. 2 lit. c DSGVO auf die Widerruflichkeit der erteilten Einwilligung für die Zukunft hinzuweisen. Zudem gibt der Verantwortliche nach lit. d Hinweise zum Bestehen eines Beschwerderechts bei einer Aufsichtsbehörde. Da gemäß Art. 77 DSGVO jede betroffene Person ein Beschwerderecht hat, ist diese Information nicht optional, sondern in jedem Fall zu erteilen. Zudem ist der betroffenen Person nach Art. 13 Abs. 2 lit. e DSGVO mitzuteilen, ob die Bereitstellung der personenbezogenen Daten gesetzlich oder vertraglich vorgeschrieben oder zur Vertragserfüllung erforderlich ist und ob eine Pflicht zur Bereitstellung besteht sowie welche Folgen eine Nichtbeachtung für die betroffene Person hat. Insbesondere diese Information ist für die Datenverarbeitung in Social Networks relevant, da hinsichtlich der Zulässigkeit der Datenverarbeitung in Social Networks nach den einzelnen Rechtsgrundlagen

---

[633] *Schantz*, NJW 2016, 1841 (1845); *Knyrim*, in: Ehmann/Selmayr 2018, Art. 13 DSGVO, Rn. 29, 51. Kritisch zur praktischen Abgrenzbarkeit *Paal/Hennemann*, in: Paal/Pauly 2018, Art. 13 DSGVO, Rn. 22. *Bäcker*, in: Kühling/Buchner 2018, Art. 13 DSGVO, Rn. 20 sieht in den Informationenpflichten nach Abs. 1 und 2 keinen sachlichen Unterschied, so dass der Verantwortliche Abs. 1 und 2 „gleichermaßen vollständig zu erfüllen" hat; ebenso *Dix*, in: Simitis/Hornung/Spiecker 2019, Art. 13 DSGVO, Rn. 13.

[634] So *Franck*, in: Gola 2018, Art. 13 DSGVO, Rn. 30 ff., der die Aufzählung für nicht abschließend hält.

des Art. 6 Abs. 1 DSGVO zu differenzieren ist.[635] Schließlich muss der Verantwortliche nach Art. 13 Abs. 2 lit. f DSGVO über das Bestehen einer automatisierten Entscheidungsfindung einschließlich Profiling im Sinne des Art. 22 Abs. 1 und 4 DSGVO informieren und in diesen Fällen aussagekräftige Informationen zur involvierten Logik und Tragweite und zu Auswirkungen für die betroffene Person zur Verfügung stellen. Der Verantwortliche muss also darüber informieren, dass er personenbezogene Daten für Zwecke des Profiling verwendet, welche Rückschlüsse er zu ziehen beabsichtigt und welche Folgen dies für die betroffene Person haben kann.[636]

Die Offenlegung eines Algorithmus steht freilich im Spannungsfeld zur Wahrung von Geschäftsgeheimnissen, Erwägungsgrund 63 DSGVO. Der Bundesgerichtshof verneint jedoch eine umfassende Auskunftspflicht für die abstrakte Funktionsweise des Algorithmus (die sogenannte Score-Formel im Falle von Auskunfteien) und entscheidet den Ausgleich zwischen dem Schutz von Betriebs- und Geschäftsgeheimnissen und Transparenzerfordernissen einseitig zugunsten des Geheimnisschutzes.[637] Diese Argumentation begegnet unions- und verfassungsrechtlichen Bedenken.[638] Verträglichere Verfahren zum Ausgleich der widerstreitenden Interessen sind zum Beispiel ein Geheimverfahren[639] oder die Einschaltung eines unabhängigen Intermediären.[640]

Die Form der Informationserteilung richtet sich grundsätzlich nach den Vorgaben des Art. 12 DSGVO.[641] Hier ist insbesondere die Möglichkeit des Abs. 7 zu beachten, die Informationen über standardisierte Bildsymbole darzustellen. Die unterschiedliche Wortwahl von „mitteilen" in Art. 13 Abs. 1 DSGVO, „zur Verfügung stellen" in Abs. 2 und „übermitteln" in Art. 12 DSGVO hat keine Auswirkungen. Gemeint ist jeweils das Gleiche, nämlich ein aktives Handeln des Verantwortlichen.[642] Dafür spricht auch die englische Sprachfassung „provide"

---

[635] S. Abschn. 7.5.

[636] *Dix*, in: Simitis/Hornung/Spiecker 2019, Art. 13 DSGVO, Rn. 16. Zum Anwendungsbereich der automatisierten Entscheidungsfindung nach Art. 22 DSGVO in Social Networks s. Abschn. 7.8.10.

[637] BGHZ 200, 38.

[638] S. ausführlich *Gärtner*, BKR 2014, 197 (197 f.).

[639] *Foerste*, in: Musielak/Voit 2019, § 284 ZPO, Rn. 25 mit weiteren Nachweisen

[640] Ausführlich *Richter*, DuD 2016, 89 (93). S. zudem das Gestaltungsziel Algorithmentransparenz (Z15), Abschn. 8.2.4.15.

[641] S. Abschn. 7.8.1.

[642] *Knyrim*, in: Ehmann/Selmayr 2018, Art. 13 DSGVO, Rn. 21; *Bäcker*, in: Kühling/Buchner 2018, Art. 13 DSGVO, Rn. 1, 59; *Hohmann/Miedzianowski*, in: Roßnagel 2018, § 4, Rn. 4.

in allen Vorschriften.[643] Das Bereithalten der Informationen auf einer öffentlich zugänglichen Internetseite genügt, sofern die Informationen leicht zugänglich sind, etwa über eine Rubrik Datenschutzerklärung oder Privacy Policy.[644]

Beabsichtigt der Verantwortliche, personenbezogene Daten nach Art. 6 Abs. 4 DSGVO für einen anderen als den ursprünglichen Zweck weiterzuverarbeiten,[645] ist er nach Art. 13 Abs. 3 DSGVO verpflichtet, alle Informationen über diesen Zweck sowie alle weiteren maßgeblichen Informationen nach Abs. 2 zur Verfügung zu stellen. Der Zeitpunkt der Information nach Abs. 3 richtet sich nach der beabsichtigten Weiterverarbeitung und ist nicht zwingend identisch mit dem Zeitpunkt des Abs. 1 und 2.[646] Die Informationspflicht besteht nicht nach dem in Abs. 4 genannten Grund sowie nach den in § 32 Abs. 1 BDSG genannten Fällen.

Die Datenschutz-Grundverordnung regelt keine Rechtsfolgen bezüglich der Zulässigkeit der Datenverarbeitung bei Verstoß gegen die Informationspflichten des Art. 13 DSGVO. Sinn und Zweck der Informationspflicht nach Art. 13 DSGVO ist die Gewährleistung der Transparenz im Sinne des Art. 5 Abs. 1 lit. a Alt. 3 DSGVO, um der betroffenen Person die Ausübung ihres Rechts auf informationelle Selbstbestimmung und Datenschutz zu gewährleisten.[647] Würde ein Verstoß gegen Art. 13 DSGVO nicht geahndet, etwa, weil die betroffene Person ohnehin verpflichtet ist, an der Datenerhebung mitzuwirken,[648] würde der Transparenzgrundsatz in vielen Anwendungsfällen leerlaufen.[649] Daher führt ein Verstoß gegen Art. 13 DSGVO zur Rechtswidrigkeit der Datenverarbeitung. Vielmehr sind die personenbezogenen Daten gemäß Art. 17 Abs. 1 lit. b DSGVO zu löschen und der Datenverarbeitungsvorgang ist unter Einhaltung der Anforderungen der Datenschutz-Grundverordnung neu zu beginnen.

7.8.2.2 Erhebung aus anderen Quellen

Erhebt der Verantwortliche personenbezogene Daten einer betroffenen Person nicht bei dieser, sondern bei einer anderen Quelle, begründet dies Informationspflichten

---

[643] *Knyrim*, in: Ehmann/Selmayr 2018, Art. 13 DSGVO, Rn. 21; *Paal/Hennemann*, in: Paal/Pauly 2018, Art. 13 DSGVO, Rn. 21.

[644] *Illibauer*, in: Knyrim 2016, S. 116; *Knyrim*, in: Ehmann/Selmayr 2018, Art. 13 DSGVO, Rn. 22. Vgl. auch Erwägungsgrund 58 DSGVO.

[645] S. Abschn. 7.5.6.

[646] *Knyrim*, in: Ehmann/Selmayr 2018, Art. 13 DSGVO, Rn. 66.

[647] *Hohmann/Miedzianowski*, in: Roßnagel 2018, § 4, Rn. 1; *Dix*, in: Simitis/Hornung/Spiecker 2019, Art. 13 DSGVO, Rn. 1.

[648] So *Bäcker*, in: Kühling/Buchner 2018, Art. 13 DSGVO, Rn. 64.

[649] *Dix*, in: Simitis/Hornung/Spiecker 2019, Art. 13 DSGVO, Rn. 26.

nach Art. 14 DSGVO.[650] Ein Anbieter erhebt beispielsweise Daten aus anderen
Quellen, wenn er einen Nutzer auffordert, Informationen über andere Personen
bereitzustellen, etwa durch den Upload der Kontaktliste des Smartphones.[651] Wie
bei Art. 13 DSGVO ist auch bei Art. 14 DSGVO der Informationsumfang in zwei
Absätze aufgeteilt und beinhaltet die Pflichtinformationen in Abs. 1 sowie diejenigen fakultativen Informationen nach Abs. 2, die im Einzelfall für eine „faire und
transparente Verarbeitung" erforderlich sein sollen. Wie bei Art. 13 Abs. 2 DSGVO
auch sind die Informationen nach Art. 14 Abs. 2 lit. a bis g DSGVO jedenfalls
nicht immer im vollen Umfang zur Verfügung zu stellen, sondern nur soweit sie im
Einzelfall zutreffen.[652]

Art. 14 Abs. 1 DSGVO ist mit Art. 13 Abs. 1 DSGVO weitestgehend identisch;
bezüglich Art. 14 lit. a bis c, e und f DSGVO kann insofern auf die Ausführungen unter Art. 13 DSGVO verwiesen werden. Einzig Art. 14 Abs. 1 lit. d DSGVO
erklärt im Unterschied zu Art. 13 Abs. 1 lit. d DSGVO nicht berechtigte Interessen
zu den sogenannten Pflichtinformationen, sondern die Kategorien personenbezogener Daten. Zweck der Vorschrift ist, dass die betroffene Person wissen muss, um
welche Art von Daten es sich handelt, die der Verantwortliche bei anderen Quellen
erhoben hat, um entscheiden zu können, ob und in welchem Umfang sie von weiteren Betroffenenrechten Gebrauch machen will. Die Angabe der Datenkategorien
muss daher „präzise und spezifisch"[653] sein, zum Beispiel, ob es sich um Adressda-
ten oder Zahlungsdaten handelt[654] oder etwa Standortdaten, Tracking-Daten oder
Kommunikationsdaten. Insbesondere ist die Angabe wichtig, ob es sich um besondere Kategorien von personenbezogenen Daten nach Art. 9 DSGVO handelt und
welche dies speziell sind.[655]

Art. 14 Abs. 2 DSGVO nennt zusätzliche Informationen, die der Verantwortliche zur Verfügung stellen muss, wenn diese für eine „faire und transparente
Verarbeitung" erforderlich sind. Der differierende Wortlaut von „erforderlich" statt

---

[650] *Hohmann/Miedzianowski*, in: Roßnagel 2018, § 4, Rn. 5.

[651] Vgl. *Dix*, in: Simitis/Hornung/Spiecker 2019, Art. 14 DSGVO, Rn. 3.

[652] *Kamlah*, in: Plath 2018, Art. 14 DSGVO, Rn. 5; im Ergebnis wohl auch *Paal/Hennemann*,
in: Paal/Pauly 2018, Art 14 DSGVO, Rn. 24 in Verbindung mit Art 13 DSGVO, Rn. 22 sowie
Knyrim, in: Ehmann/Selmayr 2018, Art 14 DSGVO, Rn. 32. Kritisch *Eßer*, in: Auernhammer
2018, Art. 14 DSGVO, Rn. 21 in Verbindung mit Art. 13 DSGVO, Rn. 26 f. A. A. *Bäcker*, in:
Kühling/Buchner 2018, Art. 14 DSGVO, Rn. 13, 14 sowie *Dix*, in: Simitis/Hornung/Spiecker
2019, Art. 14 DSGVO, Rn. 9; demnach sind die Informationspflichten „stets zu erfüllen".
Vgl. auch Abschn. 7.8.2.1.

[653] *Bäcker*, in: Kühling/Buchner 2018, Art. 14 DSGVO, Rn. 17.

[654] Beide Beispiele aus *Kamlah*, in: Plath 2018, Art. 14 DSGVO, Rn. 3.

[655] *Franck*, in: Gola 2018, Art. 14 DSGVO, Rn. 7.

„notwendig" in Art. 13 Abs. 2 DSGVO ist ohne Bedeutung, in der englischen Sprachfassung ist in beiden Artikeln von „necessary" die Rede.[656] Auch Art. 14 Abs. 2 DSGVO ähnelt stark der Vorschrift des Art. 13 Abs. 2 DSGVO: bezüglich der Speicherdauer nach Art. 14 Abs. 2 lit. a DSGVO, dem Bestehen von Betroffenenrechten nach lit. c, dem Widerruf der Einwilligung nach lit. d, dem Beschwerderecht nach lit. e und dem Bestehen automatisierter Entscheidungsfindung nach lit. g kann auf die entsprechenden Ausführungen in Art. 13 DSGVO verwiesen werden.[657] Zudem muss der Verantwortliche nach Art. 14 Abs. 2 lit. b DSGVO Auskunft über berechtigte Interessen nach Art. 6 Abs. 1 lit. f DSGVO geben. Aufgrund der Nennung in Art. 14 Abs. 2 DSGVO gilt dies nur, wenn dies für ein faires und transparentes Verfahren erforderlich ist. Dies muss im Interesse der betroffenen Person immer dann der Fall sein, wenn sich der Verantwortliche auf diesen Erlaubnistatbestand stützt. Nach Art. 14 Abs. 2 lit. f DSGVO muss der Verantwortliche zudem die Quelle der personenbezogenen Daten mitteilen und ob sie gegebenenfalls aus öffentlich zugänglichen Quellen stammen. Daten in Social Networks gelten als öffentlich zugänglich, wenn sie mit oder ohne Anmeldung im Social Network oder durch eine Suchmaschine von jedermann abgerufen werden können, weil die betroffene Person keine weitergehende Einschränkung der Sichtbarkeit vorgenommen hat.[658]

Art. 14 Abs. 3 DSGVO nennt die Fristen, innerhalb derer der Verantwortliche die Informationen nach Abs. 1 und 2 zu erteilen hat. Unter Berücksichtigung der spezifischen Umstände im Einzelfall hat der Verantwortliche ein „angemessene Frist" zu wahren, die nach Abs. 3 lit. a längstens einen Monat betragen darf. Nutzt der Verantwortliche die erhobenen Daten zur Kommunikation mit der betroffenen Person, sind die Informationen nach lit. b zum Zeitpunkt der ersten Mitteilung zu erteilen; falls eine Offenlegung bei anderen Empfängern beabsichtigt ist, nach lit. c zum Zeitpunkt der ersten Offenlegung. Bei einer Weiterverarbeitung der erhobenen Daten für andere Zwecke gilt Art. 14 Abs. 4 DSGVO sowie das zu Art. 13 Abs. 3 DSGVO Gesagte.

Die Informationspflichten nach Art. 14 Abs. 1 bis 4 DSGVO sind unter den Voraussetzungen des Abs. 5 nicht zu erfüllen. Die Regelung geht weit über die entsprechende Regelung des Art. 13 Abs. 4 DSGVO hinaus. Relevant für den Anwendungsfall von Social Networks ist vor allem Art. 14 Abs. 5 lit. a und b DSGVO. Nach lit. a entfällt die Informationspflicht, wenn die betroffene Person

---

[656] *Franck*, in: Gola 2018, Art. 14 DSGVO, Rn. 3; *Paal/Hennemann*, in: Paal/Pauly 2018, Art. 14 DSGVO, Rn. 23.

[657] S. Abschn. 7.8.2.1.

[658] Zum Begriff der öffentlichen oder allgemeinen Zugänglichkeit s. Abschn. 7.2.1.3 mit weiteren Nachweisen in Fn. 652.

bereits über die Informationen verfügt. Nach lit. b entfällt sie zudem, wenn die Erteilung der Information unmöglich ist oder einen unverhältnismäßigen Aufwand erfordert.

Unmöglich ist die Informationserteilung etwa dann, wenn der Verantwortliche die Identität der betroffenen Person nicht ermitteln kann. Die Beurteilung der Unverhältnismäßigkeit bedarf einer Abwägung durch den Verantwortlichen. Als Anhaltspunkte nennt Art. 14 Abs. 5 lit. b DSGVO die Verarbeitung für im öffentlichen Interesse liegende Archiv-, Forschungs- oder statistische Zwecke oder die Gefahr der Beeinträchtigung der mit der Verarbeitung verfolgten Ziele. Nach Erwägungsgrund 62 Satz 3 DSGVO sollen zur Beurteilung des unverhältnismäßig hohen Aufwands die Zahl der betroffenen Personen, das Alter der Daten und etwaige geeignete Garantien herangezogen werden können. Um das Recht auf Datenschutz der betroffenen Personen effektiv zu wahren, ist bei der Beurteilung der Unverhältnismäßigkeit ein strenger Maßstab anzulegen. Die Regelbeispiele indizieren zudem, dass sich nicht jeder Verantwortliche bei jeder beabsichtigten Datenerhebung auf Unverhältnismäßigkeit oder Unmöglichkeit berufen können soll, weil die Informationserteilung mit großem Aufwand verbunden ist. Sinn und Zweck der Vorschrift ist es vielmehr, Datenverarbeitungsvorhaben, die im öffentlichen Interesse liegen und damit nicht nur wirtschaftlichen Interessen einzelner Verantwortlicher dienen, im Einzelfall von der Informationspflicht zu befreien, weil diese sonst – zum Nachteil der Öffentlichkeit – verhindert würden.[659] Dem Verantwortlichen obliegt es in diesem Fall nach Art. 14 Abs. 5 lit. b Satz 2 DSGVO, geeignete Maßnahmen zum Schutz der Rechte und Interessen der betroffenen Person zu ergreifen.

Darüber hinaus entfallen die Informationspflichten nach Art. 14 Abs. 5 lit. c DSGVO, wenn die Erlangung oder Offenlegung der Informationen durch Rechtsvorschrift der Union oder Mitgliedstaaten ausdrücklich geregelt ist, sowie nach lit. d, wenn die personenbezogenen Daten dem Berufsgeheimnis unterliegen und vertraulich zu behandeln sind. Da Social Networks als Verantwortliche keiner Schweigepflicht nach § 203 StGB unterliegen, wird Art. 14 Abs. 5 lit. d DSGVO

---

[659] So wohl auch *Art.-29-Datenschutzgruppe*, WP 260 rev.01, 30; *Knyrim*, in: Ehmann/Selmayr 2018, Art 14 DSGVO, Rn. 44; *Franck*, in: Gola 2018, Art. 14 DSGVO, Rn. 25; *Ingold*, in: Sydow 2018, Art. 14 DSGVO, Rn. 15; *Paal/Hennemann*, in: Paal/Pauly 2018, Art. 14 DSGVO, Rn. 40. A. A. *Bäcker*, in: Kühling/Buchner 2018, Art. 14 DSGVO, Rn. 56, der in den Regelbeispielen einen privilegierten Verarbeitungszweck sieht, der in jedem Fall eine Ausnahme von der Informationspflicht begründet. Dagegen spricht jedoch bereits der Wortlaut „insbesondere" in Art. 14 Abs. 5 lit. b DSGVO.

regelmäßig keine Anwendung finden.[660] Die Informationspflicht besteht für nicht-öffentliche Stellen daneben außerdem in den Fällen des in § 33 Abs. 1 Nr. 2 BDSG genannten Fällen nicht.

Der Verstoß gegen die Informationspflicht nach Art. 14 DSGVO kann eine Geldbuße nach Art. 83 Abs. 5 lit. b DSGVO zur Folge haben. Ebenso wie bei Art. 13 DSGVO wird die Datenverarbeitung bei Verstoß gegen Art. 14 DSGVO rechtswidrig, da sonst dem Grundsatz der Transparenz nicht ausreichend Gewicht beigemessen würde.[661]

7.8.3   Recht auf Auskunft

Art. 15 DSGVO gibt der betroffenen Person ein Recht auf Auskunft über die über sie verarbeiteten personenbezogenen Daten. Die Vorschrift ergänzt Art. 13 und 14 DSGVO, weil diese selbst keine Informationspflichten über die konkreten verarbeiteten personenbezogenen Daten begründen, sondern allenfalls über Datenkategorien.

Art. 15 Abs. 1 DSGVO enthält zwei Aspekte des Auskunftsrechts. Die betroffene Person darf vom Verantwortlichen Auskunft verlangen, ob überhaupt Daten verarbeitet werden. Der Verantwortliche muss also auf das Auskunftsverlangen hin in jedem Fall aktiv werden und dies (gegebenenfalls negativ) bestätigen. Verarbeitet der Verantwortliche personenbezogene Daten der betroffenen Person, hat er über diese Daten Auskunft zu erteilen. Zusätzlich hat er folgende Informationen zur Verfügung zu stellen: zu Verarbeitungszwecken nach lit. a,[662] zu den Kategorien personenbezogener Daten nach lit. b,[663] zu den Empfängern oder Kategorien

---

[660]Ein Anwendungsbeispiel (zu medizinischen Daten) findet sich in *Art.-29-Datenschutzgruppe*, WP 260 rev.01, 33.

[661]*Dix*, in: Simitis/Hornung/Spiecker 2019, Art. 14 DSGVO, Rn. 32. Differenzierend *Bäcker*, in: Kühling/Buchner 2018, Art. 14 DSGVO, Rn. 42 ff. A. A. *Schmidt-Wudy*, in: Wolff/Brink 2020, Art. 14 DSGVO, Rn. 19, der eine Rechtswidrigkeit nur dann annimmt, wenn die Datenverarbeitung nicht nach den Erlaubnistatbeständen der Grundverordnung, vor allem Art. 6 Abs. 1 DSGVO, gerechtfertigt werden kann.

[662]Im Sinne der Grundsätze von Treu und Glauben sowie der Transparenz nach Art. 5 Abs. 1 lit. a DSGVO umfasst dies zugleich die Rechtsgrundlagen, *Dix*, in: Simitis/Hornung/Spiecker 2019, Art. 15 DSGVO, Rn. 18; *Bäcker*, in: Kühling/Buchner 2018, Art. 15 DSGVO, Rn. 13.

[663]Dies dient der Orientierung der betroffenen Person im Falle der Verarbeitung großer Datenmengen und ist daher nicht entbehrlich, *Bäcker*, in: Kühling/Buchner 2018, Art. 15 DSGVO, Rn. 14; a. A. *Kamlah*, in: Plath 2018, Art. 15 DSGVO, Rn. 7, der die Vorschrift als „sinnentleert" bezeichnet.

von Empfängern der Daten nach lit. c, zur Speicherdauer oder Kriterien zur Festlegung der Dauer nach lit. d, über das Bestehen der Betroffenenrechte nach lit. e ausschließlich dem Recht auf Datenübertragbarkeit, zum Bestehen eines Beschwerderechts nach lit. f, bei Nichtdirekterhebung Informationen zur Herkunft der Daten nach lit. g, sowie zum Bestehen einer automatisierten Entscheidungsfindung einschließlich Informationen zu involvierter Logik, Tragweite und Auswirkungen für die betroffene Person nach lit. h. Überträgt der Verantwortliche personenbezogene Daten in ein Drittland oder an internationale Organisationen, hat er nach Abs. 2 zusätzlich Auskunft über geeignete Garantien im Sinne des Art. 46 DSGVO zu geben.

Nach Art. 15 Abs. 3 Satz 1 DSGVO hat die betroffene Person ein Recht auf eine entgeltfreie Kopie der personenbezogenen Daten. Die Daten sind so herauszugeben, wie sie dem Verantwortlichen vorliegen.[664] Für weitere Kopien darf der Verantwortliche ein angemessenes Entgelt verlangen. Eine „weitere Kopie" im Sinne des Satzes 2 kann nur dann vorliegen, wenn diese sich im Wesentlichen gleichen. Dies darf aber andererseits nicht verhindern, dass eine betroffene Person regelmäßig kostenfrei ihr Auskunftsrecht nach Art. 15 DSGVO in Anspruch nimmt. Wie häufig die betroffene Person Auskunft verlangen darf, darüber gibt die Vorschrift keine Auskunft; jedenfalls darf das Auskunftsersuchen nicht rechtsmissbräuchlich sein. Ändern sich Datenbestände häufig, wie dies bei Social Networks der Fall ist, insbesondere, wenn die betroffene Person das Netzwerk intensiv nutzt, muss demgegenüber ein häufiges Auskunftsersuchen zulässig sein. In einem solchen Fall handelt es sich bei einem erneutem Verlangen nicht um eine Kopie, sondern um eine neue Auskunft, die entgeltfrei sein muss.[665] Stellt die betroffene Person den Antrag elektronisch, sind die Informationen in einem gängigen elektronischen Format zur Verfügung zu stellen. Weitere Angaben zur Form der Auskunft beinhaltet Abs. 3 nicht. Es gilt insoweit Art. 12 Abs. 1 DSGVO, nach dem die Informationen klar und verständlich sein müssen. Wo nötig, sind die Informationen durch den Verantwortlichen so aufzubereiten, dass sie verständlich werden. Eine bloße Aneinanderreihung der Daten genügt nicht, um wirksam Auskunft zu erteilen, da es im Zweifel an der Verständlichkeit mangelt.[666]

Bei Social Networks bietet es sich an, die Informationen nach Art. 15 Abs. 1 und 2 DSGVO mittels Fernzugang zur Verfügung zu stellen, indem diese nach dem Einloggen über das Interface der Plattform abgerufen werden können. Dies hat zudem

---

[664] *Dix*, in: Simitis/Hornung/Spiecker 2019, Art. 15 DSGVO, Rn. 28.

[665] *Bäcker*, in: Kühling/Buchner 2018, Art. 15 DSGVO, Rn. 45; *Franck*, in: Gola 2018, Art. 15 DSGVO, Rn. 32; *Dix*, in: Simitis/Hornung/Spiecker 2019, Art. 15 DSGVO, Rn. 30.

[666] *Bäcker*, in: Kühling/Buchner 2018, Art. 15 DSGVO, Rn. 32; *Dix*, in: Simitis/Hornung/Spiecker 2019, Art. 15 DSGVO, Rn. 28. Ähnlich auch *Franck*, in: Gola 2018, Art. 15 DSGVO, Rn. 28. A. A. *Kamlah*, in: Plath 2018, Art. 15 DSGVO, Rn. 16.

den Vorteil, dass mit dem Einloggen eine grundsätzlich ausreichende Identitätsprüfung zum Nachweis der Berechtigung stattfindet. Ein Fernzugang entbindet aber den Verantwortlichen nicht davon, zusätzlich eine Kopie zum Download und zur freien Verfügung der betroffenen Person bereitzustellen.[667]

Nach Art. 15 Abs. 4 DSGVO darf die Auskunft nicht die Rechte und Freiheiten anderer Personen beeinträchtigen. Laut Erwägungsgrund 63 DSGVO sind dies etwa Geschäftsgeheimnisse oder Urheberrechte; auch das Datenschutzrecht anderer Personen kommt in Betracht,[668] wobei dies nach Erwägungsgrund 63 DSGVO nicht dazu führen darf, dass die Auskunft verweigert wird. Der Anbieter des Social Networks darf also nicht die Auskunft verweigern mit dem Hinweis, dass das Datenschutzrecht anderer Nutzer beeinträchtigt würde; vielmehr muss er Maßnahmen ergreifen, um etwa entsprechende personenbezogene Informationen unkenntlich zu machen.[669]

7.8.4 Recht auf Berichtigung

Das Recht auf Berichtigung nach Art. 16 DSGVO umfasst zwei Ansprüche: Nach Satz 1 hat die betroffene Person das Recht, die Berichtigung unrichtiger personenbezogener Daten zu verlangen. Nach Satz 2 hat sie das Recht, die Vervollständigung unvollständiger Daten zu fordern. Dabei sind nach Satz 2 auch die Zwecke der Verarbeitung zu berücksichtigen.

Unrichtig sind personenbezogene Daten dann, wenn sie inhaltlich unwahr sind.[670] Unerheblich ist dabei, ob sie zum Zeitpunkt der Speicherung unwahr waren oder später unwahr geworden sind.[671] Unwahr kann nur etwas sein, dessen Wahrheitsgehalt sich objektiv beweisen lässt. Tatsachen, also konkrete, nach Raum und Zeit bestimmte Geschehnisse oder Zustände, sind objektiv beweisbar. Werturteile hingegen entstammen der subjektiven Wahrnehmung einer Person und

---

[667]*Dix*, in: Simitis/Hornung/Spiecker 2019, Art. 15 DSGVO, Rn. 32; *Franck*, in: Gola 2018, Art. 15 DSGVO, Rn. 28.

[668]*Franck*, in: Gola 2018, Art. 15 DSGVO, Rn. 34.

[669]*Dix*, in: Simitis/Hornung/Spiecker 2019, Art. 15 DSGVO, Rn. 33.

[670]*Paal*, in: Paal/Pauly 2018, Art. 16 DSGVO, Rn. 15. Ausführlich *Kamann/Braun*, in: Ehmann/Selmayr 2018, Art. 16 DSGVO, Rn. 13 ff.

[671]*Paal*, in: Paal/Pauly 2018, Art. 16 DSGVO, Rn. 15; *Reif*, in: Gola 2018, Art. 16 DSGVO, Rn. 11; *Kamann/Braun*, in: Ehmann/Selmayr 2018, Art. 16 DSGVO, Rn. 17.

sind Beweisen nicht zugänglich, da sie nicht als richtig oder falsch beurteilt werden können.[672] Daher können nur solche personenbezogenen Daten nach Art. 16 Satz 1 DSGVO berichtigungsfähig sein, die sich auf Tatsachen beziehen. Verlangt also eine betroffene Person gegenüber einem Anbieter von Social Networks oder einem verantwortlichen Nutzer die Berichtigung unrichtiger Daten, greift Art. 16 Satz 1 DSGVO nur dann, wenn es sich um Tatsachen, also beweisbare konkrete Geschehnisse oder Zustände handelt. Werturteile fallen hingegen nicht unter Art. 16 Satz 1 DSGVO.[673] Diese unterfallen grundsätzlich der Meinungsfreiheit der sich äußernden Person, etwa dem verantwortlichen Nutzer. Hält die betroffene Person ein Werturteil für unrichtig, hat sie nur dann Abwehransprüche in Form von Löschung und Unterlassen, wenn es sich um strafrechtlich relevantes Verhalten handelt, etwa in Form von Schmähkritik wie Beleidigung oder Verleumdung, oder wenn generell bei einer Abwägung der Meinungs- und Kommunikationsfreiheit des einen mit dem Persönlichkeitsrecht der betroffenen Person letzteres überwiegt.[674]

Der Verantwortliche hat dem Berichtigungsverlangen unverzüglich nachzukommen. Hier gilt Art. 12 Abs. 3 Satz 1 DSGVO, sodass die Berichtigung in jedem Fall innerhalb eines Monats zu erfolgen hat. Sollen die unrichtigen Daten zur Grundlage weiterer Datenverarbeitungen gemacht werden, sollte die Verarbeitung der unrichtigen Daten bis zur endgültigen Berichtigung eingeschränkt werden. Die betroffene Person hat gemäß Art. 18 Abs. 1 lit. a DSGVO ein Recht, eine diesbezügliche Einschränkung vom Verantwortlichen zu verlangen. Ob aber eine damit korrespondierende Pflicht des Verantwortlichen zum Tätigwerden ohne Antrag der betroffenen Person einhergeht, ist zu verneinen.[675]

Nach Art. 16 Satz 2 DSGVO hat die betroffene Person zudem ein Recht darauf, unvollständige Daten vervollständigen zu lassen. Unvollständig sind Daten im Sinne der Vorschrift dann, wenn diese zwar richtig, aber so lückenhaft sind, dass der Verarbeitungszweck nicht mehr erreicht werden kann.[676] Zwar erwähnt Satz 2 keine

---

[672]Zu den Definitionen von „Tatsachen" und „Werturteilen" *Reif*, in: Gola 2018, Art. 16 DSGVO, Rn. 10 mit weiteren Nachweisen. Zur Abgrenzung von Tatsachen und Werturteilen z. B. *Regge/Pegel*, in: MüKo 2017, § 186 StGB, Rn. 5 ff. mit weiteren Nachweisen.

[673]*Reif*, in: Gola 2018, Art. 16 DSGVO, Rn. 10; *Herbst*, in: Kühling/Buchner 2018, Art 16 DSGVO, Rn. 9. So im Ergebnis auch *Worms*, in: Wolff/Brink 2020, Art. 16 DSGVO, Rn. 54; *Peuker*, in: Sydow 2018, Art 16 DSGVO, Rn. 7. A. A. *Kamann/Braun*, in: Ehmann/Selmayr 2018, Art. 16 DSGVO, Rn. 19 ff.

[674]*Reif*, in: Gola 2018, Art. 16 DSGVO, Rn. 10. Vgl. auch BGHZ 202, 242 („Ärztebewertungsportal II"). S. zu den Grenzen der Meinungsfreiheit auch Abschn. 5.2.4.

[675]Dazu Abschn. 7.8.6.

[676]*Paal*, in: Paal/Pauly 2018, Art. 16 DSGVO, Rn. 18; *Herbst*, in: Kühling/Buchner 2018, Art. 16 DSGVO, Rn. 28.

Frist, jedoch wird auch hier die Vervollständigung im Sinne des Art. 12 Abs. 3 Satz 1 DSGVO „unverzüglich" zu erfolgen haben, da dies essentiell für eine faire und transparente Verarbeitung ist und nach außen für die betroffene Person kein Unterschied besteht, ob die personenbezogenen Daten unrichtig oder unvollständig sind. Daher sollte diesbezüglich kein Unterschied gemacht werden.[677]

7.8.5   Recht auf Löschung

Art. 17 DSGVO enthält das Recht auf Löschung. Der Kommissionsentwurf des Art. 17 strebte als ein politischer Werbetrick ein „Recht auf Vergessenwerden" an. Dem wahren Gehalt des Art. 17 DSGVO kommt die jetzige Überschrift jedoch deutlich näher, in der das Recht auf Vergessenwerden in der endgültigen Fassung nur noch als Klammerzusatz und in Anführungszeichen Eingang in die Grundverordnung gefunden hat. Dies geschah zu Recht, bedenkt man, dass unter dem Schlagwort „Recht auf Vergessenwerden" ursprünglich technische Lösungsansätze zur dauerhaften Löschung oder Anonymisierung personenbezogener Daten diskutiert wurden, Art. 17 DSGVO aber nur den Anwendungsbereich eines Rechts auf Löschung erfasst, wie dies bisher im Bundesdatenschutzgesetz a. F. auch bereits der Fall war.[678] Der apostrophierte Klammerzusatz ist als Relikt der großen medialen Aufmerksamkeit des ursprünglichen Vorschlags in der endgültigen Fassung erhalten geblieben, ohne einen genaueren Regelungsgehalt aufzuweisen.[679] Dass es sich bei Abs. 2 um das „Recht auf Vergessenwerden" handeln soll,[680] überzeugt nicht, da dieser lediglich eine Informationspflicht des durch die betroffene Person adressierten Verantwortlichen an andere Verantwortliche enthält, jedoch weder konkrete technische Lösungen zum Löschen vorsieht noch eine über die Information hinausgehende Pflicht zur Durchsetzung des Löschbegehrens statuiert. Wäre dies die

---

[677] *Paal*, in: Paal/Pauly 2018, Art. 16 DSGVO, Rn. 20.

[678] *Nebel/Richter*, ZD 2012, 402 (412); *Roßnagel/Richter/Nebel*, ZD 2013, 103 (107); *Roßnagel/Nebel/Richter*, ZD 2015, 455 (458), jeweils mit weiteren Nachweisen. Zur Kritik am Recht auf Vergessenwerden zudem z. B. *Hornung*, ZD 2012, 99 (103); *Koreng/Feldmann*, ZD 2012, 311 ff.; *Kort*, DB 2012, 1020 (1022 f.); *Hornung/Hofmann*, JZ 2013, 163 ff.; *Buchholtz*, ZD 2015, 570 (571 ff.); *Hennemann*, PinG 2016, 176 (176).

[679] So wohl auch *Schantz*, NJW 2016, 1841 (1845), der von einer „Aufwertung" des Löschungsrechts spricht.

[680] So *Kamann/Braun*, in: Ehmann/Selmayr 2018, Art. 17 DSGVO, Rn. 3; *Nolte/Werkmeister*, in: Gola 2018, Art. 17 DSGVO, Rn. 1; *Worms*, in: Wolff/Brink 2020, Art. 17 DSGVO, Rn. 58 ff.

Intention des Unionsgesetzgebers gewesen, müssten zudem die beiden Rechte in der Überschrift des Art. 17 DSGVO mit „und" verbunden nebeneinanderstehen.

7.8.5.1 Geografische Reichweite des Recht auf Löschung

In Frage steht zunächst die geografische Reichweite der Löschpflicht aus Art. 17 DSGVO. Ein nichteuropäisches Social Network könnte sich darauf berufen, personenbezogene Daten in einer Weise zu löschen, dass sie zwar in der Union nicht mehr abrufbar sind, außerhalb der Union hingegen abrufbar bleiben. Der Europäische Gerichtshof hat diese Frage bezüglich einer Suchmaschine entscheiden, dass diese das Recht auf Löschung aus Art. 17 DSGVO nicht weltweit umsetzen muss.[681] Der Gerichtshof betont, dass die Datenschutz-Grundverordnung keine Reichweite über das Hoheitsgebiet der Mitgliedstaaten hinaus hat und mithin ein Suchmaschinenbetreiber nicht verpflichtet ist, einen „Auslistungsantrag" einer betroffenen Person in allen Versionen der Suchmaschine umzusetzen. Der Verantwortliche hat aber Maßnahmen zu ergreifen, damit Internetnutzer, die von einem Mitgliedstaat aus eine Suche anhand des Namens der betroffenen Person durchführen, daran gehindert oder zumindest zuverlässig davon abgehalten werden, über die im Anschluss an diese Suche angezeigte Ergebnisliste auf die Links zuzugreifen, die Gegenstand des Auslistungsantrags sind.

Auslöser dieser Frage war das Google Spain-Urteil des Europäischen Gerichtshofs,[682] welches deutlich macht, dass auch Suchmaschinenbetreiber unter bestimmten Umständen zur Löschung personenbezogener Daten verpflichtet sind. Google setzte dieses Urteil nur auf seinen europäischen Suchmaschinen-Domains (zum Beispiel .de oder .fr) um, verweigerte aber eine weltweite Umsetzung beantragter Löschbegehren.[683] Begründet wurde dies etwa mit dem Argument, das europäische Recht habe keine Souveränität über andere Rechtskreise und dürfe nicht bestimmen, was dort abrufbar ist.[684] Zudem wurde argumentiert, eine Löschung innerhalb der Union reiche aus, da sich das Angebot an die betroffene Person auf dieses Territorium beschränke.[685]

---

[681]EuGH, ECLI:EU:C:2019:772 („Recht auf Vergessen II").

[682]EuGH, ECLI:EU:C:2014:317 („Google Spain").

[683]ZD-aktuell 2015, 04774; *Trentmann*, CR 2017, 26 (30).

[684]So z. B. auch *Hoeren*, MMR 2018, 148 als Anmerkung zu ÖOGH, Beschluss vom 25.10.2017, Az. 6 Ob 116/17b, MMR 2018, 145.

[685]*Holznagel/Hartmann*, MMR 2016, 228 (232).

Das Urteil bedeutet eine territoriale Segmentierung des Internets und ist damit ein Rückschritt auf dem Weg zu einheitlichen Standards für globalen Datenverkehr.[686] Es privilegiert solche nichteuropäischen Unternehmen, die die Vorteile der Tätigkeit im europäischen Markt ausnutzen, ohne sich den Pflichten und Gesetzen zu unterwerfen.[687] Die Grundrechte der Grundrechtecharta und die Vorgaben der Grundverordnung können nur wirksam umgesetzt werden, wenn die in Frage stehenden Daten weltweit ausgelistet werden.[688] Andernfalls läge auch bereits kein Löschen im Sinne des Art. 17 DSGVO vor und die betroffene Person könnte gegebenenfalls nicht einmal nachvollziehen, ob ihrem Löschbegehren entsprochen wurde, sofern sie wegen des Geoblockings nur auf eine bestimmte Webversion zugreifen kann. Außerdem ist es mithilfe einfachster Anonymisierungsmaßnahmen möglich, das Geoblocking zu umgehen und so auch innerhalb des Geltungsbereichs der Grundverordnung auf die ausgelisteten Ergebnisse zuzugreifen.

Die Problematik des Löschens gilt für Suchmaschinen wie Social Networks gleichermaßen. Zwar indexieren Suchmaschinen vor allem Informationen anderer Verantwortlicher, speichern diese aber auch innerhalb eigener Datenbanken, um Suchanfragen schnell und effektiv beantworten zu können.[689] Anbieter von Social Networks handhaben dies entsprechend. Um einem Löschbegehren nachzukommen, sollten also sowohl Suchmaschinen als auch Social Networks diese Daten restlos von ihren Servern entfernen.

7.8.5.2 Begriff des Löschens
Ziel des Art. 17 DSGVO ist das Löschen personenbezogener Daten. Die Grundverordnung selbst definiert den Begriff des Löschens nicht, sondern nennt dieses in Art. 4 Nr. 2 DSGVO nur als eine Form der Verarbeitung. In Anlehnung an § 3 Abs. 4 Nr. 5 BDSG a. F., der sich wiederum auf die – mit der Grundverordnung identische – Begriffsbestimmung in der Datenschutzrichtlinie stützt, bedeutet Löschen das Unkenntlichmachen gespeicherter personenbezogener Daten in einer Form, dass die dadurch verkörperten Informationen auf Dauer und von keinem mehr wahrgenommen werden können.[690] Auf wiederbeschreibbaren Datenträgern gelten Daten

---

[686] *Trentmann*, CR 2017, 26 (30).

[687] So bereits *Trentmann*, CR 2017, 26 (30).

[688] *Art.-29-Datenschutzgruppe*, WP 225, Rn. 20; *Leutheusser-Schnarrenberger*, ZD 2015, 149 8159. Für eine Einzelfallbetrachtung plädierend *Kamann/Braun*, in: Ehmann/Selmayr 2018, Art. 17 DSGVO, Rn. 37.

[689] *Jandt/Kieselmann/Wacker*, DuD 2013, 235 (236); *Hornung/Hofmann*, JZ 2013, 163 (168 f.).

[690] *Roßnagel*, in: Simitis/Hornung/Spiecker 2019, Art. 4 Nr. 2 DSGVO, Rn. 30; *Herbst*, in: Kühling/Buchner 2018, Art. 17 DSGVO, Rn. 37 sowie Art. 4 Nr. 2 DSGVO, Rn. 38; *Paal*, in:

erst dann als gelöscht, wenn diese – beispielsweise durch mehrfaches Überschreiben – sicher nicht mehr wiederhergestellt werden können.[691] Die Daten dürfen nicht lediglich anonymisiert werden,[692] da in diesem Fall die Wiederherstellung des Personenbezugs nicht ausgeschlossen werden kann. Vom Löschen umfasst sind auch Sicherheitskopien und Replikationen aller Art,[693] da die Daten andernfalls für den Verantwortlichen noch zur Verfügung stehen würden. Stellt sich also ein Verantwortlicher auf den Standpunkt, bestimmte personenbezogene Daten nur für bestimmte geographische Angebote zu löschen, diese aber darüber hinaus weiter vorzuhalten, liegt kein Löschen im Sinne der Grundverordnung vor. Ein Verstoß gegen Art. 17 DSGVO ist bußgeldbewehrt.

Daten im Internet zu löschen, ist eine anspruchsvolle Aufgabe – bereits in geschlossenen Systemen ist das Löschen von Daten „kein triviales Problem".[694] Die Möglichkeiten, Informationen beliebig oft zu teilen und weiterzuverbreiten, macht es für betroffene Personen mitunter unmöglich, die Wege nachzuverfolgen und sämtliche Replikationen restlos zu entfernen oder entfernen zu lassen. Für den Anbieter als Verantwortlichen bedeutet die Pflicht aus Art. 17 Abs. 1 DSGVO – gegebenenfalls in gemeinsamer Verantwortung mit dem verantwortlichen Nutzer – demnach, innerhalb seiner Datenbanken die personenbezogenen Daten, deren Löschung verlangt wurde, irreversibel zu entfernen, sodass diese nicht wiederhergestellt werden können.

Trifft den verantwortlichen Nutzer die Pflicht, personenbezogene Daten zu löschen, stellt sich die Frage des Umfangs der Löschverpflichtung. Als Verantwortlicher ist er grundsätzlich dazu verpflichtet, dafür zu sorgen, dass personenbezogene Daten, die gelöscht werden sollen, auch wirksam gelöscht werden. Da er jedoch praktisch keinen Einfluss auf die Infrastruktur der Plattform hat, kann er nur diejenigen technischen Möglichkeiten nutzen, die der Anbieter zur Verfügung stellt. Hier

---

Paal/Pauly 2018, Art. 17 DSGVO, Rn. 30; *Kamann/Braun*, in: Ehmann/Selmayr 2018, Art. 17 DSGVO, Rn. 35; *Peuker*, in: Sydow 2018, Art. 17 DSGVO, Rn. 32. A. A. wohl *Härting* 2016, Rn. 701 sowie *Nolte/Werkmeister*, in: Gola 2018, Art. 17 DSGVO, Rn. 10, die im Löschen ein Weniger als im Vernichten sehen und daher keine hohen Anforderungen an das Unkenntlichmachen stellen.

[691] *Roßnagel*, in: Simitis/Hornung/Spiecker 2019, Art. 4 Nr. 2 DSGVO, Rn. 30; *Herbst*, in: Kühling/Buchner 2018, Art. 17 DSGVO, Rn. 38. Ausführlich zur technischen Umsetzung des Löschens *Jandt/Kieselmann/Wacker*, DuD 2013, 235 (236).

[692] *Roßnagel*, in: Simitis/Hornung/Spiecker 2019, Art. 4 Nr. 2 DSGVO, Rn. 31.

[693] *Herbst*, in: Kühling/Buchner 2018, Art. 17 DSGVO, Rn. 42; *Peuker*, in: Sydow 2018, Art. 17 DSGVO, Rn. 32. A. A. *Härting* 2016, Rn. 701. Zur Schwierigkeit des rechtssicheren Löschens bei Cloud-Anwendungen s. *Kroschwald* 2016, 417.

[694] *Jandt/Kieselmann/Wacker*, DuD 2013, 235 (238).

müssen der Anbieter und der verantwortliche Nutzer als gemeinsam Verantwortliche im Sinne des Art. 26 DSGVO zusammenwirken, um die Pflichten aus Art. 17 DSGVO vollumfänglich zu erfüllen. Der Anbieter ist daher verpflichtet, Löschmöglichkeiten für verantwortliche Nutzer zur Verfügung zu stellen. Andernfalls würde sich der Anbieter vertragswidrig verhalten und ein rechtmäßiges Verhalten des verantwortlichen Nutzers verhindern.[695]

7.8.5.3 Löschgründe

Das Recht auf Löschung in Art. 17 DSGVO umfasst zwei Ausprägungen. Zum einen hat die betroffene Person ein Recht, vom Verantwortlichen das Löschen ihrer personenbezogenen Daten zu verlangen. Zum anderen hat der Verantwortliche die Pflicht, personenbezogene Daten unverzüglich zu löschen. Letztere besteht auch ohne Geltendmachung durch die betroffene Person, weshalb den Verantwortlichen gewisse Prüfpflichten obliegen, um dieser Pflicht nachzukommen.[696] Er sollte also zum Beispiel automatisierte Verfahren einrichten, um die gesetzlichen Vorgaben zu prüfen, und Löschkonzepte vorhalten.[697] Die Pflicht, personenbezogene Daten zu löschen, trifft den Verantwortlichen unverzüglich, also im Sinne des Art. 12 Abs. 3 Satz 1 DSGVO grundsätzlich innerhalb eines Monats.

Das Recht auf und die Pflicht zum Löschen bestehen nur unter den in Art. 17 Abs. 1 DSGVO genannten Gründen. Nach lit. a sind die personenbezogenen Daten zu löschen, wenn sie für die Zwecke, für die sie erhoben wurden, nicht mehr notwendig sind. Nach lit. b sind sie bei Widerruf der Einwilligung zu löschen, sofern es an einer anderen Rechtsgrundlage für die Verarbeitung fehlt. Dies ist einschränkend dahingehend auszulegen, dass sich der Verantwortliche nach Einholen einer Einwilligung nicht hilfsweise auf andere Erlaubnistatbestände stützen darf, da es aufgrund der Grundsätze von Treu und Glauben sowie Transparenz unzulässig ist, bei Unwirksamkeit oder Widerruf der Einwilligung auf einen gesetzlichen Erlaubnistatbestand zurückzugreifen.[698] Lit. b ist der vorrangige Löschungsgrund für den Anbieter als Verantwortlichen, da dieser die Datenverarbeitung in der Regel auf Grundlage einer Einwilligung vornimmt.[699]

---

[695] S. zur gemeinsamen Verantwortlichkeit Abschn. 7.4.4.

[696] *Trentmann*, CR 2017, 26 (30 f.); *Herbst*, in: Kühling/Buchner 2018, Art. 17 DSGVO, Rn. 8; *Paal*, in: Paal/Pauly 2018, Art. 17 DSGVO, Rn. 20; *Nolte/Werkmeister*, in: Gola 2018, Art. 17 DSGVO, Rn. 9; *Kamlah*, in: Plath 2018, Art 17 DSGVO, Rn. 6.

[697] *Herbst*, in: Kühling/Buchner 2018, Art. 17 DSGVO, Rn. 20; *Paal*, in: Paal/Pauly 2018, Art. 17 DSGVO, Rn. 20.

[698] S. zu Verhältnis der Einwilligung zu anderen Erlaubnistatbeständen Abschn. 7.5.3.1.

[699] Ebenso *Nolte/Werkmeister*, in: Gola 2018, Art. 17 DSGVO, Rn. 70.

Nach Art. 17 Abs. 1 lit. c DSGVO sind die Daten zu löschen, wenn die betroffene Person Widerspruch nach Art. 21 Abs. 1 DSGVO gegen die Verarbeitung eingelegt hat und keine vorrangigen berechtigenden Gründe für die Verarbeitung vorliegen oder die betroffene Person Widerspruch nach Art. 21 Abs. 2 DSGVO gegen die Verarbeitung für Zwecke der Direktwerbung eingelegt hat.[700]

Nach Art. 17 Abs. 1 lit. d DSGVO sind die Daten zu löschen, wenn sie unrechtmäßig verarbeitet wurden, also keine Ermächtigungsgrundlage vorliegt und nach lit. e, wenn dies zur Erfüllung einer rechtlichen Verpflichtung erforderlich ist. Relevant ist insbesondere lit. d. Dieser ist vor allem dann heranzuziehen, wenn der verantwortliche Nutzer personenbezogene Daten der betroffenen Person in das Social Network eingespeist hat, ohne dass eine Einwilligung vorliegt oder er sich auf ein berechtigtes Interesse berufen kann.[701]

Schließlich gewährt lit. f einen umfangreichen Löschungsgrund, wenn personenbezogene Daten von Kindern im Rahmen des Art. 8 DSGVO verarbeitet wurden. Dies trägt dem Umstand Rechnung, dass Kinder mangels geistiger Reife und aufgrund ihrer Unerfahrenheit die Konsequenzen einer Datenverarbeitung nur unzureichend abzuschätzen vermögen und Informationen über sich veröffentlichen, die sie nach Erlangung des Erwachsenenalters möglichst entfernt haben möchten.

7.8.5.4 Informationspflichten bei Öffentlichmachen der Daten

Hat der Verantwortliche personenbezogene Daten öffentlich gemacht, trifft ihn über die Löschpflicht hinaus nach Art. 17 Abs. 2 DSGVO die Pflicht, angemessene Maßnahmen zu treffen, um andere Verantwortliche darüber zu informieren, dass die betroffene Person die Löschung aller Links, Kopien und Replikationen verlangt hat. Dies soll nach Erwägungsgrund 66 DSGVO dazu beitragen, dem Löschbegehren speziell für Plattformen im Internet zu mehr Geltung zu verhelfen. Eine weitergehende Verpflichtung als die Information anderer Verantwortlicher besteht jedoch nicht; der Verantwortliche muss also nicht kontrollieren, ob der andere Verantwortliche dem Löschbegehren nachkommt. Die Informationspflicht steht zudem unter dem Vorbehalt der verfügbaren Technologien und Implementierungskosten, was dem Verantwortlichen einen großen Spielraum einräumt bei der Beurteilung der Zumutbarkeit der Informationspflicht nach Abs. 2.

Die Informationspflicht besteht nur, wenn der Verantwortliche die Daten öffentlich gemacht hat. Öffentlich gemacht sind Daten, wenn diese durch Zutun des Verantwortlichen durch einen unbestimmten Empfängerkreis abgerufen werden

---

[700]Zum Begriff der Direktwerbung s. Abschn. 7.5.5.3.1. Zum Recht auf Widerspruch ausführlich Abschn. 7.8.9.

[701]Ebenso *Nolte/Werkmeister*, in: Gola 2018, Art. 17 DSGVO, Rn. 70.

können.[702] Dies gilt auch für personenbezogene Daten in Social Networks; dort gelten Daten als öffentlich gemacht, wenn sie durch einen unbestimmten Empfängerkreis innerhalb des Social Networks oder darüber hinaus abrufbar sind.[703] Allerdings ist fraglich, wer für in Social Networks öffentlich gemachte Daten verantwortlich ist und wen damit die Informationspflicht aus Art. 17 Abs. 2 DSGVO trifft.

Ausschlaggebend dafür, ob personenbezogene Daten in Social Networks öffentlich gemacht werden oder nicht, sind die entsprechenden Sichtbarkeitseinstellungen des verantwortlichen Nutzers. Der Anbieter bestimmt in der Praxis durch die von ihm vorgegebenen Voreinstellungen über die Sichtbarkeit der Beiträge und Fotos des Nutzers. Diese reichen von der Sichtbarkeit für jedermann bis zur Sichtbarkeit für niemanden. Allerdings hat der Anbieter nach Art. 25 Abs. 2 DSGVO die Pflicht Maßnahmen zu ergreifen, die sicherstellen, dass personenbezogene Daten durch Voreinstellung nicht ohne Eingreifen der Person einer unbestimmten Anzahl von Personen zur Verfügung gestellt werden. Ist das System so voreingestellt, dass personenbezogene Daten ohne Eingreifen des Nutzers einer unbestimmten Anzahl von Personen zugänglich gemacht werden, verstößt er gegen Art. 25 Abs. 2 DSGVO. Der Anbieter des Social Networks ist in diesem Fall für die Veröffentlichung verantwortlich; ihn treffen die Informationspflichten aus Art. 17 Abs. 2 DSGVO. Hat hingegen der verantwortliche Nutzer die öffentliche Sichtbarkeit durch Änderung der Voreinstellung selbst hergestellt, beruht die Veröffentlichung auf dem Handeln des verantwortlichen Nutzers und geschieht damit auf dessen Veranlassung hin. Damit ist ausschließlich der Nutzer für das Öffentlichmachen verantwortlich und nach Art. 17 Abs. 2 DSGVO zur Information anderer Verantwortlicher verpflichtet.[704]

Geschieht das Öffentlichmachen durch den verantwortlichen Nutzer etwa im Wege der „Like"- oder „Teilen"-Funktion, entstehen Verknüpfungen innerhalb des Social Networks, die bei Löschen des ursprünglichen Datums automatisch mitgelöscht werden. Darin liegt streng genommen keine bloße Information des verantwortlichen Nutzers an den Anbieter, aber eine effektive Umsetzung des Löschbegehrens.[705] Hat der verantwortliche Nutzer jedoch personenbezogene Daten nicht

---

[702]*Paal*, in: Paal/Pauly 2018, Art. 17 DSGVO, Rn. 33; *Herbst*, in: Kühling/Buchner 2018, Art. 17 DSGVO, Rn. 50.

[703]S. Abschn. 7.2.1.3.

[704]*Hornung/Hofmann*, JZ 2013, 163 (168); *Nolte/Werkmeister*, in: Gola 2018, Art. 17 DSGVO, Rn. 71; *Dix*, in: Simitis/Hornung/Spiecker 2019, Art. 17 DSGVO, Rn. 26; *Worms*, in: Wolff/Brink 2020, Art. 17 DSGVO, Rn. 71; so im Ergebnis auch *Jaspers*, DuD 2012, 571 (573). A. A. *Kipker/Voskamp*, DuD 2012, 737 (741 f.), die die Anwendbarkeit des Art. 17 Abs. 2 DSGVO auf Social Networks ablehnen.

[705]*Hornung/Hofmann*, JZ 2013, 163 (169).

nur „gelikt" oder „geteilt", sondern Kopien oder Replikationen eigenständig auf die Plattform geladen, besteht keine solche Verknüpfung, sodass ihn für diese Datenverarbeitung – neben den Informationspflichten aus Art. 13 und 14 DSGVO zur Verarbeitung der Daten – bei einem Löschbegehren durch die betroffenen Person Informationspflichten an andere Verantwortliche nach Art. 17 Abs. 2 DSGVO treffen. Gleiches gilt darüber hinaus für den Fall, dass die personenbezogenen Daten außerhalb der Plattform öffentlich gemacht wurden.

Gegenstand der Informationspflicht sind nach Art. 17 Abs. 2 DSGVO auch alle Links, Kopien und Replikationen des zu löschenden personenbezogenen Datums. Es sind also nicht nur die Verweise (Links) und identischen Daten (Kopien) zu löschen, sondern auch ähnliche Abbilder, die die personenbezogenen Daten aufgreifen, ohne identisch zu sein (Replikationen). Unter letzteres fallen zum Beispiel Screenshots.[706] Die Pflicht zur Information anderer Verantwortlicher greift nur dann, wenn die betroffene Person einen Antrag hierauf gestellt hat. An den Antrag sind freilich keine großen Anforderungen zu stellen, es muss aber zumindest konkludent zum Ausdruck gekommen sein, dass die betroffene Person die Löschung der personenbezogenen Daten eben nicht nur bei dem adressierten Verantwortlichen wünscht, sondern darüber hinaus.[707]

Der Verantwortliche hat im Rahmen seiner Informationspflicht angemessene Maßnahmen zu ergreifen, um andere Verantwortliche über das Löschbegehren in Kenntnis zu setzen. Angemessen sind die Maßnahmen, wenn sie geeignet, erforderlich und zumutbar sind.[708] Hier ist eine Einzelfallbetrachtung nötig: Für die Beurteilung sind die Anzahl der anderen Verantwortlichen ebenso heranzuziehen wie etwa die Art der Verarbeitung, die konkret betroffenen Daten, das Geschäftsmodell des Verantwortlichen und wie intensiv der Verantwortliche mit anderen Verantwortlichen in Kontakt steht.[709] Hinzu kommen aber eben auch die technischen Möglichkeiten und Kosten der Maßnahmen. Für den Anbieter gelten insofern wesentlich strengere Maßstäbe als für einen verantwortlichen Nutzer, insbesondere im Hinblick auf die technischen Möglichkeiten der Informationserteilung. Im Hinblick auf die Sanktionierbarkeit eines Fehlverhaltens nach Art. 83 Abs. 5 lit. b

---

[706] *Jandt/Kieselmann/Wacker*, DuD 2013, 235 (238); *Herbst*, in: Kühling/Buchner 2018, Art. 17 DSGVO, Rn. 56.

[707] *Herbst*, in: Kühling/Buchner 2018, Art. 17 DSGVO, Rn. 52; *Paal*, in: Paal/Pauly 2018, Art. 17 DSGVO, Rn. 34; *Kamann/Braun*, in: Ehmann/Selmayr 2018, Art. 17 DSGVO, Rn. 45. A. A. *Piltz*, K&R 2016, 629 (633) und *Peuker*, in: Sydow 2018, Art. 17 DSGVO, Rn. 47.

[708] *Kamann/Braun*, in: Ehmann/Selmayr 2018, Art. 17 DSGVO, Rn. 50.

[709] *Paal*, in: Paal/Pauly 2018, Art. 17 DSGVO, Rn. 36; *Kamann/Braun*, in: Ehmann/Selmayr 2018, Art. 17 DSGVO, Rn. 51 f.; *Dix*, in: Simitis/Hornung/Spiecker 2019, Art. 17 DSGVO, Rn. 27.

DSGVO herrscht insofern jedenfalls noch einige Unsicherheit über die genauen Anforderungen der Vorschrift.

Die Löschpflicht des Art. 17 Abs. 1 und 2 DSGVO besteht unter den Voraussetzungen des Abs. 3 nicht. Im Rahmen der Datenverarbeitung in Social Networks sind vor allem lit. a und lit. e relevant. Nach lit. a müssen personenbezogene Daten nicht gelöscht werden, wenn diese zur Ausübung des Rechts auf freie Meinungsäußerung und Information erforderlich sind. Diesen Ausschlussgrund hatte der Europäische Rat um das „Recht auf Information" erweitert und den Verweis auf die Vorschriften für besondere Verarbeitungssituationen wie journalistische Zwecke entfernt.[710] Dies spricht dafür, dass lit. a nicht nur im professionellen, etwa journalistischen Bereich anwendbar ist, sondern für alle, die sich auf Meinungsfreiheit berufen können.[711] Dies gilt also zunächst für die verantwortlichen Nutzer, aber auch für Anbieter, die etwa Löschbegehren betroffener Personen abwenden mit der Begründung, die Meinungsfreiheit anderer Nutzer schützen zu müssen. Lit. a verdeutlicht, dass das Recht auf Löschung kein absolutes Recht der betroffenen Person darstellt, sondern nur relativ in Abwägung mit den Rechten anderer gelten kann und durch Rechtspositionen Dritter einschränkbar ist.[712] Obwohl der Wortlaut des lit. a eine bedingungslose Anwendung impliziert, ist dieser weit auszulegen und mit widerstreitenden Interessen abzuwägen.[713] Dies ergibt sich aus der Grundrechtecharta sowie dem Grundgesetz, da die Meinungsfreiheit nicht höher gestellt ist als etwa das Recht auf Datenschutz oder die informationelle Selbstbestimmung, sondern alle Grundrechte auf gleicher Stufe stehen.[714] Problematisch und der rechtssicheren Anwendung nicht zuträglich ist insofern, dass der Verantwortliche selbst über die Anwendung des Art. 17 Abs. 3 lit. a DSGVO entscheidet. Es ist nicht zu erwarten, dass etwa der verantwortliche Nutzer eigene Interessen an der Ausübung der Meinungsfreiheit objektiv und unvoreingenommen mit dem Recht auf Datenschutz der betroffenen Person abzuwägen in der Lage ist. Insofern ist lit. a zwar ein im Rahmen von Social Networks wichtiger Tatbestand, wird sich aber in der Praxis nur schwer handhaben lassen.

---

[710] *Roßnagel/Nebel/Richter*, ZD 2015, 455 (458); *Herbst*, in: Kühling/Buchner 2018, Art. 17 DSGVO, Rn. 72.

[711] *Dix*, in: Simitis/Hornung/Spiecker 2019, Art. 17 DSGVO, Rn. 30; *Herbst*, in: Kühling/Buchner 2018, Art. 17 DSGVO, Rn. 73.

[712] *Nolte/Werkmeister*, in: Gola 2018, Art. 17 DSGVO, Rn. 4.

[713] *Trentmann*, CR 2017, 26 (33); *Herbst*, in: Kühling/Buchner 2018, Art. 17 DSGVO, Rn. 73; *Nolte/Werkmeister*, in: Gola 2018, Art. 17 DSGVO, Rn. 44.

[714] Vgl. *Paal*, in: Paal/Pauly 2018, Art. 17 DSGVO, Rn. 41; *Paal/Hennemann*, K&R 2017, 18 (22). Kritisch auch *Dammann*, ZD 2016, 307 (307).

Darüber hinaus spielt auch Art. 17 Abs. 3 lit. e DSGVO für Social Networks eine Rolle. Art. 17 Abs. 1 und 2 DSGVO finden demnach keine Anwendung, wenn die Verarbeitung erforderlich ist, um Rechtsansprüche geltend zu machen, auszuüben oder zu verteidigen. Relevant wird dies etwa dann, wenn die Verarbeitung unrechtmäßig war oder eine strafbare Handlung darstellt, zum Beispiel eine Beleidigung oder ähnliches. In einem solchen Fall kann es notwendig sein, den in Rede stehenden Beitrag für Beweiszwecke bei straf- oder zivilrechtlicher Verfolgung nicht zu löschen (sondern nur dessen Verarbeitung im Sinne des Art. 18 DSGVO einzuschränken).

Nach § 35 Abs. 2 BDSG besteht die Pflicht zur Löschung nicht in Fällen des Art. 17 Abs. 1 lit. a und d DSGVO, sofern und soweit Grund zur Annahme besteht, dass durch die Löschung schutzwürdige Interessen der betroffenen Person beeinträchtigt werden. Die Verarbeitung ist dann nach Art. 18 Abs. 1 lit. b und c DSGVO einzuschränken. Im Übrigen spielen die Beschränkungen des Rechts auf Löschung, die über Art. 23 DSGVO in § 35 BDSG umgesetzt sind, in der Regel im Kontext von Social Networks keine Rolle. § 35 Abs. 1 BDSG gilt nur im Rahmen nicht automatisierter Datenverarbeitung. § 35 Abs. 3 BDSG gilt nur im Falle des Art. 17 Abs. 3 lit. b DSGVO, der aber im Rahmen von Social Networks keine praktischen Auswirkungen entfaltet.

7.8.6 Recht auf Einschränkung der Verarbeitung

Art. 18 DSGVO regelt das Recht der betroffenen Person, die Verarbeitung personenbezogener Daten einschränken zu lassen. Art. 18 DSGVO hängt eng mit Art. 17 DSGVO zusammen,[715] da er dort greift, wo das Löschungsrecht des Art. 17 DSGVO aus bestimmten Gründen nicht oder noch nicht möglich ist. Die betroffene Person darf die Einschränkung der Verarbeitung verlangen, wenn einer der Gründe des Art. 18 Abs. 1 lit. a bis d DSGVO vorliegt.

Die Praktikabilität der Vorschrift ist jedoch fraglich und die Wirksamkeit wird sich in der Praxis erst noch zeigen müssen. Die Vorschrift setzt einen Antrag der betroffenen Person voraus, der explizit auf Einschränkung der Verarbeitung statt Löschung der Daten gerichtet ist. Anders als bei Art. 17 DSGVO obliegt nach Art. 18 DSGVO dem Verantwortlichen jedoch keine Pflicht zum Tätigwerden auf eigene Veranlassung. Insbesondere bei Vorliegen der Gründe der Unrichtigkeit der Daten, der Unrechtmäßigkeit der Verarbeitung sowie dem Widerspruch ist der Wille

---

[715]*Herbst*, in: Kühling/Buchner 2018, Art. 18 DSGVO, Rn. 1.

der betroffenen Person aber in erster Linie auf das Löschen der in Rede stehenden Daten gerichtet. Fraglich ist daher, ob der Verantwortliche die Verarbeitung auch ohne expliziten Antrag der betroffenen Person einschränken sollte. Dagegen spricht aber der eindeutige Wortlaut der Vorschrift, der ein Verlangen der betroffenen Person voraussetzt. Zwar hat der Verantwortliche die Pflicht aus Art. 12 Abs. 2 Satz 1 DSGVO, der betroffenen Person die Ausübung ihrer Rechte zu erleichtern. Daraus resultiert jedoch keine Informationspflicht oder sogar rechtliche Beratung im Einzelfall, sondern vor allem die umstandslose Zurverfügungstellung von Kommunikationskanälen, die Erfüllung der allgemeinen Informationspflichten zu Beginn der Datenverarbeitung und die jederzeitige leichte Abrufbarkeit dieser Informationen während des Vertragsverhältnisses.[716] Eine zusätzliche konkrete Pflicht des Verantwortlichen zur Information der betroffenen Person oder der Pflicht zum eigenständigen Einschränken der personenbezogenen Daten wäre daher wünschenswert.

Die Einschränkung der Verarbeitung ist eine Form der Verarbeitung von personenbezogenen Daten im Sinne des Art. 4 Nr. 2 DSGVO und bedeutet gemäß Art. 4 Nr. 3 DSGVO die Markierung von Daten mit dem Ziel, die Verarbeitung einzuschränken. Diese zirkelschlüssige Definition ist wenig hilfreich; Ziel soll es jedenfalls sein, eine Verarbeitung personenbezogener Daten nur noch für begrenzte Zwecke zuzulassen.[717] Die Bedeutung entspricht dem „Sperren" aus Art. 2 lit. b DSRL sowie § 3 Abs. 4 Satz 2 Nr. 4 BDSG a. F.,[718] der Sperren als Kennzeichnen gespeicherter personenbezogener Daten zur Einschränkung weiterer Verarbeitung oder Nutzung definierte. Personenbezogene Daten dürfen jedenfalls nicht mehr in andere Verarbeitungsprozesse integriert werden können.[719] Erwägungsgrund 67 DSGVO bietet als Beispiele zur Einschränkung etwa das Übertragen in ein anderes Verarbeitungssystem an oder die Sperrung für andere Nutzer. Auf Online-Plattformen wie Social Networks ist neben der entsprechenden Markierung im System vor allem die Einschränkung der Sichtbarkeit personenbezogener Daten für jedermann wichtig.

Im Einzelnen setzt Art. 18 Abs. 1 lit. a DSGVO das substanziierte[720] Bestreiten der Richtigkeit der personenbezogenen Daten voraus, gilt aber nur für die Dauer

---

[716]Zu Art. 12 DSGVO s. Abschn. 7.8.1.

[717]*Dix*, in: Simitis/Hornung/Spiecker 2019, Art. 4 Nr. 3 DSGVO, Rn. 2; *Herbst*, in: Kühling/Buchner 2018, Art. 18 DSGVO, Rn. 29.

[718]*Roßnagel*, in: Simitis/Hornung/Spiecker 2019, Art. 4 Nr. 2 DSGVO, Rn. 29; *Herbst*, in: Kühling/Buchner 2018, Art. 18 DSGVO, Rn. 28; *Kamann/Braun*, in: Ehmann/Selmayr 2018, Art. 18 DSGVO, Rn. 27; *Klabunde*, in: Ehmann/Selmayr 2018, Art. 4 DSGVO, Rn. 26.

[719]*Paal*, in: Paal/Pauly 2018, Art. 18 DSGVO, Rn. 18.

[720]VG Stade, NVwZ 2019, 251.

der Prüfung der Richtigkeit durch den Verantwortlichen. Lit. a greift also, wenn die betroffene Person ihr Recht auf Berichtigung aus Art. 17 DSGVO geltend macht oder bei unrechtmäßiger Verarbeitung aufgrund des Verstoßes gegen den Grundsatz der Richtigkeit der Daten nach Art. 17 Abs. 1 lit. d in Verbindung mit Art. 5 Abs. 1 lit. d DSGVO.[721] Da Art. 18 Abs. 1 lit. a DSGVO nur für die Dauer der Prüfung gilt, ist keine dauerhafte Einschränkung der Verarbeitung möglich. Wird die Unrichtigkeit festgestellt, sind die personenbezogene Daten also zu berichtigen oder zu löschen, je nach Antrag der betroffenen Person. Kann die Unrichtigkeit des Datums weder bewiesen noch abgelehnt werden, gelten die allgemeinen Beweislastregeln, der Verantwortliche kann die Daten also nur weiter verarbeiten, wenn er gemäß Art. 5 Abs. 2 DSGVO die Richtigkeit beweisen kann und ein Erlaubnistatbestand zur Verarbeitung vorliegt.[722]

Art. 18 Abs. 1 lit. b DSGVO greift, wenn die Verarbeitung der personenbezogenen Daten unrechtmäßig ist und die betroffene Person das Löschen der Daten ablehnt und stattdessen die Einschränkung der Verarbeitung verlangt. Zwar unterliegt der Antrag auf Einschränkung – wie bei den Betroffenenrechten generell – keiner Form, die betroffene Person muss aber zweifelsfrei zum Ausdruck bringen, dass sie die Einschränkung der Verarbeitung wünscht und ein Löschen ablehnt, da der Verantwortliche andernfalls bei einer unrechtmäßigen Verarbeitung nach Art. 17 Abs. 1 lit. d DSGVO unmittelbar zur Löschung verpflichtet ist. Insbesondere bei dieser Variante ergibt sich die bereits aufgeworfene Folgefrage, ob nicht der Verantwortliche die betroffene Person vor dem Löschen der konkreten personenbezogenen Daten auf die Möglichkeit der Einschränkung der Verarbeitung hinweisen müsste. Nach dem Wortlaut der Vorschrift ist dies jedoch anzulehnen.[723]

Art. 18 Abs. 1 lit. c DSGVO gibt der betroffenen Person das Recht, die Verarbeitung einschränken zu lassen, wenn die personenbezogenen Daten für den ursprünglichen Zweck nicht mehr benötigt werden, aber aufgrund der Geltendmachung von Rechtsansprüchen der betroffenen Person nicht gemäß Art. 17 Abs. 1 lit. a DSGVO gelöscht werden sollen. Die Vorschrift dient damit dem Schutz eventueller Beweismittel. Nach Art. 18 Abs. 1 lit. d DSGVO kann die betroffene Person die Einschränkung der Verarbeitung verlangen, wenn sie gemäß Art. 21 Abs. 1 DSGVO Widerspruch gegen die Verarbeitung eingelegt hat, mit dem Ziel, die Daten gemäß

---

[721] *Herbst*, in: Kühling/Buchner 2018, Art. 18 DSGVO, Rn. 10.

[722] *Herbst*, in: Kühling/Buchner 2018, Art. 18 DSGVO, Rn. 13; *Paal*, in: Paal/Pauly 2018, Art. 18 DSGVO, Rn. 16; *Worms*, in: Wolff/Brink 2020, Art. 18 DSGVO, Rn. 35. A. A. (obwohl mit dem Wortlaut der Vorschrift nicht vereinbar) *Peuker*, in: Sydow 2018, Art. 18 DSGVO, Rn. 12; wohl auch *Kamann/Braun*, in: Ehmann/Selmayr 2018, Art. 16 DSGVO, Rn. 22 (offen gelassen in *Kamann/Braun*, in: Ehmann/Selmayr 2018, Art. 18 DSGVO, Rn. 13).

[723] A. A. *Herbst*, in: Kühling/Buchner 2018, Art. 18 DSGVO, Rn. 17.

Art. 17 Abs. 1 lit. c DSGVO löschen zu lassen. Der Anspruch aus Art. 18 Abs. 1 lit. d DSGVO gilt nur so lange nicht feststeht, ob Interessen des Verantwortlichen überwiegen und dient damit dem Schutz der Interessen des Verantwortlichen. Nach erfolgter Einschränkung der Verarbeitung ist eine weitere Verarbeitung nur noch in den engen Grenzen des Art. 18 Abs. 2 DSGVO möglich. Vor einer Aufhebung der Einschränkung ist die betroffene Person nach Abs. 3 zu benachrichtigen.

7.8.7 Mitteilungspflicht bei Berichtigung, Löschung und Einschränkung

Art. 19 DSGVO ergänzt die Betroffenenrechte der Art. 16, Art. 17 Abs. 1 und Art. 18 DSGVO. Die Mitteilungspflicht aus Art. 19 DSGVO fördert die Durchsetzung der Betroffenenrechte, damit die Empfänger der Daten ihren eigenen Pflichten aus Art. 16 bis 18 DSGVO nachkommen können und ergänzt die Pflichten des Verantwortlichen aus Art. 16 bis 18 DSGVO, da dieser nur in seinem eigenen Verantwortungsbereich tätig werden kann, nach Offenlegung der Daten aber auch Verantwortungsbereiche der Empfänger berührt sind.[724]

Der Verantwortliche hat gemäß Art. 19 Satz 1 DSGVO die Pflicht, jede Berichtigung, Löschung und Einschränkung der Verarbeitung Empfängern anzuzeigen, denen er die Daten offengelegt hat. Nach Satz 2 ist die betroffene Person über die Empfänger auf ihren Antrag hin über die Empfänger zu unterrichten. Offenlegung ist nach Art. 4 Nr. 2 DSGVO jede Übermittlung, Verbreitung und andere Form andere Form der Bereitstellung von Daten. Empfänger sind nach Art. 4 Nr. 9 DSGVO alle natürlichen oder juristischen Personen, Behörden, Einrichtungen oder andere Stellen, denen personenbezogene Daten offengelegt werden, unabhängig davon, ob es sich um Dritte im Sinne des Art. 4 Nr. 10 DSGVO handelt. Daher sind auch Auftragsverarbeiter im Sinne des Art. 4 Nr. 8 DSGVO umfasst, die nicht als Dritte gelten. Die Benachrichtigungspflicht gemäß Art. 19 Satz 2 DSGVO gilt nicht, sofern diese dem Verantwortlichen unmöglich oder mit unverhältnismäßigem Aufwand verbunden ist. Die Maßstäbe werden sich entscheidend nach dem Verantwortlichen und dem ihn zur Verfügung stehenden Mitteln richten. An einen verantwortlichen Nutzer sind andere Anforderungen zu stellen als an einen Anbieter.

---

[724]*Dix*, in: Simitis/Hornung/Spiecker 2019, Art. 19 DSGVO, Rn. 1; *Kamann/Braun*, in: Ehmann/Selmayr 2018, Art. 19 DSGVO, Rn. 2; *Herbst*, in: Kühling/Buchner 2018, Art. 19 DSGVO, Rn. 1.

Die Problematik der Offenlegung in Social Networks wurde bereits im Rahmen des Art. 17 Abs. 2 DSGVO erläutert. Problematisch ist eine Offenlegung etwa dann, wenn personenbezogene Daten einer Person innerhalb des Social Networks aufgrund der Sichtbarkeitseinstellungen offengelegt wurden. In diesem Falls sind in der Regel die Nutzer verantwortlich[725] und damit auch verpflichtet, potenzielle Empfänger zu informieren, soweit ihnen dies möglich ist und keinen unverhältnismäßigen Aufwand bereitet. Anbieter sind daneben für die Offenlegung insbesondere gegenüber Behörden oder Auftragsverarbeitern – hierzu können zum Beispiel auch Datenanalyse-Unternehmen wie Cambridge Analytica zählen – verantwortlich. Gegenüber Werbepartnern findet in der Regel keine Offenlegung statt, da die Social Networks, die sich über Werbung finanzieren, diesen keine personenbezogenen Daten übermitteln, sondern Werbeplatz nach eigenen Kriterien verkaufen.

7.8.8 Recht auf Datenübertragbarkeit

Art. 20 DSGVO führt ein Recht auf Datenübertragbarkeit ein, das in der Datenschutzrichtlinie und dem alten Bundesdatenschutzgesetz bisher unbekannt war. Art. 20 DSGVO hat nicht nur einen datenschutzrechtlichen, sondern auch einen verbraucherschützenden und wettbewerbsrechtlichen Charakter.[726] Es soll der betroffenen Person den Wechsel eines Online-Mediendienstes unter Mitnahme aller dort bereitgestellten Daten erleichtern. Dadurch soll der sogenannte „Lock-in-Effekt" vermieden werden, der betroffene Personen an einen bestimmten Anbieter bindet, da die Mitnahme der eigenen Daten oder Profile aufgrund des Umfangs der Daten unmöglich oder zu umständlich ist.[727] Indem Anbieter von Online-Mediendiensten verpflichtet werden, für Datenübertragbarkeit zu sorgen, kann daneben der Wettbewerb zwischen den Anbietern belebt und damit auch die Entwicklung datenschutzfreundlicher Modelle gefördert werden.[728]

---

[725]Zur Verantwortlichkeit des Nutzers Abschn. 7.4.2. Zur Informationspflicht im Sinne des Art. 17 Abs. 2 DSGVO nach Offenlegung Abschn. 7.8.5.4.

[726]*Dix*, in: Simitis/Hornung/Spiecker 2019, Art. 20 DSGVO, Rn. 1; *Herbst*, in: Kühling/Buchner 2018, Art. 20 DSGVO, Rn. 4.

[727]*Hornung*, ZD 2012, 99 (103); *Nebel/Richter*, ZD 2012, 407 (413); *Schantz*, in: Schantz/Wolff 2017, Rn. 1236; *Herbst*, in: Kühling/Buchner 2018, Art. 20 DSGVO, Rn. 2; *Skobel*, PinG 2018, 160 (160 f.). S. zum Lock-in-Effekt auch Abschn. 3.2.

[728]*Nebel/Richter*, ZD 2012, 407 (413); *Roßnagel/Richter/Nebel*, ZD 2013, 103 (107); *Art.-29-Datenschutzgruppe*, WP 242 rev.01, 4; *Paal*, in: Paal/Pauly 2018, Art. 20 DSGVO, Rn. 5.

In Erwägungsgrund 55 des Kommissionsentwurfs der Datenschutz-Grundverordnung waren Social Networks noch explizit als Anwendungsfall des Rechts auf Datenübertragbarkeit genannt. Diese exemplarische Nennung hat keinen Eingang in die endgültige Fassung der Verordnung gefunden. Das bedeutet jedoch nicht, dass Art. 20 DSGVO keine Anwendung auf Social Networks findet, sondern entspricht lediglich dem technikneutralen Ansatz der Grundverordnung und betont, dass das Recht auf Datenübertragbarkeit gleichermaßen auf alle Verantwortliche anwendbar sein soll. So wird erwartet, dass etwa E-Mail-Dienste, Cloud-Dienste, Online Banking oder auch Personaldatensysteme wichtige Anwendungsbereiche sind.[729] Ob Art. 20 DSGVO auch für Social Networks eine so bedeutende Vorschrift sein wird, wie dies im Gesetzgebungsprozess erwartet wurde, bleibt indes abzuwarten und soll im Folgenden einer genaueren Untersuchung unterzogen werden.[730]

Art. 20 Abs. 1 DSGVO beinhaltet zwei Ansprüche: zum einen das Recht der betroffenen Person nach Var. 1, bereitgestellte Daten in einem strukturierten, gängigen und maschinenlesbaren Format zu erhalten, sowie nach Var. 2 das Recht, diese Daten einem anderen Verantwortlichen zu übermitteln. Für beide Varianten müssen zusätzlich die Voraussetzungen der lit. a und b vorliegen, die Verarbeitung muss also aufgrund einer Einwilligung oder aufgrund eines Vertrags und mithilfe automatisierter Verfahren erfolgen. Abs. 2 regelt den Anspruch der betroffenen Person, die Daten direkt an einen anderen Verantwortlichen zu übermitteln. Abs. 3 regelt das Verhältnis zum Recht auf Löschung und Abs. 4 die Rechte und Freiheiten anderer Personen.

7.8.8.1 Die betroffene Person betreffend

Art. 20 Abs. 1 DSGVO setzt zunächst voraus, dass die personenbezogenen Daten, die übertragen werden sollen, die betroffene Person betreffen. Das sind zunächst zur Nutzung eines Dienstes notwendige Daten wie Nutzername und Passwort sowie deren Profildaten. Umstritten ist, inwieweit personenbezogene Daten Dritter dazugehören. Für eine effektive Rechtsausübung durch den Nutzer ist es essentiell, dass auch Kommunikationsvorgänge, Fotos mit anderen Personen und ähnliches von Art. 20 DSGVO umfasst sind. Zumindest Daten mit Drittbezug, die auch personenbezogene Daten des betroffenen Nutzers sind, gehören nach dem Willen des

---

[729] Beispiele aus *Schantz*, in: Schantz/Wolff 2017, Rn. 1236; *Paal*, in: Paal/Pauly 2018, Art. 20 DSGVO, Rn. 6; *Schürmann*, in: Auernhammer 2018, Art. 20 DSGVO, Rn. 11, 14; *Hennemann*, PinG 2017, 5 (5); jeweils mit weiteren Nachweisen.

[730] Kritisch zur Umsetzbarkeit z. B. *Kühling/Martini*, EuZW 2016, 448 (450); *Heberlein* 2017, 221 f.; *Skobel*, PinG 2018, 160 (164 ff.).

Verordnungsgebers grundsätzlich dazu,[731] andernfalls wäre der Hinweis des Abs. 4, nach dem Rechte und Freiheiten anderer Personen unberührt bleiben, überflüssig.

7.8.8.2 Bereitstellung durch die betroffene Person

Die personenbezogenen Daten müssen zudem von der betroffenen Person bereitgestellt worden sein. Der Begriff Bereitstellen wird in der Grundverordnung nicht näher definiert. Erwähnt wird er zwar in Art. 4 Nr. 2 DSGVO als eine Form der Verarbeitung von Daten. Dies ist aber nicht gleichzusetzen mit dem Bereitstellen in Art. 20 Abs. 1 DSGVO, da die Normen einen unterschiedlichen Verwendungszusammenhang aufweisen: Art. 4 Nr. 2 DSGVO beschreibt eine Handlung des Verantwortlichen, Art. 20 DSGVO hingegen bezieht sich auf eine Handlung der betroffenen Person. In der englischen Sprachfassung werden konsequenterweise unterschiedliche Begriffe verwendet, nämlich „making available" in Art. 4 Nr. 2 DSGVO im Gegensatz zu „provided" in Art. 20 Abs. 1 DSGVO. Eine geschicktere Übersetzung wäre an dieser Stelle wünschenswert gewesen. Jedenfalls impliziert der Wortlaut des Art. 20 DSGVO ein irgendwie geartetes Zutun der betroffenen Person („die sie ... bereitgestellt hat").[732] Art. 20 DSGVO umfasst also alle personenbezogenen Daten, die die betroffene Person dem Verantwortlichen zur Verfügung gestellt hat. Das sind zweifellos zunächst solche Daten, die die betroffene Person aktiv in Eingabefelder eingegeben hat, wie Nutzername und Passwort, sowie Inhalte, die sie auf die Plattform geladen hat, etwa Profilinformationen, Fotos, Likes oder Beiträge.

Umstritten ist, ob auch solche Daten als „bereitgestellt" gelten, die die betroffene Person nicht aktiv manuell eingegeben hat, aber durch die Nutzung des Dienstes entstehen. Dazu werden zum Beispiel die Suchhistorie, Playlists, Standortdaten gezählt oder auch Fitnessdaten, die der Nutzer mittels eines Trackers erhebt und die über eine Schnittstelle an das Social Network übermittelt werden.[733] Da Verantwortliche das Merkmal des Bereitstellens jedenfalls nicht allzu restriktiv auslegen

---

[731] *Schantz*, in: Schantz/Wolff 2017, Rn. 1240; *Herbst*, in: Kühling/Buchner 2018, Art. 20 DSGVO, Rn. 10; *Paal*, in: Paal/Pauly 2018, Art. 20 DSGVO, Rn. 17; Schürmann, in: Auernhammer 2018, Art. 20 DSGVO, Rn. 42; Dix, in: Simitis/Hornung/Spiecker 2019, Art. 20 DSGVO, Rn. 5, 6. A. A. Jülicher/Röttgen/v. Schönfeld, ZD 2016, 358 (359).

[732] Ebenso z. B. Schürmann, DSB 2017, 230; Strubel, ZD 2017, 355 (357 ff.); Brüggemann, K&R 2018, 1 (2); Kamann/Braun, in: Ehmann/Selmayr 2018, Art. 20 DSGVO, Rn. 13.

[733] Art.-29-Datenschutzgruppe, WP 242 rev.01, 11; Schantz, in: Schantz/Wolff 2017, Rn. 1239; Schürmann, in: Auernhammer 2018, Art. 20 DSGVO, Rn. 25; Herbst, in: Kühling/Buchner 2018, Art. 20 DSGVO, Rn. 11; Schürmann, DSB 2017, 230; Brüggemann, K&R 2018, 1 (3); Dix: in: Simitis/Hornung/Spiecker 2019, Art. 20 DSGVO, Rn. 8. Kritisch im Hinblick auf die weite Auslegung durch die Art.-29-Datenschutzgruppe, aber im Ergebnis wohl ebenso Strubel, ZD 2017, 355 (359 f.).

dürfen,[734] da die Vorschrift nur so zu voller Geltung kommen kann, ist es sachgerecht, auch solche Daten darunter zu fassen, die durch die Nutzung eines Dienstes veranlasst werden.[735] Jedenfalls nicht „bereitgestellt" im Sinne der Vorschrift sind diejenigen personenbezogenen Daten, die der Verantwortliche aus der Analyse und Zusammenführung der bereitgestellten Daten gewonnen hat.[736] Dazu gehören etwa Bonitäts-Scores und andere Profiling-Ergebnisse.

Nicht durch die betroffene Person bereitgestellt – und damit dem Wortlaut nach nicht unter die Vorschrift fallend – wären solche Daten, die durch andere Nutzer bereitgestellt wurden. Dazu zählen alle Nachrichten, die ein Nutzer der betroffenen Person geschickt hat, aber auch Fotos, Verknüpfungen zur betroffenen Person und andere Daten, die ein anderer Nutzer auf die Plattform geladen hat, sich aber auf die betroffene Person beziehen.[737] Da ein Großteil der entstehenden Daten in einem Social Network aufgrund solcher Verbindungen entsteht, stellt sich jedoch die Frage, welche Nützlichkeit ein Anspruch auf Datenübertragbarkeit für Social Networks überhaupt hat, wenn diese personenbezogenen Daten nicht dem Wortlaut unterfallen würden.[738] Insbesondere am Beispiel der Kommunikationsvorgänge zeigt sich die Schwierigkeit der Abgrenzung, welche Daten eine betroffene Person übertragen können darf und welche nicht. Nachrichten, die sich ausschließlich in der Sphäre der betroffenen Person befinden, wie dies bei E-Mails in E-Mail-Diensten der Fall ist, sollen davon erfasst sein, Chats hingegen, auf die alle Chat-Teilnehmer zugreifen können, jedoch nicht.[739] Diese Differenzierung ist nicht sachgerecht, da es sich bei beidem um nicht mehr nachträglich veränderbare Nachrichten einer Person an den Empfänger handelt, deren einziger Unterschied in der technischen Darstellung liegt. Die technische Umsetzung allein kann jedoch nicht ausschlaggeben sein

---

[734] Art.-29-Datenschutzgruppe, WP 242 rev.01, 10 f.; Dix: in: Simitis/Hornung/Spiecker 2019, Art. 20 DSGVO, Rn. 7. A. A. Brüggemann, K&R 2018, 1 (2), der in der Wahl des Wortlauts „Bereitstellen" eine Einschränkung des Anwendungsbereichs sieht.

[735] Z. B. Art.-29-Datenschutzgruppe, WP 242 rev.01, 12; Schantz, in: Schantz/Wolff 2017, Rn. 1239; Dix: in: Simitis/Hornung/Spiecker 2019, Art. 20 DSGVO, Rn. 8; Schürmann, in: Auernhammer 2018, Art. 20 DSGVO, Rn. 25; Skobel, PinG 2018, 160 (162). A. A., da nicht unter den Wortlaut fallend, Strubel, ZD 2017, 355 (359 f.); Piltz, in: Gola 2018, Art. 20 DSGVO, Rn. 15; Kamlah, in: Plath 2018, Art. 20 DSGVO, Rn. 6; Golland 2019, 315 ff.

[736] Dix: in: Simitis/Hornung/Spiecker 2019, Art. 20 DSGVO, Rn. 8. Art.-29-Datenschutzgruppe, WP 242 rev.01, 11 spricht von „abgeleiteten Daten".

[737] So jedoch Jülicher/Röttgen/v. Schönfeld, ZD 2016, 358 (361).

[738] Ebenso Dix, in: Simitis/Hornung/Spiecker 2019, Art. 20 DSGVO, Rn. 7.

[739] Herbst, in: Kühling/Buchner 2018, Art. 20 DSGVO, Rn. 11.

für die Anwendbarkeit oder Nichtanwendbarkeit des Rechts auf Datenübertragbarkeit.[740] Der Empfänger muss davon ausgehen können, dass eine persönliche Nachricht an ihn zu seiner freien Verfügung steht. Entsprechend hat auch der Bundesgerichtshof im Fall eines digitalen Nachlasses entschieden, dass Erben Zugriff auf Chatprotokolle als Nachlassgegenstand bekommen müssen.[741] Einer Datenübertragung eventuell entgegenstehende Rechte des Senders werden auf der Ebene des Art. 20 Abs. 4 DSGVO berücksichtigt.[742]

7.8.8.3 Formatvorgaben

Nach Art. 20 Abs. 1 Var. 1 DSGVO muss der Verantwortliche die Daten in einem gängigen, strukturierten und maschinenlesbaren Format der betroffenen Person zur Verfügung stellen. Nach Erwägungsgrund 68 DSGVO soll das Format zudem interoperabel sein. Interoperabel meint die „Fähigkeit verschiedener und unterschiedlicher Organisationen zur Interaktion zum beiderseitigen Nutzen und im Interesse gemeinsamer Ziele; dies schließt den Austausch von Informationen und Wissen zwischen den beteiligten Organisationen durch von ihnen unterstützte Geschäftsprozesse mittels Datenaustausch zwischen ihren jeweiligen IKT-Systemen ein".[743] Interoperabel bezieht sich dabei auf das Ergebnis, die Erfordernisse des gängigen, strukturierten und maschinenlesbaren Formats auf die Mittel, um die Interoperabilität zu erreichen.[744] Inhaltlich sind diese Voraussetzungen jedoch schwer voneinander abgrenzbar und sollten vor allem anhand des Ziels der Vorschrift ausgelegt werden,[745] nämlich der betroffenen Person ohne großen Aufwand zu ermöglichen, ihre personenbezogenen Daten mittels eines geeigneten Formats zu erhalten, um diese zu einem beliebigen Zeitpunkt einem Anbieter ihrer Wahl zu übermitteln.

Gängig ist ein Format wohl dann, wenn die Software für die betroffene Person leicht verfügbar ist. Sie sollte möglichst kostenfrei verfügbar sein.[746] Mögliche

---

[740] So im Ergebnis auch Art.-29-Datenschutzgruppe, WP 242 rev.01, 11; Schantz, NJW 2016, 1841 (1845); Schantz, in: Schantz/Wolff 2017, Rn. 1239.

[741] BGH, Urteil vom 12.7.2018, Az. 3 ZR 183/17, NZFam 2018, 800.

[742] S. zu Art. 20 Abs. 4 DSGVO Abschn. 7.8.8.8.

[743] Art. 2 lit. a des Beschlusses Nr. 922/2009/EG des Europäischen Parlaments und des Rates vom 16.9.2009 über Interoperabilitätslösungen für europäische öffentliche Verwaltungen (ISA), ABl. EU vom 3.10.2009, L 260, 20; Art.-29-Datenschutzgruppe, WP 242 rev.01, 20.

[744] Art.-29-Datenschutzgruppe, WP 242 rev.01, 20. A. A. Hennemann, PinG 2017, 5 (7).

[745] Herbst, in: Kühling/Buchner 2018, Art. 20 DSGVO, Rn. 20.

[746] So Art.-29-Datenschutzgruppe, WP 242 rev.01, 20, nach der die entgeltpflichtig lizenzierte Software keine adäquate Lösung darstellt.

Formate, die diese Anforderungen erfüllen, sind zum Beispiel Excel, txt, vCard, HTML oder JSON.[747] Strukturiert meint in diesem Zusammenhang nicht nur einer inhaltlichen Logik folgend, wie dies auch beim Auskunftsanspruch nach Art. 15 Abs. 3 DSGVO vorausgesetzt wird.[748] Es ist auch eine technische Struktur notwendig, die eine Übertragung in das System des anderen Verantwortlichen ohne großen Aufwand durch die betroffene Person möglich macht.[749] Die verwendete Software sollte also geeignet sein, die Metadaten zu erhalten, um die effektive Wiederverwendung der Daten sicherzustellen.[750] So ist etwa die Zurverfügungstellung einer E-Mail-Inbox als PDF-Format unzureichend technisch strukturiert, da die E-Mails in diesem Format nicht ohne Aufwand in eine andere Inbox umgezogen werden können.[751] Gleiches gilt für die – noch vielfältigeren – Daten aus Social Networks.

Maschinenlesbar ist ein Datum dann, „wenn es in einem Dateiformat vorliegt, das so strukturiert ist, dass Softwareanwendungen die konkreten Daten einfach identifizieren, erkennen und extrahieren können."[752] Für verschlüsselte Daten gilt dies nach Erwägungsgrund 21 der Richtlinie 2013/37/EU aber nur dann, wenn eine automatische Verarbeitung in diesem Sinne möglich ist.

7.8.8.4 Übermittlung an einen anderen Verantwortlichen

Nach Art. 20 Abs. 1 Var. 2 DSGVO hat die betroffene Person das Recht, diese Daten einem anderen Verantwortlichen ohne Behinderung durch den ursprünglichen Verantwortlichen zu übermitteln. Die Vorschrift verpflichtet nur den Verantwortlichen, dem die Daten bereitgestellt wurden. Eine Behinderung kann sich aus faktischen oder rechtlichen Umständen ergeben. Da der Verantwortliche, dem die Daten übermittelt werden sollen, nach dem Wortlaut des Art. 20 Abs. 1 Var. 2 DSGVO nicht

---

[747] Art.-29-Datenschutzgruppe, WP 242 rev.01, 21; Piltz, in: Gola 2018, Art. 20 DSGVO, Rn. 23; Kamann/Braun, in: Ehmann/Selmayr 2018, Art. 20 DSGVO, Rn. 23. Facebook etwa bietet die Formate HTML und JSON an.

[748] S. Abschn. 7.8.3.

[749] So wohl auch Herbst, in: Kühling/Buchner 2018, Art. 20 DSGVO, Rn. 20.

[750] Art.-29-Datenschutzgruppe, WP 242 rev.01, 21.

[751] Art.-29-Datenschutzgruppe, WP 242 rev.01, 21.

[752] Erwägungsgrund 21 der Richtlinie 2013/37/EU des Europäischen Parlaments und des Rates vom 26.6.2013 zur Änderung der Richtlinie 2003/98/EG über die Weiterverwendung von Informationen des öffentlichen Sektors, ABl. EU vom 27.6.2013, L 175, 1; Art.-29-Datenschutzgruppe, WP 242 rev.01, 20.

zur Annahme verpflichtet wird, beschränkt sich die Pflicht des ursprünglichen Verantwortlichen darauf, die personenbezogenen Daten in einem geeigneten Format zur Verfügung zu stellen.[753]

7.8.8.5 Auf Einwilligung oder Vertrag basierend

Art. 20 Abs. 1 Var. 1 und 2 DSGVO gelten nur unter der Voraussetzung, dass – neben der unproblematisch vorliegenden automatisierten Verarbeitung nach lit. b – gemäß lit. a die Verarbeitung auf einer Einwilligung nach Art. 6 Abs. 1 lit. a oder Art. 9 Abs. 2 lit. a DSGVO oder auf einem Vertrag nach Art. 6 Abs. 1 lit. b DSGVO beruht. Dies macht auch Erwägungsgrund 68 DSGVO deutlich. Der Wortlaut der Vorschrift ist hier eindeutig und abschließend, sodass zum Beispiel solche personenbezogenen Daten, die aufgrund berechtigter Interessen nach Art. 6 Abs. 1 lit. f DSGVO verarbeitet werden, von vornherein nicht umfasst sind.[754] Es ist durchaus umstritten, in welchem Umfang Anbieter von Social Networks ihre Datenverarbeitungsprozesse insbesondere zu personalisierten Diensten auf berechtigte Interessen nach lit. f stützen können. Aufgrund der Eingriffsintensität sollte die Personalisierung von Diensten und Werbung nur mithilfe einer wirksamen Einwilligung möglich sein.[755] Art. 20 DSGVO verdeutlicht an dieser Stelle abermals, wie wichtig diese Einordnung ist, um den Nutzern von Social Networks zu einem umfassenden Recht auf Datenübertragbarkeit zu verhelfen.

7.8.8.6 Direkte Übermittlung

Art. 20 Abs. 2 DSGVO gibt der betroffenen Person das Recht, eine direkte Übermittlung zwischen den Verantwortlichen zu erwirken. Dies muss technisch machbar sein. Abs. 2 stellt strenge Vorgaben auf, da sich die technische Machbarkeit nur am Stand der Technik[756] orientiert, nicht hingegen daran, ob dies für den Verantwortlichen auch zumutbar ist.[757] Dadurch erzeugt die Vorschrift einen gewissen Handlungsdruck für die Anbieter von Online-Mediendiensten, sobald ein Anbieter die technische Machbarkeit unter Beweis gestellt hat.

---

[753] Herbst, in: Kühling/Buchner 2018, Art. 20 DSGVO, Rn. 22.

[754] Zum Verhältnis der gesetzlichen Erlaubnistatbestände zur Einwilligung s. Abschn. 7.5.3.1.

[755] S. Abschn. 7.5.5.3.1.

[756] Albrecht, CR 2016, 88 (93).

[757] So auch Herbst, in: Kühling/Buchner 2018, Art. 20 DSGVO, Rn. 27; Piltz, in: Gola 2018, Art. 20 DSGVO, Rn. 28. Einschränkend Kremer, in: Laue/Kremer 2019, § 4, Rn. 70, die die technische Machbarkeit nicht mit dem Stand der Technik gleichsetzen wollen.

7.8.8.7 Ausnahmen

Gemäß Art. 20 Abs. 3 Satz 1 DSGVO lässt das Recht auf Datenübertragbarkeit das Recht auf Löschung unberührt. Das bedeutet, dass eine Übertragung der Daten nach Abs. 1 oder 2 nicht automatisch eine Löschung zur Folge hat.[758] In der Ausübung des Rechts auf Datenübertragung liegt nicht gleichzeitig der Widerruf einer Einwilligung in die Datenverarbeitung oder die Aufkündigung des Vertrags. Die betroffene Person bringt durch ein bloßes Verlangen, Daten an ein anderes Social Network übertragen zu wollen, nicht zum Ausdruck, das ursprüngliche Netzwerk nicht mehr nutzen zu wollen. Hierzu bedarf es einer gesonderten Erklärung.

Möchte die betroffene Person, dass ihre personenbezogenen Daten bei dem ursprünglichen Verantwortlichen nach der Datenübertragung gelöscht werden, muss sie dies dem Verantwortlichen gegenüber geltend machen. Ein Anspruch auf Löschung besteht, wenn einer der Gründe in Art. 17 Abs.1 lit. a bis f DSGVO vorliegt. Die Löschgründe liegen jedoch nicht automatisch mit Ausübung des Rechts auf Datenübertragbarkeit vor, insbesondere ist darin keine Kündigung oder der Widerruf einer Einwilligung zu sehen.[759] Verlangt die betroffene Person gegenüber dem Verantwortlichen, dass ihre personenbezogenen Daten nach der Datenübertragung gelöscht werden sollen, ist darin ein Widerruf der Einwilligung für jene personenbezogenen Daten zu erblicken, deren Löschung verlangt wird. Nach Art. 17 Abs. 1 lit. b DSGVO sind die Daten dann zu löschen.[760]

Ob in dem Löschbegehren eine Kündigung des zugrundeliegenden Vertrags zu erblicken ist, hängt vom Umfang des Löschbegehrens ab. Verlangt die betroffene Person die umfassende Löschung aller vorhandenen personenbezogenen Daten, kann diese Erklärung als Kündigung des Vertrags ausgelegt werden. Verlangt die betroffene Person demgegenüber aber nur die Löschung bestimmter personenbezogener Daten, ist darin lediglich ein diesbezüglicher Widerspruch zu sehen.

Nach Art. 20 Abs. 3 Satz 2 DSGVO gilt das Recht auf Datenübertragbarkeit zudem nicht, wenn die Verarbeitung zur Wahrnehmung einer Aufgabe im öffentlichen Interesse erforderlich ist. Dies wird bei Social Networks regelmäßig nicht einschlägig sein.

---

[758] Dix, in: Simitis/Hornung/Spiecker 2019, Art. 20 DSGVO, Rn. 16; Herbst, in: Kühling/Buchner 2018, Art. 20 DSGVO, Rn. 31; Piltz, in: Gola 2018, Art. 20 DSGVO, Rn. 32.

[759] Jülicher/Röttgen/v. Schönfeld, ZD 2016, 358 (360); Dix, in: Simitis/Hornung/Spiecker 2019, Art. 20 DSGVO, Rn. 16; Herbst, in: Kühling/Buchner 2018, Art. 20 DSGVO, Rn. 31.

[760] Ein Rückgriff auf andere Erlaubnistatbestände ist nicht zulässig, s. Abschn. 7.8.5.3.

7.8.8.8 Rechte anderer Personen

Schließlich dürfen nach Art. 20 Abs. 4 DSGVO die Rechte und Freiheiten anderer Personen nicht beeinträchtigt werden. In Betracht kommen vor allem die Grundrechte und Grundfreiheiten anderer Personen, deren personenbezogene Daten durch einen Drittbezug betroffen sind. In Rede stehen vor allem deren Grundrechte auf Datenschutz und informationelle Selbstbestimmung sowie Meinungs- und Kommunikationsfreiheit. Außerdem dürfen diese Personen nicht in ihren Rechten aus der Grundverordnung beeinträchtigt werden.[761]

Die Übertragung der Daten der anderen Personen ist erlaubnispflichtig.[762] Sowohl der Anbieter als ursprünglicher Verantwortlicher als auch der verantwortliche Nutzer müssen sich also auf einen Erlaubnistatbestand stützen. Veranlasst der verantwortliche Nutzer die Übertragung seiner Daten an einen anderen Verantwortlichen und sind davon andere Personen betroffen, ist der verantwortliche Nutzer – gegebenenfalls gemeinsam mit dem Anbieter – dafür verantwortlich, die Rechte der anderen Personen zu wahren, da der Nutzer die Datenübertragung veranlasst hat. Liegt keine Einwilligung (der anderen betroffenen Person) vor, kommt die Erlaubnis für den Anbieter aus Art. 6 Abs. 1 lit. f DSGVO in Betracht, da dieser das berechtigte Interesse hat, seinen Pflichten zur Datenübertragung gegenüber dem verantwortlichen Nutzer nachzukommen. Der verantwortliche Nutzer wird sich ebenso auf die Wahrung seiner berechtigten Interessen nach Art. 6 Abs. 1 lit. f DSGVO berufen können, da die freie Wahl eines Social Network und ein Wechsel zwischen verschiedenen Plattformen Ausdruck seiner grundrechtlich geschützten Handlungsfreiheit ist und damit ein berechtigtes Interesse darstellt. Beides wiegt grundsätzlich gleich schwer wie eventuell entgegenstehende berechtigte Interessen der anderen betroffenen Personen.

Solch ein berechtigtes Interesse der anderen Person ist die Wahrung des Rechts auf Datenschutz und der informationellen Selbstbestimmung sowie die Wahrung der Vertraulichkeit der Kommunikation der anderen Person. Diese könnte argumentieren, dass sie ihre Äußerungen im Rahmen dieser Kommunikation auf der Plattform, auf die die Daten übertragen werden sollen, nicht getätigt hätte, etwa dann, wenn die Kommunikation bisher in einem datenschutzfreundlichen Social Network stattgefunden hat und nun zu einem außereuropäischen, vielleicht notorisch datenschutzverletzenden Anbieter übertragen werden soll. Hier überwiegt das Recht auf

---

[761] Art.-29-Datenschutzgruppe, WP 242 rev.01, 13.

[762] Art.-29-Datenschutzgruppe, WP 242 rev.01, 13; Paal, in: Paal/Pauly 2018, Art. 20 DSGVO, Rn. 26; Herbst, in: Kühling/Buchner 2018, Art. 20 DSGVO, Rn. 18. Zur Möglichkeit des Ausschlusses von Abs. 4 s. auch Skobel, PinG 2018, 160 (164 f.).

Datenschutz und informationelle Selbstbestimmung den Interessen des verantwortlichen Nutzers an der Ausübung seiner Handlungsfreiheit, da die Auswirkungen
auf die andere betroffene Person schwerer wiegen. Sofern bei der Umsetzung der
Datenübertragbarkeit ganzer Kommunikationsvorgänge jedoch die andere betroffene Person anonymisiert wird, können die berechtigten Interessen in Ausgleich
gebracht werden, sodass einer Datenübertragbarkeit dennoch nichts im Wege steht.

Zugleich darf der zweite Verantwortliche die Daten zwar entgegennehmen,
aber die Daten der anderen Personen nicht für eigene Verarbeitungszwecke
nutzen.[763] Die Art.-29-Datenschutzgruppe schlägt die Entwicklung technisch-
organisatorischer Maßnahmen vor, um Einwilligungsmechanismen für andere
beteiligte Personen zu implementieren, und die Datenübertragung für die Fälle
zu vereinfachen, in denen auch andere Personen bereit sind, ihre Daten zu
übertragen.[764]

7.8.8.9 Durchsetzbarkeit

Im Ergebnis ist das Recht auf Datenübertragbarkeit durchaus geeignet, um Nutzer
von Social Networks zu unterstützen, zumindest theoretisch einen Großteil ihrer
personenbezogenen Daten in ein anderes Social Network zu übertragen. Entsprechende Optionen werden sowohl bei Facebook als auch bei Google angeboten,
um zumindest der Verpflichtung aus Art. 20 Abs. 1 DSGVO nachzukommen. Die
direkte Übermittlung an andere Verantwortliche nach Abs. 2 ist jedoch bisher nicht
vom Leistungsangebot umfasst. Da Art. 20 DSGVO ebenso nach Art. 83 Abs. 5
lit. b DSGVO bußgeldbewehrt ist, sollten die Anbieter jedoch einige Anstrengungen
unternehmen, um das Recht auf Datenübertragbarkeit umzusetzen. Aufsichtsbehörden können dazu beitragen, indem sie entsprechende Anordnungen nach Art. 58
Abs. 2 DSGVO zur Umsetzung der Vorschriften der Verordnung erlassen, um deren
Verstoß konkret nach Art. 83 Abs. 5 DSGVO zu ahnden.[765]

7.8.9 Recht auf Widerspruch

Art. 21 DSGVO gibt der betroffenen Person ein Recht auf Widerspruch gegen
die Verarbeitung von Daten. Nach Abs. 1 darf sie einer Verarbeitung ihrer personenbezogenen Daten widersprechen, die auf Art. 6 Abs. 1 lit. e und f DSGVO
beruht. Im Rahmen der Datenverarbeitung bei Social Networks ist allenfalls lit. f

---

[763] Art.-29-Datenschutzgruppe, WP 242 rev.01, 14.

[764] Art.-29-Datenschutzgruppe, WP 242 rev.01, 14.

[765] Vgl. auch Roßnagel, DuD 2018, 741 (744 f.).

relevant; dies schließt Profiling mit ein. Relevante Datenverarbeitungen sind auf Seiten des Anbieters etwa die Nutzung von Tracking-Technologien, die Verarbeitung personenbezogener Daten zur Verbesserung der Dienste, Produkte und Algorithmen sowie gegebenenfalls die Datenverarbeitung zu Werbezwecken; auf Seiten des verantwortlichen Nutzers etwa das Teilen und Kommentieren von Beiträgen oder Verlinken anderer Personen. Die Datenverarbeitung muss ausweislich des Wortlauts der Vorschrift ausschließlich auf dieser Rechtsgrundlage beruhen. Kommt daneben zum Beispiel noch eine Erlaubnis durch Einwilligung in Betracht, ist Art. 21 DSGVO nicht anwendbar. In diesem Fall hat die betroffene Person die Möglichkeit, die Einwilligung zu widerrufen. Daher dient Art. 21 DSGVO als Auffang-Betroffenenrecht der Korrektur einer ursprünglich rechtmäßigen Datenverarbeitung.[766] Art. 21 DSGVO setzt also voraus, dass die durch den Verantwortlichen vorgenommene Interessenabwägung im Rahmen des Art. 6 Abs. 1 lit. f DSGVO zunächst einmal systematisch fehlerfrei und damit rechtmäßig war. Abzugrenzen ist der Fall, dass die Interessenabwägung durch den Verantwortlichen bereits ursprünglich fehlerhaft, die Datenverarbeitung demnach von Beginn an rechtswidrig war. Hier greift nicht das Widerspruchsrecht nach Art. 21 DSGVO, sondern die Löschverpflichtung des Verantwortlichen nach Art. 17 DSGVO.

Das Widerspruchsrecht aus Art. 21 Abs. 1 DSGVO wird nicht bedingungslos gewährt, sondern nur bei Vorliegen besonderer Voraussetzungen. Das Widerspruchsrecht soll atypische Konstellationen richtigstellen, die im Einzelfall nach erfolgter Abwägung durch den Verantwortlichen die berechtigten Interessen der betroffenen Person nicht ausreichend berücksichtigen und steht der betroffenen Person daher nur bei Vorliegen von Gründen zu, „die sich aus ihrer besonderen Situation ergeben". Für deren Vorliegen trifft die Darlegungslast die betroffene Person.[767] Hier ist eine konkrete Einzelfallbetrachtung vonnöten: Die besonderen Gründe müssen über ein schlichtes Ablehnen der Datenverarbeitung hinausgehen, da eine abstrakte Gewichtung der Interessen der betroffenen Person bereits in der Interessenabwägung im Rahmen des Art. 6 Abs. 1 lit. f DSGVO vorgenommen wurde.[768] Mögliche Gründe können veränderte rechtliche, wirtschaftliche oder gesellschaftliche Umstände in der Person sein, eine veränderte Eingriffsqualität der verarbeitenden Daten oder eine neue oder veränderte Gefahrenlage,[769] die dem Verantwortlichen vorher nicht

---

[766] Kamann/Braun, in: Ehmann/Selmayr 2018, Art. 21 DSGVO, Rn. 10; Herbst, in: Kühling/Buchner 2018, Art. 21 DSGVO, Rn. 15.

[767] Z. B. Heberlein 2017, 218.

[768] Z. B. Herbst, in: Kühling/Buchner 2018, Art. 21 DSGVO, Rn. 15; Robrahn/Bremert, ZD 2018, 291 (296).

[769] Schulz, in: Gola 2018, Art. 21 DSGVO, Rn. 9. Ähnlich auch Kamann/Braun, in: Ehmann/Selmayr 2018, Art. 21 DSGVO, Rn. 20.

bekannt waren.[770] Die Hürden für einen erfolgreichen Widerspruch gegen eine – ursprünglich rechtmäßige – Datenverarbeitung nach Art. 6 Abs. 1 lit. f DSGVO sind daher hoch.

Der Widerspruch kann jederzeit eingelegt werden. Als Rechtsfolge dürfen die personenbezogenen Daten nicht mehr verarbeitet werden, es sei denn, der Verantwortliche kann entweder Rechtsverfolgungsinteressen vorbringen oder zwingende schutzwürdige Gründe nachweisen, die die Interessen, Rechte und Freiheiten der betroffenen Person überwiegen. Schutzwürdig sind alle Interessen, die durch das Unionsrecht gedeckt sind;[771] zwingend sind diese, wenn sie nicht anderweitig erreichbar sind.[772] Zudem müssen sie überwiegen, bei gleichwertigen Interessen ist dem Widerspruch daher stattzugeben.

Zudem hat die betroffene Person nach Art. 21 Abs. 2 DSGVO jederzeit das Recht, der Verarbeitung personenbezogener Daten zu Zwecken der Direktwerbung zu widersprechen. Direktwerbung beinhaltet nicht nur herkömmliche E-Mail-Werbung im Sinne eines bilateralen Kontakts des Werbenden mit dem Adressaten,[773] die der Anbieter den Nutzer beim Besuch der Plattform einspielt.[774] Nach erfolgtem Widerspruch dürfen die personenbezogenen Daten nicht mehr für Zwecke der Direktwerbung verarbeitet werden. Die Löschpflicht des Anbieters aus Art. 17 Abs. 1 lit. c DSGVO wird regelmäßig nicht bestehen, da die personenbezogenen Daten des betroffenen Nutzers in dem Social Network vom Anbieter auch zu anderen Zwecken verarbeitet werden, etwa zur Personalisierung des Dienstes.

Nach Art. 21 Abs. 4 DSGVO ist die betroffene Person über die Rechte aus Abs. 1 und 2 spätestens zum Zeitpunkt der ersten Kommunikation hinzuweisen. Bei Social Networks wird dies also in aller Regel bei Registrierung auf der Plattform der Fall sein. Die Hinweise sind verständlich und separat von weiteren Informationen zu erteilen.

Art. 21 Abs. 5 DSGVO ermöglicht der betroffenen Person, bei Nutzung von Diensten der Informationsgesellschaft den Widerspruch mittels automatisierter Verfahren auszuüben. Social Networks sind Dienste der Informationsgesellschaft.[775]

---

[770]Herbst, in: Kühling/Buchner 2018, Art. 21 DSGVO, Rn. 15.

[771]Herbst, in: Kühling/Buchner 2018, Art. 21 DSGVO, Rn. 20.

[772]Herbst, in: Kühling/Buchner 2018, Art. 21 DSGVO, Rn. 21; Martini, in: Paal/Pauly 2018, Art. 21 DSGVO, Rn. 39. Weniger streng Kamann/Braun, in: Ehmann/Selmayr 2018, Art. 21 DSGVO, Rn. 23.

[773]Darauf scheint sich jedoch Facebook in der Datenrichtlinie vom 19.4.2018 zu begrenzen, Punkt „Wie kannst du deine gemäß DSGVO gewährten Rechte ausüben?", https://www.facebook.com/privacy/explanation.

[774]S. zum Begriff Direktwerbung ausführlich Abschn. 7.5.5.3.1 mit weiteren Nachweisen.

[775]S. zum Begriff ausführlich Abschn. 7.5.7.1.2.

Entsprechende automatisierte Verfahren sind etwa Browsereinstellungen wie Do-not-Track als Widerspruch zur Nachverfolgung des Surfverhaltens[776] oder ein Opt-out-Management.[777] Zu beachten ist, dass Abs. 5 mangels Einschränkung auf alle Formen des Widerspruchs in Art. 21 DSGVO Anwendung finden, also die Absätze 1, 2 und 6.[778] Das automatisierte Verfahren im Sinne des Abs. 5 muss also auch den restriktiven Anwendungsbereich des Abs. 1 abbilden.

Die Sonderregelung für wissenschaftliche oder historische Forschungszwecke oder statistische Zwecke aus Art. 21 Abs. 6 DSGVO findet bei der Datenverarbeitung im Rahmen von Social Networks regelmäßig keine Anwendung, da die Datenverarbeitung nicht im öffentlichen Interesse erfolgt.

7.8.10 Algorithmenbasierte Entscheidung im Einzelfall

Art. 22 Abs. 1 DSGVO gibt der betroffenen Person das Recht, nicht einer ausschließlich auf einer automatisierten Verarbeitung beruhenden Entscheidung unterworfen zu werden, die ihr gegenüber rechtliche Wirkung entfaltet oder sie in ähnlicher Weise beeinträchtigt. Die automatisierte Generierung von Einzelentscheidungen – oder vielmehr: algorithmenbasierte Entscheidung im Einzelfall – ist nach Art. 22 Abs. 2 DSGVO als Ausnahme vom Verbot in Abs. 1 dann zulässig, wenn sie zur Vertragsdurchführung erforderlich ist, unions- oder mitgliedstaatliches Recht sie erlaubt oder die betroffene Person eingewilligt hat. Das Verbot umfasst auch Profiling, solange es ausschließlich auf einer automatisierten Entscheidung beruht; andernfalls fällt Profiling unter Art. 6 Abs. 1 DSGVO. Davon ausgenommen sind gemäß Art. 22 Abs. 4 DSGVO besondere Kategorien personenbezogener Daten, sofern nicht die Voraussetzungen des Art. 9 Abs. 2 lit. a oder g DSGVO erfüllt sind. Kinder sollten einer automatisierten Generierung von Einzelentscheidungen nicht unterworfen werden.[779] Ziel der Regelung ist es, zu verhindern, dass Menschen zum „bloßen Objekt computergestützter Programme" werden.[780]

---

[776] Albrecht, CR 2016, 88 (93); Herbst, in: Kühling/Buchner 2018, Art. 21 DSGVO, Rn. 43; Schulz, in: Gola 2018, Art. 21 DSGVO, Rn. 36; Schantz, in: Schantz/Wolff 2017, Rn. 1235.

[777] Schulz, in: Gola 2018, Art. 21 DSGVO, Rn. 36; Martini, in: Paal/Pauly 2018, Art. 21 DSGVO, Rn. 74.

[778] So auch Herbst, in: Kühling/Buchner 2018, Art. 21 DSGVO, Rn. 44; Martini, in: Paal/Pauly 2018, Art. 21 DSGVO, Rn. 75.

[779] Erwägungsgrund 71 DSGVO.

[780] Scholz, in: Simitis/Hornung/Spiecker 2019, Art. 22 DSGVO, Rn. 3; Buchner, in: Kühling/Buchner 2018, Art. 22 DSGVO, Rn. 1. So auch bereits Dammann/Simitis 1997, Art. 15 DSRL, Rn. 2.

Eine ausschließliche automatisierte Generierung von Einzelentscheidungen liegt vor, wenn diese Entscheidung ausschließlich auf einer algorithmenbasierten Verarbeitung beruht, ohne dass ein menschliches Eingreifen diese Entscheidung beeinflusst und diese letztlich durch eine natürliche Person inhaltlich verantwortet wird.[781] Darunter fallen nach Erwägungsgrund 71 DSGVO zum Beispiel die automatische Ablehnung eines Online-Kreditvertrags oder eines Online-Einstellungsverfahrens. Extra hervorgehoben wird in Art. 22 Abs. 1 DSGVO das Profiling im Sinne des Art. 4 Nr. 4 DSGVO. Zum Profiling zählt auch das Behavioural Targeting, also das Adressieren mit personalisierter Werbung, als Hauptanwendungsfall von Social Networks. Die personalisierte Werbung kann eine automatisierte Einzelentscheidung sein, wenn diese ausschließlich durch einen Algorithmus getroffen wurde.

Allerdings ist umstritten, ob personalisierte Werbung unter das Verbot des Art. 22 Abs. 1 DSGVO fällt. Die automatisierte Generierung von Einzelentscheidungen muss nach Abs. 1 der betroffenen Person gegenüber rechtliche Wirkung entfalten oder diese in ähnlicher Weise erheblich beeinträchtigen. Der Gesetzgeber hatte dabei vor allem Verträge und Vertragsmodalitäten und behördliche Bescheide im Blick. Dazu gehören zum Beispiel ein abgelehnter Kreditantrag oder Vertrag, ein höherer Zinssatz aufgrund einer scheinbar mangelhaften Bonität oder das Versagen behördlicher Genehmigungen.[782] Personalisierte Werbung hat in der Regel mangels verbindlicher Wirkung keine vergleichbare erhebliche Beeinträchtigung auf die Handlungsfreiheit der betroffenen Person.[783] Dafür spricht auch, dass der europäische Gesetzgeber den Schutz der betroffenen Person vor belästigender Werbung mittels des Widerspruchsrechts in Art. 21 Abs. 2 DSGVO vorgesehen hat.[784] Zwar regelt Art. 22 DSGVO nicht die Datenverarbeitung als solche, sondern die Nutzung bestimmter Ergebnisse,[785] aber der praktische Nutzen des Art. 21 Abs. 2 DSGVO

---

[781] Erwägungsgrund 71 DSGVO; Scholz, in: Simitis/Hornung/Spiecker 2019, Art. 22 DSGVO, Rn. 26, 28; Buchner, in: Kühling/Buchner 2018, Art. 22 DSGVO, Rn. 15; Schulz, in: Gola 2018, Art. 22 DSGVO, Rn. 12.

[782] Beispiele in Hladjk, in: Ehmann/Selmayr 2018, Art. 22 DSGVO, Rn. 9.

[783] Schantz, in: Schantz/Wolff 2017, Rn. 737; Buchner, in: Kühling/Buchner 2018, Art. 22 DSGVO, Rn. 26; Martini, in: Paal/Pauly 2018, Art. 22 DSGVO, Rn. 23; Herbst, in: Auernhammer 2018, Art. 22 DSGVO, Rn. 17; Schulz, in: Gola 2018, Art. 22 DSGVO, Rn. 28; v. Lewinski, in: Wolff/Brink 2020, Art. 22 DSGVO, Rn. 41; Wenhold 2018, 236. Differenzierend, aber im Ergebnis ebenso Galetzka, K&R 2018, 675 (679). Entsprechend mit Begründung zur Datenschutzrichtlinie Dammann/Simitis 1997, Art. 15 DSRL, Rn. 5.

[784] Buchner, in: Kühling/Buchner 2018, Art. 22 DSGVO, Rn. 26. A. A. Scholz, in: Simitis/Hornung/Spiecker 2019, Art. 22 DSGVO, Rn. 37.

[785] Buchner, in: Kühling/Buchner 2018, Art. 22 DSGVO, Rn. 11, 23.

wäre erheblich reduziert, würde personalisierte Werbung in jedem Fall unter das Verbot automatisierter Entscheidungen fallen. Allerdings ist nicht ausgeschlossen, dass je nach Art der Werbung und Sensibilität der Zielgruppe im Einzelfall eine ähnlich erheblich beeinträchtigende Wirkung von dieser personalisierten Werbung ausgeht und damit das Verbot des Art. 22 Abs. 1 DSGVO zum Tragen kommen kann.[786] Diese erhebliche Beeinträchtigung muss sich aber vielmehr aus der besonderen Schutzbedürftigkeit der betroffenen Person ergeben als aus der Werbung als solche. Die Abstraktheit der Vorschrift einerseits und die sich stetig wandelnden technischen Möglichkeiten mit ihren vielfältigen, intensiven Auswirkungen auf die betroffenen Personen macht es jedoch notwendig, einheitliche Leitlinien zu entwickeln und insbesondere zu definieren, ob und unter welchen Voraussetzungen personalisierte Werbung eventuell doch unter die Vorschrift des Art. 22 DSGVO fällt und damit auch Anbieter von Social Networks trifft.

Unter Profiling fällt auch der den Nutzern von Social Networks präsentierte Newsfeed, da die Auswahl und Gewichtung der angezeigten Inhalte von den personenbezogenen Daten der betroffenen Person abhängt. Damit handelt es sich um eine ausschließliche algorithmenbasierte Entscheidung im Einzelfall, da sie ausschließlich auf einer automatisierten Entscheidung beruht. Eine erhebliche Beeinträchtigung insbesondere der freien Meinungsbildung durch einen Newsfeed kann grundsätzlich darin liegen, dass das Social Network mittels technischer Einschränkungen „normative Wirkung" entfaltet und durch den Einsatz von Algorithmen den Zugang zu vielfältigen Informationen erschwert.[787] Das Verbot des Art. 22 DSGVO kann aber nur gelten, wenn das Social Network über eine erhebliche einseitige Informationsmacht verfügt, also einen Großteil der öffentlich zugänglichen Informationen bündelt und wenige oder keine alternativen Zugangsmöglichkeiten für betroffene Personen zur Verfügung stehen. Solange Alternativen zur Verfügung stehen, stellen Social Networks zwar gewisse Risiken für die informationelle Selbstbestimmung oder die Meinungsfreiheit dar, erreichen damit aber nicht die Schwelle der erheblichen Beeinträchtigung, die vergleichbar ist mit derjenigen erheblichen Beeinträchtigung ähnlich eines abgelehnten Vertragsschlusses oder schlechterer Vertragskonditionen,[788] die der Unionsgesetzgeber für Art. 22 DSGVO im Blick hatte.

---

[786] Art.-29-Datenschutzgruppe, WP 251 rev.01, 22; Scholz, in: Simitis/Hornung/Spiecker 2019, Art. 22 DSGVO, Rn. 37. So wohl auch Hladjk, in: Ehmann/Selmayr 2018, Art. 22 DSGVO, Rn. 9.

[787] Zu den Risiken von Social Networks für die Meinungsfreiheit s. Abschn. 3.2.

[788] Beispiele aus Scholz, in: Simitis/Hornung/Spiecker 2019, Art. 22 DSGVO, Rn. 36.

Bejaht man eine grundsätzliche Beeinträchtigung durch einen Newsfeed, ist die Verwendung der algorithmenbasierten Entscheidung nach Art. 22 Abs. 2 lit. c DSGVO unter anderem zulässig, wenn die betroffene Person in Kenntnis aller Umstände ausdrücklich eingewilligt hat. Die Anforderungen an eine informierte Einwilligung gemäß Art. 7 DSGVO sowie die Transparenzpflichten nach Art. 13 ff. DSGVO gelten auch in diesem Fall.[789] Daher muss der Verantwortliche über die Personalisierung als solche unterrichten sowie über die Logik des zugrundeliegenden Algorithmus und über die Tragweite und Auswirkungen auf die betroffene Person. Er muss also darauf hinweisen, dass die Startseite oder der Newsfeed durch die Auswertung spezifischer personenbezogener Daten der betroffenen Person erstellt wird und dass dies Auswirkungen auf die Auswahl der dargestellten Mitteilungen haben kann, sodass die betroffene Person um die Personalisierung des Newsfeeds und die damit einhergehende nicht-objektive Informationsauswahl weiß.

Zusätzlich muss der Verantwortliche nach Art. 22 Abs. 3 DSGVO angemessene Maßnahmen treffen, um die Rechte und Freiheiten sowie die berechtigten Interessen der betroffenen Person zu wahren. Hierzu gehört mindestens das Recht auf Erwirkung des Eingreifens einer Person seitens des Verantwortlichen, auf Darlegung des eigenen Standpunkts und auf Anfechtung der Entscheidung. Die Aufzählung in Abs. 3 ist also nicht abschließend. In jedem Fall muss die betroffene Person die Möglichkeit haben, die algorithmenbasierte Entscheidung inhaltlich beeinflussen zu können.[790] Für Anbieter von Social Networks bedeutet dies zum einen, dass fehlerhafte, vor allem diskriminierende Datenverarbeitungen durch den Algorithmus von Personen auf Seiten des Verantwortlichen korrigiert werden können und dass die betroffene Person zu jeder Zeit Maßnahmen ergreifen kann, um die inhaltlichen Parameter, die die Basis der algorithmenbasierten Entscheidung bilden, jederzeit einsehen und ändern oder löschen zu können.

7.9 Pflichten des Verantwortlichen aus der Datenschutz-Grundverordnung

Neben der Einhaltung der datenschutzrechtlichen Vorgaben zur Rechtmäßigkeit der Datenverarbeitung und der Betroffenenrechte bestehen für den Verantwortlichen weitere Pflichten aus der Datenschutz-Grundverordnung, die dieser bei der

---

[789] Scholz, in: Simitis/Hornung/Spiecker 2019, Art. 22 DSGVO, Rn. 52; Buchner, in: Kühling/Buchner 2018, Art. 22 DSGVO, Rn. 32.

[790] Scholz, in: Simitis/Hornung/Spiecker 2019, Art. 22 DSGVO, Rn. 56; Buchner, in: Kühling/Buchner 2018, Art. 22 DSGVO, Rn. 31.

Datenverarbeitung zu erfüllen hat. Auch in diesem Zusammenhang meint Verantwortlicher grundsätzlich nicht nur den Anbieter von Social Networks, sondern auch den Nutzer im Rahmen der von ihm verantworteten Datenverarbeitung. Da die Verantwortung für die technische Infrastruktur auch bei einer gemeinsamen Verantwortlichkeit aber beim Anbieter liegt, da nur dieser Einfluss auf die technische Gestaltung hat, ist der Anbieter allein verantwortlich für die Systemgestaltung. Das KORA-Modell liefert hierfür Hilfestellungen. Die sich aus der Verordnung ergebenden Pflichten sollen im Folgenden dargestellt werden. An entsprechender Stelle wird auf das KORA-Modell verwiesen.

7.9.1 Rechenschaftspflicht

Aus Art. 5 Abs. 2 DSGVO ergibt sich für den Verantwortlichen die sogenannte Rechenschaftspflicht. Diese umfasst die Verantwortlichkeit für die Einhaltung der Datenschutzprinzipien aus Abs. 1 lit. a bis f sowie eine entsprechende Nachweispflicht. Damit umfasst die Rechenschaftspflicht der Datenschutz-Grundverordnung zwei Aspekte, nämlich das aktive Ergreifen von Maßnahmen zur Umsetzung der Grundsätze[791] sowie eine Nachweispflicht, um darüber Rechenschaft abzulegen.[792] Diese wird häufig auch als „Accountability" bezeichnet[793] und ist Ausdruck der durch die Verordnung normierten Eigenverantwortung des Verantwortlichen.[794]

Die Rechenschaftspflicht setzt eine ausführliche Dokumentation durch den Verantwortlichen voraus. Die Dokumentationspflichten ergeben sich aus den Normen der Datenschutz-Grundverordnung, entweder durch eine ausdrückliche Verpflichtung oder durch damit verbundene Konsequenzen bei Nichtbeachtung, etwa im Hinblick auf Haftung oder Bußgeldbewehrung. Damit sind nicht nur die

---

[791] Roßnagel, in: Simitis/Hornung/Spiecker 2019, Art. 5 DSGVO, Rn. 174.

[792] Kritisch zum durch die Verordnung gewählten Begriff Roßnagel, in: Simitis/Hornung/Spiecker 2019, Art. 5 DSGVO, Rn. 174. Hoeren, MMR 2018, 637 (638) bestreitet eine damit zusammenhängende Beweislastumkehr.

[793] Art.-29-Datenschutzgruppe, WP 173, 8; Heberlein, in: Ehmann/Selmayr 2018, Art. 5 DSGVO, Rn. 29; Roßnagel, in: Simitis/Hornung/Spiecker 2019, Art. 5 DSGVO, Rn. 174, jeweils mit weiteren Nachweisen.

[794] Roßnagel 2017a, 30; Heberlein, in: Ehmann/Selmayr 2018, Art. 5 DSGVO, Rn. 29. Neu ist dieser Grundsatz nicht, er wurde bereits 1980 ausdrücklich anerkannt und findet seither Anwendung, ausführlich Art.-29-Datenschutzgruppe, WP 173, 7.

Datenschutzgrundsätze aus Art. 5 Abs. 1 DSGVO rechenschafts- und damit dokumentationspflichtig, sondern so gut wie alle Anforderungen aus den Art. 5 bis 39 DSGVO.[795]

Die Grundsätze der Datenverarbeitung ergeben sich aus Art. 5 Abs. 1 DSGVO. Diese sind als allgemeine Grundsätze zwingend bei jeder Datenverarbeitung zu beachten.[796] Im Einzelnen sind das die Rechtmäßigkeit, Verarbeitung nach Treu und Glauben und Transparenz nach lit. a, die Zweckbindung nach lit. b, die Datenminimierung nach lit. c, der Grundsatz der Richtigkeit nach lit. d, die Speicherbegrenzung nach lit. e sowie der Grundsatz der Integrität und Vertraulichkeit nach lit. f.[797]

Eine zentrale Vorschrift zur Umsetzung der Rechenschaftspflicht des Verantwortlichen ist Art. 24 Abs. 1 DSGVO, die den Verantwortlichen verpflichtet, technische und organisatorische Maßnahmen zu ergreifen.[798] Aber auch andere Vorgaben der Verordnung unterstützen und erleichtern die Einhaltung und den Nachweis der Rechenschaftspflicht,[799] etwa Art. 30 DSGVO hinsichtlich der Pflicht zur Erstellung eines Verarbeitungsverzeichnisses, Art. 31 DSGVO hinsichtlich der Zusammenarbeit mit Aufsichtsbehörden, Art. 33 und 34 DSGVO zur Meldung von Datenschutzverletzungen gegenüber Aufsichtsbehörden und betroffene Personen, sowie Art. 35 DSGVO zur Erstellung einer Datenschutz-Folgenabschätzung. Für den Nachweis sind zudem Verhaltensregeln nach Art. 40 DSGVO sowie eine Zertifizierung nach Art. 42 DSGVO[800] von Vorteil. Das Modell KORA zur Systemgestaltung berücksichtigt diese Vorgaben je nach Ausrichtung im Rahmen der Datensicherheit oder Kontrolleignung. Sie werden an entsprechender Stelle erläutert.[801] Da die Vorschriften zur Umsetzung der Rechenschaftspflicht nach Art. 5 Abs. 2 DSGVO im KORA-Modell Berücksichtigung finden, erleichtert eine gewissenhafte Umsetzung des KORA-Modells auch die Einhaltung der Rechenschaftspflicht.

---

[795] S. die Übersicht in Lepperhoff, RDV 2018, 197 (198).

[796] Vgl. nur den Wortlaut des Art. 5 Abs. 1 DSGVO „Personenbezogene Daten müssen …".

[797] S. zu den Datenschutzgrundsätzen ausführlich Abschn. 7.5.1.

[798] Herbst, in: Kühling/Buchner 2018, Art. 5 DSGVO, Rn. 78; Pötters, in: Gola 2018, Art. 5 DSGVO, Rn. 31; Frenzel, in: Paal/Pauly 2018, Art. 5 DSGVO, Rn. 52; Roßnagel, in: Simitis/Hornung/Spiecker 2019, Art. 5 DSGVO, Rn. 176.

[799] S. z. B. Roßnagel 2017a, 30; Herbst, in: Kühling/Buchner 2018, Art. 5 DSGVO, Rn. 80; Pötters, in: Gola 2018, Art. 5 DSGVO, Rn. 33. S. auch bereits Art.-29-Datenschutzgruppe, WP 173, 12 f.

[800] Hierzu Maier/Bile, DuD 2019, 478.

[801] S. die Kriterien (K9) und (K11) in Abschn. 8.2.3.

7.9.2 Datenschutz durch Systemgestaltung und durch datenschutzfreundliche Voreinstellungen

Technikbasierter Grundrechtsschutz ist ein wichtiger Bestandteil zur Gewährleistung der informationellen Selbstbestimmung und des Rechts auf Datenschutz.[802] Aus Art. 25 DSGVO ergibt sich für den Verantwortlichen die Pflicht zur Umsetzung von Datenschutz durch Technik- oder besser: Systemgestaltung[803] (data protection by design) und datenschutzfreundliche Voreinstellungen (data protection by default).[804] Abs. 1 verpflichtet den Verantwortlichen zur Ergreifung geeigneter technischer und organisatorischer Maßnahmen, um die Datenschutzgrundsätze wirksam umzusetzen und notwendige Garantien in die Verarbeitung aufzunehmen, um den Anforderungen der Verordnung zu genügen und die Rechte der betroffenen Person zu schützen. Abs. 1 nennt beispielhaft die Datenminimierung, ist also nicht auf diese beschränkt, sodass die Pflicht zum Datenschutz durch Systemgestaltung auf alle Grundsätze des Art. 5 Abs. 1 DSGVO anzuwenden ist. Diese Pflicht gilt ausweislich Abs. 1 sowohl zum Zeitpunkt der Festlegung der Mittel als auch zum Zeitpunkt der Verarbeitung – sie kann somit nicht durch eine einmalige Handlung umgesetzt werden, sondern bedingt eine fortlaufende Erfüllung, solange das System genutzt wird.[805] Zweck der Vorschrift ist vor allem, den Verantwortlichen möglichst frühzeitig dazu zu veranlassen, Datenschutzmaßnahmen bei der Konzeptionierung und Programmierung des Systems zu integrieren.[806]

7.9.2.1 Datenschutz durch Systemgestaltung

Die Pflicht aus Art. 25 Abs. 1 DSGVO wird vielfältig beschränkt: So darf der Verantwortliche bei der Wahl der technischen und organisatorischen Maßnahmen

---

[802] Hierzu Geminn/Nebel, in: Friedewald/Lamla/Roßnagel 2017, 287 (308).

[803] S. hierzu Husemann, in: Roßnagel 2018, § 5, Rn. 42 sowie Kap. 6.

[804] Data protection by design und data protection by default, Erwägungsgrund 78 DSGVO. Zum Ursprung der Begriffe s. z. B. Hansen, in: Simitis/Hornung/Spiecker 2019, Art. 25 DSGVO, Rn. 5 ff.

[805] Vgl. Nolte/Werkmeister, in: Gola 2018, Art. 25 DSGVO, Rn. 14.

[806] Wolff, in: Schantz/Wolff 2017, Rn. 836. Orientierungshilfe bietet neben dem KORA-Modell (Kap. 8) etwa das Standard-Datenschutzmodell der deutschen Datenschutzaufsichtsbehörden, mit dem für den Bereich des operativen Datenschutzes sichergestellt ist, dass eine einheitliche Datenschutz-Beratungs- und Prüfpraxis in Bezug insbesondere zu den technisch-organisatorischen Maßnahmen der DSGVO erreicht werden kann (DSK, SDM-Methode 2018) sowie die Empfehlungen der ENISA 2014.

den Stand der Technik,[807] die Implementierungskosten, die Art, den Umfang, die Umstände und Zwecke der Verarbeitung sowie die unterschiedlichen Eintrittswahrscheinlichkeiten und Schwere der mit der Verarbeitung verbundenen Risiken für die Rechte und Freiheiten natürlicher Personen berücksichtigen. Zudem wird nur der Verantwortliche durch die Norm adressiert, nicht hingegen der Hersteller.[808] Letzterer wird über Erwägungsgrund 78 DSGVO lediglich „ermutigt [...], das Recht auf Datenschutz bei der Entwicklung [...] zu berücksichtigen". Zu hoffen, dass diese „Ermutigung" dazu führt, dass Hersteller sich ihrer Verantwortung bewusst werden und Datenschutz in die Systemgestaltung einfließen lassen oder die Nachfrage der Verantwortlichen nach datenschutzfreundlicher Technik zu entsprechenden Angeboten am Markt führt,[809] ist aber ein hehrer Wunsch, bedenkt man die vielfältigen Begrenzungsmöglichkeiten des Art. 25 Abs. 1 DSGVO insbesondere zum Stand der Technik und der Implementierungskosten. Dies wird auf Seiten des Verantwortlichen das Argument provozieren, eine bestimmte Technik entspreche nicht dem Stand der Technik oder sei gemessen am Risiko zu kostenintensiv, was eine Nachfrage erheblich dämpfen kann. Diese gedämpfte Nachfrage wird dann auf Seiten der Hersteller keinen übermäßigen Anreiz schaffen, eine entsprechende Technik zu vernünftigen Konditionen zur Verfügung zu stellen. Die Vorschrift wird also bereits aus diesem Grund nicht die beabsichtigte Wirkung hinsichtlich der Marktdurchdringung möglichst datenschutzfreundlicher Anwendungen haben. Eine verpflichtende und bußgeldbewehrte Adressierung der Hersteller wäre weitaus effektiver und würde Art. 25 Abs. 1 DSGVO nicht lediglich auf einen wohlgemeinten Programmsatz reduzieren.

Für Anbieter von Social Networks bleibt die Differenzierung von Hersteller und Verantwortlichem weitgehend ohne Folgen. Hier ist der Verantwortliche häufig gleichzeitig Hersteller des Systems, sofern – wie üblich – der Anbieter die Programmierung der Plattform, App, Social Plug-ins etc. selbst übernimmt. Sie haben demnach nicht nur die Pflicht, sondern auch die nötigen Mittel und Einflussmöglichkeiten, Datenschutz durch Systemgestaltung nach Art. 25 Abs. 1 DSGVO wirksam umzusetzen. Selbst wenn der Anbieter bestimmte Schritte der Entwicklung der

---

[807] S. ausführlich zu diesem Begriff Knopp, DuD 2017, 663; Husemann, in: Roßnagel 2018, § 5, Rn. 47 ff.; Hansen, in: Simitis/Hornung/Spiecker 2019, Art. 32 DSGVO, Rn. 22 f.

[808] Kritisch etwa Hornung, ZD 2011, 51 (52); Roßnagel/Richter/Nebel, ZD 2013, 103 (105 f.); Roßnagel/Nebel/Richter, ZD 2015, 455 (459); Schantz, NJW 2016, 1841 (1846). Unkritisch sehen dies anscheinend Baumgartner/Gausling, ZD 2017, 308 (309, 311).

[809] Z. B. Baumgartner/Gausling, ZD 2017, 308 (311); Baumgartner, in: Ehmann/Selmayr 2018, Art. 25 DSGVO, Rn. 5 f.; Hansen, in: Simitis/Hornung/Spiecker 2019, Art. 25 DSGVO, Rn. 21.

Software an Auftragsverarbeiter auslagert, muss er nach Art. 28 DSGVO als Verantwortlicher sicherstellen, dass der Auftragsverarbeiter „hinreichende Garantien bietet", dieser also wiederum Art. 25 DSGVO einhält.[810]

7.9.2.2 Datenschutzfreundliche Voreinstellungen

Art. 25 Abs. 2 Satz 1 DSGVO beinhaltet die Pflicht zu datenschutzfreundlichen Voreinstellungen. Demnach ist der Verantwortliche verpflichtet, geeignete technische und organisatorische Maßnahmen zu ergreifen, die sicherstellen, dass durch Voreinstellung nur solche personenbezogenen Daten verarbeitet werden, deren Verarbeitung für den jeweiligen bestimmten Verarbeitungszweck erforderlich sind. Dies betrifft nach Satz 2 die Menge der erhobenen personenbezogenen Daten, den Umfang ihrer Verarbeitung, deren Speicherfrist sowie deren Zugänglichkeit. Darüber hinaus ist Abs. 2 im Gegensatz zu Abs. 1 bedingungslos, das heißt die Pflicht zu datenschutzfreundlichen Voreinstellungen ist nicht an den Stand der Technik oder andere einschränkende Bedingungen gekoppelt.[811]

Datenschutzfreundliche Voreinstellungen hinsichtlich der Menge der erhobenen personenbezogenen Daten im Sinne des Art. 25 Abs. 2 Satz 2 DSGVO bedeutet, dass abhängig von der Art der Ausgestaltung des Dienstes die erhobenen Daten auf das zur Verarbeitung erforderliche minimiert werden.[812] Der Umfang der Verarbeitung im Sinne des Satzes 2 betrifft die „Tiefe" oder Intensität der Verarbeitung, zum Beispiel, inwieweit Daten zu einem Persönlichkeitsprofil verknüpft werden.[813] Die Profilbildung ist daher möglichst auszuschließen.[814] Bezüglich der in Satz 2 genannten Speicherfrist meint datenschutzfreundliche Voreinstellungen, dass die Daten so lange aufzubewahren sind, wie für den Zweck erforderlich. Auch in sozialen Medien, wo personenbezogene Daten möglichst lange oder gar dauerhaft vorgehalten werden sollen, muss also eine kürzere Speicherfrist voreingestellt sein, die durch die betroffene Person manuell erweitert werden muss. Die Zugänglichkeit nach Satz 2 umfasst etwa den Speicherort; demnach muss zum Beispiel das Speichern in Drittstaaten ohne adäquates Datenschutzniveau ausgeschlossen sein, wo

---

[810] S. ausführlich Bieker/Hansen, RDV 2017, 165 (166).

[811] Hansen, in: Simitis/Hornung/Spiecker 2019, Art. 25 DSGVO, Rn. 45.

[812] Hansen, in: Simitis/Hornung/Spiecker 2019, Art. 25 DSGVO, Rn. 47; Martini, in: Paal/Pauly 2018, Art 25 DSGVO, Rn. 49.

[813] Martini, in: Paal/Pauly 2018, Art 25 DSGVO, Rn. 50; Hartung, in: Kühling/Buchner 2018, Art. 25 DSGVO, Rn. 27.

[814] Hansen, in: Simitis/Hornung/Spiecker 2019, Art. 25 DSGVO, Rn. 49.

unter anderem das Risiko des Zugriffs durch Unbefugte oder gesetzlich festgelegte Zugriffsmöglichkeiten durch Behörden drohen.[815]

Nach Art. 25 Abs. 2 Satz 3 DSGVO müssen entsprechende Maßnahmen insbesondere sicherstellen, dass personenbezogene Daten nicht ohne Eingreifen „der Person", also der betroffenen Person,[816] einer unbestimmten Anzahl an Personen zur Verfügung gestellt werden. Notwendig ist also ein aktives Verändern der Einstellungen durch die betroffene Person, um einen größeren Personenkreis zu erreichen. Die Vorschrift zeigt klar, dass eine Einwilligungserklärung mittels Opt-out nach der Datenschutz-Grundverordnung nicht rechtmäßig ist.[817]

Art. 25 Abs. 2 DSGVO dient also dem Schutz derjenigen betroffenen Personen, die nicht aus eigenem Antrieb voreingestellte Datenschutzeinstellungen prüfen und ändern.[818] Diese werden so zu einer geringeren Preisgabe eigener Daten veranlasst.[819] Viele Nutzer ändern Voreinstellungen nicht, sei es aus Bequemlichkeit, Nichtwissen um die Möglichkeiten oder Risiken für die eigenen Rechte. Häufig sollen Voreinstellungen insbesondere beim ersten Einrichten eines Dienstes auch den Eindruck erwecken, die Angabe der dort geforderten Daten seien notwendig, um den Dienst ordnungsgemäß zu nutzen, obwohl dies gar nicht der Fall ist und der Verantwortliche vor allem kommerzielle Interessen an der Datenerhebung im Blick hat.[820]

7.9.2.3 Nachweis der Pflichterfüllung

Nach Abs. 3 kann ein genehmigtes Zertifizierungsverfahren gemäß Art. 42 DSGVO als Faktor herangezogen werden, um die Erfüllung der Absätze 1 und 2 des Art. 25 DSGVO nachzuweisen. Der Wortlaut „kann" indiziert bereits, dass ein Zertifikat allein nicht zwingend ausreichend ist, um die Umsetzung des Art. 25 Abs. 1 und 2 DSGVO nachzuweisen, sondern dass der Verantwortliche dennoch das zugrundeliegenden Verarbeitungsverfahren bei sich oder dem Auftragsverarbeiter stetig

---

[815] Bieker/Hansen, RDV 2017, 165 (168).

[816] Hartung, in: Kühling/Buchner 2018, Art. 25 DSGVO, Rn. 6.

[817] Z. B. Richter, in: Jandt/Steidle 2018, Kap. B IV Rn. 30.

[818] Martini, in: Paal/Pauly 2018, Art. 25 DSGVO, Rn. 12.

[819] Baumgartner/Gausling, ZD 2017, 308 (312).

[820] Vgl. Verbraucherzentrale NRW e. V. (Hrsg.) 2018, 19.

überprüfen muss.[821] Auch das KORA-Modell kann ein Hilfsmittel zur rechtsverträglichen Umsetzung der Anforderungen des Art. 25 DSGVO darstellen. Im Rahmen der Methode KORA zur rechtsverträglichen Systemgestaltung stellt die Pflicht
zu datenschutzfreundlichen Voreinstellungen nach Art. 25 Abs. 2 DSGVO ein eigenständiges technisches Ziel dar.[822] Abs. 1 hingegen überschneidet sich inhaltlich
im Wesentlichen mit anderen Vorschriften der Datenschutz-Grundverordnung,[823]
zum Beispiel mit den Datenschutzgrundsätzen oder der allgemeinen Verantwortung aus Art. 24 DSGVO. Art. 25 Abs. 1 DSGVO geht daher in vielen spezielleren
Kriterien wie Transparenz, Datensparsamkeit oder Integrität und Vertraulichkeit
auf, sodass ein eigenständiges Kriterium wenig zielführend wäre. Art. 25 Abs. 1
DSGVO ist damit weniger ein spezielles Kriterium als vielmehr als Triebfeder für
die Umsetzung des KORA-Modells für Social Networks an sich zu verstehen.[824]

7.9.3   Verarbeitungsverzeichnis

Das Verzeichnis der Verarbeitungstätigkeiten nach Art. 30 DSGVO erfüllt eine
Reihe von Zwecken. Es ist Bestandteil der Rechenschaftspflicht nach Art. 5
Abs. 2 DSGVO,[825] indem es alle Verarbeitungstätigkeiten systematisch aufbereitet. Es schafft Transparenz zunächst für den Verantwortlichen, aber auch für die
Aufsichtsbehörde. Es kann als Grundlage für die Risikoabschätzung der Verarbeitungsprozesse nach Art. 24 Abs. 1 und Art. 32 Abs. 1 DSGVO genauso herangezogen
werden wie zum Beispiel für Optimierungsprozesse innerhalb des Unternehmens.[826] Schließlich erleichtert es die Zusammenarbeit mit der Aufsichtsbehörde,
da alle vorzuhaltenden Informationen zusammengefasst werden.[827]

  Nach Art. 30 Abs. 1 DSGVO hat jeder Verantwortliche oder – falls dieser nicht
in der Union niedergelassen ist – dessen Vertreter im Sinne des Art. 27 DSGVO

---

[821]Baumgartner, in: Ehmann/Selmayr 2018, Art. 25 DSGVO, Rn. 23; Nolte/Werkmeister, in:
Gola 2018, Art. 25 DSGVO, Rn. 32; Hansen, in: Simitis/Hornung/Spiecker 2019, Art. 25
DSGVO, Rn. 58.

[822]S. das organisatorische Gestaltungsziel (Z1) in Abschn. 8.2.4.1.

[823]Hartung, in: Kühling/Buchner 2018, Art. 25 DSGVO, Rn. 10. Kritisch zum Inhalt der
Regelung bereits Koós/Englisch, ZD 2014, 276 (280).

[824]Zur Umsetzung der Anforderungen mittels der Methode KORA s. Kap. 6.

[825]Klug, in: Gola 2018, Art. 30 DSGVO, Rn. 1; Hartung, in: Kühling/Buchner 2018, Art. 30
DSGVO, Rn. 1; Petri, in: Simitis/Hornung/Spiecker 2019, Art. 30 DSGVO, Rn. 1. Vgl. auch
Erwägungsgrund 82 DSGVO.

[826]Petri, in: Simitis/Hornung/Spiecker 2019, Art. 30 DSGVO, Rn. 1.

[827]Bertermann, in: Ehmann/Selmayr 2018, Art. 30 DSGVO, Rn. 1 f.

ein Verzeichnis aller in seine Zuständigkeit fallenden Verarbeitungstätigkeiten[828] zu führen. Dieses muss alle nach Abs. 1 lit. a bis g geforderten Angaben enthalten. Dazu gehören gemäß lit. a die Namen des Verantwortlichen sowie gegebenenfalls andere gemeinsame Verantwortliche, dessen Vertreter und Datenschutzbeauftragte. Gemäß lit. b sind der Zweck der Verarbeitung, gemäß lit. c die Beschreibung der Kategorien betroffener Personen sowie personenbezogener Daten und gemäß lit. d die Kategorien von Empfängern, einschließlich solcher in Drittländern oder internationaler Organisationen anzugeben. Gemäß lit. e sind eventuelle Übermittlungen in Drittländer oder internationaler Organisationen sowie geeigneter Garantien aufzuführen. Gemäß lit. f sind vorgesehene Löschfristen für die einzelnen Datenkategorien in das Verarbeitungsverzeichnis aufzunehmen sowie gemäß lit. g die nach Art. 32 Abs. 1 DSGVO ergriffenen Maßnahmen. Lit. f und g unterliegen dem Vorbehalt, dass diese dem Verantwortlichen „möglich" sein müssen.

Keine Aussage trifft Art. 30 DSGVO zu den Ergebnissen der Datenschutz-Folgenabschätzung nach Art. 35 DSGVO oder zum Ergebnis der Risikoabschätzung nach Art. 24 Abs. 1 und Art. 32 Abs. 1 DSGVO. Da aufgrund der Rechenschaftspflicht diese Vorgänge jedoch ohnehin zu dokumentieren sind, empfehlen einige Aufsichtsbehörden und Verbände, das Verarbeitungsverzeichnis um diese Angaben zu ergänzen.[829] Dazu besteht jedoch keine Pflicht, da die Aufzählung des Art. 30 Abs. 1 DSGVO dem Wortlaut nach abschließend zu verstehen ist. Art. 30 DSGVO trifft zudem keine Aussage darüber, in welchem Intervall das Verarbeitungsverzeichnis zu aktualisieren ist. Um seiner Rechenschaftspflicht nachkommen zu können, ist jedenfalls davon auszugehen, dass das Verzeichnis stets aktuell zu halten und bei Veränderungen umgehend zu aktualisieren ist.[830]

Die Verpflichtungen zum Führen eines Verarbeitungsverzeichnisses treffen nach Abs. 2 auch den Auftragsverarbeiter und gegebenenfalls dessen Vertreter für alle von im Auftrag des Verantwortlichen durchgeführten Tätigkeiten. Das Verzeichnis muss die nach Abs. 2 lit. a bis d geforderten Angaben enthalten.

Nach Art. 30 Abs. 3 DSGVO ist das Verzeichnis schriftlich zu führen, was ein elektronisches Format einschließt. Das elektronische Format muss nach überwiegender Meinung nicht § 126a BGB entsprechen.[831] Allerdings sollten bei der

---

[828] Kritisch zum Begriff der Verarbeitungstätigkeit Hartung, in: Kühling/Buchner 2018, Art. 30 DSGVO, Rn. 14 f.

[829] Petri, in: Simitis/Hornung/Spiecker 2019, Art. 30 DSGVO, Rn. 14 mit weiteren Nachweisen.

[830] I. E. ebenso Hartung, in: Kühling/Buchner 2018, Art. 30 DSGVO, Rn. 31.

[831] Z. B. Hartung, in: Kühling/Buchner 2018, Art. 30 DSGVO, Rn. 32; Martini, in: Paal/Pauly 2018, Art. 30 DSGVO, Rn. 24; Petri, in: Simitis/Hornung/Spiecker 2019, Art. 30 DSGVO, Rn. 39.

Wahl des elektronischen Formats hinsichtlich einer eventuellen Manipulations-
möglichkeit keine geringeren Ansprüche als bei der Schriftform herrschen.[832] Das
Verarbeitungsverzeichnis ist der Aufsichtsbehörde nach Art. 30 Abs. 4 DSGVO nur
auf Anfrage zur Verfügung zu stellen. Eine proaktive Übermittlung an diese ist also
nicht nötig.

Hat der Verantwortliche weniger als 250 Mitarbeiter beschäftigt, so ist er nach
Art. 30 Abs. 5 DSGVO von der Pflicht zur Führung eines Verarbeitungsverzeichnisses befreit. Dies gilt nur, wenn durch die vorgenommene Datenverarbeitung weder
ein Risiko für die Rechte und Freiheiten der betroffenen Personen besteht, noch
die Verarbeitung nicht nur gelegentlich erfolgt oder besondere Datenkategorien
verarbeitet werden.

Für Anbieter von Social Networks treffen diese Ausnahmen nach Art. 30 Abs. 5
DSGVO jedoch regelmäßig nicht zu. Fraglich ist zwar, wie die Ausnahme des Risikos im Sinne des Art. 30 Abs. 5 DSGVO zu bewerten ist. Ein Risiko besteht für die
Rechte und Freiheiten der betroffenen Person grundsätzlich – gerade hierfür gibt
es Datenschutzgesetze. Nach Sinn und Zweck des Abs. 5 und um einen Anwen-
dungsspielraum zu lassen, ist Risiko daher so zu interpretieren, dass ein gesteigertes
Risiko für die betroffene Person vorliegen muss.[833] Bei der Datenverarbeitung in
Social Networks ist dies jedenfalls der Fall, bedenkt man den Umfang der erhobenen Daten und die Tiefe des Einblicks, die diese zulassen. Die Datenverarbeitung
findet auch nicht nur gelegentlich im Sinne des Abs. 5 statt. „Nicht nur gelegentlich"
bedeutet in diesem Zusammenhang „nicht stetig" oder „nicht systematisch".[834] Da
Datenverarbeitung zum Kerngeschäft von Social Networks gehört, greift diese Ausnahme für Anbieter von Social Networks nicht. Schließlich werden auch regelmäßig
besondere Kategorien personenbezogener Daten im Sinne des Art. 9 Abs. 1 DSGVO
verarbeitet,[835] sodass im Ergebnis die Ausnahmen zur Pflicht der Erstellung eines
Verarbeitungsverzeichnisses für Anbieter von Social Networks nicht greifen.

Der verantwortliche Nutzer ist im Regelfall nicht zur Führung eines Verarbeitungsverzeichnisses verpflichtet, es sei denn, die Ausnahmen des Art. 30 Abs. 5

---

[832] Ähnlich Martini, in: Paal/Pauly 2018, Art. 30 DSGVO, Rn. 24. Weniger restriktiv Hartung,
in: Kühling/Buchner 2018, Art. 30 DSGVO, Rn. 32.

[833] Licht, ITRB 2017, 65 (67); Martini, in: Paal/Pauly 2018, Art. 30 DSGVO, Rn. 32; Petri,
in: Simitis/Hornung/Spiecker 2019, Art. 30 DSGVO, Rn. 43. Zurückhaltender hingegen Hartung, in: Kühling/Buchner 2018, Art. 30 DSGVO, Rn. 36, der eine Auslegung zulasten der
betroffenen Person befürchtet. A. A. Lepperhoff, RDV 2016, 197 (202), der grundsätzlich
von einem Risiko ausgeht.

[834] Petri, in: Simitis/Hornung/Spiecker 2019, Art. 30 DSGVO, Rn. 45.

[835] S. dazu Abschn. 7.5.8.

DSGVO trifft auf diesen zu. Dies gilt vor allem für Unternehmen, die als verantwortliche Nutzer Social Networks für eigene Geschäftszwecke nutzen. Sie führen Datenverarbeitung „nicht nur gelegentlich" aus, da sie systematisch personenbezogene Daten verarbeiten, um sie dem Netzwerkbetreiber zur Verfügung zu stellen und von diesem für Werbezwecke analysieren zu lassen.

Im Ergebnis muss also der Anbieter als Verantwortlicher – gegebenenfalls gemeinsam mit dem verantwortlichen Nutzer im Rahmen der jeweiligen Verantwortlichkeit – ein Verarbeitungsverzeichnis nach Art. 30 DSGVO führen. Von dieser Pflicht ist der Anbieter nicht nach den Vorgaben des Abs. 5 befreit. Im Rahmen der Systemgestaltung nach der KORA-Methode wird das Verfahrensverzeichnis als Gestaltungsvorschlag im Rahmen des organisatorischen Ziels Dokumentation (Z2) verortet.[836]

7.9.4 Datensicherheit

Die Datenschutz-Grundverordnung legt dem für die Verarbeitung Verantwortlichen in Art. 24 DSGVO die Pflicht auf, im Rahmen einer Risikobeurteilung[837] – unter Berücksichtigung der Art, des Umfangs, der Umstände, der Verarbeitungszwecke und der unterschiedlichen Eintrittswahrscheinlichkeit und Schwere der Risiken für die Rechte und Freiheiten natürlicher Personen – technische und organisatorische Maßnahmen umzusetzen, um sicherzustellen und nachzuweisen, dass die Datenverarbeitung nach den Vorgaben der Verordnung erfolgt. Art. 32 DSGVO konkretisiert diese Pflicht hinsichtlich der Sicherheit der Daten, verpflichtet dabei aber sowohl Verantwortliche als auch Auftragsverarbeiter.

Die Datensicherheit nach § 9 BDSG a. F. umfasste die Pflicht datenverarbeitender Stellen, erforderliche technische und organisatorischen Maßnahmen zu treffen, um die Ausführung der Vorschriften des Bundesdatenschutzgesetzes zu gewährleisten. Die Anlage zu § 9 BDSG a. F. enthielt in Satz 2 einen Anforderungskatalog an Maßnahmen, um Datensicherheit zu erreichen. Dazu gehörten Zutrittskontrolle (Nr. 1), Zugangskontrolle (Nr. 2), Zugriffskontrolle (Nr. 3), Weitergabekontrolle (Nr. 4), Eingabekontrolle (Nr. 5), Auftragskontrolle (Nr. 6), Verfügbarkeitskontrolle (Nr. 7) und Zweckbindung (Nr. 8). Weiterhin legte Satz 3 der Anlage fest, dass eine

---

[836] S. zum organisatorischen Gestaltungsziel Dokumentation (Z2) Abschn. 8.2.4.2.
[837] Petri, in: Simitis/Hornung/Spiecker 2019, Art. 24 DSGVO, Rn. 11 f.

Maßnahme der Zugangs-, Zugriffs- und Weitergabekontrolle insbesondere die Verwendung von dem Stand der Technik entsprechenden Verschlüsselungsverfahren darstellte.[838]

Nach Art. 32 DSGVO obliegt dem Verantwortlichen und Auftragsverarbeiter die Pflicht, geeignete technische und organisatorische Maßnahmen zu ergreifen, um ein dem Risiko angemessenes Schutzniveau zu gewährleisten.[839] Art. 32 Abs. 1 Hs. 1 DSGVO nennt vier Gesichtspunkte, anhand derer der Verantwortliche seine konkreten Sicherungspflichten gegen das Risiko für die betroffene Person abwägen muss. Demnach sind der Stand der Technik, die Implementierungskosten, Art, Umfang, Umstände und Zwecke der Verarbeitung sowie Eintrittswahrscheinlichkeit und Schwere des Risikos für die Rechte und Freiheiten natürlicher Personen zu berücksichtigen, also in den Abwägungsprozess einzubeziehen. Art. 32 Abs. 1 DSGVO spricht gerade nicht von der „betroffenen Person".[840] Damit begrenzt Art. 32 Abs. 1 DSGVO die Auswirkungen auf Rechte und Freiheiten nicht auf die durch die Datenverarbeitung unmittelbar betroffenen Personen, sondern berücksichtigt darüber hinaus Auswirkungen der Datenverarbeitung, die sich mittelbar für die Rechte und Freiheiten anderer natürlicher Personen ergeben können.

Art. 32 Abs. 1 Hs. 2 DSGVO nennt mögliche Maßnahmen, um dieses Schutzniveau umzusetzen. Dazu gehören unter anderem die Pseudonymisierung und Verschlüsselung in lit. a, die Fähigkeit zur Sicherstellung der Vertraulichkeit, Integrität, Verfügbarkeit und Belastbarkeit der Systeme in lit. b, die Fähigkeit zur Wiederherstellung der Verfügbarkeit personenbezogener Daten in lit. c, aber auch die Evaluierung der technischen und organisatorischen Maßnahmen in lit. d. Die Aufzählung ist nicht abschließend. Es müssen nicht alle Maßnahmen erfüllt werden und es können auch zusätzliche Maßnahmen notwendig sein, um das Schutzniveau zu erreichen.[841] Anders als § 9 BDSG a. F. übernimmt die Verordnung damit hinsichtlich des Aspekts der Datensicherheit die klassische Aufteilung in IT-Schutzziele.[842]

Art. 32 Abs. 2 DSGVO spezifiziert mögliche Risiken der Datenverarbeitung, die bei der Ermittlung des angemessenen Schutzniveaus heranzuziehen sind. Dazu

---

[838] Ernestus, in: Simitis 2014, § 9 BDSG a. F., Rn. 47 ff., 164 ff.

[839] Ausführlich Husemann, in: Roßnagel 2018, § 5, Rn. 133 ff.

[840] So aber wohl Martini, in: Paal/Pauly 2018, Art. 32 DSGVO, Rn. 26.

[841] Jandt, in: Kühling/Buchner 2018, Art. 32 DSGVO, Rn. 14.

[842] Martini, in: Paal/Pauly 2018, Art. 32 DSGVO, Rn. 3. Zu den IT-Schutzzielen s. zum Beispiel Federrath/Pfitzmann, DuD 2000, 704 (705 f.); Rost/Pfitzmann, DuD 2009, 353; Bedner/Ackermann, DuD 2010, 323.

zählen sowohl unbeabsichtigte als auch unrechtmäßige Vernichtung, Verlust, Veränderung oder unbefugte Offenlegung bzw. unbefugter Zugang zu personenbezogenen Daten. Es ist also eine umfassende Risikoanalyse vorzunehmen.[843] Um den Nachweis der Einhaltung der technischen und organisatorischen Maßnahmen nach Abs. 1 zu erleichtern, können gemäß Abs. 3 genehmigte Verhaltensregeln im Sinne des Art. 40 DSGVO oder genehmigte Zertifizierungsverfahren im Sinne des Art. 42 DSGVO herangezogen werden. Neben technischen und organisatorischen Maßnahmen müssen Verantwortliche und Auftragsverarbeiter nach Abs. 4 die Einhaltung der Datensicherheit auch durch personelle Maßnahmen sicherstellen, dass ihnen unterstellte natürliche Personen, die Zugang zu personenbezogenen Daten haben, diese nur auf Anweisung des Verantwortlichen verarbeiten.

Um den Stellenwert der Datensicherheit zu verdeutlichen und diese durchsetzungsfähig zu gestalten, sind die Vorgaben des Art. 32 DSGVO durch weitere Vorschriften ergänzt. So sind die Vorgaben des Art. 32 DSGVO zwingender Bestandteil einer Verarbeitung im Auftrag, da der Auftragsverarbeiter nach Art. 28 Abs. 3 lit. c und f DSGVO selbst Adressat des Art. 32 DSGVO ist. Das gibt dem Verantwortlichen zum einen die Möglichkeit, einen Verstoß gegen Art. 32 DSGVO durch den Auftragsverarbeiter aus eigenem Recht einzufordern[844] und verhindert zudem, dass sich der Verantwortliche aus der aus Art. 32 DSGVO resultierenden Verantwortung zieht.[845] Weiter sind nach Art. 30 Abs. 1 lit. g, Abs. 2 lit. d DSGVO die technischen und organisatorischen Maßnahmen – wenn möglich – im Verzeichnis der Verarbeitungstätigkeit des Verantwortlichen allgemein zu beschreiben. Schließlich sind die Vorgaben des Art. 32 DSGVO zur Datensicherheit mithilfe der Aufsichtsbehörde durchsetzbar. Nicht nur erstrecken sich die Aufsichtsbefugnisse nach Art. 57 und 58 DSGVO hierauf, sondern die Einhaltung oder Nicht-Einhaltung der technischen und organisatorischen Maßnahmen finden bei der Verhängung von Geldbußen nach Art. 83 Abs. 2 lit. d DSGVO Berücksichtigung.

Zahlreiche Datenschutzskandale wären vermeidbar gewesen, wenn Verantwortliche die Vorgaben zur Datensicherheit ernster genommen hätten. Dass Facebook Passwörter von Millionen Nutzern unverschlüsselt auf dem eigene Serverspeichert,[846] ist der klassische Beispielsfall des Art. 30 Abs. 1 lit. a DSGVO. Ein

[843] Zur Risikoanalyse ausführlich Bieker, DuD 2018, 27 (29 ff.) sowie Bieker/Bremert/Hansen, DuD 2018, 492 (493 f.).

[844] Martini, in: Paal/Pauly 2018, Art. 32 DSGVO, Rn. 10.

[845] Jandt, in: Kühling/Buchner 2018, Art. 32 DSGVO, Rn. 4.

[846] Tagesschau, Neue Datenpanne bei Facebook, tagesschau.de vom 21.3.2019, https://www.tagesschau.de/wirtschaft/facebook-passwoerter-101.html.

angemessenes Schutzniveau für personenbezogene Daten im Allgemeinen und Passwörter im Besonderen erfordert in jedem Fall deren Verschlüsselung, da die Risiken für die Rechte der betroffenen Personen im Falle einer Offenlegung erheblich sein können, insbesondere, weil Nutzer häufig nicht für jeden Dienst ein gesondertes Passwort verwenden und weil sich viele andere Online-Dienste mit der Facebook-Kennung nutzen lassen. Auch im Falle von Cambridge Analytica[847] hätte Facebook bei der Zurverfügungstellung ihres Application Programming Interfaces (API) geeignete technische und organisatorische Maßnahmen nach Art. 30 Abs. 1 DSGVO treffen müssen, um die Abschöpfung der personenbezogene Daten seiner Nutzer über diese Schnittstelle zu verhindern. Dass diese Daten später tatsächlich für Wahlkampfzwecke missbraucht wurden, zeigt, wie schwer dieser Verstoß für die Rechte und Freiheiten der betroffenen Personen wiegt. Gleiches gilt für das unberechtigte Abschöpfen der Standortdaten und nach den Nutzungsbestimmungen eigentlich mit einer Löschfrist versehenen Stories-Daten über die API von Instagram.[848] Die Liste ließe sich beliebig fortsetzen. Sie zeigt, dass insbesondere Social Networks besondere Anstrengungen bei der Sicherstellung eines angemessenen Schutzniveaus unternehmen müssen, da durch den schieren Umfang der Nutzungsdaten und der damit betroffenen Personen ein Sicherheitsleck erhebliche Auswirkungen auf den Rechte und Freiheiten der betroffenen Personen haben können.

7.9.5 Datenschutz-Folgenabschätzung

Besteht aufgrund der Art, des Umfangs, der Umstände und Zwecke der Verarbeitung voraussichtlich ein hohes Risiko für die Rechte und Freiheiten natürlicher Personen, führt der Verantwortliche vorab eine Datenschutz-Folgenabschätzung nach Art. 35 DSGVO durch. Die Folgenabschätzung unterstützt und erleichtert

---

[847]Z. B. Cadwalladr/Graham-Harrison, Revealed: 50 million Facebook profiles harvested for Cambridge Analytica in major data breach, The Guardian vom 17.3.2018, https://www.thegua rdian.com/news/2018/mar/17/cambridge-analytica-facebook-influence-us-election; Rosenberg/Confessore/Cadwalladr, How Trump Consultants Exploited the Facebook Data of Millions, The New York Times vom 17.3.2018, https://nyti.ms/2GCv9EI.

[848]Price, Instagram's lax privacy practices let a trusted partner track millions of users' physical locations, secretly save their stories, and flout its rules, Business Insider vom 7.8.2019, https://www.businessinsider.de/startup-hyp3r-saving-instagram-users-stories-tracking-locations-2019-8.

den Nachweis der Rechenschaftspflicht.[849] Nach Abs. 2 ist der Datenschutzbeauftragte und nach Abs. 9 soll der Verantwortliche den Standpunkt der betroffenen
Personen anhören.[850] Die Folgenabschätzung ist insbesondere in den Fällen des
Art. 35 Abs. 3 DSGVO erforderlich, wobei die Aufzählung nicht abschließend ist.
Dort genannte Fälle sind etwa die automatisierte Entscheidung im Einzelfall ein-
schließlich Profiling oder eine umfangreiche Verarbeitung besonderer Kategorien
personenbezogener Daten gemäß Art. 9 Abs. 1 DSGVO. Die Aufsichtsbehörden
erstellen eine öffentlich einsehbare Liste für diejenigen Vorgänge, für die nach
Abs. 4 eine Folgenabschätzung notwendig oder nach Abs. 5 nicht notwendig ist.
Die Datenschutzkonferenz hat eine entsprechende Liste für den nichtöffentlichen
Bereich nach Wirksamwerden der Verordnung erlassen und sieht für den Betrieb von
Social Networks die Durchführung einer Folgenabschätzung zwingend vor.[851] Der
Anbieter hat demnach eine Folgenabschätzung durchzuführen. Dies ist auch sach-
gerecht, bedenkt man allein die schiere Nutzeranzahl und das Potenzial, eine enorme
Menge personenbezogener Daten sowohl über Nutzer als auch über Nicht-Nutzer
eines Social Networks zu sammeln, um umfassende Profile über die Interessen, das
Netz persönlicher Beziehungen oder die Persönlichkeit der betroffenen Personen
zu erstellen.[852]

Art. 35 Abs. 7 DSGVO gibt den Mindestinhalt der Folgenabschätzung vor. So
sind die geplanten Verarbeitungsvorgänge, die Zwecke der Verarbeitung sowie gegebenenfalls die verfolgten Interessen nach lit. a systematisch zu beschreiben. Nach
lit. b ist die Notwendigkeit und Verhältnismäßigkeit der Datenverarbeitung in Bezug
auf den gewählten Zweck zu bewerten, ebenso wie nach lit. c die Risiken für die
Rechte und Freiheiten der betroffenen Person im Sinne des Abs. 1. Schließlich sind
nach lit. d die geplanten Abhilfemaßnahmen einschließlich der Garantien, Sicherheitsvorkehrungen und Verfahren darzustellen und nachzuweisen. Sind hinsichtlich
der Bewertung Änderungen eingetreten, ist die Folgenabschätzung nach Abs. 11 zu
überprüfen oder erneut durchzuführen.[853]

Art. 35 Abs. 10 DSGVO sieht Ausnahmen zur Pflicht der Durchführung einer
Folgenabschätzung vor. Diese gelten vor allem, wenn im Rahmen der Verarbeitung

---

[849]Nolte/Werkmeister, in: Gola 2018, Art. 35 DSGVO, Rn. 2.

[850]Zu letzterem ausführlich Jandt, in: Kühling/Buchner 2018, Art. 35 DSGVO, Rn. 54 ff.

[851]DSK, DSFA-Liste 2018, Punkt 9.

[852]Art.-29-Datenschutzgruppe, WP 248 rev0.1, 13; Karg, in: Simitis/Hornung/Spiecker 2019,
Art. 35 DSGVO, Rn. 33; DSK, DSFA-Liste 2018, Punkt 9.

[853]Bezüglich der Einzelheiten der Durchführung einer Datenschutz-Folgenabschätzung sei
auf Forum Privatheit (Hrsg.), White Paper Datenschutz-Folgenabschätzung 2017, 18 ff.
verwiesen. S. auch Abschn. 8.2.4.3.

auf Grundlage des Art. 6 Abs. 1 lit. c oder e DSGVO bereits eine allgemeine Folgenabschätzung im Zusammenhang mit dem Erlass der Rechtsgrundlage erfolgt ist. Diese Ausnahme greift im Kontext von Social Networks in aller Regel nicht, da die Verarbeitung personenbezogener Daten ganz überwiegend nach lit. a oder f erfolgt.

7.9.6 Datenschutzbeauftragte

Anbieter von Social Networks sind als Verantwortliche dazu verpflichtet, einen Datenschutzbeauftragten im Sinne des Art. 37 DSGVO zu bestellen. Dies ergibt sich zum einen aus Art. 37 Abs. 1 lit. b DSGVO, demgemäß ein Datenschutzbeauftragter zu benennen ist, wenn die Kerntätigkeit des Verantwortlichen in der Durchführung von Verarbeitungstätigkeiten liegt, die aufgrund ihrer Art, ihres Umfangs oder ihrer Zwecke eine umfangreiche regelmäßige und systematische Überwachung von betroffenen Personen erforderlich machen. Dies gilt etwa für Profiling[854] oder die Verarbeitung von Daten durch Internetdienstleister.[855] Auch für die Tätigkeit von Social Networks wurde eine solche risikobasierte Datenverarbeitung bereits bejaht.[856] Nach Abs. 4 ist die Benennung eines Datenschutzbeauftragten in anderen Fällen zulässig oder sogar verpflichtend, wenn die Mitgliedstaaten dies in Landesgesetzen vorschreiben. Deutschland hat von dieser Öffnungsklausel Gebrauch gemacht und mit § 38 BDSG die in § 4f BDSG a. F. bestehende Vorschrift weitgehend fortgeführt. Nach § 38 Abs. 1 Satz 1 BDSG ist ein Datenschutzbeauftragter zu benennen, wenn der Verantwortliche (oder Auftragsverarbeiter) mindestens 10 Personen ständig mit der automatisierten Verarbeitung personenbezogener Daten beschäftig. Nach Satz 2 Alt. 1 besteht diese Pflicht unabhängig von der Anzahl der mit der Datenverarbeitung beschäftigten Personen, wenn die Verarbeitungstätigkeit einer Datenschutz-Folgenabschätzung gemäß Art. 35 DSGVO unterliegt. Dies wurde für Social Networks bejaht.[857] Der Anbieter hat demnach in jedem Fall einen Datenschutzbeauftragten zu benennen. Gleiches gilt für verantwortliche Nutzer, deren Kerntätigkeit in der Verarbeitung personenbezogener Daten liegt und eine systematische Überwachung erforderlich machen oder die 10 Personen ausschließlich mit Datenverarbeitung beschäftigt haben. Das umfasst insbesondere solche verantwortlichen Nutzer, die ein Social Network geschäftlich nutzen, etwa indem sie öffentliche Profilseiten für das Unternehmen unterhalten.

---

[854]Wolff, in: Schantz/Wolff 2017, Rn. 900.

[855]Art.-29-Datenschutzgruppe, WP 243 rev0.1, 10.

[856]Z. B. im Rahmen der Datenschutz-Folgenabschätzung, Abschn. 8.2.4.3.

[857]S. Abschn. 7.9.5.

Die Stellung des Datenschutzbeauftragten ist in Art. 38 DSGVO geregelt, seine Aufgaben ergeben sich Art. 39 DSGVO. Dabei handelt es sich um Mindestaufgaben,[858] und umfassen etwa Unterrichtung und Beratung des Verantwortlichen, Überwachung der Einhaltung der Verordnung, auf Anfrage Beratung im Zusammenhang mit der Datenschutz-Folgenabschätzung, Zusammenarbeit mit der und Anlaufstelle für die Aufsichtsbehörde. Die Durchführung von Mitarbeiterschulungen, die Erstellung des Verarbeitungsverzeichnisses oder die Durchführung der Datenschutz-Folgenabschätzung obliegt dem Datenschutzbeauftragten nicht in eigener Zuständigkeit, da die Datenschutz-Grundverordnung dies als originäre Pflicht des Verantwortlichen formuliert. Diese können dem Datenschutzbeauftragten aber übertragen werden.[859]

7.10   Rechtsbehelfe und Rechtsmittel

Verletzt der Verantwortliche die Rechte der betroffenen Person oder seine Pflichten aus der Datenschutz-Grundverordnung, kann die betroffene Person Rechtsbehelfe und Rechtsmittel ergreifen, um Abhilfe zu schaffen. Neben dem Recht auf Beschwerde aus Art. 77 DSGVO bestimmen sich die möglichen Rechtsmittel nach dem einzuschlagenden Rechtsweg. Bei den gerichtlichen Rechtsmitteln ist danach zu differenzieren, ob die vor mitgliedstaatlichen Gerichten und europäischen Gerichten eingelegt werden. Im Anschluss stellt sich die Frage des unionsrechtlichen Individualrechtsschutzes nach Erschöpfung des Rechtswegs.

7.10.1 Beschwerde

Vor Beschreiten des Rechtswegs stehen der betroffen Person außergerichtliche Rechtsbehelfe zu.[860] Die Verordnung sieht hierfür in Art. 77 DSGVO ein Recht auf Beschwerde vor. Beschwerdegegenstand kann jede den Beschwerdeführer betreffende Verarbeitung personenbezogener Daten sein. Die Beschwerde steht gemäß Abs. 1 „unbeschadet eines anderweitigen verwaltungsrechtlichen oder gerichtlichen Rechtsbehelfs" zur Verfügung. Nach Erwägungsgrund 52 DSGVO unterscheidet die Datenschutz-Grundverordnung ausdrücklich zwischen Gerichts-, Verwaltungs-

---

[858] Art. 39 Abs. 1 DSGVO: „zumindest".

[859] Bergt, in: Kühling/Buchner 2018, Art. 39 DSGVO, Rn. 22.

[860] Dieser Abschnitt entstammt im Wesentlichen Nebel, in: Roßnagel 2017, § 2, Rn. 113 ff. S. zur Beschwerde auch Miedzianowski, in: Roßnagel 2018, § 4, Rn. 68 ff.

und außergerichtlichen Verfahren. Unter „außergerichtlich" versteht die Verordnung daher wohl eher Streitschlichtungsverfahren (so auch ausdrücklich Art. 38 Abs. 1 lit. h des Kommissionsentwurfs), Erwägungsgrund 111 DSGVO nennt beispielhaft Verfahren vor Regulierungsbehörden. Nach Art. 77 DSGVO bleiben daher ausdrücklich nur administrative und gerichtliche Rechtsbehelfe bestehen. Weitere außergerichtliche Rechtsbehelfe dürften der betroffenen Person trotzdem zustehen, nur unterliegen diese nicht der Kontrolle der Aufsichtsbehörde. Offen bleibt, ob sich diese Rechtsbehelfe aus nationalem oder supranationalem Recht ergeben. Die Verordnung bezieht hierzu keine Stellung. Da die Rechtsbehelfe in den Art. 77 ff. DSGVO jedoch abschließend aufgezählt, zudem nur rudimentär geregelt sind und für das zugrunde zu legende Verfahrensrecht auf nationales Recht verwiesen wird, kann davon ausgegangen werden, dass Art. 77 DSGVO Rechtsbehelfe (auch) nach mitgliedstaatlichem Recht umfasst.

Die Beschwerde nach Art. 77 DSGVO muss bei einer einzigen Aufsichtsbehörde eingelegt werden. Diese kann nach Abs. 1 etwa im Mitgliedstaat liegen, in dem die betroffene Person ihren Aufenthaltsort hat, in dem ihr Arbeitsplatz liegt, oder am Ort des mutmaßlichen Verstoßes. Die Wahl der örtlich zuständigen Behörde ist nach Abs. 1 der betroffenen Person überlassen. Da die Aufzählung nicht abschließend ist, können auch andere Merkmale eine Zuständigkeit begründen. Für die betroffene Person von Datenverarbeitungsvorgängen in Social Networks kommen aufgrund der vielen Akteure vielerlei Anknüpfungspunkte in Betracht. Naheliegend ist daher wohl der eigene Aufenthaltsort der betroffenen Person. Der Zugang zu einer Aufsichtsbehörde ist für die betroffene Person jedenfalls schon durch den Abbau der sprachlichen Hürden wesentlich einfacher als nach dem altem Recht der Datenschutzrichtlinie und des Bundesdatenschutzgesetzes a. F., weil die Zuständigkeit nicht mehr vom selbstgewählten Sitz des Unternehmens abhängt, sondern von der Wahl der betroffenen Person.

Anders als noch im Ratsentwurf der Verordnung vorgeschlagen, legt Art. 77 Abs. 1 DSGVO keine eindeutige ausschließliche Zuständigkeit der Aufsichtsbehörde fest. Erwägungsgrund 141 DSGVO macht aber deutlich, dass nur eine Aufsichtsbehörde zuständig sein soll. Fallen also zum Beispiel Aufenthaltsort und Ort des mutmaßlichen Verstoßes auseinander, die beide als Anknüpfungspunkte für eine Zuständigkeit dienen können, muss sichergestellt werden, dass sich die betroffene Person nicht an verschiedene Aufsichtsbehörden wendet, sondern sich verbindlich auf eine Behörde festlegt.

Problematisch ist die Zuständigkeit der Aufsichtsbehörde jedoch bei grenzüberschreitenden Datenverarbeitungen. Dass eine Beschwerde bei einer Behörde eingelegt wurde, bedeutet in diesem Fall nicht, dass diese automatisch zuständig ist.[861] Gibt es für den Verantwortlichen eine federführende Aufsichtsbehörde, im Falle von Facebook beispielsweise die irische Aufsichtsbehörde,[862] ist diejenige Behörde, bei der die Beschwerde eingelegt wurde, gemäß Art. 56 Abs. 2 DSGVO nur dann zuständig, wenn die Datenverarbeitung nur mit einer Niederlassung in diesem Mitgliedstaat zusammenhängt oder eine betroffene Person nur dieses Mitgliedstaates erheblich beeinträchtigt wird. Was „erhebliche Beeinträchtigung" im Einzelfall bedeutet, erläutert die Verordnung nicht. Der Wortlaut lässt aber darauf schließen, dass nicht jede Beeinträchtigung ausreichend sein soll, um das Verfahren an die federführende Behörde abzugeben.

Unabhängig davon ist gerade im Falle von Social Networks jedoch genau zu differenzieren, wer für die streitgegenständliche Datenverarbeitung verantwortlich ist – also der Anbieter oder eventuell ein Nutzer –, ob für diesen eine federführende Behörde grundsätzlich zuständig ist und wie sich die Datenverarbeitung auf eine (erhebliche) Beeinträchtigung einer oder eventuell einer Vielzahl von betroffenen Personen auswirkt. Die mit der Beschwerde befasste Aufsichtsbehörde unterrichtet hierzu gemäß Art. 56 Abs. 3 DSGVO unverzüglich die federführende Aufsichtsbehörde. Innerhalb einer Frist von drei Wochen entscheidet diese darüber, ob sie das Verfahren an sich zieht oder nicht. Entscheidet sich die federführende Behörde dafür, kommt gemäß Abs. 4 das Verfahren nach Art. 60 DSGVO zur Anwendung. Sie ist also zur umfassenden Zusammenarbeit mit den anderen betroffenen Aufsichtsbehörden und zur gemeinsamen Beschlussfassung verpflichtet.[863] Ziel dieses Verfahrens ist es, die Rechtssicherheit und Einheitlichkeit von Entscheidungen gegenüber dem Verantwortlichen zu erhöhen und Rechtsschutzmöglichkeiten aller Beteiligten zu verbessern.[864]

Lehnt es die federführende Behörde ab, sich selbst mit der Beschwerde zu befassen, übernimmt die von der Beschwerde betroffene Behörde selbst das Verfahren. In diesem Fall greift Art. 56 Abs. 5 DSGVO. Die Behörden haben sich nach Maßgabe des Art. 61 DSGVO gegenseitig Amtshilfe zu leisten und nach Art. 62 DSGVO gemeinsame Maßnahmen durchzuführen, um die Vorgaben der Datenschutz-Grundverordnung wirksam umzusetzen. Im Rahmen des Kohärenzverfahrens nach Art. 63 ff. DSGVO kann darüber hinaus der Europäische Datenschutzausschuss im Stellungnahmeverfahren unter den Voraussetzungen des

---

[861] Boehm, in: Simitis/Hornung/Spiecker 2019, Art. 77 DSGVO, Rn. 10.

[862] S. zur Zuständigkeit der Aufsichtsbehörde ausführlich Abschn. 7.3.

[863] Ausführlich zu diesem Verfahren Roßnagel 2017a, 78 ff.

[864] Roßnagel, in: Roßnagel 2018, § 6, Rn. 85 ff.; Polenz, in: Simitis/Hornung/Spiecker 2019, Art. 60 DSGVO, Rn. 1.

Art. 64 DSGVO und im Streitbeilegungsverfahren nach Art. 65 DSGVO involviert werden, um einen einheitlichen Vollzug der Datenschutz-Grundverordnung zu gewährleisten.[865]

7.10.2 Eröffnung des Rechtswegs

Absicht der Verordnung ist es, ihre Ziele und Vorgaben effektiv durchzusetzen[866] und das Durchsetzungsdefizit der Datenschutzrichtlinie abzubauen.[867] Effektiver Rechtsschutz ist zudem ein verfassungsrechtlich verankertes Recht in Art. 19 Abs. 4 GG und Art. 47 GRCh.[868] Die Verordnung trifft keine Aussage zur Bestimmung des Rechtswegs, also dem konkreten Zugang zu Gerichten. Einzig die Vorschriften zu den Rechtsbehelfen geben Aufschluss darüber, in welchem Umfang der Rechtsweg beschritten werden kann. Die Beschwerde nach Art. 77 DSGVO steht zunächst nach Abs. 1 „unbeschadet eines anderweitigen verwaltungsrechtlichen oder gerichtlichen Rechtsbehelfs" und damit unabhängig vom Rechtsweg zur Verfügung. Auf dem Rechtsweg sieht die Verordnung das Recht auf wirksame gerichtliche Rechtsbehelfe gegen Aufsichtsbehörden nach Art. 78 DSGVO und gegen Verantwortliche und Auftragsverarbeiter nach Art. 79 DSGVO vor.

Die internationale Zuständigkeit, also ob ein Gericht eines Mitgliedstaats zuständig ist, bestimmt sich mangels spezieller Regelungen nach den Vorschriften über die örtliche Zuständigkeit. Für Verfahren gegen die Entscheidung einer Aufsichtsbehörde sind nach Art. 78 Abs. 3 DSGVO die Gerichte des Mitgliedstaats zuständig, in dem die Aufsichtsbehörde ihren Sitz hat. Für Rechtsbehelfe gegen Anbieter und dessen Auftragsverarbeiter sind nach Art. 79 Abs. 2 DSGVO die Gerichte des Mitgliedstaats zuständig, in dem der Anbieter oder Auftragsverarbeiter eine Niederlassung hat. Hier ist also die mitunter schwierige Bestimmung der Niederlassung eines Anbieters durchaus noch von Bedeutung.[869] Wahlweise ist eine Klageerhebung auch bei Gerichten des Mitgliedstaats möglich, in dem die betroffene Person ihren Aufenthaltsort hat. Das gilt nach Art. 79 Abs. 2 Satz 2 DSGVO jedoch nicht, wenn der Verantwortliche – hier nicht betrachtet – eine Behörde ist und in Ausübung hoheitlicher Befugnisse handelt; in diesem Fall ist das Gericht am Ort der Behörde

---

[865]Roßnagel 2017a, 89 ff.; Roßnagel, in: Roßnagel 2018, § 6, Rn. 85 ff.; Spiecker, in: Simitis/Hornung/Spiecker 2019, Art. 63 DSGVO, Rn. 1.

[866]Erwägungsgrund 148 DSGVO.

[867]Bergt, in: Kühling/Buchner 2018, vor Art. 77 DSGVO, Rn. 1.

[868]Die folgenden Abschnitte entstammen Nebel, in: Roßnagel 2018, § 2, Rn. 124 ff.

[869]S. dazu Abschn. 7.2.2.1.1.

ausschließlich zuständig. Gleiches gilt nach Art. 82 Abs. 6 DSGVO für Verfahren bezüglich des Rechts auf Schadenersatz. Die Wahl des zuständigen Gerichts nach Art. 79 Abs. 2 DSGVO obliegt nach Erwägungsgrund 145 dem Kläger, also der betroffenen Person oder ihrer Vertretung.

§ 20 Abs. 1 Satz 1 BDSG eröffnet den Verwaltungsrechtsweg für Streitigkeiten zwischen natürlichen oder juristischen Personen und einer Aufsichtsbehörde des Bundes oder Landes im Rahmen des Rechts auf einen Rechtsbehelf gegen eine Aufsichtsbehörde aus Art. 78 Abs. 1 und 2 DSGVO sowie im Rahmen des Rechts auf Rechtsschutz gegen Entscheidungen des Bundesbeauftragten oder dessen Untätigkeit. Dies gilt nach § 20 Abs. 1 Satz 2 BDSG nicht für Bußgeldverfahren, da hier nach §§ 68, 46 OWiG die ordentliche Gerichtsbarkeit zuständig ist.[870] § 20 Abs. 2 BDSG stellt klar, dass die Verwaltungsgerichtsordnung nach den Maßgaben der Abs. 3 bis 7 Anwendung findet.

Unklar bleibt jedoch, ob § 20 BDSG ein eigener Regelungsgehalt in Form einer aufdrängenden Sonderzuweisung zukommt[871] oder ob es sich schlicht um eine Wiederholung des § 40 Abs. 1 VwGO handelt.[872] Bei einer aufdrängenden Rechtswegzuweisung wären für alle datenschutzrechtlichen Streitigkeiten zwischen betroffener Person und Aufsichtsbehörde die Verwaltungsgerichte zuständig. In der Gesetzesbegründung wird aber ausdrücklich klargestellt, dass § 20 Abs. 1 BDSG nicht gelten soll, wenn bereichsspezifische Regelungen des Bundes den Rechtsweg zu anderen Gerichten zuweisen. Die Gesetzesbegründung nennt beispielhaft § 51 SGG und behält sich explizit weitere Rechtswegzuweisungen vor, etwa einen Finanzrechtsweg im Bereich der Abgabenordnung.[873] Warum der Gesetzgeber die bestehende Zuweisung zu den Sozialgerichten nach § 51 SGG als vorrangige Norm akzeptiert, die ebenfalls bestehende Zuweisung zu den Finanzgerichten nach §§ 33, 35 FGO jedoch nicht, bleibt unklar. Dass der Gesetzgeber die Möglichkeit vorrangiger Sonderzuweisungen grundsätzlich annimmt, spricht dafür, dass § 20 BDSG keinen über § 40 VwGO hinausgehenden Regelungsgehalt hat. Es muss jedenfalls davon ausgegangen werden, dass bei Rechtsbehelfen zwischen einer natürlichen oder juristischen Person und einer Aufsichtsbehörde nach Art. 78 DSGVO der Verwaltungsrechtsweg eröffnet ist, sofern nicht bereichsspezifische Normen des Bundes einen anderen Rechtsweg eröffnen.

Für Rechtsbehelfe nach Art. 79 DSGVO gegen Verantwortliche und Auftragsverarbeiter gelten in Ermangelung einer speziellen Rechtswegzuweisung im

---

[870]BT-Drs. 18/11325, 93.

[871]So Bergt, in: Kühling/Buchner 2018, Art. 78 DSGVO, Rn. 34.

[872]Kritisch hierzu die Stellungnahme des Bundesrates, BT-Drs. 18/11655, 8 f.

[873]BT-Drs. 18/11325, 93.

Bundesdatenschutzgesetz die jeweiligen Regelungen zur sachlichen Zuständigkeit. Ist ein Verwaltungsakt Streitgegenstand, beispielsweise eine aufsichtsbehördliche Entscheidung gegen den Anbieter, handelt es sich um eine öffentlich-rechtliche Streitigkeit. Hier ist der Verwaltungsrechtsweg nach § 40 Abs. 1 VwGO eröffnet und das Verwaltungsgericht sachlich zuständig.[874] Richtet sich eine von der Datenverarbeitung betroffene Person – oder gegebenenfalls ein Verbraucherschutzverband[875] – gegen Tätigkeiten eines Anbieters, die keine Ausübung hoheitlicher Tätigkeit sind, handelt es sich zumeist um Klagen auf Tätigwerden oder Unterlassen und Schadenersatz, etwa im Rahmen von datenschutzrechtlichen Betroffenenrechten oder auch aus Verbraucherschutzrecht.[876] Ist nicht gemäß §§ 2 ff. ArbGG[877] der Rechtsweg zum Arbeitsgericht eröffnet, etwa bei Streitigkeiten zwischen Arbeitnehmer und Arbeitgeber, sind gemäß § 1 ZPO und § 13 GVG die ordentlichen Gerichte zuständig. Art. 79 Abs. 2 DSGVO regelt nur die internationale Zuständigkeit,[878] die örtliche Zuständigkeit des Gerichts ist nach den nationalen Prozessvorschriften zu ermitteln, etwa § 13 ZPO.

7.10.3 Gerichtsstands- und Rechtswahlklauseln

Vertragsparteien dürfen sich darüber hinaus mittels einer Gerichtsstandsvereinbarung auf einen spezifischen Gerichtsstandort und per Rechtswahlklausel auf das auf die Vereinbarung anzuwendende Recht einigen. Anbieter von Social Networks geben – in Anlehnung an ihren US-amerikanischen Hauptsitz – kalifornische Gerichtsstände und die Anwendung US-amerikanischen Rechts vor oder knüpfen dies – bei Vorhandensein einer Niederlassung in einem Mitgliedstaat – an das Recht dieses Staates. Facebook beispielsweise erklärt das irische Recht als maßgeblich und irische Gerichte für zuständig, sofern es sich nicht um eine Verbrauchersache handelt. Ähnliches gilt für das berufliche Social Network LinkedIn.

---

[874]In Angelegenheiten des Sozialrechts ist dann die Zuständigkeit des Sozialgerichts nach §§ 8, 51 SGG eröffnet, in steuerrechtlichen Fragen ist gemäß §§ 33, 35 FGO das Finanzgericht zuständig.

[875]Gemäß § 3 Abs. 1 Satz 1 UKlaG. So etwa im Verfahren zu Facebooks „Freundefinder", KG, ZD 2014, 412.

[876]S. z. B. Verfahren zum Lehrerbewertungsportal Spickmich.de (BGHZ 181, 328) und zu Facebooks „Freundefinder" (KG, ZD 2014, 412).

[877]Z. B. bei einem Auskunftsanspruch nach § 34 BDSG: BAG, ZD 2014, 630.

[878]Boehm, in: Simitis/Hornung/Spiecker 2019, Art. 79 DSGVO, Rn. 17.

Sofern nicht das Haager Gerichtsstandsübereinkommen (HGÜ)[879] vorrangig anwendbar ist, darf unter den Voraussetzungen des Art. 25 EuGVVO[880] der Gerichtsstand in einem beliebigen Mitgliedstaat vereinbart werden. Die Verordnung findet jedoch keine Anwendung bei einer Vereinbarung über außereuropäische Gerichtsstände. In diesem Fall kommt mangels anderweitiger Regelungen Art. 3 Rom I-VO analog zur Anwendung.[881] Gemäß Art. 3 Rom I-VO gilt die freie Rechtswahl zwischen den Vertragsparteien. Anbieter und Nutzer des Social Networks können also auch US-amerikanische Gerichte für zuständig erklären. Handelt es sich bei einer Partei um einen Verbraucher, gilt Art. 19 EuGVVO. Eine Gerichtsstandsvereinbarung ist dann nur unter strengen Voraussetzungen zulässig. Liegen diese nicht vor, kann der Verbraucher gemäß Art. 18 EuGVVO Klage an seinem Wohnsitz erheben und ist nicht an eine Gerichtsstandsvereinbarung in den Allgemeinen Geschäftsbedingungen gebunden.

Verbraucher ist nach Art. 17 Abs. 1 EuGVVO eine natürliche Person, die einen Vertrag zu Zwecken abgeschlossen hat, die nicht ihrer beruflichen oder gewerblichen Tätigkeit zugerechnet werden kann. In diesem Zusammenhang ist insbesondere fraglich, ob auch nichtselbständige berufliche Tätigkeiten unter die Definition gefasst werden. Dies hat Auswirkungen zum Beispiel auf die Frage, ob Nutzer, die über ein beruflich orientiertes Social Network auf Stellensuche sind, generell nicht als Verbraucher gelten. Der Verbraucherbegriff ist autonom auszulegen. Zweck von verbraucherschützenden Regelungen ist der Schutz der schwächeren Partei. Wer gewerblich oder beruflich handelt, dem unterstellt der Gesetzgeber eine ebenbürtige Machtposition mit seinem Vertragspartner. „Beruflich" meint in diesem Zusammenhang ergänzend zu „gewerblich" etwa freiberuflich Tätige.[882] Unselbständig beruflich Tätige unterliegen gerade keiner ebenbürtigen Machtposition und sind damit ebenso schutzbedürftig wie Verbraucher, die allein zu privaten Zwecken handeln.[883] Dass es gesonderte arbeitnehmerschützende Vorschriften, etwa Art. 20 ff

---

[879]Beschluss 2014/887/EU des Rates vom 4. Dezember 2014 über die Genehmigung – im Namen der Europäischen Union – des Haager Übereinkommens über Gerichtsstandsvereinbarungen vom 30. Juni 2005, ABl. EU vom 10.12.2014, L 353, 5.

[880]Verordnung 1215/2012/EU des Europäischen Parlaments und des Rates vom 12.12.2012 über die gerichtliche Zuständigkeit und die Anerkennung und Vollstreckung von Entscheidungen in Zivil- und Handelssachen, ABl. EU vom 20.12.2012, L 351, 1 (Brüssel-Ia-Verordnung).

[881]Thorn, in: Palandt 2018, Art. 1 Rom I-VO, Rn. 11; LG München I, MMR 2018, 109 (110), mit weiteren Nachweisen.

[882]Leible, in: Hüßtege/Mansel 2019, Art. 6 Rom I-VO, Rn. 24; Martiny, in: MüKo 2018, Art. 6 Rom I-VO, Rn. 14.

[883]Vgl. auch Leible, in: Hüßtege/Mansel 2019, Art. 6 Rom I-VO, Rn. 24. In diesem Sinne ist der deutsche Gesetzgeber mit dem Argument der erhöhten Schutzbedürftigkeit von

EuGVVO oder Art. 8 Rom I-VO, gibt, steht dem nicht entgegen, da diese das spezifische Verhältnis zwischen Arbeitnehmer und Arbeitgeber schützen. Sie verdeutlichen aber die besondere Schutzbedürftigkeit von Arbeitnehmern, greifen aber im Fall von Nutzer und Anbieter des Social Networks sachlich nicht. Daher sind Personen, die Social Networks nutzen, nicht bereits deshalb als Nicht-Verbraucher einzustufen, weil die Nutzung im Zusammenhang mit dem Beruf des Nutzers steht. Vielmehr muss danach differenziert werden, ob der Nutzer als natürliche Person das Social Network gewerblich, beispielsweise mittels einer Fanpage zu Werbezwecken, für eine selbständige berufliche Tätigkeit, beispielsweise zur Kundenakquise, oder eben lediglich zur Stellensuche im Rahmen einer nichtselbständigen Tätigkeit nutzt. In letzterem Fall ist der Nutzer als Verbraucher im Sinne des Art. 17 EuGVVO einzustufen. Bei Gerichtsstandsvereinbarungen ist damit beispielsweise auch in beruflich orientierten Social Networks der Art. 19 EuGVVO zu beachten.

Für die materielle Rechtswahl gilt Art. 3 Rom I-VO direkt. Den Parteien können demnach das auf den Vertrag anzuwendende Recht frei wählen. Handelt es sich um einen Verbrauchervertrag, gilt Art. 6 Abs. 1 DSGVO. Ob die Verbrauchereigenschaft vorliegt, ist nach den gleichen Grundsätzen wie bei den Gerichtsstandsvereinbarungen zu beurteilen. In diesem Fall gilt das Recht am Ort des gewöhnlichen Aufenthalts des Verbrauchers, wenn der Unternehmer seine Tätigkeit in diesem Staat ausübt oder diese Tätigkeit auf diesen Staat ausgerichtet hat. Eine Rechtswahl ist nach Abs. 2 Satz 1 auch bei Verbraucherverträgen zulässig. Dies darf aber nach Satz 2 nicht dazu führen, dass zwingende Verbraucherschutzvorschriften, die den schwächeren Teil schützen sollen, nach dem nach Abs. 1 maßgeblichen Recht unterlaufen werden.[884] Die Rechtswahl bleibt somit wirksam, nach dem Günstigkeitsprinzip kommen aber die zwingenden Schutzvorschriften des nach Abs. 1 anwendbaren Rechts zur Anwendung, wenn diese für den Verbraucher günstiger sind als das gewählte Recht.[885] Solch zwingende Schutzvorschriften sind beispielsweise die Verbraucherschutzvorschriften des Bürgerlichen Gesetzbuchs.

Arbeitnehmern vom europäischen Verbraucherbegriff abgewichen und hat in § 13 BGB aus diesem Grund nur selbständig berufliche Tätigkeiten vom Verbraucherschutz ausgenommen, Micklitz, in: MüKo 2018, Band 1, § 13 BGB, Rn. 6.

[884]Martiny, in: MüKo 2019, Band 12, Art. 6 Rom I-VO, Rn. 58.

[885]Martiny, in: MüKo 2019, Band 12, Art. 6 Rom I-VO, Rn. 58 f.

7.10.4 Gerichtliche Rechtsbehelfe

Ist der Rechtsweg eröffnet, stellt sich weiter die Frage, welche Rechtsbehelfe zur Verfügung stehen. Hierbei bilden Rechtsbehelfe bei den zuständigen nationalen Gerichten den Schwerpunkt. Es kommen zusätzlich auch einige wenige Rechtsbehelfe in Betracht, die nach Erschöpfung des nationalen Rechtswegs vor europäischen Gerichten geltend gemacht werden können.[886]

7.10.4.1 Vor Gerichten des Mitgliedstaates

Die Verordnung spricht schlicht von „Rechtsbehelfen", definiert diese aber nicht genauer. Daher ist auch in diesem Zusammenhang nach Erwägungsgrund 143 DSGVO das „nationale Verfahrensrecht"[887] heranzuziehen. Auf dem Verwaltungsrechtsweg bei Rechtsbehelfen im Rahmen des Art. 78 DSGVO und dessen Umsetzung nach § 20 BDSG gegen Aufsichtsbehörden sind vor allem Anfechtungs-, Verpflichtungs- und Feststellungsklagen statthaft. Das gilt auch, soweit es sich bei einem Rechtsbehelf im Sinne des Art. 79 DSGVO gegen den Verantwortlichen oder Auftragsverarbeiter um eine öffentlich-rechtliche Streitigkeit handelt. Ist der Verwaltungsrechtsweg eröffnet, sind auch hier Anfechtungs-, Verpflichtungs- und Feststellungsklagen statthaft. Wird ein Tätigwerden oder Unterlassen eines Verantwortlichen oder Auftragsverarbeiters vor den ordentlichen Gerichten oder etwa den Arbeitsgerichten eingefordert, sind entsprechende Leistungs-, Gestaltungs- oder Feststellungsklagen zu erheben. Dazu zählen auch Klagen gegen den Verantwortlichen oder Auftragsverarbeiter auf Schadenersatz wegen materiellem oder immateriellem Schaden, die nach Art. 82 DSGVO statthaft sind.

Die Rechtsbehelfe der Art. 77 bis 79 und 82 DSGVO können zudem gemäß Art. 80 Abs. 1 DSGVO im Wege der Verbandsvertretung oder gemäß Art. 80 Abs. 2 DSGVO im Wege der Verbandsklage geltend gemacht werden. So können zukünftig alle Ansprüche, etwa auf Löschen, Berichtigen oder Schadenersatz durch Verbraucherschutzverbände geltend gemacht werden. Durch den größeren öffentlichen Druck auf die Verantwortlichen entsteht ein Anreiz zu datenschutzkonformem Verhalten.[888] Art. 80 Abs. 2 DSGVO ist eine Öffnungsklausel, die es den Mitgliedstaaten ermöglicht, für die in Abs. 1 genannten Einrichtungen ein

---

[886] Der nachfolgende Abschnitt entstammt Nebel, in: Roßnagel 2018, § 2, Rn. 130 ff.

[887] Steht das nationale Verfahrensrecht im Widerspruch zur Verordnung, ist dieses unionsrechtskonform zu beschränken, Mundil, in: Wolff/Brink 2020, Art. 79 DSGVO, Rn. 20; Bergt, in: Kühling/Buchner 2018, Art. 78 DSGVO, Rn. 34 mit weiteren Nachweisen.

[888] Gierschmann, ZD 2016, 53; Miedzianowski, in: Roßnagel 2018, § 4, Rn. 74 f.

von der betroffenen Person unabhängiges Beschwerde- und Klagerecht vorzusehen. Von dieser Möglichkeit hat Deutschland keinen Gebrauch gemacht. Allerdings
regelt das Unterlassungsklagengesetz (UKlaG) ein ähnliches Verbandsklagerecht,
das jedoch die Möglichkeiten der Grundverordnung nicht ausschöpft.[889] Nach § 2
Abs. 1 UKlaG können Unternehmen auf Unterlassung oder Beseitigung in Anspruch
genommen werden, wenn sie gegen Vorschriften verstoßen, die gemäß § 2 Abs. 2
Nr. 11 UKlaG die Zulässigkeit der Erhebung, Verarbeitung oder Nutzung personenbezogener Daten eines Verbrauchers durch einen Unternehmer etwa zu Zwecken der
Werbung, der Markt- und Meinungsforschung, des Erstellens von Persönlichkeits-
und Nutzungsprofilen oder zu vergleichbaren kommerziellen Zwecken regeln. Dies
umfasst auch die Vorschriften der Datenschutz-Grundverordnung.[890] Klagen können solche Einrichtungen, die als qualifizierte Einrichtung nach § 4 UKlaG beim
Bundesamt für Justiz[891] geführt werden.

7.10.4.2 Vor dem Europäischen Gerichtshof

Ist der Rechtsweg erschöpft und macht die betroffene Person eine Verletzung ihrer
Grundrechte durch eine Vorschrift der Verordnung geltend, stellt sich die Frage,
welche Rechtsbehelfe ihr zur Verfügung stehen. Eine Verfassungsbeschwerde vor
dem Bundesverfassungsgericht wegen Verletzung nationaler Grundrechte, insbesondere der informationellen Selbstbestimmung, ist in aller Regel nicht zulässig,
weil das Bundesverfassungsgericht seine Gerichtsbarkeit über die Überprüfung von
Unionsrecht nicht mehr ausübt, solange der Grundrechtsstandard der Europäischen
Union nicht generell unter den nationaler Standards absinkt.[892] Die Verordnung ist
zunächst nach der Grundrechtecharta zu beurteilen und auszulegen.[893]

---

[889]Boehm, in: Simitis/Hornung/Spiecker 2019, Art. 80 DSGVO, Rn. 20.

[890]Boehm, in: Simitis/Hornung/Spiecker 2019, Art. 80 DSGVO, Rn. 20; Bergt, in: Küh-
ling/Buchner 2018, Art. 80 DSGVO, Rn. 13. A. A. Köhler, in: Köhler/Bornkamm/Feddersen
2019, § 2 UKlaG, Rn. 29e, der die Datenschutz-Grundverordnung im Rahmen des § 2
Abs. 2 Nr. 11 UKlaG nicht für anwendbar hält. Einschränkend hinsichtlich der anwendbaren
Vorschriften Laue, in: Laue/Kremer 2019, § 11, Rn. 47.

[891]Die Liste ist abrufbar unter https://www.bundesjustizamt.de/DE/Themen/Buergerdienste/
qualifizierte_Einrichtungen/Liste_node.html.

[892]BVerfGE 73, 339 (Solange II); Schwartmann, RDV 2012, 55 (57); v. Lewinski, DuD 2012,
564 (569). S. dazu Hoidn, in: Roßnagel 2018, § 2, Rn. 74 ff.

[893]Dazu Roßnagel, in: Roßnagel 2018, § 2, Rn. 1 ff.

Der betroffenen Person – sowie gegebenenfalls dem Verantwortlichen und dem Auftragsverarbeiter – bleiben demzufolge ein Rechtsbehelf vor dem Europäischen Gericht und dem Europäischen Gerichtshof. Gegen Handlungen europäischer Organe, Einrichtungen und sonstiger Stellen der Union kann grundsätzlich Nichtigkeitsklage nach Art. 263 AEUV erhoben werden.

Gegenstand der Klage können zum Beispiel Regelungen der Verordnung selbst sein. Juristische und natürliche Personen sind jedoch nicht-privilegierte Kläger (im Gegensatz zu Mitgliedstaaten oder Organen der Europäischen Union); für sie ist dieser Rechtsbehelf daher gemäß Art. 263 Abs. 4 AEUV nur eingeschränkt zulässig. Klagebefugt ist der nicht-privilegierte Kläger gemäß Var. 1 zum einen bei gegen ihn gerichteten oder gemäß Var. 2 ihn unmittelbar und individuell betreffenden Handlungen. Individuell betroffen im Sinne der Var. 2 ist der Kläger durch die Verordnung aber nicht bereits dann, wenn er in den Anwendungsbereich der Verordnung fällt. Vielmehr muss der Klagewillige gemäß der Plaumann-Formel des Europäischen Gerichtshofs durch besondere Umstände oder besondere persönliche Eigenschaften aus dem Kreis der übrigen Betroffenen hervorgehoben und schwerer benachteiligt sein als die übrigen Betroffenen.[894] Eine solche individuelle Betroffenheit wird im Regelfall nur schwer zu begründen sein.

Klagebefugt ist der nicht-privilegierte Kläger schließlich bei Rechtsakten mit Verordnungscharakter im Sinne des Art. 263 Abs. 4 Var. 3 AEUV, die den Kläger unmittelbar betreffen und keine Durchführungsrechtsakte nach sich ziehen. Rechtsakte mit Verordnungscharakter im Sinne der Var. 3 betreffen nur Handlungen, die nicht in einem Gesetzgebungsverfahren entstanden sind.[895] Unter Var. 3 fallen damit keine Verordnungen, aber auch keine Entscheidungen des Europäischen Datenschutzausschusses, weil diese nach Art. 65 Abs. 2 und 5 DSGVO nur für die Aufsichtsbehörden und nicht für die Beteiligten des Ausgangsverfahrens verbindlich sind, sondern dazu erst der Umsetzung durch die Aufsichtsbehörden bedürfen.

Da eine Nichtigkeitsklage für nicht-privilegierte Kläger daher in aller Regel unzulässig sein wird, ist die Überprüfung der Verordnung daher nur in einem laufenden Gerichtsverfahren vor einem mitgliedstaatlichen Gericht mittels eines Vorabentscheidungsverfahrens nach Art. 267 AEUV möglich, indem das mitgliedstaatliche Gericht dem Europäischen Gerichtshof konkrete Fragen zur Entscheidung vorlegt. In diesem Fall ist die Erschöpfung des Rechtswegs nicht notwendig,

---

[894] EuGH, ECLI:EU:C:1963:17, 199 („Plaumann").

[895] EuGH, ECLI:EU:C:2013:625 („Inuit"); ausführlich Cremer, in: Callies/Ruffert 2016, Art. 263 AEUV, Rn. 62–68; Gaitanides, in: v. d. Groeben/Schwarze/Hatje 2015, Art. 263 AEUV, Rn. 75; a. A. Schwarze, in: Schwarze/Becker/Hatje/Schoo 2019, Art. 263 AEUV, Rn. 51 f.

vielmehr stellt das Vorabentscheidungsverfahren einen Teil des Rechtswegs dar. Gegenstand des Vorabentscheidungsverfahrens sind Fragen zur Auslegung des Unionsrechts, also auch der Verordnung, sowie Fragen zur Gültigkeit und zur Auslegung der Handlungen der Organe, Einrichtungen oder sonstigen Stellen der Union. Gemäß Art. 267 Abs. 3 AEUV besteht eine Vorlagepflicht jedoch nur für letztinstanzliche Gerichte und nach der Rechtsprechung des Europäischen Gerichtshofs abweichend davon für alle Gerichte, die eine Unionsnorm für ungültig halten und nicht anwenden wollen.[896] Eine Missachtung der Vorlagepflicht bedeutet den Entzug des gesetzlichen Richters im Sinn von Art. 102 GG. Eine Verfassungsbeschwerde ist jedoch nur dann möglich, wenn das letztinstanzliche Gericht willkürlich nicht vorgelegt hat, da das Bundesverfassungsgericht keine Kontrollinstanz zur Behebung jeglicher Verfahrensfehler nationaler Gerichte ist.[897] Andere Rechtsmittel stehen nach deutschem Recht nicht zur Verfügung. Alle anderen Gerichte sind zur Vorlage berechtigt, aber nicht verpflichtet, wenn sie Zweifel an der Gültigkeit oder Auslegung unionsrechtlicher Bestimmungen haben und eine Vorlage zur Klärung dieser Zweifel für erforderlich erachten. Ein Rechtsmittel gegen die Entscheidung des vorlageberechtigten Gerichts ist ebenfalls nicht möglich, da die Einschätzung der richterlichen Unabhängigkeit unterfällt.

Damit gibt es für betroffen Personen keine Rechtsmittel zu Gerichten der Union, wenn der Rechtsweg vor dem nationalen Gericht erschöpft ist. Das Vorabentscheidungsverfahren ist die einzige Möglichkeit einer betroffenen Person, Rechtsschutz vor dem Europäischen Gerichtshof zu finden. Gleichzeitig obliegt es einzig den mitgliedstaatlichen Gerichten, dem Europäischen Gerichtshof eine Frage vorzulegen. Die betroffene Person hat selbst keinen Einfluss auf das Verfahren und kann dieses auch nicht selbst in Gang setzen. Die Möglichkeiten des Rechtsschutzes vor dem Europäischen Gerichtshof sind daher für betroffene Personen nur sehr rudimentär, was gerade im Zuge der Europäisierung des Datenschutzrechts eine bedenkliche Situation darstellt.[898]

Würde die Europäische Union der Europäischen Menschenrechtskonvention beitreten,[899] könnte eine natürliche oder juristische Person zusätzlich Individualbeschwerde zum Europäischen Gericht für Menschenrechte nach Art. 34 EMRK einlegen. Eine solche Beschwerde wäre begründet, wenn eine Handlung oder ein Unterlassen der Union ein durch die Konvention garantiertes Recht verletzen würde.

---

[896]Ehrike, in: Streinz 2018, Art. 267 AEUV, Rn. 45 mit weiteren Nachweisen.

[897]Ehrike, in: Streinz 2018, Art. 267 AEUV, Rn. 52.

[898]v. Lewinski, DuD 2012, 570.

[899]Dies hat der Europäische Gerichtshof vorerst ausgeschlossen, Gutachten 2/13 vom 18.12.2014.

Solange die Union selbst kein Mitglied der Konvention ist, bleibt dieser Weg allerdings versperrt. Da die Mitgliedstaaten bei der Anwendung und Auslegung der
Verordnung die Konvention zu beachten haben, bleibt eine Individualbeschwerde
auf Grundlage des Art. 34 EMRK gegen die einzelnen Mitgliedsstaaten möglich,
soweit ein Bürger aufgrund eines Akts eines Mitgliedstaats auf Grundlage der
Verordnung in seinen Rechten aus der Konvention verletzt wird.

7.10.5 Rechtsbehelf nach Erschöpfung des Rechtswegs

Das zwischen dem Bundesverfassungsgericht und dem Europäischen Gerichtshof
bestehende Konkurrenz- und Kooperationsverhältnis[900] im Hinblick auf europäisches Recht wirft die Frage auf, welches Rechtsmittel nach Erschöpfung des
Rechtswegs gegen die Entscheidungen der obersten Bundesgerichte statthaft ist.
Da das Bundesverfassungsgericht nach der Solange-II-Rechtsprechung nur auf
die Überprüfung von abgeleitetem Gemeinschaftsrecht, also etwa Rechtsakte der
Union nach Art. 288 AEUV, verzichtet, ist das Bundesverfassungsgericht grundsätzlich zur Überprüfung gerichtlicher Entscheidungen hinsichtlich der Anwendung
mitgliedstaatlicher Regelungen am Maßstab des Grundgesetzes selbst zuständig.[901]
   Da die Verordnung jedoch Öffnungsklauseln und Bereichsausnahmen bereithält,
die die Anwendung mitgliedstaatlicher Regelungen erfordern, aber der Umsetzung unionsrechtlicher Vorgaben dienen, ist zusätzlich zu prüfen, ob gegebenenfalls
Rechtsbehelfe zum Europäischen Gerichtshof statthaft sind. Wie beschrieben wird
in der Regel das Vorabentscheidungsverfahren statthaft sein. Da der Europäische
Gerichtshof keine Kompetenz zur Überprüfung nationalstaatlicher Regelungen hat,
sondern nur zur Überprüfung und Auslegung von Unionsrecht befugt ist, stellt
sich die Frage, nach welchen Gesichtspunkten die Kompetenz des Europäischen
Gerichtshofs eröffnet ist. Bei jeder Öffnungsklausel ist danach zu differenzieren,
welchen Regelungsgehalt sie hat. Gibt eine spezifische Klausel Rahmenbedingungen vor, überlässt aber den Mitgliedstaaten einen Spielraum zur konkreten
Ausgestaltung dieser Rahmenbedingungen,[902] obliegt dem Europäischen Gerichtshof die Überprüfung, ob der jeweilige Mitgliedstaat diese Vorgaben beachtet hat, da
es sich dabei um die Auslegung von Unionsrecht handelt. Zum Beispiel hieße das
bei Art. 23 DSGVO, der eine Beschränkung der Betroffenenrechte aus besonderen,

---

[900] Dazu ausführlich z. B. Hoidn, in: Roßnagel 2018, § 2, Rn. 74 ff.
[901] Dazu ausführlich z. B. Hoidn, in: Roßnagel 2018, § 2, Rn. 74 ff. mit weiteren Nachweisen.
[902] Solche Regelungen sind z. B. Art. 4 Nr. 7, 23, 85 Abs. 1 und 2, 86 DSGVO (nicht
abschließend).

ausdrücklich genannten Gründen zulässt, wenn diese notwendig und verhältnismäßig sind, dass dem Europäischen Gerichtshof die Kompetenz obliegt, das Vorliegen der besonderen Gründe nach unionsrechtlichen Grundsätzen sowie die Umstände der Verhältnismäßigkeit zu prüfen. Eröffnet die Verordnung hingegen den Mitgliedstaaten die Möglichkeit, eine abweichende Regelung zu treffen,[903] bleibt für den Europäischen Gerichtshof kein Spielraum zur Überprüfung der Einhaltung der Verordnung. Wenn zum Beispiel Art. 9 Abs. 1 DSGVO ein Verbot der Verarbeitung besonderer Kategorien personenbezogener Daten vorgibt und Abs. 2 lit. a erklärt, dass eine Einwilligung in die Verarbeitung dieser Daten nicht erlaubt ist, wenn nach mitgliedstaatlichem Recht eine solche Einwilligung unwirksam ist, bleibt kein Raum für den Europäischen Gerichtshof zur Überprüfung der Auslegung und Anwendung dieser Ausnahme im Recht des Mitgliedstaats.

Sieht die Verordnung Öffnungsklauseln für einen bestimmten Regelungsbereich vor, sind aber keine ausreichenden mitgliedstaatlichen Regelungen vorhanden, könnte zudem ein Vertragsverletzungsverfahren statthaft sein. Dabei handelt es sich jedoch nicht um ein Mittel des Individualrechtsschutzes, da nur die Kommission dieses Verfahren nach Art. 258 AEUV einleiten kann. Voraussetzung ist, dass die Öffnungsklausel eine Umsetzungspflicht für die Mitgliedstaaten vorsieht. Dies betrifft aber allenfalls einen kleinen Bereich der zahlreichen Öffnungsklauseln wie zum Beispiel Art. 85 DSGVO, da die meisten Vorschriften lediglich fakultative Vorgaben bereithalten.

---

[903] Dazu gehören z. B. Art. 6 Abs. 2 und 3, 8 Abs. 1, 9 Abs. 2 lit. a, 20 Abs. 2 lit. b, 87 und 88 DSGVO (nicht abschließend).

Rechtsverträgliche Systemgestaltung 8

Das folgende Kapitel widmet sich der rechtsverträglichen Systemgestaltung von Social Networks. Systemgestaltung ist dabei weiter zu verstehen als der Begriff „Technikgestaltung",[1] da es nicht nur um die rechtsverträgliche Gestaltung einer bestimmten Technologie oder Technik, sondern um das zugrundeliegende System als Ganzes geht. Dieses beinhaltet mehr als nur die Technik, sondern umfasst viele Komponenten sowohl im Bereich der Hard- als auch der Software, die beliebig miteinander kombinierbar sind. Bei Social Networks kommt die Fokussierung auf System- statt Technikgestaltung besonders zum Ausdruck, da ein solches keine einzelne, abgegrenzte Maschine ist, sondern eine Kombination aus einer Vielzahl von Servern und Software-Lösungen.

Fokussiert sich die Entwicklung und Gestaltung von Systemen an spezifischen Zielen, Interessen und Vorteilen des Entwicklers oder des Verantwortlichen, der das System zum Einsatz bringen will, können diese Systeme unerwünschte Auswirkungen auf andere, nicht berücksichtigte Interessen und Rechtspositionen haben. So werden Social Networks im Rahmen der unternehmerischen Freiheit als Geschäftsmodell entwickelt, um möglichst umfangreich personenbezogene Daten zu verarbeiten und passgenaue Werbung auszuspielen. Entgegenstehende Rechtspositionen zum Schutz der Persönlichkeitsrechte der Nutzer werden dabei gegebenenfalls nicht ausreichend berücksichtigt.

Eine rechtlich angeleitete Systemgestaltung hat das Ziel, diese unerwünschten Auswirkungen zu reduzieren oder zu verhindern, und gleichzeitig die durch das System verfolgten Ziele und die sich hieraus ergebenden Vorteile und Chancen zu

---

[1] Zu den Begriffen Systemdatenschutz und Systemgestaltung s. *Husemann*, in: Roßnagel 2018, § 5, Rn. 41. Ebenso *Bieker/Hansen*, DuD 2017, 285.

M. Nebel, *Persönlichkeitsschutz in Social Networks*, DuD-Fachbeiträge, https://doi.org/10.1007/978-3-658-31786-7_8

erhalten, zu fördern und zu verstärken.[2] Dies gelingt am besten, wenn die rechtliche Anleitung der Systemgestaltung vorangestellt wird und die Entwicklung des
Systems begleitet. Das hat den Vorteil, dass allen rechtlichen Zielen und Interessen möglichst ausreichend Rechnung getragen werden kann und das System
so im Ergebnis rechtsverträglich ist. Rechtsverträglich ist ein System, wenn es
sich am Maßstab geltender Regelungsziele, beispielsweise der Meinungsfreiheit,
orientiert.[3] Zu unterscheiden ist die Rechtsverträglichkeit von der Rechtmäßigkeit. Zwar bezieht sich auch die Rechtmäßigkeit auf geltendes Recht, um nämlich
Rechtswidrigkeit zu vermeiden.[4] Sie bezieht sich dabei aber auf die Gesamtheit
der geltenden Rechtsgrundlagen, sodass jede Änderung eines Gesetzes zu einer
Rechtswidrigkeit des Systems führen kann. Regelungsziele hingegen, die sich an den
verfassungsmäßigen Grundsätzen orientieren, sind einer Änderung oder Abschaf-
fung nur schwer zugänglich und haben auch bei wechselnden einfachgesetzlichen
Grundlagen Bestand.[5]

Rechtsverträgliche Systemgestaltung hat durch die Berücksichtigung aller Regelungsziele im Vorfeld den Vorteil, dass der Einsatz des Systems geltende Rechts-
grundsätze und damit auch die Grundrechte der Nutzer nicht verletzen kann. Können
diese durch den Einsatz des Systems gar nicht erst verletzt werden, muss das geltende Recht durch nachträgliche Anpassung der Systemtechnik auch nicht mühsam
wiederhergestellt werden. Außerdem kann mittels rechtsverträglicher Systemgestaltung der Einsatz des Systems keine faktischen Zwänge schaffen, der darin resultiert,
rechtlicher Rahmenbedingungen anzupassen, weil diese angesichts der großen Verbreitung und hoher Investitionen günstiger erscheinen und so sukzessiv rechtliche
Vorgaben erodieren würden.[6]

Viele Nutzer nutzen Social Networks umsichtig oder mit entsprechenden Selbstdatenschutzmaßnahmen wie der Wahl von Pseudonymen, durch den Zugang zum
Social Network per VPN, durch einen Upload unkenntlicher Bilder oder auch technische Maßnahmen zum Schutz vor Tracking. Selbstdatenschutzmaßnahmen haben
aber den Nachteil, dass sie sich zwar als Filter zwischen den Anbieter und der
betroffenen Person legen, aber nur punktuell wirken: um den Namen der betroffenen
Person oder die IP-Adresse zu verschleiern, um weniger personalisierbare Inhalte

---

[2]*Pordesch* 2003, 257. Zu den individuellen und gesellschaftlichen Chancen von Social
Networks im Einzelnen s. Abschn. 3.1.

[3]*Roßnagel* 1993, 192 ff.; *Pordesch* 2003, 259.

[4]Vgl. *Pordesch* 2003, 258.

[5]*Pordesch* 2003, 259; *Laue* 2010, 119.

[6]*Roßnagel* 1993, 24, 194 f. Zur rechtsverträglichen Technikgestaltung grundlegend *Roßnagel*
1993, 192 ff., 267 ff. sowie *Pordesch* 2003, 257 ff.

zu generieren oder um Tracking einzuschränken. Spezielle Analysetools können der betroffenen Person vielleicht eine gewisse Transparenz geben, wie ihre Daten genutzt werden oder welche Rückschlüsse daraus möglich sind. Hinter dem Tool oder der Selbstdatenschutzmaßnahme bleibt die Datenverarbeitung jedoch völlig unbeeinflusst und in das Belieben des Anbieters gestellt, und ist damit nicht zwingend rechtskonform. Die Nutzung eines Social Network ist daher immer noch nur eingeschränkt zu empfehlen. Für eine grundrechtskonforme und rechtsverträgliche Nutzung eines Social Network muss daher vielmehr das gesamte System, also die Plattform und alle dahinterstehende Technik, entsprechend gestaltet werden, um dies zu gewährleisten.[7]

Wie könnte Datenschutz durch Systemgestaltung bei Social Networks aussehen? Die Möglichkeit der aktiven Preisgabe möglichst weniger Daten durch die betroffene Person selbst liegt nicht unbedingt im Interesse der Nutzer, technische Unterstützung zur Ermöglichung einer Selbstdarstellung und Kommunikation, die die Hoheit über die Daten und die Informationen und die Transparenz hinsichtlich der Datenverwendung beim Nutzer wahren, hingegen schon. Mithilfe der Methode KORA soll im Folgenden aufgezeigt werden, wie sich ein Social Network datenschutzkonform gestalten ließe. Anschließend wird der Konflikt rechtsverträglicher Systemgestaltung mit dem derzeit gängigsten Geschäftsmodell der personalisierten Werbung sowie mögliche Alternativen hierzu skizziert.

8.1 Die Methode KORA

KORA bedeutet „Konkretisierung Rechtlicher Anforderungen" und definiert rechtliche Anforderungen und Kriterien, die zu technischen Gestaltungszielen und Gestaltungsvorschlägen ausgebaut werden. Sie beschreibt in einem interdisziplinären Ansatz zwischen der Rechtswissenschaft und den technischen Disziplinen, wie abstrakte rechtliche Anforderungen vorrangig aus dem Verfassungsrecht abgeleitet in vier Stufen schrittweise zu konkreten technischen Zielen und Gestaltungsvorschlägen ausgeformt werden. Zwischen der zweiten und dritten Stufe wechselt die Sprache von einem rechtlichen in ein technisches Vokabular. Ziel der Methode ist es, technischen Disziplinen technikadäquate Formulierungen an die Hand zu geben, um rechtskonforme Systeme zu entwickeln. Vorteil der Methode KORA ist, dass alle rechtlich relevanten Prinzipien und Vorgaben Berücksichtigung

---

[7] Ausführlich zum Thema Selbstdatenschutz *Forum Privatheit* (Hrsg.), White Paper Selbstdatenschutz, 2014; *Bile/Geminn/Grigorjew/Husemann/Nebel/Roßnagel*, in: Friedewald 2018, 83 (104 ff.)

finden und nachträgliche rechtliche Anpassungszwänge von vornherein vermieden werden können. Die Methode KORA wurde im Rahmen einer Untersuchung zur rechtsgemäßen Gestaltung von betrieblichen Telefon- und ISDN-Anlagen von der Projektgruppe verfassungsverträgliche Technikgestaltung (provet) in Darmstadt entwickelt[8] und hat seither vielfach Anwendung in der rechtskonformen Technik- und Systemgestaltung gefunden.[9]

8.2   Anwendungsbeispiel „Social Networks"

Im Folgenden sollen anhand der normativen Vorgaben des Grundgesetzes und der Europäischen Grundrechtecharta Anforderungen, Kriterien und Gestaltungsziele dargestellt werden. Als beispielhaftes Szenario dient die Gestaltung einer Onlineplattform am Beispiel eines Social Networks. Ziel ist es, die Vorteile eines Social Networks, insbesondere in Bezug auf die Entfaltungs- und kommunikativen Möglichkeiten, nutzen zu können, ohne die Risiken für informationelle Selbstbestimmung und kommunikative Fremdbestimmung hinnehmen zu müssen. Im Rahmen dieser Arbeit werden die ersten drei Stufen der KORA-Methode ausgeführt. Die vierte Stufe, die auf den Gestaltungszielen basierenden Gestaltungsvorschläge, sind rein technischer Natur und werden nur beispielhaft im Rahmen der Gestaltungsziele skizziert. Die technischen Disziplinen sind eingeladen, diese Gestaltungsvorschläge aufzugreifen und weiterzuentwickeln. Obwohl Verantwortliche für die Datenverarbeitung grundsätzlich Anbieter und Nutzer sein können, beziehen sich die folgenden Ausführungen in aller Regel auf den Anbieter als Verantwortlichen, da Systemgestaltung notwendigerweise dem Anbieter obliegt. Ergeben sich für den verantwortlichen Nutzer relevante eigenständige Pflichten oder Maßnahmen, wird an entsprechender Stelle darauf verwiesen.

8.2.1   Grundrechtliche Vorgaben

Sowohl das Grundgesetz als auch die Europäische Grundrechtecharta halten Vorgaben bereit, die als Grundlage für eine Systemgestaltung mittels KORA dienen können. Das ist zum einen die Menschenwürdegarantie aus Art. 1 Abs. 1 GG sowie

---

[8] *Hammer/Pordesch/Roßnagel* 1993, 43 ff.

[9] Z. B. *Idecke-Lux* 2000, 223 ff.; *Pordesch* 2003, 173 ff.; *Steidle* 2005, 319 ff.; *Bedner* 2009, 315 ff.; *Laue* 2010, 129 ff.; *Richter* 2012, 137 ff.; *Geminn* 2014, 336 ff.; *Schulz* 2015, 388 ff.; *Skistims* 2016, 543 ff.; *Desoi* 2018, 213 ff.; *Maier* 2019, 354 ff. Ausführlich zur Methode *Hammer/Pordesch/Roßnagel*, INFOTECH/I+G 1993, 21.

Art. 1 GRCh. Spezifisch dem Grundgesetz entstammt die allgemeine Handlungsfreiheit aus Art. 2 Abs. 1 GG, aus der in Verbindung mit der Menschenwürdegarantie
das allgemeine Persönlichkeitsrecht gemäß Art. 2 Abs. 1 in Verbindung mit Art. 1
Abs. 1 GG resultiert. Die Grundrechtecharta hält diesbezüglich das Recht auf Achtung des Privat- und Familienlebens nach Art. 7 GRCh bereit, das auch den Schutz
der Wohnung und der Kommunikation umfasst, sowie – ganz spezifisch – das Recht
einer Person auf den Schutz der sie betreffenden personenbezogenen Daten aus
Art. 8 GRCh.[10] Ergänzt werden diese durch die Meinungs- und Informationsfreiheit
aus Art. 5 GG sowie das Recht auf Freiheit der Meinungsäußerung und Informationsfreiheit nach Art. 11 GRCh, das Fernmeldegeheimnis aus Art. 10 GG, das
mit der Achtung der Kommunikation in Art. 7 GRCh korrespondiert,[11] und die
Berufsfreiheit aus Art. 12 GG[12] und Art. 15 und 16 GRCh. Da die Wirkungen
der europäischen Grundrechte im Wesentlichen mit denen des Grundgesetzes vergleichbar sind,[13] werden die rechtlichen Anforderungen im Folgenden zwar aus den
Vorgaben des Grundgesetzes entwickelt, beinhalten aber zugleich die Vorgaben der
Europäischen Grundrechtecharta.

8.2.2 Rechtliche Anforderungen

Aus den rechtlichen Vorgaben sind in einem ersten Schritt rechtliche Anforderungen
(A) im Hinblick auf die Chancen und Risiken der Nutzung von Social Networks zu
konkretisieren. Diese ergeben sich aus einer oder mehrer rechtlicher Vorgaben.

8.2.2.1 Informationelle Selbstbestimmung (A1)

Die Nutzung von Social Networks beeinflusst das Recht auf informationelle Selbstbestimmung. Es handelt sich dabei um die Befugnis einer Person, selbst über
die Preisgabe und Verwendung ihrer personenbezogenen Daten zu entscheiden,
also die Grenzen selbst zu bestimmen, innerhalb derer persönliche Lebenssachverhalte offenbart werden.[14] Die in Social Networks anfallenden Daten sind in aller
Regel personenbezogen, da sie dem Nutzer zugeordnet werden können und dieser
damit bestimmt oder bestimmbar wird.[15] Die Anforderung der informationellen

---

[10]S. dazu Abschn. 5.1.1.
[11]S. *Jarass* 2016, Art. 7 GRCh, Rn. 25.
[12]S. dazu Abschn. 5.2.
[13]BVerfGE 73, 339 (378).
[14]BVerfGE 65, 1 (42 f.); s. ausführlich Abschn. 5.2.1.1.
[15]Zum Personenbezug s. Abschn. 7.2.1.2.

Selbstbestimmung ergibt sich aus den grundrechtlichen Vorgaben des allgemeinen Persönlichkeitsrechts nach Art. 2 Abs. 1 in Verbindung mit Art. 1 Abs. 1 GG sowie dem Recht auf Datenschutz aus Art. 8 GRCh. Ergänzt werden diese durch die Meinungs- und Informationsfreiheit aus Art. 5 GG und Art. 11 GRCh und aus der Berufsfreiheit sowohl der Anbieter als auch der Nutzer aus Art. 12 GG bzw. Art. 15 und 16 GRCh und den damit zusammenhängenden Entfaltungsmöglichkeiten, die durch einen Eingriff in die informationelle Selbstbestimmung eingeschränkt sein können.

Zum einen werden viele personenbezogene Daten ohne Wissen der betroffenen Person erhoben und verarbeitet, weil diese – der Funktionsweise der Technik geschuldet – im Hintergrund ablaufen, wie Cookies oder die Übermittlung der IP-Adresse. Zum anderen werden personenbezogene Daten der betroffenen Person entweder durch sie selbst oder durch andere Nutzer preisgegeben. Hinsichtlich solcher Daten, die die betroffene Person selbst offenbart hat, übt sie zwar ihr Recht auf informationelle Selbstbestimmung aus, es besteht jedoch die Gefahr, die Kontrolle über die Datenverarbeitung zu verlieren, wenn diese durch Kombination mit anderen Daten aus dem Social Network einen neuen Informationsgehalt bekommen, den die betroffene Person überhaupt nicht preisgeben wollte. Zusätzlich ist die informationelle Selbstbestimmung der betroffenen Person dann gefährdet, wenn sie personenbezogene Daten bewusst nicht preisgegeben hat, diese aber insbesondere durch von anderen Nutzern in dem Social Network preisgegebene Daten oder durch inhaltliche Analyse abgeleitet und daraus Rückschlüsse auf die betroffene Person ermöglicht werden. Dazu zählen etwa Daten zum Wohn- oder Herkunftsort oder zu höchstpersönlichen Angelegenheiten wie religiöse, politische, sexuelle Einstellungen oder zum Gesundheitszustand.[16]

8.2.2.2 Computergrundrecht (A2)

Auch das Recht auf Integrität und Vertraulichkeit informationstechnischer Systeme, auch Computer- oder IT-Grundrecht genannt, ist im Zusammenhang mit der Nutzung von Social Networks von Bedeutung.[17] Diese Anforderung ergibt sich spezifisch aus dem allgemeinen Persönlichkeitsrecht nach Art. 2 Abs. 1 in Verbindung mit Art. 1 Abs. 1 GG sowie der Meinungs- und Informationsfreiheit aus Art. 5 GG. Geschützt ist das Vertrauen des einzelnen Nutzers in die Funktionsfähigkeit und den Ausschluss Dritter auf diese Systeme.[18] Erfasst sind nur informationstechnische

---

[16]Zu den Risiken der informationellen Selbstbestimmung s. Abschn. 5.2.1.1.

[17]Zum Recht auf Integrität und Vertraulichkeit informationstechnischer System s. Abschn. 5.2.1.2.

[18]BVerfGE 120, 274.

Systeme von gewisser Komplexität, über die der Einzelne selbstbestimmt verfügen kann und die allein oder durch ihre Vernetzung mit anderen Systemen personenbezogene Daten der betroffenen Personen in einem Umfang und einer Vielfalt erheben, die einen wesentlichen Einblick in sämtliche Aspekte der Lebensgestaltung oder sogar ein aussagekräftiges Persönlichkeitsprofil ermöglichen können. Smartphones zählen zu diesen komplexen informationstechnischen Systemen, da sie eine Fülle von Funktionen umfassen, die Gewohnheiten und Verhaltensweisen der betroffenen Person aufzeichnen können und so detaillierte und aussagekräftige Einblicke in oder Rückschlüsse auf die private Lebensgestaltung des Nutzers ermöglichen. Social Networks werden zunehmend über Smartphones oder andere mobile Endgeräte angesteuert, häufig indem der Nutzer eine Anwendung (App) des Anbieters auf seinem Endgerät installiert hat.[19] Da die Nutzungsbedingungen umfangreiche Zugriffsrechte auf das Endgerät vorsehen, besteht die Gefahr, dass der Anbieter zum einen Einblicke in die private Lebensgestaltung des Nutzers gewinnt, die weit über das hinausgehen, was der Nutzer allein im Social Network offenbaren würde, und zum anderen die Vertraulichkeit und – sofern Änderungen am Gerät vorgenommen werden können – auch die Integrität des Endgeräts potenziell gefährdet ist.

8.2.2.3 Recht am eigenen Wort (A3)

Die Anforderung des Rechts am eigenen Wort ergibt sich aus den Vorgaben des allgemeinen Persönlichkeitsrechts nach Art. 2 Abs. 1 in Verbindung mit Art. 1 Abs. 1 GG bzw. dem Recht auf Achtung des Privat- und Familienlebens aus Art. 7 GRCh, der Meinungs- und Informationsfreiheit aus Art. 5 GG und Art. 11 GRCh sowie dem Fernmeldegeheimnis aus Art. 10 GG. Das Recht am eigenen Wort schützt die Selbstbestimmung des Einzelnen hinsichtlich seiner Selbstdarstellung durch Kommunikation sowie die Verfügungsbefugnis hinsichtlich Inhalt und Adressatenkreis des eigenen nichtöffentlich geäußerten Wortes.[20] Zwar ist das Recht am eigenen Wort durch das Bundesverfassungsgericht allein aus dem allgemeinen Persönlichkeitsrecht hergeleitet worden,[21] jedoch spielen im Kontext von Social Networks auch die Anforderungen aus der Meinungs- und Informationsfreiheit sowie aus dem Fernmeldegeheimnis und der Kommunikationsfreiheit eine gewichtige Rolle. Das Recht am eigenen Wort bedarf bei der Nutzung von Social Networks eines

---

[19] Im Fall von Facebook sind dies sogar zwei getrennte Apps, nämlich die Facebook-App zum Ansteuern des Profils und der Facebook-Messenger zur Individualkommunikation zwischen den Nutzern.

[20] Zum Inhalt des Rechts am eigenen Wort s. Abschn. 5.2.1.3.2.

[21] BVerfGE 34, 238 (246); 54, 148 (155); s. auch Abschn. 5.2.1.3.2.

besonderen Schutzes, da Inhalt der Äußerung sowie der Adressatenkreis des geäußerten Wortes online leicht verändert und damit de-kontextualisiert werden können. Dies gilt sowohl für den Fall, dass der Einzelne selbst das Social Network bewusst als Medium benutzt, als auch für den Fall, dass seine Äußerung aufgenommen und ohne sein Wissen einem Social Network zugeführt wird. Denkbar ist, dass eine im geschützten Kreis geäußerte Meinung per Smartphone aufgenommen und durch einen Dritten im Social Network veröffentlicht wird. Das Bestimmungsrecht des Einzelnen über seine Aussage ist so gefährdet. Zudem ist das Recht am eigenen Wort gefährdet, wenn der Anbieter des Social Networks Sprachnachrichten, die zur nichtöffentlichen Individualkommunikation mit einem anderen Nutzer und damit nur für einen spezifischen Adressaten bestimmt waren, für eigene Zwecke speichert und auswertet.[22]

Die Risiken hinsichtlich des Rechts am eigenen Wort haben außerdem Auswirkungen auf die Meinungs- und Informationsfreiheit: Die betroffene Person könnte sich gezwungen sehen, auf eine Äußerung ihrer Meinung im Social Network oder auf das Einholen von Informationen zu verzichten, weil sie befürchten muss, dass ihr gesprochenes Wort zweckentfremdet, ihre Selbstbestimmung durch unberechtigte Offenbarung ihrer Meinung eingeschränkt würde oder sie nicht wirksam über den Adressatenkreis verfügen kann.

Im Falle von Individualkommunikation innerhalb des Social Networks liegt zudem gleichzeitig eine Fernübertragung des geäußerten oder geschriebenen Wortes vor, sodass zusätzlich das Fernmeldegeheimnis betroffen ist. Dieses schützt das gesprochene und geschriebene Wort auf dem Übertragungsweg. Risiken ergeben sich auf dem Übertragungsweg etwa, wenn beispielsweise die entsprechende App, die die betroffenen Personen für die Kommunikation nutzen, von Unbefugten kompromittiert wird und dadurch die Kommunikationsinhalte unberechtigt abgefangen oder mitgelesen werden können.

8.2.2.4 Recht am eigenen Bild (A4)

Die Anforderung des Rechts am eigenen Bild ergibt sich aus den Kriterien des allgemeinen Persönlichkeitsrechts aus Art. 2 Abs. 1 in Verbindung mit Art. 1 Abs. 1 GG bzw. dem Recht auf Achtung des Privat- und Familienlebens aus Art. 7 GRCh und aus der Meinungs- und Informationsfreiheit nach Art. 5 GG und Art. 11 GRCh. Geschützt ist dabei die Selbstbestimmung des Einzelnen, über die Anfertigung und Verwertung seines Abbildes eigenständig entscheiden zu können und so die eigene

---

[22]Vgl. z. b. *Kannenberg*, Facebook: Fünf deutsche Nutzer vom Abtippen der Messenger-Nachrichten betroffen, heise online vom 27.8.2019, https://heise.de/-4507354.

Selbstdarstellung in der Öffentlichkeit zu beeinflussen.[23] In Social Networks fällt es zunehmend schwerer, diese Verfügungsbefugnis aufrecht zu erhalten. Dies liegt nicht nur an der allgegenwärtigen Verbreitung von Smartphones, die es ermöglichen, zu jeder Gelegenheit Fotos anderer Personen anzufertigen und diese anschließend in das Social Network hochzuladen. Die Plattformen laden dazu ein, durch besondere Funktionen wie WhatsApps „Status-Meldung" oder Facebooks und Instagrams „Stories" immer wieder und immer mehr Fotos auf die Plattform zu laden. Zwar müsste der verantwortliche Nutzer von allen abgebildeten Personen eine Einwilligung einholen und auch der Anbieter des Social Networks ist verpflichtet, nur Fotos solcher betroffenen Personen zu verarbeiten, deren Einwilligung vorliegt; in der Praxis wird dies allerdings schlichtweg nicht umgesetzt.

Neben der Einschränkung oder Verhinderung der Verfügungsbefugnis über das eigene Abbild wird so zudem die Meinungsfreiheit beschnitten. Wenn der Einzelne damit rechnen muss, etwa auf Demonstrationen oder Versammlungen aufgenommen zu werden und befürchten muss, dass diese Aufnahmen anschließend in einem Social Network abrufbar sind, wird er sich womöglich davon fernhalten, wenn er auf einem Foto identifizierbar ist und dadurch Nachteile zu befürchten hat.

8.2.2.5 Entfaltungsfreiheit (A5)

Die Anforderung der Entfaltungsfreiheit ergibt sich aus der allgemeinen Handlungsfreiheit des Art. 2 Abs. 1 GG, der Meinungs- und Informationsfreiheit aus Art. 5 GG, der Berufsfreiheit aus Art. 12 GG sowie dem Fernmeldegeheimnis aus Art. 10 GG. Die Charta-Grundrechte kennen kein vergleichbares Auffanggrundrecht wie die Handlungsfreiheit.[24] Demnach kommen die spezifischen Freiheitsrechte der Art. 6 ff. GRCh zum Tragen, da Social Networks die politische, geistige, soziale, kulturelle und berufliche Entfaltungsfreiheit einer Person ermöglichen und fördern. Dies geschieht, indem zum Beispiel Kommunikation mit anderen Nutzern ermöglicht wird, ein öffentlicher Diskurs zu gesellschaftsrelevanten Themen stattfinden kann, Informationsbeschaffung erleichtert und berufliche Entfaltung gefördert wird. Die Informationsübertragung ist gleichzeitig durch das Fernmeldegeheimnis des Art. 10 GG geschützt.

Die ungehinderte Entfaltungsfreiheit kann – abgesehen von den Schranken, die sich durch Grundrechte Dritter ergeben – zum Beispiel durch unzulässige Profilbildung der Nutzer beeinträchtigt sein, indem Informationen aus verschiedenen Lebensbereichen miteinander verbunden werden, die der Nutzer getrennt halten möchte. Gleiches gilt für die Vermischung von Berufs- und Privatleben,

---

[23]Zum Recht am eigenen Bild s. Abschn. 5.2.1.3.1.
[24]*Jarass* 2016, Art. 7 GRCh, Rn. 3.

wenn Informationen unerwünschte gegenseitige Auswirkungen haben, zum Beispiel ein privates politisches oder kirchliches Engagement, das negative Auswirkungen auf die berufliche Tätigkeit hat. Alle über Social Networks öffentlich zugänglichen Daten können des Weiteren mittels geeigneter Big-Data-Analyseverfahren durch den Anbieter oder vermittelt durch diesen statistisch ausgewertet werden und den einzelnen Nutzer so in vordefinierte gesellschaftliche oder bestimmte Interessengruppen einordnen. Werden Web-Inhalte und Dienstleistungen[25] an diesen Erkenntnissen vordefiniert, geht die Möglichkeit der selbstbestimmten und unbeeinflussten Entscheidung für oder gegen bestimmte Inhalte verloren. Zudem wird die Entfaltungsfreiheit eingeschränkt, wenn der Nutzer befürchten muss, nicht nur durch die eigenen hinterlassenen Datenspuren, sondern auch durch die Daten anderer Nutzer, die einem selbst ähnlich sind, Teil einer statistischen Gruppe zu werden, mit denen er sich nicht identifiziert. Insbesondere da nicht nachvollziehbar ist, welche Merkmale und Handlungsweisen Eingang in die statistische Beurteilung finden, entsteht ein Konformitätsdruck, sich in allen Aspekten unauffällig und sozial adäquat zu verhalten, in der Annahme damit keine negativen Auswirkungen zu erzeugen.[26]

8.2.2.6 Kommunikative Selbstbestimmung (A6)

Social Networks dienen vorrangig dem Zweck der Kommunikation und halten mitunter viele Kommunikationskanäle bereit. Diese sind so auszugestalten, dass die kommunikative Selbstbestimmung[27] der Nutzer gewahrt bleibt. Die Anforderung der kommunikativen Selbstbestimmung leitet sich aus den Vorgaben des allgemeinen Persönlichkeitsrechts, der Meinungs- und Informationsfreiheit sowie der Berufsfreiheit ab.

Die kommunikative Selbstbestimmung ist ein Bestandteil des Selbstdarstellungsanspruchs, den das Bundesverfassungsgericht dem Individuum durch das allgemeine Persönlichkeitsrecht nach Art. 2 Abs. 1 in Verbindung mit Art. 1 Abs.

---

[25]Oder auch Wahlkampfkampagnen, s. Kap. 3.

[26]Ausführlich zu Risiken der Big-Data-Analyse z. B. *Leopold*, vorgänge 2012, 74 ff.; *Roßnagel*, ZD 2013, 562 ff.; *Roßnagel/Nebel*, DuD 2015, 455 ff.; *Richter*, in: Richter 2015, 46 ff.; *Nebel*, in: Richter 2015, 89 ff.; *Roßnagel/Geminn/Jandt/Richter* 2016, 21 ff.

[27]*Roßnagel*, KJ 1990, 267 (280); *Roßnagel*, in: Kubicek 1991, 86; vgl. ferner *Hammer/Pordesch/Roßnagel* 1993, 58 ff.; *Roßnagel*, in: Hoffmann-Riem/Schmidt-Aßmann 2000, 257 (312 f.); zur kommunikativen Selbstbestimmung im Gesundheitswesen *Roßnagel*, in: Roßnagel/Haux/Herzog 1999, 187 (189 ff.); in Abgrenzung zu einem Recht auf mediale Selbstbestimmung *Idecke-Lux* 2000, 61 ff.; *Steidle* 2005, 99 ff.; *Laue* 2010, 171 ff.; ähnlich auch *Hoffmann-Riem*, in: Krämer/Micklitz/Tonner 1997, 777 (781 f.); für eine Weiterentwicklung der informationellen Selbstbestimmung plädierend *Trute*, JZ 1998, 822 (825 f.).

1 GG zubilligt.[28] Dieser Selbstdarstellungsanspruch lässt sich ebenso in Art. 7 GRCh verorten.[29] Es obliegt dem Individuum seinen „sozialen Geltungsanspruch" zu definieren und damit selbst zu entscheiden, wie es sich der Öffentlichkeit gegenüber darstellen will und inwieweit Dritte über diese Informationen verfügen dürfen.[30] Die autonome Selbstdarstellung und die damit einhergehende Identitätsbildung finden ganz wesentlich über Kommunikation mit der Umwelt statt, sodass die Voraussetzungen zur Wahrnehmung unbefangener und selbstbestimmter Kommunikation besonderen Schutz genießen.[31] Selbstbestimmte Kommunikation setzt demnach voraus, dass der Einzelne entscheiden kann, ob und wie er kommuniziert. Dies beinhaltet die Entscheidung über die Inhalte der Kommunikation genauso wie das Medium, also elektronisch oder analog, die Kommunikationsart, etwa Telefon, E-Mail, Text- oder Sprachnachricht, die Umstände sowie die Kommunikationspartner.[32]

Das Recht auf kommunikative Selbstbestimmung schließt damit eine Lücke der informationellen Selbstbestimmung sowie des Fernmeldegeheimnisses. Das Recht auf informationelle Selbstbestimmung schützt allein die mit dem Kommunikationsinhalt und deren Umständen entstandenen personenbezogenen Daten. Das Fernmeldegeheimnis schützt die Vertraulichkeit der übertragenen Daten zu Inhalten und Umständen der Kommunikation. Beide schützen hingegen nicht das Vertrauen in die Unbefangenheit der Kommunikationssituation und den damit zusammenhängenden Selbstdarstellungsanspruch und die Identitätsbildung.[33]

Damit ermöglicht die kommunikative Selbstbestimmung durch die Wahrnehmung der Meinungs- und Informationsfreiheit zugleich die politische Willensbildung in der Gesellschaft, denn nur wer Vertrauen in die Unbefangenheit der Kommunikationssituation hat, kann vorbehaltlos am gesellschaftlichen Diskurs teilnehmen und sich so selbstbestimmt in der Öffentlichkeit darstellen. Zudem ermöglicht die kommunikative Selbstbestimmung die berufliche Betätigung und Entfaltung, da auch die berufliche Kommunikation dem Schutz des Rechts auf

---

[28] BVerfGE 54, 148 (155); 54, 208 (218); 65, 1 (41); *Roßnagel*, KJ 1990, 267 (280).

[29] *Kingreen*, in: Calliess/Ruffert 2016, Art. 7 GRCh, Rn. 6.

[30] Z. B. BVerfGE 35, 202 (220); 54, 148 (155); 54, 208 (218); 65, 1 (41); 63, 131 (142); 65, 1 (43); 80, 367 (373); 96, 171 (181).

[31] *Roßnagel*, KJ 1990, 267 (280); *Hammer/Pordesch/Roßnagel* 1993, 58.

[32] Ausführlich *Roßnagel*, KJ 1990, 267 (283); *Roßnagel*, in: Kubicek 1991, 86 (100); *Hammer/Pordesch/Roßnagel* 1993, 58 ff., jeweils mit weiteren Nachweisen.

[33] *Roßnagel*, KJ 1990, 267 (277).

kommunikative Selbstbestimmung unterliegt.[34] Damit ergänzt die kommunikative Selbstbestimmung zugleich die Anforderung der Entfaltungsfreiheit (A5). Social Networks als technische Infrastrukturen der privaten und beruflichen Kommunikation müssen die kommunikative Selbstbestimmung berücksichtigen. Social Networks gefährden diese, wenn die Ausgestaltung der Kommunikations-möglichkeiten und die Auswahl der angezeigten Inhalte auf der Plattform – die in aller Regel durch Algorithmen vorgeben werden – eine selbstbestimmte Kommunikation und Informationsaufnahme einschränken. Solche Einschränkungen sind insbesondere zu erwarten, wenn der Einzelne nicht vorbehaltlos kommunizieren kann, weil er zum Beispiel befürchten muss, andere als der gewählte Kommunikationspartner könnten an der Kommunikation teilnehmen.

8.2.2.7 Nicht-Diskriminierung (A7)

Das Verbot der Diskriminierung ist eine rechtliche Anforderung, die sich nicht nur aus dem Gleichbehandlungsgrundsatz des Art. 3 Abs. 3 GG ergibt, sondern auch aus den grundrechtlichen Vorgaben des allgemeinen Persönlichkeitsrechts der Art. 2 Abs. 1 in Verbindung mit Art. 1 Abs. 1 GG und der Meinungs- und Informations-freiheit des Art. 5 GG einerseits und dem Gebot der Nicht-Diskriminierung aus Art. 21 GRCh andererseits.

Eine Diskriminierung oder Benachteiligung liegt unionsrechtlich dann vor, wenn eine Person aus bestimmten Gründen „eine weniger günstige Behandlung erfährt als eine andere Person"[35] oder wenn durch die Anwendung bestimmter, „dem Anschein nach neutraler Vorschriften, Kriterien oder Verfahren Personen (…) gegenüber anderen Personen in besonderer Weise benachteiligen können".[36] Das Datenschutzrecht knüpft hieran an, indem es die Verarbeitung besonderer Kategorien personenbezogener Daten untersagt, ohne jedoch auf einen spezifischen Nachteil der betroffenen Person abzustellen. Gemäß Art. 9 Abs. 1 DSGVO handelt es sich dabei um personenbezogene Daten, aus denen die rassische und ethnische Herkunft, politische Meinung, religiöse oder weltanschauliche Überzeugung oder die Gewerkschaftszugehörigkeit hervorgehen, sowie genetische und biometrische Daten, Gesundheitsdaten und Daten zu Sexualleben und sexueller Orientierung einer natürlichen Person. Diese Daten dürfen nur in engen Grenzen verarbeitet werden.

---

[34] *Hammer/Pordesch/Roßnagel* 1993, 59.

[35] Art. 2 Abs. 2 lit. a RL 2000/78/EG, Art. 2 Abs. 2 lit. a RL 2000/43/EG, Art. 2 lit. a RL 2004/113/EG.

[36] Art. 2 Abs. 2 lit. b RL 2000/78/EG, Art. 2 Abs. 2 lit. b RL 2000/43/EG, Art. 2 lit. b RL 2004/113/EG.

Somit ist nicht jede Ungleichbehandlung verboten, sondern nur die, die sich aus Informationen aus besonderen Kategorien personenbezogener Daten ergeben. Jedoch müssen diese Daten nicht zwingend explizit als solche erhoben werden. Rückschlüsse hierauf sind auch aus dem Verwendungszusammenhang sowie durch die Verarbeitung, Analyse und Kombination sonstiger Daten möglich, wie sie sich etwa in Social Networks finden lassen.[37] Insbesondere dort werden Eigenschaften, Vorlieben und Verbindungen von Personen erfasst. Das soll dazu dienen, den Informationsdienst an die Person anzupassen und maßgeschneiderte Inhalte und Werbung zu präsentieren. Die Datenverarbeitung, Auswertung, aber auch die Neugewinnung von Informationen durch Kombination vorhandener Daten geschieht automatisch durch den Einsatz von Algorithmen. Der betroffenen Person bleiben jedoch die genaue Verfahrensweise, die verwendeten Daten und die Kriterien der Gewichtung unbekannt, da diese nicht transparent gemacht werden.[38] Dadurch kann nicht ausgeschlossen werden, dass Wertungen und Gewichtungen vorhandener und hinzugewonnener personenbezogener Daten zu einem diskriminierenden Ergebnis führen.[39] Eine solche Ungleichbehandlung kann zum Beispiel dann vorliegen, wenn aufgrund der angenommenen politischen Einstellung bestimmte Inhalte vorenthalten werden oder wenn aufgrund missinterpretierter Daten ein falscher Verdacht erzeugt wird.[40] Gleiches gilt auch bei Preisdiskriminierung, wenn die Preisgestaltung eines Produkts oder einer Dienstleistung auf prognostizierten Eigenschaften einer Person beruhen. So könnte eine Person aufgrund der prognostizierten Charaktereigenschaft, ethnischer oder religiöser Zugehörigkeit oder gesundheitlicher Einschränkung von einer Dienstleistung oder einem Produkt ausgeschlossen, ein höherer Kaufpreis verlangt oder anderweitig schlechter gestellt werden.[41]

---

[37] S. daher die Informationelle Selbstbestimmung (A1) in Abschn. 8.2.2.1.

[38] So hat der Bundesgerichtshof im Rahmen der durch die SCHUFA verwendeten Score-Formel entschieden, dass zum Beispiel „allgemeinen Rechengrößen, wie etwa die herangezogenen statistischen Werte, die Gewichtung einzelner Berechnungselemente bei der Ermittlung des Wahrscheinlichkeitswerts und die Bildung etwaiger Vergleichsgruppen als Grundlage der Scorekarten" Geschäftsgeheimnisse sind, BGHZ 200, 38 (38, 47).

[39] Zur Notwendigkeit diskriminierungsfreier Verwertungsregeln *Roßnagel*, ZD 2013, 562 (566).

[40] *Meinicke*, K&R 2015, 377 (384); *Richter*, in: Richter 2015, (45 (57 f.); *Fengler*, Polizei will bei Verbrecherjagd von Chicago lernen, Die Welt vom 15.5.2015, http://www.welt.de/region ales/hamburg/article140979732/.

[41] S. zum Risiko der Diskriminierung Abschn. 3.2.

8.2.3 Rechtliche Kriterien

Im ersten Schritt wurden aus den verfassungsrechtlichen Vorgaben rechtliche Anforderungen im Hinblick auf die Chancen und Risiken der Nutzung eines Social Networks aufgestellt. Aus diesen sehr abstrakten rechtlichen Anforderungen werden im zweiten Schritt der Konkretisierung die folgenden rechtlichen Kriterien (K) abgeleitet. Diese stellen Regeln dar, um die rechtlichen Anforderungen der spezifischen Eigenschaften, Chancen und Risiken des Systems zu erfüllen. Die Kriterien sind rechtlichen Ursprungs und bedienen sich daher der Sprache des Rechts. Sie sind dabei schon so konkret, dass sie auf die Eigenschaften des Systems angewendet werden können, ohne jedoch konkrete Lösungsmöglichkeiten zu präsentieren.[42] Sie stellen die Grundlage für die technischen und organisatorischen Gestaltungsziele (Z) dar.

8.2.3.1 Rechtmäßigkeit (K1)

Das Kriterium der Rechtmäßigkeit leitet sich aus allen Anforderungen (A1) bis (A7) ab, da eine nicht-rechtmäßige Datenverarbeitung Auswirkungen auf alle Grundrechte hat. Die Rechtmäßigkeit verlangt, dass personenbezogene Daten auf rechtmäßige Weise verarbeitet werden müssen. Dies umfasst neben der Zulässigkeit der Datenverarbeitung auch die Frage der Art und Weise.[43] Das Kriterium der Rechtmäßigkeit trifft grundsätzlich alle Verantwortlichen, also Anbieter und verantwortlichen Nutzer gleichermaßen. Als Kriterium zur Systemgestaltung dient die Rechtmäßigkeit dazu, die datenschutzrechtlichen Anforderungen zur Zulässigkeit und zur Art und Weise der Datenverarbeitung so weit wie möglich in das System zu integrieren. So wird der Anbieter als Verantwortlicher und Hersteller des Systems dazu angehalten, die rechtlichen Zulässigkeitsanforderungen bei der Systemgestaltung zu berücksichtigen sowie im Rahmen der gemeinsamen Verantwortlichkeit mit dem verantwortlichen Nutzer Werkzeuge zur Verfügung zu stellen, um diesem die Ausübung der Verantwortlichkeit zu ermöglichen.

Für Social Networks spielen bei der Frage der Zulässigkeit der Datenverarbeitung vor allem die Voraussetzungen der Einwilligung sowie die Verarbeitung aufgrund berechtigter Interessen eine Rolle. Besondere Voraussetzungen sind in diesem Zusammenhang zum Beispiel die Informiertheit, Freiwilligkeit, Bestimmtheit, Widerrufsmöglichkeit und Beweisbarkeit der Einwilligung. Besondere Kategorien personenbezogener Daten sind zu identifizieren und entsprechend zu behandeln. Im Rahmen der Verarbeitung zu berechtigten Interessen sind zum Beispiel Fragen zur

---

[42] *Hammer/Pordesch/Roßnagel* 1993, 46; *Pordesch* 2003, 265.
[43] Zur Rechtmäßigkeit s. Abschn. 7.5.1.1.

Erhebung des Klarnamens und zur Nutzung der Daten für personalisierte Werbung zu beachten. Weiterhin sind die besonderen Voraussetzungen zu berücksichtigen, die sich aus dem Schutzbedarf Minderjähriger ergeben.[44] Außerdem sind sowohl die Informationspflichten des Verantwortlichen umfasst als auch die Gewährleistung der Betroffenenrechte[45] und die technisch-organisatorische Pflichten für den Verantwortlichen.[46]

8.2.3.2 Direkterhebung (K2)

Nach dem Kriterium der Direkterhebung sollen personenbezogene Daten direkt bei der betroffenen Person erhoben werden und nicht bei Dritten. Dies schützt die betroffene Person vor unklaren Verarbeitungsvorgängen, indem eine unbegrenzte Datenerhebung bei anderen als der betroffenen Person eingeschränkt ist und sichert so die informationelle Selbstbestimmung (A1). Es fördert zudem die Nicht-Diskriminierung (A7), da die Person selbst bestimmen kann, potenziell diskriminierungsanfällige Daten nicht preiszugeben.

Ein Nutzer eines Social Networks als betroffene Person sollte vernünftigerweise zunächst davon ausgehen können, dass nur solche personenbezogenen Daten verarbeitet und genutzt werden und abrufbar sind, die von ihm oder ihr selbst eingestellt worden sind. In diesen Fällen wurden die personenbezogenen Daten direkt bei der betroffenen Person erhoben.

Nicht direkt erhoben sind solche Daten, die durch andere Nutzer bereitgestellt werden, indem diese etwa Beiträge oder Bilder mit der betroffenen Person verknüpfen, aber auch, wenn dieser von seinem Recht auf Datenübertragbarkeit nach Art. 20 DSGVO Gebrauch macht, und diese personenbezogenen Daten des Nutzers Drittbezug aufweisen. Gleiches gilt für solche Daten, die von Website-Betreibern via Social Plug-ins (sofern diese beim Aufruf der Website Daten übermitteln) oder von App-Anbietern über Schnittstellen an den Anbieter des Social Networks übermittelt werden. Dies entspricht nicht dem Direkterhebungsgrundsatz, weil der Anbieter des Social Networks personenbezogene Daten erhält, die ein Dritter erhoben hat. Nicht direkt erhoben sind zudem Daten, die mittels Profilbildung durch das Zusammenführen und Verknüpfen von Daten aus mehreren Quellen gewonnen werden, wie dies insbesondere für Zwecke der Werbung und zur Personalisierung von Diensten in Social Networks möglich ist.

In Social Networks ist das Kriterium der Direkterhebung daher eine besondere Herausforderung. Es kann durchaus im Interesse der betroffenen Person liegen,

---

[44]Zur datenschutzrechtlichen Zulässigkeit s. Abschn. 7.5.

[45]S. Abschn. 7.8.

[46]S. Abschn. 7.9.

Daten aus fremden Quellen in das eigene Profil einfließen zu lassen. Der Grundsatz der Direkterhebung erfordert daher vorrangig, dass die Datenerhebung offen statt findet, das heißt für die betroffene Person erkennbar ist. Für den Anbieter bedeutet das sicherzustellen, dass jede Datenverarbeitung für betroffene Person nachvollzieh bar ist, indem er situationsadäquate Informationen bereitstellt, sobald eine Aktion eines Nutzers Auswirkungen auf die betroffene Person hat oder personenbezogene Daten der betroffenen Person durch einen Dritten Eingang in das Social Network finden. Auch darf der Anbieter keine personenbezogenen Daten aus vorhandenen Daten ableiten, ohne dass die betroffene Person für den konkreten Zweck in der konkreten Situation eingewilligt hat. Für den verantwortlichen Nutzer bedeutet dies in erster Linie, die betroffene Person immer über jeden Datenverarbeitungsvorgang zu informieren und eine wirksame Einwilligung einzuholen.

Im Ergebnis muss also die betroffene Person nach dem Grundsatz der Direkterhebung jederzeit mitwirken und weiß dadurch, wer welche Daten, insbesondere besondere Kategorien personenbezogener Daten, von ihr verarbeitet.

8.2.3.3 Transparenz (K3)

Transparente Datenverarbeitung stellt sicher, dass die informationelle Selbstbestimmung (A1) ebenso gewahrt wird wie das Computergrundrecht (A2) sowie die kommunikative Selbstbestimmung (A6). Der Grundsatz der Transparenz ergibt sich bereits aus dem Volkszählungsurteil des Bundesverfassungsgerichts. Hiernach soll der Einzelne nachvollziehen können, wer was wann über ihn weiß.[47] Das ist nur möglich, wenn der Einzelne Einblick in die Funktionsweise der Datenverarbeitung hat, diese für den Einzelnen nachvollziehbar ist und Kontroll- und Betroffenenrechte auf dieser Basis ausgeübt werden können. Die Anforderung der informationellen Selbstbestimmung gebietet Transparenz hinsichtlich der Art und Weise der Datenverarbeitung und der Verwendung der Daten, ebenso wie die kommunikative Selbstbestimmung, während die Anforderung des Computergrundrechts Transparenz hinsichtlich der Integrität[48] des Systems oder deren Nichtvorhandensein voraussetzt. Umgesetzt wird das Transparenzprinzip neben Datenschutz durch Systemgestaltung und datenschutzfreundlichen Voreinstellungen gemäß Art. 25 DSGVO sowie durch Zertifizierungsverfahren, Datenschutzsiegel und Datenschutzprüfzeichen nach Art. 42 DSGVO hauptsächlich durch Auskunfts-, Benachrichtigungs- und Unterrichtungspflichten des Verantwortlichen.

Das Ziel der Transparenz bei der Nutzung von Social Networks ist es, dass die betroffene Person Kenntnis über alle Umstände der Datenverarbeitung hat. Das

---

[47] BVerfGE 65, 1 (43).

[48] *Skistims* 2016, 552.

umfasst, dass die betroffene Person zum einen eine Übersicht über die erhobenen Daten hat. Zum anderen benötigt sie Kenntnis über die Empfänger der Daten. Dies können sowohl Nutzer innerhalb des Social Networks sein als auch sonstige Akteure außerhalb des Netzwerks. Weiterhin ist Kenntnis notwendig über die Art und Weise der Verwendung der Daten, insbesondere bei Auswertung zur Personalisierung der Dienste oder Werbung, einschließlich des Einsatzes von Hintergrundprogrammen wie Cookies oder Analysesoftware. Schließlich muss die betroffene Person Kenntnis haben über mögliche Zugriffe von außerhalb des Social Networks, sei es durch Schnittstellen für Drittanbieter für kommerzielle Zwecke, durch behördliche Anfragen wie etwa Sicherheitsbehörden oder durch böswillige Angriffe auf das Social Network.[49] Dies gilt auch, wenn es sich nicht um personenbezogene Daten per se handelt, aber die Anforderungen der informationelle Selbstbestimmung (A1), des Computergrundrechts (A2) und der kommunikativen Selbstbestimmung (A6) berührt.

Um eine Überforderung der betroffenen Person mit Informationen zu vermeiden, die letztlich zu einem gegenteiligen Effekt führen würde, ist ein Zwischenmaß nötig zwischen ausreichender Offenlegung aller relevanten Informationen einerseits und der Überfrachtung mit Informationen andererseits. Der Einzelne bedarf nicht zwingend jeder Detailinformation, sondern muss in spezifischen Verarbeitungssituationen – situationsgerecht[50] und damit nicht nur bei der Ersterhebung, sondern bei Bedarf später erneut – über die jeweils wesentlichen Aspekte Kenntnis haben, sodass ein durchschnittlich verständiger Nutzer die Informationen erfassen und eine informierte Entscheidung treffen kann.

Für Datenverarbeitungen, die im Verantwortungsbereich des verantwortlichen Nutzers liegen, obliegt es mangels Einfluss des Anbieters auf die Datenerhebung dem Nutzer selbst, für Transparenz zu sorgen. Da er jedoch keinen Einfluss auf die Gestaltung des Systems hat, beschränkt sich die Pflicht des Nutzers auf die Information der betroffenen Person, dass und welche Daten zu welchem Zweck verarbeitet werden. Die Transparenzpflicht des Anbieters schließt hieran nahtlos an, und muss sicherstellen, dass die betroffene Person im oben genannten Sinne Kenntnis über alle weiteren Umstände der Datenverarbeitung hat.

8.2.3.4 Zweckbindung (K4)

Das Kriterium der Zweckbindung sichert die informationelle Selbstbestimmung (A1), da diese personenbezogene Daten gegen zweckfremde Datenverwendung

---

[49] Ausführlich dazu *DSK*, Orientierungshilfe „Soziale Netzwerke" 2013, 20 f.

[50] *Roßnagel*, in: Simitis/Hornung/Spiecker 2019, Art. 5 DSGVO, Rn. 60.

schützt.[51] Es schützt damit gleichzeitig das Recht am eigenen Wort und Bild (A3 und A4) sowie die Entfaltungsmöglichkeiten (A5) und die kommunikative Selbstbestimmung (A6), da es eine in einem spezifischen Kontext gemachte Äußerung vor zweckfremder Verwendung schützt. Die Zweckbindung unterstützt auch die Nicht-Diskriminierung (A7), um nicht in bestimmten Kontexten hinterlassene Angaben insbesondere zu besonderen Kategorien personenbezogener Daten zweckentfremdet für neue Verarbeitungssituationen zum Nachteil der betroffenen Person nutzbar zu machen.

Das Kriterium der Zweckbindung hat nicht nur eine datenschutzrechtliche, sondern darüber hinaus auch eine dienstbezogene Funktion und geht damit über den Datenschutzgrundsatz aus Art. 5 Abs. 1 lit. b DSGVO hinaus. Zweckbindung setzt zunächst eine Zweckfestlegung voraus. Der jeweilige legitime Zweck ist eindeutig zu formulieren.[52] Neben konkreten Angaben und Anwendungsbeispielen sollten hierfür Informationen zu den konkret dafür benötigten Daten bereitgestellt werden. Aber das Kriterium der Zweckbindung fordert auch, dass die festgelegten Zwecke für den Nutzer erwartbar sind und Dienste und Funktionen der Social Networks nicht zweckentfremdet verwendet werden. Beispielsweise muss sich der Nutzer darauf verlassen können, dass im Rahmen der Nachrichtenfunktion personenbezogene Daten nur erhoben und verwendet werden, um den Dienst zu erbringen, nicht aber um Nachrichten auszulesen und Daten für Werbezwecke auszuwerten.

Die Zweckbindung erfordert, dass die betroffene Person zu jeder Zeit die Kontrolle darüber behält, welche Daten zu welchem Zweck verarbeitet werden. Aufgrund der Funktionsweise und des Funktionsumfangs von Social Networks und der Vielzahl an personenbezogenen Daten, die durch die Nutzung des Dienstes zu jeder Zeit entstehen und dauerhaft bis zu deren Löschung verfügbar bleiben, ist dies in Social Networks eine besondere Herausforderung. Zwar obliegt die Zweckbestimmung dem Verantwortlichen – Anbieter wie verantwortlichem Nutzer. Allerdings sollte die betroffene Person jederzeit Kontrolle darüber ausüben können, welche personenbezogenen Daten zu welchem Zweck verwendet werden und diese Auswahl selbstbestimmt korrigieren können. Eine Zweckentfremdung muss technisch ausgeschlossen werden.

8.2.3.5 Datensparsamkeit (K5)

Nach dem Gebot der Datensparsamkeit ist zum einen der Zweck so zu wählen, dass möglichst wenige personenbezogene Daten verarbeitet werden müssen, und

---

[51]BVerfGE 65, 1 (46); *Polenz*, in Kilian/Heussen 2018, 1. Abschnitt, Teil 13, Verfassungsrechtliche Grundlagen des Datenschutzes, Rn. 25.

[52]Zum datenschutzrechtlichen Grundsatz der Zweckbindung Abschn. 7.5.1.4.

zum anderen sind vorsorgend personenbezogene Daten durch die entsprechende Gestaltung der Datenverarbeitungssysteme zu vermeiden.[53] Datensparsamkeit ist nicht identisch mit dem Grundsatz der Datenminimierung nach Art 5 abs. 1 lit. c DSGVO.[54] Beide verlangen zwar nicht, dass möglichst wenig Daten verarbeitet werden, sondern dass der Personenbezug der Daten zu reduzieren ist. Im Unterschied zur Datenminimierung fokussiert die Datensparsamkeit jedoch auf den der Datenverarbeitung zugrundeliegenden Zweck. Dieser ist so zu wählen, dass möglichst wenig personenbezogene Daten erforderlich sind. Ein bereits bestehender Zweck ist dahingehend zu prüfen, ob dieser so konkretisiert werden kann, dass noch weniger personenbezogene Daten erforderlich sind.[55] Das Kriterium der Datensparsamkeit geht somit über den Grundsatz der Datenminimierung hinaus und ist daher für eine möglichst grundrechtsfreundliche Systemgestaltung vorzugswürdig. Damit konkretisiert das Kriterium der Datensparsamkeit die Anforderungen der informationellen Selbstbestimmung (A1), da weniger personenbezogene Daten preisgegeben werden. Es fördert auch die Entfaltungsfreiheit (A5) und die kommunikative Selbstbestimmung (A6), da eine unbefangene Außendarstellung und Kommunikation erleichtert werden sowie die Nicht-Diskriminierung (A7), da weniger personenbezogene Daten auch ein geringeres Diskriminierungspotenzial bergen.

Da mittels Datensparsamkeit eine Reduzierung des Personenbezugs im Vordergrund steht, richtet sich diese vorrangig an Verantwortliche und Hersteller.[56] Diese sind verpflichtet, die Systeme und Datenverarbeitungsvorgänge so zu gestalten, dass möglichst wenig personenbezogene Daten erforderlich sind, um die Zwecke der Datenverarbeitung zu erfüllen. Es verpflichtet hingegen nicht die betroffene Person, möglichst wenig Daten preiszugeben. Dies würde auch den Grundrechten der

---

[53] *Roßnagel*, in: Simitis/Hornung/Spiecker 2019, Art. 5 DSGVO, Rn. 123; *Forum Privatheit* (Hrsg.), Policy Paper Datensparsamkeit, 2017, 4.

[54] *Hornung*, Spektrum der Wissenschaften SPEZIAL 1.17, 62 (64); *Herbst*, in: Kühling/Buchner 2018, Art. 5 DSGVO, Rn. 55; *Husemann*, in: Roßnagel 2018, § 5, Rn. 61; *Roßnagel*, in: Simitis/Hornung/Spiecker 2019, Art. 5 DSGVO, Rn. 123. A. A. *Heberlein*, in: Ehmann/Selmayr 2018, Art. 5 DSGVO, Rn. 22; *Wolff*, in: Schantz/Wolff 2017, Rn. 427; *Frenzel*, in: Paal/Pauly 2018, Art. 5 DSGVO, Rn. 34, 53; *Buchner*, DuD 2016, 155 (156); so wohl auch *Pötters*, in: Gola 2018, Art. 5 DSGVO, Rn. 21; zweifelhaft auch *Albrecht/Jotzo* 2017, Rn. 6, die von einer „ausdrücklichen" Aufnahme des Grundsatzes der Datensparsamkeit in die Verordnung sprechen.

[55] *Roßnagel/Pfitzmann/Garstka* 2001, 101; *Roßnagel*, in: Simitis/Hornung/Spiecker 2019, Art. 5 DSGVO, Rn. 123 f., 125; ausführlich mit Umsetzungsbeispielen *Roßnagel*, in: Eifert/Hoffmann-Riem 2011, 41 ff.

[56] *Forum Privatheit* (Hrsg.), Policy Paper Datensparsamkeit, 2017, 6.

betroffenen Person auf informationelle Selbstbestimmung, Kommunikationsfreiheit und Entfaltungsfreiheit widersprechen.[57]

Die Umsetzung der Datensparsamkeit erfolgt in drei Schritten.[58] Zunächst ist zu prüfen, ob auf personenbezogene Daten völlig verzichtet werden kann. Ist dies nicht der Fall, ist der Personenbezug des Datums qualitativ auf das erforderliche Minimum zu reduzieren. Anschließend ist der Personenbezug zeitlich auf das erforderliche Minimum zu beschränken, etwa durch frühzeitiges Anonymisieren, Pseudonymisieren, Aggregieren und Löschen.

Social Networks sind klassische datengetriebene Geschäftsmodelle, bei denen das Kriterium der Datensparsamkeit an seine Grenzen stößt, weil etwa Personalisierungs- oder Tracking-Dienste bezogen auf eine ganz bestimmte Person möglichst viele personenbezogene Daten voraussetzen.[59] Da dies jedoch einen Eingriff in die Rechte der betroffenen Person darstellt, sind datensparsamkeitsfördernde Maßnahmen gleichsam zwingend. Es ist bei der Ausgestaltung des Dienstes und des Systems darauf zu achten, Datenverarbeitungszwecke zu wählen, die möglichst wenige personenbezogene Daten benötigen und, wenn diese Daten für den Zweck erforderlich sind, ist der Personenbezug möglichst frühzeitig zu vermeiden.

Die Beachtung der Datensparsamkeit liegt durchaus im Interesse des Verantwortlichen. Zum einen fallen mögliche Risiken für die personenbezogenen Daten der Nutzer im Falle eines Angriffs auf die Systeme des Verantwortlichen geringer aus.[60] Darüber hinaus kann eine für den Nutzer des Social Networks erkennbare Datensparsamkeit das Vertrauen in die Redlichkeit des Anbieters verstärken. Ein Vertrauen der Nutzer in das Social Network führt dazu, dass diese das System intensiver nutzen; eventuell würden Nutzer, etwa aus einem Widerstandshandeln gegen undurchsichtige Praktiken des Anbieters heraus, weniger falsche Daten zur Verfügung stellen.[61]

Auch der verantwortliche Nutzer ist zur Datensparsamkeit verpflichtet. Dies gilt ausschlaggebend für den Teil der Datenerhebung, den er selbst beeinflussen kann und für den er damit allein verantwortlich ist. Das ist bei dem verantwortlichen Nutzer vor allem die Zweckbestimmung und die Datenerhebung. Der verantwortliche Nutzer verfolgt in der Regel den Zweck der Selbst- oder Außen-Darstellung, indem er Fotos, Beiträge und ähnliches von sich und anderen Personen postet. Aus

---

[57] *Forum Privatheit* (Hrsg.), Policy Paper Datensparsamkeit, 2017, 6.

[58] *Roßnagel/Pfitzmann/Garstka* 2001, 101; *Forum Privatheit* (Hrsg.), Policy Paper Datensparsamkeit, 2017, 5, 10.

[59] *Forum Privatheit* (Hrsg.), Policy Paper Datensparsamkeit, 2017, 8.

[60] *Forum Privatheit* (Hrsg.), Policy Paper Datensparsamkeit, 2017, 9.

[61] *Forum Privatheit* (Hrsg.), Policy Paper Datensparsamkeit, 2017, 9.

Sicht des Nutzers ist dies Sinn und Zweck eines Social Networks, sodass man dem Nutzer hinsichtlich der Wahl eines möglichst datensparsamen Zwecks keine größere Verantwortung auferlegen kann als dem Anbieter. Datensparsam handelt er dann, wenn er Personenbezug vermeidet, indem er so wenige personenbezogene Daten wie möglich zusätzlich zur Verfügung stellt. Beispielsweise sollte er Fotos und Beiträge nicht zusätzlich mit Namen versehen („tagging"). Auch hier ist der Anbieter jedoch nicht frei von jeglicher Verantwortung. Durch die Hoheit über die Systemgestaltung trägt er nämlich maßgeblich dazu bei, welche Möglichkeiten der verantwortliche Nutzer überhaupt hat, um personenbezogene Daten zu erheben.

8.2.3.6 Richtigkeit (K6)

Die im Social Network verarbeiteten Daten müssen richtig sein. Unrichtige Daten beeinträchtigen die betroffene Person in ihren Rechten auf informationelle Selbstbestimmung (A1), dem Computergrundrecht (A2), dem Recht am eigenen Wort und Bild (A3 und A4), der Entfaltungsmöglichkeit (A5) sowie der kommunikativen Selbstbestimmung (A6).

Der Verantwortliche hat aber auch ein eigenes Interesse an der Richtigkeit der in seinem Social Network zur Verfügung stehenden Daten. Unrichtige Daten haben für die Werbewirtschaft, die zur Finanzierung der Netzwerkinfrastruktur beiträgt, weniger monetären Wert, da die platzierte Werbung weniger personalisiert und damit weniger effektiv ist. Gleiches gilt für die Darstellung auf der Basis unrichtiger Daten präsentierter personalisierter Inhalte. Die betroffene Person würde womöglich wegen Irrelevanz der dargestellten Inhalte das Social Network weniger frequentieren und würde als Adressat personalisierter Werbung entfallen.

Für die betroffene Person sind unrichtige Daten im Hinblick auf die Nutzung des Social Networks zudem schlicht ein Ärgernis, wenn irrelevante Werbung oder Inhalte angezeigt werden. Beeinträchtigungen bei der Meinungsbildung durch selektive Vorauswahl präsentierter Inhalte, beim Ausschluss oder der Benachteiligung von Versicherungsangeboten oder -leistungen auf Basis von Daten aus Social Networks oder bei der diskriminierenden Nichtanzeige relevanter Anzeigen aufgrund der Hautfarbe oder sexuellen Orientierung werden dagegen durch richtige Daten nicht verhindert.[62]

Um die Richtigkeit der Daten sicherzustellen, muss der Verantwortliche technische und organisatorische Maßnahmen treffen, um die Richtigkeit der Daten aktiv sicherstellen und überprüfen zu können und um der betroffenen Person zu ermöglichen, dies zu jedem Zeitpunkt umfassend selbst wahrnehmen zu können. Damit sichert der Anbieter auch seine Pflicht im Rahmen der gemeinsamen Verantwortung

---

[62]S. zu den Risiken der Diskriminierung mit weiteren Nachweisen Abschn. 3.2.

mit dem verantwortlichen Nutzer. Zwar ist der Nutzer im Rahmen der Erhebung der Daten selbst für die Richtigkeit verantwortlich. Im Anschluss an die Erhebung muss aber der Anbieter durch technische Möglichkeiten sicherstellen, dass er selbst und alle Nutzer des Social Networks die Richtigkeit jederzeit selbst überprüfen können.

8.2.3.7 Speicherbegrenzung (K7)

Die Speicherbegrenzung hat zum Ziel, den Personenbezug zeitlich auf das unbedingt erforderliche Maß zu beschränken. Damit konkretisiert es die Anforderung der informationellen Selbstbestimmung (A1), weil es die betroffene Person unterstützt, Kontrolle über die über sie gespeicherten Daten zu behalten. Es konkretisiert außerdem die Entfaltungsfreiheit (A5) und die kommunikative Selbstbestimmung (A6), wenn die betroffene Person weiß, dass nicht jedes Detail über sie dauerhaft abrufbar bleibt sowie die Nicht-Diskriminierung (A7), weil nicht gespeicherte Daten nicht für Diskriminierung missbraucht werden können.

Im Unterschied zur Datensparsamkeit (K5), welches die Wahl des Zwecks der Datenverarbeitung daran misst, dass möglichst wenige personenbezogene Daten erforderlich sind, orientiert sich die Speicherbegrenzung einzig daran, ob der Personenbezug für den vom Verantwortlichen frei gewählten Zweck noch erforderlich ist. Ein Konflikt zwischen der Speicherbegrenzung und der Datensparsamkeit entsteht dadurch nicht. Die Speicherbegrenzung formuliert eine Mindestanforderung hinsichtlich des Umfangs des Personenbezugs und ist in jedem Fall bei der Systemgestaltung zu beachten. Die Datensparsamkeit geht darüber hinaus und ist daher für eine möglichst datenschutzfreundliche Systemgestaltung vorzugswürdig.

Zur Umsetzung muss der Anbieter des Social Networks als Verantwortlicher technische und organisatorische Maßnahmen ergreifen, die sicherstellen, dass die Erforderlichkeit eines personenbezogenen Datums für die Datenverarbeitung regelmäßig geprüft und gegebenenfalls entfernt wird. Praktikabel wird dies durch die Festlegung von Fristen, nach denen personenbezogene Daten zu löschen oder auf ihre Erforderlichkeit hin zu überprüfen sind. Dadurch kommt er gleichzeitig seiner gemeinsamen Verantwortlichkeit mit dem verantwortlichen Nutzer nach, da auch dieser zur Speicherbegrenzung verpflichtet ist, mangels Einfluss auf das System aber keine Handhabe zur Umsetzung hat.

8.2.3.8 Integrität und Vertraulichkeit der Daten (K8)

Integrität bezeichnet die Unversehrtheit, also Vollständigkeit und Unverändertheit, von Informationen sowie die korrekte Funktionsweise von Systemen. Die Vertraulichkeit stellt sicher, dass Informationen vor unbefugter und unrechtmäßiger

Verarbeitung geschützt werden.[63] Das Kriterium Integrität und Vertraulichkeit setzt damit das Recht auf informationelle Selbstbestimmung (A1) um, da die betroffene Person nur wissen kann, wer was über sie weiß, wenn die Daten korrekt und vollständig vorliegen. Die Integrität ist zudem Teil des Gewährleistungsgehalts des Computergrundrechts (A2). Sie schützen weiterhin das Recht am eigenen Wort und Bild (A3 und A4), die Entfaltungsmöglichkeit (A5) und die kommunikative Selbstbestimmung (A6), da eine selbstbestimmte Außendarstellung, Kommunikation und Entfaltung der Persönlichkeit nur gewährleistet werden kann, wenn die zugrundeliegenden Daten korrekt sind.

Das Kriterium adressiert vor allem den Anbieter,[64] der die Integrität und Vertraulichkeit personenbezogener Daten durch technische und organisatorische Maßnahmen im Wege des Systemdatenschutzes sicherstellen muss. Die Sicherstellung der Integrität und Vertraulichkeit der Daten in Social Networks obliegt damit dem Anbieter als Verantwortlichen. Schwierigkeiten können sich aufgrund der zugrundeliegenden Infrastruktur sowohl bei zentralen als auch dezentralen Diensten ergeben.[65] Bei zentralen Diensten wie Facebook oder Google+ obliegt es dem dahinter stehenden Unternehmen Facebook Inc. oder Google Inc., durch technische und organisatorische Maßnahmen die Datenintegrität sicherzustellen. Nutzt der Anbieter nicht ausschließlich eigene Server, sondern deckt seinen Kapazitätsbedarf durch das Hinzuziehen fremder Serverleistungen im Rahmen des Cloud-Computing, besteht jedoch die Gefahr, dass der Verantwortliche keinen Einblick mehr in die Infrastruktur hat und damit die Integrität nicht mehr sicherstellen kann.[66] In diesem Fall muss der Verantwortliche zum Beispiel auf eine wirksame Auftragsverarbeitung im Sinne des Art. 28 DSGVO hinwirken, da der Auftragsverarbeiter nach Art. 28 Abs. 3 lit. c DSGVO damit die gleichen Verpflichtungen zur Datensicherheit unterliegt wie der Verantwortliche selbst.

Ähnlich problematisch stellt sich die Situation bei dezentralen Diensten dar, in denen das Social Network über eine nicht überschaubare Anzahl an Servern läuft. Dort sind alle Serverbetreiber Verantwortliche im Sinne des Art. 4 Nr. 7 DSGVO, da sie über die Zwecke und Mittel der Datenverarbeitung entscheiden. Damit sind sie auch zur Gewährleistung der Integrität und deren Nachweis nach Art. 5 Abs. 2 DSGVO verpflichtet. Da dies jedermann sein kann, der Serverplatz auf seinem Rechner bereithält, ist besonders schwierig nachvollziehbar, ob

---

[63]*DSK*, SDM-Methode 2018, 20; *BSI* 2019a, Glossar.

[64]Vgl. *Roßnagel*, in: Simitis/Hornung/Spiecker 2019, Art. 5 DSGVO, Rn. 170.

[65]Zur Unterscheidung zentraler und dezentraler Dienste s. Abschn. 2.4.1.

[66]S. zu Herausforderungen der Integrität von Daten und Systemen im Cloud-Computing, *Bedner* 2009, 191.

jeder einzelne Verantwortliche alle geeigneten technischen und organisatorischen Maßnahmen ergreift, um die Integrität der Daten sicherzustellen.

Entsprechende Maßnahmen ergeben sich zum Beispiel aus der Zugango und Zugriffskontrolle (Z5), Anonymisierung und Pseudonymisierung (Z7), Verschlüsselung (Z8) oder Datentrennung (Z9) und werden an entsprechender Stelle bei den organisatorischen und technischen Gestaltungszielen erläutert.

8.2.3.9 Nichtverkettbarkeit (K9)

Die Nichtverkettbarkeit stellt sicher, dass von den Nutzern des Social Networks hinterlassene Daten nicht zu einem Profil zusammengeführt, also verkettet, werden dürfen.[67] Die Nichtverkettbarkeit beinhaltet also im Grundsatz, dass Daten nicht mit einer Person verknüpft werden.[68] So sichert dieses Kriterium die informationelle Selbstbestimmung (A1), da die Person Kontrolle darüber erhält, „wer was wann und bei welcher Gelegenheit über sie weiß".[69] Es sichert zudem die kommunikative Selbstbestimmung (A6), da sichergestellt wird, dass die betroffene Person in verschiedenen Rollen nach außen auftreten kann. Gesichert wird zudem die Nicht-Diskriminierung (A7), da besondere Kategorien personenbezogener Daten nicht für andere als die vorgesehenen und von der betroffenen Person eingewilligten Zwecke verwendet werden kann.

Die Nichtverkettbarkeit steht in diametralem Gegensatz zu den Interessen des Anbieters zu einer möglichst umfänglichen Profilbildung. Zudem ist die Verkettung von Informationen auch von den Nutzern in vertretbarem Rahmen gewünscht. Beiden Interessen kann durch ein Identitätsmanagement Rechnung getragen werden, indem die betroffene Person etwa die Möglichkeit erhält, unter verschiedenen Pseudonymen in dem und mit dem Social Network zu interagieren.[70] Insbesondere sollte die Verkettungen im Ausgangspunkt der Nutzung technisch ausgeschlossen werden und von der betroffenen Person bewusst zu aktivieren sein. Dies gilt nicht nur für Informationen innerhalb eines Dienstes, sondern ganz besonders auch in dem Fall, dass ein Anbieter weitere Dienste hinzukauft. Zudem muss die Verkettung zu

---

[67]*DSK*, Orientierungshilfe „Soziale Netzwerke" 2013, 18; *DSK*, SDM-Methode 2018, 15, 20; *Roßnagel*, in: Simitis/Hornung/Spiecker 2019, Art. 5 DSGVO, Rn. 172.

[68]*Hansen/Rost*, DuD 2003, 293 (294 f.); *Rost/Pfitzmann*, DuD 2009, 353 (355).

[69]BVerfGE 65, 1 (43).

[70]Vgl. *Hansen/Rost*, DuD 2003, 293 (294 f.). S. auch das Gestaltungsziel Anonymisierung und Pseudonymisierung (Z7) in Abschn. 8.2.4.7

jedem Zeitpunkt kontrollierbar sein, das heißt, die betroffene Person muss die Möglichkeit haben, Verkettungen einzusehen und zu steuern, also auch rückgängig zu machen.[71]

8.2.3.10 Intervenierbarkeit (K10)

Intervenierbarkeit bedeutet eine „Operationalisierung insbesondere von Betroffenenrechten und der Fähigkeit der informationsverarbeitenden Stellen bzw. Betreibern von Systemen, dass diese nachweislich tatsächlich ihre Systeme steuernd beherrschen".[72] Der Anbieter als Verantwortlicher muss das System so gestalten, dass er – auch im Rahmen der gemeinsamen Verantwortlichkeit mit verantwortlichen Nutzern – die Rechte des Nutzers auf Auskunft, Berichtigen, Löschen und Sperren zu jeder Zeit erfüllen kann.[73] Dabei beschränkt sich insbesondere die Löschpflicht nicht auf das Löschen rechtswidriger Inhalte, die vom Anbieter des Social Networks im Rahmen des Netzwerkdurchsetzungsgesetzes bei persönlichkeitsrechtsverletzenden Inhalten durchzuführen ist,[74] sondern betrifft grundsätzlich alle personenbezogenen Daten des Nutzers im Social Network, wenn die Erlaubnis zur Datenverarbeitung nachträglich entfallen ist und schließt auch den Austritt aus dem Social Network mit ein. Die Erlaubnis zur Datenverarbeitung wird im Social Network häufig durch Widerruf der Einwilligung entfallen.

Die Intervenierbarkeit stellt ein wichtiges Kriterium dar, das den Anbieter verpflichtet, bei der Systementwicklung, -gestaltung und dem -betrieb auf die Ausführbarkeit der Betroffenenrechte zu achten. Damit dient die Intervenierbarkeit der Konkretisierung der informationellen Selbstbestimmung (A1), da nur so die betroffene Person kontrollieren und beeinflussen kann, wer was wann über sie weiß.[75] Zudem dient es der Umsetzung des Rechts am eigenen Wort (A3) und Bild (A4) sowie der Entfaltungsmöglichkeit (A5), wenn die Person beeinflussen kann, welche Bilder und Informationen über sie in Social Networks verarbeitet werden und das Profil der Person prägen.

---

[71]*DSK*, Orientierungshilfe „Soziale Netzwerke" 2013, 18. Ausführlich *Hansen/Rost*, DuD 2003, 293.

[72]*Rost/Bock*, DuD 2011, 30 (32).

[73]*Rost/Bock*, DuD 2011, 30 (33); *Bock/Meissner*, DuD 2012, 425 (429); *Probst*, DuD 2012, 439 (441); *Weichert*, ZD 2013, 251 (257); *Roßnagel*, in: Simitis/Hornung/Spiecker 2019, Art. 5 DSGVO, Rn. 172; *Karg*, in: Wolff/Brink 2019, § 9 BDSG a. F., Rn. 56.

[74]*Forum Privatheit* (Hrsg.), Policy Paper Netzwerkdurchsetzungsgesetz, 2018.

[75]BVerfGE 65, 1 (43).

Der Unionsgesetzgeber hat es versäumt, Intervenierbarkeit als Kriterium in die Verordnung aufzunehmen.[76] Das Kriterium wird inhaltlich ausgefüllt durch die dem Nutzer als betroffener Person nach der Verordnung zustehenden verschiedenen Betroffenenrechte, die dieser gegenüber dem Verantwortlichen geltend machen kann und denen letzterer nachkommen muss.[77] Das Social Network muss also so gestaltet sein, dass der Verantwortliche alle rechtlichen Voraussetzungen der einzelnen Rechtsgrundlagen unverzüglich und jederzeit nachkommen kann. In Social Networks zeigt sich die Intervenierbarkeit in vielen Anwendungsfeldern. Das gilt zum Beispiel bei Änderungen im Funktionsumfang der Plattform. Kommen neue Funktionen hinzu, oder ändert sich beispielsweise der Algorithmus, mit dem die Nutzerdaten verarbeitet werden, kann dies Auswirkungen auf die öffentliche Sichtbarkeit von Daten und damit auf die Darstellung des Nutzers auf der Plattform haben und damit auch auf die Notwendigkeit zur Ausübung der Betroffenenrechte.

Rechtliche Grenzen der Intervenierbarkeit ergeben sich dort, wo sich geteilte Inhalte mit personenbezogenen Daten anderer Nutzer überschneiden. Hier müssen die Interessen und Rechte der beteiligten Nutzer gegeneinander abgewogen werden. Der Anbieter muss sicherstellen, dass durch die Intervenierbarkeit des einen Nutzers nicht Rechte anderer Nutzer unzulässig eingeschränkt werden.

8.2.3.11 Kontrolleignung des Systems (K11)

Dass „zugesicherte Eigenschaften eines Systems von jedermann überprüft werden können"[78] müssen, ist Bedeutungsgehalt des rechtlichen Kriteriums der Kontrolleignung des Systems. Oberstes Ziel der Kontrolleignung ist die Überprüfbarkeit der Einhaltung gesetzlicher Vorschriften und dient damit letztlich dem Grundrechtsschutz im Sinne eines „vorgezogenen Rechtsschutzes".[79] Zudem wirkt die Kontrolleignung präventiv vor missbräuchlicher Nutzung und Manipulation des Systems.[80] Damit unterstützt die Kontrolleignung insbesondere das Recht auf informationelle Selbstbestimmung (A1).

Das System muss von jedem überprüft werden können, der dazu berechtigt oder verpflichtet ist. Das sind vor allem Hersteller und Anbieter, Nutzer, Datenschutzbeauftragte und Aufsichtsbehörden. Die Datenschutz-Grundverordnung verpflichtet

---

[76]*Roßnagel*, in: Simitis/Hornung/Spiecker 2019, Art. 5 DSGVO, Rn. 172; s. auch *Roßnagel*, DuD 2017, 290 (294).

[77]S. ausführlich zu den Betroffenenrechten Abschn. 7.8.

[78]*Federrath/Pfitzmann*, DuD 2000, 704 (705).

[79]BVerfGE 65, 1 (46); siehe auch *Roßnagel*, KJ 1990, 267 (285); *Hammer/Pordesch/Roßnagel* 1993, 81.

[80]*Hammer/Pordesch/Roßnagel* 1993, 81; *Geminn* 2014, 383.

den Verantwortlichen daher nach Art. 32 Abs. 1 lit. d DSGVO dazu, ein Verfahren zur regelmäßigen Überprüfung, Bewertung, und Evaluierung der Wirksamkeit der technischen und organisatorischen Maßnahmen zu etablieren.

Hersteller und Anbieter müssen nicht zwingend identisch sein. Im Kontext von Social Networks ist jedoch davon auszugehen, dass der Anbieter auch der Hersteller der zugrundeliegenden Software ist, die die relevanten Datenverarbeitungsvorgänge auslöst und ausführt. Der Anbieter des Social Networks hat als Verantwortlicher Pflichten, die sich aus den einschlägigen Datenschutzgesetzen ergeben. Dazu gehören zum Beispiel die Rechenschaftspflicht nach Art. 5 Abs. 2 DSGVO, die Umsetzung der Betroffenenrechte aus Art. 12 ff. DSGVO, datenschutzgerechte Systemgestaltung nach Art. 25 DSGVO oder zur Durchführung einer Datenschutz-Folgenabschätzung nach Art. 35 DSGVO. Um die Einhaltung dieser Pflichten zu gewährleisten und zum Beispiel im Hinblick auf etwaige Zertifizierungen nach Art. 42 DSGVO oder gegenüber Aufsichtsbehörden nachzuweisen, aber auch um eine missbräuchliche Nutzung des Systems aufzudecken, muss das System diesbezüglich kontrollgeeignet sein. Zu beachten ist, dass sich für den Hersteller und Anbieter des Social Networks Konflikte der Kontrollierbarkeit durch Außenstehende mit seinem berechtigten Interesse auf Wahrung von Betriebs- und Geschäftsgeheimnissen ergeben können.[81]

Der Nutzer als betroffene Person muss kontrollieren können, ob die Datenverwendung dem vom Anbieter versprochenen Maßstäben und damit seiner erteilten Einwilligung entspricht. Das ist notwendig, damit der Nutzer sich gegen Verstöße im Rahmen seiner Auskunfts-, Berichtigungs- und Löschungsrechte nach Art. 15 ff. DSGVO wehren kann.

Für den Datenschutzbeauftragten ist die Kontrolleignung des Systems essentielle Voraussetzung, um seine Aufgaben adäquat erfüllen zu können. So muss er zum Beispiel gemäß Art. 39 Abs. 1 DSGVO die Einhaltung der Vorschriften der Verordnung überwachen, den Verantwortlichen unterrichten und beraten. Der Datenschutzbeauftragte hat dafür das Recht nach Art. 38 Abs. 2 DSGVO, vom Verantwortlichen bei der Erfüllung seiner Aufgaben unterstützt zu werden, insbesondere indem ihm die erforderlichen Ressourcen zur Verfügung gestellt und Zugang zu personenbezogenen Daten und Verarbeitungsvorgängen gewährt wird.

Gleiches gilt für Aufsichtsbehörden. Zu deren Aufgaben gehört nach Art. 57 DSGVO insbesondere die Überwachung und Durchsetzung der Anwendung der Datenschutz-Grundverordnung, aber auch die Befassung mit Beschwerden betroffener Personen. Hierzu hat die Aufsichtsbehörde zahlreiche Untersuchungsbefugnisse nach Art. 58 Abs. 1 DSGVO. Damit sie diese ausüben kann, muss das Social

---

[81] S. dazu auch Fn. 1535.

Network kontrollgeeignet sein. Das System muss ermöglichen, dass der Aufsichtsbehörde im Sinne des Art. 58 Abs. 1 lit. a DSGVO alle relevanten Informationen
zur Verfügung gestellt werden können, dass der Aufsichtsbehörde ermöglicht wird,
Datenschutzüberprüfungen durchzuführen (lit. b), dass sie Zugang zu allen personenbezogenen Daten (lit. e) und Zugang zu allen Datenverarbeitungsräumen und
-geräten (lit. f) erhält.

8.2.4 Organisatorische und technische Gestaltungsziele

Aus den identifizierten Kriterien werden in einem nächsten Schritt organisatorische
und technische Gestaltungsziele (Z) abgeleitet. Auf dieser dritten Stufe des KORA-
Modells wechselt die Sprache von einem rechtlichen in ein technisches Vokabular.
Die vierte Stufe des KORA-Modells, die Ableitung technischer Gestaltungsvorschläge aus den Zielvorgaben, wird nicht mehr systematisch dargestellt. Vielmehr
werden beispielhaft Vorschläge ohne Anspruch auf Vollständigkeit am Ende eines
jeden Gestaltungsziels aufgeführt. Die technischen Disziplinen sind eingeladen, die
Gestaltungsvorschläge aufzugreifen und weiterzuentwickeln.

8.2.4.1 Datenschutzfreundliche Voreinstellungen (Z1)

Das Gestaltungsziel der datenschutzfreundlichen Voreinstellung resultiert aus
Art. 25 Abs. 2 DSGVO und besagt, dass der Verantwortliche sicherzustellen hat,
dass durch Voreinstellung nur solche personenbezogenen Daten verarbeitet werden,
deren Verarbeitung für den jeweiligen bestimmten Verarbeitungszweck erforderlich sind. Es ergibt sich in erster Linie aus dem Kriterium Direkterhebung (K2), da
möglichst wenige Daten aus anderen Quellen erhoben werden dürfen, aus dem Kriterium Transparenz (K3) und Intervenierbarkeit (K10), da die Datenerhebung für
die betroffene Person offensichtlich wird und sie diese kontrollieren kann. Datenschutzfreundliche Voreinstellungen ergeben sich zudem aus dem Kriterium der
Zweckbindung (K4) und Datensparsamkeit (K5), weil personenbezogene Daten nur
für den festgelegten Zweck verarbeitet werden dürfen und dieser hierzu möglichst
datensparsam zu formulieren ist. Schließlich ergibt sich aus der Speicherbegrenzung
(K7), dass personenbezogene Daten möglichst kurz gespeichert werden.

Voreinstellungen sind standardmäßige Einstellungsvariablen, die der Anbieter
dem Nutzer im Nutzungsprofil zum Nutzungsbeginn anbietet.[82] Datenschutzfreundlich sind Voreinstellungen dann, wenn entsprechend dem Grundsatz der

---

[82] *Wolff*, in: Schantz/Wolff 2017, Rn. 841; *Martini*, in: Paal/Pauly 2018, Art 25 DSGVO, Rn.
46c.

Datenminimierung bei Nutzungsbeginn des Dienstes nur für den konkreten Verarbeitungszweck erforderliche personenbezogene Daten erhoben werden. Nach Art. 25 Abs. 2 Satz 2 DSGVO umfasst dies die Menge der erhobenen Daten, den Umfang ihrer Verarbeitung, deren Speicherfrist und Zugänglichkeit.

Die zu ergreifenden technischen und organisatorischen Maßnahmen müssen sicherstellen, dass personenbezogene Daten nicht ohne Eingreifen der betroffenen Person erhoben oder einer unbestimmten Anzahl an Personen zur Verfügung gestellt werden. Notwendig ist also ein aktives Verändern der Einstellungen durch die betroffene Person, personenbezogene Daten zu erheben oder einen größeren Personenkreis zu erreichen. Dies hat zur Folge, dass sich jeder Nutzer zwangsläufig mit den jeweiligen Einstellungen auseinandersetzen muss oder die datenschutzfreundlichste Einstellung beibehält.

In Social Networks betrifft die Frage der datenschutzfreundlichen Voreinstellung verschiedene Bereiche. Wichtig sind die Aspekte Authentifizierung bei Registrierung, Kontaktsynchronisation, Tracking, Einstellungen zur personalisierten Werbung sowie Sichtbarkeit der personenbezogenen Daten des Nutzers, die im Folgenden beispielhaft dargestellt werden sollen.[83]

Bei der Eröffnung eines Nutzerprofils bei einem Social Network muss eine natürliche Person im Zuge der Registrierung regelmäßig eine Kontaktmöglichkeit angeben, über die die Registrierung bestätigt und abgeschlossen werden kann. Regelmäßig verlangt der Verantwortliche eine E-Mail-Adresse oder eine Mobilfunknummer oder beides, wobei im letzten Fall immer eine der Referenzen voreingestellt und damit vom Verantwortlichen bevorzugt ist.[84] Eine datenschutzfreundliche Voreinstellung in diesem Zusammenhang liegt dann vor, wenn von vornherein nur die datensparsamere der beiden Referenzen verlangt würde oder, falls beide Varianten zur Auswahl stehen sollen, die weniger eingriffsintensive Variante voreingestellt wäre. Datensparsamer ist in diesem Fall die Angabe der E-Mail-Adresse, da ein Nutzer unproblematisch und ohne Identifizierungsverfahren mehrere E-Mail-Adressen vorhalten und nach Wahl für die Nutzung verschiedener Online-Dienste einsetzen kann. Dies verringert die Gefahr der Nutzerverfolgung erheblich. Eine Mobilfunknummer hingegen ist nur nach einer Identifizierung per Personalausweis nach § 111 Abs. 1 TKG zu erlangen und damit an die bürgerliche Identität geknüpft. Da eine Privatperson in aller Regel nur eine Mobilfunknummer für private Zwecke besitzt und diese häufig über einen substanziell langen Zeitraum genutzt wird, erhöht sich die Gefahr der Nachverfolgung über viele Dienste und einen langen Zeitraum

---

[83] Die Beispiele basieren auf der ausführlichen Untersuchung zu datenschutzfreundlichen Voreinstellungen in sozialen Medien in *Verbraucherzentrale NRW e. V.* (Hrsg.) 2018, 20 ff.

[84] *Verbraucherzentrale NRW e. V.* (Hrsg.) 2018, 20 f.

erheblich. Die Risiken für die informationelle Selbstbestimmung und das Recht auf Datenschutz sind also bei Abfrage der Mobilfunknummer wesentlich intensiver als bei Abfrage einer E-Mail-Adresse. Datenschutzfreundlich ist eine Voreinstellung daher nur dann, wenn der Verantwortliche die Authentifizierung per E Mail vorsieht.[85]

Auch die vom Verantwortlichen vorgeschlagene oder verlangte Kontaktsynchronisation lässt sich datenschutzfreundlich voreinstellen. Die Synchronisation der persönlichen Kontakte bedeutet das Auslesen aller Kontakte im Telefonbuch eines Mobilgeräts und Upload auf einen Server des Verantwortlichen, der die Telefonnummern mit dem eigenen Datenbestand abgleicht.[86] Kontaktsynchronisation spielt häufig eine Rolle, sobald ein Social Network durch eine App auf einem Smartphone benutzt wird. Da datenschutzfreundliche Voreinstellungen voraussetzen, dass möglichst wenige und nur erforderliche Daten erhoben werden, darf die Kontaktsynchronisation per Voreinstellung nur dann durchgeführt werden, wenn es zur Erbringung des Dienstes notwendig ist, der Dienst also ohne diesen Abgleich nicht wie vorgesehen funktionieren kann. Bei Social Networks ist dies jedenfalls nicht der Fall, da jeder Nutzer nach seiner Authentisierung gegenüber dem Netzwerk alle Funktionen nutzen kann, also etwa Nachrichten schreiben und Inhalte lesen kann. Der Abgleich der Mobilfunknummern der eigenen Kontakte ist dafür nicht nur nicht notwendig, sondern im Hinblick auf die Notwendigkeit der Einwilligung aller Kontakte in den Upload auf den Server eines Dienstes, den sie eventuell selbst nicht einmal nutzen, ohnehin nicht zulässig.[87]

---

[85] Besser noch wäre eine Authentifizierung über sogenannte attributbasierte Informationen, da diese Pseudonymität ermöglichen. S. hierzu das Forschungsprojekt ABC4Trust, https://www.abc4trust.eu. Die Empfehlung zur datenschutzfreundlichen Voreinstellung mittels E-Mail soll nicht darüber hinwegtäuschen, dass eine Zwei-Faktor-Authentifizierung die sicherere Alternative zum Schutz vor fremdem Zugriff auf das Nutzerprofil ist. Dies empfiehlt auch das *BSI*, https://www.bsi-fuer-buerger.de/BSIFB/DE/DigitaleGesellschaft/OnlineBanking/Zwei_Faktor_Authentisierung/Zwei-Faktor-Authentisierung_node.html. Allerdings ist streng darauf zu achten, dass die Mobilfunknummer nur zum Zweck der Authentifizierung verarbeitet wird. Im Falle von Facebook ist dies zweifelhaft, vgl *Mohrs*, netzpolitik.org vom 6.3.2019, https://netzpolitik.org/2019/facebook-missbraucht-handynummern-zu-werbezwecken/.

[86] *Verbraucherzentrale NRW e. V.* (Hrsg.) 2018, 22 ff.

[87] Die Kontaktsynchronisation mit einem Mediendiensteanbieter setzt die Einwilligung aller Kontakte des Adressbuchs voraus. Vgl. bezüglich des Messenger-Dienstes WhatsApp *AG Bad Hersfeld*, K&R 2017, 525. Dass ein Messenger auch technisch einwandfrei funktioniert, ohne alle Kontakte mit dem Anbieter des Dienstes zu synchronisieren, beweist der Messenger-Dienst Threema, der den Kontaktabgleich mittels einer zufälligen Threema-ID löst.

Auch im Bereich der Sichtbarkeit eines Nutzers sind datenschutzfreundliche Voreinstellungen von großer Bedeutung. Dieser Aspekt betrifft die Auffindbarkeit auf der Plattform oder im Netz.[88] Häufig in Social Networks angebotene Varianten sind die Sichtbarkeit entweder für keine andere Person, die Sichtbarkeit nach Festlegung durch den jeweiligen Nutzer nur für bestimmte eingeloggte Mitglieder, entweder alle bestätigten Kontakte („Freunde") oder vom Nutzer zu definierende Gruppen, oder Sichtbarkeit für alle eingeloggten Mitglieder des Dienstes bis hin zur Auffindbarkeit auch außerhalb der Plattform durch herkömmliche Suchmaschinen.[89] Für die größtmögliche Wahlfreiheit der betroffenen Person ist es empfehlenswert, alle diese Möglichkeiten anzubieten – die einzig datenschutzfreundliche Voreinstellung mit der Verarbeitung nur der erforderlichen Daten ist die Sichtbarkeit für niemanden, sodass der Nutzer gezwungen wird, die Einstellungen zum Empfängerkreis aktiv zu ändern. Ein größerer voreingestellter Empfängerkreis widerspricht Art. 25 Abs. 2 DSGVO hinsichtlich der „unbestimmten Zahl von natürlichen Personen".

Schließlich ist im Bereich personalisierter Werbung besonders auf datenschutzfreundliche Voreinstellungen zu achten. Personenbezogene Daten, die in Social Networks für personalisierte Werbung verwendet werden, basieren neben den von der betroffenen Person aktiv zur Verfügung gestellten Daten im Wesentlichen auf Tracking-Daten. Diese entstehen zum einen aus solchen Daten, die durch die Nutzung der Plattform anfallen, beispielsweise durch den Like- oder Share-Button auf der Plattform, durch Interaktion mit anderen Nutzern, oder durch den Besuch anderer Nutzerprofile, zum anderen durch das Tracking des Nutzers auf Websites außerhalb der Plattform, beispielsweise durch Social Plug-ins oder Cookies.[90] Eine datenschutzfreundliche Voreinstellung umfasst zwei Aspekte: Zunächst muss der Nutzer überhaupt die Möglichkeit bekommen, personalisierte Werbung durch die Nutzung von Tracking-Daten an sich zu deaktivieren, um ganz auf personalisierte Werbung zu verzichten.[91] Zudem muss die Voreinstellung so ausgestaltet sein, dass das Tracking und die Anzeige personalisierter Werbung bei Nutzungsbeginn deaktiviert ist und durch den Nutzer erst aktiviert werden muss.[92] Dies entspricht nicht nur den Vorgaben einer datenschutzfreundlichen Voreinstellung, sondern auch den Anforderungen an die Rechtmäßigkeit der Datenverarbeitung zum Zwecke personalisierter

---

[88] *Verbraucherzentrale NRW e. V.* (Hrsg.) 2018, 28 f.

[89] *Hansen*, in: Simitis/Hornung/Spiecker 2019, Art. 25 DSGVO, Rn. 42.

[90] Vgl. zu Methoden der Datenerhebung in Social Networks Abschn. 2.4.

[91] Dies ist nicht Standard in Social Networks, vgl. die ausführliche Untersuchung in *Verbraucherzentrale NRW e. V.* (Hrsg.) 2018, 25 ff.

[92] Vgl. auch EuGH, ECLI:EU:C:2019:801, Rn. 44 ff. („Planet49"), nach dem vorangekreuzte Kästchen keine aktive Einwilligung darstellen.

Werbung. Diese darf aufgrund ihrer Eingriffsintensivität nur auf eine Einwilligung gestützt werden und nicht auf berechtigte Interessen des Verantwortlichen.[93]

Durch diese Beispiele zeigt sich, dass das Kriterium der datenschutzfreundlichen Voreinstellung im Kontext von Social Networks eng mit dem Kriterium der Rechtmäßigkeit zusammenhängt, da die beste datenschutzfreundliche Voreinstellung häufig die einzige Möglichkeit rechtmäßiger Datenerhebung ist.

8.2.4.2 Dokumentation (Z2)

Das Gestaltungsziel Dokumentation resultiert aus dem Kriterium Rechtmäßigkeit (K1), um die gesetzlichen Vorgaben umzusetzen, aus dem Kriterium Transparenz (K3) für den Verantwortlichen und letztlich auch für die betroffene Person hinsichtlich seiner Verarbeitungstätigkeiten und aus der Kontrolleignung des Systems (K11), um eine Risikoabschätzung zu ermöglichen und durch eine systematische Darstellung der Datenverarbeitung Fehler im System zu erkennen und zu beheben.

Zu dokumentieren sind alle relevanten Vorgänge im System. Dies umfasst beispielsweise alle Verarbeitungstätigkeiten sowohl innerhalb des Social Network als auch mit Dritten, Quellen und Empfänger der Daten, Zugriffsberechtigungen sowie Rechtsgrundlagen und die Erfüllung der Betroffenenrechte.[94]

Umgesetzt werden kann das Gestaltungsziel Dokumentation beispielsweise durch ein Verarbeitungsverzeichnis. Inhaltlich unterscheidet sich das Verzeichnis danach, ob der Verantwortliche oder ein Auftragsverarbeiter dieses führen. Für den Verantwortlichen ergeben sich die inhaltlichen Anforderungen aus Art. 30 Abs. 1 DSGVO, für den Auftragsverarbeiter aus Abs. 2. Das Führen des Verzeichnisses ist obligatorisch, da im Rahmen der Datenverarbeitung in Social Networks die Ausnahme des Art. 30 Abs. 5 DSGVO nicht gilt.[95]

Das Verzeichnis kann in einem elektronischen Format geführt werden. Für die in der Regel rein digitalen Geschäftsabläufe in Social Networks ist dies auch sinnvoll, um Medienbrüche zu vermeiden. Eine qualifizierte elektronische Signatur zur Integritäts- und Authentizitätssicherung ist nicht notwendig. Dennoch hat der Verantwortliche oder Auftragsverarbeiter sicherzugehen, dass das Verzeichnis stets aktuell und vor allem manipulationssicher ist. Um dies sicherzustellen, sollte also das elektronische Dokument entsprechend zugriffsgeschützt werden. Um der Rechenschaftspflicht auch für vergangene Datenverarbeitungsvorgänge nachzukommen, ist eine Versionsverwaltung anzuraten sowie das Vorhalten alter Versionen des Verzeichnisses für einen festgelegten Zeitraum.

---

[93]Vgl. Abschn. 7.5.5.3.1.

[94]Ausführlich *DSK*, SDM-Methode 2018, 24 (Punkt 7.6).

[95]Zum Regelungsinhalt des Art. 30 DSGVO s. Abschn. 7.9.3.

8.2.4.3 Risikobewertung (Z3)

Das organisatorische Gestaltungsziel Risikobewertung ergibt sich aus den Kriterien Rechtmäßigkeit (K1) und Kontrolleignung (K11). Die Risikobewertung dient dazu, das Risiko zu erkennen, zu bewerten und zu bewältigen, das für die betroffene Person durch den Einsatz einer bestimmten Technologie oder eines Systems für ihre Grundrechte entsteht. Ziel einer Risikobewertung ist es, Kriterien des operationalisierten Grundrechtsschutzes zu definieren, die Folgen von personenbezogenen Verfahren möglichst umfassend zu erfassen sowie objektiv und nachvollziehbar mit Blick auf die verschiedenen Rollen und damit verbundenen Interessen so zu bewerten, dass Angriffen durch Organisationen mit adäquaten Gegenmaßnahmen begegnet werden kann.

Eine Risikobewertung ist grundsätzlich immer sinnvoll. Soweit gesetzlich notwendig, ist eine bestimmte Form einzuhalten. Eine mögliche Umsetzung der Risikobewertung stellt die Datenschutz-Folgenabschätzung dar. Die gesetzlichen Vorgaben ergeben sich aus Art. 35 DSGVO.[96] Anbieter von Social Networks sind verpflichtet, eine Datenschutz-Folgenabschätzung nach den Vorgaben der Datenschutz-Grundverordnung durchzuführen. Der Mindestinhalt der Datenschutz-Folgenabschätzung ergibt sich aus Abs. 7. Die geplanten Verarbeitungsvorgänge, die Zwecke der Verarbeitung sowie gegebenenfalls die verfolgten Interessen sind nach lit. a systematisch zu beschreiben. Nach lit. b ist die Notwendigkeit und Verhältnismäßigkeit der Datenverarbeitung in Bezug auf den gewählten Zweck zu bewerten, ebenso wie nach lit. c die Risiken für die Rechte und Freiheiten der betroffenen Person im Sinne des Abs. 1. Schließlich sind nach lit. d die geplanten Abhilfemaßnahmen einschließlich der Garantien, Sicherheitsvorkehrungen und Verfahren darzustellen und nachzuweisen.

Die Datenschutz-Grundverordnung stellt für die Folgenabschätzung nur allgemeine Anforderungen auf, ohne jedoch die Fragen der Durchführung abschließend zu beantworten. Für Datenschutz-Folgenabschätzungen oder Privacy Impact Assessments gibt es zahlreiche praktische Ansätze, die sich mangels verbindlicher abschließender gesetzlicher Vorgaben entwickelt haben. Für eine systematische Durchführung der Folgenabschätzung sollten jedenfalls die vier Phasen Vorbereitung, Durchführung, Umsetzung und Überprüfung beachtet werden. Für Details zu den einzelnen Phasen der Umsetzung sei auf die Handreichung des Forum Privatheit verwiesen.[97]

---

[96]Zum Regelungsinhalt des Art. 35 DSGVO s. Abschn. 7.9.5.

[97]*Forum Privatheit* (Hrsg.), White Paper Datenschutz-Folgenabschätzung 2017, 18 ff. Hierauf verweisen z. B. auch *Nolte/Werkmeister*, in: Gola 2018, Art. 35 DSGVO, Rn. 39.

8.2.4.4 Einwilligungsmanagement (Z4)

Das technische Gestaltungsziel Einwilligungsmanagement ergibt sich aus dem rechtlichen Kriterium der Rechtmäßigkeit (K1), da eine alle gesetzlichen Voraussetzungen erfüllende Einwilligung in die Datenverarbeitungsvorgänge im Social Network die Basis für die Rechtmäßigkeit der Datenverarbeitung ist und gleichzeitig dem Nachweis des Verantwortlichen zum Vorliegen der Einwilligung dient, da der Verantwortliche die Beweislast hierfür trägt.[98] Zudem verhindert es pauschale Einwilligungserklärungen.[99]. Es ergibt sich weiterhin aus der Direkterhebung (K2), Transparenz (K3), Zweckbindung (K4) und Intervenierbarkeit (K10), da die betroffene Person kontrollieren kann, welche Daten für welche Zwecke erhoben und verarbeitet werden und im Bedarfsfall korrigierend eingreifen kann. Dadurch wird auch die Nichtverkettbarkeit (K9) gesteuert und kontrolliert.

Die Einwilligungsmanagement-Komponente muss alle Voraussetzungen einer rechtmäßigen Einwilligung umsetzen. Die Einwilligung muss unmissverständlich sein, Stillschweigen, Inaktivität und vorangekreuzte Kästchen sind nicht ausreichend, ebenso wenig wie die schlichte Inanspruchnahme eines Dienstes.[100] Die Einwilligung muss ferner freiwillig sein.[101] Sie muss also entzogen werden können, ohne dass dies Nachteile für die betroffene Person hat. Die Dienstleistung im Social Network darf demnach nicht eingeschränkt werden. Da dies insbesondere bei monopolartigen Diensten ein Problem darstellt, wird dieser Punkt des Gestaltungsziels maßgeblich durch das Ziel Interoperabilität (Z14) unterstützt, da hierdurch leichter die Nutzung alternativer Dienstleistungen zur Verfügung steht. Die Einwilligung muss zudem informiert sein, was auch die Bestimmtheit derselben voraussetzt:[102] Die betroffene Person muss den Inhalt der Erklärung zur Kenntnis nehmen und Auswirkungen, Umstände und Tragweite der Datenverarbeitung erkennen zu können; die Informationen müssen also im System präzise, spezifisch und verständlich dargestellt werden. Die Einwilligung muss zudem protokolliert werden. Dazu gehören auch entsprechende Änderungen oder Widerrufe in der Vergangenheit. Das System muss also eine Versionsverwaltung aller eingeholten Einwilligungen und damit zusammenhängend Einsichtsmöglichkeiten für die betroffene Person vorhalten.

Das Einwilligungsmanagement-System muss alle Einwilligungen der betroffenen Person adäquat abbilden. Einwilligungen müssen alle Verantwortlichen einholen, also nicht nur der Anbieter, sondern auch der verantwortliche Nutzer.

---

[98] Abschn. 7.5.3.3.9.

[99] Abschn. 7.5.3.3.10.

[100] Abschn. 7.5.3.3.1 und 7.5.3.3.6.

[101] Ausführlich Abschn. 7.5.3.3.3.

[102] Ausführlich Abschn. 7.5.3.3.4 und 7.5.3.3.5.

Im Rahmen der gemeinsamen Verantwortlichkeit ist der Anbieter für die system-
seitigen Voraussetzungen verantwortlich, dass der verantwortliche Nutzer seiner
Pflicht zum Einholen und Managen der Einwilligungen der betroffenen Person nachkommen kann. Damit unterstützt der Anbieter den verantwortlichen Nutzer, die
Plattform rechtmäßig zu nutzen. Das Einwilligungsmanagement muss eine Teil-
komponente – gewissermaßen ein „kleines" Einwilligungsmanagementsystem –
enthalten, die die Einwilligungen der betroffenen Person gegenüber dem verantwortlichen Nutzer abbildet und es letzterem ermöglicht, selbständig alle von ihm
einzuholenden Einwilligungen zu verwalten.

Ist die betroffene Person ein Kind, muss die Einwilligung des Sorgeberechtigten eingeholt werden. Der Verantwortliche muss aktiv Maßnahmen ergreifen, um die Einwilligung oder Zustimmung des Sorgeberechtigten einzuholen.
Eine einfache Bestätigung, dass die Einwilligung oder Zustimmung vorliegt,
ist nicht ausreichend. Vielmehr ist eine Kontaktaufnahme zum Sorgeberechtigten sowie dessen Rückmeldung erforderlich.[103] Diese Voraussetzungen müssen
im Einwilligungsmanagement-System abgebildet werden. So müssen Schnittstellen implementiert werden, die den Einsatz des elektronischen Personalausweises,
die Plattformlösung oder zumindest das Double-Opt-in mithilfe der elterlichen
E-Mail-Adresse ermöglichen.[104]

Notwendig ist eine gut strukturierte Übersicht über die Arten der im System
verarbeiteten Daten mit besonderer Hervorhebung besonderer personenbezogener
Daten im Sinne des Art. 9 Abs. 1 DSGVO, alle vom Verantwortlichen geltend
gemachte Verarbeitungszwecke, sowie die Kategorien aller potenziellen Empfänger. Dies setzt zugleich das Recht auf Auskunft um. Das System muss sicherstellen,
dass eine Einwilligung für jede der Datenarten sowie jeden der angegebenen Zwecke
separat und ohne Auswirkung auf andere Prozesse gegeben und entzogen werden
kann. Es muss auch sicherstellen, dass die Betroffenenrechte auf Löschen, Berichtigen und Einschränken der Verarbeitung ausgeübt werden können. Dies sollte mittels
standardisierter Dialogschnittstellen erfolgen.[105] Es sollte schließlich auch darstellen, welche Datenverarbeitung nicht mit der Einwilligung gerechtfertigt werden,
sondern auf das berechtigte Interesse des Anbieters oder verantwortlichen Nutzers
gestützt werden.

Entsprechende Gestaltungsvorschläge sind der Einsatz eines klaren, benut-
zerfreundlichen Interfaces mit klarer und präziser Sprache und lesbarer Schrift.
Die Struktur der Einwilligungsmanagement-Komponente sollte eine differenzierte

---

[103] Ausführlich Abschn. 7.5.7.1.6.
[104] Abschn. 7.5.7.1.6.
[105] *DSK*, SDM-Methode 2018, 25.

Darstellung der Arten der verarbeitenden Daten sowie der Verarbeitungszwecke ermöglichen. Für eine bestmögliche Informiertheit einerseits, aber Praktikabilität der Kenntniserlangung andererseits sollten die Informationen gestuft dargestellt werden, die eine größere Differenzierung durch den Nutzer möglich macht, wenn er dies wünscht. Beispielsweise könnte die Auswahlmöglichkeit auf der ersten Stufe die Möglichkeit erfassen, für Zwecke der Werbung einzuwilligen oder nicht und auf einer zweiten Stufe die Wahl zwischen verschiedenen Werbesparten zuzulassen. Das System muss weiterhin sicherstellen, dass Änderungen der Verarbeitungsgrundlagen oder Prozesse, die eine Aktion erfordern, der betroffenen Person sofort angezeigt werden, zum Beispiel im Falle von Zweckänderungen.[106] Die elektronische Einwilligung muss nicht zwingend durch das Setzen von Häkchen erfolgen. Insbesondere im Fall von Pop-ups und Warnhinweisen besteht die Möglichkeit, die Einwilligung durch andere eindeutige Gesten einzuholen. Voraussetzung ist, dass der Bedeutungsgehalt der Geste entsprechend klar kommuniziert wird. Mögliche Formen sind etwa Wisch- oder Wink-Gesten sowie Drehbewegungen des Smartphones. Nicht dazu gehören jedoch das bloßes Weiterscrollen.[107]

Zuletzt muss das Einwilligungsmanagement auch berücksichtigen, dass ein Nutzer nicht nur als betroffene Person agieren kann, sondern auch als Verantwortlicher handelt, wenn er personenbezogene Daten verarbeitet. Im Rahmen der gemeinsamen Verantwortlichkeit ist der Anbieter des Social Networks verpflichtet, geeignete Maßnahmen zu ergreifen, damit der Nutzer seiner eigenen Verpflichtung als Verantwortlicher nachkommen kann. Dies kann auch Maßnahmen der Systemgestaltung umfassen, die sicherstellen, dass der Nutzer in transparenter Weise Kenntnis erlangt, wann er als datenschutzrechtlich Verantwortlicher seinerseits Einwilligungen einholen muss. Eine entsprechende Maßnahme könnte sein, situationsabhängig Warnhinweise zu präsentieren, wenn die Einwilligung eines anderen Nutzers oder eines Dritten notwendig wird. So könnten Pop-ups darauf hinweisen, dass eine potenziell rechtsverletzenden Aktionen vorliegt, etwa beim Upload von Fotos, Markieren anderer Personen oder bei Datenweitergabe durch ein Kind oder ein Kind betreffend.[108]

Das Einwilligungsmanagement-System eignet sich auch dazu, Regelungen für den Fall des Versterbens vorzusehen. Den sogenannten „digitalen Nachlass" zu regeln, empfiehlt sich gerade bei der Nutzung von Social Networks. Das Interface könnte entsprechende Dialogfelder vorsehen, in denen bestimmt wird, dass das Profil bei Nachweis des Versterbens der betroffenen Person gelöscht oder eingeschränkt einsehbar wird, oder in denen eine oder mehrere Personen bestimmt werden, die im

---

[106] Abschn. 7.5.6.

[107] *Art.-29-Datenschutzgruppe*, WP 259 rev.01, 17.

[108] *Tausch* 2016, 248 ff.

Falle des Versterbens der betroffenen Person Zugang zum Profil erhalten oder eine Kopie des Datensatzes abrufen können.[109]

8.2.4.5 Zugangs- und Zugriffskontrolle (Z5)

Das Gestaltungsziel der Zugangs- und Zugriffskontrolle ist gleichzeitig technisch und organisatorisch. Es dient der Integrität und Vertraulichkeit (K8) und Nichtverkettbarkeit (K9), um Zugang zu teils besonderen Kategorien personenbezogener Daten nur zugriffsberechtigten Personen zu gewähren und um die Sicherheit der Daten vor Missbrauch durch Zugriffsschranken zu gewährleisten. Es setzt zudem das Kriterium der Intervenierbarkeit (K10) um, um der betroffenen Person die ihr zustehenden Betroffenenrechte zu gewährleisten und dient dem Kriterium der Kontrolleignung (K11), um die Kontrolle über die Art und Weise der Datenverwendung und die Nachvollziehbarkeit eventuellen Datenmissbrauchs zu ermöglichen.

Zugangskontrolle verhindert, dass das System von Unbefugten genutzt werden kann. Zugriffskontrolle gewährleistet demgegenüber, dass die zur Benutzung eines Systems Berechtigten ausschließlich auf die ihrer Zugriffsberechtigung unterliegenden Daten zugreifen können, und dass personenbezogene Daten bei der Verarbeitung, Nutzung und nach der Speicherung nicht unbefugt gelesen, kopiert, verändert oder entfernt werden können.[110]

Umzusetzen ist die Zugangs- und Zugriffskontrolle auf zweierlei Weise. Aus Sicht des Nutzers ist eine Authentisierung mittels Nutzername und Passwort nötig. Ersteres kann ein Pseudonym sein, da in Social Networks keine Klarnamenspflicht besteht.[111] Damit ist zudem sichergestellt, dass nur der entsprechende Nutzer als betroffene Person auf seine Daten zugreifen und diese etwa löschen kann. Aus Sicht des Anbieters ist sicherzustellen, dass die Zuständigkeiten der Mitarbeiter sowie deren Verarbeitungsrechte möglichst eng gefasst sind und nur im Rahmen ihrer Zuständigkeit Zugriff auf das System haben. Die Zuständigkeit sollte nachprüfbar sein, beispielsweise durch den Einsatz von Authentisierungsmaßnahmen.[112] Zudem sollten Organisationseinheiten getrennt sein. In jedem Fall ist sicherzustellen, dass nicht alle Mitarbeiter Zugriff auf alle personenbezogenen Daten im Social Network haben.[113]

---

[109]Zum Übergang des Nutzungsvertrags eines Social Network bei Tod des Kontoinhabers auf die Erben s. BGH, Urteil vom 12.7.2018, Az. III ZR 183/17, ZD 2018, 477.

[110]S. hierzu die Definitionen in Nr. 2 und 3 der Anlage zu § 9 Satz 1 BDSG a. F.

[111]S. dazu Abschn. 7.5.5.3.3.

[112]Vgl. *DSK*, SDM-Methode 2018, 23.

[113]Zu verhindern ist, dass nicht – wie etwa bei Facebook – zehntausende Mitarbeiter auf alle Passwörter oder Nachrichteninhalte von Millionen Nutzern zugreifen können, vgl. z. B. *Tagesschau*, Neue Datenpanne bei Facebook, tagesschau.de vom 21.3.2019, https://www.tagesschau.de/wirtschaft/facebook-passwoerter-101.html; *Bröckling*, Facebook

8.2.4.6 Korrigier- und Löschkonzept (Z6)

Das technische Ziel des Korrigier- und Löschkonzepts ergibt sich zum einen aus dem Kriterium der Rechtmäßigkeit (K1), um eine rechtmäßige Datenverarbeitung zu gewährleisten, indem Verantwortliche personenbezogene Daten löschen müssen und betroffene Personen anlassbezogen korrigieren oder löschen können. Zum anderen ergibt sich das Korrigier- und Löschkonzept aus dem Kriterium der Transparenz (K3), da es sicherstellt, dass die Kategorien der verwendeten personenbezogenen Daten transparent gemacht werden, aus dem Kriterium Datensparsamkeit (K5), da nur für die im Sinne der Datensparsamkeit erforderlichen Daten verwendet werden und aus dem Kriterium der Richtigkeit (K6), da durch Korrektur- und Löschmöglichkeiten nur richtige Daten gespeichert und verarbeitet werden. Zudem sorgen Löschfristen dafür, dass im Sinne der Speicherbegrenzung (K7) die Daten möglichst kurzzeitig gespeichert werden. Aus dem Kriterium der Intervenierbarkeit (K10) folgt, dass die betroffene Person ihre Betroffenenrechte wahrnehmen kann und aus der Kontrolleignung (K11) folgt, dass die Art und Weise der Datenverarbeitung kontrollierbar ist.

Grenzen der Korrigier- und Löschbarkeit personenbezogener Daten liegen dort, wo sich diese mit dem Meinungs- oder Kommunikationsgrundrechten und mit personenbezogenen Daten anderer Nutzer überschneiden oder wo der Verantwortliche im Einzelfall überwiegende Interessen geltend machen kann. Sollte der Anbieter oder verantwortliche Nutzer das Lösch- oder Korrekturbegehren der betroffenen Person verhindern, setzt dies eine Abwägung voraus, die der betroffenen Person offenzulegen ist. Dies wird regelmäßig bei persönlichen Nachrichten der betroffenen Person an andere Nutzer zu prüfen sein, ob in diesem Fall der andere Nutzer überwiegende Interessen aus eigenen Rechten geltend machen kann.[114]

Korrigier- und Löschbarkeit setzt voraus, dass personenbezogene Daten rückstandslos korrigiert und gelöscht werden können. Das umfasst zunächst alle personenbezogenen Daten auf der Profilseite des jeweiligen Nutzers. Hinzu kommen Kommentare unter Beiträgen anderer Nutzer, Likes sowie alle Daten, die indirekt durch die Nutzung der Plattform, durch Social Plug-ins oder Cookies, angefallen sind. Ebenso sind alle System-Back-ups des Verantwortlichen von der Korrektur- und Löschpflicht umfasst. Umgesetzt werden müssen auch Berichtigungs- und Löschbegehren hinsichtlich personenbezogener Daten, die der Nutzer nicht selbst

---

liest mit: Gespräche im Messenger sind nicht privat (update), netzpolitik.org vom 6.4.2018, https://netzpolitik.org/2018/facebook-liest-mit-gespraeche-im-messenger-sind-nicht-privat/.

[114] Hingegen können betroffene Personen beim Messenger Telegram etwa eigene Nachrichten auf den Endgeräten der Empfänger löschen, *Berger*, Telegram-Nutzer können Nachrichten jederzeit löschen, heise online vom 25.3.2019, https://www.heise.de/-4347991.

eingegeben hat, sondern die durch andere Nutzer preisgegeben wurden oder durch Datenauswertungen bereits vorhandener Daten mittels Algorithmen neu gewonnen wurden.

Umgesetzt werden kann das Gestaltungsziel zum einen durch eine nutzerfreundliche Gestaltung der Bedienoberfläche, auf der der Nutzer erkennen kann, welche Kategorien von Daten für welche Zwecke verarbeitet werden und auf der dieser seine personenbezogenen Daten korrigieren und gegebenenfalls löschen kann. Auf Systemebene müssen Eingabehilfen, Textfelder und ähnliches geschaffen werden, um dem Nutzer die selbständige Korrektur und Löschung zu ermöglichen.[115] Zum anderen müssen Löschkonzepte und Löschroutinen zum Einsatz kommen, die personenbezogene Daten nach bestimmten Parametern automatisch löschen. Beiträge der Nutzer könnten mit einem Ablaufdatum versehen werden; Cookies könnten nach einer bestimmten Frist automatisch gelöscht werden.[116]

8.2.4.7 Anonymisierung und Pseudonymisierung (Z7)

Das technische Gestaltungsziel der Anonymisierung und Pseudonymisierung ergibt sich aus der Datensparsamkeit (K5), weil personenbezogene Daten möglichst vermieden werden, aus der Speicherbegrenzung (K7), weil der Personenbezug auf das zeitlich erforderliche reduziert wird, aus der Integrität und Vertraulichkeit (K8), weil Informationen mangels Personenbezug vertraulich bleiben, sowie aus der Nichtverkettbarkeit (K9), weil eine Profilbildung verhindert oder zumindest erschwert wird.

Anonymisierung und Pseudonymisierung sind technisch-organisatorische Maßnahmen. Anonyme Informationen sind „Informationen, die sich nicht auf eine identifizierte oder identifizierbare natürliche Person beziehen, oder personenbezogene Daten, die in einer Weise anonymisiert worden sind, dass die betroffene Person nicht oder nicht mehr identifiziert werden kann".[117] Sind Daten anonym, also von vornherein ohne Personenbezug, oder durch nachträglichen Entzug des Personenbezugs anonymisiert,[118] sind sie nicht mehr personenbezogen.

Bei Pseudonymisierung handelt es sich um die „Verarbeitung personenbezogener Daten in einer Weise, dass diese ohne Hinzuziehung zusätzlicher Informationen

---

[115]Vgl. auch *Probst*, DuD 2012, 439 (441).

[116]*Becker*, Apple erklärt Tracking-Cookies den Krieg, Mac&i vom 11.3.2019, https://www. heise.de/-4330798. Vgl. zu Maßnahmen zur Kontrollwahrung durch den Endnutzer auch *Hammer*, in: Jandt/Steidle 2018, Kap. B IV, Rn. 294 ff.

[117]Vgl. Erwägungsgrund 26 DSGVO.

[118]*Hansen*, in: Simitis/Hornung/Spiecker 2019, Art. 4 Nr. 5 DSGVO, Rn. 13.

nicht mehr einer spezifischen betroffenen Person zugeordnet werden können, sofern diese zusätzlichen Informationen gesondert aufbewahrt werden und technischen und organisatorischen Maßnahmen unterliegen, die gewährleisten, dass die personenbezogenen Daten nicht einer identifizierten oder identifizierbaren natürlichen Person zugewiesen werden".[119] Damit handelt es sich beim Pseudonymisieren um eine „Identitätsverschleierung"[120] durch das Entfernen der identifizierenden Merkmale. Anders als anonyme Daten sind pseudonyme Daten im Sinne des relativen Personenbezugs[121] für denjenigen Verantwortlichen personenbezogene Daten, der über das erforderliche Zusatzwissen verfügt, um die Identität festzustellen;[122] für denjenigen, der nicht über die Zuordnungsregel verfügt, handelt es sich um anonyme Daten.[123]

Aus Sicht des Verantwortlichen hat eine pseudonyme Datennutzung durchaus Vorteile: Bei Verwendung desselben Pseudonyms über einen längeren Zeitraum – oder innerhalb verschiedener Dienste – ist eine Profilbildung möglich. Pseudonymisierung ermöglicht im Gegensatz zur Anonymisierung von Daten die Aufdeckung im Bedarfsfall, ermöglicht aber auch rechtswirksames Handeln, sofern das Pseudonym vorher entsprechend abgesichert und mit Angaben zur wahren Identität bei einer unabhängigen Stelle hinterlegt wurde.[124] Für den Nutzer stellt die Pseudonymisierung einen Kompromiss dar zwischen personalisierter Nutzung von Informationsdiensten, ohne jedoch seine wahre Identität jedem beliebigen Verantwortlichen gegenüber preisgeben zu müssen.

Anonymisierung und Pseudonymisierung ist als technisches Gestaltungsziel für die Nutzung von Social Networks unerlässlich. Die größte Schutzwirkung haben anonyme und anonymisierte Daten, also solche, bei denen der Personenbezug unumkehrbar entfernt wurde.[125] Dabei sind die Anonymisierungsverfahren am Stand der Technik auszuwählen. Zu berücksichtigen sind die spezifischen Risiken des Singling-out, der Verknüpfbarkeit verschiedener Datensätze und der Inferenz.[126]

---

[119]Art. 4 Nr. 5 DSGVO.

[120]*Art.-29-Datenschutzgruppe*, WP 136, 21.

[121]S. zum Personenbezug Abschn. 7.2.1.2.

[122]So bereits *Roßnagel/Scholz*, MMR 2000, 721 (724); *Roßnagel*, in: Roßnagel 2003, Abschn. 3.4, Rn. 60 ff.; *Roßnagel*, ZD 2018, 243 (244 f.).

[123]*Hofmann/Johannes*, ZD 2017, 221 (223); *Roßnagel*, ZD 2018, 243 (244 f.); *Richter*, in: Jandt/Steidle 2018, Kap. B IV, Rn. 42.

[124]Zu diesen Beispielen *Scholz*, in: Simitis 2014, § 3 BDSG a. F., Rn. 216.

[125]Z. B. *Hansen*, in: Simitis/Hornung/Spiecker 2019, Art. 4 Nr. 5 DSGVO, Rn. 23.

[126]Ausführlich dazu *Art.-29-Datenschutzgruppe*, WP 216, 13.

Mögliche Verfahren sind die Randomisierung und die Generalisierung,[127] wobei wirksame Anonymisierungsverfahren Gegenstand laufender Forschung sind. Für den Verantwortlichen besteht daher die Notwendigkeit, die Anonymisierung stetig zu prüfen, da aufgrund technischer Entwicklungen und damit einhergehender Risiken die Möglichkeiten der Re-Identifizierung jederzeit bestehen.[128]

Für die Re-Identifizierung pseudonymisierter Daten müssen „alle Mittel berücksichtigt werden, die von dem Verantwortlichen oder einer anderen Person nach allgemeinem Ermessen wahrscheinlich genutzt werden, um die natürliche Person direkt oder indirekt zu identifizieren".[129] Hierbei „sollten alle objektiven Faktoren, wie die Kosten der Identifizierung und der dafür erforderliche Zeitaufwand, herangezogen werden, wobei die zum Zeitpunkt der Verarbeitung verfügbare Technologie und technologische Entwicklungen zu berücksichtigen sind." Der Hinweis auf technologische Entwicklungen impliziert bereits, dass – ebenso wie bei der Anonymisierung – während der gesamten Verarbeitungsdauer eine stetige Überprüfung notwendig ist, ob eine Re-Identifizierung der „Kosten-Nutzen-Risiko-Relation"[130] entspricht.[131]

Die Informationen zur Zuordnung der Daten zu einer bestimmten Person sind von den restlichen Daten zu trennen, sodann gesondert aufzubewahren und durch technische und organisatorische Maßnahmen so zu sichern, dass kein Personenbezug hergestellt werden kann.[132] Die Regeln, wann und unter welchen Umständen eine Re-Identifizierung im Ausnahmefall möglich sein soll, sind vorher festzulegen und im Rahmen der Dokumentation (Z2) zu protokollieren.[133]

Eine weitreichende Anonymisierung der Datenbestände in Social Networks wird häufig aufgrund der versprochenen personalisierten Dienste innerhalb des Netzwerks nicht gewünscht sein. Dennoch sollten und müssen nicht alle vorhandenen, während der Nutzung zu erhebenden und erhobenen Daten personenbezogen gespeichert werden. Ist der Personenbezug nicht zwingend zur Erbringung des Dienstes

---

[127]Zu diesen und weiteren Verfahren *Art.-29-Datenschutzgruppe*, WP 216, 14 ff.

[128]*Art.-29-Datenschutzgruppe*, WP 216, 13; *Hofmann/Johannes*, ZD 2017, 221 (225 f.); *Ernst*, in: Paal/Pauly 2018, Art. 4 DSGVO, Rn. 50; *Roßnagel*, ZD 2018, 243 (247).

[129]Vgl. Erwägungsgrund 26 DSGVO.

[130]*Roßnagel*, ZD 2018, 243 (244).

[131]*Art.-29-Datenschutzgruppe*, WP 136, 18.

[132]*Hansen*, in: Simitis/Hornung/Spiecker 2019, Art. 4 Nr. 5 DSGVO, Rn. 31; *Klar/Kühling*, in: Kühling/Buchner 2018, Art. 4 Nr. 5 DSGVO, Rn. 6. Strenger dagegen *Ernst*, in: Paal/Pauly 2018, Art. 4 DSGVO, Rn. 43, der eine technisch-räumliche Trennung fordert; „auf dem gleichen Rechner" gespeicherte Daten sind nach dessen Meinung nicht pseudonymisiert.

[133]*Ernst*, in: Paal/Pauly 2018, Art. 4 DSGVO, Rn. 44; *Klar/Kühling*, in: Kühling/Buchner 2018, Art. 4 Nr. 5 DSGVO, Rn. 10.

erforderlich, ist eine Anonymisierung in Betracht zu ziehen. Zudem ist Nutzern die Möglichkeit anzubieten, das Social Network anonym zu nutzen, auch wenn dies mit eingeschränkter Funktionalität hinsichtlich der Personalisierung einhergeht.[134] Anonymisierung ist schließlich auch dann essentiell, wenn der Anbieter oder verantwortliche Nutzer im Social Network gewonnene Daten an Dritte weitergibt. Eine Pseudonymisierung ist hier regelmäßig nicht ausreichend, da eine hohe Gefahr der Re-Identifizierung besteht.[135]

Eine effektive Pseudonymisierung spielt bei Social Networks hingegen auch im Rahmen der alltäglichen Nutzung eine gewichtige Rolle. Da eine Klarnamenspflicht rechtlich nicht zulässig ist, sollten Social Networks zum einen unter Pseudonym oder – im Rahmen eines Identitätsmanagements – unter mehreren Pseudonymen genutzt werden können. Zum anderen sind die Nutzerdaten pseudonym zu speichern und zu verarbeiten.

Die Methoden der Pseudonymisierung sind vielfältig. Möglich ist es, die identifizierenden Merkmale durch andere zu ersetzen, beispielsweise durch eine Kennziffer.[136] Durch Aggregieren werden personenbezogene Daten zu Gruppen zusammengefügt und verlieren daher an Informationstiefe.[137] Möglich ist auch, eine individuelle pseudonyme Kennung aus den identifizierenden Merkmalen zu berechnen, beispielsweise mittels eines Hash-Werts.[138] Auch das Verpixeln von Fotos oder Videoaufnahmen stellt eine Pseudonymisierungsmaßnahme dar.[139] Die Pseudonymiserung kann grundsätzlich durch den Verantwortlichen selbst vorgenommen werden. Befindet sich die Zuordnungsregel jedoch in seiner Hand, ist die Schutzwirkung vergleichsweise gering;[140] es sind entsprechend strengere technische und organisatorische Anforderungen an die Sicherung der Zuordnungsregel zu stellen. Empfehlenswert ist es daher, dass derjenige Verantwortliche, der ein Verarbeitungsinteresse der pseudonymen Daten geltend machen kann, nicht über die Zuordnungsregel verfügt, sondern dass diese in der Hand eines Dritten liegt,

---

[134]Dass eine anonyme Anmeldung bei Social Networks möglich sind, zeigt das Social Network Whispeer, https://whispeer.de.

[135]Vgl. *Art.-29-Datenschutzgruppe*, WP 216, 27, 37 f., jeweils mit weiteren Nachweisen.

[136]*Hansen*, in: Simitis/Hornung/Spiecker 2019, Art. 4 Nr. 5 DSGVO, Rn. 38; *Klar/Kühling*, in: Kühling/Buchner 2018, Art. 4 Nr. 5 DSGVO, Rn. 8.

[137]*ENISA* 2014, 20.

[138]*Hansen*, in: Simitis/Hornung/Spiecker 2019, Art. 4 Nr. 5 DSGVO, Rn. 39.

[139]*Gola*, in: Gola 2018, Art. 4 DSGVO, Rn. 39.

[140]*Roßnagel*, ZD 2018, 243 (244).

zum Beispiel eines Datentreuhänders.[141] Denkbar ist schließlich auch die Pseudonymverwaltung durch die betroffene Person selbst, sodass nur diese über die Zuordnungsregel verfügt.[142]

8.2.4.8 Verschlüsselung (Z8)

Das Gestaltungsziel Verschlüsselung ist eine Maßnahme zur Aufrechterhaltung der Datensicherheit und dient dazu, gegen die Verordnung verstoßende Datenverarbeitungsvorgänge zu verhindern und konkretisiert damit zum einen das Kriterium der Rechtmäßigkeit (K1). Sie setzt außerdem die Zweckbindung (K4) um, da durch die Verschlüsselung der Daten eine zweckfremde Verarbeitung vorhandener Daten erschwert oder verhindert wird. Ziel der Verschlüsselung ist es weiterhin, die Kenntnisnahme personenbezogener Daten durch Unbefugte zu verhindern,[143] sowie personenbezogene Daten vor unerkannter Veränderung und Kenntnisnahme zu schützen, und setzt mithin auch das Kriterium der Integrität und Vertraulichkeit (K8) um.[144] Schließlich konkretisiert die Verschlüsselung das Kriterium der Nichtverkettbarkeit (K9), da verschlüsselte Daten nicht willkürlich miteinander verkettet werden können.

Die Auswahlkriterien für ein spezifisches Verfahren müssen sich am Stand der Technik, den Implementierungskosten, sowie der Art, des Umfangs, der Umstände und verfolgten Zwecke der Verarbeitung orientieren. Hier sollte der Verantwortliche auf die Risikobewertung (Z3) zurückzugreifen und anhand dessen in Abwägung mit den Kosten ein geeignetes Verschlüsselungsverfahren wählen. Das Verschlüsselungsverfahren ist nach dem Stand der Technik zu wählen. Es handelt sich dabei um einen dynamischen Begriff, der die Tatsache widerspiegelt, dass technische Verfahren Änderungen unterliegen. Mangels gesetzlicher Definition des Begriffs „Stand der Technik" ist darunter in erster Linie die Pflicht zu sehen, die jeweiligen getroffenen technischen Maßnahmen auf ihre Eignung zur Vermeidung von Sicherheitslücken hin zu überprüfen.[145] Der Verantwortliche hat also die kontinuierliche Pflicht, seine eingesetzten kryptographischen Verfahren regelmäßig anhand der tatsächlichen technischen Entwicklungen zu beurteilen. Dabei sollten die Standards

---

[141] *Ernst*, in: Paal/Pauly 2018, Art. 4 DSGVO, Rn. 42; *Klar/Kühling*, in: Kühling/Buchner 2018, Art. 4 Nr. 5 DSGVO, Rn. 8; *Hansen*, in: Simitis/Hornung/Spiecker 2019, Art. 4 Nr. 5 DSGVO, Rn. 31, 34, 35; *Roßnagel*, ZD 2018, 243 (244, 247).

[142] *Ernst*, in: Paal/Pauly 2018, Art. 4 DSGVO, Rn. 42.

[143] Vgl. auch den Wortlaut des Art. 34 Abs. 3 lit. a DSGVO.

[144] *Jandt*, in: Kühling/Buchner 2018, Art. 32 DSGVO, Rn. 19 f.

[145] Vgl. *Knopp*, DuD 2017, 663 (666).

des Bundesamts für Sicherheit in der Informationstechnik zum Stand der Technik berücksichtigt werden.[146] Eine Verschlüsselung ist im Falle von Social Networks aufgrund der Risiken für die Freiheitsrechte der betroffenen Personen in jedem Fall geboten. Die Notwendigkeit zu angemessener Verschlüsselung bezieht sich auf alle Schritte der Datenerhebung, Verarbeitung, Speicherung und Nutzung. Die Pflicht trifft allein den Anbieter, da dieser über die alleinige Hoheit zur Systemgestaltung verfügt. Er hat aber sicherzustellen, dass auch personenbezogene Daten, die vom verantwortlichen Nutzer erhoben und infolgedessen in dem Social Network verarbeitet werden, angemessen verschlüsselt werden. Dies gilt insbesondere für Passwörter.[147] Verschlüsselung ist zudem beim Verbindungsaufbau zwischen dem Nutzer und dem Anbieter des Social Networks bei Aufrufen der Website zu beachten, zum Beispiel mittels HTTPS, sowie bei der Kommunikation zwischen Nutzern, zum Beispiel im Wege von Ende-zu-Ende-Verschlüsselung.[148] Hier bietet sich beispielsweise das sogenannte Signal-Protokoll an, welches zusätzlich mit einer Public-Key-Infrastruktur (PKI) kombiniert werden kann. Schließlich ist Verschlüsselung auf Seiten des Anbieters beim Speichern und Verarbeiten im System zu verwenden, um einen unbefugten Zugriff auf den Servern des Anbieters zu verhindern.

8.2.4.9 Datentrennung (Z9)

Zu unterschiedlichen Zwecken erhobene Daten sollten getrennt gespeichert und verarbeitet werden.[149] Dies stellt die Zweckbindung (K4) sicher, damit für einen konkreten Zweck nicht Daten verarbeitet werden, die hierfür nicht erhoben wurden. Durch eine getrennte Speicherung wird zudem ein Zusammenführen und eine umfassende Profilbildung verhindert,[150] was sich aus den Kriterien der Datensparsamkeit (K5) und Nichtverkettbarkeit (K9) ergibt. Es dient auch der leichteren Gewährleistung und Ausübung der Betroffenenrechte, da eine Kontrolle über die verfügbaren Daten erleichtert wird, wenn diese – gewissermaßen als Vorstufe zur Datentrennung – systematisch eingeordnet werden und sichert damit die Intervenierbarkeit (K10). Zudem verhindert Datentrennung Datenmissbrauch, da hierdurch entweder ein geringerer Anreiz zu einem Datendiebstahl durch einen Angreifer

---

[146]Z. B. *BSI* 2019b.

[147]*Bünte*, Twitter ruft nach Sicherheitspanne zum Passwortwechsel auf, heise online vom 4.5.2018, https://heise.de/-4041199.

[148]*ENISA* 2014, 28.

[149]Vgl. auch Satz 2 Nr. 8 der Anlage zu § 9 Satz 1 BDSG a. F.

[150]*ENISA* 2014, 20 mit ausdrücklichem Verweis auf Social Networks.

besteht oder im Falle eines tatsächlichen Datenmissbrauchs den Schaden minimiert, indem verhindert wird, dass eine umfassende Datensammlung in die Hände
des Angreifers gelangt und dieser missbräuchlich Profilbildung betreiben kann.[151]
    Eine Datentrennung ist im Hinblick auf die Risiken, die sich mit den umfang-
reichen und in einer Hand befindlichen Datenmengen ergeben, unerlässlich. Eine
Datentrennung setzt zum einen voraus, dass Daten getrennt nach Nutzern vorgehalten werden. Dies unterstützt auch die Vertraulichkeit (K8) der Daten, da nicht
Nutzer fehlerhaft Zugriff erhalten auf Daten, die sie nicht betreffen. Zudem müssen die zu einer Person gehörenden Daten getrennt werden, um eine unzulässige
Profilbildung zu verhindern, aber auch um die Sicherheit der Daten zu erhöhen.
Hierfür können Datenkategorien definiert werden, die getrennt zu speichern sind.
Die konkrete Umsetzung wird im Einzelnen maßgeblich von dem jeweiligen Dienst
abhängen. Beispielhafte Kategorien in Social Networks könnten sein: Anmeldeda-
ten, Profildaten, Kommunikationsdaten, Nutzungsdaten (also solche, die durch die
Nutzung des Social Networks erhoben werden, wie solche aus Cookies oder Social
Plug-ins) oder inferierte Daten (also solche, die durch Ableitungen und Zusammenführung bestehender Datensätze neu gewonnen wurden). Diese sind getrennt
zu speichern und separat zu verschlüsseln. Im Ergebnis erleichtert die Datentrennung auch andere Gestaltungsziele wie Portabilität und Interoperabilität der Systeme
(Z15) und Löschkonzepte (Z6) zur Festlegung und Umsetzung von Speicherfristen.

8.2.4.10 Dezentralität (Z10)

Dezentralität bedeutet das Vorhalten personenbezogener Daten auf unterschiedlichen Speicherorten und Medien.[152] Dieses technische Gestaltungsziel ergibt sich
aus den Kriterien der Zweckbindung (K4), da für einen konkreten Zweck nicht
Daten verarbeitet werden können, die hierfür nicht erhoben wurden und aus der
Integrität und Vertraulichkeit der Daten (K8), da im Falle eines Sicherheitsvorfalls
bei dezentraler Datenspeicherung potenziell weniger Nutzer betroffen sind. Dezentralität ergibt sich zudem aus der Nichtverkettbarkeit (K9), da ein Zusammenführen
der Daten aufgrund der räumlichen Trennung verhindert wird.
    Abzugrenzen ist die Dezentralität von der Datentrennung (Z9). Letztere bezieht
sich auf das getrennte Speichern und separate Verschlüsseln von Datenkategorien,
ohne diese zwangsläufig räumlich zu trennen. Dezentralität bedeutet hingegen, den
Dienst nicht in der Verfügungsgewalt eines Verantwortlichen zu belassen, sondern das gesamte System im Sinne eines Peer-to-Peer-Netzwerks dezentral zu

---

[151]Vgl. auch *Bedner* 2009, 216.
[152]Vgl. *Skistims* 2016, 562.

betreiben,[153] um Monopolbildung zu vermeiden. Bei einer Kompromittierung des Systems wären nur eine vergleichsweise kleine Anzahl von Personen betroffen, wobei die Struktur des Systems wenig Anreiz gibt, überhaupt einen Angriff zu versuchen.

Zur Umsetzung dieses Gestaltungsziels kann jedermann einen entsprechenden Server betreiben oder sich einem beliebigen Server anschließen. Die eigenen personenbezogenen Daten werden ausschließlich auf diesem Server gespeichert und die betroffene Person behält so die volle Kontrolle hierüber. Eine Auswertung zu Zwecken der Profilbildung ist nicht möglich. Die Umsetzung der Datentrennung ist aus datenschutzrechtlicher Sicht zwar wünschenswert. Es handelt sich aber strukturell um vollkommen andere Social Networks, da diese im Gegensatz zu zentral organisierte Social Networks keinen Anbieter in diesem Sinne, sondern nur verantwortliche Nutzer haben.

8.2.4.11 Verfügbarkeit (Z11)

Verfügbarkeit entspricht dem klassischen IT-Schutzziel und bedeutet, dass Dienstleistungen, Funktionen eines Systems und personenbezogene Daten oder Informationen zum geforderten Zeitpunkt zur Verfügung stehen.[154] Dies umfasst zwei Aspekte,[155] nämlich die Verfügbarkeit des Systems an sich als Voraussetzung zur Erbringung des Dienstes sowie die Verfügbarkeit der Diensterbringung selbst, um also alle versprochenen oder erwarteten Dienste ordnungsgemäß zu erbringen. Damit konkretisiert das Gestaltungsziel Verfügbarkeit das Kriterium Richtigkeit (K6), da nichtverfügbare Daten nicht auf dem neuesten Stand gehalten werden können sowie das Kriterium Intervenierbarkeit (K10), da die Ausübung der Betroffenenrechte nur bei verfügbaren Daten möglich ist.

Aus der Verfügbarkeit resultieren Vorteile sowohl für den Anbieter und verantwortlichen Nutzer als auch für die betroffene Person. Die Verantwortlichen sind auf ein verfügbares System angewiesen, um ihre berechtigten Interessen insbesondere hinsichtlich der Datenverarbeitung der betroffenen Personen nachzukommen, aber auch um ihre Pflichten als Verantwortliche zu erfüllen. Nur mithilfe eines verfügbaren Systems können die Verantwortlichen ihre Informations- und Gewährleistungspflichten hinsichtlich der Betroffenenrechte nachkommen sowie ihre Pflichten zur Datensicherheit gegen Verlust, Vernichtung, Veränderung oder unbefugte Offenlegung der Daten im Sinne des Art. 32 Abs. 2 DSGVO.[156] Der

---

[153] ENISA 2014, 20.

[154] BSI 2012, 14; DSK, SDM-Methode 2018, 20.

[155] Federrath/Pfitzmann, DuD 2000, 704 (705 f.).

[156] Ähnlich auch DSK, Orientierungshilfe „Soziale Netzwerke" 2013, 26.

betroffenen Person dient die Verfügbarkeit demgegenüber dazu, den Dienst ordnungsgemäß zu nutzen, Zugriff auf ihre eigenen Daten zu haben[157] und um ihre Betroffenenrechte geltend machen zu können, also Daten berichtigen und löschen zu können oder um diese in andere Systeme übertragen zu können.

Die Verfügbarkeit ist sicherzustellen, indem etwa die technische Infrastruktur vor Ausfall beispielsweise durch Abwehr äußerer Einflüsse geschützt wird, durch ununterbrochene Stromversorgung sowie durch Redundanzen in Form von Backups, Zwei-Wege-Führung oder Mehrfachspeicherung.[158]

8.2.4.12 Anpassungsfähigkeit (Z12)

Das Gestaltungsziel der Anpassungsfähigkeit ergibt sich vornehmlich aus dem Kriterium der Rechtmäßigkeit (K1), da das System nicht nur den zum Zeitpunkt der Gestaltung geltenden spezifischen rechtlichen Anforderungen entsprechen muss, sondern sich auch gesetzlichen Änderungen, Anforderungen aus der Rechtsprechung[159] sowie dem sich entwickelnden Stand der Technik anpassen können muss, um langfristig rechtskonform eingesetzt werden zu können.[160] Anpassungsfähigkeit wird durch eine möglichst systematische Gestaltung der Plattform erreicht, aus dem die Struktur der Datenverarbeitung leicht ersichtlich wird. Unterstützt wird dies durch einen modularen Aufbau. Dieser hat den Vorteil, dass Teile des Systems verändert werden können, ohne dass sich dies zwangsläufig nachteilig auf andere Teile des Systems auswirkt.[161]

8.2.4.13 Resilienz (Z13)

Resilienz ist die Fähigkeit des Systems zu „angemessener Reaktion auf nicht vorhergesehene Änderungen in den Abläufen",[162] beispielsweise Risikoeintritte und Störungen im Ablauf.[163] Resilienz meint damit mehr als „Belastbarkeit"[164] des

---

[157] *DSK*, Orientierungshilfe „Soziale Netzwerke" 2013, 26.

[158] Vgl. *Bedner* 2009, 184; *DSK*, Orientierungshilfe „Soziale Netzwerke" 2013, 26; *DSK*, SDM-Methode 2018, 22; *Hansen*, in: Simitis/Hornung/Spiecker 2019, Art. 32 DSGVO, Rn. 41.

[159] Gerade im Bereich von Social Networks ist der Europäische Gerichtshof regelmäßig mit Entscheidungen hinsichtlich der Rechtmäßigkeit von Datenverarbeitungsvorgängen befasst.

[160] *Hammer/Pordesch/Roßnagel* 1993, 80; *Zirfas* 2017, 201.

[161] Vgl. auch *Zirfas* 2017, 201.

[162] *Hansen*, in: Simitis/Hornung/Spiecker 2019, Art. 32 DSGVO, Rn. 43.

[163] *Jandt*, in: Kühling/Buchner 2018, Art. 32 DSGVO, Rn. 26.

[164] Vgl. Art. 32 Abs. 1 lit. b DSGVO. Kritisch zur Interpretation des Begriffs in der deutschen Kommentarliteratur *Gonscherowski/Hansen/Rost*, DuD 2018, 442.

Systems zu Spitzenlastzeiten und verdeutlicht zugleich, dass Resilienz Maßnahmen erfordert, die zu jedem Zeitpunkt der Systemnutzung greifen und nicht nur im
Falle antizipierter Spitzenauslastung. Das Gestaltungsziel Resilienz konkretisiert
damit das Kriterium der Integrität und Vertraulichkeit (K8), da Resilienzmaßnahmen
sicherstellen, dass Daten nicht durch Störungen des Systems rechtswidrig verarbeitet
und verändert oder unbefugt zur Kenntnis genommen werden.

Mögliche technische Vorschläge zur Umsetzung und Sicherstellung der Resilienz orientieren sich maßgeblich an dem zu schützenden Merkmal des Systems oder
Schutzziel.[165] Generelle Vorschläge beinhalten beispielsweise das Verringern von
Angriffsflächen.[166] Auch das Schaffen von Interventionsmöglichkeiten entweder
durch das System selbst, zum Beispiel durch die Entkopplung von Systemteilen,
oder durch menschliches Eingreifen sind empfehlenswert.[167] Zudem dient eine
modulare, dezentrale, und interoperable Systemstruktur[168] sowie das Vorhalten von
Redundanzen[169] der Durchsetzung von Resilienz.

Neben technischen Maßnahmen beinhaltet Resilienz aber auch ein effektives
Notfallmanagement. Dieses besteht aus Maßnahmen zur Vorsorge und Bewältigung
eines Notfalls. Zur Vorsorge vor Notfällen gehört beispielsweise die Etablierung eines planmäßigen Vorgehens zum Umgang mit Notfällen. Zur Bewältigung
eines Notfalls trifft der Verantwortliche planmäßige Maßnahmen, um Schäden
zu minimieren, das System zügig wiederherzustellen und alle von dem Notfall
betroffenen Personen, verantwortlichen Nutzer, aber gegebenenfalls auch die Aufsichtsbehörden und die Öffentlichkeit zu informieren. Bei der Erstellung eines
Notfallmanagementplans sollten die Empfehlungen des Bundesamts für Sicherheit
in der Informationstechnik berücksichtigt werden.[170]

8.2.4.14 Portabilität und Interoperabilität (Z14)

Portabilität bedeutet die Übertragbarkeit eines Datensatzes von einem Social Network zu einem anderen, entweder durch Herausgabe des Datensatzes oder durch
direkte Übermittlung zwischen zwei Social Networks.[171] Insbesondere, um die
Übermittlung in diesem Sinne zu erreichen, sollte das System interoperabel sein,

---

[165] Ausführlich *Gonscherowski/Hansen/Rost*, DuD 2018, 442 (444 f.).

[166] *Hansen*, in: Simitis/Hornung/Spiecker 2019, Art. 32 DSGVO, Rn. 45.

[167] *Hansen*, in: Simitis/Hornung/Spiecker 2019, Art. 32 DSGVO, Rn. 45.

[168] *Hansen*, in: Simitis/Hornung/Spiecker 2019, Art. 32 DSGVO, Rn. 45.

[169] *Jandt*, in: Kühling/Buchner 2018, Art. 32 DSGVO, Rn. 26.

[170] Ausführlich *BSI* 2008.

[171] Vgl. Art. 20 Abs. 1 DSGVO, ausführlich Abschn. 7.8.8.

also die Fähigkeit besitzen, Daten mit anderen Social Networks auszutauschen.[172] Interoperabilität ist daher das Ergebnis, das durch den Einsatz gängiger, strukturierter und maschinenlesbarer Formate erreicht wird, um der betroffenen Person zu ermöglichen, ihre personenbezogene Daten zu jedem Zeitpunkt einem Social Network ihrer Wahl zu übermitteln.[173] Interoperabilität sollte der betroffenen Person ermöglichen, ihre personenbezogenen Daten nicht nur zwischen verschiedenen Social Networks zu portieren, sondern – sofern gewünscht – auch zu synchronisieren. Eine ausgeführte Aktion, beispielsweise das Löschen bestimmter Daten, sollte sich gleichzeitig in dem anderen System widerspiegeln.

So ermöglicht Portabilität und darauf aufbauende Interoperabilität der betroffenen Person die volle Transparenz über ihre preisgegebenen Daten (K3) sowie eine effektive Ausübung ihrer Betroffenenrechte (K10), da diese plattformübergreifend nur einmal ausgeübt werden müssten. Dies dient entscheidend der Datensparsamkeit (K5) sowie der Speicherbegrenzung (K7), indem alle Kopien nicht (mehr) erforderlicher oder von der betroffenen Person erwünschter Daten nicht länger verfügbar sind. Portabilität und Interoperabilität verhindert zugleich Lock-in-Effekte und andere Netzwerkeffekte und begünstigt den Wettbewerb zwischen verschiedenen Plattformen und damit die Wahlmöglichkeiten der Nutzer und fördert somit möglichst datenschutzfreundliche Angebote.

Mögliche Maßnahmen sind neben geräteübergreifender Synchronisation innerhalb eines Systems systemübergreifende Schnittstellen – bestenfalls als offener Standard –, die einen Datenaustausch zwischen Plattformen zulassen[174] sowie solche gängigen maschinenlesbare Dateiformate, die interoperabel einsetzbar sind. Hierzu gehören etwa JSON oder XML.[175]

8.2.4.15 Algorithmentransparenz (Z15)

Algorithmen spielen beim Betrieb von Social Networks eine wichtige Rolle. Sie sind die Basis dafür, Dienste zu personalisieren. In ihrer Rolle insbesondere als Informationsintermediär haben Verantwortliche beim Betrieb von Social Networks eine spezielle Verpflichtung zur Wahrung der Meinungs- und Informationsfreiheit und der informationellen Selbstbestimmung. Da Algorithmen das Potenzial haben, Verhalten, Interessen und Wahrnehmung der betroffenen Personen zu beobachten und zu beeinflussen,[176] ergeben sich aus den rechtlichen Kriterien der Transparenz

---

[172]Zum Begriff Interoperabilität s. Abschn. 7.8.8.3.

[173]S. Abschn. 7.8.8.3.

[174]Vgl. auch *Beyerbach*, in: Hornung/Müller-Terpitz 2015, Kap. 9, Rn. 126.

[175]Zu letzterem *Franck*, RDV 2016, 111 (117, dort Fn. 51).

[176]Zu Chancen und Risiken von Social Networks s. Kap. 3.

(K3), der Richtigkeit (K6) sowie der Kontrolleignung (K11) das Erfordernis, Algorithmen unter Wahrung ethischer und rechtskonformer Standards zu programmieren und einzusetzen.

Die konkreten Gestaltungsvorschläge sind abhängig von der konkreten Wirkweise des Algorithmus. Wie Algorithmen im Einzelnen wirken, ist noch nicht bis ins letzte Detail erforscht.[177] Es sollten jedenfalls Mechanismen wirken, die die Selektion von Daten und Informationen in einer Weise steuern, dass beispielsweise die Meinungsvielfalt gewahrt bleibt, dass die informationelle Selbstbestimmung nicht durch Korrelation verfügbarer Daten verletzt wird und dass diskriminierende algorithmische Entscheidungen verhindert werden. Dies erfordert eine Transparenz hinsichtlich der Art und Weise der Verwendung der Daten, hinsichtlich der Ergebnisse der Verarbeitung und der Auswirkungen auf den einzelnen Nutzer. Die Verwendung offener Standards kann helfen, um zu verhindern, dass nur der den Algorithmus verwendende Verantwortliche Einsicht in die Struktur des Algorithmus bekommt. Sie ermöglichen zudem eine unabhängige Überprüfung von außen. Außerdem könnte mittels einer Aggregation personenbezogener Daten Informationskategorien oder Attribute dargestellt werden, die die Basis für die weitere Datenverarbeitung werden. Diese erlauben das Abstecken von Grenzwerten und damit eine Spannbreite in der Ergebnisdarstellung, die Diskriminierung reduzieren und Meinungsvielfalt erhöhen könnte.[178]

8.2.4.16 Konfliktmanagement (Z16)

Datenmanagement und der damit zusammenhängende Schutz der Persönlichkeitsrechte in Social Networks umfasst nicht nur das selbständige Management der eigenen Daten durch die betroffene Person und die Ermöglichung der Kontrolle über die Art und Weise der Verarbeitung, die Anbieter und verantwortliche Nutzer durchführen. Durch die Nutzung von Social Networks entstehen oftmals Konflikte zwischen den Persönlichkeitsrechten verschiedener Nutzer, die aufgrund der eigenverantwortlichen Verarbeitung personenbezogener Daten durch die Nutzer des Social Networks hervorgerufen werden. Fragliche Inhalte können potenziell strafrechtlich relevante Inhalte umfassen, sind aber nicht auf solche begrenzt. Ein selbständiges Löschen der in Rede stehenden Inhalte durch die betroffene Person ist in solchen Konstellationen rechtlich nicht zulässig, da auch andere Nutzer an

---

[177]S. z. B. *Hoffmann-Riem*, AöR 142/2017, 1 (11 ff.); *Lischka*, AfP 2018, 388 ff.

[178]Vgl. z. B. *Gummadi* (2017), DOI 10.17617/1.25; *Grgić-Hlača/Zafar/Gummadi/Weller* (2017), arXiv:1706.10208v1.

den – behaupteten persönlichkeitsrechtsverletzenden – Inhalten eigene Rechte geltend machen können. Meist steht das Recht auf Datenschutz und informationelle Selbstbestimmung mit der Meinungsfreiheit in Konflikt.

Da datenverarbeitende Unternehmen mittelbar an die Grundrechte gebunden sind, obliegt es den Anbietern von Social Networks im Rahmen ihres Wirkens auf die Gewährleistung der Grundrechte ihrer Nutzer zu achten. In der Folge treffen den Anbieter gewisse Schutzpflichten und die Nutzer können sich ihnen gegenüber auf ihre Grundrechte berufen und bei Eingriffen – auch durch Dritte – Abhilfemaßnahmen verlangen.[179] Die entstandenen Konflikte sind jedoch über komplexe Abwägungsentscheidungen zu lösen, für die jeder Verantwortliche grundsätzlich selbst zuständig ist. Damit konkretisiert das Konfliktmanagement das Kriterium der Rechtmäßigkeit (K1), da eine gegen das Recht auf Datenschutz und informationelle Selbstbestimmung verstoßende Datenverarbeitung unzulässig ist sowie das Kriterium der Intervenierbarkeit (K10), da es die Um- und Durchsetzung der Betroffenenrechte fördert.

Das Konfliktmanagement umfasst sowohl technische als auch organisatorische Elemente. So hat der Anbieter standardisierte Dialogfelder einzurichten, die eine einfache und schnelle Meldung durch die betroffene Person ermöglichen. Um den Meldungen schnell nachzukommen – im Anwendungsbereich des Netzwerkdurchsetzungsgesetzes beispielsweise reduziert sich die Frist auf 24 Stunden –, muss der Anbieter organisatorische Strukturen einrichten, um entsprechende Meldungen fristgerecht bearbeiten zu können und das Ergebnis der betroffenen Person zu kommunizieren. Hierbei bietet es sich an, eine einheitliche Anlaufstelle vorzuhalten (Single Point of Contact).[180] Die streitgegenständlichen Inhalte sollten bis zur Lösung des Konflikts gegebenenfalls nur eingeschränkt zugänglich sein; dies ist durch technische Maßnahmen sicherzustellen. Für einen umfassenden Abwägungsprozess zur Beurteilung des streitgegenständlichen Inhalts sind alle beteiligten Parteien einzubeziehen. So ist auch der verantwortliche Nutzer automatisiert zu benachrichtigen, wenn ein ihn betreffender Inhalt beanstandet wurde, da ihm als Verantwortlicher für die Datenerhebung die Abwägung mit widerstreitenden Interessen zunächst grundsätzlich selbst obliegt. Das Konfliktmanagement sollte aber ein gestuftes Verfahren vorsehen, das Entscheidung durch eine neutrale Stelle ermöglicht, wenn keine Einigung zwischen betroffener Person und Verantwortlichem möglich ist.

---

[179] Zur Drittwirkung der Grundrechte s. Abschn. 5.4.
[180] *DSK*, SDM-Methode 2018, 25.

8.3 Konflikt zwischen der rechtsverträglichen Systemgestaltung und dem Geschäftsmodell von Social Networks

Die Vorschläge zur rechtsverträglichen Systemgestaltung leisten einen großen Beitrag zur Umsetzung datenschutzrechtlicher Standards und Durchsetzung datenschutzfreundlicher Systeme. Sie stellen jedoch andererseits das gängige werbefinanzierte Geschäftsmodell „Daten gegen Dienstleistung" nicht nur auf eine harte Probe, sondern rütteln vielmehr an dessen Grundfesten. Freilich ist es nicht das Ziel, durch rechtsverträgliche Systemgestaltung Social Networks per se zu verhindern. Dennoch müssen im Interesse der betroffenen Personen System und Geschäftsmodell so gestaltet werden, dass ihre grundrechtlich geschützten Rechtspositionen gewahrt werden. Der Nutzer muss Kunde sein, „nicht das Produkt".[181] Er darf also nicht zum Datenobjekt degradiert werden, sondern muss selbstbestimmt über die Verwendung seiner Daten entscheiden können.

Andererseits darf Datenschutz nicht zu einem Luxusgut mutieren, das sich nur zahlungskräftige Personen leisten können, wohingegen nicht-liquide Personen ihre Daten preisgeben und auf datenschutzrechtliche Standards verzichten (müssen), um einen Dienst zu nutzen. Daher müssen datenschutzrechtliche Standards, muss rechtsverträgliche Systemgestaltung, und damit die hier vorgestellten Gestaltungsziele – und hieraus zu entwickelten Gestaltungsvorschläge –unabhängig vom Geschäftsmodell realisiert werden.

Die hier vorgestellten organisatorischen und technischen Gestaltungsziele verhindern zu einem guten Teil das Geschäftsmodell des Sammelns und Auswertens von Daten zu Werbezwecken, auch wenn sich manche Ziele, beispielsweise das Einwilligungsmanagement (Z4), gewiss leichter unter Beibehaltung des Geschäftsmodells umsetzen ließen als andere, etwa Anonymisierung und Pseudonymisierung (Z7). Daher liegt es nahe, ergänzend zur rechtsverträglichen Systemgestaltung das Geschäftsmodell zu überdenken und anzupassen. In Theorie und Praxis werden verschiedene Modelle diskutiert. Alle haben ihre spezifischen Vor- und Nachteile, weshalb keines uneingeschränkt dem anderen vorgezogen werden kann. Dennoch können sie als Anregung dienen, alternative Geschäfts- und Erlösmodelle zu implementieren. Die Wirtschaftswissenschaft ist zudem gefragt, weitere, vielleicht bessere, Geschäftsmodelle zu entwickeln, die nachhaltig die grundrechtlich geschützten

---

[181] *Smith*, Mysterious New Social Network Ello Promises 'You Are Not the Product', Observer vom 18.3.2014, https://observer.com/2014/03/mysterious-new-social-network-ello-promises-you-are-not-the-product/.

Rechtspositionen der Nutzer wahren. Da die gängigen Geschäftsmodelle der marktführenden Social Networks – vornehmlich basierend auf personalisierter Werbung –
jedoch in vielfältiger Weise die Grundrechtspositionen der betroffenen Personen
bedrohen, muss dieser Diskurs geführt werden und sind alternative Lösungen unerlässlich. Einige – auch miteinander kombinierbaren – Geschäftsmodelle sollen im
Folgenden kurz dargestellt werden.

Die sogenannte „Freemium"-Variante bietet einen kostenfreien Basisdienst,
gegebenenfalls mit nicht-personalisierter Werbung, und kostenpflichtige Zusatz-
dienste. Beim Abonnement hingegen müsste der Nutzer einen Geldbetrag leisten,
um das Social Network überhaupt in Anspruch nehmen zu können. Eine ähnliche Möglichkeit ist der sogenannte kostenpflichtige Alternativzugang.[182] Dieser
umfasst zwei im Leistungsangebot gleichwertige Zugänge zu demselben Dienst,
von denen einer unabhängig von der Einwilligung zur Nutzung personenbezogener
Daten zu Werbezwecken – und dafür kostenpflichtig – sein soll und der andere von
einer entsprechenden Einwilligung in die Verwertung personenbezogener Daten zu
Werbezwecken abhängig gemacht werden soll.

Diese Vorschläge sind jedoch von einer Wertbemessung der Daten abhängig,
die für die Preisgestaltung des Dienstes unerlässlich ist. Der Wert der Daten hängt
aber von dynamischen Faktoren wie deren konkreten Nutzen und den Betriebskos-
ten des Dienstes ab und lässt sich daher nur schwerlich pauschal angeben. Wird
als Alternative zum Zahlen eines Entgeltes eine Einwilligung in die Nutzung von
personenbezogenen Daten zu Werbezwecken eingeholt, muss diese freiwillig sein.
Zu hohe Preise für bestimmte Dienste würden aber eventuell die Freiwilligkeit ausschließen, wenn die betroffene Person nicht zahlungskräftig genug ist, aus variablen
Gründen den Dienst aber trotzdem nutzen möchte.[183] Die Maßstäbe zur Beurteilung der Freiwilligkeit der Einwilligung, Fragen also, die bereits jetzt nur schwer
einheitlich zu beantworten sind, werden so nicht leichter lösbar. Zudem könnte
eine Kostenpflicht leicht zu sozialer Unverträglichkeit führen, da Menschen oder
Unternehmen ohne Liquidität vom Angebot ausgeschlossen werden würden.[184]

Alternativ zur Entgeltpflicht des Dienstes für die betroffenen Personen bietet
sich an, Business-Kunden, also solche Nutzer, die ein Social Network im Rahmen
ihrer Unternehmertätigkeit nutzen – klassischerweise durch den Betrieb einer Fanpage –, finanziell stärker in die Pflicht zu nehmen. Genauso, wie ein Unternehmen

---

[182]*Golland* 2019, 292 ff. sowie *Golland*, in: Ochs/Friedewald/Hess/Lamla 2019, 45 (54).

[183]Vgl. *Krohm/Müller-Peltzer*, ZD 2017, 551 (553); *Golland*, in: Ochs/Friedewald/
Hess/Lamla 2019, 45 (56).

[184]*Härting*, CR 2016, 646 (648); *Krohm/Müller-Peltzer*, ZD 2017, 551 (553). A. A. *Golland*,
in: Ochs/Friedewald/Hess/Lamla 2019, 45 (56 ff.).

den Betrieb einer eigenen Website finanzieren müsste, sollten diese für die Nutzung
einer Fanpage zahlen. Nicht ausgeschlossen ist auch, den Anbieter beispielsweise
durch Transaktionsgebühren mithilfe spezieller Social Plug-ins bei einem Vertrieb
der Produkte oder Dienstleistungen über die Fanpage zu beteiligen.[185] Im Gegenzug müsste der Anbieter des Social Networks den datenschutzgemäßen Betrieb
des Netzwerks sicherstellen, beispielsweise die Möglichkeit zulassen, die Fanpage
anonym zu besuchen und Daten zu Nutzerstatistiken ausschließlich anonym oder
nur nach ausdrücklicher Einwilligung der betroffenen Person für genau diesen Fall
zu erheben. Zu einer umfänglichen datenschutzgerechten Gestaltung gehört in diesem Fall auch die Vereinbarung hinsichtlich der gemeinsamen Verantwortlichkeit
nach Art. 26 DSGVO. Für den Fanpage-Betreiber hätte dies den entscheidenden
Vorteil, ein datenschutzgerechtes, wenn nicht sogar datenfreundliches Produkt zu
nutzen, deren Betrieb Aufsichtsbehörden bei Einhaltung der Voraussetzungen der
Datenschutz-Grundverordnung nicht unterbinden müssten.

Eine weitere Möglichkeit besteht darin, Erlöse durch die freiwillige Vermarktung
bereitgestellter Inhalte der Nutzer zu generieren und so einen Anreiz zur Nutzung des
Social Networks zu schaffen. Beispielsweise könnten gezielt künstlerische Beiträge
der Nutzer, wie Fotos, Musik oder Videos, vermarktet werden, indem etwa Lizenzen
an Agenturen vergeben werden. Eine Beteiligung der Nutzer an den Einnahmen
verschafft einen Anreiz, entsprechend hochwertige Inhalte bereitzustellen.[186]

Die Beispiele sollen zeigen, dass alternative Ideen zum klassischen Geschäftsmodell der personalisierten Werbung existieren und teils auch bereits in der Praxis
umgesetzt werden. Setzen sich diese nicht durch, besteht eine weitere Möglichkeit
in der gesetzlichen Regulierung. Diesbezüglich existieren verschiedene daten-
ökonomische Regulierungsansätze und Lösungsideen. Dabei handelt es sich um
Bestrebungen, durch regulatorische Maßnahmen einen Interessenausgleich zwischen Datenverwendern und Bereitstellern zu schaffen und damit die bestehenden
Machtasymmetrien zu reduzieren.[187] Diverse Ansätze werden hierbei diskutiert und
sollen abschließend kurz vorgestellt werden.

Ein erster Ansatz besteht darin, Daten als privates Gut zu sehen. Nach diesem soll die betroffene Person als Bestandteil der Wertschöpfungskette von der
Verwertung der Daten monetär profitieren.[188] Allerdings setzt dies eine dauerhaft

---

[185]Zum Beispiel der „Buy now"-Button des Social Networks Vero, https://vero.co/.

[186]Dies praktiziert beispielsweise das Social Network EyeEm, https://www.eyeem.com/de.

[187]*Schneider*, APuZ 24-26/2019, 35.

[188]Nach *Lanier*, zitiert in *Schneider*, APuZ 24-26/2019, 35 (35 f., dort Fn. 5). Zum Wert
des einzelnen Datums s. auch *Golland* 2019, 294. Zu Daten als „Einnahmen" und deren
wirtschaftlichem Gegenwert *Riesenhuber*, in: Ochs/Friedewald/Hess/Lamla 2019, 29.

anhaltende Preisverhandlung voraus, die die betroffene Person schlichtweg über-
fordern würde und durch den Zeitaufwand auch den Nutzen der Verwendung von
Social Networks reduziert. Zudem steht der Ertrag aller Voraussicht nach nicht im
Verhältnis zum Aufwand, da der Wert des einzelnen Datums gering ist und sich
die eigentliche Wertschöpfung erst durch Analyse und Aggregation einer großen
Menge an Daten erreichen lässt. Schließlich besteht die Gefahr der Kapitalisierung
des Datenschutzes, der aber – wie oben festgestellt – nicht zum Luxusgut werden
darf.[189]

Der gegenteilige Ansatz besteht darin, Daten als öffentliches Gut zu betrachten. Diese hat die öffentliche, gemeinwohlorientierte Datennutzung einschließlich
der gesetzlichen Regulierung des Zugriffs auf und den Schutz vor Missbrauch der
Daten zum Ziel. Jedermann hätte die Möglichkeit, gegen Zahlung auf diese Daten
zuzugreifen. Dies würde die Marktmacht großer Monopole verhindert und kleine
Unternehmen und Innovationen fördern. Allerdings verkennt dieser Ansatz, dass
die Zentralisierung aller verfügbaren Daten – gegebenenfalls noch unter staatlicher
Herrschaft – enorme Missbrauchsrisiken birgt und grundlegenden Datenschutzprinzipien widerspricht. Zudem geht ein solcher Ansatz mit der Verpflichtung zur
Aufgabe der Selbstbestimmung über die eigenen Daten einher und wirkt daher
ähnlich einer Enteignung.[190]

Ähnlich ist die Idee der Daten als Allgemeingut. Nach diesem gehören alle
Daten der Gemeinschaft, welche in einem demokratischen Prozess über die Nutzung, den Schutz, Berechtigte und Nichtberechtigte entscheidet.[191] So sympathisch
dies in der Theorie klingt, ist fraglich, ob sich immaterielle Güter wie Daten als
Allgemeingut eignen. Zudem wäre die praktische Umsetzung insbesondere hinsichtlich der konkreten Ausgestaltung des Meinungsbildungsprozesses mit erheblichen
Schwierigkeiten verbunden.[192] Außerdem widerspricht die Annahme der Daten als
Allgemeingut den grundrechtlichen Prinzipien der informationellen Selbstbestimmung und dem Recht auf Datenschutz, die es der betroffenen Person vorbehalten,
über ihre personenbezogenen Daten grundsätzlich selbst zu verfügen.

Gleiches gilt für die letzte, hier zu erwähnende, Theorie der Treuhandschaft über
Daten. Hiernach fungiert eine unabhängige Instanz als Treuhänder zugunsten der
Allgemeinheit und steuert die Datenerhebung, -nutzung und -verwertung zwischen
Dateninhabern und Datennutzern nach Allgemeinwohlaspekten.[193] Wie, durch wen

---

[189] Ausführlich zur Kritik *Schneider*, APuZ 24-26/2019, 35 (36 f.).

[190] Weitere Kritikpunkte in *Schneider*, APuZ 24-26/2019, 35 (37 f.).

[191] Angelehnt an *Ostrom*, zitiert in *Schneider*, APuZ 24-26/2019, 35 (38, dort Fn. 11).

[192] Ausführlich zur Kritik *Schneider*, APuZ 24-26/2019, 35 (39).

[193] Nach *Winickoff*, zitiert in *Schneider*, APuZ 24-26/2019, 35 (40, dort Fn. 12).

und nach welchem Recht der Treuhänder eingesetzt und reguliert werden soll[194] sowie der Konflikt mit dem Recht auf informationelle Selbstbestimmung und dem Recht auf Datenschutz unterliegen den gleichen Hürden wie bei der Idee der Daten als Allgemeingut.

Die Vielfältigkeit der vorgestellten Ideen zur datenökonomischen Regulierung zeigen, dass es keinen einfachen Weg gibt, den es zu beschreiten gilt. Hinzu kommt bei allen Ansätzen, dass Daten nicht nur national, sondern global verarbeitet werden. Bei allen Regelungsansätzen muss also bedacht werden, dass, um Datenökonomie möglichst effektiv zu regulieren, international einheitliche und gültige Standards gefunden und akzeptierte Institutionen gegründet und reguliert werden müssen.[195] Weil all diese Regulierungsansätze bisher eher theoretische Konstrukte sind und aufgrund ihrer aufgezeigten Kritikpunkte auch voraussichtlich erst einmal bleiben werden, sind die hier aufgezeigten Gestaltungsvorschläge sowie die damit einhergehenden Alternativen zum bestehenden Geschäftsmodell eine gangbare Lösung zur rechtsverträglichen Systemgestaltung von Social Networks.

---

[194] *Schneider*, APuZ 24-26/2019, 35 (40 f.)

[195] Zu Internationalisierungs- und Nationalisierungsbestrebungen im Zeitalter der digitalen Gesellschaft s. auch *Geminn/Nebel*, in: Friedewald/Lamla/Roßnagel 2017, 287.

Zusammenfassung und Ausblick 9

Social Networks wirken sich vielfach auf das Individuum, die Gesellschaft und Wirtschaft aus – in positiver wie in negativer Hinsicht. Sie können die Kommunikation, Pflege zwischenmenschlicher Beziehungen, gesellschaftliche Teilhabe oder auch demokratische Willensbildung fördern. Sie haben einen wirtschaftlichen Nutzen, nicht nur für die Anbieter, sondern auch Unternehmen, die sich mit wenig Aufwand dort präsentieren und mit ihren Zielgruppen vernetzen können. Auf der anderen Seite bergen sie durch Möglichkeiten der Profilbildung Risiken für die informationelle Selbstbestimmung, Diskriminierung, Filterblasen und Echokammern. Durch Lock-in- und andere Netzwerkeffekte beschränkt sich die Auswahl von Social Networks für Nutzer zusehends.

Nach Erläuterung der einschlägigen verfassungsrechtlichen Garantien zum Schutz der Persönlichkeit der Nutzer von Social Networks war es Ziel der Arbeit, zum einen die Vorgaben der Datenschutz-Grundverordnung dezidiert auf Social Networks anzuwenden und zum anderen mithilfe der Methode KORA technische und organisatorische Gestaltungsziele zu definieren, die es ermöglichen, ein rechtskonformes Social Network entwickeln zu können.

Einen expliziten Schutz der Privatsphäre oder Privatheit eines Nutzers gibt es weder im unionsrechtlichen noch im deutschen grundgesetzlichen Sinne. Vielmehr steckt auf unionsrechtlicher Ebene Art. 8 GRCh ein Recht auf Datenschutz ab, welches um das Recht auf Meinungsäußerung und Informationsfreiheit aus Art. 11 GRCh ergänzt wird. Auf der Ebene des Grundgesetzes prägen das allgemeine Persönlichkeitsrecht in Form der informationellen Selbstbestimmung aus Art. 2 Abs. 1 in Verbindung mit Art. 1 Abs. 1 GG ein entsprechendes Recht, welches mithilfe des Fernmeldegeheimnisses nach Art. 11 GG sowie der Meinungs- und Informationsfreiheit aus Art. 5 GG ergänzt wird, um Nutzern von Social Networks einen umfassenden Schutz ihrer Persönlichkeit zu gewährleisten. Abzuwägen sind diese

M. Nebel, *Persönlichkeitsschutz in Social Networks*, DuD-Fachbeiträge, https://doi.org/10.1007/978-3-658-31786-7_9

jedoch insbesondere mit der Berufsfreiheit des Anbieters aus Art. 15 GRCh bzw. Art. 12 GG.

Einen Ausgleich zwischen dem Recht des Nutzers auf Schutz seiner Freiheitsrechte auf der einen und dem Recht des Anbieters zur Datenverarbeitung aus wirtschaftlichem Interesse auf der anderen Seite, ist Aufgabe des Datenschutzrechts. Dieses hat auf unionsrechtlicher Ebene mit dem Inkrafttreten der Datenschutz-Grundverordnung wichtige Veränderungen erfahren. Ein wesentliches Ziel der Arbeit bestand daher darin, in Bezug auf die Datenverarbeitung in Social Networks zu untersuchen, wie sich die neuen Regelungen auf Anbieter und Nutzer auswirken.

Erste zentrale Erkenntnis ist, dass auch Nutzer von Social Networks sich kaum auf die Ausnahmen zum Anwendungsbereich berufen können, sodass der Nutzer eines Social Network regelmäßig als Verantwortlicher der Datenverarbeitung gilt, die Vorgaben der Verordnung mithin grundsätzlich ohne Einschränkung auf ihn anwendbar sind. Die Verantwortlichkeiten für Datenverarbeitungsvorgänge in Social Networks sind tatsächlich aber vielschichtig und teils nur schwer zu trennen. Eine gemeinsame Verantwortlichkeit zwischen den Beteiligten ist insoweit sachgerecht, weil das geltende Datenschutzrecht keine adäquaten Lösungen für eine Verantwortlichkeitsverteilung für das Web 2.0 bereithält, in dem der Nutzer als datenschutzrechtlich betroffene Person gleichzeitig Verantwortlicher sein kann, sich Verantwortlichkeiten überschneiden und nicht mehr klar voneinander abgrenzbar sind. Insbesondere für den Fall, dass Machtgefälle derart stark auseinandergehen wie in den Fällen großer Anbieter mit Quasi-Monopol und deren Nutzern, die nur begrenzt Einblick – geschweige denn Einfluss – in die hinter der Plattform stehenden Datenverarbeitungsvorgänge haben, ist eine effektive Umsetzung der gemeinsamen Verantwortlichkeit nach Art. 26 DSGVO jedoch nur schwer praktikabel. Hier bedarf es einer Neukonzipierung der Verantwortlichkeitsvorschriften, die den Anforderungen der Datenverarbeitung in Social Networks auch und vor allem in Bezug auf Dritte gerecht wird.

Für beide bestimmt sich die Rechtmäßigkeit der Datenverarbeitung nach der zentralen Vorschrift des Art. 6 DSGVO sowie im Falle besonderer Kategorien personenbezogener Daten nach Art. 9 Abs. 2 DSGVO. Verarbeitet der Anbieter eines Social Network personenbezogene Daten seiner Nutzer, ist dies zulässig, wenn dies zur Erfüllung rechtlicher Verpflichtungen erforderlich ist oder er ein berechtigtes Interesse daran hat und die Interessen der betroffenen Person nicht überwiegen. Bei der Abwägung der Interessenpositionen ist besondere Aufmerksamkeit darauf zu legen, ob es sich bei der betroffenen Person um ein Kind handelt und ob besondere Kategorien personenbezogener Daten verarbeitet werden. Liegt kein berechtigtes Interesse vor und ist die Datenverarbeitung nicht zur Vertragserfüllung erforderlich, bedarf er zwingend der Einwilligung der betroffenen Person. Bei der Prüfung der

Einwilligung ist insbesondere auf deren Freiwilligkeit besonderes Augenmerk zu legen. Für personalisierte Werbung als Hauptgeschäftszweck von Social Networks ist in jedem Fall eine wirksame Einwilligung einzuholen, da in diesem Fall die berechtigten Interessen der betroffen Person am Schutz ihres Rechts auf Datenschutz und informationelle Selbstbestimmung überwiegen. Verarbeitet der Anbieter personenbezogene Daten eines Dritten, ist dies ausschließlich nach Einholen der Einwilligung des Dritten zulässig, da es an einer Vertragsbeziehung mangelt und die berechtigten Interessen des Dritten auf Wahrung seines Rechts auf Datenschutz und informationeller Selbstbestimmung daher überwiegen.

Verarbeitet ein Nutzer personenbezogene Daten eines anderen Nutzers oder eines Dritten, bedarf er der Einwilligung der betroffenen Person. Ein berechtigtes Interesse kann der verantwortliche Nutzer geltend machen, wenn die Datenverarbeitung der Verwirklichung seiner Meinungs- und Kommunikationsfreiheit dient und die Beeinträchtigung der betroffenen Person nicht überwiegt. Ein Sonderfall für Anbieter und verantwortliche Nutzer gilt für die Veröffentlichung von Bildnissen in Social Networks. Hier ist unter Umständen das Kunsturhebergesetz anwendbar. Da der genaue Anwendungsbereich im Verhältnis zur Datenschutz-Grundverordnung weiterhin ungelöst ist, empfiehlt es sich jedoch, eine Interessenabwägung oder eine Einwilligung nach den Grundsätzen der Datenschutz-Grundverordnung vorzunehmen bzw. einzuholen.

Im Rahmen des Beschäftigtendatenschutzes spielen Social Networks insbesondere bei der Bewerberrecherche eine wichtige Rolle. Dies beurteilt sich im Wesentlichen nach den Grundsätzen des Fragerechts des Arbeitgebers. Dieser darf nur nach solchen Informationen fragen, an denen er ein berechtigtes Interesse hinsichtlich der Begründung und Durchführung des Arbeitsverhältnisses geltend machen kann, und bei denen das Interesse des Beschäftigten an der Geheimhaltung der Daten nicht überwiegt. Im Ergebnis sind Recherchen in privat orientierten Social Networks unzulässig, da andernfalls das Risiko zu hoch ist, auf nicht berufsrelevante Informationen zu stoßen.

Die Rechte der betroffenen Person zu stärken, war eines der Hauptanliegen der Datenschutz-Grundverordnung. Dem Verantwortlichen obliegen ausführliche Informationspflichten, denen eine Reihe von Betroffenenrechten der betroffenen Person gegenüberstehen. Unproblematisch sind das Recht auf Auskunft und Berichtigung nach Art. 15 und 16 DSGVO sowie das Recht auf Einschränkung der Verarbeitung nach Art. 18 DSGVO. Beim Recht auf Löschen nach Art. 17 DSGVO ist nicht nur die Aufgabe des Löschens eine anspruchsvolle Aufgabe. Auch die geographische Reichweite des Anspruchs ist umstritten. Neu und innovativ insbesondere mit dem Fokus auf Social Networks ist das Recht auf Datenübertragbarkeit nach Art. 20 DSGVO. Im Ergebnis ist das Recht auf Datenübertragbarkeit durchaus geeignet,

um Nutzer von Social Networks zu unterstützen, zumindest theoretisch einen Großteil ihrer personenbezogenen Daten in ein anderes Social Network zu übertragen.
Entsprechende Optionen werden sowohl bei Facebook als auch bei Google angeboten, um zumindest der Verpflichtung aus Art. 20 Abs. 1 DSGVO nachzukommen.
Die direkte Übermittlung an andere Verantwortliche nach Abs. 2 ist jedoch bisher nicht vom Leistungsangebot umfasst. Da Art. 20 DSGVO ebenso nach Art. 83
Abs. 5 lit. b DSGVO bußgeldbewehrt ist, sollten die Anbieter jedoch einige Anstrengungen unternehmen, um das Recht auf Datenübertragbarkeit auch umzusetzen.
Aufsichtsbehörden können dazu beitragen, indem sie entsprechende Anordnungen nach Art. 58 Abs. 2 DSGVO zur Umsetzung der Vorschriften der Verordnung
erlassen, um deren Verstoß konkret nach Art. 83 Abs. 6 DSGVO zu ahnden. Das
Widerspruchsrecht nach Art. 21 DSGVO wird durch seine hohen Hürden allenfalls
im Ausnahmefall statthaft sein. Das Verbot automatisierter Einzelentscheidungen
gemäß Art. 20 DSGVO wird im Regelfall im Rahmen von Social Networks keine
Anwendung finden.

Das dritte wesentliche Ziel der Arbeit bestand darin, mithilfe der Methode KORA
aus verfassungsrechtlichen Vorgaben und Anforderungen rechtliche Kriterien zu
identifizieren und organisatorische und technische Gestaltungsziele zu entwickeln,
um eine rechtsverträgliche Systemgestaltung von Social Networks anzustoßen. Dies
hat den Vorteil, den Interessen der Nutzer nachzukommen, und dabei die Hoheit über
die Daten und die Transparenz hinsichtlich der Datenverwendung beim Nutzer zu
wahren. Für den Anbieter hat eine rechtskonforme Systemgestaltung den Vorteil,
nicht nur seiner Rechenschaftspflicht nachzukommen, sondern auch seinem Anteil
an der gemeinsamen Verantwortlichkeit mit verantwortlichen Nutzern.

Abschließend wurden die Auswirkungen der rechtsverträglichen Systemgestaltung von Social Networks auf das Geschäftsmodell skizziert. Es wurde gezeigt, dass
durchaus einige Möglichkeiten und Ideen existieren, das herkömmliche Modell
der ungehemmten Auswertung aller verfügbaren Daten für personalisierte Werbung zugunsten anderer Geschäftsmodelle abzulösen, um die Persönlichkeitsrechte
der Nutzer besser zu gewährleisten. Allerdings verspricht keines der alternativen
Modelle einen vergleichbaren Erfolg. Hier ist weitere, auch wirtschaftswissen-
schaftliche, Forschung gefragt, um nachhaltige Geschäftsmodelle zu entwerfen,
die die hier vorgestellte rechtsverträgliche Systemgestaltung fördern und dennoch
das Angebot von Social Networks für die Anbieter wirtschaftlich attraktiv machen.

Die europäische Datenschutzreform hat bewirkt, dass Internetkonzerne, die sich
vor der Reform durch eine strategisch günstige Wahl des Niederlassungsortes
der Durchsetzung deutschen Datenschutzrechts faktisch entziehen konnten, sich
nunmehr ernsthaft mit den Anforderungen an eine rechtskonforme Datenverarbeitung auseinandersetzen müssen. Die heftig verschärften Sanktionsvorschriften der

Datenschutz-Grundverordnung machen es auch aus Anbietersicht attraktiv, die unionsrechtlichen Datenschutzvorschriften ernst zu nehmen. Dennoch bleiben in Bezug auf Social Networks einige Herausforderungen bei der Umsetzung bestehen, die sich aus der Tatsache ergeben, dass die Verordnung nur unzureichend auf moderne Formen der Datenverarbeitung wie Social Networks reagiert hat. Die vorliegende Arbeit will einen Beitrag dazu leisten, die nunmehr geltenden Anforderungen der Datenschutz-Grundverordnung bestmöglich auf Social Networks anzuwenden. Der rechtskonformen Systemgestaltung kommt hierbei zur praktischen Umsetzung ein wesentlicher Beitrag zu. Die Arbeit hat hierfür die entsprechenden Grundsteine gelegt, die nunmehr durch die technischen Disziplinen aufgegriffen und fortgeführt werden können.

Literaturverzeichnis

Abel, R. B., Einmeldung und Auskunfteitätigkeit nach DS-GVO und § 31 BDSG, Frage der Rechtssicherheit im neuen Recht, ZD 2018, 103.

Acar, G./van Alsenoy, B./Piessens, F./Diaz, C./Preneel, B., Facebook Tracking Through Social Plug-ins, Technical report prepared for the Belgian Privacy Commission 24.6.2015, https://securehomes.esat.kuleuven.be/~gacar/fb_tracking/.

Ahlberg, H./Götting, H.-P. (Hrsg.), BeckOK Urheberrecht, 23. Auflage, München 2019.

Albers, M., Informationelle Selbstbestimmung, Baden-Baden 2005.

Albers, M., Grundrechtsschutz der Privatheit, DVBl. 2010, 1061.

Albrecht, J. P., Das neue EU-Datenschutzrecht – von der Richtlinie zur Verordnung, Überblick und Hintergründe zum finalen Text für die Datenschutz-Grundverordnung der EU nach Einigung im Trilog, CR 2016, 88.

Albrecht, J. P./Jotzo, F., Das neue Datenschutzrecht der EU – Grundlagen, Gesetzgebungsverfahren, Synopse, Baden-Baden 2017.

Alexander, C., Digitaler Nachlass als Rechtsproblem, Überlegungen aus persönlichkeitsrechtlicher, datenschutzrechtlicher und vertragsrechtlicher Sicht, K&R 2016, 301.

Alich, S./Voigt, P., Mitteilsame Browser – Datenschutzrechtliche Bewertung des Trackings mittels Browser-Fingerprints, CR 2012, 344.

Amelung, U., Der Schutz der Privatheit im Zivilrecht, Tübingen 2002.

Arendt, H., Little Rock, in: Zur Zeit, Berlin 1986.

Arens, T., Postmortaler Datenschutz und die Datenschutz-Grundverordnung, RDV 2018, 127.

Arnauld, A. v., Strukturelle Fragen des allgemeinen Persönlichkeitsrechts, Überlegungen zum Schutzbereich und Schranken des grundrechtlichen Persönlichkeitsschutzes, ZUM 1996, 286.

Art.-29-Datenschutzgruppe, WP 136 – Stellungnahme 4/2007 zum Begriff „personenbezogene Daten" vom 20.6.2007.

Art.-29-Datenschutzgruppe, WP 148 – Stellungnahme 1/2008 zu Datenschutzfragen im Zusammenhang mit Suchmaschinen vom 4.4.2008.

Art.-29-Datenschutzgruppe, WP 163 – Stellungnahme 5/2009 zur Nutzung sozialer Online-Netzwerke vom 12.6.2009.

Art.-29-Datenschutzgruppe, WP 169 – Stellungnahme 1/2010 „für die Verarbeitung Verantwortlicher" und „Auftragsverarbeiter" vom 16.2.2010.

Art. 29 Datenschutzgruppe, WP 171 – Stellungnahme 2/2010 zur Werbung auf Basis von Behavioural Targeting vom 22.6.2010.

Art.-29-Datenschutzgruppe, WP 173 – Stellungnahme 3/2010 zum Grundsatz der Rechenschaftspflicht vom 13.7.2010.

Art.-29-Datenschutzgruppe, WP 179 – Stellungnahme 8/2010 zum anwendbaren Recht vom 16.12.2010.

Art.-29-Datenschutzgruppe, WP 203 – Opinion 03/2013 on purpose limitation vom 2.4.2013.

Art.-29-Datenschutzgruppe, WP 217 – Stellungnahme 06/2014 zum Begriff des berechtigten Interesses des für die Verarbeitung Verantwortlichen gemäß Artikel 7 der Richtlinie 95/46/EG vom 9.4.2014.

Art.-29-Datenschutzgruppe, WP 216 – Stellungnahme 5/2014 zu Anonymisierungstechniken vom 10.4.2014.

Art.-29-Datenschutzgruppe, WP 225 – Guidelines on the implementation of the Court of Justice of the European Union judgement on "Google Spain and Inc v. Agencia Española de Protección de Datos (AEPD) and mario Costeja González" C-131/12 vom 26.11.2014.

Art.-29-Datenschutzgruppe, WP 242 rev.01 – Leitlinien zum Recht auf Datenübertragbarkeit vom 13.12.2016 / 5.4.2017.

Art.-29-Datenschutzgruppe, WP 243 rev0.1 – Leitlinien in Bezug auf Datenschutzbeauftragte („DSB") vom 5.4.2017.

Art.-29-Datenschutzgruppe, WP 251 rev.01 – Guidelines on Automated individual decision-making and Profiling for the purposes of Regulation 2016/679 vom 3.10.2017 / 6.2.2018.

Art.-29-Datenschutzgruppe, WP 248 rev 0.1 – Leitlinien zur Datenschutz-Folgenabschätzung (DSFA) und Beantwortung der Frage, ob eine Verarbeitung im Sinne der Verordnung 2016/679 „wahrscheinlich ein hohes Risiko mit sich bringt" vom 4.10.2017.

Art.-29-Datenschutzgruppe, WP 259 rev.01 – Guidelines on Consent under Regulation 2016/679 vom 28.11.2017 / 10.4.2018.

Art.-29-Datenschutzgruppe, WP 260 rev.01 – Guidelines on transparency under Regulation 2016/679 vom 29.11.2017 / 11.4.2018.

Aßmus, U., Social Networks, in: Jandt, S./Steidle, R. (Hrsg.), Datenschutz im Internet, Rechtshandbuch zu DSGVO und BDSG, Baden-Baden 2018, 297.

Aßmus, U./Winzer, F., Mitarbeiterfotos im Intranet, auf Webseiten und in sozialen Netzwerken, Anforderungen an Einwilligung und Widerruf nach dem KUG und der DS-GVO, ZD 2018, 508.

Auernhammer, H. (Begr.), *Eßer, M./Kramer, P./Lewinski, K. v.* (Hrsg.), DSGVO BDSG, 6. Auflage, Köln 2018 (zitiert als *Autor,* in: Auernhammer 2018).

Baumgarten, U./Gausling, B., Datenschutz durch Technikgestaltung und datenschutzfreundliche Voreinstellungen, ZD 2017, 308.

Bedner, M., Cloud Computing – Technik, Sicherheit und rechtliche Gestaltung, Kassel 2009.

Bedner, M./Ackermann, T., Schutzziele der IT-Sicherheit, DuD 2010, 323.

Benda, E., Das Recht auf informationelle Selbstbestimmung und die Rechtsprechung des Bundesverfassungsgerichts zum Datenschutz, DuD 1984, 86.

Bender, G., Informationelle Selbstbestimmung in sozialen Netzwerken, K&R 2013, 218.

Benedikt, K./Kranig, T., DS-GVO und KUG – ein gespanntes Verhältnis, Ende des KUG nach 111 Jahren?, ZD 2019, 4.

Bergmann, L./Möhrle, R./Herb, A. (Hrsg.), Datenschutzrecht, Kommentar Bundesdaten-schutzgesetz, Europäische Datenschutz-Grundverordnung, Datenschutzgesetze der Länder, Bereichsspezifischer Datenschutz, 56. EL, Stuttgart 2018 (zitiert als *Autor*, in: Bergmann/Möhrle/Herb 2018).

Bergt, M., Die Bestimmbarkeit als Grundproblem des Datenschutzrechts, Überblick über den Theorienstreit und Lösungsvorschlag, ZD 2015, 365.

Berlit, U.-D., Vorabentscheidungsersuchen zur Klärung datenschutzrechtlicher Verantwort-lichkeit für die bei Aufruf einer Facebook-Fanpage erhobenen Nutzerdaten sowie zu Fragen der Zuständigkeit der Datenschutzaufsichtsbehörden und Reichweite ihrer Befugnisse, jurisPR-BVerwG 13/2016, Anm. 3.

Beyvers, E./Herbrich, T., Das Niederlassungsprinzip im Datenschutzrecht – am Beispiel von Facebook, Der neue Ansatz des EuGH und die Rechtsfolgen, ZD 2014, 558.

Bieker, F., Die Risikoanalyse nach dem neuen EU-Datenschutzrecht und dem Standard-Datenschutzmodell, DuD 2018, 27.

Bieker, F./Bremert, B./Hansen, M., Die Risikobeurteilung nach der DSGVO, DuD 2018, 492.

Bieker, F./Hansen, M., Datenschutz „by Design" und „by Default" nach der neuen europäi-schen Datenschutz-Grundverordnung, RDV 2017, 165.

Bierekoven, C., Auftragsverarbeitung, Joint Controllership und kleines Konzernprivileg, Hinweise zur Verarbeitung personenbezogener Daten im Konzern, ITRB 2017, 282.

Bile, T./Geminn. C. L./Grigorjew, O./Husemann, C./Nebel, M./Roßnagel, A., Fördern und For-dern – Regelungsformen zur Anreizgestaltung für einen wirksamen Schutz von Privatheit und Selbstbestimmung, in: Friedewald, M. (Hrsg.), Privatheit und selbstbestimmtes Leben in der digitalen Welt, Interdisziplinäre Perspektiven auf aktuelle Herausforderungen des Datenschutzes, Wiesbaden 2018, 83.

Bissels, A./Lützeler, M./Wisskirchen, G., Facebook, Twitter & Co.: Das Web 2.0 als arbeitsrechtliches Problem, BB 2010, 2433.

Bizer, J., Web-Cookies – datenschutzrechtlich, DuD 1998, 277.

Bizer, J., Personenbezug bei Cookies, DuD 2003, 644.

Bock, K./Meissner, S., Datenschutz-Schutzziele im Recht, DuD 2012, 425.

Bodenschatz, N., Der europäische Datenschutzstandard, Frankfurt a. M. 2010.

Boecken, W./Düwell, F. J./Diller, M./Hanau, H. (Hrsg.), Gesamtes Arbeitsrecht, Baden-Baden 2016.

Boos, C., Verbraucher-und Datenschutz bei Online-Versanddiensten, Automatisierte Ein-schätzung der Vertrauenswürdigkeit durch ein Browser-Add-on, Kassel 2015.

Boyd, D./Ellison, N. B., Social Network Sites: Definition, History, and Scholarship, Journal of Computer-Mediated Communication 2008, 210.

Braun, S., Durchsetzung des Datenschutzrechts, in: Roßnagel, A. (Hrsg.), Das neue Daten-schutzrecht, Europäische Datenschutz-Grundverordnung und deutsche Datenschutzge-setze, Baden-Baden 2018, 238.

Braun, S./Hohmann, C., Sanktionen, in: Roßnagel, A. (Hrsg.), Das neue Datenschutzrecht, Europäische Datenschutz-Grundverordnung und deutsche Datenschutzgesetze, Baden-Baden 2018, 257.

Bräutigam, P., Das Nutzungsverhältnis bei sozialen Netzwerken, Zivilrechtlicher Austausch von IT-Leistung gegen personenbezogene Daten, MMR 2012, 635.

Breyer, P., Personenbezug von IP-Adressen, Internetnutzung und Datenschutz, ZD 2014, 400.

Breyer, P., Datenschutz im Internet: Zwangsidentifizierung und Surfprotokollierung bleiben verboten, Warum Internetnutzer auch in Zukunft einen besonderen Datenschutz brauchen, ZD 2018, 302.

Brink, S./Eckhardt, J., Wann ist ein Datum ein personenbezogenes Datum? Anwendungsbereich des Datenschutzrechts, ZD 2015, 205.

Brüggemann, S., Das Recht auf Datenportabilität, Die neue Macht des Datensubjekts und worauf Unternehmen sich einstellen müssen, K&R 2018, 1.

Buchholtz, G., Das „Recht auf Vergessen" im Internet, Vorschläge für ein neues Schutzkonzept, ZD 2015, 570.

Buchmann, J. (Hrsg.), Internet Privacy, Options for adequate realisation 2013.

Buchmann, J./Nebel, M./Roßnagel, A./Shirazi, F./Simo, H./Waidner, M., Personal Information Dashboard, Putting the Individual Back in Control, in: Hildebrandt, M./O'Hara, K./Waidner, M. (Hrsg.), Digital Enlightenment Yearbook 2013, The Value of Personal Data, Amsterdam 2013, 139.

Buchner, B., Message to Facebook, DuD 2015, 402.

Buchner, B., Grundsätze und Rechtmäßigkeit der Datenverarbeitung unter der DS-GVO, DuD 2016, 155.

Buchner, B./Kühling, J., Die Einwilligung in der Datenschutzordnung 2018, DuD 2017, 544.

Bundesamt für Sicherheit in der Informationstechnik (BSI), BSI-Standard 100-4 Notfallmanagement, Version 1.0, 2008, https://www.bsi.bund.de/DE/Themen/ITGrundschutz/ITG rundschutzStandards/Standard04/ITGStandard04_node.html.

Bundesamt für Sicherheit in der Informationstechnik (BSI), Leitfaden Informationssicherheit, IT-Grundschutz kompakt, Bonn 2012, https://www.bsi.bund.de/DE/Themen/ITGrundsc hutz/ITGrundschutzUeberblick/LeitfadenInformationssicherheit/leitfaden_node.html.

Bundesamt für Sicherheit in der Informationstechnik (BSI), IT-Grundschutz-Kompendium, Edition 2019, https://www.bsi.bund.de/DE/Themen/ITGrundschutz/ITGrundschutzKo mpendium/itgrundschutzKompendium_node.html (zitiert als BSI 2019a).

Bundesamt für Sicherheit in der Informationstechnik (BSI), BSI TR-02102-1, Kryptographische Verfahren: Empfehlungen und Schlüssellängen, Version 2019-01, 2019, https:// www.bsi.bund.de/SharedDocs/Downloads/DE/BSI/Publikationen/TechnischeRichtlin ien/TR02102/BSI-TR-02102.html (zitiert als BSI 2019b).

Der Bundesbeauftragte für den Datenschutz und die Informationssicherheit, 27. Tätigkeitsbericht zum Datenschutz 2017 – 2018, https://www.bfdi.bund.de/SharedDocs/Publikati onen/Taetigkeitsberichte/TB_BfDI/27TB_17_18.html?nn=5217016.

Bundesverband Informationswirtschaft, Telekommunikation und neue Medien e. V. (BITKOM), Soziale Netzwerke, Eine repräsentative Untersuchung zur Nutzung sozialer Netzwerke im Internet, 2. Auflage 2011, https://www.bitkom.org/Bitkom/Publikationen/ Studie-Soziale-Netzwerke-zweite-erweiterte-Studie.html (zitiert als BITKOM 2011).

Bundesverband Informationswirtschaft, Telekommunikation und neue Medien e. V. (BITKOM), Big-Data-Technologien – Wissen für Entscheider, Leitfaden, Berlin 2014, https://www.bitkom.org/Bitkom/Publikationen/Big-Data-Technologien-Wis sen-fuer-Entscheider.html (zitiert als BITKOM 2014).

Bundesverband Informationswirtschaft, Telekommunikation und neue Medien e. V. (BITKOM), Personaler haben Soziale Netzwerke im Blick, 2015, https://de.statista.com/inf ografik/3531/worueber-sich-personaler-ueber-bewerber-in-sozialen-netzwerken-inform ieren/ (zitiert als BITKOM 2015a).

Bundesverband Informationswirtschaft, Telekommunikation und neue Medien e. V. (BITKOM), Wie gewinnen Sie online Informationen über potentielle Mitarbeiter?, 2015, https://de.statista.com/statistik/daten/studie/166592/umfrage/internetrecherche-ueber-bewerber-durch-personaler/ (zitiert als *BITKOM* 2015b).

Bundesverband Informationswirtschaft, Telekommunikation und neue Medien e. V. (BITKOM), Kinder und Jugend in der digitalen Welt, Pressemitteilung vom 16.5.2017, https://www.bitkom.org/Presse/Anhaenge-an-PIs/2017/05-Mai/170512-Bitkom-PK-Kinder-und-Jugend-2017.pdf (zitiert als *BITKOM* 2017).

Bundesverband Informationswirtschaft, Telekommunikation und neue Medien e. V. (BITKOM), Social-Media-Trends, Berlin 2018, https://www.bitkom.org/sites/default/files/file/import/180227-Bitkom-PK-Charts-Social-Media-Trends-2.pdf (zitiert als *BITKOM* 2018a).

Bundesverband Informationswirtschaft, Telekommunikation und neue Medien e. V. (BITKOM), Anteil der befragten Personalverantwortlichen, die Social Media zur Bewerberüberprüfung nutzen, in Deutschland in ausgewählten Jahren von 2013 bis 2018, https://de.statista.com/statistik/daten/studie/886948/umfrage/nutzung-von-social-media-zur-bewerberueberpruefung-in-deutschland/ (zitiert als *BITKOM* 2018b).

Calliess, C./Ruffert, M., EUV/AEUV – Das Verfassungsrecht der Europäischen Union mit Europäischer Grundrechtecharta, 5. Auflage, München 2016.

Caspar, J., Besprechung des EuGH-Urteils vom 13. Mai 2014 in dem Verfahren C-131/12, PinG 2014, 133.

Caspar, J., Klarnamenpflicht versus Recht auf pseudonyme Nutzung, ZRP 2015, 233.

Christl, W., Kommerzielle digitale Überwachung im Alltag, Wien 2014, http://crackedlabs.org/studie-kommerzielle-ueberwachung/info.

Christl, W., Microtargeting, Persönliche Daten als politische Währung, APuZ 24-26/2019, 42.

Connolly, C., The US Safe Harbor – Fact or Fiction?, 2008, http://www.galexia.com/public/research/assets/safe_harbor_fact_or_fiction_2008/safe_harbor_fact_or_fiction.pdf.

Damker, H./Müller, G., Verbraucherschutz im Internet, DuD 1997, 24.

Dammann, U., Erfolge und Defizite der EU-Datenschutzgrundverordnung, Erwarteter Fortschritt, Schwächen und überraschende Innovationen, ZD 2016, 307.

Dammann, U./Simitis, S., EG-Datenschutzrichtlinie, Kommentar, Baden-Baden 1997.

Datenschutzkonferenz (DSK), Orientierungshilfe „Soziale Netzwerke", Version 1.1 vom 14.3.2013, https://www.datenschutz-berlin.de/fileadmin/user_upload/pdf/publikationen/DSK/2013/2013-DSK-Orientierungshilfe_Soziale_Netzwerke.pdf (zitiert als *DSK*, Orientierungshilfe „Soziale Netzwerke" 2013).

Datenschutzkonferenz (DSK), Positionsbestimmung zur Anwendbarkeit des TMG für nicht-öffentliche Stellen ab dem 25.5.2018, https://www.datenschutzkonferenz-online.de/media/ah/201804_ah_positionsbestimmung_tmg.pdf (zitiert als *DSK*, Positionsbestimmung TMG 2013).

Datenschutzkonferenz (DSK), Die Zeit der Verantwortungslosigkeit ist vorbei: EuGH bestätigt gemeinsame Verantwortung von Facebook und Fanpage-Betreibern, Entschließung vom 6.6.2018, https://www.datenschutzkonferenz-online.de/media/en/20180605_en_fb_fanpages.pdf (zitiert als *DSK*, Entschließung gemeinsame Verantwortung 2018).

Datenschutzkonferenz (DSK), Liste der Verarbeitungstätigkeiten, für die eine DSFA durchzuführen ist, Version 1.1 vom 17.10.2018, https://www.lda.bayern.de/media/dsfa_muss_liste_dsk_de.pdf (zitiert als *DSK*, DSFA-Liste 2018).

Datenschutzkonferenz (DSK), Das Standard-Datenschutzmodell, Eine Methode zur Datenschutzberatung und -prüfung auf der Basis einheitlicher Gewährleistungsziele, V.1.1 – Erprobungsfassung 2018 https://www.datenschutzzentrum.de/sdm/ (zitiert als *DSK*, SDM-Methode 2018).

Däubler, W., Gläserne Belegschaften, Das Handbuch zum Beschäftigtendatenschutz, 7. Auflage, Frankfurt am Main 2017.

Däubler, W., Informationsbedarf versus Persönlichkeitsschutz – was muss, was darf der Arbeitgeber wissen?, NZA 2017, 1481.

Däubler, W., Digitalisierung und Arbeitsrecht, Internet, Arbeit 4.0 und Crowdwork, 6. Auflage, Frankfurt am Main 2018.

Däubler, W./Klebe, T./Wedde, P./Weichert, T. (Hrsg.), Bundesdatenschutzgesetz, Kompaktkommentar zum BDSG, 4. Auflage, Frankfurt am Main 2014 (zitiert als *Autor*, in: Däubler/Klebe/Wedde/Weichert 2014).

Dehmel, S./Hullen, N., Auf dem Weg zu einem zukunftsfähigen Datenschutz in Europa? Konkrete Auswirkungen der DS-GVO auf Wirtschaft, Unternehmen und Verbraucher, ZD 2013, 147.

Desoi, B., Big Data und allgemein zugängliche Daten im Krisenmanagement, Exemplarische technische und normative Gestaltung von Analysen zur Entscheidungsunterstützung, Wiesbaden 2018.

Desoi, M./Knierim, A., Intimsphäre und Kernbereichsschutz, Ein unantastbarer Bereich privater Lebensgestaltung in der Rechtsprechung des Bundesverfassungsgerichts, DÖV 2011, 398.

Dietrich, N./Szalai, S., Mit dem Geburtstagszug zum Urheberrechtsschutz – Das Urteil des BGH vom 13. 11. 2013 – I ZR 143/12 und seine Folgen (BGH vom 13. 11. 2013 – I ZR 143/12), DZWIR 2014, 158.

Dovas, M.-U., Joint Controllership – Möglichkeiten oder Risiken der Datennutzung? Regelung der gemeinsamen datenschutzrechtlichen Verantwortlichkeit in der DS-GVO, ZD 2016, 512.

Dregelies, M., Wohin laufen meine Daten? Datenschutz bei Sportuhren und Fitnesstrackern, VuR 2017, 256.

Dreier, H. (Hrsg.), Grundgesetz, Kommentar, 3. Auflage, Tübingen 2013 (zitiert als *Autor*, in: Dreier 2013).

Düsseldorfer Kreis, Datenschutz in sozialen Netzwerken, RDV 2012, 47.

Dzida, B., Big Data und Arbeitsrecht, NZA 2017, 541.

Eckhardt, J., Kommentar zu: LG Berlin, Urteil vom 06.09.2007 – 23 S 3/07, K&R 2007, 601.

Eckhardt, J., IP-Adresse als personenbezogenes Datum – neues Öl ins Feuer, Personenbezug im Datenschutzrecht – Grenzen der Bestimmbarkeit am Beispiel der IP-Adresse, CR 2011, 339.

Eckhardt, J., EU-DatenschutzVO – Ein Schreckgespenst oder Fortschritt?, CR 2012, 195.

Eckhardt, J./Kramer, R./Mester, B. A., Auswirkungen der geplanten EU-DS-GVO auf den deutschen Datenschutz, DuD 2013, 623.

Ehlers, D., Grundrechtsbindung und Grundrechtsschutz von Unternehmen im deutschen und europäischen Recht, DVBl. 2019, 397.

Ehmann, E./Selmayr, M. (Hrsg.), DS-GVO, Datenschutz-Grundverordnung, 2. Auflage, München 2018.

Eichenhofer, J., Vom Zweckbindungsgrundsatz zur Interessenabwägung?, PinG 2017, 135.

Erfurter Kommentar zum Arbeitsrecht, *Müller-Glöge, R./Preis, U./Schmidt, I.* (Hrsg.), 18. Auflage, München 2018 (zitiert als *Autor*, in: ErfK 2018).

Erfurter Kommentar zum Arbeitsrecht, *Müller-Glöge, R./Preis, U./Schmidt, I.* (Hrsg.), 20. Auflage, München 2020 (zitiert als *Autor*, in: ErfK 2020).

Europäische Agentur für Netz- und Informationssicherheit (ENISA), Privacy and Data Protection by Design – from policy to engineering, 2014.

Europäischer Datenschutzbeauftragter (EDSB), Opinion 3/2018 on online manipulation and personal data, 2018.

Epping, V./Hillgruber, C. (Hrsg.), BeckOK Grundgesetz, 40. Edition, München 2019.

Erd, R., Soziale Netzwerke und Datenschutz – am Beispiel Facebook, in: Taeger, J. (Hrsg.), Digitale Evolution, Herausforderungen für das Informations- und Medienrecht, Edewecht 2010, 253.

Ernst, S., Social Plugins: Der „Like-Button" als datenschutzrechtliches Problem, NJOZ 2010, 1917.

Ernst, S., Die Einwilligung nach der Datenschutzgrundverordnung, Anmerkungen zur Definition nach Art. 4 Nr. 11 DS-GVO, ZD 2017, 110.

Eschholz, S., Big Data-Scoring unter dem Einfluss der Datenschutz-Grundverordnung, DuD 2017, 180.

Fait, B./Treml, M., Auf dem Weg zum Grundgesetz, Verfassungskonvent Herrenchiemsee 1948, Augsburg 1998.

Fallert, N., Definitionskompetenz – Wer entscheidet, was als Kunst gilt?, GRUR 2014, 719.

Fammler, M./Hecht, M., Der Handel mit Legacy-IP-Adressen, Untersuchung der Rechtsverhältnisse an IPv4-Adressen, MMR 2015, 220.

Federrath, H./Pfitzmann, A., Gliederung und Systematisierung von Schutzzielen in IT-Systemen, DuD 2000, 704.

Felber, W., Anmerkung zu VG Bayreuth: Datenschutzrechtliche Anordnung zur Löschung von Kundenlisten beim Einsatz von Facebook Custom Audience, ZD 2018, 385.

Föhlisch, C./Pilous, M., Der Facebook Like-Button – datenschutzkonform nutzbar?, Analyse und Risikoeinschätzung des „Gefällt mir"-Buttons auf Webseiten, MMR 2015, 631.

Forst, G., Bewerberauswahl über soziale Netzwerke im Internet?, NZA 2010, 427.

Forst, G., Social Media Guidelines, Regelung durch Betriebsvereinbarung?, ZD 2012, 251.

Forum Privatheit (Hrsg.), Selbstdatenschutz, White Paper, 2. Auflage, Karlsruhe 2014, https://www.forum-privatheit.de/wp-content/uploads/Forum_Privatheit_White_P aper_Selbstdatenschutz_2.Auflage.pdf.

Forum Privatheit (Hrsg.), Das Versteckte Internet, Zu Hause – Im Auto – Am Körper, White Paper, Karlsruhe 2015, https://www.forum-privatheit.de/wp-content/uploads/ White-Paper-2-Final_17.07.15-Druckversion.pdf.

Forum Privatheit (Hrsg.), Fake News, Policy Paper, Karlsruhe 2017, https://www.forum-privatheit.de/wp-content/uploads/PolicyPaper-FakeNews_fin_druck.pdf.

Forum Privatheit (Hrsg.), Datensparsamkeit oder Datenreichtum? Zur neuen politischen Diskussion über den datenschutzrechtlichen Grundsatz der Datensparsamkeit, Policy Paper, Karlsruhe 2017, https://www.forum-privatheit.de/wp-content/uploads/PolicyPaper-Dat ensparsamkeit.pdf.

Forum Privatheit (Hrsg.), Datenschutz-Folgenabschätzung – Ein Werkzeug für einen besseren Datenschutz, White Paper, 3. Auflage, Karlsruhe 2017, https://www.forum-privat heit.de/wp-content/uploads/Forum-Privatheit-WP-DSFA-3-Auflage-2017-11-29.pdf.

Forum Privatheit (Hrsg.), Tracking – Beschreibung und Bewertung neuer Methoden, White Paper, Karlsruhe 2018, https://www.forum-privatheit.de/wp-content/uploads/Forum-Pri vatheit-Whitepaper-Tracking-1.pdf.

Forum Privatheit (Hrsg.), Nationale Implementierung der Datenschutz-Grundverordnung, Herausforderungen – Ansätze – Strategien, Policy Paper, Karlsruhe 2018, https://www. forum-privatheit.de/wp-content/uploads/Policy-Paper-Nationale-Implementierung-der-DSGVO_DE.pdf.

Forum Privatheit (Hrsg.), Das Netzwerkdurchsetzungsgesetz, Policy Paper, Karlsruhe 2018, https://www.forum-privatheit.de/wp-content/uploads/Policy-Paper-NetzDG-2.pdf.

Forum Privatheit (Hrsg.), Das Sanktionsregime der Datenschutz-Grundverordnung, Forschungsbericht, Karlsruhe 2019, https://www.forum-privatheit.de/wp-content/uploads/ Bericht_DSGVO_Sanktionsregime-1.pdf.

Forum Privatheit (Hrsg.), Privatheit und Kinderrechte, White Paper, Karlsruhe 2020, https:// www.forum-privatheit.de/download/privatheit-und-kinderrechte-2020/.

Fox, D., Webtracking, DuD 2010, 787.

Franck, L., Das System der Betroffenenrechte nach der Datenschutz-Grundverordnung (DS-GVO), RDV 2016, 111.

Frenz, W., Recht am eigenen Bild für Prinzessin Caroline, NJW 2008, 3102.

Freund, B./Schnabel, C., Bedeutet IPv6 das Ende der Anonymität im Internet? Technische Grundlagen und rechtliche Beurteilung des neuen Internet-Protokolls, MMR 2011, 495.

Frowein, J./ Peukert, W. (Hrsg.), Europäische Menschenrechtskonvention, EMRK-Kommentar, 3. Auflage, Kehl am Rhein 2009 (zitiert als *Autor,* in: Frowein/Peukert 2009).

Funk, D./Büttner, R./Süss, C./Henning, N./Tulzer, A., Vergleich von Geschäftsmodellen sozialer Netzwerke, in: Goltz, U./Magnor, M./Appelrath, H.-J./Mathies, H./Balke, W.-T./Wolf, L. (Hrsg.), Informatik 2012 – Was bewegt uns in der/die Zukunft? Lecture Notes in Informatics (LNI), P-208, Bonn 2012, 67.

Funke, M., Dogmatik und Voraussetzungen der datenschutzrechtlichen Einwilligung im Zivilrecht, Unter besonderer Berücksichtigung der Datenschutz-Grundverordnung, Baden-Baden 2017.

Galetzka, C., Web-Analytics/Retargeting und automatisierte Einzelfallentscheidung, K&R 2018, 675.

Gärtner, S., Anmerkung zu BGHZ 200, 38 (Schufa), BKR 2014, 197.

Geminn, C. L., Rechtsverträglicher Einsatz von Sicherheitsmaßnahmen im öffentlichen Verkehr, Wiesbaden 2014.

Geminn, C. L., Risikoadäquate Regelungen für das Internet der Dienste und Dinge? Die Neuerungen des Entwurfs für ein neues Bundesdatenschutzgesetz im Überblick, DuD 2017, 295.

Geminn, C. L./Nebel, M., Internationalisierung vs. Nationalisierung im Zeitalter der digitalen Gesellschaft – Wege aus einer Krise des Rechts und der Demokratie, in: Friedewald, M./Lamla, J./Roßnagel, A. (Hrsg.), Informationelle Selbstbestimmung im digitalen Wandel, Wiesbaden 2017, 287.

Geminn, C. L./Richter, P., Telekommunikation, in: Roßnagel, A. (Hrsg.), Europäische Datenschutz-Grundverordnung, Vorrang des Unionsrechts – Anwendbarkeit des nationalen Rechts, Baden-Baden 2017, 276.

Geminn, C. L./Richter, P., Telemedien, in: Roßnagel, A. (Hrsg.), Europäische Datenschutz-Grundverordnung, Vorrang des Unionsrechts – Anwendbarkeit des nationalen Rechts, Baden-Baden 2017, 290.

Geminn, C. L./Richter, P., Telemedien, in: Roßnagel, A. (Hrsg.), Das neue Datenschutzrecht, Europäische Datenschutz-Grundverordnung und deutsche Datenschutzgesetze, Baden-Baden 2018, 362.

Geminn, C. L./Roßnagel, A., „Privatheit" und „Privatsphäre" aus der Perspektive des Rechts – ein Überblick, JZ 2015, 703.

Geppert, M./Schütz, R. (Hrsg.), Beck'scher TKG-Kommentar, 4. Auflage, München 2013 (zitiert als *Autor,* in: Geppert/Schütz 2013).

Gerlach, J. v., Der Schutz der Privatsphäre von Personen des öffentlichen Lebens in rechtsvergleichender Sicht, JZ 1998, 741.

Gerling, S./Gerling, R. W., Wie realistisch ist ein „Recht auf Vergessen"?, DuD 2013, 445.

Gersdorf, H., Hate Speech in sozialen Netzwerken, Verfassungswidrigkeit des NetzDG-Entwurfs und grundrechtliche Einordnung der Anbieter sozialer Netzwerke, MMR 2017, 439.

Gersdorf, H./Paal, B. P. (Hrsg.), BeckOK Informations- und Medienrecht, 27. Edition, München 2020 (zitiert als *Autor,* in: Gersdorf/Paal 2020).

Gierschmann, S., Was „bringt" deutschen Unternehmen die DS-GVO? Mehr Pflichten, aber die Rechtsunsicherheit bleibt, ZD 2016, 51.

Gierschmann, S., Positionsbestimmung der DSK zur Anwendbarkeit des TMG (Ist ein deutscher Sonderweg wirklich die Lösung?, ZD 2018, 297.

Gierschmann, S./Schlender, K./Stentzel, R./Veil, W. (Hrsg.), Kommentar Datenschutz-Grundverordnung, Köln 2018 (zitiert als *Autor,* in: Gierschmann/Schlender/Stentzel/Veil 2018).

Gitter, R./Schnabel, C., Die Richtlinie zur Vorratsspeicherung und ihre Umsetzung in das nationale Recht, MMR 2007, 411.

Gola, P., Aus den Tätigkeitsberichten der Aufsichtsbehörden (2), RDV 2012, 184.

Gola, P., Der „neue" Beschäftigtendatenschutz nach § 26 BDSG n. F., BB 2017, 1462.

Gola, P., Aus den Berichten der Aufsichtsbehörden (36): Sicher ist sicher? Zum Kopieren und Scannen von Personalausweisen, RDV 2018, 206.

Gola, P. (Hrsg.), Datenschutz-Grundverordnung (VO (EU) 2016/679, Kommentar, 2. Auflage, München 2018 (zitiert als *Autor,* in: Gola 2018).

Gola, P./Lepperhoff, N., Reichweite des Haushalts- und Familienprivilegs bei der Datenverarbeitung, Aufnahme und Umfang der Ausnahmeregelung in der DS-GVO, ZD 2016, 9.

Gola, P./Pötters, S./Wronka, G., Handbuch Arbeitnehmerdatenschutz, Unter Berücksichtigung der Datenschutz-Grundverordnung (DS-GVO), 7. Auflage, Frechen 2016.

Gola, P./Schomerus, R. (Hrsg.), Bundesdatenschutzgesetz, Kommentar, 12. Auflage, München 2015 (zitiert als *Autor,* in: Gola/Schomerus 2015).

Gola, P./Schulz, S., Der Entwurf für eine EU-Datenschutz-Grundverordnung – eine Zwischenbilanz, RDV 2013, 1.

Gola, P./Schulz, S., DS-GVO – Neue Vorgaben für Datenschutz bei Kindern? Überlegungen zur einwilligungsbasierten Verarbeitung von personenbezogenen Daten Minderjähriger, ZD 2013, 475.

Golland, A., Das Kopplungsverbot in der Datenschutz-Grundverordnung, Anwendungsbereich, ökonomische Auswirkungen auf Web 2.0-Dienste und Lösungsvorschlag, MMR 2018, 130.

Golland, A., Der räumliche Anwendungsbereich der DS-GVO, DuD 2018, 351.

Golland, A., Datenverarbeitung in sozialen Netzwerken, Frankfurt a. M. 2019.

Golland, A., Datenschutzregulierung als Eingriff in Wertschöpfungsmodelle, in: Ochs, C./Friedewald, M./Hess, T./Lamla, J. (Hrsg.), Die Zukunft der Datenökonomie, Zwischen Geschäftsmodell, Kollektivgut und Verbraucherschutz, Wiesbaden 2019, 45.

Gömann, M., Grenzüberschreitende (Online-)Datenverarbeitungen im Europäischen Binnenmarkt unter Geltung der Datenschutz-Grundverordnung, EuZW 2018, 680.

Gonscherowski, S./Hansen, M./Rost, M., Resilienz – eine neue Anforderung aus der Datenschutz-Grundverordnung, DuD 2018.

Grabitz, E./Hilf, M./Nettesheim, M., Das Recht der Europäischen Union, 65. EL, München 2018.

Grafenstein, M. v., Das Zweckbindungsprinzip zwischen Innovationsoffenheit und Rechtssicherheit, Zur mangelnden Differenzierung der Rechtsgüterbetroffenheit in der Datenschutzgrund-VO, DuD 2015, 789.

Greve, H., Drittwirkung des grundrechtlichen Datenschutzes im digitalen Zeitalter, in: Franzius, C./Lejeune, S./Lewinski, K. v./Meßerschmidt, K./Michael, G./Rossi, M./Schilling, T./Wysk, P. (Hrsg.), Beharren. Bewegen., Festschrift für Michael Kloepfer zum 70. Geburtstag, Berlin 2013, 665.

Grgić-Hlača, N./Zafar, M. B./Gummadi, K. P./Weller, A., On Fairness, Diversity and Randomness in Algorithmic Decision Making, arXiv:1706.10208v1.

Griess, O., Klarnamenspflicht im Internet – verfassungsrechtliche Rahmenbedingungen einer staatlichen Schutzpflicht, Göttingen 2016.

Grigorjew, O., Werbung, in: Roßnagel, A. (Hrsg.), Das neue Datenschutzrecht, Europäische Datenschutz-Grundverordnung und deutsche Datenschutzgesetze, Baden-Baden 2018, 373.

Grimm, R., Das Grundgesetz in der deutschen Verfassungstradition, APuZ 16-17/1989, 3.

Grimm, R., Spuren im Netz, DuD 2012, 88.

Groeben, H. v. d./Schwarze, J./Hatje, A. (Hrsg.), Europäisches Unionsrecht, 7. Auflage, München 2015 (zitiert als *Autor,* in: v. d. Groeben/Schwarze/Hatje 2015).

Gsell, B./Krüger, W./Lorenz, S./Reymann, C. (Gesamt-Hrsg.), beck-online Großkommentar, München 2019 (zitiert als *Autor,* in: in: Gsell/Krüger/Lorenz/Reymann 2019).

Guckelberger, A., Veröffentlichung der Leistungsempfänger von EU-Subventionen und unionsgrundrechtlicher Datenschutz, EuZW 2011, 126.

Gummadi, K. P., Herstellung von Transparenz für algorithmische Entscheidungen in Social Computing-Systemen, Forschungsbericht 2016, Max-Planck-Institut für Softwaresysteme, Kaiserslautern 2016, DOI https://doi.org/10.17617/1.25.

Hagendorff, T., Jenseits der puren Datenökonomie – Social-Media-Plattformen besser designen, in: Ochs, C./Friedewald, M./Hess, T./Lamla, J. (Hrsg.), Die Zukunft der Datenökonomie, Zwischen Geschäftsmodell, Kollektivgut und Verbraucherschutz, Wiesbaden 2019, 327.

Hamburgischer Beauftragter für Datenschutz und Informationsfreiheit, Konsequenzen der EuGH-Grundsatzentscheidung, DuD 2014, 497.

Hammer, V., Technische Umsetzung von Löschpflichten bei Providern, in: Jandt, S./Steidle, R., Datenschutz im Internet, Rechtshandbuch zu DSGVO und BDSG, Baden-Baden 2018, 406.

Hammer, V./Pordesch. U./Roßnagel, A., Betriebliche Telefon- und ISDN-Anlagen rechtsgemäß gestaltet, Berlin, New York 1993.

Hammer, V./Pordesch. U./Roßnagel, A., KORA – Eine Methode zur Konkretisierung rechtlicher Anforderungen zu technischen Gestaltungsvorschlägen für Informations- und Kommunikationssysteme, INFOTECH/I+G 1993, 21.

Hanloser, S., „opt-in" im Datenschutzrecht und Wettbewerbsrecht, Konvergenzüberlegungen zum Einwilligungsbegriff bei der E-Mail-Werbung, CR 2008, 713.

Hansen, H./Brechtel, S., KUG vs. DS-GVO: Kann das KUG anwendbar bleiben?, GRUR-Prax 2018, 369.

Hansen, M., Datenschutz nach dem Summer of Snowden, Schlussfolgerungen für Politik und Praxis, DuD 2014, 439.

Hansen, M./Rost, M., Nutzerkontrollierte Verkettung – Pseudonyme, Credentials, Protokolle für Identitätsmanagement, DuD 2003, 293.

Härting, N., „Dateneigentum" – Schutz durch Immaterialgüterrecht? Was sich aus dem Verständnis von Software für den zivilrechtlichen Umgang mit Daten gewinnen lässt, CR 2016, 646.

Härting, N., Datenschutz-Grundverordnung, Das neue Datenschutzrecht in der betrieblichen Praxis, Köln 2016.

Härting, N., Kopplungsverbot nach der DSGVO, Eine erste Sichtung der Literatur, ITRB 2017, 42.

Hartung, J., EuGH zu den datenschutzrechtlichen Pflichten von Suchmaschinen, Newsdienst Compliance 2014, 22150.

Häusler, S., Soziale Netzwerke im Internet, Entwicklung, Formen und Potenziale zu kommerzieller Nutzung 2009.

Heberlein, J., Datenschutz im Social Web, Baden-Baden 2017.

Heidemann, J., Online Social Networks, Ein sozialer und technischer Überblick, Informatik-Spektrum 2010, 262.

Heidemann-Peuser, H., Rechtskonforme Gestaltung von Datenschutzklauseln, Erkenntnisse aus der Praxis der AGB-Verbandsklage, DuD 2002, 389.

Hennemann, M., Das Recht auf Löschung gemäß Art. 17 Datenschutz-Grundverordnung, PinG 2016, 176.

Hennemann, M., Datenportabilität, PinG 2017, 5.

Herbrich, T., Anmerkung zu VG Hamburg, Beschluss vom 3.3.2016, Az. 15 E 4482/15, ZD 2016, 248.

Hess, T./Schreiner, M., Ökonomie der Privatsphäre, Eine Annäherung aus drei Perspektiven, DuD 2012, 105.

Hessel, S., Soziale Netzwerke im Fokus von Phishing-Angriffen, Eine Analyse aus technischer und rechtlicher Sicht, JurPC Web-Dok. 137/2016.

Hoeren, T., EU-Standardvertragsklauseln, BCR und Safe Harbor Principles – Instrumente für ein angemessenes Datenschutzniveau, RDV 2012, 271.

Hoeren, T., Und der Amerikaner wundert sich... Das Google Urteil des EuGH, ZD 2014, 325.

Hoeren, T., Fake News? – Art. 5 DS-GVO und die Umkehr der Beweislast, MMR 2018, 637.

Hoeren, T., Anmerkung zu ÖOGH, Beschluss vom 25.10.2017, Az. 6 Ob 116/17b, MMR 2018, 148.

Hoeren, T./Sieber, U./Holznagel, B., Handbuch Multimedia-Recht, Rechtsfragen des elektronischen Geschäftsverkehrs, 48. EL, München 2018 (zitiert als *Autor,* in: Hoeren/Sieber/Holznagel 2018).

Hoffmann, C./Schulz, S. E./Borchers, K. C., Grundrechtliche Wirkungsdimensionen im digitalen Raum Bedrohungslagen im Internet und staatliche Reaktionsmöglichkeiten, MMR 2014, 89.

Hoffmann-Riem, W., Datenschutz als Schutz eines diffusen Interesses in der Risikogesellschaft, in: Krämer, L./Micklitz, H.-W./Tonner, K., Law and diffuse Interests in the European Legal Order, Recht und diffuse Interessen in der Europäischen Rechtsordnung, Baden-Baden 1997, 777.

Hoffmann-Riem, W., Der grundrechtliche Schutz der Vertraulichkeit und Integrität eigengenutzer informationstechnischer Systeme, JZ 2008, 1009.

Hoffmann-Riem, W., Die Caroline II-Entscheidung des BVerfG, Ein Zwischenschritt bei der Konkretisierung des Kooperationsverhältnisses zwischen den verschiedenen betroffenen Gerichten, NJW 2009, 20.

Hoffmann-Riem, W., Verhaltenssteuerung durch Algorithmen – Eine Herausforderung für das Recht, AöR 2017, 1.

Hofmann, J. M., Der Tag, der fast nichts veränderte: Wissen Sie eigentlich, wann die DS-GVO in Kraft getreten ist?, ZD-aktuell 2017, 5853.

Hofmann, J. M., Die Auftragsverarbeitung (Cloud Computing), in: Roßnagel, A. (Hrsg.), Das neue Datenschutzrecht, Europäische Datenschutz-Grundverordnung und deutsche Datenschutzgesetze, Baden-Baden 2018, 172.

Hofmann, J. M., Datenschutzaufsichtsbehörden (Organisation und Zuständigkeit), in: Roßnagel, A. (Hrsg.), Das neue Datenschutzrecht, Europäische Datenschutz-Grundverordnung und deutsche Datenschutzgesetze, Baden-Baden 2018, 230.

Hofmann, J. M., Dynamische Zertifizierung, Datenschutzrechtliche Zertifizierung nach der Datenschutz-Grundverordnung am Beispiel des Cloud Computing, Baden-Baden 2019.

Hofmann, J. M./Johannes, P. C., DS-GVO: Anleitung zur autonomen Auslegung des Personenbezugs, Begriffsklärung der entscheidenden Frage des sachlichen Anwendungsbereichs, ZD 2017, 221.

Hohmann, C., Rechte der betroffenen Person, in: Roßnagel, A. (Hrsg.), Europäische Datenschutz-Grundverordnung, Vorrang des Unionsrechts – Anwendbarkeit des nationalen Rechts, Baden-Baden 2017, 143.

Hohmann, C./Miedzianowski, N., Rechte der betroffenen Person, in: Roßnagel, A. (Hrsg.), Das neue Datenschutzrecht, Europäische Datenschutz-Grundverordnung und deutsche Datenschutzgesetze, Baden-Baden 2018, 125.

Hohmann-Dennhardt, C., Freiräume – Zum Schutz der Privatheit, NJW 2006, 545.

Hoidn, D., Europäischer Gerichtshof und Bundesverfassungsgericht, in: Roßnagel, A. (Hrsg.), Das neue Datenschutzrecht, Europäische Datenschutz-Grundverordnung und deutsche Datenschutzgesetze, Baden-Baden 2018, 61.

Hoidn, D., Meinungs- und Medienfreiheit, in: Roßnagel, A. (Hrsg.), Das neue Datenschutzrecht, Europäische Datenschutz-Grundverordnung und deutsche Datenschutzgesetze, Baden-Baden 2018, 415.

Holznagel, B., Internetdienstefreiheit und Netzneutralität, AfP 2011, 532.

Holznagel, B./Hartmann, S., Das Recht auf Vergessenwerden als Reaktion auf ein grenzenloses Internet – Entgrenzung der Kommunikation und Gegenbewegung, MMR 2016, 228.

Hornung, G., Zwei runde Geburtstage: Das Recht auf informationelle Selbstbestimmung und das WWW, MMR 2004, 3.

Hornung, G., Anmerkung zu EGMR Urteil vom 3.4.2007, Rs. 62617/00 („Copland"), MMR 2007, 433.

Hornung, G., Die Festplatte als 'Wohnung'? Erwiderung auf Rux (JZ 2007, 285), JZ 2007, 828.

Hornung, G., Ein neues Grundrecht, Der verfassungsrechtliche Schutz der „Vertraulichkeit und Integrität informationstechnischer Systeme", CR 2008, 299.

Hornung, G., Anmerkung zu EuGH, Urteil vom 9.11.2010, Rs. C-92/09 und C-93/09 (Keine Veröffentlichung von Empfängern von EU-Agrarsubventionen im Internet), MMR 2011, 127.

Hornung, G., Datenschutz durch Technik in Europa, Die Reform der Richtlinie als Chance für ein modernes Datenschutzrecht, ZD 2011, 51.

Hornung, Eine Datenschutz-Grundverordnung für Europa? Licht und Schatten im Kommissionsentwurf vom 25.1.2012, ZD 2012, 99.

Hornung, Europa und darüber hinaus – Konzepte für eine Neuregelung des Datenschutzes im Internet und in sozialen Netzwerken, in: Hill, H./Schliesky, U. (Hrsg.), Die Neubestimmung der Privatheit, Baden-Baden 2014, 123.

Hornung, Datensparsamkeit – zukunftsfähig statt überholt, Spektrum der Wissenschaft SPEZIAL 2017, 62.

Hornung, G./Hofmann, K., Ein „Recht auf Vergessenwerden"? Anspruch und Wirklichkeit eines neuen Datenschutzrechts, JZ 2013, 163.

Hornung, G./Müller-Terpitz, R. (Hrsg.), Rechtshandbuch Social Media, Berlin, Heidelberg 2015.

Husemann, C., Anwendungsbereich der Datenschutz-Grundverordnung, in: Roßnagel, A. (Hrsg.), Das neue Datenschutzrecht, Europäische Datenschutz-Grundverordnung und deutsche Datenschutzgesetze, Baden-Baden 2018, 83.

Husemann, C., Datenschutz durch Systemgestaltung, in: Roßnagel, A. (Hrsg.), Das neue Datenschutzrecht, Europäische Datenschutz-Grundverordnung und deutsche Datenschutzgesetze, Baden-Baden 2018, 163.

Husemann, C., Datensicherheit, in: Roßnagel, A. (Hrsg.), Das neue Datenschutzrecht, Europäische Datenschutz-Grundverordnung und deutsche Datenschutzgesetze, Baden-Baden 2018, 186.

Hüßtege, R./Mansel, H.-P. (Hrsg.), Rom-Verordnungen, Band 6, 3. Auflage, Baden-Baden 2019 (zitiert als *Autor,* in: Hüßtege/Mansel 2019).

Idecke-Lux, S., Der Einsatz von multimedialen Dokumenten bei der Genehmigung von neuen Anlagen nach dem Bundesimmissionsschutz-Gesetz, Baden-Baden 2000.

Jandt, S., EuGH stärkt den Schutz der Persönlichkeitsrechte gegenüber Suchmaschinen, MMR-Aktuell 2014, 358242.

Jandt, S., Spezifischer Datenschutz für Telemedien und die DS-GVO, Zwischen Rechtssetzung und Rechtsanwendung, ZD 2018, 405.

Jandt, S. Verarbeitung von Gesundheitsdaten, biometrischen und genetischen Daten, in: Roßnagel, A. (Hrsg.), Das neue Datenschutzrecht, Europäische Datenschutz-Grundverordnung und deutsche Datenschutzgesetze, Baden-Baden 2018, 396.

Jandt, J./Kieselmann, O./Wacker, A., Recht auf Vergessen im Internet, Diskrepanz zwischen rechtlicher Zielsetzung und technischer Realisierbarkeit?, DuD 2013, 235.

Jandt, S./Nebel, M., Die elektronische Zukunft der Anwaltstätigkeit, Rechtsprobleme beim Outsourcing von Scan-Dienstleistungen, NJW 2013, 1570.

Jandt, S./Roßnagel, A., Datenschutz in Social Networks, Kollektive Verantwortlichkeit für die Datenverarbeitung, ZD 2011, 160.

Jandt, S./Roßnagel, A., Social Networks für Kinder und Jugendliche – Besteht ein ausreichender Datenschutz?, MMR 2011, 637.

Jandt, S./Roßnagel, A., Rechtsgutachten zum Datenschutz und zu Persönlichkeitsrechten im Social Web, insbesondere von Social Networking-Sites, in: Schenk, M./Niemann, J./Reinmann, G./Roßnagel, A. (Hrsg.), Digitale Privatsphäre, Heranwachsende und Datenschutz auf Sozialen Netzwerkplattformen, Düsseldorf 2012, 308.

Jarass, H. (Hrsg.), Charta der Grundrechte der Europäischen Union, 3. Auflage, München 2016.

Jarass, H./Pieroth, B., Grundgesetz der Bundesrepublik Deutschland, Kommentar, 14. Auflage, München 2016 (zitiert als *Autor*, in: Jarass/Pieroth 2016).

Jaspers, A., Die EU-Datenschutz-Grundverordnung, Auswirkungen der EU-Datenschutz-Grundverordnung auf die Datenschutzorganisation des Unternehmens, DuD 2012, 571.

Jauernig (Begr.), *Stürner, R.* (Hrsg.), Bürgerliches Gesetzbuch, 17. Auflage, München 2018.

Jernigan, C./Mistree, B. F. T., Gaydar: Facebook friendships expose sexual orientation, FM 2009, http://firstmonday.org/ojs/index.php/fm/rt/printerFriendly/2611/2302.

Johannes, P. C., Grundrechtecharta und Grundgesetz, in: Roßnagel, A. (Hrsg.), Das neue Datenschutzrecht, Europäische Datenschutz-Grundverordnung und deutsche Datenschutzgesetze, Baden-Baden 2018, 54.

Jotzo, F., Der Schutz personenbezogener Daten in der Cloud, Baden-Baden 2013.

Jülicher, T./Röttgen, C./Schönfeld, M. v., Das Recht auf Datenübertragbarkeit – Ein datenschutzrechtliches Novum, ZD 2016, 358.

Kahl, W./Waldhoff, C./Walter, C. (Hrsg.), Bonner Kommentar zum Grundgesetz, 198. Ergänzungslieferung, Heidelberg 2019 (zitiert als *Autor*, in: Kahl/Waldhoff/Walter 2019).

Kalabis, L./Selzer, A., Das Recht auf Vergessenwerden nach der geplanten EU-Verordnung, Umsetzungsmöglichkeiten im Internet, DuD 2012, 670.

Kamp, J., Personenbewertungsportale, Eine datenschutzrechtliche und äußerungsrechtliche Untersuchung unter besonderer Berücksichtigung des Lehrerbewertungsportals spickmich.de, München 2011.

Kamp, M./Rost, M., Kritik an der Einwilligung, Ein Zwischenruf zu einer fiktiven Rechtsgrundlage in asymmetrischen Machtverhältnissen., DuD 2013, 80.

Kaplan, A. M./Haenlein, M., Users of the world, unite! The challenges and opportunities of Social Media, Business Horizons 2010, 59.

Karg, M., Die Rechtsfigur des personenbezogenen Datums, Ein Anachronismus im Datenschutz?, ZD 2012, 255.

Karg, M., Anmerkung zu VG Schleswig, Beschluss vom 14.2.2013, Az. 8 B 60/12, ZD 2013, 247.

Karg, M., Anwendbares Datenschutzrecht bei Internet-Diensteanbietern, TMG und BDSG vs. Konzernstrukturen?, ZD 2013, 371.

Karg, M., Anmerkung zu VG Schleswig, Urteil vom 9.10.2013, Az. 8 A 14/12, ZD 2014, 54.

Karg, M./Fahl, C., Rechtsgrundlagen für den Datenschutz in sozialen Netzwerken, K&R 2011, 453.

Karg, M./Thomsen, S., Tracking und Analyse durch Facebook, Das Ende der Unschuld, DuD 2012, 729.

Kaumanns, P., Mitbestimmungsrecht des Betriebsrats bei Arbeitgeber-Seiten in sozialen Netzwerken, zugleich Kommentar zu BAG, 13. 12. 2016 – 1 ABR 7/15, K&R 2017, 439.

Keber, T., Mythen der Datenschutzgrundverordnung – Erlesenes aus (knapp) 300 Tagen DS-GVO, RDV 2019, 58.

Kelbert, F./Shirazi, F./Simo, H./Wüchner, T./Buchmann, J./Pretschner, A./Waidner, M., State of Online Privacy: A Technical Perspective, in: Buchmann, J. (Hrsg.), Internet Privacy, Eine multidisziplinäre Bestandsaufnahme/A multidisciplinary analysis, Berlin 2012, 189.

Kian, B., Cloud Computing, Baden-Baden 2016.

Kilian, W./Heussen, B., Computerrechts-Handbuch, Informationstechnologie in der Rechts- und Wirtschaftspraxis, 34. EL, München 2018.

Kipker, D.-J./Voskamp, F., Datenschutz in sozialen Netzwerken nach der Datenschutzgrund- verordnung, DuD 2012, 737.

Kirchberg-Lennartz, B./Weber, J., Ist die IP-Adresse ein personenbezogenes Datum?, DuD 2010, 479.

Klar, M., Räumliche Anwendbarkeit des (europäischen) Datenschutzrechts, Ein Vergleich am Beispiel von Satelliten-, Luft- und Panoramastraßenaufnahmen, ZD 2013, 109.

Klein, D./Tran-Gia, P./Hartmann, M., Big Data, Informatik-Spektrum 2013, 319.

Kloepfer, M., Geben moderne Technologien und die europäische Integration Anlaß, Notwen- digkeit und Grenzen des Schutzes personenbezogener Informationen neu zu bestimmen?, Gutachten D, in: Deutscher Juristentag, Verhandlungen des 62. Deutschen Juristentags, München 1998, D1-D65.

Klösel, D./Mahnhold, T., Die Zukunft der datenschutzrechtlichen Betriebsvereinbarung, Min- destanforderungen und betriebliche Ermessensspielräume nach DS-GVO und BDSG nF, NZA 2017, 1428.

Kluge, S., Klarnamenspflicht bei Facebook – Rechtliche Grenzen und Möglichkeiten, DSRITB 2016, 107.

Knopp, M., Stand der Technik – Ein alter Hut oder eine neue Größe?, DuD 2017, 663.

Knyrim, R. (Hrsg.), Datenschutz-Grundverordnung, Das neue Datenschutzrecht in Österreich und der EU, Wien 2016.

Köhler, H./Bornkamm, J./Feddersen, J. (Hrsg.), Gesetz gegen den unlauteren Wettbe- werb (UWG), Kommentar, 37. Auflage, München 2019 (zitiert als *Autor,* in: Köh- ler/Bornkamm/Feddersen 2019).

Köhntopp, M./Köhntopp, K., Datenspuren im Internet, CR 2000, 248.

Kommentar zum Grundgesetz für die Bundesrepublik Deutschland (Reihe: Alternativkom- mentare), Band 1 Art. 1-37, 2. Auflage, Neuwied Darmstadt 1989 (zitiert als *Autor,* in: Komm-GG 1989).

Konrad, L., „Verbotene" Klarnamenpflicht bei Facebook und die DSGVO, K&R 2018, 275.

Koós, C./Englisch, B., Eine „neue" Auftragsdatenverarbeitung? – Gegenüberstellung der aktuellen Rechtslage und derDS-GVO in der Fassung des LIBE-Entwurfs, ZD 2014, 276.

Kopp, R./Sokoll, K. Wearables am Arbeitsplatz – Einfallstore für Alltagsüberwachung?, NZA 2015, 1352.

Koreng, A./Feldmann, T., Das „Recht auf Vergessen", Überlegungen zum Konflikt zwischen Datenschutz und Meinungsfreiheit, ZD 2012, 311.

Koreng, A./Lachenmann, M. (Hrsg.), Formularhandbuch Datenschutzrecht, 2. Auflage, München 2018.

Kort, M., Datenschutzrecht in der Europäischen Union: de lege lata und de lege ferenda, DB 2012, 1020.

Kort, M., Soziale Netzwerke und Beschäftigtendatenschutz, DuD 2012, 722.

Kort, M., Eignungsdiagnose von Bewerbern unter der Datenschutz-Grundverordnung (DS-GVO), NZA-Beilage 2016, 62.

Kort, M., Der Beschäftigtendatenschutz gem. § 26 BDSG-neu, Ist die Ausfüllung der Öffnungsklausel des Art. 88 DS-GVO geglückt?, ZD 2017, 319.

Kosinski, M./Stillwell, D./Graepel, T., Private traits and attributes are predictable from digital records of human behavior, Proceedings of the National Academy of Sciences (PNAS) 2013, https://doi.org/10.1073/pnas.1218772110.

Kramer, S. (Hrsg.), IT-Arbeitsrecht, Digitalisierte Unternehmen: Herausforderungen und Lösungen, München 2017.

Kremer, S., Datenschutz bei Entwicklung und Nutzung von Apps für Smart Devices, CR 2012, 438.

Kremer, S., Datenschutzerklärungen von Social Media Diensten: Anwendbares Recht und AGB-Kontrolle, RDV 2014, 73.

Krohm, N./Müller-Peltzer, P., Auswirkungen des Kopplungsverbots auf die Praxistauglichkeit der Einwilligung – Das Aus für das Modell „Service gegen Daten"?, ZD 2017, 551.

Kroschwald, S., Informationelle Selbstbestimmung in der Cloud, Datenschutzrechtliche Bewertung und Gestaltung des Cloud Computing aus dem Blickwinkel des Mittelstands, Wiesbaden 2016.

Krüger, S./Maucher, S.-A., Ist die IP-Adresse wirklich ein personenbezogenes Datum? Ein falscher Trend mit großen Auswirkungen auf die Praxis, MMR 2011, 433.

Kühling, J., Rückkehr des Rechts: Verpflichtung von „Google & Co." zu Datenschutz, EuZW 2014, 527.

Kühling, J./Buchner, B. (Hrsg.), Datenschutz-Grundverordnung/BDSG, Kommentar, 2. Auflage, München 2018 (zitiert als *Autor*, in: Kühling/Buchner 2018).

Kühling, J./Klar, M., Unsicherheitsfaktor Datenschutzrecht – Das Beispiel des Personenbezugs und der Anonymität, NJW 2013, 3611.

Kühling, J./Martini, M./Heberlein, J./Kühl, B./Nink, D./Weinzierl, Q./Wenzel, M., Die Datenschutz-Grundverordnung und das nationale Recht, Erste Überlegungen zum innerstaatlichen Regelungsbedarf, Münster 2016.

Kutscha, M., Das „Computer-Grundrecht" – eine Erfolgsgeschichte?, DuD 2012, 391.

Ladeur, K.-H., Datenschutz – vom Abwehrrecht zur planerischen Optimierung von Wissensnetzwerken, Zur „objektiv-rechtlichen" Dimension des Datenschutzes, DuD 2000, 12.

Landesanstalt für Medien Nordrhein-Westfalen (LfM), Ergebnisbericht der forsa-Umfrage zum Thema Hassrede, 14.6.2018, https://www.medienanstalt-nrw.de/fileadmin/user_u pload/lfm-nrw/Foerderung/Forschung/Dateien_Forschung/forsaHate_Speech_2018_E rgebnisbericht_LFM_NRW.PDF.

Lauber-Rönsberg, A./Hartlaub, A., Personenbildnisse im Spannungsfeld zwischen Äußerungs- und Datenschutzrecht, NJW 2017, 1057.

Laue, P., Vorgangsbearbeitungssysteme in der öffentlichen Verwaltung, Rechtliche Rahmenbedingungen und Gestaltungsanforderungen, Kassel 2010.

Laue, P./Kremer, S., Das neue Datenschutzrecht in der betrieblichen Praxis, 2. Auflage, Baden-Baden 2019 (zitiert als *Autor*, in: Laue/Kremer 2019).

Leopold, N., Big Data – eine neue Herausforderung für den Datenschutz, vorgänge 2012, 74.

Lepperhoff, N., Dokumentationspflichten in der DS-GVO, RDV 2016, 197.

Lepperhoff, N./Ermola, T., Kandidatensuche in berufsorientierten sozialen Netzwerken – Rechtsgrundlage und Pflichten, RDV 2018, 260.

Lerch, H./Krause, B./Hotho, A./Roßnagel, A./Stumme, S., Social Bookmarking-Systeme – die unerkannten Datensammler, Ungewollte personenbezogene Datenverarbeitung?, MMR 2010, 454.

Leutheusser-Schnarrenberger, S., Das Recht auf Vergessenwerden – ein Durchbruch oder ein digitales Unding?, ZD 2015, 149.

Lewinski, K. v., Recht auf Internet, RW 2011, 70.

Lewinski, K. v., Europäisierung des Datenschutzrechts, Umsetzungsspielraum des deutschen Gesetzgebers und Entscheidungskompetenz des BVerfG, DuD 2012, 564.

Licht, S., Das Verarbeitungsverzeichnis nach der DSGVO, Handlungsbedarf im Unternehmen, ITRB 2017, 65.

Lischka, K., Wie Algorithmen Öffentlichkeit strukturieren, Grundlagen, Folgen, Lösungsansätze, AfP 2018, 388.

Lorenz, B., Anonymität im Internet? – Zur Abgrenzung von Diensteanbietern und Nutzern, VuR 2014, 83.

Luch, A. D./Schulz, S. E., Die digitale Dimension der Grundrechte, Die Bedeutung der speziellen Grundrechte im Internet, MMR 2013, 88.

Maier, N., Erweiterte berufsbezogene Erreichbarkeit, Lösungsvorschläge zum Gesundheits- und Persönlichkeitsschutz, Wiesbaden 2019.

Maier, N./Bile, T., Die Zertifizierung nach der DSGVO – Innovatives, aber hochkomplexes Instrument, DuD 2019, 478.

Maier, N./Ossoinig, V., Beschäftigtendatenschutz, in: Roßnagel, A. (Hrsg.), Das neue Datenschutzrecht, Europäische Datenschutz-Grundverordnung und deutsche Datenschutzgesetze, Baden-Baden 2018, 338.

Maier, N./Schaller, F., ePrivacy-VO – alle Risiken der elektronischen Kommunikation gebannt? Entwurf ohne datenschutzrechtliche Regelungen für P2P-Kommunikationsdienste, ZD 2017, 373.

Maisch, M. M., Informationelle Selbstbestimmung in Netzwerken, Rechtsrahmen, Gefährdungslagen und Schutzkonzepte am Beispiel von Cloud Computing und Facebook, Berlin 2015.

Mallmann, O., Zielfunktionen des Datenschutzes, Schutz der Privatsphäre, korrekte Information: mit einer Studie zum Datenschutz im Bereich von Kreditinformationssystemen, Frankfurt a. M. 1977.

Mangoldt, H. v. (Begr.)/*Klein, F./Starck, C., Huber, P./Voßkuhle, A.* (Hrsg.), Grundgesetz, Kommentar, Band 1, 7. Auflage, München 2018 (zitiert als *Autor*, in: v. Mangoldt/Klein/Starck 2018),

Martini, M./Fritzsche, S., Mitverantwortung in sozialen Netzwerken, NVwZ-Extra 21/2015, 1.

Masing, J., Herausforderungen des Datenschutzes, NJW 2012, 2305.

Maunz, T./Dürig, G. (Hrsg.), Grundgesetz, Kommentar, 87. EL, München 2019 (zitiert als *Autor*, in: Maunz/Dürig 2019).

Mayer, P., Privatheit im Netz, in: Kubicek, H./Klumpp, D./Büllesbach, A./Fuchs, G./Roßnagel, A. (Hrsg.), Innovation@Infrastruktur, Jahrbuch Telekommunikation und Gesellschaft 2002, 87.

McLuhan, M., The Gutenberg Galaxy. The Making of Typographic Man., London 1962.

Medienpädagogischer Forschungsverbund Südwest (mpfs), KIM-Studie 2016, Kindheit, Internet, Medien 2016, https://www.mpfs.de/studien/kim-studie/2016/.

Medienpädagogischer Forschungsverbund Südwest (mpfs), KIM-Studie 2018, Kindheit, Internet, Medien 2016, https://www.mpfs.de/studien/kim-studie/2018/.

Medienpädagogischer Forschungsverbund Südwest (mpfs), JIM-Studie 2018, Jugend, Information, Medien 2018, 29. November 2018.

Meinicke, D., Big Data und Data-Mining: Automatisierte Strafverfolgung als neue Wunderwaffe der Verbrechensbekämpfung?, K&R 2015, 377.

Meyer, J. (Hrsg), Charta der Grundrechte der Europäischen Union, 4. Auflage, Baden-Baden 2014.

Meyer, S., Gratisspiele im Internet und ihre minderjährigen Nutzer, NJW 2015, 3686.

Meyerdierks, P., Sind IP-Adressen personenbezogene Daten?, MMR 2009, 8.

Meyer-Ladewig, J./Nettesheim, M./Raumer, S. v. (Hrsg.), Europäische Menschenrechtskonvention, 4. Auflage, Baden-Baden 2017 (zitiert als *Autor*, in: Meyer-Ladewig/Nettesheim/v. Raumer 2017).

Michl, F., Situativ staatsgleiche Grundrechtsbindung privater Akteure, JZ 2018, 910.

Miedzianowski, N., Rechtsbehelfe und Haftung, in: Roßnagel, A. (Hrsg.), Das neue Datenschutzrecht, Europäische Datenschutz-Grundverordnung und deutsche Datenschutzgesetze, Baden-Baden 2018, 142.

Milgram, S., The Small-World Problem, Psychology Today 1967, 61.

Möhrke-Sobolewski, C./Klas, B., Zur Gestaltung des Minderjährigendatenschutzes in digitalen Informationsdiensten, K&R 2016, 373.

Monreal, M., Weiterverarbeitung nach einer Zweckänderung in der DS-GVO, Chancen nicht nur für das europäische Verständnis des Zweckbindungsgrundsatzes, ZD 2016, 507.

Moos, F., Unmittelbare Anwendbarkeit der Cookie-Richtlinie – Mythos oder Wirklichkeit?, K&R 2012, 635.

Moos, F., Zuweisung datenschutzrechtlicher Verantwortlichkeit in einer vernetzten Welt, in: Leible, S./Kutschke, T. (Hrsg.), Der Schutz der Persönlichkeit im Internet, Stuttgart 2013, 143.

Mörl, C./Groß, M., Soziale Netzwerke im Internet, Analyse der Monetarisierungsmöglichkeiten und die Entwicklung eines integrierten Geschäftsmodells, Boizenburg 2008.

Moser-Knierim, A., „Facebook-Login" – datenschutzkonformer Einsatz möglich? Einsatz von Social Plug-ins bei Authentifizierungsdiensten, ZD 2013, 263.

Muckel, S., Mittelbare Drittwirkung des allgemeinen Gleichheitssatzes, JA 2018, 553.

Mückenberger, U., Datenschutz als Verfassungsgebot, Das Volkszählungsurteil des Bundesverfassungsgerichtes, KJ 1984, 1.

Müller, G./Flender, C./Peters, P., Vertrauensstruktur und Privatheit als ökonomische Fragestellung, in: Buchmann, J. (Hrsg.), Internet Privacy, Eine multidisziplinäre Bestandsaufnahme/A multidisciplinary analysis, Berlin 2012, 143-188.

Müller, K./Schwarz, C., Fanning the Flames of Hate: Social Media and Hate Crime, 30.11.2018, https://dx.doi.org/10.2139/ssrn.3082972.

Müller, P. J., Funktionen des Datenschutzes aus soziologischer Sicht, DVR 1975, 107.

Münch, I. v./Kunig, P. (Hrsg.), Grundgesetz, Kommentar, 6. Auflage, München 2012 (zitiert als *Autor*, in: v. Münch/Kunig 2012).

Münchener Kommentar zum Bürgerlichen Gesetzbuch, *Säcker, F. J./Rixecker, R./Oetker, H./Limperg, B.* (Hrsg.), Band 1, 8. Auflage 2018; Band 2/3/4, 8. Auflage 2019; Band 12, 7. Auflage 2018 (zitiert als *Autor*, in: MüKo [Jahr]).

Münchener Kommentar zum Strafgesetzbuch, *Joecks, W./Miebach, K.* (Hrsg.), Band 4, 3. Auflage, München 2017 (zitiert als *Autor*, in: MüKo 2017).

Musielak, H.-J./Voit, W. (Hrsg.), Zivilprozessordnung mit Gerichtsverfassungsgesetz, 16. Auflage, München 2019 (zitiert als *Autor*, in: Musielak/Voit 2019).

Nägele, T./Apel, S./Stolz, A./Bosman, T., Ein Jahr DSGVO – Was bisher geschah, K&R 2019, 361.

Nebel, M., Facebook knows your vote! Big Data und der Schutz politischer Meinung in sozialen Netzwerken, in: Richter, P. (Hrsg.), Privatheit, Öffentlichkeit und demokratische Willensbildung in Zeiten von Big Data, Baden-Baden 2015, 89.

Nebel, M., Schutz der Persönlichkeit – Privatheit oder Selbstbestimmung, Verfassungsrechtliche Zielsetzungen im deutschen und europäischen Recht, ZD 2015, 517.

Nebel, M., Selbstbestimmung in der Arbeitswelt, in: Morlok, T./Matt, C./Hess, T. (Hrsg.), Privatheit und Datenflut in der neuen Arbeitswelt, Chancen und Risiken einer erhöhten Transparenz, Karlsruhe 2015, 17, https://www.forum-privatheit.de/wp-content/uploads/Forum_Privatheit_White_Paper_Privatheit_und_Datenflut_in_der_neuen_Arbeitswelt_fin.pdf.

Nebel, M., Rechtswege und Rechtsbehelfe, in: Roßnagel, A. (Hrsg.), Europäische Datenschutz-Grundverordnung, Vorrang des Unionsrechts – Anwendbarkeit des nationalen Rechts, Baden-Baden 2017, 100.

Nebel, M., Big Data und Datenschutz in der Arbeitswelt, Risiken der Digitalisierung und Abhilfemöglichkeiten, ZD 2018, 520.

Nebel, M., Erlaubnis zur Datenverarbeitung, in: Roßnagel, A. (Hrsg.), Das neue Datenschutzrecht, Europäische Datenschutz-Grundverordnung und deutsche Datenschutzgesetze, Baden-Baden 2018, 104.

Nebel, M., Rechtswege, in: Roßnagel, A. (Hrsg.), Das neue Datenschutzrecht, Europäische Datenschutz-Grundverordnung und deutsche Datenschutzgesetze, Baden-Baden 2018, 75.

Nebel, M., Datenschutzrechtliche Verantwortlichkeit bei der Nutzung von Fanpages und Social Plug-ins, RDV 2019, 9.

Nebel, M., Die Zulässigkeit der Erhebung des Klarnamens nach den Vorgaben der Datenschutz-Grundverordnung, K&R 2019, 148.

Nebel, M./Dräger, M., Altersgrenzen für die Einwilligung von Kindern nach Art. 8 DS-GVO in den einzelnen Mitgliedstaaten, ZD-aktuell 2019, 06645.

Nebel, M./Richter, P., Datenschutz bei Internetdiensten nach der DS-GVO, Vergleich der deutschen Rechtslage mit dem Kommissionsentwurf, ZD 2012, 407.

Niemann, F./Scholz, P., Privacy by Design und Privacy by Default – Wege zu einem funktionierenden Datenschutz in Sozialen Netzwerken, in: Peters, F./Kerstens, H./Wolfenstetter, K.-D. (Hrsg.), Innovativer Datenschutz, Berlin 2012, 109.

Oberwetter, C., Bewerberprofilerstellung durch das Internet – Verstoß gegen das Datenschutzrecht?, BB 2008, 1562.

Ohly, A., Harmonisierung des Persönlichkeitsrechts durch den Europäischen Gerichtshof für Menschenrechte? Rechtsvergleichende Anmerkungen zum Urteil in der Sache von Hannover/Deutschland, GRUR-Int. 2004, 902.

Ott, S., Datenschutzrechtliche Zulässigkeit von Webtracking?, K&R 2009, 308.

Paal, B. P., Vielfaltsicherung im Suchmaschinensektor, ZRP 2015, 34.

Paal, B. P., Vielfaltssicherung bei Intermediären, Fragen der Regulierung von sozialen Netzwerken, Suchmaschinen, Instant-Messengern und Videoportalen, MMR 2018, 567.

Paal, B. P./Hennemann, M., Online-Archive im Lichte der Datenschutz-Grundverordnung, K&R 2017, 18.

Paal, B. P./Hennemann, M., Meinungsvielfalt im Internet, Regulierungsoptionen in Ansehung von Algorithmen, Fake News und Social Bots, ZRP 2017, 76.

Paal, B. P./Pauly, D. A. (Hrsg.), Datenschutz-Grundverordnung, Bundesdatenschutzgesetz, 2. Auflage, München 2018.

Pahlen-Brandt, I., Datenschutz braucht scharfe Instrumente, Beitrag zur Diskussion um „personenbezogene Daten", DuD 2008, 34.

Pahlen-Brandt, I., Zur Personenbezogenheit von IP-Adressen, K&R 2008, 288.

Palandt, O. (Begr.), Bürgerliches Gesetzbuch, Kommentar, 77. Auflage, München 2018 (zitiert als *Autor,* in: Palandt 2018).

Pariser, E., The filter bubble, What the Internet is hiding from you, New York 2011.

Petri, T., Datenschutzrechtliche Verantwortlichkeit im Internet, Überblick und Bewertung der aktuellen Rechtsprechung, ZD 2015, 103.

Petri, T., Anmerkung zu LG Düsseldorf, Urteil vom 9.3.2016, Az. 12 O 151/15, ZD 2016, 234.

Pielow, J.-C. (Hrsg.), BeckOK GewO, 49. Edition, München 2020.

Piltz, C., Der Like-Button von Facebook, Aus datenschutzrechtlicher Sicht: „gefällt mir nicht", CR 2011, 657.

Piltz, C., Anmerkung zu VG Schleswig, Beschluss vom 14.2.2013, Az. 8 B 60112, K&R 2013, 283.

Piltz, C., Der räumliche Anwendungsbereich europäischen Datenschutzrechts, K&R 2013, 292.

Piltz, C., Soziale Netzwerke im Internet – eine Gefahr für das Persönlichkeitsrecht?, Frankfurt am Main 2013.

Piltz, C., Nach dem Google-Urteil des EuGH: Analyse und Folgen für das Datenschutzrecht, K&R 2014, 566.

Piltz, C., Die Datenschutz-Grundverordnung, Teil 1: Anwendungsbereich, Definitionen und Grundlagen der Datenverarbeitung, K&R 2016, 557.

Piltz, C., Die Datenschutz-Grundverordnung, Teil 2: Rechte der Betroffenen und korrespondierende Pflichten des Verantwortlichen, K&R 2016, 629.

Piltz, C., Anmerkung zu OLG Düsseldorf, Beschluss vom 19.1.2017, Az. I-20 U 40/16, ZD 2017, 336.

Plath, K.-U. (Hrsg.), DSGVO/BDSG, Kommentar zu DSGVO, BDSG und den Datenschutz-bestimmungen von TMG und TKG, 3. Auflage, Köln 2018 (zitiert als *Autor*, in: Plath 2018).

Podlech, A., Das Recht auf Privatheit, in: Perels, J. (Hrsg.), Grundrechte als Fundament der Demokratie 1979, 50.

Polenz, S., Die Datenverarbeitung durch und via Facebook auf dem Prüfstand, VuR 2012, 207.

Pollmann, M./Kipker, D.-K., Informierte Einwilligung in der Online-Welt, DuD 2016, 378.

Pordesch, U., Die elektronische Form und das Präsentationsproblem, Baden-Baden 2003.

Probst, T., Generische Schutzmaßnahmen für Datenschutz-Schutzziele, DuD 2012, 439.

Rauda, C., Gemeinsamkeiten von US Children Online Privacy Protection Act (COPPA) und DS-GVO, Zustimmungserfordernis der Eltern zur Verarbeitung von Daten Minderjähriger, MMR 2017, 15.

Raue, B., Meinungsfreiheit in sozialen Netzwerken, Ansprüche von Nutzern sozialer Netz-werke gegen die Löschung ihrer Beiträge, JZ 2018, 961.

Rauer, N./Ettig, D., Nutzung von Cookies – Rechtliche Anforderungen in Europa und deren Umsetzungsmöglichkeiten, ZD 2014, 27.

Redeker, H., IT-Recht, 6. Auflage, München 2017.

Richter, P., Datenschutz durch Technik und die Grundverordnung der EU-Kommission, DuD 2012, 576.

Richter, P., Wahlen im Internet rechtsgemäß gestalten, Baden-Baden 2012.

Richter, P., Die Wahl ist geheim ... so what? Big Data Mining im US-Wahlkampf. Und hier?, DÖV 2013, 961.

Richter, P., Ein anonymes Impressum? Profile in sozialen Netzwerken zwischen Anbieterkenn-zeichnung und Datenschutz, MMR 2014, 517.

Richter, P., Datenschutz zwecklos? Das Prinzip der Zweckbindung im Ratsentwurf der DSGVO, DuD 2015, 735.

Richter, P., Big Data und demokratische Willensbildung aus verfassungsrechtlicher Sicht, in: Richter, P. (Hrsg.), Privatheit, Öffentlichkeit und demokratische Willensbildung in Zeiten von Big Data, Baden-Baden 2015, 45.

Richter, P., Statistische Datenverarbeitung, in: Roßnagel, A. (Hrsg.), Europäische Datenschutz-Grundverordnung, Vorrang des Unionsrechts – Anwendbarkeit des nationalen Rechts, Baden-Baden 2017, 244.

Richter, P., Datenschutz durch Technik und datenschutzfreundliche Voreinstellung, in: Jandt, S./Steidle, R. (Hrsg.), Datenschutz im Internet, Rechtshandbuch zu DSGVO und BDSG, Baden-Baden 2018, 356.

Riesenhuber, K., Daten als „Einnahmen" von Nutzern urheberrechtlich geschützter Werke und Leistungen, in: Ochs, C./Friedewald, M./Hess, T./Lamla, J. (Hrsg.), Die Zukunft der Daten-ökonomie, Zwischen Geschäftsmodell, Kollektivgut und Verbraucherschutz, Wiesbaden 2019, 29.

Robrahn, R./Bremert, B., Interessenskonflikte im Datenschutzrecht, Rechtfertigung der Verar-beitung personenbezogener Daten über eine Abwägung nach Art. 6 Abs. 1 lit. f DS-GVO, ZD 2018, 291.

Robrecht, B., EU-Datenschutzgrundverordnung: Transparenzgewinn oder Information-Overkill, Edewecht 2015.

Rohlf, D., Der grundrechtliche Schutz der Privatsphäre, Zugleich ein Beitrag zur Dogmatik des Art. 2 Abs. 1 GG, Berlin 1980.

Rolfs, C./Giesen, R./Kreikebohm, R./Udsching, P. (Hrsg.), BeckOK Arbeitsrecht, 55. Edition, München 2020.

Roßnagel, A., Das Recht auf (tele-)kommunikative Selbstbestimmung, KJ 1990, 267

Roßnagel, A., Vom informationellen zum kommunikativen Selbstbestimmungsrecht, in: Kubicek, H. (Hrsg.), Kritisches Jahrbuch der Telekommunikation Heidelberg 1991, 86.

Roßnagel, A., Freiheit durch Systemgestaltung – Strategien des Grundrechtsschutzes in der Informationsgesellschaft, in: Nickel, E./Roßnagel, A./Schlink, B. (Hrsg.), Die Freiheit und die Macht, Wissenschaft im Ernstfall, Festschrift für Adalbert Podlech, Baden-Baden 1994, 227.

Roßnagel, A., Rechtliche Aspekte mobiler Kommunikation, in: Roßnagel, A./Haux, R./Herzog, W. (Hrsg.), Mobile und sichere Kommunikation im Gesundheitswesen, Braunschweig 1999, 187.

Roßnagel, A., Möglichkeiten für Transparenz und Öffentlichkeit im Verwaltungshandeln – unter besonderer Berücksichtigung des Internet als Instrument der Staatskommunikation, in: Hoffmann-Riem, W./Schmidt-Aßmann, E. (Hrsg.), Verwaltungsrecht in der Informationsgesellschaft, München 2000, 257.

Roßnagel, A. (Hrsg.), Handbuch Datenschutzrecht, Die neuen Grundlagen für Wirtschaft und Verwaltung, München 2003 (zitiert als *Autor*, in: Roßnagel 2003).

Roßnagel, A., Datenschutz in einem informatisierten Alltag, Gutachten im Auftrag der Friedrich-Ebert-Stiftung, Berlin 2007.

Roßnagel, A., Die Zukunft informationeller Selbstbestimmung: Datenschutz ins Grundgesetz und Modernisierung des Datenschutzkonzepts, KJ Beiheft 1/2009, 99.

Roßnagel, A., Das Gebot der Datenvermeidung und -sparsamkeit als Ansatz wirksamen technikbasierten Persönlichkeitsschutzes? In: Eifert, M./Hoffmann-Riem, W. (Hrsg.), Innovation, Recht und öffentliche Kommunikation, Innovation und Recht IV, Berlin 2011, 41.

Roßnagel, A., Datenschutzgesetzgebung, Monopol oder Vielfalt?, DuD 2012, 553.

Roßnagel, A., Big Data – Small Privacy? Konzeptionelle Herausforderungen für das Datenschutzrecht, ZD 2013, 562.

Roßnagel, A. (Hrsg.), Recht der Telemediendienste, München 2013.

Roßnagel, A., Was bringt das neue europäische Datenschutzrecht für die Verbraucher? – Die Datenschutzgrundverordnung steht vor ihrer Verabschiedung, VuR 2015, 361.

Roßnagel, A., Wie zukunftsfähig ist die Datenschutz-Grundverordnung? Welche Antworten bietet sie für die neuen Herausforderungen des Datenschutzrechts? DuD 2016, 561.

Roßnagel, A., Datenschutzgesetzgebung für öffentliche Interessen und den Beschäftigungskontext, Chancen für risikoadäquate Datenschutzregelungen?, DuD 2017, 290.

Roßnagel, A., Datenschutzaufsicht nach der EU-Datenschutz-Grundverordnung, Neue Aufgaben und Befugnisse der Aufsichtsbehörden, Wiesbaden 2017 (zitiert als *Roßnagel* 2017a).

Roßnagel, A. (Hrsg.), Europäische Datenschutz-Grundverordnung, Vorrang des Unionsrechts – Anwendbarkeit des nationalen Rechts, Baden-Baden 2017 (zitiert als *Roßnagel* 2017b).

Roßnagel, A., E-Privacy-Verordnung der Europäischen Union, MedienWirtschaft 2018, 2.

Roßnagel, A., Pseudonymisierung personenbezogener Daten, Ein zentrales Instrument im Datenschutz nach der DS-GVO, ZD 2018, 243.

Roßnagel, A., Umsetzung der Unionsregelungen zum Datenschutz, DuD 2018, 741.

Roßnagel, A., Datenschutzgrundsätze – unverbindliches Programm oder verbindliches Recht? Bedeutung der Grundsätze für die datenschutzrechtliche Praxis, ZD 2018, 339.

Roßnagel, A., Einleitung: Das künftige Datenschutzrecht in Europa, in: Roßnagel, A. (Hrsg.), Das neue Datenschutzrecht, Europäische Datenschutz-Grundverordnung und deutsche Datenschutzgesetze, Baden-Baden 2018, 23.

Roßnagel, A., Anwendungsvorrang des Unionsrechts, in: Roßnagel, A. (Hrsg.), Das neue Datenschutzrecht, Europäische Datenschutz-Grundverordnung und deutsche Datenschutzgesetze, Baden-Baden 2018, 41.

Roßnagel, A., Grundsätze für die Verarbeitung personenbezogener Daten, in: Roßnagel, A. (Hrsg.), Das neue Datenschutzrecht, Europäische Datenschutz-Grundverordnung und deutsche Datenschutzgesetze, Baden-Baden 2018, 92.

Roßnagel, A., Kohärenz der Datenschutzaufsicht, in: Roßnagel, A. (Hrsg.), Das neue Datenschutzrecht, Europäische Datenschutz-Grundverordnung und deutsche Datenschutzgesetze, Baden-Baden 2018, 248.

Roßnagel, A. (Hrsg.), Das neue Datenschutzrecht, Europäische Datenschutz-Grundverordnung und deutsche Datenschutzgesetze, Baden-Baden 2018.

Roßnagel, A., Kein „Verbotsprinzip" und kein „Verbot mit Erlaubnisvorbehalt" im Datenschutzrecht, Zur Dogmatik der Datenverarbeitung als Grundrechtseingriff, NJW 2019, 1.

Roßnagel, A., Der Datenschutz von Kindern in der DS-GVO, Vorschläge für die Evaluierung und Fortentwicklung, ZD 2020, 88.

Roßnagel, A./Banzhaf, J./Grimm, R., Datenschutz im Electronic Commerce, Heidelberg 2003.

Roßnagel, A./Geminn, C. L./Jandt, S./Richter, P., Datenschutzrecht 2016, „Smart" genug für die Zukunft? Ubiquitous Computing und Big Data als Herausforderungen des Datenschutzrechts 2016.

Roßnagel, A./Kroschwald, S., Was wird aus der Datenschutzgrundverordnung? Die Entschließung des Europäischen Parlaments über ein Verhandlungsdokument, ZD 2014, 495.

Roßnagel, A./Nebel, M., (Verlorene) Selbstbestimmung im Datenmeer, Privatheit im Zeitalter von Big Data, DuD 2015, 455.

Roßnagel, A./Nebel, M., Die neue Datenschutz-Grundverordnung, Ist das Datenschutzrecht nun für heutige Herausforderungen gerüstet?, Policy Paper, Karlsruhe 2016, https://www.forum-privatheit.de/wp-content/uploads/PolicyPaper-5-Die-neue-DSGVO_1.-Auflage_Mai_2016.pdf.

Roßnagel, A./Nebel, M./Richter, P., Was bleibt vom Europäischen Datenschutzrecht? Überlegungen zum Ratsentwurf der DS-GVO, ZD 2015, 455.

Roßnagel, A./Pfitzmann, A./Garstka, H., Modernisierung des Datenschutzrechts, Gutachten im Auftrag des Bundesministeriums des Innern, 11.9.2001.

Roßnagel, A./Richter, P./Nebel, M., Internet Privacy aus rechtswissenschaftlicher Sicht, in: Buchmann, J. (Hrsg.), Internet Privacy, Eine multidisziplinäre Bestandsaufnahme/A multidisciplinary analysis, Berlin 2012, 281.

Roßnagel, A./Richter, P./Nebel, M., Besserer Internetdatenschutz für Europa, Vorschläge zur Spezifizierung der DS-GVO, ZD 2013, 103.

Roßnagel, A./Schnabel, C., Das Grundrecht auf Gewährleistung der Vertraulichkeit und Integrität informationstechnischer Systeme und sein Einfluss auf das Privatrecht, NJW 2008, 3534.

Roßnagel, A./Scholz, P., Datenschutz durch Anonymität und Pseudonymität Rechtsfolgen der Verwendung anonymer und pseudonymer Daten, MMR 2000, 721.

Rost, M./Bock, K., Privacy By Design und die Neuen Schutzziele, Grundsätze, Ziele und Anforderungen, DuD 2011, 30.

Rost, M./ Pfitzmann, A., Datenschutz-Schutzziele – revisited, DuD 2009, 353.

Sachs, M. (Hrsg.), Grundgesetz, Kommentar, 8. Auflage, München 2018 (zitiert als *Autor,* in: Sachs 2018).

Schaar, P., Das Ende der Privatsphäre, Der Weg in die Überwachungsgesellschaft, München 2009.

Schachtschneider, K. A., Res publica res populi, Grundlegung einer allgemeinen Republiklehre: ein Beitrag zur Freiheits-, Rechts- und Staatslehre, Berlin 1994.

Schachtschneider, K. A., Freiheit in der Republik, Berlin 2007.

Schaffland, H.-J./Wiltfang, N. (Hrsg.), Datenschutz-Grundverordnung (DS-GVO), Bundesdatenschutzgesetz (BDSG), Kommentar, Lieferung 11/2018, Berlin 2018 (zitiert als *Autor,* in: Schaffland/Wiltfang 2018).

Schall, H., Social Security – Gefahren auf Facebook Facebook & Co, Drum prüfe, wer sich verbindet ... – Social Networks sicher nutzen, in: Leinemann, R. (Hrsg.), Social Media, Der Einfluss auf Unternehmen, Berlin, Heidelberg 2013, 47.

Schaller, F., EU: Die geplante Kodex-RL: Bündelung und Überarbeitung des bisherigen tkrechtlichen Regelungsregimes, ZD-aktuell 2017, 5622.

Schantz, P., Die Datenschutz-Grundverordnung – Beginn einer neuen Zeitrechnung im Datenschutzrecht, NJW 2016, 1841.

Schantz, P./Wolff. H. A., Das neue Datenschutzrecht, Datenschutz-Grundverordnung und Bundesdatenschutzgesetz in der Praxis, München 2017.

Schiedermair, S., Der Schutz des Privaten als internationales Grundrecht, Tübingen 2012.

Schleipfer, S., Facebook-Like-Buttons, Technik, Risiken und Datenschutzfragen, DuD 2014, 318.

Schliesky, U./Hoffmann, C./Luch, A. D./Schulz, S. E./Borchers, K. C., Schutzpflichten und Drittwirkung im Internet, Das Grundgesetz im digitalen Zeitalter, Baden-Baden 2014.

Schmidt, W., Die bedrohte Entscheidungsfreiheit, JZ 1974, 241.

Schmidt-Jortzig, E., IT-Revolution und Datenschutz, DÖV 2018, 10.

Schnabel, C., Datenschutz bei profilbasierten Location-based-Services, Die datenschutzadäquate Gestaltung von Service-Plattformen für Mobilkommunikation, Kassel 2009.

Schneider, I., Regulierungsansätze in der Datenökonomie, APuZ 24-26/2019, 35.

Schneider, J./Härting, N., Wird der Datenschutz endlich internettauglich? Warum der Entwurf der Datenschutz-Grundverordnung enttäuscht, ZD 2012, 199.

Schneider, J./Schindler, S., Videoüberwachung als Verarbeitung besonderer Kategorien personenbezogener Daten, Datenschutzrechtliche Anforderungen beim Erheben von Videodaten, ZD 2018, 463.

Schneider, M., WhatsApp & Co. – Dilemma um anwendbare Datenschutzregeln, Problemstellung und Regelungsbedarf bei Smartphone-Messengern, ZD 2014, 231.

Schönke, A./Schröder, H. (Begr.), *Eser, A.* (Gesamtredaktion), Strafgesetzbuch, Kommentar, 30. Auflage, München 2019 (zitiert als *Autor,* in: Schönke/Schröder 2019).

Schröder, M., Datenschutzrechtliche Fragen beim Einsatz von Flash-Cookies, Ist ein rechtssicherer Einsatz von Cookies vor dem Hintergrund der EU-Privacy-Richtlinie möglich?, ZD 2011, 59.

Schulte, L., Transparenz im Kontext der DSGVO, PinG 2017, 227.

Schulz, S. E., Die „Datenautobahn" als Infrastruktur: Gewährleistungs- und Verkehrssicherungspflichten des Staates, in: Hill, H./Schliesky, U. (Hrsg.), Die Vermessung des virtuellen Raums, E-Volution des Rechts- und Verwaltungssystems III, Baden-Baden 2012, 265.

Schulz, T., Verantwortlichkeit bei autonom agierenden Systemen, Fortentwicklung des Rechts und Gestaltung der Technik, Baden-Baden 2015.

Schulze, R./Zuleeg, M./Kadelbach, S. (Hrsg.), Europarecht, Handbuch für die deutsche Rechtspraxis, 3. Auflage, Baden-Baden 2015.

Schumacher, P., OTT-Dienste und Telekommunikationsrecht, Einordnung der neuen Dienste im Kontext der TK-Regulierung, K&R 2015, 771.

Schürmann, K., Das Recht auf Datenübertragbarkeit: Daten schützen oder Daten nutzen?, DSB 2017, 230.

Schwartmann, R., Ausgelagert und ausverkauft – Rechtsschutz nach der Datenschutz-Grundverordnung, RDV 2012, 55.

Schwartmann, R./Jaspers, A./Thüsing, G./Kugelmann, D. (Hrsg.), DSGVO/BDSG, Datenschutz-Grundverordnung, Bundesdatenschutzgesetz, Heidelberg 2018 (zitiert als *Autor,* in: Schwartmann/Jaspers/Thüsing/Kugelmann 2018).

Schwarz, L.-C., Datenschutzrechtliche Zulässigkeit des Pre-Employment Screening, Rechtliche Grundlagen und Einschränkungen der Bewerberüberprüfung durch Arbeitgeber, ZD 2018, 353.

Schwarze, J./Becker, U./Hatje, A./Schoo, J. (Hrsg.), EU-Kommentar, 3. Auflage, Baden-Baden 2012 (zitiert als *Autor,* in: Schwarze/Becker/Hatje/Schoo 2012).

Schwarze, J./Becker, U./Hatje, A./Schoo, J. (Hrsg.), EU-Kommentar, 4. Auflage, Baden-Baden 2019 (zitiert als *Autor,* in: Schwarze/Becker/Hatje/Schoo 2019).

Schwenke, T., Google Glass – Eine Herausforderung für das Recht, K&R 2013, 685.

Schwichtenberg, S., „Pay as you drive" – neue und altbekannte Probleme, DuD 2015, 378.

Seubert, S., Der gesellschaftliche Wert des Privaten, DuD 2012, 100.

Simitis, S., Die informationelle Selbstbestimmung – Grundbedingung einer verfassungskonformen Informationsordnung, NJW 1984, 398.

Simitis, S. (Hrsg.), Bundesdatenschutzgesetz, Kommentar, 8. Auflage, Baden-Baden 2014 (zitiert als *Autor,* in: Simitis 2014).

Simitis, S./Hornung, G./Spiecker gen. Döhmann, I. (Hrsg.), Datenschutzrecht, DSGVO mit BDSG, Baden-Baden 2019 (zitiert als *Autor,* in: Simitis/Hornung/Spiecker 2019).

Simo, H., Big Data: Opportunities and Privacy Challenges, in: Richter, P. (Hrsg.), Privatheit, Öffentlichkeit und demokratische Willensbildung in Zeiten von Big Data, Baden-Baden 2015, 13.

Skistims, H., Smart Homes, Rechtsprobleme intelligenter Haussysteme unter besonderer Beachtung des Grundrechts auf Gewährleistung der Vertraulichkeit und Integrität informationstechnischer Systeme, Baden-Baden 2016.

Skobel, E., Alle Daten kommen mit, Datenportabilität als Mittel zur Bekämpfung der Meinungsmacht sozialer Netzwerke und Suchmaschinen, PinG 2018, 160.

Solmecke, C./Dam, A., Wirksamkeit der Nutzungsbedingungen sozialer Netzwerke – Rechtskonforme Lösung nach dem AGB- und dem Urheberrecht, MMR 2012, 71.

Soltani, A./Canty, S./Mayo, Q./Thomas, L./Hoofnagle, C. J., Flash Cookies and Privacy, SSRN 2009, http://ssrn.com/abstract=1446862.

Sörup, T., Anmerkung zu EuGH, Urteil vom 13.5.2014, Rs. C-131/12, MMR 2014, 464.

Spechi, L., Daten als Gegenleistung   Verlangt die Digitalisierung nach einem neuen Vertragstypus?, JZ 2017, 763.

Spiecker gen. Döhmann, I./Bretthauer, S., Dokumentation zum Datenschutz, mit Informationsfreiheitsrecht, 72. Ergänzungslieferung, Baden-Baden 2019.

Spindler, G., Durchbruch für ein Recht auf Vergessen(werden)? Die Entscheidung des EuGH in Sachen Google Spain und ihre Auswirkungen auf das Datenschutz- und Zivilrecht, JZ 2014, 981.

Spindler, G., Die neue EU-Datenschutz-Grundverordnung, DB 2016, 937.

Spindler, G./Schmitz, P., Telemediengesetz mit Netzwerkdurchsetzungsgesetz, Kommentar, 2. Auflage, München 2018 (zitiert als *Autor*, in: Spindler/Schmitz 2018).

Spindler, G./Schuster, F. (Hrsg.), Recht der elektronischen Medien, Kommentar, 3. Auflage, München 2015 (zitiert als *Autor*, in: Spindler/Schuster 2015).

Spindler, G./Schuster, F. (Hrsg.), Recht der elektronischen Medien, Kommentar, 4. Auflage, München 2019 (zitiert als *Autor*, in: Spindler/Schuster 2019).

Stadler, T., Verstoßen Facebook und Google Plus gegen deutsches Recht? Ausschluss von Pseudonymen auf Social-Media-Plattformen, ZD 2011, 57.

Ständige Deputation des Deutschen Juristentages (Hrsg.), Verhandlungen des 69. Deutschen Juristentages, München 2012.

Steidle, R., Multimedia-Assistenten im Betrieb, Baden-Baden 2005.

Steidle, R./Pordesch, U., Im Netz von Google. Web-Tracking und Datenschutz, DuD 2008, 324.

Steinmüller, W./Lutterbeck, B./Mallmann, C./Harbort, U./Kolb, G./Schneider, J., Grundfragen des Datenschutzes, Gutachten im Auftrag des Bundesministeriums des Innern BT-Drs. 6/3826, 1972.

Streinz, R., Europarecht: Löschungsanspruch gegen verantwortlichen Suchmaschinenbetreiber (Google), Sog. Recht auf Vergessen, JuS 2014, 1140.

Streinz, R./Michl, W., Die Drittwirkung des europäischen Datenschutzgrundrechts (Art. 8 GRCh) im deutschen Privatrecht, EuZW 2011, 384.

Streinz, R./Ohler, C./Herrmann, C., Der Vertrag von Lissabon zur Reform der EU, Einführung mit Synopse, 3. Auflage, München 2010.

Strubel, M., Anwendungsbereich des Rechts auf Datenübertragbarkeit, Auslegung des Art. 20 DS-GVO unter Berücksichtigung der Guidelines der Art. 29-Datenschutzgruppe, ZD 2017, 355.

Sydow, G. (Hrsg.), Europäische Datenschutzgrundverordnung, Handkommentar, 2. Auflage, Baden-Baden 2018 (zitiert als *Autor*, in: Sydow 2018).

Sydow, G./Kring, M., Die Datenschutzgrundverordnung zwischen Technikneutralität und Technikbezug, Konkurrierende Leitbilder für den europäischen Rechtsrahmen, ZD 2014, 271.

Taeger, J./Gabel, D. (Hrsg.), Kommentar zum BDSG und zu den Datenschutzvorschriften des TKG und TMG, 2. Auflage, Frankfurt am Main 2013 2018 (zitiert als *Autor*, in: Taeger/Gabel 2013).

Tamm, M./Tonner, K. (Hrsg.), Verbraucherrecht, Rechtliches Umfeld, Vertragstypen, Rechtsdurchsetzung, Beratungshandbuch, 2. Auflage, Baden-Baden 2016 (zitiert als *Autor*, in: Tamm/Tonner 2016).

Terhechte, J. P., Verwaltungsrecht der Europäischen Union, Baden-Baden 2011.

Trentmann, C., Das „Recht auf Vergessenwerden" bei Suchmaschinentrefferlinks, Google & Co. im Lichte von DSGVO, DSRL und EuGH, CR 2017, 26.

Trute, H.-H., Der Schutz personenbezogener Informationen in der Informationsgesellschaft, JZ 1998, 822.

Umbach, D. C./Clemens, T. (Hrsg.), Grundgesetz Band I Art. 1-37 GG, Kommentar, Heidelberg 2002 (zitiert als *Autor*, in: Umbach/Clemens 2002).

van Alsenoy, B./Verdoot, V./Heymann, R./Ausloos, J./Wauters, E./Acar, G., From social media service to advertising network, 2015, www.law.kuleuven.be/icri/en/news/item/facebooks-revised-policies-and-terms-v1-2.pdf.

Vedder, C./Heintschel von Heinegg, W., Europäisches Unionsrecht, Handkommentar, 2. Auflage, Baden-Baden 2018 (zitiert als *Autor*, in: Vedder/Heintschel von Heinegg 2018).

Venzke-Caprarese, S., Social Media Monitoring, Analyse und Profiling ohne klare Grenzen?, DuD 2013, 775.

Verbraucherzentrale NRW e.V. (Hrsg.), Soziale Medien und die EU-Datenschutzgrundverordnung, Informationspflichten und datenschutzfreundliche Voreinstellungen 2018, https://www.marktwaechter.de/sites/default/files/downloads/dsgvo_sozialemedien.pdf.

Voigt, P., Der Vorrang der Datenschutzrichtlinie vor nationalem Recht, K&R 2014, 325.

Voigt, P., Datenschutz bei Google, MMR 2009, 377.

Voigt, P./Alich, S., Facebook-Like-Button und Co. – Datenschutzrechtliche Verantwortlichkeit der Webseitenbetreiber, NJW 2011, 3541.

Wagner, B., Disruption der Verantwortlichkeit – Private Nutzer als datenschutzrechtliche Verantwortliche im Internet of Things, ZD 2018, 307.

Walter, J., Einwilligung von Minderjährigen im Internet, DSB 2013, 140.

Wandtke, A.-A./Bullinger, W. (Hrsg.), Praxiskommentar zum Urheberrecht, 4. Auflage, München 2014 (zitiert als *Autor*, in: Wandtke/Bullinger 2014).

Warren, S./Brandeis, L., The Right to Privacy, Harvard Law Review 1890, 193.

Waßer, U., Ist das Kunst oder kann das weg? Die Kunst im Künstlersozialversicherungsrecht, juris – die Monatszeitschrift (jM) 2018, 109.

Wehleit, J., WhatsApp – Rechtsnatur des Vertrags zwischen IM-Dienst und Nutzer, Technische Voraussetzungen und rechtliche Bewertung, MMR 2018, 279.

Weichert, T., Big Data und Datenschutz, Chancen und Risiken einer neuen Form der Datenanalyse, ZD 2013, 251.

Weidert, S./Klar, M., Datenschutz und Werbung – gegenwärtige Rechtslage und Änderungen durch die Datenschutz-Grundverordnung, BB 2017, 1858.

Weidner-Braun, R., Der Schutz der Privatsphäre und des Rechts auf informationelle Selbstbestimmung am Beispiel des personenbezogenen Datenverkehrs im WWW nach deutschem öffentlichen Recht, Berlin 2012.

Weigl, M., Meinungsfreiheit contra Persönlichkeitsschutz am Beispiel von Web 2.0-Applikationen, Hamburg 2011.

Wendehorst, C./Westphalen, F. G. v., Das Verhältnis zwischen Datenschutz-Grundverordnung und AGB-Recht, NJW 2016, 3745.

Wenhold, C., Nutzerprofilbildung durch Webtracking, Zugleich eine Untersuchung zu den Defiziten des Datenschutzrechts im Zeitalter von Big Data-Anwendungen, Baden-Baden 2018.

Wichert, M., Web-Cookies – Mythos und Wirklichkeit, DuD 1998, 273.

Wintermeler, M., Inanspruchnahme sozialer Netzwerke durch Minderjährige, Datenschutz aus dem Blickwinkel des Vertragsrechts, ZD 2012, 210.

Weiske, T., Web Bugs — Nunlästigen Ungeziefer oder datenschutzrechtliche Bedrohung? MMR 2003, 310.

Wolff, H. A., Privatheit und Öffentlichkeit – eine Positionsbestimmung in der digitalen Welt, in: Hill, H./Martini, M./Wagner, E. (Hrsg.), Facebook, Google & Co., Chancen und Risiken, Baden-Baden 2013, 19.

Wolff, H. A./Brink, S. (Hrsg.), BeckOK Datenschutzrecht, 27. Edition, München 2019 (zitiert als *Autor,* in: Wolff/Brink 2019).

Wolff, H. A./Brink, S. (Hrsg.), BeckOK Datenschutzrecht, 31. Edition, München 2020 (zitiert als *Autor,* in: Wolff/Brink 2020).

Wölfl, C., Sphärentheorie und Vorbehalt des Gesetzes, NVwZ 2002, 49.

Worms, C./Gusy, C., Verfassung und Datenschutz, Das Private und das Öffentliche in der Rechtsordnung, DuD 2012, 92.

Wybitul, T., Der neue Beschäftigtendatenschutz nach § 26 BDSG und Art. 88 DSGVO, NZA 2017, 413.

Zeidler, S. A./Brüggemann, S., Die Zukunft personalisierter Werbung im Internet, CR 2014, 248.

Ziebarth, W., Das Datum als Geisel, Klarnamenspflicht und Nutzeraussperrung bei Facebook, ZD 2013, 375.

Zirfas, J., Smart Health rechtsverträglich gestaltet. Ubiquitous Computing in der Gesundheitspflege und -vorsorge, Wiesbaden 2017.

Printed in the United States
By Bookmasters